国際文化関係史研究

平野健一郎
古田和子
土田哲夫　［編］
川村陶子

東京大学出版会

Studies on the History of International Cultural Relations
Kenichiro HIRANO, Kazuko FURUTA, Akio TSUCHIDA,
and Yoko KAWAMURA, Editors
University of Tokyo Press, 2013
ISBN978-4-13-030156-5

まえがき——国際文化関係史研究の意義

　「国際文化関係史」は戦後日本の国際関係論のなかから生み出された新しい研究分野であり，本書『国際文化関係史研究』はその分野の最初の本格的な研究論文集である．

新たな視圏としての国際文化関係
　「国際文化関係」とは，「国際関係」が国民（国家）間の関係に収斂する傾向にあるのに対して，国際関係を多様な文化単位間の関係に開放するものである．第二次世界大戦後の日本で隆盛を見た国際関係論は，国際政治学と競い合いながら発達し，豊かな成果を挙げてきた．もっぱら国家・政府の行為と相互関係を考察対象とする国際政治学を越えて，より広い国際的な事象を考察する自由闊達さを持ったからである．しかし，20世紀の終焉とともにその闊達さを減少させ，視野を狭めてきているように思われる．一つには，考察対象を国民国家と国民集団（およびそれらのなりそこない）の相互行為・相互関係に限るようになったということがある．もう一つには，19世紀半ばから20世紀末までという時代に照準を合わせ，特徴を発揮してきたが，そのためにその時代に拘束される結果となった．21世紀に入って，国際的な事象はますます広がり，深まっている．ひとことで「グローバル化」といわれる現象であるが，国際政治学も国際関係論もその変化を考察の枠組みに収めかねている．そればかりでなく，実は，19世紀以前の世界史現象を一つの枠組に収めて考察するということもやってきていなかった．国際政治学も国際関係論も，現実の変化に対応して考察の方法に工夫を重ねてきたが，考察対象の単位すなわち行為主体を特定しているが故に，抜本的に必要とされる枠組を生み出すことなく，追加的，現象即応的な工夫にとどまった．たとえば「主体の多様化」という視点が導入されたが，異なる主体の列挙にとどまり，統一的な視点によって異なる主体を位置づけ，多様なレベルに位置する主体間の関係を理解するというような試みはなされていない．

国際文化関係論は、国際的な事象を生じさせるすべての行為主体を文化的な単位と捉えることによって、時空を貫く総合的、統一的な視点を得ようとする試みである。後述するように、国際文化関係論は、国家間関係を対象とする国際政治学を越えてきた国際関係論から派生してきたものであるが、行為主体の定義を変えることによって、国際関係論をも越える範疇を研究対象とすることができる。国際関係を作り出すのは人々の集団であるが、人々を特定の集団にまとめるのは何であろうか。人々を集団にまとめるのは文化であり、その意味で文化的な集団が国際関係の行為主体となる、と考えるのが国際文化関係論の出発点である。19世紀半ばから20世紀末までの近代国際関係の行為主体として突出したのは国民集団（および、特にその国際関係行為主体としての役割を演じた国民国家）であるが、国民集団はまごうかたなき文化的集団である。「国際文化関係」を近代国民集団・国民国家間の文化的関係に限定して用いる考え方もあるが、それは狭い用語法である。それをもっと広く、文化的な集団のすべてが国際関係の行為主体として作り出す関係を示す表現である、と考えるのが国際文化関係論である。

　グローバル化の現代にあって、国際関係といわれる現象は、国家間あるいは国民集団間の関係にとどまらなくなっているが、国際文化関係論はまさに今日の多様な国際現象を一つの視点で包摂する捉え方である。他面、国際文化関係論はすぐれて歴史的な視圏を持つ。「文化」を単位と捉える柔軟な把握によって、近代主権国家、近代国民国家が国際関係の主体の位置をほぼ独占していた近代はもちろん、その前の時代とその後の時代の歴史的な展開をも同一の視点から論じることができるのである。

文化の捉え方

　国際的な事象を生じさせるすべての行為主体を文化的単位と捉えるというとき、それでは、文化とは何であろうか。すべての国際的な行為主体を特徴づけるもの、いな、それらのすべてを形成し、存続させるものが文化である、というのがとりあえずの答えとなる。もう少し詳しい回答を、二つの側面から試みるならば、一つは文化そのものに即した定義であり、もう一つは、その文化によって形成され、維持される行為主体の側からの捉え方である。

文化とは，人が生きるための工夫の体系である[1]．生物体としての人間は自然環境のなかで生存するために文化を必要とする．つまり，生きるために作り出した工夫の集積が文化である．人類の誕生以来，実に多様な工夫が積み重ねられたなかでも，ここでの議論に重要な基本点は，複数の人が集まって集団を形成するという工夫が初めから文化に含まれたという点である．そうした集団には，家族，部族，民族，……，あるいは部落，村落，国，……など，大小さまざまな，多数のレベルにわたる集団がある．人はひとりでは生きられない生物（実は，ほかの生物のほとんども同じであるが）であるから，実際には，それぞれの文化を持った集団が重要な行為主体となる．

　もう一つの基本点は，文化が自然環境のなかで人間が生きるために作り出したもの，したがって，自然環境に応じて変化させ，異化させるものであるという点である．しかも，文化は自然環境に応じるだけでなく，自然環境に影響を及ぼすという相互影響関係にあるので，さらに変化と異化を重ね，時間と空間の両軸にわたって，集団ごとに独自になり，全体として多様化する．

　文化を取り巻く環境は自然環境だけではない．集団ごとに独自な文化が複数併存する状況は，そのなかの一つ一つの文化にとって，異質で多様な文化がそれを取り巻いている環境である．人類の歴史は，時間の経過とともに，空間を異質・多様な文化が埋め尽くすようになる経緯を辿った．その結果，すべての文化の一つ一つが他の文化に取り囲まれることになった．自然環境とは異なる，このような環境を文化にとっての「国際環境」とみなすことができよう．このような「国際環境」に対峙した場合にも，文化は人が生きるための工夫の体系として機能する．

　行為主体の側から文化はどのように定義されるであろうか．先にも述べたように，文化とは人が生きるための工夫の体系である．つまり，人間と人間集団が存続するために文化はなくてはならないものである．人間が生きるために原初に必要とする文化の一つが，集団を作り，そこで生きることであるから，集

---

[1] 文化の定義は多種多様であるが，国際文化関係史研究に最適な定義として，文化を「生きるための工夫」の体系 (a system of designs for living) とする定義を採用することを最初に述べたのは，平野健一郎『国際文化論』東京大学出版会，2000 年においてである．この文化の定義について，より詳しくは，同書，7-17 頁をご覧いただきたい．

団の形成，存続と発展が絶対不可欠であり，集団と文化はほぼ重なり合う．そして，自然環境および国際環境に取り囲まれた集団は，その環境に対応するために，自らの文化を維持するだけでなく，作りかえて行く．多様な個別文化が生まれ続ける一方，一つの集団は一つの文化と結びつく．特定の集団が特定の文化の「持ち主」となり，その文化を守り育てようとする．集団と文化の結びつきは，集団がその文化を自己と同一視し，自らのアイデンティティとみなす結果となる．そのように文化と結びついた集団はまさに文化的集団とみなす以外にない．

文化触変

多数の文化的集団が並存する「国際環境」は，多少とも異なる文化同士が接触し合う状態である．しかし，単なる文化接触の状態では国際文化関係は生じない．相接する人々の集団が，文化接触の状態の上で，さらに文化の接触を積極的に進めようと動くことによって，国際文化関係は発生し，発達する．すなわち，国際環境のなかで国際的な行為主体となった各集団は，環境に適応するために，それぞれの文化を構成する文化要素を増やし，改善していこうとするであろう．文化的集団が隣接する集団の文化のなかの，優れた文化要素とみなす工夫を採用する(借用する，模倣する)ことは古くから行われてきた．他の文化との接触によって他の文化要素を受容し，自らの文化を変容させていく行為を「文化触変」と名づける．その行為(文化触変の行為)は文化自体が行うのではなく，文化的な集団である人々の集団が行う社会的行為であるが，接触，受容，変容は文化自体の論理によって進行するのである[2]．

本来，文化要素の貸借はトレードオフの関係ではなく，敵対的なものではない．貸した側に失うものはなく，借りた側にはプラスが増えるのであるから，人類全体としては豊かさ，生存のチャンスが増すことになる．しかし，隣接する集団の間で文化触変が繰り返され，変化する文化要素が増えるにつれて，集団の文化全体の間のバランスが変化することになると，集団間の文化の力の競争となり，国際環境は競争的な環境に変化する．集団はそれぞれの文化の独自

---

[2] 文化触変の過程，そのモデル化など，文化触変論の概論は，平野『国際文化論』第4章，53-76頁をご覧いただきたい．

性により強い意味を見出すようにもなる．そうしたところに国際文化関係の舞台が現れる．

　集団と文化の間には，先述のように，密接な対応関係がある．そのため，国際文化関係は，文化と文化の関係と，集団と集団の関係が切り離し難く絡み合う舞台である．文化接触，文化触変は，第一義的には文化間の関係であるが，現実には集団間の関係として展開することがほとんどである．ある場合には，集団は文化触変に積極的であるが，ある場合には文化触変に反発し，抵抗する．しかも，さらにある場合には，文化触変への抵抗そのものが文化触変をさらに推進し，特有の結果をもたらすことになる．どのような場合に集団は文化触変を推進し，どのような場合に抵抗するのであろうか．集団同士の接触の状況が強制的かそうでないかによって文化触変の進み方は異なるであろう．文化触変が発生している当該の文化要素の種類によって，文化触変の態様が変わってくることも考えられる．また，集団がその文化に対して持つ一体感によっても文化触変への対応は変わってくるであろう．国際文化関係の個別具体例は多種多様であるが，文化触変という関係がもっとも興味深く，国際文化関係研究の主要な対象である．言い換えれば，国際文化関係研究は文化触変研究を基軸に進むはずである．

重層性と歴史包括性

　さて，そのように興味深い国際文化関係を生み出す文化的集団は，古今東西，あらゆるところに存在し続けてきたと考えなければならない．もちろん，文化触変を繰り返しながら変貌し，場合によっては消滅する文化的集団もあったが，人間が生存するかぎり，集団は形成・継続され，それは文化的集団であり続ける．そして，まさに文化の力によって人類の総人口が増え，生存可能な地表を埋め尽くすに至って，林立する文化的集団は互いに接しあい，互いに互いの国際環境の一部となり，文化触変のカウンターパートになっている．

　今日，そうした文化的集団は，ある一つの次元の上で地表面を埋め尽くすだけでなく，大小さまざまな次元の上に重層的に存在していると考えるのが適当になっている．まず，原理的に，文化は環境への適応のために形成されるものであるから，人間集団が環境に囲まれるかぎり，その集団は文化的集団である．

ある特定の一つの次元上でのみ，同型の（たとえば国民集団という）文化的集団同士として存在しあうと考え，それ以外の次元に文化的集団は存在しえないと考えるのは，一つの時代に拘束された考え方である．また，時代が進むにしたがって明らかになってきたことは，人々の移動性が拡大することによって，人々の集団帰属が上下複数の次元にわたるようになり，人々が複数次元上の大小さまざまな集団に同時に帰属する，ということである．もちろん，複数次元上の集団の文化的必要性（生存のために必要な文化要素の多寡）には濃淡があり，身近な次元の集団の文化的必要性は，遠い大次元上の集団のそれよりもはるかに高いが，その違いは度合の差であろう．また，大次元上の集団の文化的必要性が徐々に高まるであろうことも否定できない．

顧みれば，文化的集団の重層的配置という特徴は，最近の時代（近代以降）にかぎったことではないと思われる．人類が文化を持ったときには，家族という身近な文化的集団のなかで生存が可能となったが，そのときには，拡大家族とか村落共同体とかの，一つ上の次元の文化的集団によっても守られていたのである．文化的集団が同時に複数の次元上に入れ子状に存在すると考える考え方，すなわち，文化的集団の重層性という考え方は国際文化関係論によって可能となるもので，国際文化関係論の核心であるが，それは同時に人類の長い歴史のどの段階にも適用可能な歴史包括性を併せ持つ考え方である．

もちろん，どの時代にも文化的集団が複数の次元上に重層的に存在していたと考えるのは，一つの考え方にとどまるかもしれない．しかし，国際文化関係論は，そうした文化的集団間の関係を，上述の文化触変というモデルなどを用いながら，文化的関係として議論しようとするものである．対象事例を時間軸と空間軸にそって飛躍的に増やしながら，統一的，論理的な理解に至ることを目指すものである．

すべての文化的集団が広義の国際環境のなかで互いに文化触変を繰り返してきた．これからもそれを続けるであろう．では，広範な文化的集団がますます頻繁に文化触変を行えば，すべての集団の文化が似たものになるのであろうか．答えは，文化触変の論理そのものが，文化の同質化はけっして起こらないことを示している．また，人々が文化触変を社会的行為として選びながらも，けっして自らの文化の独自性を失わせようとはしないであろう．これまでの長い歴

史においても，ほとんどの文化触変が文化の同質化ではなく，多様化を導いたことがなによりの証拠である．他方，ある次元上の文化的集団間の文化触変の増大が，一つ上の次元で新たな文化的集団を創出するということは考えられる．しかし，その場合も，一つ下の次元上の元の文化的集団はなくならない．それがまさに文化的集団の重層性という考え方の所以である．先にも述べたように，歴史とともに人々の移動性が高まり，より大きな次元上に新しい集団が姿を現し，人々にとってその文化的必要性が次第に高まってきたことは事実である．しかし，今後その傾向が強まっても，世界中が文化的に同質化することはないと思われる．はるかに遠い将来，「地球社会」がことばの本来の意味で社会となる（一人ひとりの個人がそのメンバーとなる）としても，個人とその社会の間にある多数の次元上には，それぞれの文化的特性を保持した多様な文化的集団が中間団体として，重層的に存在しているはずである．

本書の成り立ち──国際文化関係史研究の第1期

本書には24編の論文が集められている．これまで述べてきたような国際文化関係史への視点を共有しているが，素材とアプローチはさまざまで，彩りに異なるところがあるのは，本書が国際文化関係史研究の第1期の成果であるという成立事情があるからである．

24人の執筆者各人が研究を始めたのは，東京大学大学院総合文化研究科（駒場）か早稲田大学大学院政治学研究科である．のちに国際文化関係史研究としてまとまるようになる研究がその一部のメンバーによって緒に就いたのは，1980年代の半ば，駒場においてであるが，そのときは誰もがまだ，国際関係論のサブフィールドである国際関係史の研究を志していた．文化の側面への関心はまだ希薄であるか，文化を取り上げることはあっても，国家あるいは国民集団の対外的な政策・活動としての文化交流などの考察に限定されたものであった．関心はアジアに集まっていたが，持ち寄られた個別テーマはさまざまであった．しかし，それらをバラバラの個別報告として聞くのではなく，統一的で理論的な説明を与え，共通の議論をしようとする欲求から，国際文化関係に焦点が絞られていくようになったのである．

当時の現実の国際状況もそうした変化を促したと思われる．国際政治学，国

際関係論の転換の契機となったのは 1989 年の冷戦の終焉だと一般には信じられているが，国際関係史研究者は変化の兆しをもう少し早くから感じていたかもしれない．実際，世界的な若者の反乱，ベトナム戦争の休戦，アポロの月面着陸，ジャンボ・ジェット機の就航，石油危機，ローマ・クラブ報告，国連人間環境会議など，大転換をより深く示す出来事が集中したのは 1968 年から 1973 年までの約 5 年間である．「宇宙船地球号」の意識が高まる一方，文化の多様化とグローバル化への歩みが始まった地殻変動にひきずられて，1980 年代半ばには国際文化関係史研究への模索が始まったのである．

文化の多様化と一様化が同時に進行する時代状況を前にして，国際関係史研究者も，国家ないしは国民集団の間の文化的関係に視線をずらすだけでは十分ではなく，国家ないしは国民集団の絶対的な単位性そのものを問い直す必要に直面したのであった．そのとき，国家ないしは国民集団の絶対的な単位性の信仰がたかだか近代 200 年の間のことであったことは，とりわけ国際関係史研究者なら容易に気づくことであった．国際関係史の主体の捉え方を自覚的に変えることも国際文化関係史研究を促したのである．

以上のような胎動のなかから生み出されたのが，現段階で上にまとめたような文化の捉え方，文化触変のモデル化，文化的集団の重層性と歴史包括性である．すでに明らかなように，理論あるいは近似的な理論モデルが先に提示されて，個別事例がそれに合わせて解釈されたのではなく，まさにその逆に，事例研究を追求するなかから，共通に適用可能な解釈の枠組として国際文化関係史の考え方が生まれたのである．国際関係史研究を志す研究者たちの模索から国際文化関係史の研究枠組が生まれた事実は，何度繰り返しても繰り返し足りない．2000 年には平野健一郎による『国際文化論』が刊行されたが，同書はその過程のなかから生まれたものであり，本書『国際文化関係史研究』に一つの結実を見た，第 1 期におけるさまざまな研究者による研究努力の過程がなければ生まれなかったものである．繰り返し行った議論を貫く真摯な追究，そこから発するさまざまな問いに，できるかぎり体系的に応えようとした試みをまとめてみたのが『国際文化論』であった．多文化化とグローバル化の拮抗が顕著になる状況下での歴史研究の模索が，「文化」を投入することによって新しい地平を開きつつあるわけであり，まさに歴史と文化の間の往還が新しいフィー

ルドを開くということである．第2期以降の，実証研究と理論研究の発展を心から期待する．

本書の構成

本書に明らかなように，24人の執筆者のほとんどが歴史研究者として何年にもわたって一つのテーマと取り組んできて，資料にもとづく実証研究を積み重ねた上で，その成果を国際文化関係史という枠組に収めることによって，より深い理解に到達している．研究のディシプリン（作法）はあくまでも歴史実証である．実証によって24人が一つのパラダイムを得つつあるということも貴重であるように思われるが，一つひとつの論文が方法批判に耐え，これまでにない知見を提供する貴重な独立論文である．いずれの論文も個別具体的なテーマについて現在望みうる最高の研究成果を挙げていると評価されることを確信している．

24の研究成果を大きく分ければ，テーマの性格と適用する方法によって，概念史研究，文化触変論，文化交流論，国際移動論，国際文化関係エージェント論などに類別されるが，明示的でない場合も含めて，共通に文化触変モデルを基軸にしている．その点を念頭に，全体を4部構成とし，文化触変モデルを比較的意識的に用いている論考を前半の2部に収めている．抽象的な概念，理念や思想は独自の研究分野を有するが，文化論では全体の文化の一部を占める文化要素群とみなされる．第1部は，概念を文化要素群として取り上げ，その文化触変の過程と結果を考察した6論文を集めている．それに対して，第2部の6論文は，モノ，制度など，実体的な文化要素群の文化触変を取り扱っている．後半の2部は，文化触変を，明示的でないにせよ，最終的な段階に位置づけた上で，国際文化関係の具体相を検討する論考を収めている．そのうち，第3部の6論文は，これまでの国際文化関係において主要な主体であった民族と新たな主体である地域をめぐる問題を考察し，第4部の6論文は，国際文化関係を実際に営む個人，団体，政府などの格闘をあとづけ，国際文化関係の課題を示している．

24人の執筆者のうち，6人がアジア各国からの元留学生である（6人全員が学術博士（東京大学）で，今回も揃ってオリジナルの日本語原稿を提出した）．

日本人研究者の多くもアジアの歴史と現状に尋常ならざる関心を持ち続けている．今回は論考を寄せられなかった人々を含め，そういう研究者が日本に集まり，約30年にわたって，大学院の演習と研究会で個人研究，共同研究，研究交流を続けてきた．そして，新しい視圏を持つ研究枠組を作りつつある．戦後日本における国際関係論という，それ自身文化触変の場である枠組のなかから，自らの課題を自らの歴史に即して，独自の枠組で理解しようとする営みが行われてきた．その営みはこれからも続かなければならないが，本書は最初の報告としてこのように編まれた．

　この論文集を作るための最後の研究会に集まったのは，2011年3月11日から1カ月後の済州島においてであった．心と身体に激しい揺れを感じながら，それぞれの論文の最終構想を検討しあったことが忘れられない．3.11は近代日本の，文化触変の歴史の，結末なのではないか．アジア各国から集まった研究者の関心は，もともと世界のなかのアジア，アジアのなかの日本を考え，とりわけアジアのなかにおける近代日本の「栄光」と失敗をどう考えるかにあった．フクシマは日本と日本人に運命づけられた失敗なのではないか．深い傷と反省とこれからの課題が及ぶところは，被災地域と日本列島にとどまらず，それらを包むアジアの各国と全域，世界すべて，そしてすべての個人の安全と安心である．ポスト3.11の時代，国際文化関係史研究は新たな視点から歴史の教訓を深めるという大きな責務を負うことになったといえよう．

平野　健一郎

目 次

まえがき——国際文化関係史研究の意義（平野健一郎）

第1部 概念の文化触変

第1章 概念の文化触変……………………………平野 健一郎　2
　　　「〈国際〉社会」という日本語の登場と変遷

第2章 概念の伝統と近代……………………………金 鳳珍　23
　　　中国と日本における「公共」

第3章 国際秩序観の衝突……………………………張 啓雄　50
　　　日韓外交文書論争における「皇」「勅」

第4章 地域概念の受容と変容………………………黄 東蘭　79
　　　東洋史のなかの「東洋」

第5章 近代日本の国際社会観………………………張 寅性　104
　　　「秩序」と「正義」

第6章 国際関係研究における人間観………………芝崎 厚士　128
　　　「恐怖」の国際関係論

第2部 近現代アジアにおける文化触変

第7章 貿易と文化触変………………………………古田 和子　152
　　　近代アジアにおける模倣・偽造と市場の重層性

第8章 近代化と統治の文化…………………………佐藤 仁　171
　　　明治日本とシャムの天然資源管理

第9章 植民地と文化触変……………………………金 東明　193
　　　日本植民地下の朝鮮における茶文化

第10章 国家構築と文化触変 ………………………井上 浩子　214
　　　東ティモールにおける村会議制度の形成

第11章 美術における「アジア」の表象 …………岸 清香　234
　　　福岡アジア美術館の展示活動

| 第12章 | 文化の商品化としての国際観光 …………………五十嵐 泰正 | 255 |

グローバル・シティ東京の「下町」

第3部　国際関係における文化・文明・民族

| 第13章 | 植民地の文明化と宗教的・民族的少数派 ……………川島 緑 | 278 |

フィリピンのモロをめぐる「白人の責務」とイスラーム復興

| 第14章 | 日中関係のなかの中国美術 ………………………李 廷江 | 300 |

岡倉天心の中国調査とアジア文明論

| 第15章 | 民族の相克と教育 …………………………………砂山 幸雄 | 322 |

満洲における教育改革の挫折と「排日教科書」批判

| 第16章 | 国際移動者の民族性と国籍 ………………………加藤 恵美 | 346 |

在日朝鮮人をめぐる教育と人権保障

| 第17章 | 国際移動者の言語と教育 …………………………柴田 寛之 | 369 |

在日ブラジル人の母語教室利用戦術

| 第18章 | 地域統合と文化的多様性 …………………………正躰 朝香 | 390 |

ヨーロッパにおける多様性の「尊重」と「管理」

第4部　国際文化関係を動かす活動

| 第19章 | 女性と国際交流 ……………………………………須藤 瑞代 | 408 |

竹中繁と日中女性の連帯

| 第20章 | 国際文化交流における国家と知識人 ……………斎川 貴嗣 | 431 |

国際連盟知的協力国際委員会の設立と新渡戸稲造

| 第21章 | 民間団体と外交 ……………………………………土田 哲夫 | 454 |

中国国際聯盟同志会の初期活動

| 第22章 | 帝国の文化的支配装置としての財団 ……………牧田 東一 | 476 |

冷戦期日本におけるフォード財団の活動

| 第23章 | 解体する帝国の対外文化政策 ……………………都丸 潤子 | 495 |

1950年代後半イギリスの対アジア文化政策の変容

| 第24章 | 文化会館と国際関係 ………………………………川村 陶子 | 519 |

東京「独日センター」設立構想の展開と挫折

あとがき（平野健一郎・古田和子・土田哲夫・川村陶子）　545
索　引　547
執筆者紹介　553

第 1 部

概念の文化触変

第 1 章　概念の文化触変

「〈国際〉社会」という日本語の登場と変遷

平野　健一郎

はじめに

(1)　「国際」,「国際社会」ということばの不思議さ

　たとえば,『明治維新と国際社会』という研究書があるとしよう[1]．日本史,国際関係史の領域はもちろん,それらを超えて,きわめて興味深いテーマを扱っているに違いなく,大いに知的関心をそそられる書名である．このようなタイトルで表される研究はなくてはならないものである．しかし,「明治維新と国際社会」という表現は,三重の意味で,正確とはいえない．
　第一に,明治維新前後の時代に「国際社会」が存在したかどうか,怪しい．幕末,日本は 2 世紀余にわたる鎖国を破られて開国し,明治元年の「国書」によって,外の世界(公法秩序の世界)に参入することを公式に宣言した．「外の世界」は,鎖国時代から日本を取り巻いて存在し,今や日本はそれに入って行く,というイメージであるが,その「外の世界」は「国際社会」と呼べるようなものであったのであろうか．第二に,仮に「外の世界」は実在するとし,それを「国際社会」と呼ぶとしても,その社会がどのような「国際社会」であったのか,明確ではない．今日われわれが「国際社会」と呼んでいるものとは相当に違っていたであろうことは確かである．1868(慶応 4・明治元)年 2 月,明治新政府が王政復古を正式に通告する「国書」を手渡した相手は,イギリス,フランス,アメリカ,オランダ,イタリア,プロシアの 6 カ国の使臣だけであった．同じ年の年末に明治政府が対馬藩を通じて李朝朝鮮政府に渡そうとした

---

1)　実際にあるものの一つは『明治維新と西洋国際社会』(明治維新史学会編,吉川弘文館,1999 年)という論文集．同書に所収のいずれの論文も「西洋国際社会」に論及しているわけではなく,全巻を通じて「国際社会」という語は登場しない．

同趣旨の「国書」は，釜山において受け取りを拒否された(いわゆる「書契事件」).

　そして，第三に，少なくとも幕末に続く明治時代初期には，「国際社会」という日本語はなかったのである．当時の日本語に「国際」「国際社会」という表現が存在しなかったこと，これは確かな事実である．日本語を用いるわれわれが，20世紀から21世紀にかけて用いている「国際社会」を引照基準にして，19世紀中頃の日本と「外の世界」との関係を問うことは許されるであろうし，津々たる興味をかきたてるものではあるが，以上の三つの疑い，不確かさを忘れることはできない．

　「国際社会」ということばが日本語の語彙に加わったのはいつからであろうか．そして，そのことばはどのように用いられ，どのような意味内容をこめられたのであろうか．その意味内容には時代による変化はなかったであろうか．今日の用語である「国際社会」を引照基準にして，19世紀中頃の日本と「外の世界」との関係を問うことは許されるであろうが，実は，今日の「国際社会」が歴史研究の引照基準になりうるかどうかも怪しいのである．今日の「国際社会」の意味内容も一義的に固定されているわけではないからである．「国際社会」が実在するのかどうか，実在するとして，それはどのような社会であるか．これは，明治時代の問題であるだけでなく，今日の問題でもある．われわれ日本人の語彙に確かに含まれている「国際社会」ということば，その意味内容の歴史的変化を明らかにすることは，われわれがそれをより正確に現用するためにも必要なことである．

(2) 概念史研究と文化触変論

　「国際社会」は一つの概念である．おそらくすべての概念がそうであるように，特定の実在物を指し示すとされながら，それとの関係は一対一に固定されたものではない．いわゆる指示物と指示記号の対応関係と，その対応関係の不確定性と変動を前提として概念の次元が構成され，人間の思考と行為を規定する．「国際社会」はまさにそのような概念の代表例である．概念と実在の関係は相互影響的であり，実在が呼び名を必要とするが，呼び名が実在を支配する．人々が一つの概念を使ううちに，実在・概念関係が変化し，それを反映して，

概念の意味内容は歴史的に変化する.

そのことに着目したのが概念史研究である. 概念史研究(Begriffsgeschichte, conceptual history)が始まったのはドイツである. ラインハルト・コゼレック(Reinhart Koselleck)らをリーダーとするドイツの概念史研究グループは, 近代西欧における政治・経済・社会の主要な概念のほとんどすべてを対象に, 綿密な個別研究を集積した[2]. すべての対象概念に統一的な方法を適用した, 総合的にして精密な研究であるが, その方法を単純化していえば, 従来の思想史を越えて, 精密な辞書学の方法と広範な社会史研究の方法を合体させた方法である. 一人の思想家の思想の歴史的変遷(概念操作)を追うのではなく, 一つの概念が多くの人々によって使用され, 使用されて行くうちに歴史的変遷を重ねて行く, その過程を追跡するのである[3]. 概念の日常的な使用の実像の中から, 概念の意味内容の変容を解明するのが重要な特徴であるが, ドイツにおける概念史研究は対象を一国内の変遷に限っているのも特徴である.

他方, 近代日本は, 近代西洋という, まさに「外の世界」から多くの概念を受容し, 変容させながら用いた社会の代表である. そのような社会については, 概念史の方法はきわめて有効であるが, それに文化触変(acculturation)研究の視点と方法を組み合わせる必要があるであろう. 近代日本の文化変容のほとんどは日本が「国際社会」に参入したから生じたものである. 開国により「公法秩序の世界」に参入し,「各国交際」「外国交際」にさらされることになったが,「国際社会」の中で国家の生存をはかるためには,「富国強兵・殖産興業」政策により, いわゆる近代化を試みなければならなかった. その試みは欧化政策ともいわれたが, 文化触変論の立場に立てば, 敵対的文化触変であった. 欧米をモデルとする文明開化は, 新しい事物, 制度, 理念を舶来文化として芋づる式に導入することにほかならなかった. それはとりもなおさず, ありとあらゆる新概念(新語)を造出することを意味した(「国際社会」はまさにその一つである). しかも漢字を使用してそれを行なうことは, 新しい概念を和製漢語によ

---

2) *Geschichtliche Grundbegriffe*, *Historisches Wörterbuch der Philosophie*, *Handbuch politisch-sozialer Grundbegriffe in Frankreich, 1680–1820* の三大シリーズとして刊行されている.

3) 概念史研究については, Melvin Richter, *The History of Political and Social Concepts: A Critical Introduction*, New York: Oxford University Press, 1995 が格好の参考書である.

って表すことであった．翻訳された途端にもはや元の欧米の概念と同じものではないが，人々が和製漢語の概念を用いるうちに，概念の内容はさらに変容して行く．まさに概念史研究の格好の対象であるが，概念の受容・創出が翻訳の問題に留まらないことは，欧米から導入される事物，制度，理念が欧米の模倣に留まりえないことに呼応する．日本に関する概念史研究に文化触変研究を加えることが必要な所以である[4]．

1　「国際」のはじまり

(1) 新語の造出，翻訳

　まず，「国際社会」は英語の "international society" の翻訳語として始まったのであろうか．明治新政府が 1868 年 2 月，「大政復古布告の国書」に伴って出した国内布告には「外国交際の儀は宇内の公法による」とあった．日本国が「万国公法世界」に入り，そこで「外国交際」「各国交際」を行なうことを国内に知らせている．「万国公法世界」とは当時の国際社会であるが，それを「国際社会」と表記するにはもちろん至っていなかった．同時に，「外国交際」「各国交際」という新規の概念には，「国」と「際」の 2 文字がその順で使われていたことが注目される．

　「国際社会」は，英語の "international society" の翻訳語として始まったのではなく，日本において「国際」と「社会」という二つの概念の合成語として造られたと考える方が歴史に適っていると思われる．その一つの根拠は，英語ならば "society" に相当する日本語を造り出す試みが，すでに江戸時代末期から繰り返されていたことにある．柳父章『翻訳語成立事情』によれば，「社会」という近代日本語を産み出す工夫は，1796 (寛政 8) 年に稲村三伯の『波留麻和解』が "genootschap" (蘭) を「交ル」「集ル」と訳したことから始まり，1814 (文化 11) 年には本木正栄『暗厄利亜語林大成』に "society" が初登場して，「侶伴」「ソウバン」と訳された．62 (文久 2) 年の堀達之助等編『英和対訳袖珍

---

[4]　文化触変研究については平野健一郎『国際文化論』東京大学出版会，2000 年を参照されたい．

辞書』が"society"に「仲間」という訳語を与え，68(慶応4)年，福沢諭吉が『西洋事情　外編』で"society"に「人間交際」「交際」「交(まじわり)」「国」「世人」という訳語を付けた．そして，明六社が「ソサエチー」というカタカナ語と合わせて，「会社」「社会」という訳語を使い始めると，ついに福沢も76(明治9)年，『学問のすすめ』で「社会」を使ったのである．それ以後，新造語の「社会」が"society"の翻訳語として機械的に置き換えられるようになって今日に至っているとされる[5]．

(2)「国際法」からの「国際」

「国際」はそれよりも遅れて日本語に登場した．「国際」が英語の"international"に相応する語彙として近代日本語に加わった流れは二つあるように思われる．その一つは，「国際法」から派生した「国際」という表記である．周知のように，1864年に清国においてHenry Wheatonの *Elements of International Law* がウィリアム・マーティン(William Martin，丁韙良)によって漢訳され，『萬國公法』と題された．同書は，翌65年には『万国公法』[6]の書名のまま，漢訳洋学書として日本に入り，当時から不可欠とみなされた国際法知識の準拠として重用された．国際法を指す概念として「万国公法」が定着する勢いであったが，69(明治2)年には福地源一郎がリチャルド・マルテンスの *Diplomatic Guide* を『外国交際公法』の訳題で上梓した[7]．そして，73(明治6)年に，箕作麟祥がTheodore D. Woolseyの *Introduction to the Study of International Law* (New York, 1872)を訳出して，『国際法　一名万国公法』の書名で刊行したのである．「国際法」の命名について，箕作の「例言」には，

　……原名イントルネシヲナル，ロウト云ヒ各国交際上ノ通理条件ヲ記セシ

---

[5]　以上は，柳父章『翻訳語成立事情』岩波新書，1982年，第1章「社会──societyを持たない人々の翻訳法」の要約．

[6]　以下，漢字の旧字体をすべて新字体に改めて記すこととする．また，カタカナ書きは，濁点を付す以外は，原文のままとする．

[7]　巴侖馬児顛原撰，福地源一郎訳訂『外国交際公法』無鳥郷蔵板，明治二年十月．福地の「緒言」によれば，福地が英訳から重訳を試みていたのと時を同じくして，箕作貞一郎が仏文から口訳して『交際規範』としてまとめていたという．両者は，内容に違いがないことから，福地訳を出版することにしたという．

書ナリ而テ此学科ノ書ハ曩時米人丁韙良氏漢文ヲ用ヒ同国ノ人恵頓（ホイートン）氏ノ書ヲ訳シテ始メテ命ズルニ万国公法ノ名ヲ以テシ其後又我ガ西氏荷蘭人畢洒林（フヒスセリンク）氏ノ口授ニ成ル稿ヲ上梓シ亦万国公法ト題ス故ニ其名広ク世ニ伝布シテ恰モ此書普通ノ称タルガ如シ然レドモ仔細ニ原名ヲ考フル時ハ国際法ノ字允当ナルニ近キガ故ニ今改メ国際法ト名ク卜雖ドモ先輩ノ命題余ガ管見ノ全ク空フス可キニ非ズ故ニ万国公法ノ字ヲ存シテ此書ノ一名トス[8]

とあり，彼が「国際法」という名称を採用したいきさつを明快に記している．

　現在，概念史研究にもっとも有用といってよい国語辞典である『日本国語大辞典』[9]は，「国際」を『万国公法』の中に使用された「各国交際」というフレーズから造語された和製漢語としているが，箕作が「国際」を考案する上で，先行の「外国交際」「各国交際」という表現を踏まえたことも推察される．さらに箕作は，同訳書の本文中で，「然レドモ半主ノ国互ヒニ相交ルニ於テ別段ノ限制アラザレバ国際ノ法則ヲ施行スルニ妨ゲアルコトナシ」[10]のように，2カ所で「国際の」という表現まで用いていた．そして，1881（明治14）年には東京大学に「国際法」講座が新設され，"international law" に相当する日本語としては「国際法」が唯一のものとして定着した．アジア歴史資料センターのデータベースで調べるかぎり，明治天皇が公式文書で最初に「国際」を用いたのも，帝国大学に国際法講座などを認める93年の勅令においてであった[11]．翌年8月1日の清国に対する宣戦布告詔勅でも，「国際法に悖らない」範囲であらゆる手段を尽くすことを求めた[12]．

---

8) 箕作鱗祥訳『国際法　一名万国公法』上編，明治六年三月，「例言」．同書には弘文堂蔵版（3巻）と二書堂蔵版（5巻）がある．
9) 『日本国語大辞典』第2版，小学館，2001年，V-573．当該項目が掲載されている巻数と頁数を，V-573のように示す．
10) 箕作『国際法』巻一第三十七条．
11) 「御署名原本・明治26年勅令第93号　帝国大学各分科大学講座ノ種類及其数」アジア歴史資料センター（以下，アジ歴と略称）Ref.A03020146400．
12) 「御署名原本・明治27年8月1日詔勅　清国ニ対シ宣戦」アジ歴 Ref.A03020165600．

第1章　概念の文化触変　　7

(3)「国際」の定着，その二面性

　しかし，"international" に相当する日本語の「国際」が，「国際法」の「国際」のみから派生したと即断することはできない．もう一つの流れが考えられる．「国際的な」あるいは「国際間の」という意味を持った「国際」という表現が日本語に加えられたのである．1886 年に刊行された藤林忠良・加太邦憲『仏和法律字彙』(Dictionnaire des Termes de Droit d'Économie politique et d'Administration, 東京フランス語協会，知新社，1886 年)には，INTERNATIONAL の訳語として「kokusai no 国際ノ」が登場した[13]．『日本国語大辞典』第 2 版は，「国際」を当初は diplomatic intercourse (諸国家・諸国民間の交際) の訳語として使用されたとし，「諸国家・諸国民間の交際．また，その関係」の意味の名詞としての使用が 1930 年代まで続いたとしている．古い用例として，「列国国際の関係が今日のままにて継続する以上は国民と国民との衝突は終に消滅し能はざるものあらん」(内田魯庵『戦後の文学』1895 年) を挙げている[14]．

　念のため，19 世紀の終りから 20 世紀の前半における代表的な日本語辞書に「国際」という語彙がどのように記録されているかを調べてみよう．ある語彙が辞書に記録されるのは，その語彙が一般的になった時より多少遅れるであろうが，社会的に定着したことを示すと考えられる．1889-91 年刊行の大槻文彦『言海』，93 年刊行の山田美妙『日本大辞書』には「国際」の項目はまだない．98-99 年に刊行された落合直文『ことばの泉』に「国際」が登場し，「国と国との交際(まじはり)」という語釈が与えられている．1915 年から 19 年にかけて上梓された松井簡治・上田萬年『大日本国語辞典』には，「国際」が「国家と国家との交際，又，其の関係」として登載されている．21 年刊行の落合直文『日本大辞典言泉』には，「国際」は「国と国との交際，又その関係」と定義されている．15-19 年の松井・上田の『大日本国語辞典』は「国家と国家との交際」と定義していたが，それを超えて，1898-99 年の落合『ことばの泉』の「国と国との交際」にいわば逆戻りしている．25 年刊行の金沢庄三郎『広辞林』は「国際」を「国家と国家との交際又は関係」とし，松井・上田『大日

---

13)　『近代日本学術用語集成』第 2 巻，龍渓書舎，1988 年復刻，59 頁．
14)　『日本国語大辞典』V-573.

本国語辞典』の線に乗っている．ところが，32-37 年刊行の大槻文彦『大言海』は「国際」を「英語，International. ノ訳語」と明記した上で，「国ト国トノ交際（マジハリ）．国交」としている．そして，39-41 年発行の上田萬年・松井簡治『修訂大日本国語辞典』は「国際」を「国家と国家との交際，又，其の関係」としたのである．たまたまではあるが，1898-99 年から 1939-41 年に刊行された代表的な日本語辞書として参照した 6 点の辞典において，「国際」を「国と国との交際」とするものと，「国家と国家との交際」とするものが交互に現れているのである．これらの辞書は，20 世紀の初めごろに「国際」が日本語の語彙に定着したことを揃って示す一方，「国際」を「国」に関わることがらとするか，「国家」に関わることがらとするか，日本語に二筋の用法が含まれることを示していたといえよう．この二面性は「国際」ということばの重要な特性として，今日まで続いている．

『日本国語大辞典』は，「国際」の第二の用法として，名詞の上に付けて，「諸国家・諸国民間の」，「国と国の間の」の意を添える使い方を挙げる．「国際会議」「国際価格」「国際関係」「国際空港」「国際結婚」など，「国際」がおよそあらゆるものに限定詞として冠せられるようになって，今日に至っている．この用法は明治 30 年代から一般的になり，この用法の「国際」が "international" の訳語の位置を獲得していくことになったのである[15]．新渡戸稲造は 1907 年に「国際的結婚」という，まだぎこちない表現を用いたが，09 年には「国際関係」という用語を用いた[16]．そして，この用法が主流として確定するのに決定的だったのは「国際連盟」であった．しかし奇妙だったのは，「国際連盟」の英語原名は the League of Nations であって，International League などではなかったことである．このように，「国際的」の意味の用法が，もはや "international" の訳語を離れても行なわれるようになったことは，20 世紀の初めには日本語に「国際」が定着したということであろう．ただし，それは概念内容の揺れがなくなったことを意味するわけではない．

---

15) 『日本国語大辞典』V-573．
16) 新渡戸稲造『帰雁の蘆』弘道館，1907 年，93 頁；同「日米問題に対し我国民は斯の如き覚悟を要す」『実業之日本』第 12 巻第 23 号（1909 年 11 月 1 日），2 頁．

2 国際連盟のインパクト

(1) 訳語としての「国際連盟」

あらためて,「国際○○」という用法が日本語に現れたのはいつごろであろうか. これまでの調査では, 1900 年に明治政府が批准した「国際紛争平和的処理条約」がもっとも早い例である[17]. 1898 年に開催されたハーグ万国平和会議で調印された条約が「国際紛争平和的処理条約」と命名されたのである. 詔勅文に「万国」と「国際」が混用されていたところにもこの用例が初期に属するものであることが表れている. また, この例は「万国」から「国際」への移行を示すものでもあり,「国際」という概念が 20 世紀とともにその座を占めるようになったことを示すといえよう. もちろん, 準備段階ですでに「国際紛争平和的処理条約」の名前が使われていた. 99 年の外務省の通信文には,「一般ノ平和ヲ維持スル」ために「国際紛争ヲ平和的ニ処理スルコト」を求め, それによって「国際的正義ノ威ヲ強固ナラシメムコト」を欲する, という趣旨の文章も見られ[18], 用語法は急激に現代に近づいている.

その後の用例をいくつか記すと, 1906 年には独仏間のモロッコ問題をめぐって「国際会議」が開催されたことが在独公使館から外務省に報告された[19]. 08 年には「国際無線電信条約」が批准公布された[20]. 19 年には, 8 月にロンドンで「国際労働会議準備委員会」が開催された旨の外務省報告があり[21], 10 月にはワシントンで「国際連盟ノ国際労働機関ノ総会」が招集されたことが報告された[22]. このように, 20 世紀に入ると, 主として欧米の「外の世界」において新しい国際的な制度や組織, さらに理念が生み出され, 次々に日本社会

---

17) 「御署名原本・明治 33 年 11 月 21 日条約　国際紛争平和的処理条約」アジ歴 Ref.A03020484300.
18) 「帝国ノ対外仲裁裁判条約締結関係 1899 年第 1 回国際紛争平和的処理条約」アジ歴 Ref.B06150556100.
19) 「摩洛哥ニ関スル紛争問題一件　第 2 巻」アジ歴 Ref. B03041300700.
20) 「御署名原本・明治 41 年条約第 2 号　国際無線電信条約」アジ歴 Ref.A03020780600.
21) 「最近ニ於ケル列国ノ重要情勢」第 1 巻, 大正 8 年 6 月 15 日, アジ歴 Ref.B03030016300.
22) 「御署名原本・大正 11 年条約第 6 号　失業ニ関スル条約」アジ歴 Ref.A03021421700.

に導入されることから，日本社会はそれらを「国際○○」という表現で続々と受け入れざるをえなくなったと理解される．当時のその傾向の頂点に立ったのが「国際連盟」であったといえよう．

「国際連盟」が the League of Nations に相当する日本語としてどのように生み出されたか，残念ながらその経緯は未だ明らかにできていない．1919 年 4 月 21 日に行なわれた臨時外交調査会第 12 回会議では，「国際連盟規約案」の修正大要が報告されている[23]．20 年 1 月 10 日に大正天皇が発した「講和ニ関スル詔書」には，「平和永遠ノ協定新ニ成リ国際連盟ノ規模斯ニ立ツ是レ朕ガ中心実ニ欣幸トスル所」と記されていた[24]．

(2) 新しい国際関係の可能性

それらに先立つ 1918 年 11 月〜12 月には，外務省の中枢（政務局）において，国際連盟への対応をめぐって深刻な戦略的検討が行なわれたと推定される．11 月 30 日には政務局第一課長小村欣一が「講和会議ノ大勢ガ日本ノ将来ニ及ボス影響及之ニ処スルノ方策」（秘）を草し，12 月 30 日には政務局から駐仏大使松井慶四郎への回訓に関する参考文書（極秘）が回覧された．その二つの文書には，世界大戦を終結させる講和会議で，国際連盟，海洋の自由，経済障壁の撤去，軍備制限，植民地の民族自決などが新国際組織の根本に関わるものとして取り上げられるに違いないという予測が記されていた．そして，日本が異人種異宗教であるために不利を蒙るであろうこと，日本の「支那問題」に列強が容喙してくるであろうことが予想されていた[25]．そうした予想にもとづく警戒が求められると同時に，日本が「国際連盟ノ本旨タル永久平和確立ノ見地」から，国際連盟案に賛同する前に付加を主張すべきことがあると指摘されていた[26]．こ

---

23) 「臨時外交調査会会議筆記」（伊東伯爵家文書）アジ歴 Ref.B03030026900.
24) 「御署名原本・大正 9 年 1 月 10 日条約第 2 号　講和ニ関スル詔書」アジ歴 Ref.A03021225900.
25) 「講和会議ノ大勢ガ日本ノ将来ニ及ボス影響及之ニ処スルノ方策」（支那政見雑纂第 3 巻）アジ歴 Ref.B03030378000，1 枚目；「松井大使ヘノ回訓参考並追加トシテ政務局長ヘ提出」（支那政見雑纂第 3 巻）アジ歴 Ref.B03030378700，1 枚目.
26) 「国際連盟案ニ対スル帝国ノ態度」（支那政見雑纂第 3 巻）アジ歴 Ref.B03030278800，1 枚目，5 枚目.

とが注目される.

　日本が国際連盟案に付加することを要求すべき事項の第一に挙げられたのは, 門戸開放主義の確立であった.「人種的並経済的差別待遇ノ撤廃」が現下の最緊要事とみなされるので, 日本として「世界ノ門戸ガ各国民ノ適法且正当ナル活動ニ向テ一律ニ開放セラルベキコト」に努めるべきであるとされた[27]. そして, 門戸開放主義が確立すれば, 日本移民問題も自然に解決を見るであろうとされた. 第二に付加を要求すべきことは「国際連盟運用上ニ於ケル人種的偏見ノ危険防止」であった. 国際連盟が「真正ナル正義ト公平」を基準として運用されなければ, 永久平和を確保することは不可能であることを常に力説すべきであるとされた[28]. 1918年に「英米本位の平和主義を排す」を発表した近衛文麿が, 翌年, 全権西園寺公望の随員として参加したパリ講和会議において, 日本代表団が人種平等案を提案しようとして断念したことはよく知られている. 外務省政務局の方策案はそれと同種のものとみなされるかもしれないが, 国際連盟の側に近寄った, より真摯な政策的検討であった. 少なくとも外務省の一部には, 講和会議において日本が欧米主導の大勢に順応するにとどまるならば, それまでの歴史から脱却しないとの猜疑を受け, 将来孤立無援の地位に陥るのではないかという懸念があった. それよりはむしろ「英米ノ正ニ言ハントシ行ハントスル所ヲ帝国ニ於テ率先提唱シ」「真ノ公平ナル世界的平和及自由組織ノ樹立ニ努メ……日本ノ世界的地位ヲ有形無形ニ確保スル」機会とすべきであるとし[29], 日本のアキレス腱になりうる対中国政策については「従来ノ武断侵略的政策」[30]を改め, 治外法権の撤廃, 勢力範囲の撤廃, 軍隊の撤退, 義和団賠償金の放棄などの「新方針」に出ることを提唱していたのである[31].

　これらの検討は, もちろん現実的な外交政策の検討であって, 理想主義的な外交論ではなかった. そして, そもそも「世界ノ永久平和ハ大国小国ノ平等権ヲ保障スル国際連盟ニヨルニアラズンバ実現シ得ベカラズ. 然レドモ講和条約

---

27)　「国際連盟案ニ対スル帝国ノ態度」5枚目.
28)　「松井大使ヘノ回訓」6枚目.
29)　「講和会議ノ大勢」5枚目.
30)　「講和会議ノ大勢」1枚目.
31)　「講和会議ノ大勢」6-9枚目.「松井大使ヘノ回訓」2-3枚目なども参照.

案中ニ含マルル連盟案ハ甚敷此ノ趣旨ニ反セリ」[32]というのが，当初からの外務省の典型的な見解であったと見るのが妥当であろう．しかし，「国際連盟」という新しい概念の登場によって，外交専門家の間にも一瞬，新しい展望が開けたのであった．既に引用したいくつかの理想主義的な語句に加え，国際連盟は「永久平和確立ヲ目的トスル」「自由均等若ハ正義ニ基ク平和保持ノ組織」として「人種宗教歴史国力等ノ別ニヨラザル完全平等ノ待遇」を可能にし[33]，「普遍的人道思想」に基づく「人類共存方式」によって「世界ノ改造」をもたらすかもしれないとされたのである[34]．さらに日本の対中政策についても，武断政策を「帝国ノ文化政策」に一致するように刷新し，「日支ノ真実ナル諒解親善ノ実ヲ挙ゲ得ル文化共益ノ方途ヲ執」ることさえも提言していた[35]．

　この場面での現実的な外交政策とは，国際関係を国家間関係に限定した上で立てられる外交政策である．それに対して，微かに理想主義的な語法を用いた外交政策の模索には，国際関係を国家間関係から広げ，国民の利益，さらには個々の人間の利益をも考慮しようとする考え方が，僅かにではあれ，含まれていた．その代表例が，日本から国際連盟案に第一に付加を要求すべきとされた門戸開放である．「各国民ノ適法且正当ナル活動」に対して門戸を開放すべきことを要求したのである．この要求が現実主義的な外交政策案として構想されたことはいうまでもないが，通商，移民など，国民が国境を越えて行なう活動に国境を開くことを求めようとするものであった．国際連盟の誕生が外交専門家にもそのようなインパクトを与えたのであるが，ここで想起されるのは，同じ時期の日本語のなかで，「国際」という語彙が「国家」に関わることがらと「国」に関わることがらの二筋の用法を含むように広がっていたという事実である．

　1918年末に小村が起草した「講和会議ノ大勢ガ日本ノ将来ニ及ボス影響及

---

32) 「最近ニ於ケル列国ノ重要情勢(欧米局第二課調査)」第1巻，アジ歴 Ref.B03030017300, 1枚目．
33) 以上いずれも「講和会議ノ大勢」3枚目．
34) 以上いずれの語句も「講和会議ノ大勢」2枚目．
35) 「講和会議ノ大勢」8枚目および「松井大使ヘノ回訓」2枚目．「講和会議ノ大勢」5枚目にも「文化共益ノ根本方針」．

之ニ処スルノ方策」には,「文明諸国ガ一経済組織ノ一部分タルコト漸次認識セラレ」という文章が含まれていた[36].「文明諸国」に限定したものであるとはいえ,グローバル化する国際社会を予見したかのようなことばである.それでは,国際連盟案がもたらしたユーフォリアの瞬間に,いわゆる「国際社会」の概念は日本語に登場したであろうか.

3 「国際社会」の登場

(1)「国際社会」の用例

『日本国語大辞典』は,「国際社会」を「〔名〕多数の独立国家が相互に交渉を持ち合うことによって成り立つ社会」と定義し,早い用例として,美濃部達吉の「国家主義の思想とその限界」(『改造』1929年12月号)のなかの「列国と親交ある国際社会の一員でもある」を挙げている[37].先に「国際」の語彙の掲載状況を調べた辞典類について見てみると,19世紀中に刊行された三つの辞典に「国際社会」の項目はない.「国際社会」という単語が日本語の辞書に初登場するのは,1915-19年に出版された松井・上田の『大日本国語辞典』である.そこには,「国際社会」(Société des nations)は「国際団体に同じ」とあり,「国際団体」(Community of nations)は「若干の独立国が相互に国際公法の拘束を受くることを承認して,事実上組織せる団体」と定義されている.21年出版の落合『日本大辞典言泉』も25年出版の金沢『広辞林』も同様に「国際社会」を「国際団体」と同じとし,それを前者は「特に条約に依るにあらずして,事実上国際公法の拘束を受くるを承認する独立国の団体」と定義し,後者は「事実上甘んじて国際公法の拘束を受くることを承認せる文明諸国の団体」と定義した.国際連盟の設立と時期を同じくして「国際社会」が日本語に現れたのである.が,それは,国家によって組織される社会(あるいは,文明諸国が事実上結成した団体)という用法に限られていたことに注意しなければならない.ちなみに,32-37年の大槻『大言海』には「国際社会」の項はない.

---

36)「講和会議ノ大勢」2枚目.
37)『日本国語大辞典』V-575-576.

戦前の日本の公文書で「国際社会」という表現が使われているかどうか，アジア歴史資料センターのデータベースで無作為に検索をかけてみると，もっとも早い用例として，1920年9月25日に松井駐仏大使が外務大臣に送付した「第三国際社会主義［第2回］大会開催ニ関スル件」が出てくる[38]．同年7月にペトログラードで開催された第三インターナショナルの第2回大会の詳細な報告である．この文書が検索されたのは，コンピュータの機械的な検索によるいたずら（いわゆる検索ノイズ）の結果にすぎないが，この文書のあとにも，20年代にわたって「国際社会保険協会」「国際社会学大会」「国際社会事業大会」「国際社会経済会議」「国際社会運動」など，「国際」と「社会」の予想外の組み合わせが出てくる．しかし，これらは第一次世界大戦の過程のなか，そしてロシア革命から，社会問題，階級問題への国際的な関心が生まれてきたことを示しており，国際連盟の発足と重なる時期に，国際社会の別種の組織原理が可能性として現れたということである．

　その後も「国際社会」が公文書に現れることはほとんどない．1937年8月6日の「欧州ノ政局補足第二送付ニ関スル件」は「重光大使ノ欧州政局報告」であるが，「国際関係より見たる日本の姿」についての考察のなかに「国際社会主義」への言及がある[39]．42年4月2日の「西村大使講演資料（総力戦研究所）」は太平洋戦争中の外務官僚の発言記録であるが，「国際社会」概念の用法において注目に値する．「国際社会ノ発展ヲ法規範ノ面ヨリ回顧スル」この講演において，「国際社会ハ一方，欧洲ニ発生シテ米洲ニ拡大シ，他方亜洲ニ於テ古クヨリ支那ヲ中心トシ亜細亜諸邦間ニ存シタリ」という見方が呈示されたのである[40]．欧米系列の「国際社会」とアジアの「国際社会」を対置する見方は，法規範すなわち国際法に準拠するかぎり，通常は導き出されるはずのない見方である．日本が「大東亜戦争」を開戦するに至った時点での一つの世界観

---

38) 「第三国際社会主義大会開催ニ関スル件」（松井慶四郎，大正9年9月25日）アジ歴 Ref. B03051396900．

39) 「欧州ノ政局補足第二送付ニ関スル件5」（重光外務次官，昭和12年8月6日）アジ歴 Ref.B02030765600．

40) 「外国情勢・西村大使講演資料（総力戦研究所）」（昭和17年4月2日）アジ歴 Ref.B02033034000．

として提出されたものであることは間違いない．ここでいわれている「国際社会」は，国家を構成単位とする「国際システム」を指していることも間違いない．しかし，この斬新な視点は，「国際社会」を近代国際法システム，すなわち主権国家体系と見る見方を超えたものを含んでいる．「国際社会」をより広い意味を含んだものと観念することによって，それが古代中国以来のアジアにも存在し続けてきたとみなすことが可能になるのである．

(2) 国際連盟脱退と「国際社会」

20世紀前半の日本の外交文書でさほど頻繁に使われたことのない「国際社会」が，1回だけ，決定的な文脈で用いられたのは，1933年3月11日の齋藤實首相による国際連盟脱退通告文においてである．すなわち，「帝国政府ハ現下国際社会ノ情勢ニ鑑ミ世界諸地方ニ於ケル平和ノ維持ヲ計ランガ為ニハ……斯ノ如キ公正ナル方針ニ則リ初テ連盟ガ其ノ使命ヲ全ウシ其ノ権威ノ増進ヲ期シ得ベキヲ確信セリ」[41]．この文章が当時の日本政府による利己的な強弁ないしは修辞であったことはいうまでもない．ここに用いられた「国際社会」が空疎であったことは，日本政府の英訳文の該当箇所が"existing circumstances"でしかなかったことにも表れている．しかし，それならば「現下ノ国際情勢」で済んだはずのところを「国際社会ノ情勢」という表現にしたことによって，「平和ノ維持」「公正ナル方針」「[連盟ノ] 権威」という高邁な観念を援用することが可能になっている．連盟理事国として日本自身も形成に参画してきた「国際社会」は，英米主導の現実の国際政治世界よりも公正であり，普遍的であるはずであると想定し，そこに自己正当化の根拠を求めようとしたのである．

4 複数の意味をもつ「国際社会」概念

(1) 翻訳書『国際社会史論』

ここまで主として公文書，外交文書の世界を見てきたが，「国際社会」とい

---

[41] 「国際連盟脱退ニ関スル措置案」（昭和8年3月11日，内閣総理大臣齋藤實）アジ歴 Ref. A03033196700，4枚目．

う表現がより広い一般の日本語社会に登場した一例が，実は，1922年にある．その年(大正11年)7月に『国際社会史論』というタイトルの翻訳書が大日本文明協会から出版されたのである．これまで見たように，「国際社会」が公文書にはほとんど登場していない事実，また，その後今日までの用例に照らしてみても，これは異例といってよい初期の用例である．この本は，T. J. Lawrence (1849-1919)の The Society of Nations: Its Past, Present, and Possible Future という New York の Oxford University Press, American Branch から1919年に出版された本の全訳で，訳者は今村源三郎(出版社・偕成社の創業者と同一人物と推定される．とすれば，1897-1974[42])という石川中学の英語教員(1922年当時は東京大学法学部に在学中か)であった．なお，訳書の出版者の大日本文明協会は，大隈重信を会長とするなど，早稲田大学の系列で，社会教育を意図していた．

ケンブリッジ大学などで国際法を講じていた原著者のローレンスは，アメリカ(シカゴ大学)からイギリスに戻って，ブリストル大学で教えており，当時代表的な国際法学者の一人とみなされ，すでに2冊の著書が国際法教科書として日本語に翻訳されていた．彼が1917年の秋にブリストル大学で行なった六つの連続講義をまとめたのが The Society of Nations であった．今村の翻訳は熱意がこもっており，ほぼ正確である．冒頭に，原書にはない訳者による「序」と「概説」がつけられており，「序」の最初に「近代に於て広義の交通機関が長足の進歩を遂げたる結果，現代に於ては国際社会が唯一の実在的社会として出現するに至った」[43]と，21世紀の今日の「国際社会論」をも飛び越えるほどの宣言がなされている．これは文化的社会，経済的社会の見地ばかりでなく，政治的社会の見地からも明白な事実であって，国際社会の歴史の研究を閑却する国際問題研究者の議論は「夢想的理想主義者の議論」にならざるをえない，とまで注意される[44]．

---

42) 『偕成社五十年の歩み』偕成社，1987年，10頁．
43) Thomas Joseph Lawrence, The Society of Nations: Its Past, Present, and Possible Future, New York: Oxford University Press, American Branch, 1919. 今村源三郎訳『国際社会史論』大日本文明協会，1922年，訳書：序1頁．以下，原書からの(筆者自身の翻訳による)引用，今村の訳書からの引用箇所を，それぞれ原書：頁，訳書：頁と略記して示す．
44) 訳書：序1-2頁．

訳者の今村は，原題の *The Society of Nations* をはじめから『国際社会史論』と訳すことに決めていたように思われる．上に見たように，1915-19 年に出版された松井・上田の『大日本国語辞典』に，"société des nations" が「国際社会」と言い換えられていたのであるから，当然事であったのかもしれない．原書の第1章，第2章，第6章のタイトルは The Origin of International Society, The Growth of International Society, The Rebuilding of International Society であり，訳書のそれは「国際社会の起源」「国際社会の発達」「国際社会の改造と国際連盟」であるから，"international society" も「国際社会」と訳された．なお，今村の要約によれば，ローレンスの本書は，前半で国際社会の発生と発達の歴史を述べ，後半でその国際社会が第一次世界大戦で蒙った打撃を述べたあと，最後に国際社会の改造に対する理想を述べたものである．

　原書の冒頭でローレンスは，「諸国民（あるいは，諸民族）からなる社会」（"the Society of Nations"）の存在を一般の人々は当然視しているが，初めは存在しなかったのであり，その後長く緩やかな発展の過程を経て，第一次世界大戦前の形に至ったのであると述べている．世界大戦はその社会に対する人々の観念に混迷をもたらしてしまったので，それを回復させることが今後の課題であることを示唆している[45]．

(2)「国際社会」の模索

　続けてローレンスはもう一つの混迷を取り上げる．それは本論の中心的な論点にもっとも深く関連する点である．まず該当部分の今村訳を示そう．

> 且つ吾人は世界戦に依ってこの society of Nations なる語が従来使用されてをりたる概念を表すには全く不適当なるを知るに至った（訳者注，我国にては国際社会と訳されて居るも厳格に云へば民族際と訳されるべき語也）．思ふに若し，吾人にして従来の概念を厳格に表現せんとするには society of Nations なる語を用ひずして society of states（国際社会）なる語を用ふべきである[46]．

---

45) 原書：pp. 1-2．なお，以下英単語の頭文字が大小まちまちであるが，原文のままである．
46) 訳書：4頁，原書：p. 2.

訳者はもちろん，原著者ももっとも格闘している箇所である．まず，訳者が原語を持ち出していることが際立つのはここだけである．そして，"society of nations" と "society of states" を訳し分けようとして，訳者注まで挿入し，"society of nations" に「民族際社会」という訳語を与えようとまでした[47]．しかし，結局，"society of nations" にも "society of states" にも「国際社会」の訳語を与えたのである．

ローレンスが本書でもっとも力を注いだのは，まさに "society of nations" と "society of states" の相異を指摘することであった．本論で国際法の意義を説くことを目的とする国際法学者として，導入部では「(国際的な活動をする)集団が形成する社会は『諸国家の社会』であって，『諸国民(あるいは諸民族)の社会』ではない．集団相互の関係において遵守する規則も『国家間法』(Interstate Law) [すなわち，国際法—筆者注] であって，『諸国民間の法』(International Law) ではない」[48]と強調するのである．国際法は "international law" ではない，とする命名矛盾まで犯すことになってしまっている．

ローレンスが逢着した困難の原因は，英語の "nation" という基本語彙があまりに包括的，多義的で，曖昧であることにある．日本語では，「国民」と「民族」に訳し分けることによって意味を多少明確にすることができるが，英語ではそれができない．"nation" のローレンスの定義は，「共通の血，共通の言語，共通の歴史，共通の制度，共通の宗教，そして人生と社会への共通の見方という絆によって結ばれた個人の集合」[49]というものである．今村はこれをもって "nation" を「民族」としており[50]，それはおそらく正しい．しかし，ローレン

---

[47] 今村はもう一カ所，自らつけた本書の「概説」の第1章の冒頭に「著者は先づ民族と国家との区別を論じ，現在の用語たる Society of Nations (我国の国際社会と同義の語なれど，語義的には民族際社会の義) は現在の状態を表現するには適当ならざるを指摘してゐる」と述べている (訳書：概説1頁)．付言すれば，今村が訳者の分を越えて「民族」概念を押し込んだ事実には，「民族自決」原則の提唱にともなって登場した「民族」を「国際社会」の構成単位とする見方に，当時の日本人が魅力を感じたことが反映したと考えられる．それはまた，両大戦間期の日本が植民帝国として膨張する方向に適う見方であった．

[48] 原書：p. 4, 筆者訳．訳書：8頁を参照．

[49] 原書：p. 2, 筆者訳．

[50] 訳書：4頁．

第1章　概念の文化触変　19

スは「"nations"を，国際社会（"international society"）とよぶ以外にないものの単位とみなすことは絶対にできない」[51]と述べていることからすれば，今村が"society of nations"を「民族際社会」と訳したならば，それは完全な誤訳になるところであった．90年後に議論に加わる筆者は，ローレンスのこの定義が「国民」の実態的定義としても同様に成立すると考え，彼の"society of nations"の仮訳として「諸国民（あるいは，諸民族）からなる社会」を挿入したが，それによって混乱を増しているかもしれない．

　残された問題は，国民と国家の関係（nation と state の関係），すなわち国民主権のありかたであり，いいかえれば，「国際社会」を国民集団を基本的単位とする全体と見ることができるかどうかである．ローレンスはそのことにはまったく触れず，第一次世界大戦に至るまでの国際法の「発展」を辿ったあと，大戦によって混乱させられた国際法体系を国際連盟によって再建し，進化させることを期待すると説いたのである．他方，ローレンスは「諸個人からなる社会」（the Society of Individuals）について語って連続講義を結んでいる．人々の思想に偉大な変化が起れば，正義と公正，慈悲と善意が国家間の交渉にもその地位を占め，「諸個人からなる社会」の安寧を可能にする，画期的な変化が生まれるであろう，というのである[52]．訳者の今村はこの理想をローレンスのキリスト教的同胞主義に帰しているが，国際法を文明人が構成する文明国間の法とみなす国際法学者が国際法の世界に回帰したと解釈することも可能である．そのいずれにせよ，世界戦争の世紀であった20世紀の初めに，「国際社会」を個人が形成する社会として遠望する見方が姿を見せたことは貴重である．

まとめ――「国際社会」概念の歴史的特徴

　ローレンスは「何世代にもわたって使われてきたこの用語法を今すぐ変えることはできないが，このこと［『諸国家の社会』であって，『諸国民（あるいは諸民族）の社会』ではないこと］をいつも忘れないことが必要である．表現と

51）　原書：p. 5.
52）　原書：pp. 155-156，訳書：214頁.

その内容が同一ではないかもしれないということを心にとめて，それを使わなくてはならない」[53]ともいった．その点は筆者の考えも同じである[54]．「国際社会」という日本語をこれからも用心深く使うために，以上の調査で明らかになった点を二つの側面から箇条書き的に整理しておきたい．

(1)「国際社会」概念の内包面の主な特徴

① 「外国交際」「各国交際」「万国」から「国際」へと明確に移行したのは19世紀と20世紀の交である．「国際」は20世紀の日本語語彙である．

② 「国際」の源流は「国際法」であるが，より広く「国際的」という表現が「国際」を広げた．

③ 「国際」，さらに「国際社会」という概念の概念史上最大の画期は第一次大戦と国際連盟である．

④ その頃，「国際」を「国家」に関わることがらとする用法と，「国」に関わることがらとする用法の二つの流れが日本語に含まれるようになり，この二面性は「国際」ということばの基本的な特性として，今日まで続いている．

⑤ 第二次大戦の終了までは，「国際社会」を「国家を単位とする社会」とする用法が圧倒的な主流であった．

⑥ 第一次大戦後，国家以外の集団を単位とする国際社会を想定する見方が現れるようになった．それは「階級」と「民族」であった．

⑦ 「国民」を単位とする「国際社会」観は第二次大戦後まで不在であった．戦前，その見方はローレンスになく，日本語にもなかった．国民国家となる間もなく植民帝国となった戦前の日本で，「国民」を単位とする「国際社会」が想像されることはありえなかったということであろう．

⑧ 本論の論考は及ばなかったが，論理的に第二次大戦後に新出することが予想される「国際社会」は，国民単位のそれと，さまざまな部分社会を含むそれ，究極的には個人を単位とするそれであった．最終的にどれか一つに収斂するこ

---

53) 原書: p. 8.
54) 筆者が日本国際政治学会のニューズレターに「求む，『国際』に代わる新しいことば」（日本国際政治学会『JAIR Newsletter』No. 115, 2008 年 4 月, 1-2 頁）を寄稿した背後にはこのような考え方があった．

とは予想されず，複数の「国際社会」観念が並存するであろう．そこでは，誰がどの意味で「国際社会」を用いているかに注意を払うことが肝要である．

(2) 日本語「国際社会」にまつわる心性

明治新政府の大政復古に関する布告には「外国交際の儀は宇内の公法による」とあった．国際法，さらに国際連盟の新設に大きな期待を寄せた日本は，1933 年 3 月の国際連盟脱退に際しては，「国際社会」に言及して，そこに自己正当化の根拠を求めようとした．そして，第二次大戦後，日本国民は日本国憲法(前文)で「専制と隷従，圧迫と偏狭を地上から永遠に除去しようと努めてゐる国際社会において，名誉ある地位を占めたい」との願いを宣言したのである．

①日本と日本人にとって，国際社会はまず外に存在するものであって，そこには「何かよいもの」が用意されており，日本はそこにあとから入って行くものと観念されて，始まった．

②しかし，日本国家の参入が深まるにつれ，国際社会は外にあって，日本はそれに対応するだけという文化接触にとどまらず，日本自身も変化を及ぼす状況のなかで継続する，相互的な文化触変の過程に移行した．

③その過程で，国際社会の形成と変化への対応の試みは，実は，世界同時進行であることが少なくなかったように思われる(ローレンスの模索の例など)．

④にもかかわらず，戦前の国際連盟脱退の理由づけと戦後の「国際社会」に対する願望に同根のところがあるように，日本政府と国民は依然として「国際社会」を現実の国際政治経済場面の上に位置づけ，「何かよいもの」を備えていると観念しているように思われる．

とはいえ，「国際社会」は日本語以外の世界においても確固とした実体を伴わない概念であり，これからも「国際社会」が国際社会を追い求め続けるのであろう．

第2章 概念の伝統と近代
中国と日本における「公共」

金 鳳珍

はじめに

　公と私は対概念だが，相関概念でもある．たしかに両概念は対立もする．しかし「公なくして私なく，私なくして公なし」といえるように相互連関しており，調和もする．その意味で，公と私は〈不即不離〉の関係，または相補関係ないし差延関係にあるといえる．その間には公と私を媒介する概念として共がある．そこで公・私・共という相関概念の三元構造が成り立つ．そのなかで，公と共が結合すると公共に成る[1]．この公共という概念＝「公共」は，人々が「公を共にする＝公共する」という動詞的な意味を内包する．

　世の中のすべての事物は生育し変化する．そして死ぬか消え去り，新しく生まれ変わる．いわば歴史性をもつ．事物の一つたる概念も同じである．こうした事実を踏まえて，本論文では東アジア伝統の「公共」の歴史を中国と日本を中心に考察する．本論に入る前に，現代語辞典にみる中国語と日本語の公と私，そして中国伝統と日本伝統の公と私それぞれの語意の特徴を簡潔に整理する．そのうえで両国伝統の「公共」の歴史を概観し，また近代の新しい公共概念＝公共／性に潜む「翻訳の問題」を指摘しておきたい．

　まず，現代語辞典にみる中国語の公は，「公共を含意する」，「動詞にもなる」，「国家次元を超える」という特徴をもつ．対して，日本語の公にはこれらの特徴がないとされる．両方の差には両国伝統の公概念の差異が投影されている．一方，日本語と中国語の私には〈否定的な意〉が目立つ．その背景には〈私＝

---

1) 公共の「共」は，公の担い手であると同時に，私ないし私の担当者である人々（あるいは，個々人）を含意する．端的にいえば，多数の「私が共にする」という私共の意を含む．ただし私共という概念は一般的には使われていない．

独占・閉〉とされた両国共通の伝統がある．

　次に，中国伝統の公は①君主の公，②公権力，③人々の公・万物の公，④天下の公・国家の公などの意があり，多義性・重層性をもつ．そのなかで③と④の公は共の意を含む場合が多い．たとえば「天下為公」というとき，公は共の意をもつとされる[2]．中国伝統の私は①私有・私用の意であり，公の②③④の反対語とされる．日本伝統の公は「天皇・国家の公」の意であり，「万物・天下の公」の意をもたない．したがって公共の意を含まないか，たとえ含むといっても，その意が「天皇・国家」の公共に限定される．溝口雄三の言葉をかりていえば，「原理・道義の公」[3]，「倫理性・原理性」「つながりの公」[4]とは縁が遠い．この公(おおやけ)の特性は私(わたくし)にも響く．また私(わたくし)は反原理的・反倫理的な意をもたなかったせいか，一人称の語にもなった．

　さて，中国で公共という語を初めて作り用いたのは，司馬遷(BC145-BC86)の『史記』である．それ以降，唐代までその用例は稀である．唐代を経て，宋代になると公共の用例が次第に増える．そして程朱学の発生と共に急増する．これより程朱理学の性格を強く帯びるようになる．明代には，陽明学の影響のもとで陽明心学の要素も加わる[5]．一方，日本では，江戸時代の儒学者や国学者の間で公共という語が多く用いられた．

　近代以降，日本で，西洋語から輸入された「公共 public，公共性 publicity or publicness（ドイツ語 Öffentlichkeit）」という新しい公共概念が産まれた．それによって公共の語意は大きく変化していく．周知のように，近代日本は西洋語からの翻訳語＝和製漢語の産室であった．その和製漢語の大部分は中国を含む東アジア漢字文化圏も共用することとなった．公共／性はその一つである．ここで「産まれた」とは「創られた」を意味しない．「新しい」とはいえ，そこに伝統が混合されているからである．その意味では，公共／性は一種の伝統の

---

2) 後漢の鄭玄(127-200)は「天下為公」(『礼記』礼運)という言葉に，「公は共なり」と注釈を付けている．
3) 溝口雄三『中国の公と私』研文出版，1995年，51頁．
4) 溝口雄三『公私』三省堂，1996年，56頁，78頁．溝口は，日本と中国の公私の特性を「領域性」対「倫理性・原理性」と区別する(56頁)．
5) ここで程朱理学と陽明心学との区別は，あくまで便宜的なものである．実は，程朱学も陽明学も理学と心学，そして気学の要素をもち合わせている．

発明として伝統と近代の異種交配(hybridization)の産物である．あるいは，概念の「文化触変(acculturation)」によって産み出された複合体である[6]．

ここで注意を喚起したいが，あらゆる翻訳語は必然的に翻訳の問題を伴う．翻訳語と原語はそれぞれの歴史性をもっており，その間には異(相違性)と同(共通性)が介在するからである．とくにその異には当該国の人々の思考様式や言語コードの差が投影されている．そこから翻訳の誤謬や誤差，語意の混同や重複などの問題が生じる．これと関連して，公共／性は近代産れの和製漢語なので，次のような問題を孕んでいる．

近代産れの和製漢語には西洋と日本の伝統／近代が混合して投影されている．そこから，日本以外の東アジアの伝統／近代は捨象されるか，日本の伝統／近代によって表象される契機が作り出される．これは和製漢語を用いる東アジア人にも響く．その結果，東アジア人の思考様式は，程度の差こそあれ，西洋と日本の近代／伝統に呪縛されるようになる．次に，東アジア諸国間にも一種の翻訳の問題が生ずる．たとえ翻訳語を共用するとしても，各国の人々の思考様式や言語コードの差が介在するからである．

したがって，東アジア伝統の公共の概念史を考察する際には，近代産れの公共／性にまつわる「呪縛」を認知し，かつ超克していこうという心構えが必要となる．そして東アジア各国の伝統の異とともに各国の人々の思考様式や言語コードの差に注目し，その差異を比較しなければならない．とくに日本の近代／伝統の呪縛は深刻である．例えば日本伝統の儒学理解は独特で，儒教の本来性から遠く離れた理解も多い．さらに近代以降，近代主義によって歪められた理解も加わって，それがまた，日本以外の東アジア諸国にも広がることになる．これは，例の「呪縛」の根深さを物語る．

1　中国伝統の公共

公共という語を初めて作り用いたのは，前述したように，司馬遷の『史記』である．司馬遷は，漢の文帝が法の定めを超えた裁量(＝重罰)を求めたとき，

---

6)　「文化触変」については平野健一郎『国際文化論』東京大学出版会，2000年を参照．

廷尉(法務長官)の張釋之が次のように答えたという.「法とは,天子が天下とともに<u>公共</u>する所のものである. 今,法,此くのごとし. これを更に重くすれば,その法は民に信ぜられざることになる(法者天子所与天下公共也. 今法如此而更重之,是法不信於民也)」(『史記』「張釋之馮唐列伝」). すなわち法とは,天子(=君)と天下(=民)の公共するものだから,その定めを超えた重罰を民に対して下すことはできないということである.

　この例文の「公共する」とは「君と民が法=公を共にする」=「君民公共」と言い換えられる. その意味で,君民上下の垂直的位相の倫理性・政治性を含む. だが同時に,「天下の民の公共」からは水平的位相の開放性・公平性の強い公共観念が醸し出される可能性を孕む. 天子も天下からいえば「民の一人」なのである. こうして「公共」は人の位相や地位を問わず,あらゆる人間の水平的位相の倫理性・政治性や開放性・公平性を表すこととなる. 後述するが,程朱学の「公共」(「天下公共・衆人公共」の道・理)がそれである.

　唐代に至るまでは,公共という語はあまり用いられていなかったようである. 唐代以前の用例を見ると,例えば『漢書』に,上で引用した『史記』の例文が記載されている. また『釈名』釈水第四には「江は公である. 小さい水がその中に流入して公共する」とある. この「公共」とは「共に合流」という意であり,公がなくても共だけで意味は十分通じる. さらに,『晋書』刑法志の「それ人君の天下とともに共する所のものが法である(夫人君所与天下共者法也)」という文は,『史記』の例文と類似するが,「公」が脱落し省かれている.

　唐代になると,公共という語の用例が散見される.『全唐文』には「これ聖王が典章を宣明する所以にして,天下と与に公共するものである」(陸贄　謝密旨因論所宣事状)とあり,『史記』の例文と類似した意味をもつ. そして「国家が事を作る際,公共を以って心と為すものは,人が必ず楽しんでこれに従う」(陸贄　奉天請罷瓊林大盈二庫状)や,「公共を諧[和]する」(『晋高祖　以宰臣一人知中書印詔』)などは,公共が名詞として用いられた例である. この名詞としての公共は「無私,公正,共和」の意をもつと理解される.

(1) 程朱学の公共

　宋代になると公共の用例が次第に増える.『建炎以来繋年要録』には「公共

に熟議する」(巻123　紹興八年十一月),「公共に商量する」(巻134　紹興十年三月)とあり,公共は副詞として「共に」という意味で使われ始めた.また,宋代以来の宗族制度の発達と関係して「公共に嗣を継ぐ」(『宋史』巻125)という表現も現れて,宗族社会の相続に関しても公共という語が用いられ始めた.これは,「公共」の社会への拡散現象を示す.

　程朱学は,伝統の儒教を「理」によって理論化し,理学を生みだす.これより「公共」は理学の性格を強く帯びるようになる.その理はまた,「日用人倫」の道と結合し,衆人の倫理化・政治化を推進する.そうして程朱学は一種の公共哲学への地平を開く.いや,そもそも儒教は一種の公共哲学である.それを,程朱学は活性化したといえる.つまり,理学の性格を強く帯びた「公共」を〈発明〉し,それによって新しい公共哲学を打ち立てたのである.

　程朱学における公共の用例は次第に多くなるが,その先駆は程明道(名は顥,1032-85)・程伊川(名は頤,1033-1107)の兄弟であり,それを継承したのが朱子(名は熹,1130-1200)である.まず,『二程集』の用例をみよう.そこには,例えば「万物は皆,ただこれ一箇の天理」とし,「人は能く一身を放ち,公共の放在する天地万物の中を遊う」,「天を言えば一つ,公共無私の意思を有つ」(河南程氏遺書,巻第2上)とある.すなわち,天＝天地万物は公共無私のものであり,人は一身＝自私を解き放すとその一部分となり,天の公共＝人の公共となる.

　『二程集』には公と私,公と利をめぐる議論が多い.公と私に関しては,例えば「至公不私」「大公無私治天下」「至公大同之道」(周易程氏伝,巻第1)を言う.公と利については,「理とは天下の至公,利とは衆人が同じく欲する所のものである.苟もその心を公(に)し,その正理を失わなければ則ち衆と与に利を同じくする」(周易程氏伝,巻第3)と言う.ここで「至公,大公」とは「公共」を含意する概念であると言ってよい.ちなみに,衆(人)の利は決して否定的に見られておらず,むしろ肯定的に論じられていることが注目される.

　また,『二程集』には「道は天下の公」「理は天下の公」といった表現が多い.この公も「公共」を含意する.「天を言えば皆を涵し覆う意を有つ.王を言えば皆を公共無私にする意を有つ」(河南程氏粋言,巻第1)と言うからである.そうすると,天(下)・王と相関する公・道・理などの概念は「公共」「無私」を

第2章　概念の伝統と近代　　27

含意することとなる．その結果であろう，程伊川は，弟子の尹和靖(名は焞)が「道とは衆と公共する所」と言った時，それに賛同している(河南程氏外書，巻第12)．いわば「衆人公共の道」という命題である．

こうして「天下の公・人々の公」は，天下の人々に開かれた「天下公共・衆人公共」になる契機が得られた．その後，二程の継承者たる朱子において，公共の用例は急増する．その用例は多様だが，『朱子語類』には概ね「気」「道」「理」と相関して用いられている．例えば，「天地間の公共の気」「祖考[祖先]もただこの公共の気のみ」(巻第3，鬼神)と言う[7]．そこから「天地公共の気」という命題が成り立つ．また，朱子は「天理の公・人欲の私」，「飲食は天理，美味[貪欲な味]は人欲」(後述)を説いた後，「道は古今共に由る理．父の慈，子の孝，君の仁，臣の忠の如き，これ一箇の公共する底(よりどころ)の道理である(是一箇公共底道理)」(巻第13，学七力行)と言う．道理もまた，公共のものである．

さらに，朱子は「この理は天下公共の理なり．人々皆に一般[一様]で，初めから物我の分なし」(巻第18，大学五或問下伝五章)と言う．「天下公共の理」という命題とともに，理の万人具有性を説くのである．ここで管見であるが，理は「天理自然権」(私の造語)という自然法的人権観念や一種の人間平等観念を内包している[8]．そして「公＝平分」「平」「均」などの概念と結びつき，私や私的欲望を肯定する契機を生みだす．また，衆人も倫理・政治の主体として浮上する契機を醸し出す(後述)．そうした契機を触発し媒介する概念が「公共」である，と私は考える．

---

7) 朱子は，「雨風露雷，日月昼夜，これ鬼神の迹である．これ白日，公平正直の鬼神である」(巻第3，鬼神)と言う．朱子の「公共」とは「公平正直」という倫理性ないし原理性を含意する．

8) 溝口は中国の公私論を展開するなかで，清末民国期における近代的な権利概念の〈発明〉を述べている．私見であるが，その権利概念を発明するに際して，基礎となった伝統の概念は「理，天理」である．そこから「天理自然権」という観念が生み出されたのである．その詳細は，金鳳珍「서구 '권리' 관념의 수용과 변용──유길준과 후쿠자와 유키치의 비교 고찰(西欧「権利」観念の受容と変容──俞吉濬と福沢諭吉の比較考察)」延世大学校国学研究院『東方学志』第145輯(2009年3月)，あるいは金鳳珍ほか著『인권의 정치사상──현대 인권 담론의 쟁점과 전망(人権の政治思想──現代人権談論の争点と展望)』이학사，2010年を参照．

朱子は言う．「楽は，衆と与にこれを共にするという意を有つ」，「楽は公(に)して私を慍む．君子は公共の楽を有ち，私己の怨みがない」(巻第20，論語二学而篇上)．このように「衆共の楽」「公共の楽」とともに「楽は公」を述べる，朱子において「公＝公共」となる．そして「道理とは天下の公共する所」(同)と言う．朱子の「天下公共の道理」の命題である．この命題は，道・理の相関概念と結合して多様な表現を生みだす．例えば「道義は公共する無形影の物事」「道は物我の公共する自然の理」「道義は衆人の公共する底(道義是衆人公共底)」(巻第52，孟子二公孫丑之上)などである．最後の引用文の「衆人公共の道義」に注目したい．それは朱子の〈公共の民衆化〉への意志を表す言葉であると思われるからである．

なお，「理，これ公共の物事」(巻第93，孔孟周程張子)，「天下公共の理」(巻第94，周子之書太極図)，そして「道は天下公共，これを既に己に於いて得たので，必ず人に及ぶべし」(巻118，朱子十五訓門人六)と言う．朱子は「天下公共の道理」を「日用人倫」として民衆に普及しようという，〈公共の民衆化〉をめざしていたと言ってもよい．その目標を早く達成したいという焦りもあってか，「この道理は天下の公共する所で，我独りがこれを暁りて人は暁り得ず，自ら悶える」(巻119，朱子十六訓門人七)と吐露する．

(2) 陽明学の公共

程朱学は，仏教の空や道教の虚に対する実の理を掲げ，それによって新しい秩序を構築しようとした．この目的は元代を経て明代に至るまで，程朱学が王朝体制の教学，士大夫・官僚の正統学問となり，理学の隆盛を現出したという点で，一定の程度には達成されたといえる．しかしそれは逆に，程朱学の硬直化や理の虚理化といった弊害をもたらした．その間，〈公共の民衆化〉も一定程度，進展した．とはいえそれは，時代の変化とともに浮上しつつあった，民衆の要求を充足させるほどの進展ではなかったようである．

王陽明(名は守仁，1472-1528)は，明代の社会変動に沿って，程朱学の教えの一部を改変し，また〈公共の民衆化〉の進展を加速させようとしたといえる．そのために，程朱学の虚理化した理を現実の「日用人倫」の理に取り戻し，その学問の担い手を士大夫・官僚から民衆へ拡散させようとした(程朱学の民衆

化)⁹⁾．それゆえ，「性即理」に代わる「心即理」を提示し，「致良知」を唱えた¹⁰⁾．また「天地万物一体の仁」という程明道の命題を再生し，「親民」を唱えた．親民とは「仁」を民の「用」に立たせるという意味で，政治・倫理の地平を民衆に開くことを含意する．さらに，「公共」の範疇を学・学術に広げ，〈学・学術の民衆化〉を目指した．これは，陽明学による新しい公共哲学の誕生を物語る．

　陽明は，学術の方法として「尊徳性」(陸象山)と「道問学」(朱子)の併用を説きながら「心を公平正大の地に置き，勝を求めようと務めることなきを願う」(『王陽明全集』外集巻5，答徐成之一)と言う．その「公平正大」とは「公共」を含意する．「学術は今古聖賢の学術にして，天下の公共する所」(答徐成之二)と言うわけである．「天下公共の学術」こそが「聖人の学」と，陽明は言う．「聖人の学は人己 [自他] なく，内外なく，天地万物を一にすることを心となす．……いまの心性の学をなすものにして，果して人倫を外にし事物を遺れるならば，誠にいわゆる禅なり」(文録巻4，重修山陰県学の記)．彼の「学」は心学とされるが，その実は「天下公共する」日用人倫の学である．

　陽明のめざした〈学・学術の民衆化〉は弟子たちに継承された．例えば，王龍渓(名は畿，1498-1583)は「吾人の講学は勝心を有つことと己見を執ることを第一に怕れる．そもそも学は自ら古今公共の物にして，吾人が得て私する所ではない」(『龍渓王先生全集』巻10，再答呉悟斎下)という．その「古今公共の学」を民衆化すべく，龍渓は宇宙的良知を力説した．そして人間の良知としては「現成良知」を主張した．現成とは「現に目の前にでき上がっているところ」という意味である．すなわち道・理を明らかにするのは，誠意正心・格物窮理ではなく，人々の誰でも持っている良知の自然な意志や，それを社会に広める＝公共する活動・実践なのだ，と主張したのである．

　王心斎(名は艮，1483-1540)は，良知心学を唱え，泰州学派を形成し，講学活動を社会に広める運動を展開した．彼の若年からの熱烈な経世意識は「致良

---

9)　溝口雄三「儒教道徳の民衆化路線」溝口雄三・伊東貴之・村田雄二郎『中国という視座』平凡社，1995年，第2章を参照．

10)　「良知良能は愚夫愚婦も聖人と同じ」という陽明の命題は強力な民衆への志向を示している．

知」によって簡易直截な判断の根拠を得，「万物一体の仁」により致良知説を天下に普及させようとしたのである．具体的には，日用人倫が各自の良知に支えられているという自覚を庶民に促し，通常実践する道・理のあり方こそが聖人のそれと等しいという現成論を唱えた（『王心斎全集』巻3，語録七一）．そして良知を信頼しきって自在に躍動する様を「楽」とし，「楽是学，学是楽」（同巻4，学楽歌）と表明した．心斎はまた，「満街の人，都(すべ)てこれ聖人」（『伝習録』下，113頁）という，聖人と庶民を同一の地平に置く良知現成論の発言で有名である．

泰州学派の羅近渓（名は汝芳，1515-88）は，『中庸』第1章の「性に率(したが)うを道と謂う」「道は須臾も離れる可らず」を，「これ便ち人人が公共する」（『羅近渓先生明道録』巻5，会語）と解釈する．朱子も言う「衆人公共の道」と変わりがないようだが，しかし，近渓の「人人公共の道」とは良知現成論を踏まえた道である．それは，〈衆人から発出する公共の道〉を含意する．民衆は〈公共〉の担い手となり，かつ〈公共〉を築き上げる主体ともなる．この近渓の「道」は，〈民衆の倫理・政治主体化〉の強力な契機を孕んでいたといえる．

(3) 陽明以降の公共

陽明学は，「心即理」「致良知」，良知現成論などによって〈公共の民衆化〉の新しい地平を開いた．この地平は〈民衆の倫理・政治主体化〉への道をひらく可能性をもっていた．のみならず，陽明学はまた，私・欲望肯定への新しい地平も開いた．その結果，陽明学以降，〈公共の民衆化〉と私・欲望肯定は同時進行していく．もっとも，その起源は程朱学にあることを忘れてはならない．繰り返しいうが，程朱学は天下公共＝万人具有の理を説くことによって，人権・人間平等の観念とともに私・欲望肯定の契機を生みだし，さらに，〈民衆の倫理・政治主体化〉の契機を醸し出すのである．

程朱学においては，一面で人欲の私を〈否定的なもの〉とするが，しかし他面では，天理・自然の私や欲望を肯定する．その基底には「天理人欲，同行異情」（『朱子語類』巻第78，尚書一堯典）という観点がある．程朱学の「天理の公 vs. 人欲の私」「存天理 vs. 滅人欲」という対比命題のなかで，後者は〈否定的な意〉をもつ．ただし，その際に否定される人欲はあくまで私利私欲・貪欲とい

った作為の欲望に限る．前にも引用したが，「飲食天理，美味人欲」(巻第13,学七力行)と言うように，飲食の本能・生存欲＝自然的欲望は天理として肯定されるのである．

天理自然の欲望肯定は宋代を経て明代にも継がれ広まる．やがて明末清初になると，肯定されるべき欲望は，人の自然欲にとどまらず，それまで〈否定的なもの〉とみなされてきた人欲の私，そして私的所有欲にまで及ぶ[11]．こうした欲望肯定の拡大は，公共の担い手が衆人一般にまで広がる過程で生じた現象である．その背景には，陽明学以降の儒教の変化とそれに伴う〈公共の民衆化〉の新しい進展があった．同時に，理観の変革があった[12]．その結果，明末からは，私・欲望肯定の言説が表面に出はじめたのである．

一例として，呂坤(1536-1618)の言説を引用してみよう．「世間万物には皆欲するところがある．その欲はまた天理人情，天下万世公共の心である．毎(つね)に憐れむ，万物に多かれ少なかれその欲するところを得ざる者のあるを．……天地が許多(あまた)の人・物を生んだ以上は，自らこれを養うに足る．それなのに欲を得られない者があるのは，正に不均の故による」(『呻吟語』五)．ここで「欲」は自然欲・所有欲をいうが，それが「公共の心」，すなわち人々の誰にもある天理自然の欲望として肯定されている．その「欲」は本来，人々に「均しく」充足されるべしというわけである(均分思想)．

呂坤においては，人欲の私・私的所有欲は「天理人情」「天下公共の心」とされる．その「天下公共の心」を「天理＋人情(＝心)の万人具有性」と理解すると，「天下公共の理」と「天下公共の情」，そして「天下公共の欲」という命題が成り立つ．そうして「天下公共の理」は「天下公共の情・欲」を包摂することとなる．それによって，情・欲はかえって理に浸透し，理の内実を質的に変革することとなる．この理観の変革を触発し媒介したのもまた，「公共」なのである．ここで「公共」は，「理」「均」と結びつきながら，私・欲望の肯定を導き，ついには天理の公と人欲の私を媒介する役割を担うにいたったのである．

---

11) 溝口『中国の公と私』13-28頁, 55-67頁.
12) 理観の変革とは，溝口の言葉を借りていえば，「定理的秩序観の破除」から「形而下的理の導出」への変革を指す．溝口雄三『中国前近代思想の屈折と展開』東京大学出版会, 1980年, 第2章.

その役割を,「公共」は実際にどこまで果たしたかという,現実の問題は残る.ここで問題にしたいのは人欲の私をどこまで肯定するか,である.いいかえれば,私・欲望の肯定が「公共」の媒介機能を損なわず,心や良知の「中正＝天理」を保つことができるか否かという問題である.たしかに陽明学の「心即理」「致良知」,良知現成論は一面で,〈公共の民衆化〉の新しい地平を開くとともに,性と情を区別しないままでの心,それを理とおくことによって情・欲の肯定を導きだした.しかし他面では,次の諸問題をひき起こす傾向にあった.例えば「人間の自然」の主張,朱子学の重んじる「敬」の軽視,既成の道徳・権威に対する軽視,仏教・道教など異端に対する包容的態度などである.

　その傾向をリードしたのは陽明学の左派とくに王龍渓と,王心斎の泰州学派であった.そこで王陽明没後,彼の遺した四言教の解釈をめぐって弟子の間で論争が起きた[13].右派の銭緒山(名は徳洪,1496-1574)は師の四言教を,「定法」と理解し「一無三有説」を主張した.これに対して龍渓は「権法」と理解し,心・意・知すべて無善無悪の「四無説」を唱えた.この「四無説」は彼の良知現成論と結びつき,良知の自然なる意志・活動・実践を積極的に肯定するが,他方では,「中正」を保ちえず,わがまま勝手な行為や,「任情縦欲の患」[14]を制御できない危険性を孕む.さらに,「儒・仏・道」三教の一致説に進み,仏教の空,道教の虚を容認することにもなる.

　その危険性は,王心斎と泰州学派にもあてはまる.ただし心斎は晩年,良知説の危険性を認識したのか,「我が説き道う心は中和……中正である.箇々の人心はもともと中正である」(『王心斎全集』巻4,大成学歌)と,「中和」とりわけ「中正」を強調していた.このように心斎自身も,良知説に伴う倫常軽視の

---

13) 王陽明は晩年,「無善無悪是心之体,有善有悪是意之動,知善知悪是良知,為善去悪是格物」という四言教(四句教)を遺した.王陽明によれば,良知に基づく行動・実践は外的な規範に束縛されず,これを無善無悪という.

14) 朝鮮陽明学派の祖と呼ばれる鄭斉斗(チョンジェドゥ)(1649-1736)の語.「余,陽明集を観て,その道が簡要而甚精なものがあり,心から深く欣会してこれを好んだ.辛亥年の6月,たまたま東湖に往き宿ったとき,夢の中でたちまち思得した.王氏の致良知の学は甚精だが,その弊としては,任情縦欲の患がある(この四字で真に王学の病を得る)」(『霞谷集』巻13,大学説).

傾向を警戒していたのである．しかし泰州学派の逸脱を止めることはできなかった．陽明学の左派系列の李卓吾（名は贄，1527-1602）の童心説，「情欲即性命（＝情欲即理）」論はその逸脱の典型であった．

「心・良知の中正＝天理」を取り戻すべく，私・欲望の問題や無善無悪説に真正面からとりくんだのは東林派である．その一人，馮従吾（1556-1627，号は少墟）は言う．「仁義はもともと天理．仮の仁義ならば人欲なのであって天理ではない．貨色はもともと人欲．公貨公色ならば天理なのであって人欲ではない」（『馮少墟集』巻1，辨学録54章）．これは三つの点で注目される．一つは天理を定めている点．もう一つは天理と人欲の二項対立は解体されている点．3番目は，貨色の欲＝所有欲・情欲が天理として容認・肯定されている点である．「公貨公色ならば天理」，すなわち公なる欲望なら人欲も天理である，と．

馮従吾のいう人欲とは，単なる私の欲望にとどまらず，いわば私共・衆人の欲望ないしその欲望の社会的総和を意味する．「公貨公色」の公とは，「天下の公」「均分の公」を指す．私の欲望の肯定を前提とするが，私共・衆人の欲望を相和する「公」なのである．いわば「公欲即理」である．その「公」は——天理の公と人欲の私を横断媒介し中和する役割を担う——「公共」を含意する．「公欲＝公共欲すなわち理」であり，そこで私・欲望肯定は「公共」の横断媒介・中和を経て，新しく容認・肯定されるようになる．

このような儒教思想史上の変化はもちろん，この時期に突如として起ったのではない．それは，すでに程朱学の〈公共の民衆化〉を契機に胎動し，陽明学とその後の儒教の変化に伴って次第に発現してきたのである．以下，その発現の様相を，明末清初の三人の儒学者を通してみてみよう．

まず，黄宗羲（1610-95）は，「人類有生の初め，人は各々自私であり自利であった．……後世の人君は……君一人の大私を天下の大公だとする」，「もし君主さえいなければ，人は各々自私や自利を得ることができる」（『明夷待訪録』原君）という．次に，顧炎武（1613-82）はいう．「天下の人は皆各々の家を心にかけ，わが子のことを考える．それが人情なのだ．……聖人はこれを利用し，天下万人の私を用いて天子一人の公を成し，かくて天下がうまく治まった．……天下の私は天子の公なのである」（『亭林文集』郡県論）．最後に，王船山（1619-92，名は夫之）は，「人欲を各々得るのがほかならぬ天理の大同である」（『読四書大

全説』巻4），「人欲の大公こそがほかならぬ天理の至正」（『四書訓義』巻3）という．

　黄宗羲によれば，政治の原点は君の「大私」を排し，民の自私自利を充足させることにある．それが「天下の大公」である．顧炎武は衆人の私を肯定し用いて「天下の私」を総和するのを「天子の公」と言う．王船山は天理と人欲との相互補完を説き，人欲に即した新しい「存人欲的な天理」をめざし，それによって「人欲の大公＝天理の至正」を達成しようとする．ここで彼らが言う「天下の大公，天子の公，人欲の大公」の公は「公共」を含意する．彼らの私・欲望肯定は「公共」の横断媒介・中和を経て，再び新しく容認・肯定されるにいたったのである．

2　日本伝統の公共

　日本で，公共という語が用いられるようになったのは，江戸時代の17世紀以降のことである．その契機は新儒学とくに朱子学の受容にある．その過程で「公共」も入ってきたのである．しかし日本伝統の「公共」には理学の性格が薄い．その理由は，理学を体系的に受け入れるための現実状況や思想基盤が乏しかったからだと解される．17世紀から程朱学に並んで陽明学，古学，国学など多様な学問が次々と登場する．そこで日本儒学の特徴である「『理』への態度の懸隔」[15]といわれる現象が起きる[16]．また程朱学の批判や誤解という現象も起きる．さらに日本特有の文化触変として，儒教の道・理が仏教，道教とはもちろん，神道，国学などと異種交配する現象も起きる．それによって儒教の道・理は屈折する．これはまた，「公共」にも響く．

　日本では，新儒学を受容し，人々の精神と行為の規範とし，政治と社会の原理としようとしたとき，そこに数々の矛盾・軋轢・衝突が生じた[17]．その政治

---

15)　渡辺浩『東アジアの王権と思想』東京大学出版会，1997年，72頁．
16)　それゆえ，道徳的リゴリズムからは比較的に自由だったといえる．だが同時に，理の万人具有性が浸透せず，個々人の私を公や公共の担い手として倫理化・政治化する観点も実践も弱かったといえる．
17)　渡辺浩『近世日本社会と宋学』東京大学出版会，1985年，第2章．

社会的な背景には幕藩体制という政治支配体制・社会構造がある．幕府と諸藩の重層的な権力のもとで武士階級が農・工・商・賤民を支配する政治社会体制がつくられ，そのなかで幕府＝公儀による公の独占＝〈公の国家化〉が目立つ．中国や朝鮮と違って朱子学を正統学問とするような儒教の統治原理も，科挙制度もなかった．そこから比較的に自由な学問の空間が与えられた．また〈公共の民衆化〉の契機も与えられた．だが〈公共の民衆化〉の進行は幕藩体制という現実の制約を受ける．ゆえにその進行は，ある地域の一部集団に限定されてしまうのである[18]．

(1) 日本朱子学の公共

日本に朱子学が受容された 17 世紀に，次々と，いわゆる儒家神道が生みだされた．たとえば林羅山(1583-1657)の「理当心地神道」がある．羅山は「神道と儒道と如何にして之を別たん」という問いに，「我より之を観れば理は一のみ．其の為異なるのみ」と答えている（『羅山林先生文集』巻 66, 随筆二）．すなわち神道即理である．また「神道は乃ち王道」(同)ともいう．彼の朱子学は，神道をその道・理の内にからめとったといえよう．ならば，朱子の「天下公共の道・理」は神道即理に回収されるであろう．いいかえれば「天下公共」は「日本公共」となる．これは，日本伝統の思想史においてしばしば見られる，〈普遍の特殊化〉の現象の一例である．

これはまた，山崎闇斎(1618-82)において朱子学の熱烈な信奉と両立している垂加神道にもあてはまる．闇斎は「道は天下の公共にして聖賢の私し得る所ではない」（『垂加草』巻 11, 跋朱子訓子帖）という．彼の『蒙養啓発集』『大学啓発集』には朱子の著作から，公共という語の用例が多数引用されている．例えば，『朱子語類』巻 18 から「この理は天下公共の理」（『大学啓発集』巻 4）を，『朱子文集』巻 57 から「理は人物共に由る所である．天地の間の公共する所，これを道と謂う所以である」（『大学啓発集』巻 5）を引用している．

こうして闇斎は朱子の「天下公共の道理」にならった．それが〈公共の民衆

---

18) 石田梅岩(1685-1744)を開祖として，京都を中心に繰り広げられた石門心学の運動はその典型例である．

化〉の契機になることもありえた．もっとも，彼は「蓋し宇宙はただ一理ならば，すなわち神聖の生まれる，日の出づる処［日本］と日の没する処［中国］の異があっても，その道は自ら妙契するものがある」（『垂加草』巻 10，洪範全書序）といった．この道の「妙契」論に通じて，彼は垂加神道を創出する．それは，日本儒学にとっての神道問題の一つの巧妙な解決であったといえよう．だが同時に，それによって「天下公共の道・理」が日本という領域内部に閉ざされるような傾向も生じる．いいかえれば，彼の「公共」は理学の性格を帯びながらも，その普遍性・開放性の側面が弱まっているのである．

(2) 古学の公共

伊藤仁斎 (1627-1705) の古学は，新儒学とくに朱子学批判として成立した．仁斎は始め朱子学を信奉しながら，次第に離れ，それを批判し，独自の思想体系＝古学を構成していったのである．彼によれば，新儒学は「近世禅儒の説」として仏教，老荘と同様に，「高く空虚憑り難きの理を唱え，好んで高遠」に偏し，孔子・孟子の道を見失ったものである（『語孟字義』巻の上，道）．そして「道とは，人倫日用当に行くべき路」，「貴賤尊卑の通行するところ」（同）という．

仁斎の道は「人倫」として，「知り易く行い易く平正親切なる者」（『童子問』上，5 章）である．そこには「天下・衆人公共の道」という観念が投影されている．それは朱子の道と別に変わりがないように見える．ところが，朱子は道を「事物当然の理」として，「人の共に由る所の者」，「人倫日用の間，当に行うべき所の者」（『論語集注』学而・述而）と説く．これに対して仁斎は，朱子の「事物当然の理」を排斥し，道＝「人倫」と見る．仁斎によれば，理は道を「知り難く行い難く高遠及ぶべからざる者」（同）に変質させてしまう．これは，仁斎の「『理』への態度の懸隔」といってもよかろう．

仁斎は「天下公共の道」を活用して，孟子の暴君放伐説を肯定する．「権とは一人の能くするところにして，天下の公共にあらず．道とは天下の公共にして，一人の私情にあらず．……湯・武はおのが私情に狥わずして，能く天下の同じく然るところに従う．故にこれを道と謂う」（『語孟字義』巻の下，権）．また「道なる者は天下の公共，人心の同じく然りとする所」「湯武の放伐は天下

第 2 章 概念の伝統と近代　37

之を放伐する也．……天下の公共にして人心の同じく然りとする所，是に於て見るべし」(『孟子古義』巻之一斉宣王問曰章)ともいう．仁斎の「天下公共の道」は「人心の同じく然りとする所」にあり，「高遠」の理とは関係がない．

　もっとも，仁斎が理を「高遠」と見なすのは，一種の朱子学誤解である．朱子学の「理一分殊」という命題からみれば，理は一つの高遠な原理であると同時に，分殊して日常世界の至る所に存在する人倫でもある．だから「天下公共の理」なのである．また仁斎は道を「衆人の心の帰する所」と捉えるが，そうすると「道即心」となり，道心と人心の分別がなくなる惧れがある．そこから「人心惟れ危うく，道心惟れ微かなり」(『書経』大禹謨)と，人心が「中正＝天理」を失い，非道や人欲に走るような危険性も生じるであろう．そのとき，仁斎の道はこれを防ぐ道を失うことになるであろう．

　しかし，仁斎は非道や人欲を正すための「理＝本然の性」の必要性も認めない．むしろ衆人公共の心・情に，道が本来的に相即しているとする．彼によれば，心は情とほぼ同一視される．情を「物に感じて動く，性［＝生］の欲」と称し，「善を好み，悪を悪むは天下の同情」であるという(『語孟字義』巻の上，情)．そうして性善説を信奉する仁斎においては，人情のほか天理などは要らないものとされる．「天下公共の理」は無用の物なのである．

　荻生徂徠(1666-1728)は，当初朱子学を修めたが，40歳頃から古文辞学を提唱した．そして朱子学に強く反発した．また仁斎にも強く反発した．徂徠によれば，朱子も仁斎も「古文辞を識らず」，「六経，論語」などの古典を誤読し，その真意をつかめていない．朱子学は老荘，仏教に毒されているし，仁斎の古義は真の古義ではないという．

　そこで徂徠の場合，「天下・衆人公共の道・理」には関心を示していない．その理由は，彼の関心事は主に「公の政治・政治の公」の「道」であったからであろう．徂徠によれば，道とは「先王の道」であり，その核心は「礼楽(刑政)」にある．それは「先王の造る所」の作為の道であり，「天地自然の道」ではない(『弁道』)[19]．つまり「理，天理」とは関係なく，統治者が人為的に設定

---

19)　徂徠がいう「作為の道」は所詮，儒学(儒教)の道の範疇から離れたものではない．儒学の範疇には「作為＝有為，無為＝自然，当為＝規範」の三つの要素・次元が含まれているといえるからである．これらの要素・次元はそれぞれの道をもつが，同時に，その

する，政治の方法・術なのである．これを，丸山眞男は「規範と自然の連続的構成の分解過程」と位置づけ，その分解過程は「徂徠学に至つて規範(道)の公的＝政治的なものへまでの昇華によつて，私的＝内面的生活の一切のリゴリズムよりの解放となつて現はれた」(原文の傍点は省略)と評価する[20]．しかし，それゆえ徂徠は「公共」の道・理には関心がない．だからであろう，彼の著作に公共という語は見当たらない．

　もっとも，徂徠に公共の観念さえなかったのではない．彼はいう．「衆の同じく共にする所，これを公と謂ふ．己の独り専らにする所，これを私と謂ふ．君子の道は，衆と共にする者あり，独り専らにする者あり．……君子といへどもあに私なからんや．ただ天下国家を治むるに公を貴ぶ者は，人の上たるの道なり」(『弁名』上，公正直)．この文脈で，彼のいう公とは，「衆共」ないし「公共」を含意する．そこで彼の道は公私の二つの道に分離されている．そして「天下国家を治むる者」の公は，「人の上たるの道」とされる．いいかえれば，統治者の公道は衆人(の私道)の上に立つ道である，と崇められる．ただし，その統治者の公道はときに「独り専らにする者」の私道にもなるのであろう．

　徂徠において政治の方法・術は〈公共の民衆化〉とは無縁である．したがっ

　　道によって統摂／融合される．そのなかの「作為の道」を徂徠は重視し，作為に偏っていたといえよう．こうした徂徠学の傾向をどう評価するか，意見は分かれるであろう．そこで，一つ指摘するなら，作為の恣意性をどう統御するのかという問題がある．作為の主体が誰か，何かによって，たとえば「作為＝人為→偽」の道を作りだすとき，あるいは，「無為・自然の天理」や「当為・規範の道」から離れてそれを乱すとき，統御不能に陥る危険性が生じるであろう．

20)　丸山眞男『日本政治思想史研究』東京大学出版会，1952年，110頁．丸山によれば，「規範と自然の連続的構成」は朱子学の思惟方法とされる．そして「公的な領域の独立，従つてまた私的な領域の解放こそまさに，『近代的なもの』の重要な標徴でなければならぬ」(107頁)といい，徂徠学は「あらゆる意味における朱子学のアンチテーゼであつた．……規範と自然の連続性は絶たれリゴリズムは破棄された．治国平天下は修身済家から独立した．かくして朱子学の連続的思惟はここに全く分解し夫々独自化した」(115頁)と述べている．こうした丸山の朱子学理解を批評する作業はひかえ省くが，そのなかには，前代からの朱子学誤解が幾分含まれている．また，徂徠学に対する過大な評価も含まれているように思われる．丸山は，「朱子学＝非近代・前近代思想，朱子学批判・反朱子学＝近代思想」という図式を受容していたようである．こうして近代(主義)的な視点をもち，その色眼鏡を通して朱子学を理解しており，その分，朱子学誤解を招いていたといえよう．

て彼の政治はもっぱら「公」と関連している．『政談』をみれば分かるが，彼はしきりに，幕府・将軍の「公儀，公辺」，朝廷・天皇家の「公家」に触れ，また臣下の「奉公」を強調する．彼のいう「公」は結局，公共観念からは離れて，幕府や朝廷に回収されてしまう．その結果，彼の公私論は幕府や朝廷による公の独占＝〈公の国家化〉を正当化する論理にもなるといえる．

(3) 国学の公共

　山鹿素行(1622-85)は儒学者・兵学者で，武士道論者・国体論者・日本主義者の顔をもつ．あえていえば国学者の顔をもつ．素行には，日本の皇統を論じた『中朝事実』の著作がある．その要点は「本朝＝日本こそが中国」に尽きる．その自序に「夫れ中国の水土は万邦に卓爾として，人物は八紘に精秀たり．故に神明の洋々たる，聖治の緜々たる，煥乎たる文物，赫乎たる武徳，以て天壌に比すべきなり」とある．そこから彼の国粋性向を知ることができる．だが，彼の思想的な核心は，新儒学とくに朱子学の批判を通じて形成された，その儒教的理論にある．

　素行は，「道は日用共に由り当に行ふべき所，条理あるの名なり」(『聖教要録』中，道)とか，「道は其の条理ありて，公共底是れなり」(『山鹿語類』巻36,「聖学四」道を論ず)という．ここで，「公共底」とは朱子の用語である．それを借りて，素行は「公共の道」を捉えているようである．ただしその本質は「条理」という方にかかっている．「条理ある，これを理と謂ふ．事物の間，必ず条理あり」(『聖教要録』中，理)．そういう素行の理とは個々の事物の条理を指す．これは，程朱学の理とはその本質において異なる点で，程朱学に対する誤解を含んでいる．

　素行は「性即理」を説きながら，「理はこれ箇の公共底の物なり」(『山鹿語類』巻41,「聖学九」諸子の性を説くことを論ず)という．この文を，先に引用した，朱子の「道は古今共に由る理．父の慈，子の孝，君の仁，臣の忠の如き，これ一箇の公共する底の道理である」という文章と対比してみれば，その間に意味の差異があることが分かる．ここで素行のいう理とは，箇＝事物の公共するところの条理を意味する．しかし朱子の理とは，古今公共する道理を指す．朱子の「一箇の公共する底」とは，理そのものではなく，道理の多様な範疇として

「父の慈,子の孝,君の仁,臣の忠」を指すのである.素行の理は,「理一分殊」になぞらえていえば,個々の事物に「分殊」された理＝条理である.天地万物の本体たる理＝「理一」が排除されたものである.また「天理自然」からいえば,天理を欠いた自然の理である.それは,理の自然をそのままうけとり（現世の肯定）,常に変化する現実の事物を「条理」で処理していこうとする傾向をもつ.その下で人・物の「情欲は必然」だが,また聖人の道による「情欲の節制も必然」とされる（『山鹿語類』巻33,「聖学一」情欲を論ず）.ならば素行の「理」は,「任情縦欲の患」を制御できない危険性を孕むであろう.

では,素行の「道」はどうなるであろうか.素行は,程朱学を通じて「公共の道」をとらえて,聖人の道を説く.だが同時に,彼の道は「君道,臣道,父子道,士道」（『山鹿語類』巻1〜20）など,個々の人・物に「分殊」される.その核心は「上下の分」にある.彼の「分」論は幕藩体制という封建社会の諸関係を道・理の基礎とする共同体論の性格をもっている.そこで,君道は「往古の神勅を守る天皇の神道」,臣道は「上下の分としての自然の道理」,士道は武士の「己れの職分を知る」奉公の忠の道となる.このように彼の道は,程朱学でいう「公共の道」とは本質的に異なる.晩年の素行は,記紀を中心としてあらわれる「遺勅の神道」（『謫居童問』巻3）を正統の道と承認する.彼の道はやがて皇統の連続を描く記紀の神道に惹きつけられたのである.

素行においては,記紀の神道が「遺勅」による天皇家支配の継続を正統化しようとしたとき,儒教道徳のうち,とくにその血縁的序列の倫理が採り入れられた.だが,そのとき神道は逆に儒教からの制約を内に孕む.儒教は聖人の道や天下公共の道による徳治を理想としており,特定の家の独占的な支配を,またその継続した支配を正統化してはいないからである.その点で,神道と儒教の道とは矛盾対立の関係にたつ.この矛盾対立を取り払うために,儒教やその道を排斥し,もっぱら記紀の神道を打ち立てようとしたのが国学者,とくに本居宣長(1730-1801)である.

宣長は言う.「此道は,天照大御神の道にして,天皇の天下をしろしめす道,四海万国にゆきわたりたる,まことの道」（『宇比山踏』注ニ）,「道を学ばんと心ざすともがらは,第一に漢意・儒意を,清く濯ぎ去て,やまと魂をかたくする事を,要すべし」（同,注ト）.彼のいう道とは「皇国の道」「古の道」すなわ

ち記紀の神道を指す．それを「天皇の天下を治めさせ給ふ，正大公共の道」（同，注ホ）と呼ぶ．彼の公共は「天皇の天下＝日本」の領域を越えない．これは〈公共の日本化・国家化〉ないし（日本思想史でしばしば見ることができる）〈普遍の特殊化〉の典型例である．彼は，ほかの著作でも，漢（と韓）意・儒意を排斥し，儒教の天道・天理を「空」と否定する．正しい道は記紀の神道のみ，というのである．

3 近代日本の公共

近代に入って，日本では，"public"の翻訳語として「公」「公共」が産まれた．こうして"public"は「公・公共」の両義性をもつこととなる．そこで，公・公共の〈特殊化・国家化〉と〈普遍化・民衆化〉との二つの傾向が併行していく．横井小楠(1809-69)は後者を，吉田松陰(1830-59)は前者を代表する．そして明治以降，日本政府は国家の，国家によって独占された公・公共を創出していった．一方，民間では，民衆の公共を創出しようという試みもあった．自由民権運動の思想家たる中江兆民(1847-1901)はその代表例である．しかし，民衆の公共は国家の公・公共に圧倒されるか，包摂されていく．その過程で，知識人の多くは国家の公・公共に奉仕し，さらにその対外膨張性＝帝国主義に同調した．福沢諭吉(1835-1901)はその典型例である．

(1) 公共の普遍化・民衆化

小楠は，ペリーが来航し開国通商を幕府に要求した1853年10月，「夷虜応接大意」を著した．そのなかで彼は，「我国の外夷に処するの国是たるや，有道の国は通信を許し，無道の国は拒絶するの二つ也．有道無道を分たず一切拒絶するは，天地公共の実理に暗して，遂に信義を万国に失ふに至るもの必然の理也」と述べている．朱子学の信奉者たる彼の「公共」は，翻訳語ではなく，程朱学でいう「公共」である．彼は程朱学の「天下公共の理」を継承し，「天地公共の実理」と表現したのである．

1860年，小楠は福井藩の藩主だった松平慶永(1828-90)に，『国是三論』（富国論，強兵論，士道論の三部作）という政治改革意見書を提出した．彼は，富

国論において幕藩体制の弊政を批判しつつ,「公共の道」なる原則を提示する.「天地の気運に乗じ万国の事情に随ひ,公共の道を以て天下を経綸せば万方無碍にして」といい,「天地・万国の公共の道」を説く.またその一方では,「公共の道に有て天下国家を分つべきにあらねど,先づ仮に一国上に就て説き起すべけれ共拡充せば天下に及ぶべき」といい,「天下＝日本と国家＝藩の公共の道」の必要性を主張する.彼の「公共」とは,天地・万国の〈普遍の公共〉と日本国の〈特殊の公共〉との両義性をもつ,重層的な概念である.

　1862年に松平慶永が幕府の政事総裁に就任するや,小楠は中央政治改革に携わることとなる.その基本方向を示した「国是七条」の第5条では,「大開言路,与天下為公共之政」を言う.彼の「公共の政」とは,幕府と藩を包む〈国家の公共〉を創出するための政治を指す.ところが,幕府には「公共の政」を行う能力も,尊王攘夷運動を抑える力もなかった.そして1867年末,尊王攘夷派の雄藩勢力は天皇の政権を樹立し,翌68年には明治政府が成立した.当時,小楠は松平慶永に「建言」を送り,そのなかで,既存の条約を「公共正大百年不易の条約」に改めることを提言する.その公共は〈普遍の公共〉を表象する.

　井上毅(1843-95)の筆になる「沼山対話」を見れば,小楠は〈普遍の公共〉をおもんじていたことが分かる.例えば,「真実公平の心にて天理を則り此割拠見を抜け候」とか「横行と申すこと,已に公共の天理にあらず候.所詮宇内に乗出すには,公共の天理を以て」云々という.しかし,小楠のおもんじた〈普遍の公共〉は次第に変容し退化していく.明治以降,「国家の公・公共」に回収されていくのである.小楠の「公共の道や理」も同じ運命をたどり,結局「国家道義」に吸収されてしまう.もっとも,そうした傾向に抵抗する形で,〈公共の民衆化〉を目指す人々も現れた.兆民はその一人である.

　兆民は,『民約訳解』(1882年)のなかで「民の利を長ずるものは,独り公志あるのみ.公志なるものは何ぞや.衆人の同じく然りとするところ」(巻之二,第1章)という.その公は「衆人の公」を意味する.そして,「衆志の物たる,常に正に趨り常に公に趨ること」(同,第3章)という.彼の公は「民衆の公共」を含意する.その「公」とは,"publique"または"commun"の訳語であるが,それを,かつて兆民は「公共」「衆公」と訳していた.すなわち,『民約

論』(1874年)巻之二には,「私利紛交する中に自ら公共の利有て存すれば,此れを以て縄約と為して」とか「各私の意欲或は必ず衆公の意欲と相背かざるを得可し」(君権は譲る当(べか)らず)とある.

　兆民はまた,「公共の体即ち政府を主として,而て之を構成する所の肢分即ち衆庶を忘る宜らずして,各体の生活及び其自由の権は公体と分界有るは自然の理なり」(『民約論』巻之二,君権の分界)ともいう.その「公共の体」とは 'personne publique' の訳語だが,彼の目線は「公体＝政府」より「各体＝衆庶」に注がれている.兆民の自由論には『民約訳解』の「解」があるが,『東洋自由新聞』第1号の社説では自由の観念を「リベルテ・モラル(即ち心神の自由)」と「リベルテ・ポリチック(即ち行為の自由)」に分類している.前者の「道徳的自由 liberté moral」について,兆民は「他物の束縛を受けず完然発達して余力無きを得る」ものとして「義と道とに配する［孟子の］浩然の一気は即ち此物なり」と説明する.彼の自由論を含む政治論は,常に道義の問題を提起するという特徴をもつ.

　さらに,兆民は "république" を共和政治と翻訳し,これを「公共の事務の義なり」といい,「国民の意に出でざる政府は政府に非ざるなり」と述べている(『民約論』巻之二,国法).兆民はルソーの共和主義,人民主権論に傾倒していたが,彼自身は「君民共治」論の主張者であった.「共和政治＝レスピュブリカー」とは「公衆の物,公有物」であり,「政権を以て全国人民の公有物と為す」政体を意味すると説きながらも,彼自身はそれを「君民共治」と称する(「君民共治之説」).それはまた,「国家公共」と「衆人公共」との調和する政体と言い換えてもよいであろう.この政体論においても,兆民は孔子の「必ずや名を正さん乎」(『論語』子路)を引用することによって,道義の問題を提起している.

　兆民は道義の問題を国際関係にも適用する.『自由新聞』の社説「論外交」(1882年8月12・15・17日)がそれである.そこで彼は,富国強兵の中の「強兵」を「不仁不義にして良民の患を為す者」「道義の障碍物」とし批判する.国際関係における弱肉強食に対しては,「人の道徳を愛好して兇暴を疾悪することも亦其常情」であるから,「私慾の為めにして勇を奮わんとするときは……必ず久しからずして自ら沮喪するを免れず」と警告する.その上で「小国の自

ら恃みて其独立を保つ所以の者は他策無し，信義を堅守して動かず，道義の在る所は大国と雖も之を畏れず小国と雖も之を侮らず」と，小国の外交原理を提出する．そこには「天下公共の道・理」の観念が投影されていたといってよい．

(2) 公共の特殊化・国家化

松陰はいう．「五大洲公共の道あり，各一洲公共の道あり，皇国漢土諸属国（南鮮，安南，琉球，台湾の類）公共の道あり，六十六国公共の道あり，皆所謂同なり」．とはいえ「其独に至ては一家の道，隣家に異なり……一国の道，隣国に異なる者あり，故に一家にては庭訓を守り……一国に於ては国法を奉じ，皇国に居ては皇国の体を仰ぐ」(『講孟余話』巻之四下，第36章)と．そこで彼は「天下公共の道」を説くが，直ぐ「国体・皇国の道」に収斂させる．いいかえれば，〈普遍の公共〉を〈特殊の公共〉すなわち「国家公共」に回収してしまう．

松陰はまた，「天下は一人の天下に非ず，天下の天下なり」という命題を評して「国体を忘却するに至る，惧るべきの甚しき」と一蹴したうえ，「天下は祖宗の天下」「亦皆一人の天下」と主張する(同上，第14章)．彼の天下とは皇国日本，祖宗とは「皇祖天照皇大神」，一人とは天皇を指す．このように「独＝国体・皇国・皇祖・天皇」を強調する背景にはもちろん，彼の対外危機意識が投影されている．とにかく，松陰の危機意識は尊王意識とともに，強烈な国家意識＝自国中心主義に帰結する．それはまた，西洋列強に対する被害意識につながる．さらに，彼の被害意識は対外侵略意識につながる．その侵略の対象は「四夷」の全世界を含むが，なかでもアジアの周辺国・地域が主要な対象となる．

『講孟余話』には「神州［皇国日本］を以て自ら任じ，四夷を撻伐せんと欲す」とか「今神州を興隆し四夷を撻伐するは仁道なり」とある(巻之四上，第18章)．これを評して，山縣太華(1781-1866)は「これ兵を興し支那印度諸国を討伐し，西洋に至り，終に五大洲を一統せんとのことか，其志は大なりと云へり」(『講孟余話附録』第六「講孟剳記評語」下の一)という．松陰自身は1855年，日露通好条約の締結後，杉梅太郎に宛てた手紙のなかで「章程［条約］を厳にし信義を厚ふし其間を以て国力を養ひ取易き朝鮮・満州・支那を切り随へ交易にて魯国［ロシア］に失ふ所は又土地にて鮮満にて償ふべし」(「兄杉梅太郎に

贈る」安政2年4月24日）と主張している．

　松陰における公・公共の〈特殊化・国家化〉は，その対外膨張性＝帝国主義と表裏関係にあった．そして，松陰の弟子たちの多くは明治維新の主役となる．その結果，明治時代に入ると，公・公共の〈特殊化・国家化〉が伸展する．「国家の公」を創出するために，明治政府は「五箇条の御誓文」(1868年)を公布し，「大教宣布」(1870年)による神道の国教化，「学制」の公布(1872年)による国民教育の義務化，徴兵令(1873年)による軍事改革などを推進した．そして「軍人勅諭」(1882年)，「教育勅語」(1890年)を通じて日本儒教を復興し，国家神道を作り上げた．その間，「民衆の公共」は「天皇・国家の公共」に圧倒されるか，包摂されていく．明治憲法(1890年)はその成果であった[21]．

　福沢は，幕末から明治10年代までは，「民衆の公共」観念を創出するための思想的基盤を提供したといえる．たとえば，『西洋事情』は儒教の道・理の観念に基づき，個人の「通義（権利，rights），自由，平等，独立」などの概念を提示した．『学問のすすめ』は「独立自尊，人権平等と自由，官尊民卑の打破」などの精神を鼓吹した．しかし，またその一方では，彼は「国家の公や公共」を重視する傾向を示していた．そうした傾向は，民権より国権を強調するなど，次第に強まっていった．

　注目すべきは，福沢の国際関係における「道，公道」観念である．『学問のすすめ』初編では，「天理人道に従て互の交を結び，理のためには『アフリカ』の黒奴にも恐入り，道のためには英吉利，亜米利加の軍艦をも恐れず」という．当時，彼は「天理人道」のような〈普遍の公共〉の観念を持っていたといえる．また同著の13編では，「先づ世界中の公道を求めざる可らず」と〈普遍の公道〉を唱えていた．ところが，その後彼は「外国人に対して，其交際に天地の公道を頼(たより)にするとは果して何の心ぞや．迂闊も亦甚し」(『文明論之概略』自国の独立を論ず)と，〈普遍の公道〉の存在を否定する．その代わり，「私情」「偏頗心と報国心」を求める．のちには国権拡張論を展開していく[22]．

---

21) 明治憲法は，例えば，第8条「天皇は公共の安全を保持し」，第9条「天皇は法律を執行する為に又は公共の安寧秩序を保持し」とし，「天皇・国家の公共」を唱えている．
22) 金鳳珍『東アジア「開明」知識人の思惟空間——鄭観応・福沢諭吉・兪吉濬の比較研究』九州大学出版会，2004年，第3章．

さて，福沢は明治20年代頃から『時事新報』の社説を通じて，公共という語をしばしば用いている．たとえば「公共墓地の制を廃して之を寺院に託すべし」（明治20年10月27日），「公共の教育」（明治21年5月24日〜26日）などである．これら社説の題名だけで分かるが，その「公共」とは「国家・官の，国家・国民の公共」（=公(おおやけ)）を意味する．当時の日本では，公共はすでに国家によって独占された概念すなわち「国家の公共」となっていたが，福沢はそれを代弁していたといえよう．

　一方，福沢の「民衆の公共」観念もまた生きていた．例えば「公共心の濫用」（明治29年4月26日）という社説では，「社会に功績ありし人物の為めに碑を建て像を作り，又は有益なる企業の為めに義捐金を募るが如き，公共心」を論じつつ，「其公共心も今や漸く世間に濫用せられんとするの傾ある」と言う．ここで彼がいう「公共」とは「社会の，世間の公共」と言い換えられる．そこで彼は「価もなき人物，実功なき虚名，私利に過ぎざる企業の為めに，公共心を濫用する結果」「漫に社会の公共心に訴ふるは思慮ある国民の為すべきことに非ず」と警戒している．おそらく「国家の公共」を優先させていたであろう福沢は，ときに「社会の，世間の公共」を危険なものと見なしていたといえるかもしれない．

おわりに

　現代語の公共／性は「国家に関係する公的な(official)もの」「すべての人びとに関係する共通のもの(common)」「誰に対しても開かれている(open)」という意をもつとされる[23]．いわば「国家公共」「衆人公共」「公開・開」の三つの語意をもつということである（「公共」の多義性）．この三つの語意とくに「国家公共」には，西洋と日本の伝統／近代が混合して投影されている．本文で考察したが，日本の伝統／近代の「公共」は〈公共の国家化〉による「国家公共」の意が強いという特徴をもつ．その特徴は一定程度，西洋の伝統／近代の「公共 public」にもあてはまる[24]．

---

23) 斎藤純一『公共性』岩波書店，2000年，viii-ix 頁．

近代産れの公共／性は所詮，近代の呪縛を孕む．とくに「国家公共」の呪縛は深刻である．近代日本で産まれた「国家公共」は，日本以外の東アジア諸国にも広がり，東アジア共通のものとなった．しかしそれは，近代主義によって歪められた面をもつ．本文で考察したように，中国伝統の「公共」は本来，「国家公共」の意をもたない．『史記』の例文には「天子と天下の公共」とあり，その天子(＝君)が国家を象徴する可能性はある．とはいえ，その「公共」はあくまで「天子＝君と天下＝民が公を共にする」という意味であり，しかも「天」観念と結びついている．

　こうして中国伝統の「公共」は，程朱学において「天下公共」「衆人公共」などの意を生みだす．そこにはとうぜん，「公開・開」という意が投影されている．さらに，公・私・共という相関概念の三元構造のなかで，多様な語意を生みだすこととなる．そこで注目すべきは，現代語の公共／性において「天下公共」の意が脱落しているということである．そのことは，近代以降の〈公共の国家化〉に起因するといってよい．また，近代の呪縛に起因するといってもよい．これはまた，近代の呪縛の根深さを物語る．

　さて，「天下公共」「衆人公共」とは「公共」の重層性を象徴する．しかも時空間の重層性を象徴する．たとえば，天下とは「天地万物」として全世界を意味する．空間的には地方・国家・地域・地球の，いわば「グローレナカル」(global/regional/national/local)な多層次元を含む．時間的には過去，現在，将来を含む．それは，決して国家の次元に回収されえない概念なのである．また，衆人とは文字通り「世の中のすべての人々」を意味する．その範疇は全人類を含んでおり，また過去，現在，将来の全世代にわたっている．

　この「天下公共」「衆人公共」こそが東アジア伝統の，「公共」の本来性を構成する要素であった．ところが近代以降，西洋と日本の伝統／近代の「公共」の影響を受けてからその要素を大分失った．とはいえ，「公共」の伝統が消滅したのではない．近代にも生きていたが，現代にも生きている．「衆人公共」

---

24)　Hannah Arendt, *The Human Condition*, University of Chicago Press, 1958(ハンナ・アレント，志水速雄訳『人間の条件』筑摩書房，1994年)；Jürgen Habermas, *Strukturwandel der Öffentlichkeit: Untersuchung zu einer Kategorie der bürgerlichen Gesellschaft*, Neuwied, 1962(ハーバーマス，細谷貞雄訳『公共性の構造転換』未来社，1973年)を参照．

の伝統は，例えば「市民的公共性」のような概念に生きている．そして「地球市民」という用語があるように，グローレナカルな多層次元のさまざまな問題を解決していこうとし，国境を越えて連帯・活動している人々も多い．そこに「天下公共」の伝統が生きている．

　そうした意味では，東アジア伝統の「公共」は，これから新しい公共の地平を開くための道を指示している．その道は，公共／性にまつわる「呪縛」を超克しつつ，伝統の「公共」を見直し，そこから現代世界の状況・変化に相応しい要素を復活・再生していくことにある．そして，公対私の二元思考を止揚しつつ，公と私を共に生かし合うための三元思考(筆者の造語)の地平を開いていくことにある，といえるのではなかろうか[25]．

---

25) 三元思考については，金鳳珍「韓日共通の思想課題」翰林大学校日本学研究所『翰林日本学』14(2009年5月)の「おわりに」を参照．

第3章 | 国際秩序観の衝突
日韓外交文書論争における「皇」「勅」

張 啓雄

序　論

(1) 東アジアの外交文書の抬頭制度

　封建時代の中国では，公文書に表敬のための抬頭制度[1]が設けられていた．それは秦王朝に始まり，漢王朝で定着したが，清王朝によって厳密化され，頂点に達した．この抬頭制度は中国の宗藩体制[2]のなかで東アジアの国々に伝播していった．漢文の国際化に伴って国際交流の用語上，特に事大交隣[3]の外交において，「名分秩序論」[4]を基盤とした抬頭制度は，上下・尊卑・表敬・軽蔑などの関係を表すために使用されたのである．そして，国の格式に合わない使用は，自身を尊大に昇格し，他者を見下して降格することとなり，厳しい国際事件を起こすことになりえたのである．

　帝政時代の中国の文書書式上，縦書きはもちろんのこととして，抬頭はその規定の一つであった．文書中に現王朝の皇帝・皇室に関わる語句が出てきた場合には改行を行なって，その語句を他の行の行頭よりも高く上げて書き出し，尊敬を表すことが求められた．まずは文字の抬頭で，1字高く上げて書き出すことを「単抬」，2字高く上げて書き出すことを「双抬」といい，一般には

---

[1] 伝統中国の上奏文や公文書の書式．皇帝を基準にして，統治の源泉である天地や孝道に関する先帝に関係ある文字に敬意を表すために，必ずそれらを次行に送り，定められた字数だけ通常の行の行頭よりも高く書いた．
[2] 中華世界秩序原理に従って，宗主国と属藩国との間で，権利を享け義務を尽くすシステム．
[3] 中華世界秩序原理に従って，属藩国が上位の宗主国に仕え，同格の属藩国同士は対等に交際する関係．
[4] 名分という上下・前後の道徳的関係の文化価値に従い，そこから生まれる主従関係という秩序を遵守する論理．

「双抬」までが普通であったが，3字抬頭（「三抬」）することもあった．次に，「抬頭」の等級は，その語句に付与すべき敬意の程度によって決まった．その規定は時代によって必ずしも一定しないが，「皇権至上」[5]の時代においては，皇帝その人やその行為に直接関係を持つか，間接関係を持つかにより決めるわけである．直接関わる語句（「皇上」，「聖主」，「欽定」など）は抬頭の程度が高く，「国家」や「皇城」など，皇帝との関係が間接的になるほど低くなる．「帝権天授論」[6]からすれば，権力の源泉たる天と孝道を高く唱える中国において，抬頭の程度が最も高いのは，天命の授与者としての天に関わる語句（天を祀る場所である「円丘」，「天壇」など）や現皇帝の祖先に関する語句（「祖宗」，「列聖」など）であって，それは，天や祖先が，現皇帝よりもさらに上位にあるものと見なされるからである．そして，交隣の国柄同士の間においては，その対等関係を表すために，他の行と平行に国名とか国の指導者とかを書き出す「平抬」となっていた[7]．最後に忘れてならないのは，封建時代においては「改行」自体が特定の人物・物事に敬意を表すことであったということである．

(2) 先問書契をめぐる外交文書の抬頭争い

1867年10月14日，第15代征夷大将軍徳川慶喜は「大政奉還」を断行した．これまで政権を執ってきた徳川幕府により，公家と武家という二元的元首制は終焉をつげていたが，武家政権に代わって公家政権が国政を担当することになり，12月9日には「王政復古」が宣言された．翌年正月10日，維新政府は日本国天皇の名を以て「従前条約，用大君名称，自今以後，当換以天皇称，而各国交接之職，専命有司」と，外交権継承を各国公使に布告し，「外国交際之儀者，宇内之公法を以取扱可有之候」と，国際公法に従って外交を行なうことを布告した[8]．ここに東洋の国際秩序原理に基づく大君外交体制は崩壊した．

---

5) 天は宇宙の主宰であるから，天命をもって天下を統治する天子即ち皇帝の権力は，人間社会において至上であるとされた．
6) 皇帝が天下を統治する権力は天に授けられたものとする論理．
7) 岸本美緒「『中国』の抬頭——明末の文章書式に見る国家意識の一側面」『東方学』第118輯（2009年），1頁；馮恵玲「我国封建社会文書抬頭制度」『歴史檔案』第1期（1985年），126-130（+125）頁．
8) 多田好問編『岩倉公実記』中巻，原書房，1968年，272-273頁．

国際公法の知識に乏しい明治政府は，外交機構の整備と共に，外国人法律顧問の雇い入れを行なった．明治元年正月17日，外国事務総督，外国事務掛が設けられ，2月3日に外国事務局，閏4月21日には外国官，翌2年7月8日に外務省と改称され，同日，沢宣嘉が外務卿に命ぜられた．4年から6年にかけて，スミス(E. Peshine Smith)，ル・ジャンドル(Charles W. Le Gendre)，仏人ボアソナード(Gustave Emile Boissonade)らを外交顧問，法律顧問として招聘し[9]，明治政府は，西洋近代国際法原理による新しい国際関係に踏み出しはじめた．こうして西洋的な国家に変わりつつあった日本は，東洋の伝統的な国際秩序原理を堅く守っていく朝鮮王国との間に紛争を起こしたのである．

　この時期，日韓間に最も大きな紛争の始まりとなったのは，王政復古により日本が朝鮮に出した外交文書たる先問書契の格式変更と抬頭の変更であった．そこで本論では，上記のような問題意識から「名分秩序論」の見方に沿って，近代東アジアにおける外交文書の抬頭制度をモデルとして，先問書契に始まり8年後に締結された江華条約(日朝修好条規)までの日韓外交文書の抬頭争いを考察してみることにしよう．

1　書契変更をめぐる日韓紛争

　この時代，中華世界の秩序体制は，中国を中心とし，中国皇帝を頂点とする事大交隣的な中華世界秩序原理に基づいたものであった．そのため，朝鮮国王と日本国大君は，交隣関係のもとに，抗礼[10]をもって国書を交換する国柄であった．交隣外交の事務は，朝鮮側では東莱府使を長官に訓導・別差がこれに当り，日本側では対馬藩がその家役として担当してきた．中華世界においては，元来，日本は中国に対しては事大の臣属関係，朝鮮に対しては交隣の対等関係しか認められない．しかし，日本の公家外交思想は，倭の五王時代以後，常に中国に対して対等，朝鮮に対して優越という小中華思想を含んでいたために，中国を中心とする中華世界秩序原理と矛盾することになった．公家政権の日本にとっては，中華世界秩序原理と外交現実との矛盾(臣従か対決か)を避けるた

---

9) 丸山国雄『日本近代外交史』三笠書房，1940年，39-52頁．
10) 位階上同格の者が対等の礼を採ること．

52　第1部　概念の文化触変

めには，階層秩序を原理とする中華世界を脱して，主権平等を謳う西洋の近代国際社会に参加するという「脱亜入欧」が必要であり，そのニュアンスが維新時点の大政奉還そして王政復古に内包されていたと考えられるのである．大政奉還は公家外交になり，王政復古は対韓優位という歴史意識の復興を意味し，それゆえ西洋的な主権対等とも相容れないという矛盾を生じてしまうことになった．明治日本にとって，「脱亜入欧」という外交方針は，はたして中華世界の階層秩序を脱して欧米世界の「主権平等」という理想につくか，あるいは欧米世界の「弱肉強食」という帝国主義の現実に従って中華世界に臨むかという，大きな岐路となるだろうことが予想された．

　1868年3月23日，明治政府は対馬藩に外国交際は新政府が取扱うこと，対馬藩主宗義達は家役として日韓交通を掌り，外国事務輔の心得をもって当るべきこと，更に，王政復古を朝鮮へ通達することを命じた[11]．これに対して，対馬藩は5月中旬に大阪外交官に日韓国交調整に関して意見を開陳し，とりわけ対馬藩の財政窮状を訴えた．しかし，明治政府は外交刷新に重きを置いた．外交刷新の重点は次の通りであった．

① 　国書について：従前朝鮮国より対州藩に交付された国書は，国体上疑義があるので，使用中止とし，代わりに日本政府から「平朝臣義達章」を下付することにした．

② 　国書式について：国書式は，今後天皇の名をもってするため，旧制は改正されるべきである．さらに，清朝との振合を考え，朝鮮国王を多少格下げするのもやむをえない．

③ 　対州の外交地位について：外交刷新を示すため，対馬藩の地位を重くする必要があるとし，宗義達の官位を昇進させた．6月28日に宗氏は侍従・従四位下から左近衛少将・従四位上に昇進した[12]．

　ここに明らかなように，明治政府は日朝外交の国際的位置に関して，室町・徳川幕府以来慣行の「幕府対国王」という対等な交隣関係を否定し，中華世界

---

11) 　東京大学史料編纂所蔵『宗重正家記』第1巻．荒野泰典「明治維新期の日朝外交体制『一元化』問題」田中健夫編『日本前近代の国家と対外関係』吉川弘文館，1987年，227頁より引用．

12) 　『日本外交文書』第2巻第2冊，320号文書；田保橋潔『近代日鮮関係の研究』上巻，宗高書房復刻版，1972年，143-145頁．

秩序原理の名分秩序論に従って「天皇対国王」という上下的階層関係の創出を意図していただけでなく，この中華世界秩序原理とは別に西洋の近代国際法原理の主権平等論をも採って，中国との「振合を考え」ていたのである．この「対華平等・対韓優越」という明治政府の考え方は，長い伝統を持つ日本人の歴史意識の表れであり，折しも西洋の近代国際法原理の伝来がその論理に新しい依拠を与えたのである．これ以降，明治日本は，朝鮮に対して階層的な中華世界秩序原理を，中国に対しては対等的な西洋近代国際法原理を，あるいは両国に対して都合によって二つの国際秩序原理を使い分けていくのである．

　1868年12月，明治政府は，徳川幕府時代の交隣旧例に従って大政一新を通告するため，旧対馬藩家老樋口鉄四郎を大修大差使として朝鮮に派遣した．樋口大修大差使の遣韓に先立って，同年11月に対馬藩主宗義達は，事前通告のための先問使を東萊府に特派し，その先問書契を訓導安東晙・別差李周鉉に伝達した．しかし，東萊府は，先問使から伝達された先問書契と大修大差使書契は，従来の定められた「国書式」[13]の格例とは異なり，一方的に変更した「違格」・「碍眼」の文字があることを問題にした．東萊府使鄭顕徳は中央政府の礼曹に報告すると同時に，書契の受理を拒否した．そして，1869年12月には拒否の理由を記した覚書を交付した．

　そこで，本論末尾に付録資料として「先問書契」[資料A]，「大修大差使書契」[資料B]および「覚」[資料C]の全文を掲げ，それによって朝鮮側が「違格」・「碍眼」と指摘した文字使用と格例違反を考察する．まず，先問書契の前文については，現時点で見られる資料ではすべて省略されているため，甲の「抬頭」と乙の「平頭」という両説が出ている[14]．「甲」の公文書式では日本国

---

13) 『朝鮮外交事務書』（日本案）一，ソウル：成進文化社，1971年，8号文書．
14) この先問書契において，「差出人の署名」と「受取人の宛名」が「平頭」（乙式）であったか「二字抬頭」（甲式）であったかは，『日本外交文書』にも『岩倉公実記』にも不明である．依拠と見なされる『朝鮮外交事務書』にも差出人と受取人とが全く省略されているため，田保橋潔と姜在彦は「二字抬頭」の甲式を採り，原田環は「平頭」の乙式を採っている．現時点においては，新しい史料の発掘がなければ，いずれともし難いと思われる．『日本外交文書』第1巻第2冊，705・706号文書；多田編『岩倉公実記』下巻，15-16，20-22頁；田保橋『近代日鮮関係の研究』上巻，151-152頁；姜在彦『朝鮮の攘夷と開化——近代朝鮮にとっての日本』平凡社，1977年，147頁；原田環「朴珪寿の対日開国論」『人文学報』第46号（1979年3月），78-79頁．

は朝鮮国よりも二字抬頭し，明らかに違格である．名分秩序論の観点からみれば，日本側が自国を朝鮮国の上位に位置づけようとする意図を明白に表したものと言ってよい．しかし，「乙」の公文書式では日本国の差出人と朝鮮国の受取人は平頭説を採り平等的である．しかし，朝鮮側の発した「覚」にはこれを問題として提起せぬこととしてあり，本文では「遣礼曹参判大修使書」という日本側の発した大修大差使書契の国書式に基づいて，乙の差出人と受取人との平頭説を採るようにした．換言すれば，先問書契の前文に限ってのみいうならば，日本は自国を朝鮮国の上位に置くことはしなかったのであろう．

　しかし，本文に入ると，日本は自国のことを「皇」，「勅」，「朝廷」，「京師」（後さらに「天子」）と自称したのみならず，「皇」という文字をわざわざ「一字抬頭」させ，しかも「朝鮮国」よりも高くしており，非常に目障り（「碍眼」）となるようにさせていた．「違格」の文字使用と「碍眼」の字句高低から日本の意図を考察すれば，小中華思想の体質と「対韓優位」という伝統的な公家外交観が顕れたと読み取れる．

　朝鮮側の「覚」によれば，朝鮮側が問題にしたのは，「左近衛少将」，「平朝臣」，「書契押新印」，「礼曹参判公」，「皇室」，「奉勅」，「厚誼所存有不可容易改者」の7点である．日本が従来の「対馬州太守」を「左近衛少将」に，「拾遺平某」を「平朝臣義達」に，「礼曹参判大人」を「礼曹参判公」に一方的に変更したのは旧例違反とされ，旧例に回復すべきだと要求された．就中，旧印は朝鮮側の許可・頒授した「交隣印」であるのに対して，新印は一国しか通用しない「封疆大臣」の官印にすぎないので，交隣なら「交隣印」を使用すべしというのである．ついで，「皇」とは「統一天下，率土共尊の称」であり，「勅」とは「天子詔令」であって，「中華世界帝国」の皇帝にしか許されない下行の用語であり，対等の日韓交隣関係に許される用語ではないこと，そして，交隣印の頒授は，「非私伊公」＝交隣のための日韓両国間の「公印」であり，朝鮮対馬間の「私印」ではないから，「厚誼所存有不可容易改者」，とりわけ「以私害公」という言葉は理解できないことを主張した．最後には，書契に見られる「一言違格，一字碍眼」の不遜な用語は「必無容受」，「徒傷隣好」であると強調した．

　朝鮮側の覚書に対して，倭館館司と幹事官は次のように反論を展開した．

① 左近衛少将について：これは日本の官階システムであり，朝鮮の干渉するところではない．
② 平朝臣について：臣下として国制を守るべきことは多言を要しない．
③ 書契押新印について：王政復古したのであるから，新印をもって国の公務を行なうのは当然である．
④ 礼曹参判公について：従前には匹敵の礼をもって公と称したが，今は昇進して閣老と同格になったのであるから，その書式も変わるべきである．
⑤ 皇室について：王国は王と称するのに対して，皇国は皇と称すべきである．王が皇に臣従する意味ではない．
⑥ 奉勅について：天皇の命令が勅と称されるのは自然であり，当方に変通の意図があるわけではない．
⑦ 厚誼所存有不可容易改者について：当初印を受け入れる事に関して，論争はしたくない[15]．

一言でいえば，日本側は朝鮮側の書契改修要求を全面的に拒否したのである．ここに王政復古を通告する書契をめぐる日韓交渉は行き詰まった．

実際上，この書契事件は既述のように，1868年5月，名分論の持主である明治政府が計画した「外交刷新」政策と一致し，計画通りに行なわれたものである．新印使用も対馬の外交地位昇進もそうであり，とくに国書式の旧制改正において明治政府は「清朝との振合を考え，朝鮮国王を多少格下げする」という名分秩序論に立って，違格文字の使用と字句高低の工夫を行なったと考えられる．名分論の持主である朝鮮は，当然，明治政府の書契変更の意図をすぐ理解した．

> 今日本ト和ヲ失スルハ長策ニ非ト雖，今此ノ皇ヲ称スルノ術ハ必漸ヲ以我国ヲ臣隷トスルノ奸謀ナレハ，始ニ慎テ許スヘカラス．……如是ノ異難ヲ以テ我ニ迫リ釁端ヲ我ニ開カ（ント）スルノ術ナリ[16]．

朝鮮側はこの紛争を避けるために，次の対策を出した．

> 我ヨリ親交ヲ不好ノ言ハ堅ク守テ不可言．……只先世ノ法ヲ遵守シ，率由旧章ヲ以テ口実トシ，余ハ曖昧朦朧ノ術策ヲ以テ待之．一旦日本短慮事ヲ

---

15) 多田編『岩倉公実記』下巻，23-26頁．
16) 『朝鮮外交事務書』一，35号文書．

破ルニ至ル時ハ，罪日本ニ在リ，茲ニ至リテハ，国力ヲ尽シテ相戦フベキノミ[17]．

つまり，朝鮮政府は日本側が「皇」「勅」をもって朝鮮を「臣隷」化しようとする策謀であると理解し，しかし，友好的な外交を好まないとは言えないので，やむをえず，旧例を一方的に変更した違格の文字があることを口実として問題にしたのである．

明治政府の書契は，一見して国際法に従って発した外交文書と見えるが，実質的には伝統的な公家外交観を脱していなかった．要約すれば，形式上は新しく，実質上は旧い「和魂洋才」的あるいは「中体西用」的な外交術であった．周知のように，この朝鮮側の書契受理拒否は，日本側の「征韓論」を呼ぶ直接の契機となった．

2　征韓論から日清交渉先行論へ

(1) 征韓論

対馬藩家老樋口鉄四郎が大修大差使として対馬を出航したのは明治元(1868)年12月11日であり，朝鮮釜山に到着したのは同月19日であった．この間，同月14日には，木戸孝允が岩倉具視の質問につぎのように答えている．

　　速に天下の方向を一定し，使節を朝鮮に遣し，彼無礼を問ひ，彼若不服ときは，鳴罪攻撃其土，大に神州之威を伸張せんことを願ふ．然るときは天下の陋習忽一変して遠く海外へ目的を定め，随て百芸器械等真に実事に相進み，各内部を窺ひ，人の短を誹り，人の非を責，各自不顧省之悪弊，一洗に至る．必国地大益不可言ものあらん[18]．

すなわち，日本は朝鮮側の書契拒否を問題と捉え，その無礼を問い，その罪を鳴らして征伐を行なうことによって，「海外」へ進出すべきだと説いたのである．すなわち，これが「征韓論」の発端である．

従来，木戸の発言は樋口大修大差使が朝鮮に到着する前に行なわれたので，書契拒否という「無礼」な問題がまだ起こっていないのに，朝鮮の「無礼」を

---

17) 『朝鮮外交事務書』一，35号文書．
18) 『木戸孝允日記』第1，復刻版，東京大学出版会，1967年，159-160頁．

詰問して問罪の師を送ることを主張したのは,「はじめから予定されていた挑発行為だった」か,あるいは「征韓の口実となる」ものであったと見る見方が定着している[19]．実際には，この大修大差使の出発に先立って，対馬藩主宗義達が前月の11月に事前通知として先問使を特派して，先問書契を東萊府に伝達していたので，木戸はすでに朝鮮側の書契拒否を知っていて発言したのではないかと思われる．

木戸の「征韓論」は，「専ら内奸を圧倒」[20]，つまり国内の不満を外に転じることにかかわったものとみなされてきたが，「韓地之事は皇国之御国体相立候処を以，今日之宇内之条理を推候訳に而東海に光輝を生じ候はゝに始り候」[21]という公家外交観に基づいた朝鮮征伐論も読み取れるのである．のちに，このような「征韓論」が西郷隆盛を中心とする「征韓派」に継承され，内乱を望む士族の心を外に向けさせるために，朝鮮側の手で征韓の口実をつくらせるように努めたといえよう．このような「征韓論」は，明治政府の首脳部に限られなかった．外務省筋でも盛んに「朝鮮論」を説いたのである．たとえば，外務省出仕佐田白茅は，外務省から派遣されて倭館における日韓交渉を視察した結果を，1870年3月に外務卿沢宣嘉につぎのように建議した．

　　朝鮮知守不知攻，……故断然不以兵力蒞焉則不為我用也．況朝鮮蔑視皇国，謂文字有不遜，以与恥辱於皇国，君辱臣死，実不載天之寇也，必不可不伐之．……天朝（日本）加兵之日則遣皇使於清国，説所以伐之者，而清不聴之，出援兵則可並清而伐之[22]．

つまり，朝鮮に対して兵力を加えなければ書契紛争を解決できず，中国が中韓宗藩関係にこだわって日本の朝鮮出兵に干渉すれば，合わせて中国にも征伐を加えるべきであるとの論旨であった．同年7月には，外務権大丞柳原前光も岩倉に「朝鮮論稿」を寄せ，朝鮮が「大政一新報知ノ書」を拒否するのを機会として，朝鮮綏服ないし万国経略することをつぎのように勧めた．

　　朝鮮国ノ儀ハ，北満洲ニ連リ西韃清ニ接シ候地ニシテ，之ヲ綏服スレハ，

19）　中塚明『日清戦争の研究』青木書店，1968年，14頁；姜在彦『朝鮮の攘夷と開化』143頁；毛利敏彦「明治初期外交の朝鮮観」『国際政治』第51号（1974年10月），34頁．
20）　『木戸孝允文書』第8，復刻版，東京大学出版会，1971年，132頁．
21）　『木戸孝允文書』第2，233頁．
22）　『日本外交文書』第3巻，88号文書．

実ニ皇国保全ノ基礎ニシテ，後来万国経略進取ノ基本ト相成[23]．

「征韓論」が上述のようなものであったとすると，明治日本にとって，書契事件は朝鮮「綏服」[24]，さらには「万国経略」[25]というような「天下の方向」を定める契機にすぎなかった．換言すれば，書契事件をきっかけとして朝鮮を「綏服」すれば，中国との中華世界争いにもなることがほのめかされていたのである．

一方，「征韓論」に対して，「合邦論」を唱える人もいた．1869年に外務権少丞宮本小一郎は，当時の武家外交論を糾弾しながら，伝統的な公家外交論を唱えた．宮本はまず，

> 其以前幕府ト同等ノ交礼ヲナセシ処，今天朝（日本）ト交際スル時ハ，幕府ハ将軍ニシテ，天皇陛下ノ臣下ナリ．然レハ朝庭ト交際スルニハ，二三等下ラサルヲ得ス[26]

と，唱えた．図式で説明すれば，その「武家外交」は

$$\because C = J,\ C > K,\ \therefore J > K (C = 中国,\ K = 朝鮮,\ J = 日本)$$

というように捉えられている．また，その「公家外交論」は

> 朝鮮ハ古昔ノ如ク属国トナシ，藩臣ノ礼ヲ執ラセ子（ネ）ハナラス也．宜シク速ニ皇使ヲ遣ワシテ，其不庭（逞）ヲ責メ苞茅ノ貢ヲ入レサシムベシ[27]

と説かれていたから，同様に，図式で説明すれば，

$$\because Jb = Kk,\ Je > Jb,\ \therefore Je > Kk (e = 天皇,\ b = 幕府,\ k = 国王)$$

となろう．この二説を合わせていえば，今後の日本は，「武家外交」を「対韓優位」の「公家外交」に代えるべきだという論説であった．宮本はさらに，日本が誠意をもって，西力東漸による形勢上，朝鮮には鎖国の危害と開国の必要があることを説得し，「日本ト新ニ盟約ヲ重子（ネ）兄弟ノ国トナリ合衆聯邦シテ」「朝鮮人ハ日本内部ノ人」となることを勧める日韓合邦論を唱えた[28]．征

---

23) 『日本外交文書』第3巻，94号文書．
24) 朝鮮に対して，日本の政教に安んじて，事に服させることを指し，転じて朝鮮を平定する意味．
25) 天下を経営し，四海を略定する意味から転じて，天下の全局を画策支配すること．
26) 『朝鮮外交事務書』一，69号文書．
27) 『朝鮮外交事務書』一，69号文書．
28) 『朝鮮外交事務書』一，69号文書．

韓論と合邦論とは，征服か説服かの手段には違う点が見られたが，いずれも日本を主体とする日韓合邦を論じた点では共通であった．

(2) 日清交渉先行論

朝鮮側の書契拒否によって，明治政府の対朝鮮外交はすっかり行き詰まった．しかし，明治政府には「書契上ノ字句，今更相改候事，御国威ニモ関係候儀ニ付難被及」[29]として，「皇」「勅」を改正する意図は毛頭もなかった．何故日本政府は朝鮮側の書契改正の要求を拒否したのであろうか．宮本の論説によっても明らかなように，明治政府はやはり日本の伝統的な朝鮮属国観と天皇上位説にこだわっていたのではないかと思われる．しかし，明治政府は「御国威」にかけて対朝鮮外交を打開しなければならなかったので，ついに朝鮮国交際始末の調査に踏み切った．

1870年4月，外務省出仕佐田白茅，森山茂，斉藤栄らは「朝鮮国交際始末内探書」と題する報告書と各々の建白書を政府に提出した．この「内探書」は，まず「慶長元和以来朝鮮国ヨリ信使差越藩属ノ礼ヲ執来」った片方的通信使派遣を調査し，結局，

> 其（朝鮮）復書ヲ見ルニ本朝ニ藩属ノ礼ヲ執ラサル事明ラカナリ．然ラハ本朝ノ使節ヲ乞フヘキ筈ナルヲ，壬辰乱後，国内ノ形勢地理ヲ大ニ秘スル情体ヨリ，却テ答礼ヲ不受ヲ窃ニ綏安シ，幕府代替ノ都度，信使差渡来レルハ，畢竟敬シテ遠サクル意ヨリ出シ[30]

と，臣礼をとった朝鮮朝貢説を否定した．同報告には，つづいて，対馬藩が「朝鮮国ヨリ勘合印ヲ受候由右ハ同国制度ニ取入貢ヲ受候取扱ナル哉」を調査し，その結論として，

> 此儀，彼国府郡県ヘ国王ヨリ相与ヘ図書同様ニテ，宗氏実名ヲ彫タル銅印ナリ．……此印ヲ受ルハ彼国制度上ニ取リ，臣下ニ等シ．加之，歳賜米ト唱ヘ，……是彼国ニ臣礼ヲ取ルノ最一トス．其余謬例枚挙スルニ遑アラス[31]

---

29) 『朝鮮外交事務書』三，16号文書．
30) 『日本外交文書』第3巻，87号文書．
31) 『日本外交文書』第3巻，87号文書．

と，対馬藩が朝鮮に対し臣礼の姿勢をとっていたことを指摘した．ついで，朝鮮が「北京ノ正朔ヲ仰クト云ヘトモ国政ニ至テハ自裁独断ノ権力アル哉」を調査し，その結論として，

> 内政百事独断ノ権アリ，外国ニ関係スル事件ト云ヘトモ自裁スル由．然レトモ我勝手ノヨカラサル事柄ハ北京ニ告知シ，特命ヲ受ル[32)]

と，中韓宗藩関係の実態を指摘した．そして，「建白書」において，佐田は朝鮮征伐，森山と斉藤は「先礼後兵」をそれぞれ提議したが，共通に「皇使ヲ発遣シ，宗家私交ノ謬例ヲ正シ相当ノ御処分ヲ給シ」[33)]と主張した．外務省は，これを「余リ書生論ニ近候」と評しながら，打開策として，この「内探書」と「建白書」に基づいて「対鮮政策三箇条伺」を作成，同4月に太政官弁官に提出した．その3カ条とは，

① 「御国力充実迄」，朝鮮の交際と対馬の私交を廃止して日韓交渉を中止し，露国の朝鮮呑併を傍観する．

② 軍艦の護衛下，木戸孝允を正使，宗義達を副使とし，朝鮮に派遣して開港通商を強要し，「不伏に候ヽ不得已干戈ヲ被用候場合に至リ可」．

③ 朝鮮を一等下す政策を堅持するために，中国と対等の条約を結ぶ必要がある．それによって，朝鮮の不伏があっても，和戦の場合，この「遠く和して近く攻るの理」で中国の対韓援軍は絶たれるだろうから，これが「最可急手順」である．

と，いうもので「三条の内何れにか，御決定被下度」と，決定を仰いだ[34)]．

結局，明治政府は，やはり $\because C > K$, $C = J$, $\therefore J > K$, そして，$\because Jb = Kk$, $Je > Jb$, $\therefore Je > Kk$ という論理で，朝鮮の奉ずる「中華世界秩序原理」の「名分秩序論」を利用することに決定した．そして，早くも6月29日には外務権大丞柳原前光の中国派遣に踏み切ったのである[35)]．

ところで，この「対鮮政策三箇条伺」の作成と相前後して，外務省は対馬藩（厳原藩）より書契改撰交渉の裁決を促す上申書に接し[36)]，同4月19日に，書

---

32) 『日本外交文書』第3巻，87号文書．
33) 『日本外交文書』第3巻，88号文書．
34) 『日本外交文書』第3巻，89号文書．
35) 『日本外交文書』第3巻，112号文書．
36) 『朝鮮外交事務書』三，8号文書．

契字句修正不許可の「御沙汰」を下した[37]．にもかかわらず，対馬藩はあきらめず，日本政府が許可するか否かを問わず，朝鮮人の間に信望の厚い浦瀬裕を派遣して局面打開に当らせた．同年5月，浦瀬は倭学訓導安東晙を訪ね，「天皇の国王のと不申して，双方棚に上げ置，両国政府同士之通交」と示し，「御双方対等之交り相立」つ書契修正案を提出し，朝鮮側もこれを受け入れた[38]．

折しも，日本駐在北ドイツ連邦代理公使マックス・フォン・ブラント(Max August Scipio Von Brandt)は，釜山視察を計画し，日本外務省官員と倭館在勤通詞中野を招き，ドイツ軍艦ヘルタに同乗させて釜山に強行入港した．朝鮮政府は，「引来番舶，肆然犯境(蕃船を引き連れてきて，ほしいままに辺境を犯す)」[39]，すなわち倭洋通謀の侵入を重大事件として，5月12日に対馬藩に抗議すると同時に，「館倭之和応洋醜(倭館の日本人が倭洋一体となった)」[40]を理由として，大修大差使書契改撰呈納を中止した．これで書契改修の交渉は打ち切られた．

1871年7月14日，廃藩置県が断行され，対馬藩はその「家役」とともに消滅し，ここに対朝鮮外交一元化の基盤が完成した[41]．対馬藩に代表されていた「中華世界秩序原理」に基づいた「交隣外交体制」は終末を告げた．毛利敏彦氏は，明治初期の対朝鮮外交を「華夷秩序原理と西洋国家系原理とのあいだを揺れ動き，最後に西洋国家系原理とそのコロラリーとしてのパワー・ポリティクスの行動様式に落ちついたのであった」と評している[42]．

一方，明治政府は外務省に提出された第3案に基づいて清朝中国と交渉し，ついに1871年7月29日に日清修好条規を締結し，日中両国は対等の条約関係となった．日清修好条規の第1条は，所属邦土保護の規定であり，第2条は，日中相互援助連盟の規定である．この条約から中国が「連日本・抗欧米・重建中華世界宗藩秩序体制」という新中華世界秩序構想を意図したことは明白であ

---

37) 『朝鮮外交事務書』三，16号文書．
38) 田保橋『近代日鮮関係の研究』上巻，231-237頁．
39) 『日省録』高宗庚午5月12日条．
40) 『日省録』高宗庚午8月25日条．
41) 対韓外交一元化について，荒野「明治維新期の日朝外交体制『一元化』問題」217-269頁に詳しい．
42) 毛利「明治初期外交の朝鮮観」40頁．

る．中国は日本をその新中華世界秩序構想に編入しようと意図したのである[43]．こうして，日本側の期待した「日中対等による対韓優位」という効果は生まれなかった．そのため，日本の対韓交渉は日清修好条規の締結に伴っては進まなかった．結局，日本は対朝鮮政策を変え，外務省建議第2案を採り，交渉より砲艦政策をもって，朝鮮開港策を練り始めたのである．明治政府は朝鮮出兵を予想して，予め外交上の手続を研究して対策を講じる必要があると考え，まず，中韓宗藩関係に手をつけようと画策したのである．

(3) 朝鮮出兵 vs. 中韓宗藩関係

　朝鮮出兵の場合，明治政府は，豊臣秀吉の朝鮮出兵が中国の援軍投入により失敗した苦い経験を考慮しなければならなかった．中韓宗藩関係という厚い壁を突破しなければそれは成功しなかった．そこで，外務省は，丙寅洋擾と辛未洋擾について総理衙門と仏米両国駐華公使との間に行なわれた清韓宗藩関係に関する交渉過程の調査に踏み切り，聞知した「朝鮮雖係属国，一切政教禁令，皆由該国主持（朝鮮は中国の属国とはいえ，一切の政教禁令はすべて同国が自ら主持する）」という朝鮮の内政自主に関する証拠を得ようとした．

　1873年3月，副島種臣外務卿は，日清修好条規・通商章程を調印するため，特命全権大使として中国に派遣された．北京では副島は米公使ロウ（Frederick Ferdinand Low, 鏤斐廸）を訪ね，朝鮮側が第三国人民に不法行為を加えた場合に，中国は属邦の行為に対して監督の責任を負うべきか，朝鮮政府自身のみが責任を負うべきかを確認したいと明言した[44]．5月23日，副島は外務少丞平井希昌を米国公使館に遣わして，ふたたび中韓宗属関係に関する中米交渉を尋ねさせた．ロウはそれについて説明すると同時に，同治9(1870)年2月8日付総理衙門信函の謄本を平井に与えた[45]．それは米韓関係に限った文書であったが，それを日韓関係に適用しようとする副島は，期待した「該国主持」の言質を入手した．

---

43) 張啓雄「新中華世界秩序構想の展開と破綻──李鴻章の再評価に絡めて」『沖縄文化研究』第16号(1990年)，231-253頁．
44) 田保橋『近代日鮮関係の研究』上巻，316-317頁．
45) 田保橋『近代日鮮関係の研究』上巻，317頁．

6月20日，副島はいよいよ外務大丞柳原前光と外務少丞鄭永寧を総理衙門に遣わして，総理衙門大臣毛昶熙・董恂と会談させた．台湾蕃地の帰属と琉球の両属をめぐって論争を起こしたほか，柳原は事前から用意してきた朝鮮問題を次のように提起した．

　　柳：前年米国全権公使将サニ彼国ニ事アラントスル以前，其書信ヲ貴衙門ニ托シテ朝鮮ニ寄センコトヲ請求セシトキ，貴国ハ彼ヲ属国ト称スレトモ，内政教令ニ至テハ皆関与スルコトナシトノ答有タル由，是亦果シテ然ルヤ．

　　彼：属国ト称スルハ旧例ヲ循守シ封冊献貢ノ典ヲ存スルノミ，故ニ如是答ヘシ也．

　　柳：然ラハ彼国ノ和戦権利ノ如キモ，貴国ヨリ絶テ干与スル所ナキ乎．

　　彼：然リ[46]．

まとめていえば，総理衙門が柳原に対して示した「以不治治之論」（後述）という文化価値に基づく属国に対する不干渉主義は一貫したものであった．副島大使らは，この会談自体を朝鮮自主の保証と見て，中国側からの文書の形式を「今更ニ見ルコトヲ願ハス」[47]と称して，中国側から書面をもってする証拠の入手も待たずに帰国してしまった．

　中国が「朝鮮雖係属国，一切政教禁令，皆由該国主持」という相矛盾するような考え方を一貫して主張していたのは何故であろうか．これは実に興味深い問題である．しかし，よく考えてみると，これを「相矛盾」というのは，われわれが既に国際法という価値を唯一の基準として，中国側の価値観＝ものの考え方と行動様式を論評するからである．ここに現れたのは，「中華世界秩序原理」と「西洋近代国際法原理」との摩擦である．「実効管轄による領有」というような国際法原理から見れば，「政教禁令は自主」なら属国ではなく，属国であるなら「政教禁令の自主」はありえない．それに対して，中華世界秩序原理からみれば，朝鮮側が体得した中国の属国に対する統治原理を描く「自昔中国待夷狄之道，以不治治之（昔から中国の夷狄処遇の方法は，治めざるをもっ

---

46) 松田道之編『琉球処分』（下村富士男編『明治文化資料叢書』外交編，第１冊）風間書房，1962年，27-28頁．

47) 松田編『琉球処分』28頁．

てこれを治む)」[48]という言葉で解釈するのが最も適切だと思われる．「不治」は「一切政教禁令，皆由該国主持」に当り，「治之」は「朝鮮雖係属国」に当る．これこそ，治めずしてもって之を治める微妙な文化価値であり，中華世界あるいは東洋の伝統的な国際秩序原理であった．

　副島にとっては，かれが得た「属国ト称スレトモ，内政禁令ニ至テハ皆関与スルコトナシ」という言質は，中国との交渉に当るためにも，朝鮮に出兵するためにも，最もよい口実であった．しかし，副島は果してその言質の真の意味を理解していたか，日本側の解釈が果して中国に受け入れられるかどうかが問題であったと考えられる．とにかく，副島は，中国からこの言質を得た以上，日本の朝鮮出兵に対して中国が干渉する理由はすべて封じ込め，安心して朝鮮に出兵しうる情勢をつくったと考えたであろう．国際秩序原理の摩擦から見れば，日本側は東洋の伝統的な国際秩序原理より西洋的な「実効管轄領有論」という国際秩序原理を受け入れる方向に変わりつつあったのである．結局，日本は東西両洋の国際秩序原理を持つようになり，都合によっていずれかを適用するようになって来たのである．

3　江華島事件

(1) 名分秩序論下の日韓交渉

　1873(癸酉)年11月，朝鮮では高宗の王妃閔氏一派が「国王親政」という名義で大院君を摂政の座から排除した．高宗即位の1863年以来10年間摂政として政権を握っていた大院君は，京畿道楊州郡直谷に隠退を余儀なくされた．閔妃一派は，大院君派を排除するために，まず大院君の腹心として対日外交を担当していた東莱府に手をつけた．辺情を騒がせ，不当蓄財を行なったという罪状を設けて，東莱府使鄭顕徳は流配，倭学訓導安東晙は梟首，慶尚道監司金世鎬は罷免により処分された．代わりに東莱府使には朴斉寛(のちに黄世淵)，訓導には玄昔運，別差には玄済舜が就任した[49]．これが癸酉政変である．

---

48)　『日省録』高宗乙亥5月10日条．
49)　『日省録』高宗甲戌1月3日，7月3日，11月4日，12月13日条；同乙亥2月12日，3月4日条．

癸酉政変は，大院君の強硬な内外政策を清算し，行き詰まった対日外交に転機をもたらした．この政変によって，開明派の朴珪寿は右議政という要職に就任した．実学派の思想を受け継ぐ朴珪寿[50]はリアリズムの外交姿勢を採り，日韓外交の深刻化を回避するために，大院君の採った「名分秩序論」的な対日政策を変更しようとした．朴珪寿は，書契拒否について大院君の採った次の4点の論理それぞれに以下のように反論を加えた．

大院君の論理：
① 今送ってきた書契は，対馬州大守と言っておらず，また，その職銜（役職）を左近衛少将対馬守平義達と書き加えている．これは書式違犯である．
② 皇室といって一文字高く上げ，勅，京師などの言葉も使っている．
③ 皇室を一文字高く上げて書き，貴国を一文字低く下げて書いている．
④ わが国が造り与えた図書（印）を押さず，日本国が造り与えた印信を忽然と押している[51]．

朴珪寿の反論：
① 職銜を書き加えたのは，日本が国の政令を一新することを自慢し，また，主君から優賞を受けたというだけであって，その爵位昇進は我国には何も関わっていない．
② 彼が天皇を称してから，累計すでに千年である．彼らが国の中で自称自尊しているのであって，他国には何の関係もない．
③ 日本国，朝鮮国，本邦，貴国，朝廷，勅，京師，睿意（叡慮）などの文字は，すべて平行の尊書であって，ただ皇室・皇上において一文字高く持ち上げる例が見られる．もし我国の至尊を語る語句があれば，必ず皇と平行尊書すべきである．しかし未だそれに相当する語句がないので，書契中に

---

50) 朝鮮実学派の巨匠で，かつ星湖学派の鼻祖である李瀷は，「倭皇の権を失へるは，まだ六・七百年を過ぎず，国人の願うところに非ず」とし，将来「忠義之士」によって全権が天皇に帰一した時，「苟も此に至らば，彼れ皇にして我れ王，将に如何にしてこれに処せんとするや」と，遠見を持っている．この実学派の思想系譜を受け継ぐ朴珪寿は，書契事件では，自主開国の立場から武力対決を避けることを主張した．姜在彦『朝鮮の攘夷と開化』153-154頁．

51) 韓国学文献研究所編『朴珪寿全集』上巻，ソウル：亜細亜文化社，1978年，749-754頁．

もそれが見られないというだけである.

④ 我国の印(の授与)はもともと余計かつ笑うべきことである. この印を授与して, 彼が我国に臣従するのか, 我々に冊封されたようなものか. 嶺南半分の膏血を搾り尽くして彼に輸送したのに, 印一つを授与することを成すべき事と見ている. 天下に笑うべきことがこれ以上にあるだろうか[52].

要するに, 朴珪寿はこのような論理によって, 日本を「其与洋一片」=「倭洋一体」と批判するのを回避し, 「本是和好」=伝統的な交隣関係に回復することを主張したのである. 明治政府が実際上は名分秩序論に基づいて対韓優位の姿勢をとっているかどうかは, 朴珪寿の関心する所ではなく, 彼の関心を集めたのは朝鮮の安全のみであった. こうして, 日韓緊張は雪解けになってきたはずであった. 折しも, 日本と仏米の連合を恐れた中国から, 日本が朝鮮出兵を計画しているという旨の礼部咨文が 1874 年 8 月 6 日(旧暦甲戌 6 月 24 日)に朝鮮に届き, 対日関係の改善を促した[53]. 同月 11 日, 朝鮮政府はすぐ渡海官の日本派遣を決定し, しかもそれを倭館に通知した[54]. 9 月 3 日, 新任訓導玄昔運, 別差玄済舜が倭館を訪ねて, 外務省出仕森山茂と明治維新以来はじめての公式会見を行ない, 次の書契改修 3 案をめぐって交渉したのである. ①壬申書契, つまり先問・大修大差使書契への回答, ②日本側の書契修撰, つまり外務卿から礼曹判書宛, 外務大丞から礼曹参判宛の新書契作成, ③朝鮮側の書契修撰, つまり礼曹から外務省宛の新書契作成[55]. 結局, 朝鮮政府は第 2 案の日本側の書契修撰案を採用した.

翌 1875 年 2 月 24 日, 外務少丞森山と外務省出仕広津弘信が, この書契改修 3 案の第 2 案に基づいて作成した外務卿書契と外務大丞書契を携えて, 倭館に着任した[56]. この書契には前から問題になっていた「皇」「勅」をそのまま使っていたのみならず, 「朝鮮国」に対して「大日本国」という用語を新たに使用していた. 朝鮮側はこれを問題にした[57]. 朝鮮政府は, 新書契上の文字違格

---

52) 『朴珪寿全集』上巻, 749-754 頁.
53) 『籌辦夷務始末』同治朝, 第 94 巻, 37 頁;『清光緒朝中日交渉史料』第 1 巻, 3-4 頁.
54) 『日省録』高宗甲戌 6 月 29 日, 7 月 3 日条.
55) 『日省録』高宗甲戌 8 月 9 日条;田保橋『近代日鮮関係の研究』上巻, 344-346 頁.
56) 『日本外交文書』第 8 巻, 16・17 号文書.
57) 『日省録』高宗乙亥 2 月 5 日, 2 月 9 日条.

と字句高低の問題を日本側に「善辞」をもって「暁諭」するために,「別して饗宴を設けて」森山らを接待することに決定した[58]. ところが, 森山がこの饗宴に洋式大礼服の着用, 宴饗大庁正門の出入を主張したのに対して, 朝鮮側はこれを違格として, 旧例に従って饗宴を行なうべきことを主張した. この饗宴問題によって余計に論争が起こった. 森山は, 洋服着用を「制度文物の所在について, 他国の論議は許さない」, 正門出入を「本官は大日本国の使節であって, 昔の対馬州守陪臣の比に非ず」と主張し,「此の二項目は我国の名分に関わるところであり, 本官一身の栄辱に止まらないがゆえに, 断じて聴き許すべからず」[59]と, 国家の「名分」までからませて朝鮮側の要求を拒否した.

森山の強硬な態度は, 国家の名分にこだわる朝鮮側の態度を硬化させた. まず, 訓導玄昔運は,「書契を漢字と諺文と混ぜて書くのは, 三百年来未曾有の事で, かつ格式相違, 旧印の送還, 通行券の書式変更, 洋船の乗り込みと, 誠信の意が欠けている」と述べ, 朝鮮側の不満を全面的に爆発させ, さらに「宴会に出席する服装は, 前日に見られた貴国の服装と大いに違う」と批評して, 宴会を延期した[60]. そのため, 書契受理を主張する開明派は困難な立場に追い込まれ, 逆に書契拒否を主張する名分論派の発言力が強まった. ついに, 1875年6月13日(乙亥5月10日)には, 朝鮮政府は「不可許接」の三つの理由をあげて, 日本国書契を受理しないことを決定した.

書契問題をめぐる日韓交渉は再び重大な危機に陥った. 日本側は, 何故書契の違格問題と饗宴の違格問題に国家の名分までからませたのか. まず, 指摘しなければならないのは, 明治政府も「名分秩序論」の持主であったことである. 森山は, 2月24日に外務省書契を持って草梁倭館に帰任する直前の2月2日に, 三条実美太政大臣より「朝鮮国ニテ応接ノ際ノ清国ト朝鮮国トノ関係ニ就キテ」次の指令を与えられていた.

　　彼国ノ独立ト称シ清属ト云ヲ論セス, 彼国王ト我太政大臣ト, 又ハ我外務
　　卿ト礼曹判書トヲ適主ト為シ[61].

---

58) 『日省録』高宗乙亥2月5日, 2月9日条.
59) 田保橋『近代日鮮関係の研究』上巻, 369-370頁.
60) 田保橋『近代日鮮関係の研究』上巻, 367頁.
61) 『日省録』高宗乙亥5月10日条 ; 『日本外交文書』第8巻, 18号文書.

この指令から，明治政府が「皇」「勅」の違格文字・字句高低を堅持していた理由がよく窺える．もちろん，朝鮮が名分論にこだわったといえるが，日本も対韓優位追求の「皇」「勅」については「名分秩序論」にこだわる点でけっして朝鮮側に負けてはいなかった．そして，実際上，日本外務省は当時すでに「対鮮政策三箇条伺」に画策した「日清対等による対韓優位策」（第3案）につづき，「武力による朝鮮開港策」（第2案）を実行に付そうとしていたのである．換言すれば，朝鮮に開港させるために強硬策を採ることはやむをえないと考えたのであろう．こうして，名分秩序論からしても朝鮮開国論からしても強硬策をとるのは当然の成り行きとなった．これこそ，国家の名分秩序まで絡ませた所以である[62]．

そして，5月30日に寺島宗則外務卿は森山に「清国年号使用ニ関スル朝鮮国ノ申出ニ対スル処置」について次のように指示した．

> 清ノ年号ヲ用ルハ，此明カニ清ノ藩属タルモノナリ．既ニ清ノ藩属タル則自主独立ノ国ニ非ス，是決シテ我ト平行対頭ノ礼ヲ執ラシムベカラス……抑我ノ朝鮮ヲ見ル世界万国ト同シク，コレヲ安南暹羅ニ比ス，決シ(テ)清藩ヲ以テ之ヲ待セス……我モ亦一歩ヲ退キ，彼清暦ヲ用ユルヲ允シテ，我ニ平行対頭ノ礼ヲナサシメサル丈ニテ，其局ヲ了シタラハ，彼ハ自カラ屈スルノミニシテ，我固ヨリ我体面ヲ失ハス亦不可ナシ[63]．

この指示からも明らかなように，日本が日中対等条約を締結した以上，外務省は「対鮮政策三箇条伺」の第3案，つまり「日清対等による対韓優位策」を追求したのであるが，「皇」「勅」によって朝鮮の抵抗を受けた．そこで，中韓宗藩関係を認めず，朝鮮を中国から独立させようと，朝鮮の「自主独立」策を練り始めたのであろう．後に江華条約第1款に規定されることになる「朝鮮国ハ自主ノ邦ニシテ日本国ト平等ノ権ヲ保有セリ」というのは，この時既に芽生えていたのである．冷静に分析すれば，日本側が「名分秩序論」を持たなければ，このように強硬な対韓交渉はしなかったであろう．

---

62) 原田環は「洋服着用の否定は，明治維新の否定であるので譲歩できない，というのである．制度文物の変化に応じて外交のあり方も変えるべきである，という森山の主張はそのかぎりでは妥当といえよう」と弁護している．原田「朴珪寿の対日開国論」93頁．

63) 『日本外交文書』第8巻，35号文書．

(2) 砲艦政策下の江華島事件

　書契の違格問題と饗宴の違格問題によって，日韓交渉は完全に行き詰まった．朝鮮政府は訓導玄昔運，別差玄済舜に対し非を棚上げにして交渉を行なうよう命じ，東莱府使黄世淵に重罰を科し，名分秩序論に基づく対日外交の遂行によって局面打開を図ることを命じた[64]．こうして，朝鮮の内部では書契受入派と書契拒否派の対立が激しくなった．

　森山は，朝鮮の内部対立を好機として，1875年4月23日に帰国する広津弘信に朝鮮との交渉を打開するための軍艦派遣を上申させた[65]．5月25日，軍艦雲揚号が釜山に入港し，6月12日に軍艦第二丁卯も釜山に入港した[66]．訓導玄昔運は倭館理事官森山に軍艦入港を抗議したが，日本軍艦は軍艦観覧中の訓導一行に対して，艦砲射撃演習の名のもとに武力示威を行なった[67]．その後，雲揚号はアメリカ極東艦隊から提供された江華島海図[68]をもって，航路測定の名の下に，朝鮮の西海岸を中国の牛荘まで北上して，首都出入口を扼する江華島要塞に接近し，9月20日，「飲料ノ水ヲ得ンカ為メ，端船ヲ卸シ，海峡ニ入ル．第一砲台ノ前ヲ過キ，第二第三砲台ノ前ニ至ル．……砲門ヨリ大小砲ヲ列発シテ端船ヲ襲撃ス」．雲揚号は江華砲台からの「待望の砲撃」に反撃し，しかも上陸してその砲台を破壊してから，長崎に引き返した[69]．これこそ，西洋の砲艦政策を学んで起こした「江華島事件」である．

　一般的にいえば，江華島事件は，日本船が立入禁止の江華島要塞の水域に侵入して勃発させた事件であり，計画的な挑発行為と認識されているが，日本側の史料にそのことを直接示すものはない．ただ「朝鮮咨覆与日本弁理条約顛末来文」という朝鮮側から清朝礼部への咨文には次のように書かれている．

　　江華島は国都の門戸であり，海港を押さえる口である．暴客の窺覦を防ぐため，砲台を常設し，防御している．昨年9月，黄旗を掲げた外国船が突如突入したため，守卒が大砲を打った．ただ戦備があることを示しただけ

---

64)　『日省録』高宗乙亥3月4日条．
65)　『日本外交文書』第8巻，26・29号文書．
66)　『日本外交文書』第8巻，36号文書．
67)　姜在彦『朝鮮近代史』平凡社，1986年，40頁．
68)　姜在彦『朝鮮の攘夷と開化』164頁．
69)　『日本外交文書』第8巻，55号文書を参照．

であり，船も破損せず，人も負傷しなかった．にもかかわらず，彼らは怒り，大砲で永宗鎮城を打ち破った．我国はその船が日本船だとは知らなかったのである[70]．

朝鮮側の史料には，日本側の「無断侵入」および朝鮮側の「警告発砲」ということがはっきり示されている．これによれば，この事件が日本側の領海侵入という国際法違反の行為により起こったことも明白である．

(3) 日朝修好条規に現れた名分秩序論

　明治政府は，江華島事件が勃発して以来，中国側の介入に備えるため，11月10日に森有礼を特命全権公使に任命し，対清交渉を担当させた[71]．一方，明治政府は江華島事件を口実として，朝鮮政府と談判するために，12月9日に陸軍中将兼参議黒田清隆を特命全権弁理大臣に，元老院議官井上馨を同副全権弁理大臣に任じて朝鮮国に赴かせ，修好通商条約の締結と，江華島事件のような不祥事の再発の防止について，交渉を行なわせることに決定した[72]．寺島外務卿は，黒田遣使の事由について直ちに各国公使の諒解を求めた．それに対して，「同12月9日，米国公使ビンガム (John Bingham) は外務卿より，日本の目的がペリー (Matthew Calbraith Perry) 提督の故智に倣う朝鮮の平和的開国にあることを聞いて諒解した．……次いでビンガムは井上副全権に，ペリー提督日本訪問の際の随員ティラーの著を贈ったりした」[73]．ビンガム米公使が井上副全権に贈ったティラーの著は『ペリーの日本遠征小史』である．ビンガム公使の行為は朝鮮開国に対する日本の行動を励ましたものと読み取れる．翌76年1月末に，黒田弁理大臣は艦船6隻を率いて朝鮮に到着し，2月27日，江華府錬武堂で日朝修好条規12カ条が調印された[74]．

---

70) 『清光緒朝中日交渉史料』第1巻，10頁．江華島事件についての研究論文は次のものを参照．林子候「日韓江華島事件的検討」上・下『食貨月刊』第14巻3・4月合訂号，5・6月合訂号 (1984年7月・9月)，158-173, 250-264頁；中島昭三「江華島事件」『国学院法学』第8巻第3号 (1971年1月)，324-356頁；中国柱「韓国の開国」『国際政治』第14号 (1960年12月)，124-141頁．
71) 『日本外交文書』第8巻，61号文書．
72) 『日本外交文書』第8巻，64号文書．
73) 開国百年記念文化事業会編纂『日米文化交渉史』Ⅰ，洋々社，1956年，336頁．

交渉の際，朝鮮側が最も問題にしたのは，日本側の提出した原案の前文に含まれる国号と王号であった．これは従来の書契問題に続いたものである．日本側原案では，その前文において，「大日本国」と「朝鮮国」，「大日本国皇帝陛下」と「朝鮮国王殿下」となっていた．朝鮮側は，名分秩序論に基づき，国号については「両国対等ノ礼ニ於テ未タ安カラサルニ似タリ，成ル可クハ大ノ字ヲ省キタシ」，王号については「差等アルニ似タリ，因テ日本国政府，朝鮮国政府ト改メタシ」と主張した[75]．日本もこれに応じて，「朝鮮国」の上に「大」を加えて「大朝鮮国」とし，「大日本国」のみならず，「大清国」にも対等にさせる「国号」を持たせた．両国政府の称号の対等にも譲歩して，「日本国政府」と「朝鮮国政府」とに改めた．

　書契問題では「皇」「勅」などの名分秩序論にこだわった明治政府が，この時譲歩したのは何故か．理由はもちろん事件不拡大方針にあったのではなく，この修好条規第1款で，「朝鮮国ハ自主ノ邦ニシテ日本国ト平等ノ権ヲ保有セリ」と謳って中韓宗藩関係を断ち，中国が日韓関係に干渉する「名分」を断とうと考えたからである．虚名を捨てて実利を取ったともいえる．

　ところが，西洋の近代国際法の影響を未だ深く受けていない朝鮮は，修好条規第1款について国際法的な理解を適用せず[76]，なお中華世界秩序的な事大による対等交隣の観念で「自主」と「平等」を理解したのである．日本側の西洋近代国際法的解釈とは食い違うものであった．原田環が「この条約は朝鮮にとって開国政策への転換を意味したものではなかったのである」[77]と述べた理由もそこにある．朝鮮の事大交隣という固有文化思想に基づいてこの第1款を解釈すると，朝鮮は「自主ノ邦」として日本国と「平等ノ権」を保有してはいるが，中国とは「平等ノ権」を保有していないため，日韓が対等的交隣関係であるのに対して，中韓は依然として宗藩的事大関係であった．「自主ノ邦」とい

---

74)　『日本外交文書』第9巻，26・29号文書．
75)　『日本外交文書』第9巻，20号文書．
76)　近代初期における朝鮮側の万国公法の受け入れについての最新研究成果として，徐賢燮『近代朝鮮の外交と国際法受容』明石書店，2001年；金鳳珍「朝鮮の近代初期における万国公法の受容——対日開国前夜から紳士遊覧団まで」吉田忠編『19世紀東アジアにおける国際秩序観の比較研究』国際高等研究所，2010年，173-213頁を参照．
77)　原田環「朝鮮の鎖国攘夷論」『史潮』新15号(1984年8月)，79頁．

うのは「朝鮮雖係属国，一切政教禁令，皆由該国主持」，つまり中国は朝鮮の政教禁令の自由を認めるという主張と相容れないものではなく，むしろ観点が一致すると考えることができる．中韓の持つ中華世界秩序観は，日本が主張した属邦か独立国かは両立できないという国際法原理の観点と矛盾し，結局，その結着が迫られることになるのであった．

　最後に，この日朝「修好条規」と，それに基づく「修好条規附録」「於朝鮮国議定諸港日本人民貿易規則」[78]（通称は通商章程）を合わせて考察してみたい.

① 中韓宗藩関係を断絶させる狙い：既述のように，第1款で朝鮮国の「自主権」と日韓の「平等権」を規定し，末文では「大朝鮮国開国四百八十五年丙子二月初二日」と李朝紀元を創用し，名分論において朝鮮が「中国正朔を奉じる」ことを否定した[79]．そして，中華世界における元来の「国際語」＝漢文を廃して，「日本ハ其国文ヲ用ヒ」，「朝鮮ハ真（漢）文ヲ用ユヘシ」と第3款に規定した．

② 政治的狙い：第2款で使臣駐京を規定するのは当然であったが，朝鮮政府に圧力をかけるのにも便利であったと思われる．駐韓使節を派遣しない宗主国中国より朝鮮に影響力を持つことになった．第7款で朝鮮沿海の測量と海図作成権を持つことによって，朝鮮に対する制御力を増強したことは否めない．そして，第10款で領事裁判権（治外法権）を持ったことは明らかな不平等条約であった．

③ 経済的狙い：第4，5款で釜山港のほかに2港（のちに仁川・元山を開港）を日本商民に開くことを規定した．第6款は難破船の救助を規定した．第8款は領事駐在権の規定であり，第9款は両国商民の自由貿易である．そして，第11款に基づいて成立した「修好条規附録」および「通商章程」では，若干の船税だけが徴収されるほか，輸出入税を当分の間無税にすること，日本貨幣を朝鮮開港地で通用させ，朝鮮銅貨を日本に搬出しうることなどが規定された[80]．いわゆる朝鮮関税権の否認，日本貨幣の流通，

---

78) 『日本外交文書』第9巻，66号文書．
79) 林子候は日本側が条約において朝鮮に年号を創用させた目的を，「全世界に朝鮮の独立自主を宣告し，以て各国の承認している中韓宗藩関係を破壊するに等しい」と述べている．林子候『朝鮮開国史研究』台湾嘉義：玉山書局，1984年，123頁．

第3章　国際秩序観の衝突

領事裁判権の行使という「三位一体」が日韓貿易の実態となった．

日朝修好条規(江華条約)締結後数年にして，日本商品は朝鮮市場を独占した．この結果，日本からの輸入は無制限となり，防穀令発布まで，日本貨幣で朝鮮から米穀を買取り，輸出された．さらに日本貨幣が国内為替同様に朝鮮に流入すると同時に，おびただしい量の朝鮮産の金が日本へ流出した[81]．朝鮮の経済は混乱に陥り，1882年には儒生を中心とする大規模な反日運動が起こり，日本人殺害，日本公使館襲撃事件を含む壬午政変につながったのである[82]．

結　論

外交文書の抬頭制度は，「名分秩序論」に基づいて出来た国際文書の書写システムであり，とりわけ公式的国際交流のために用いられたものである．抬頭制度の規制に違犯すると国家間の外交事件が爆発する危険性を内包していたことは否めない．それゆえ，本論は特に抬頭制度を持った公文書の書き方が「名分秩序論」に合うかどうかを検討してみようとした．

抬頭制度の抬頭については，差出人はまず，受取人の身分に合わせて，改行によって平抬か高抬かあるいは低抬かを決める．つぎに，文書中の文字上げを利用してその上下・尊卑を表す．上げた文字の数が多いほど，上下・尊卑の関係が大きくなる．これこそ，東アジアの伝統的な抬頭制度の規矩（しきたり）であった．

近代初期，日韓間の外交文書，たとえば先問書契に用いられた抬頭を通して検討すれば，交隣同士間の「天皇 vs. 国王」，「陛下 vs. 殿下」，「詔勅 vs. 教書」，「皇国 vs. 王国」，「帝号 vs. 国号」といった政治見解が，日本の王政復古によって違ったものになった．「天皇・陛下・詔勅」を「国王・殿下・教書」よりも必ず高く抬頭すべきだと明治政府は認識した．さらにそれを利用して拡大すると，外交の国宴上の着服においても「西洋礼服 vs. 伝統正服」，「新規則 vs. 旧規矩」というように日韓間の相違が広がり，伝統の交隣外交においても「西洋

---

80)　姜在彦『朝鮮の攘夷と開化』171頁．
81)　中塚『日清戦争の研究』22頁．
82)　申国柱「江華条規直後の韓日外交」『国際政治』第22号(1963年7月)，31-32頁．

国際法 vs. 東洋名分秩序論」という東西国際法秩序観の間の文化摩擦が国際間，地域内，国家内に発生した．

　上述のように，「名分秩序論」を概念的なフレームワークとして，外交文書中で上下，尊卑，昇格，降格などに関する特定的な言葉によって改行したり，抬頭したり，文字を上げたりする行為から，近代初期の日韓外交を分析すれば，特有のパターンがより鮮明に浮き彫りになる．その初めには，日本側の外交文書様式に対韓優位という意識がよく見えたが，最終の段階においては，日本側が朝鮮に対して，「皇」，「勅」，王号，国号などで「対韓優位」的な名分秩序規定を譲歩したのである．譲歩の理由をいえば，江華条約において新しく「朝鮮自主」，「日韓平等」，「李朝紀元創用」，「和真文公式使用」などの，これまた「名分秩序論」的な用語を使用することによって，中韓宗藩関係が断絶されるであろうと計算したからである．それは，朝鮮からの清朝勢力の締め出しと日本勢力の朝鮮進出を一層容易にするためであった．

　振り返れば，明治維新により日本から朝鮮に先問書契という外交文書が送られた．伝統的な国書であったから，その書き方については日韓両国とも熟知していたはずが，明治政府側が一方的に自らを朝鮮側よりも上位と位置づけ，伝統的な抬頭制度を守らずに，文書の改行，抬頭を行ない，尊大な「皇」「勅」という宗主国しか使えない言葉までも使ったのであった．そこにおいて，日韓外交は行き詰まった．それを打開するために，征韓論が唱えられたが，中韓宗藩体制を考えれば，中韓が連合して日本と戦争するまでに発展することを恐れ，結局，日清修好条規を結ぶことにより日中が対等となり，日本が朝鮮よりも上位になったという事実をもって朝鮮の王城に臨み，国王を降格するという方法が採られたのであった．このような考え方は西洋的なものではなく，伝統的な東洋の名分秩序論にそったものに違いない．

　最後に，日本側が名分秩序論的な「虚名」を犠牲にして，代わりに獲得したのは「実利」であった．しかし，これによって日本が「対韓優位」の伝統的な歴史意識を捨て切ったことは意味しない．むしろ，江華条約に規定された「日韓対等」＝「自主の国」・「平等の国」を「国際法」的に条文化することを通して，中韓宗藩関係が絶たれ，はじめて日本の「対韓優位」の可能性が実現されることになった．修好条規をめぐる日韓交渉においても「名分」と「実利」の

どちらを取るかが焦点となった．朝鮮側は「捨実求名」の道を選び，そのとき朝鮮が「名分秩序論」をめぐる儒教文化の「義利の弁」を重視することが明らかになった．対して，日本側が「捨名求実」の道を選んだ理由は，「国益」を重視する資本主義＝西洋近代国際法の立場に立つことになっていたからであった．空名を捨てて実利を取ることは，「脱亜入欧」の道につながり，最終的には「対韓優位」，さらに「対東アジア優位」を目指して歩んでいく道につながることであった．

江華条約締結以後，条約文に規定された「名分秩序」的な考え方は，日本側と中韓側で恐らくまったく違うものであった．条約文に対する日本側の考え方は，この条約により朝鮮が中国から独立し，日本と同様に自主かつ独立の国家になるであろうというものであった．いいかえれば，「$\because J=K, J=C, \therefore K=C$」という図式に示される考え方である．しかし，中韓の考え方は恐らく双方同様であり，東洋の伝統的な名分秩序観に留まっていた．図式でいえば，「$\because J=K, K<C, \therefore J<C$」と表されるものになる．まして「尊華攘夷」を自負する朝鮮側から見れば，「名」はさらに重要視されるものになる．儒教文化を重視する朝鮮は，「衛正斥邪」＝「中華世界秩序原理」を護持し，「西洋近代国際法原理」を排除する観念によって，恐らく王号・国号などの名分を精神的な死活問題として重要視する．逆に，資本主義国家にとって死活問題と見なされる治外法権，関税徴収権，日本貨幣流通などはあまり重要な問題とは見なされていないであろう．儒教文化の「義利の弁」に影響され，利よりも義を過大評価する価値観がなお続くかもしれなかった．

一言でいえば，抬頭制度が関わる先問書契から江華条約までの外交文書を通して日韓論争を分析すればするほど，近代東アジアにおいて「名分秩序論」が演じた役割は大きかったといえよう．

付　録

[資料 A]　先問書契
甲，日本国左近衛少将対馬守平朝臣義達
　　奉書朝鮮国礼曹参判公閣下
乙，日本国左近衛少将対馬守平朝臣義達奉書
　　朝鮮国礼曹参判公閣下

　　　　　　　告　者
　本邦頃時勢一変政権一帰
皇室在貴国隣誼固厚豈不欣然哉近差別使具陳顚末
　不賛于茲不佞響奉
　勅朝
　京師
　朝廷特褒旧勲加爵進官左近衛少将更命交隣職永伝不朽又賜証明印記要之両国交際
　益厚誠信永遠罔渝
　叡慮所在感佩曷極今般別使書翰押新印以表
　朝廷
　誠意貴国亦宜領可旧来受図書事其原由全出
　厚誼所存則有不可容易改者雖然即是係
　朝廷特命豈有以私害公之理耶不佞情実至此貴朝
　幸垂体諒所深望也
　　　　十一月 付A

[資料 B]　遣礼曹参判大修使書（大修大差使書契）
　日本国左近衛少将対馬守平朝臣　義達　奉書
　朝鮮国礼曹参判公　閣下
　　　維時季秋必惟
　　貴国協寧仰祝曷極我
　　邦
　皇祚聯綿
　　一系相承
　　総攬
　　太政二千有余歳矣中世以降兵馬之権挙委将家外国交際幷管之至将軍源家康
　　　開府於江戸亦歴下十余世而昇平之久不能無流弊事与時乖戻爰我
　皇上登極更張
　　綱紀
　　親裁万機欲大修
　　　隣好而
　　貴国之於我也

付A　『朝鮮外交事務書』一，35号文書．

交誼已尚矣宜益篤懇款以帰万世不渝是我
　皇上之
　　　誠意也乃差正官平和節都船主藤尚式以尋
　　　旧悃菲薄土宜略效遠敬惟希
　　　照亮肅此不備
　　　　　慶応四年戊辰九月　日
　　　　　　　　　　左近衛少将対馬守平朝臣　義達^{付B}

［資料C］覚
一、左近衛少将
　　因功増秩．想或有此．而行之本国可也．至於交隣文字．自有講定不易之規則．何可遽加幾字於此乎．若我国礼曹参議．原是右侍郎．東莱府使例兼礼曹参議．而自前刪而不書．貴国何独惟意増減不遵前例乎．
一、平朝臣
　　歴考往牒雖高官大職之人．未有官職之贅於姓名中間者．此亦格外．
一、書契押新印
　　貴国封疆之臣．想当原有印章行之本国．而貴州之世用我国印章於書契者．欲為憑信之意．乃是不易之規．今欲改以他印．則決不可受也．
一、礼曹参判公
　　公是君之称．首於五等侯伯之爵．則較諸大人．実非貶降．蓋此書契之称以大人．三百年已行之例．今忽称公．係是格外也．亦当依前而已．
一、皇室
　　皇是統一天下．率土共尊之称．雖行之於貴国．而貴我間往来書契中．則交隣以来未有之事．如此字句．決不可受．
一、奉勅
　　勅是天子詔令．此雖貴国人尊奉之説．而蓋自交隣以来．刱見之字也．不須更論．
一、厚誼所存有不可容易改者
　　貴州之世受我印．非私伊公．而帰之厚誼所存．微有以此為私誼底意．而至於下以私害公之句．大覚駭異．当初受印．何嘗私自与受．而乃以私之一字挿入其中乎．貴国典州之官．若私受印章於隣国．則貴国之事．豈不異哉．
一、大抵両国約条即金石不刊之文也．書契往復．非汗漫文字．而苟其一言違格．一字碍眼．必無容受儱接之理．雖百年相持．徒傷隣好而已．豈有済事之期乎．想貴国亦有深識事体道理之人．而終不知悟．窃為之深慨深慨．
　　　　　　　　　　　　　　　　　　訓導俊卿安僉知印
　　　己巳十一月　日
　　　　　　　　　　　　　　　　　　別差景文李王簿印
　　　　館　司　尊　公^{付C}

付B　『日本外交文書』第1巻第2冊，706号文書．本号文書には「遣礼曹参判大修使書」の他，「遣礼曹参議大修使書」をも載せているが，「事実先方ニ達シタルヤ否ハ後日ノ研究ニ俟ツ」と編者は付言している．いずれにせよ，その主旨は同じであり，その内容もあまり変わっていない．その他，『朝鮮外交事務書』一，35号文書には「書契写」が収めてある．
付C　多田編『岩倉公実記』下巻，20-22頁．

第4章 地域概念の受容と変容

東洋史のなかの「東洋」

黄 東蘭

はじめに

　日本では,「東洋」という語は,かつて家父長制を基盤とする「東洋的専制」との関連で使われ,アジアの後進性を意味するものであった[1].近年,「東洋」は「アジア」や「東アジア」などの語とともに,オリエンタリズム批判の俎上に載せられている[2].近代ヨーロッパ社会を理念型として「東洋」の「後進性」を批判する前者の議論と,ヨーロッパ中心主義を糾弾する後者の議論とは,立場は異なるものの,「東洋」(アジア)と「西洋」(ヨーロッパ)を二項対立的にとらえ,「西洋」(Occident)を前提として「東洋」(Orient)を論じる点においては共通している.両者はいずれも,ヨーロッパ文化に接する以前にすでに漢字文化圏に存在し,幾度の変化を経た「東洋」(および「西洋」)概

---

[1] 「東洋的専制主義」を批判する著作は数多く存在する.差し当たって仁井田陞『東洋とは何か』東京大学出版会,1968年を参照.

[2] その代表的な議論は,近代日本において,ヨーロッパ・日本・東洋は非対称的な関係にあり,「東洋」(及び「アジア」,「支那」)は日本が脱亜入欧のために克服しなければならない対象とされた,というものである.ステファン・タナカは明治期における「東洋」という語の意味転換について次のように指摘している.すなわち,本来ヨーロッパにおいてOrientはOccidentと対等的な言葉ではなかったが,明治期日本の東洋学者はOrientの地位を上昇させ,Occidentと対等な意味で使うことによって,日本をヨーロッパと対等に扱い,これと同時に,過去を代表する「支那」に対する日本の優越性を強調した(Stefan Tanaka, *Japan's Orient: Rendering Pasts into History*, University of California Press, 1993, p. 34).その他,近代日本の言論空間における「東洋」「西洋」「支那」の非対称関係に着目した研究として,陳瑋芬「自我的客体化——近代日本的『東洋』論及蔵匿其中的『西洋』与『支那』」『中国文哲研究集刊』第18号(2001年3月);白永瑞「『東洋史学』的誕生与衰退——東亜学術制度的伝播与変形」『台湾社会研究季刊』第59号(2005年9月);李圭之『近代日本的東洋概念——以中国与欧美為経緯』国立台湾大学政治系中国大陸暨両岸関係教学与研究中心,2008年(非売品)などがある.

念の文化的，歴史的意味を無視している．

　Asia(中国語，日本語では「亜細亜」「亜洲」「アジア」と表記される)という語は今から約 4 世紀前にイエスズ会の宣教師マテオ・リッチの世界地図「坤輿万国全図」とともに中国に入った外来の概念である[3]．これに対して，「東洋」・「西洋」は漢字文化圏自生の概念であり，中国からみた南の海「南海」もしくは「南洋」を東西二つに分けて，泉州あるいは広州を起点とする南北子午線の東側と西側の地域をそれぞれ指す[4]．その後，幾たびの変化を経て，19 世紀末から 20 世紀前半にかけて，「東洋」という語は中国で二つの意味で使われるようになった．一つは中国からみた東の海，あるいはそこに浮かぶ日本を指すものであり，もう一つはヨーロッパを意味する「西洋」という言葉の対概念として，中国，日本などを含むアジアを指すものとなった．

　この「東洋」という言葉の意味転換について，宮崎市定は次のように指摘している．すなわち，「東洋」は明治以降，主として日本の東洋史学者の努力によってアジア全域に拡大され，ヨーロッパを意味する「西洋」と対立する概念であった．そのような「東洋」概念は「東洋史と共に中国に輸入されて，其儘使用せられて今日に及んでいる．もと自ら中華を以て任じ，中国を中央として南海を東西洋に区分したものが，我国に優秀なる東洋学の成立に及んで，中国そのものが東洋の中に吸収されて了った」[5]という．これは宮崎が中国語文献における「東洋」という語の語源と意味変化をめぐって山本達郎と論争するために発表した論文「南洋を東西洋に分つ根拠に就いて」の最後の部分に書

---

[3] 拙稿「中国における『亜細亜』概念の受容」『東アジア近代史』第 11 号(2008 年 3 月)を参照されたい．

[4] 山本達郎は元代に遡って，「東洋」・「西洋」は中国からみた南の海「南海」を東西二つに分けて出来た地理概念であり，それぞれフィリピンからジャワに至る地域とインドの南の海を指すと指摘している(山本達郎「東西洋といふ称呼の起原に就いて」『東洋学報』第 21 巻第 1 号，1933 年 10 月)．これに対して，宮崎市定は宋代に遡って，「東洋」・「西洋」概念は中国人のいう「四海」のうちの一つである「南洋」をさらに東南洋・西南洋に分けた名称であり，両者の境界線は泉州あるいは広州を起点とする南北子午線であり，その後「東洋」は日本を指す語に変わったと指摘している(宮崎市定「南洋を東西洋に分つ根拠に就いて」『東洋史研究』第 7 巻第 4 号，1942 年 8 月，『宮崎市定全集』第 19 巻，岩波書店，1992 年)．

[5] 『宮崎市定全集』第 19 巻，276 頁．

かれた内容である．この引用文は論文全体の趣旨からはやや離れており，必ずしも実証的に裏付けられた議論ではない．しかし，宮崎の指摘には「東洋」概念を考える際の二つの重要なポイントが含まれている．一つは「東洋」を固定的に捉えず，明治期の日本において「東洋」の範囲が拡大した，という概念の変遷に着目した点である．もう一つは中国で古くから使われてきた「東洋」概念と異なる，アジア全域を指す新しい「東洋」概念は日本の東洋史を通じて中国に伝わり，その結果，中国人の「東洋」概念を変えた，という「東洋」概念の移動に着目した点である．

　以上の宮崎の指摘を念頭に置きつつ，小稿では，中国からみた東の海，もしくはそこに浮かぶ日本を指す伝統的な「東洋」概念から，中国，日本を含む新しい意味の「東洋」概念への変化を踏まえたうえで，明治期，清末民国期日中両国の東洋史教科書の「東洋」関連記述を手がかりに，19世紀以降の日中両国における「東洋」概念の受容と変容の過程について検討する．東洋史教科書を主な史料とするのは以下の二つの理由による．第一に，日本で「東洋史」という語が社会一般に定着したきっかけは，アカデミズム東洋史学の前身として，日清戦争後に「東洋史」が中学校の歴史科目として成立したことである．東洋史教科書に盛り込まれた「東洋」に関する知識は，文部省の検定を経て日本国家のオフィシャルな「知」となり，教科書を媒介に社会一般に普及したのである．第二に，宮崎が指摘した「中国に輸入された東洋史」は日本のアカデミズム東洋史学ではなく，桑原隲蔵の『中等東洋史』（大日本図書，1898年）など明治期に出版された中学の東洋史教科書であった[6]．

　なお，周知のように，日本と中国では，19世紀後半以降，「東洋」と並んで「東方」という概念も使われていた．「東方」はヨーロッパもしくは欧米を指す「西方」に対応する概念であり，中国も日本も「東方」の一部分とされ，この点に関しては上述の新しい「東洋」概念と重なる．小稿が主に東洋史のなかの「東洋」概念を分析の対象とすることもあり，「東方」概念にまで議論を広げる余裕がないことを予め断っておきたい．

6）　近代日本の東洋史の成立における東洋史教科書の位置づけについて，青木富太郎『東洋学の成立とその発展』蛍雪書院，1940年；杉本直次郎「本邦に於ける東洋史学の成立に就いて」『歴史と地理』第21巻第4号（1928年）を参照．

1 二つの「東洋」

中国で「東洋」が日本を指す言葉に変化した経緯について，宮崎市定は，清の雍正8(1730)年に刊行された陳倫烱の『海国聞見録』において，元代以降の書物にしばしば登場する「小東洋」(ボルネオより北西の海，明代には台湾，澎湖島を指す)の「小」という字が消えて「東洋」となり，「日本は大・小西洋に対して東洋と称せられるに至った」[7]と述べている．王爾敏も，『海国聞見録』に「東洋が単独の一篇となっており，もっぱら日本を指すものである」と指摘している[8]．

しかし，陳倫烱は『海国聞見録』の「自序」において，彼の父親が康熙朝に台湾征服の役を指揮した施琅の部下として出征し，その後「施琅将軍の命令を奉じて東西洋に出入りし，5年間にわたって鄭氏の人が残っていないかを探した」[9]と述べている．文脈からみれば，彼の父親が鄭氏の残党を探すために廻った「東西洋」(「東洋」と「西洋」を合わせた語)のなかの「東洋」は，日本だけではなく，澎湖，琉球などの島々も含んでいる．また，陳倫烱は同書の「東洋記」篇のなかで，日本と琉球の風俗，物産，中国との間の海上交通のルートや必要な日数などを記している[10]．したがって，『海国聞見録』のなかの「東洋」は中国の東の海，具体的には東の海に浮かぶ日本と琉球の島々を指している．その後，アヘン戦争後に刊行された徐継畬『瀛寰志略』の「東洋二国」の項には，「茫洋とした水がアメリカの西に及び，数万里もの間に大きな陸地はない．中国に近いのは日本と琉球の二国のみ」，「琉球は薩峒馬(薩摩)の南にあり，東洋の小さい国である」[11]と書かれている．ここでも，「東洋」は日

---

  7) 『宮崎市定全集』第19巻，275頁．
  8) 王爾敏「近代史上的東西南北洋」中央研究院『近代史研究所集刊』第15期(1986年)，111頁．
  9) 陳倫烱『海国聞見録』雍正8年(1730年)，台湾文献叢刊第26種，台湾銀行発行，1958年，「自序」．
 10) 陳倫烱『海国聞見録』「東洋記」．
 11) 徐継畬『瀛寰志略』巻1「亜細亜・東洋二国」道光28年(1848年)刊，上海書店出版社，2001年，17頁．

本と琉球の二つの国を指す語として使われている．以上からみれば，中国では，少なくとも 19 世紀半ばまで，「東洋」はまだ日本のみを指す言葉ではなかった．

このような「東洋」概念は，中国人が書いた地理書や欧米の宣教師が中国で刊行した世界地理を紹介する書物を通じて日本にも伝わった．たとえば，イギリス人宣教師慕維廉（William Muirhead, 1822-1900）の『地理全志』の和刻本（安政 6 年，1859 年刊行）に「東洋群島志」の項があり，その冒頭に「東洋はまた北平洋とも呼ばれ，亜西亜（アジア）の東より亜墨利加（アメリカ）の西に至る．多くの島々が並び，中華に近い．そのうちもっとも大きいものは日本国である」[12] という文句がある．ここで「東洋」は日本ではなく，「中国からみた東の海」，すなわち太平洋を指し，日本は「東洋」の島々のなかでもっとも面積の広い国と記されている．また，文久元（1861）年に刊行された和刻本『瀛寰志略』の地球図では，原著の「日本」が「大日本」，「大東洋」が「大洋海即東洋大海」とそれぞれ書き直されている[13]．「大東洋」も「東洋大海」も，「中国からみた東の海」という「東洋」本来の意味で使われている．これらの書物は幕末期の日本で広く読まれたことから，中国の伝統的「東洋」概念が日本でも一般に知られていたことが推測される．

佐藤亨は『幕末・明治初期漢語辞典』において，明治以前の文献における「東洋」という語の用例を二つ挙げている．すなわち，①「東海ニ船ヲ七艘浮ベテ，東洋海二千五百余里ヲ渡リテ」（司馬江漢・寛政 8 年〈1796 年〉『和蘭天説』凡例）と，②「亜弗利加といふ一大洲の極南の地『喝叭』といふ湊に船をとゞめ，風波のやうすを考へ，それより東洋に趣き」（大槻玄沢口授，有馬元晁筆記，寛政 11 年〈1799 年〉『蘭説弁惑』下）である[14]．前者の「東海」，「東洋海」と後者の「東洋」は，いずれも太平洋を指す地理概念であり，中国を「中」とし，そこからみた東の海を意味するものとみられる．

---

12) （英）慕維廉著『地理全志』（全 5 冊）巻之 1「亜西亜州全志」安政己未榴夏新刊，爽快楼蔵版．なお，アメリカ人宣教師褘理哲（Richard Quarterman Way, 1819-95）著『地球説略』の万延元（1860）年和刻本の東半球図には「大東洋海」という地名が書かれている（合衆国褘理哲著述，大日本箕作阮甫訓点，万延庚申春晩新刊，東都江左老皀館蔵梓）．

13) 徐継畬著，井上春洋・森萩園・三守柳圃訓点『瀛寰志略』巻一，文久辛酉仲秋新刊，阿陽対嵋閣蔵梓．

14) 佐藤亨『現代に生きる　幕末・明治初期漢語辞典』明治書院，2007 年，661 頁．

江戸時代の文献において，中国を「中」とし，その東に位置する日本を「東」とする例は珍しくない．その一例をあげると，新井白石はその著『東雅』（享保2年，1717年）の「総論」部分において，日本，中国，ヨーロッパの言語を比較して，「東方の音は新鶯なり．中土の音は喬に遷れる鶯なり．西方の音は流鶯なり」と述べている[15]．このような中国を「中」とし，日本を「東」とする用例は，明治以降も受け継がれた．明治11(1878)年，旧高崎藩主大河内輝声は来訪した黄遵憲に詩作を見せてほしいと頼まれた時，「東洋の鄙人はどうして中華の雅客と競うことができようか．師事して教えを受けるべきである」[16]と筆談している．また，別の日，大河内は何如璋に対して，「東洋は土地が狭く，中華の人をねぎらうほどのことはできない．ただ情誼が変わらないことを幸いとするのみである」と述べている[17]．日本と中国の空間的位置からすると，中国人がみた「東の海」もしくは日本や琉球を指す「東洋」概念を，日本人がそのまま使って，自国を「東洋」と呼ぶのは今日からみれば不自然であるが，大河内が中国と日本をそれぞれ「中華」と「東洋」と称したことは，明治以前日本の漢学的伝統に根ざした中国文化への敬慕の念の現れであっただろう．

　一方，日本では，明治以前にすでに中国，日本を含む新しい意味の「東洋」の用例が存在する．よく知られるのは幕末の開国論者佐久間象山の詩句「東洋道徳，西洋芸術」（『省諐録』1854年）である．象山は「東洋」（日本，中国を含む）が道徳面において，「西洋」（ヨーロッパ）が技術の面においてそれぞれ長けている，と述べ，「東洋」，「西洋」の語にそれぞれ異なる文化的な価値を付与している．このような「東洋」の新しい意味が生まれた背景について，津田左右吉は，江戸時代の中期からヨーロッパに関する知識が増え，「西洋」という言葉が主として極西の地にある諸国にあてられ，「西洋」には特殊の文化があるという考え方が現れた．そのような「西洋」に対応して，「支那を中心としてその文化を受け入れている地方の総称」として「東洋」という語に新しい意

---

15) 新井白石『東雅』市島謙吉編輯・校訂『新井白石全集』第4巻，吉川半七刊，1906年，7頁．

16) 「戊寅筆話　第四巻　第二十七話」1878年3月3日，陳錚編『黄遵憲全集』上，中華書局，2005年，562頁．

17) 『黄遵憲全集』上，590頁．

義が附せられた，と指摘している[18]．しかし，象山が意味する「東洋」が日本で広く使われるようになったのは明治以降のことである．

　明治維新後，「東洋」という語は新政府の公文書などで使われるようになった．明治 4(1871) 年の「米欧使節派遣の事由書」に「東洋諸国西洋列国各其国体政俗ヲ異ニスル，更ニ縷説ヲ俟タズ」という文句があり[19]，岩倉使節団の副使伊藤博文は，明治天皇が使節団一行に期待した諸事項を確認する文書のなかで，「天皇陛下ハ我東洋諸州ニ行ハル、所ノ政治風俗ヲ以テ，我国ノ善美ヲ尽スニ足レリトセズ，何ゾヤ．欧米各国ノ政治制度風俗教育営生守産概ネ我東洋ニ超絶スルヲ以テナリ」と述べている[20]．ここで，日本や中国などの国々は「東洋諸国」や「我東洋諸州」，「我東洋」の一部分とされ，「西洋列国」，「欧米各国」と対照的に使われている．明治 10 年代以降，日本が「東洋の盟主」として欧米列強のアジア侵略に抵抗するというアジア主義思想の台頭を背景に，民権左派の私擬憲法「東洋大日本国国憲按」（植木枝盛らが 1881 年に起草），東洋社会党（樽井藤吉が 1882 年に設立），東洋自由党（大井憲太郎らが 1892 年に結成），『東洋経済新報』（渋沢栄一らが 1895 年に創刊）など，「東洋」の用例が急速に増えた．アカデミズム東洋史学の前身である中学校の東洋史も，こうした気運のなかで誕生したものである．

　では，明治期の官僚や言論人が用いた「東洋」という語は，どの地域を対象とするのであろうか．これについて，荒野泰典は，資料集『日本近代思想大系 12　対外観』（芝原拓自ほか校注，岩波書店，1988 年）の「東洋」と「亜細亜」の用例を分析し，両者の地理範囲に明らかな違いがあると指摘している．すなわち，「亜細亜」は現在のアジア全域を指す時に使われ，「東洋」は「亜細亜」の東方，あるいは「東方亜細亜」，「亜細亜の東辺」を指す語であり，中国，朝鮮，日本によって構成される地域というニュアンスで使われることが多かった[21]と

---

18)　津田左右吉「東洋文化，東洋思想，東洋史」1931 年，『津田左右吉全集』第 28 巻，岩波書店，1966 年，361 頁．
19)　「米欧使節派遣の事由書」芝原拓自・猪飼隆明・池田正博校注『日本近代思想大系 12　対外観』岩波書店，1988 年，23 頁．
20)　伊藤博文「特命全権使節の使命につき意見書」『対外観』29 頁．
21)　荒野泰典「近世日本における『東アジア』の『発見』」貴志俊彦ほか編『「東アジア」の時代性』渓水社，2005 年，47 頁．

いうことである．後述のように，これは明治期に出版された多くの東洋史教科書における「東洋」という語の空間的範囲とほぼ一致している[22]．

　では，中国において，「東洋」という語はいつから中国を含む地理概念として使われるようになったのだろうか．私見によれば，洪秀全の族弟洪仁玕(1822-64)が1859年に執筆した太平天国の政策綱領「資政新篇」にその最初の用例が現れている．洪仁玕は，「中国はこれまでに東洋の冠冕になることができず，しばらくは振るわなかった．これは誠に慨嘆すべきことである」と述べている[23]．ここで「東洋」は，従来の「中国からみた東の海」あるいはそこに浮かぶ日本や琉球ではなく，中国を内包する地理概念として使われている．それは香港で洗礼を受け，宣教師の出版物を通じて欧米の近代的知識を学んだという洪仁玕の特殊な経歴に関わっているだろう．

　しかし，この時期，中国国内では，こうした新しい意味での「東洋」用例はまだごく稀である．19世紀末まで，「東洋」は，ほとんどの場合，日本を指す語として使われていた．たとえば，張之洞は，若者の海外留学に続いて，現職の官僚や官僚候補の海外遊歴をも奨励することを上奏した．彼は，「東西洋各国」を3年以上遊歴した者を第一等，欧，米二洲のうちの1, 2カ国もしくは3, 4カ国を2年以上遊歴した者を第二等，「東洋のみ1年以上遊歴した者」を第三等としてそれぞれ奨励し，「東西洋を問わず1年以内遊歴した者」には奨励を与えない，と建言している[24]．張之洞のいう「東西洋」は「東洋」と「西洋」を合わせた言葉であり，それぞれ日本と欧米を指す．「東洋」はもっぱら日本を指す語であり，そのなかに中国やその他のアジア諸国は含まれていない．日清戦争後，中国知識人の間での日本への関心が高まり，とりわけ20世紀初頭に起きた中国人の日本留学ブームを背景に，「東洋」はもっぱら日本を指す言葉となった．これに関連して，日本遊歴，日本留学を意味する「東遊」「遊東」「留東」，日本語を意味する「東文」「東語」などの言葉も頻繁に使われる

---

22)　ただし，教科書の場合，東洋史とは別に日本史が設けられていたため，明治以降の東洋史教科書のなかに日本史は含まれていない．
23)　洪仁玕「資政新篇」楊家駱編『中国近代史文献彙編　太平天国文献彙編』第2冊，鼎文書局，1973年，532頁．
24)　張之洞「請奨励職官遊歴遊学片」光緒29年11月26日，苑書義・孫華峰・李秉新主編『張之洞全集』第3冊『奏議・電奏』河北人民出版社，1998年，1593-1594頁．

ようになった．

　この時期，日本を指す「東洋」という語の流行と並行して，すでに日本語に定着した新しい「東洋」概念，すなわち中国，日本を包含する意味での「東洋」という語は，梁啓超など日本亡命中の知識人や留日学生によって中国国内に紹介された．梁啓超が日本で創刊した『清議報』のある記事に，「今日の論者はしばしば日本とイギリスとを比較し，日本を東洋の英国と称する」という文句が含まれている[25]．楊度は『遊学訳編』の発刊の辞のなかで，「我が中国は東洋文明発祥の地であることから，老大国と呼ばれ，また，西洋文明が未だ現れていないことから，幼稚の国と呼ばれている」と述べている[26]．このような新しい「東洋」の用例は枚挙にいとまない．中国の知識人がごく短い間に日本語から新しい「東洋」概念を受け入れた理由は，日中両国が漢字を共有することから来た利便さにあると考えられる．しかし，こうした「東洋」概念の逆輸入現象には，日清戦争の敗北，8カ国連合軍の北京占領，および日に日に高まる列強による中国の「瓜分」という現実的な危機により，中国の知識人（主に日本にいた亡命者，留学生）のなかで，中国を世界の中心とする伝統的な世界認識が動揺したという，より重要な意味があった．

　当然ながら，主に日本にいた中国の知識人たちの間で受け入れられた新しい「東洋」と，中国国内で広く使われた日本を指す「東洋」との間に混乱が生じた．維新派が上海で創刊した雑誌『時務報』には，日本語から翻訳されたある記事の「東洋」という語にわざわざ次のような説明が付け加えられている．すなわち，「東洋は東方亜洲（アジア）であり，日本を指す語ではない．中国は亜洲にあるため東洋に位置する．人々はしばしば間違えて日本を東洋と呼んでいるが，この両者を区別するために付言した」という[27]．また，梁啓超が日本で発行した『新民叢報』に掲載された蔣智由（観雲）の文章「華年閣物語」にも，同じ趣旨の注意書きが付せられている．蔣は，「自然景色を愛する天性において，東洋人は昔から西洋人に勝る．美しい鳥を見て楽しみ，虫の鳴き声を聴いて喜ぶ．魚を飼って自分を楽しむ．中国人と日本人（中国と日本を兼ねて東洋

---

25) 「地球大事記・比較英日勢力」『清議報』第47号（1900年）．
26) 楊度「遊学訳編序」『遊学訳編』第1号（1902年11月）．
27) 「俄国外交政策史」『時務報』第48冊（1897年）．

人と言う．我が国では一般に日本を東洋と呼ぶが，これは間違いである）にはみなこのような風習がある」と述べている[28]．この引用部分において「東洋人」という言葉が2回使われている．1回目は「西洋人」に対して言い，2回目は中国人と日本人を指している．ここで著者は，「東洋」という語の空間的な意味にとどまらず，「西洋人」に対する中国人と日本人の文化的な共通性をも強調しているのである．

2　日本の東洋史教科書における「東洋」

東洋史は1894年東京高等師範学校教授那珂通世の提言により，それまでの支那史に取って代わって成立した中学校の歴史科目である．那珂が構想した東洋史は，「支那ヲ中心トシテ，東洋諸国ノ治乱興亡ノ大勢ヲ説クモノニシテ，西洋歴史ト相対シテ世界歴史ノ一半ヲナスモノ」であり，従来の支那史が中国史上の王朝興亡を中心とするのに対して，東洋史は「東洋諸国ノ興亡ノミナラズ支那種，突厥種，女真種，蒙古種等ノ盛衰消長ヲ説キ及ボスベシ」とされた[29]．ここで留意すべきは，東洋史は西洋史とともに「世界史の一半」をなすものとして位置づけられたものの，その地理範囲はアジア全域ではなく，中国とその周辺地域であった，ということである．

明治期の東洋史教科書は，「東洋史」の対象地域によって大きく二つに分けられる．一つは「東洋＝アジア全域」という考え方に基づいて，中国，インド，西アジアの歴史を対象とするものである[30]．もう一つは「東洋史＝東方亜細亜の歴史」という考え方に基づいて，主として中国の中原王朝と周辺諸民族との関係を対象とするものである．全体的に，後者が圧倒的に多数を占めている．那珂の教え子である桑原隲蔵[31]の『中等東洋史』も後者に属する．この教科書

---

[28]　観雲（蔣智由）「華年閣物語」『新民叢報』第33号（1903年）.

[29]　三宅米吉「文学博士那珂通世君伝」故那珂博士功績記念会編『那珂通世遺書』大日本図書，1915年，32頁；「尋常中学校ニ於ケル各学科ノ要領」『大日本教育会雑誌』第157号（1894年11月），50-51頁.

[30]　たとえば，児島献吉郎『東洋史綱』（八尾書店，1895年）には，中国史のほかにインド史，西アジア史の内容も含まれている．ただし，中国史の内容は全体の約4分の3の紙幅を占めている.

は分量が多いため，出版の翌年に『初等東洋史』に版を改められ，1903 年には『中等教育東洋史教科書』に大幅に内容を減らされた．しかし，同書は桑原がその後出版したすべての東洋史教科書の基礎であり，「凡そ三十年間，著者の没後に至るまで，ほとんど独占的に中学校歴史教育に君臨する概のあった桑原東洋史教科書の初版であった」[32]．桑原は同書の「総論」のなかで，「東洋史は主として，東方亜細亜に於ける，古来の沿革を明にす」るものであり，「東方亜細亜」は「南は喜馬拉耶，西は葱嶺，北は阿爾泰の三大山脈によりて囲繞せられたる一帯の土地をいふ．支那及朝鮮之に属す」[33]としている．つまり，東洋史は日本史を除いた「東方亜細亜」の歴史であったのである．

では，東洋史教科書において，「東洋」はどのように表象されているのだろうか．以下では，桑原の『中等東洋史』を通じて見てみたい．表1と図1はそれぞれ『中等東洋史』の時代区分と空間表象を表している．

桑原『中等東洋史』の特徴は，正史を始めとする中国の史書の内容に基づいて，ヨーロッパの万国史の時代区分や章節体の記述体裁を取り入れ，漢族と周辺諸民族との勢力消長を軸に中国数千年の歴史を簡略にまとめた点にある[34]．表1にみるように，桑原は東洋史を上古，中古，近古，近世の四つの時期に分けて，それぞれの時期に優勢を占める民族や人種を中心に歴史叙述を展開している．空間的に，『中等東洋史』は太古から19世紀末までの三つの「東洋」空間を描いている（図1）．

「東洋 I」は，「中国」（漢族が居住する中原地域）と周辺の「夷狄」から構成される空間である（表1の「上古期」，すなわち始皇帝による中国統一までの時

---

31) 桑原隲蔵(1871-1931)，東洋史家．福井県の和紙製造兼商人の家に生まれ，1896年に東京帝国大学漢学科卒業．京都帝国大学東洋史講座教授，『蒲寿庚事蹟』で帝国学士院賞を受賞（東方学会編『東方学回想 II　先学を語る(2)』『桑原隲蔵博士』刀水書房，1999年）．なお，桑原の学問研究と中国認識について，吉沢誠一郎「東洋史学の形成と中国――桑原隲蔵の場合」岸本美緒編『東洋学の磁場』岩波書店，2006年がある．
32) 宮崎市定「解説」『桑原隲蔵全集』第4巻，岩波書店，1968年，767頁．
33) 桑原隲蔵『中等東洋史』上巻，大日本図書，1898年，1-2頁．
34) 桑原によれば，『中等東洋史』の編纂にあたって，中国内地の興亡については『御批通鑑』，塞外諸国の沿革については中国歴代正史の外国伝の記述に依拠し，インドや中央アジア部分に関してはヨーロッパ人の著書を参考にした（桑原『中等東洋史』上巻，「中学東洋史辨言十則」）．

第4章　地域概念の受容と変容　　89

表1 桑原隲蔵『中等東洋史』の時代区分

時代	名称	王朝・時期
上古期	漢族膨張時代	太古〜周末
中古期	漢族優勢時代	秦の中国統一〜唐末
近古期	蒙古族最盛時代	契丹・北宋〜明末
近世期	欧人東漸時代	清初〜日清戦争

図1 桑原隲蔵『中等東洋史』における「東洋」

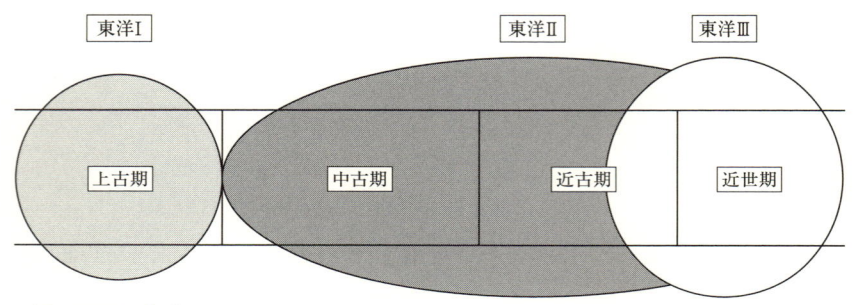

出典：桑原隲蔵『中等東洋史』大日本図書，1898年より筆者が作成．

期に対応する）．東洋Ⅰについて，桑原は『春秋左氏伝』や『史記』などの中国古代の史書に基づいて，夏，殷，周三代の制度や王朝交替の歴史を述べ，漢族と苗族などの周辺民族との関係を記述している．「上古期」の東洋史叙述について特に注目されるのは儒家の伝統的華夷秩序観念の影響である．周代部分の第3章「漢族と諸外族との関係及周代に於ける戎狄之跋扈」に「中国」という語が頻出する．「中国」と「夷狄」の関係について，桑原は「周代に於て，尤も跋扈を極めしは，実に北狄と西戎となり．……周室の衰ふるや，西，北の戎，狄，次第に此方面より中国に侵入し，周は遂に東遷の已むを得ざるに至れり」，「東周の初に当りて，戎，狄の中国に雑居する者頗る多し」と述べている[35]．「戎狄が中国に雑居する」や「戎狄の猖獗」などの表現が示しているように，桑原は周天子を正統な王朝の代表とし，周辺の「夷狄」を侵入者もしくは叛乱者と見なしている．中国の史書と同様に，桑原のいう「中国」は，漢族が居住する中原地域を指す地理的概念だけではなく，中華の文化を代表する正

---

35) 桑原『中等東洋史』上巻，38頁．

統な王朝を指す文化的概念でもあった．つまり，桑原が描いた東洋Ⅰの空間は，「中国」を正統とし，これを文化的序列の最上位に位置づけ，「夷狄」を序列の最下位とする非対称的な文化空間であった[36]．

「東洋Ⅱ」（表1の「中古期」，「近古期」，および「近世期」の清朝史部分に対応する）は「支那」と「塞外諸国」からなる．前者は秦による中国統一の時の疆域を指し，後者はモンゴル，西域，チベットなど周辺の地域を指す．東洋Ⅱの空間は時期によって範囲が異なり，漢，唐，元三代の最盛期には中央アジア，西アジアにまで及んだ．バトゥが率いるモンゴル軍の遠征に関する部分には，モスクワ，ハンガリー，ポーランドが登場する．東洋Ⅱについて特に注目されるのは，桑原が東洋史を「東洋」という大舞台における諸民族間の競争の歴史としてとらえ，競争に加わる諸民族を対等に扱っている，という点である．たとえば，桑原は秦から唐末までを「中古期」とし，契丹，宋，モンゴルの歴史を「近古期」としている．それはモンゴル族が「天下争い」で主導権を握ったことをもって，東洋の歴史が「蒙古族最盛時代」に入ったからである．同様に，「近世期」の清朝部分において，桑原は清朝の官僚制度と軍事制度に多くの紙幅を割いている[37]．彼の関心は清朝の支配が中国社会に与えた影響というよりも，異民族の清朝がいかなる軍事的，政治的制度を通じて広大な中国を支配したかにあっただろう．

そして，『中等東洋史』における第三の東洋空間（「欧人東漸時期」の清朝史以外の部分に対応する）は，英，仏，露などのヨーロッパ諸国が植民地の獲得をめぐって互いに争奪する場であり，アジア諸国がこれに対抗する場でもあった．時期的に，東洋Ⅲは「近古期」と「近世期」を跨いでおり，ポルトガル人ダ・ガマがインドに到着した1498年から『中等東洋史』が出版される1898年

---

36) 桑原の東洋史教科書における「中国」という語の用例は，彼が晩年に出版した東洋史教科書まで使われ続けている．詳細は拙稿「桑原隲蔵東洋史教科書とその漢訳テクスト——『東亜史課本』との比較分析を中心に」『愛知県立大学外国語学部紀要』地域研究・国際学編第43号（2011年3月）を参照されたい．

37) たとえば，桑原は，「清の官制と兵制」と題した章の冒頭に，「清は満州より興りて，先ず内蒙古を併せ，支那本部を取り，尋で外蒙古，図伯特（チベット），天山南北両路を定めて，今日の版図を有するに至れり．清廷は如何なる官制と兵制とによりて，此広大なる版図を統轄鎮圧するか」，と述べている（桑原『中等東洋史』下巻，195頁）．

までの4世紀を対象とする．東洋Ⅱにおいて「天下争い」に参加したのが漢族と周辺民族であったのに対して，東洋Ⅲでは，はるばる西洋から来たヨーロッパ人が「東洋」という競争の大舞台に登場し，それまでに『中等東洋史』にほとんど姿を現さなかった日本も台湾，琉球，朝鮮をめぐる数々の事件に絡んで登場している．「露西亜の中央亜細亜侵略」，「英露両国の衝突」，「後印度諸国の状況及び仏国の侵略」などの章の題名が示しているように，桑原は東洋Ⅲにおいて，ヨーロッパ人を侵略者として描いている．言うまでもなく，これは日清戦争後「東洋の覇者」と自認する日本がアジアにおけるヨーロッパ列強の勢力拡大に対して持っていた強い警戒感の表れである．これは『中等東洋史』と同時代の東洋史教科書に共通にみられる特徴である．

　桑原が描いた三つの「東洋」空間のうち，東洋Ⅰと東洋Ⅱが中国を中心とする「東方亜細亜」における諸民族の争いの場であったのに対して，東洋Ⅲはヨーロッパ勢力によるアジア侵略という「東洋」対「西洋」の対抗軸からなる空間であった．そのうち，東洋Ⅱに登場する周辺諸民族，とりわけ北方民族は，後のアカデミズム東洋史学の重要な研究対象となっていった．

　ところで，日露戦争前後，教育界で東洋史に対する批判が強まり，東洋史は暗記内容が多くて教えにくいなどを理由に，東洋史科目の廃止を求める意見が出された．大正初期，東洋史・西洋史を合わせて世界史にする案が浮上し，これに関連して，東洋史科目の存廃をめぐる議論がなされた．議論の根底には「東洋」概念をめぐる理解の対立があった．東京高等師範学校教授斎藤斐章に代表される東洋史廃止論者は，「東洋」を文化概念としてとらえ，歴史教育における道徳的価値の形成を重視する観点から，日本にとって文化的模範としての価値を失った「東洋」の歴史（その大半を占めるのは中国史）を学ぶ必要性を否定した．これに対して，東洋史の存続を主張する東京高等師範学校教授中村久四郎は，「東洋」を地理概念（アジア地域全般）としてとらえ，アジア大陸における日本の勢力拡大のための一般的知識情報を普及させるために東洋史は不可欠であると主張した[38]．これをめぐって，斎藤，中村の同僚，当時東京高等

---

38) 奈須恵子「中等教育における『東洋史』概念の展開——第一回中等学校地理歴史教員協議会の議論分析を中心に」『教育学研究』第59巻第4号（1992年）．

師範学校教授であった桑原隲蔵は『教育学術界』に寄稿し，東洋史教育の重要性について次のように述べている．

> 東洋史といふは東亜の沿革を明かにする目的でありまして，東亜，主として清韓の二国に於ては古来我邦と最緊密な関係を有して居つて，其沿革を明かにすると云ふ事が間接に我邦の沿革を審かにする所以であるといふ事情と，今一つは現在及び将来に於て，我日本国民が雄飛しなければならぬ場所といふのも此東亜でありまして，其為には其国の民情風俗などに達して居らなければならぬ，さう云ふ二つの事情があることからして東洋史といふものは日本国民として是非共知らなければならぬことと思ふ[39]．

ここで，桑原は東洋史教育の重要性について，①歴史上日本と中国大陸との間に深い関係があったこと，②「東洋・東亜（＝清韓両国）」が未来における日本の大陸「雄飛」の場であること，の二点を挙げている．ここで想起されるのは前述の「東洋史」に関する桑原の定義である．桑原は朝鮮半島や中国大陸における日本の領土拡張を強く意識して，東洋史の対象範囲を「東方亜細亜」に限定したのであろう．逆に，後述のように，現実における日本の軍事行動の範囲が「東方亜細亜」を超えた時，東洋史の地理範囲もそれに合わせて変化することを求められることになるのである．

その後，数回の制度改正を経て，東洋史の授業時間数は西洋史の約3分の1にまで減少したが[40]，東洋史科目そのものは日本史，東洋史，西洋史を統合した「国民科歴史」が1944年に成立するまで存在した[41]．

---

39) 桑原隲蔵「教育管見」『教育学術界』第11巻第6号・第12号（1905年9月・11月），『桑原隲蔵全集』第2巻，岩波書店，1968年，521-522頁．

40) 1928年，東洋史の学習時間を西洋史の約3分の1までに減らすなどの内容を盛り込んだ中学制度改正案が中学制度調査委員会，文部省の審議を通過し，1929年度から実行されることが決まった．これを受けて，桑原は『東京日日新聞』に投稿し，同改正案の実施は「将来のわが国民教育に重大なる悪影響ありと信ずる」と述べている（桑原「東洋史の軽視――中等課程改正案の杜撰に就て」『東京日日新聞』1928年10月2日・3日・4日，『桑原隲蔵全集』第2巻，535頁）．

41) 国民科歴史の成立に合わせて，文部省編纂の国定教科書『中等歴史』はそれまでの東洋史教科書に代わって使用されるようになった．『中等歴史』は外国史を日本史に従属させて，アジア史，ヨーロッパ史，日本史を通史的に構成したものである．これについては，奈須恵子「戦時下文部省編纂中等歴史教科書における『アジヤ』認識」『日本植民地

中等教育における「東洋史」科目名の消滅に先だって,「大東亜戦争」の拡大を背景に, 1941 年春, 文部省教学局に東亜史編纂部が設けられ, 東京・京都両帝国大学の東洋史研究者を中心に『大東亜史概論』の編纂が始まった[42].「大東亜史」の編纂について特に注目されるのは, 明治期に成立した「東洋史」の枠組みそのものが批判され,「東洋」概念が大きく転回した点である.「大東亜史」編纂主任鈴木俊によれば, 東洋史は本来アジアの文化が西洋の文化と対立しうる独自性, 特殊性を有することを主張するものであったが, 実際には西洋史からアジアの部分だけを区切って, それに中国の部分を詳しく述べたものであった. その結果, 東洋史は「欧米的世界史の一翼を成すもの」に過ぎなかった. 鈴木は,「今やアジヤが我が国を指導者として新たなる世界を建設し, 新秩序の樹立に邁進しつゝある現状を認識する時, かゝる西洋流の旧観念を打破すべきは論を俟たぬことであらう」[43]と述べている. この「西洋流の旧観念」の打破という考えは, 中国史を中心とする東洋史の枠組みの否定にとどまらず, それまでの「東洋」・「西洋」概念を根底から否定することにまで及んだ.「大東亜史」の編纂に関わった京城帝国大学助教授松田寿男は,「我が国からいへば, 東洋も西洋もない筈だ. 寧ろ東洋といつたらアメリカでなければならぬ. 西洋といつたら支那から向うでなければならぬ. だから日本的世界観, 世界史理論が確立されたならば, 東洋史西洋史の区別は全然撤廃されなければならぬ」と述べている[44]. これは, 前述の中国を中心とする伝統的「東洋」,「西洋」概念と,「ヨーロッパ＝西洋」に対する「アジア＝東洋」のいずれをも否定し, 日本を中心とする第三の「東洋」,「西洋」概念につながりうる空間思考の転換というべきであろう.

　「大東亜史」編纂のメンバーであった宮崎市定によれば, 文部省が構想した

　　　研究』第 19 巻(2007 年)と角田将士『戦前日本における歴史教育内容編成に関する史的研究——自国史と外国史の関連を視点として』風間書房, 2010 年をそれぞれ参照されたい.
　42)　『大東亜史概論』は『国史概説』の姉妹編である. 関係史料は国立教育政策研究所教育研究情報センター教育図書館志水文庫に所蔵されている.
　43)　鈴木俊「大東亜史の意義について」『東洋文化研究』第 6 巻第 4 号(1943 年 4 月), 1-2 頁；小林元・鈴木俊ほか「大東亜史の編纂　座談会」『現代』第 23 巻第 9 号(1942 年 9 月), 21 頁.
　44)　小林・鈴木ほか「大東亜史の編纂　座談会」24 頁.

「大東亜史」は日本を盟主とする「大東亜共栄圏」の歴史であり，「ビルマ以東の東アジアを範囲とし，その歴史は日本精神が東の果から起って，逐次この地域に光被して行かねばならぬ」ものであった[45]．つまり，日本の植民地支配の範囲が拡大するにつれ，現実における日本の軍事行動範囲に対応できなくなった「東洋史」は文部省によって否定されてしまったのである．

3　中国の東洋史教科書における「東洋」

中国では，19世紀末から20世紀初頭にかけて，科挙制度の廃止と近代的学校制度の導入に向けた教育改革が遂行された．そのなかで，新式の学堂教育に適した教科書が不足する事態が生じ，日本の教科書を翻訳，編訳して教科書に当てるものが多く現れた[46]．歴史教科書に関していえば，中国には古くから歴史記述を重視する伝統があり，二十四史を始めとする夥しい数の史書が存在するが，その多くは数十巻，数百巻の分厚いものであり，初学の教材としては相応しくなかった[47]．こうしたなかで，ヨーロッパの万国史に倣った上古，中古，近世などの時代区分や章節体を用いて中国の長大な歴史を1, 2冊の書物にまとめた日本の支那史，東洋史教科書が歓迎された．なかでも，1899年に上海の東文学社で刊行された桑原隲蔵『中等東洋史』の漢訳本『東洋史要』（樊炳清訳）は複数の刊本や改訳本が出るほど好評で[48]，科挙制度廃止以前から江蘇，

---

45)　宮崎「自跋」『宮崎市定全集』第18巻，岩波書店，1993年，428頁．
46)　清末民国期の中国における日本の教科書の翻訳状況とその影響については，畢苑『建造常識——教科書与近代中国文化転型』福建教育出版社，2010年，第3章「漢訳日本教科書与中国近代新教育的建立」を参照．
47)　蒙学の教材として元代曾先之が『史記』から『宋史』までの正史に依拠し，歴代王朝，皇帝名と主要な事件を暗記用に編纂した『十八史略』がある．しかし，中国では広がらなかった．同書は16世紀に日本に伝わり，江戸時代において多くの藩校で教材として使われた．『十八史略』は明治維新後も長く小学校の漢文もしくは歴史の教材として使用された（桑原隲蔵「『十八史略』解題」『桑原隲蔵全集』第2巻，506頁）．
48)　実藤恵秀によれば，これは日本人が書いた歴史書物のなかで最初に中国語に翻訳されたものである（さねとう・けいしゅう『中国人日本留学史』増補版，くろしお出版，1970年，258頁）．桑原東洋史教科書の漢訳本については，鈴木正弘「清末における『東洋史』教材の漢訳——桑原隲蔵著述『東洋史』漢訳教材の考察」広島史学研究会『史学研究』第250号（2005年）を参照．

浙江など沿海のいくつかの省の中学堂で中国史の教科書として使われていた[49]。この樊炳清訳本の出版をきっかけに，「東洋史」という言葉は中国の知識人の間で広く知られるようになった。1899 年，日本亡命中の梁啓超は日本の書籍を紹介する文章「東籍月旦」のなかで，「日本人の所謂東洋史は，泰西に対して言うなり．即ち専らアジア洲を指す是なり．東洋史の主人公は，実に惟中国のみ．故に凡そ此名を以て著す所の書は，率十中八九は中国を記載せるのみ」と述べている[50]。梁と同様に，当時多くの中国人は日本で出版された「東洋史」を「中国史」とほぼ同義語と見なしていた．

　清末期の中国では，科挙試験の廃止に先立って，張百熙・張之洞らが日本の学校制度をモデルに起草した「奏定学堂章程」（癸卯学制）が 1904 年 1 月に発布された．そのなかで，歴史は小学堂から順次学ぶ重要な科目とされ[51]，そのうち，中学堂の「亜洲各国史」と「東西洋各国史」では，中国以外の東アジア各国の歴史を扱う内容が一部重複しているが，「東西洋各国史」は「東洋各国史」「西洋各国史」を合わせたものである．1920 年代に「外国歴史」（世界歴史）が成立すると，アジア各国の歴史は外国史もしくは世界史の一部分となり，「亜細亜各国史」や「東洋各国史」の科目が消滅した[52]。

　清末民国期の「亜洲各国史」，「東洋各国史」を名乗る教科書のうち，少数ながら，中国史と外国史を区別せず，中国を「東洋」の一部分とするものがあった．それは主として樊炳清訳『東洋史要』を始めとする桑原隲蔵『中等東洋史』の複数の漢訳本やその影響を受けたものであった．これについて，清末期

---

49) 陳慶年『中国歴史教科書』商務印書館，1909 年初版，1911 年第 6 版，「後序」．
50) 梁啓超「東籍月旦」1899 年，『飲氷室文集』4，中華書局，1936 年版（2011 年重印版），98 頁．
51) 「奏定初等小学堂章程」，「奏定中学堂章程」，「奏定高等学堂章程」1904 年 1 月 13 日，璩鑫圭・唐良炎編『中国近代教育史資料彙編　学制演変』上海教育出版社，2006 年，304-305 頁，330-334 頁，337-344 頁．
52) 全体的に，中国では，「東洋史」と題した教科書は数少ない．癸卯学制発布前後の短い間，桑原の『中等東洋史』をはじめとする日本の東洋史教科書の漢訳本や改訳・改編したもの，あるいは中国人が日本の東洋史教科書の体裁に倣って編纂した教科書のなかに「東洋史」と題した教科書がある．民国期には，一部の師範学校や大学に「東洋史」という科目が設けられており，そのために編纂された「東洋史」教材が少数ながら存在する．たとえば，胡鈞『東洋史講義』（法科政治門一年級）1917 年 9 月至 1918 年 6 月，南京図書館所蔵（未公刊）と王桐齢『新著東洋史』商務印書館，1923 年がある．

以降，中国史を東洋史の一部分とすることは自国史，外国史を混同している，との批判が多く現れた．ある東洋史教科書の編者は，「内国と外国を同等に扱ってはいけないため，別に（中国史を）編纂する」[53]と述べ，自国史と外国史との相違を強調している．別の東洋史教科書の編者は，東洋史の定義について次のように述べている．

　これまでに著述，翻訳された東洋史に対し，吾人はきわめて不満な点が一つある．それは東亜史を東洋史，もしくは中国史を東洋史とすることである．日本人からみれば，歴史上東亜の文明はもっぱら中国の文明であり，そのため中国は東亜の代表であり，また東洋の代表でもある．吾人はこれに反対する必要はないが，われわれ中国人はけっしてこの見解をもって本国史と東洋史とを混同してはいけない．それゆえ，今日講ずる東洋史は広義の東洋史，すなわち西洋史と対等の地位を有するものである[54]．

つまり，同じ「東洋史」という言葉を使っても，日本人と中国人は立場が異なるため，中国人が日本人と同じように「東洋史」を書くと，本来外国史であるはずの東洋史は自国史となり，自国史，外国史を混同してしまうことになる．1930年代に出版された『東洋史』の著者章賦瀏は，東洋史の地理的範囲について次のように述べている．「いわゆる東洋史は，狭義にはアジア東部のみに及ぶ歴史であり，本国史を除けば日本と朝鮮半島の歴史のみである．広義には全アジアを含む歴史である．近頃後者を取るのがほとんどである．それゆえ，東洋史もしくは東亜史は，本国史を除いた亜洲史である．ただし，西アジアの歴史がヨーロッパ史のなかで述べられるため，東洋史は印度（インド）および印度文化の影響を受けた緬甸（ビルマ），暹羅（シャム），および中国文化の影響を受けた日本，朝鮮，安南（ベトナム）の『東方民族の歴史』である」という[55]．

こうした自国史と外国史との区別を重視する考え方に従って編纂された東洋史教科書は，中国史を東洋史のなかに含まない，もしくは中国史部分の叙述を必要最小限にする外国史であった．外国史としての東洋史は，中国歴代正史・

---

53) 秦衡江編訳『教科参考　東洋分国史』育材学堂編訳処校行，訳書局代印，清末期，「凡例」．
54) 胡鈞『東洋史講義』「例言」．
55) 章賦瀏『東洋史』世界書局，1935年，1-2頁．

四裔伝[56]の影響を受けて，中国周辺の国々を並列的に配置して，その地理，沿革，風俗，および中国王朝との関係を叙述したものと，上古，中古，近世などの時代区分と章節体を取り入れて，中国史を除いたアジアの歴史を叙述したものの二種類に分けられる．

　まず，正史・四裔伝の影響を受けたものについて見てみよう．正史の四裔伝では，中国の周辺地域を中国からみた東，南，西，北の順に配列し，それぞれの部分において，中国王朝との関係の親疎に応じて，国や地域の地理，沿革，風俗および中国王朝との関係が叙述される．たとえば，『後漢書』の場合，「東夷列伝」，「南蛮西南夷列伝」，「西羌伝」などの順になっており，「東夷列伝」のなかに高句麗，三韓に次いで倭国に関する内容が書かれている．しかし，清末期に刊行された柳詒徴の『東亜各国史』など少数の教科書で正史・四裔伝に従って日本史が朝鮮史の後に置かれる[57]のを除けば，中国人が編纂した東洋史教科書の多くは，日本史を朝鮮史の前に置いている．たとえば，清末期に刊行された『東洋分国史』では，上下2巻のうち上巻が日本史，下巻が朝鮮史，安南（ベトナム）史，暹羅（シャム）史，印度（インド）史，波斯（ペルシア）史を扱っており，日本史は全体の半分を占めている．これについて，著者は，「現今東洋の情勢においてもっとも力のある国は日本である．それゆえ（本書では）日本のことについて特に詳しく述べる．……日本の明治維新は東洋の一大変局であっただけではなく，世界全体の風潮をも改変させた．それゆえ（日本のことを）特に詳細に記す」と述べている[58]．ここで著者のいう「東洋」はもはや中国か

---

56) 「四裔」は「中華」に対する「四方の辺境の地」の意味であり，古代中国の華夷観念を象徴するものである．「四裔伝」は中国の歴代正史における周辺地域の歴史沿革などを記述する部分を指す．

57) この教科書は三編からなり，第一編「朝鮮史」は太古から日韓併合までの歴史，第二編「日本史，附琉球，台湾」は「古代倭人の開化」から近代以降の政治，社会の変化をそれぞれ扱い，第三編「南方諸国」はベトナム，シャム，ビルマ，マレー半島，フィリピンの歴史を概説している（柳詒徴『東亜各国史』南京高等師範学校，清末期）．また，1930年に出版された概説書『東洋史ABC』は印度，波斯，大月氏，朝鮮，大食，回紇，蒙古，西蔵，日本に続く「余論」の10章から構成され，日本を扱う第9章では，総説に続いて豊臣秀吉，徳川家康，島原天草一揆，および明治，大正期の順となっている（傅彦長『東洋史ABC』世界書局，1930年）．

58) 秦衡江編訳『教科参考　東洋分国史』「凡例」．

ら見た東の海や日本ではなく，中国を含むアジアの東部を指す地理概念である．日本史が全体の半分を占めることは，明治維新後の日本への関心の高さを物語っている．

　日本史が中国人の編纂した東洋史教科書において重要な位置を占めることは，癸卯学制で定められた外国史教育の方針と一致している．「奏定中学堂章程」では，「亜洲各国史」は日本や朝鮮，ベトナムなど中国の近隣の国々を重点的に扱うことと定められている．それによれば，「日本から朝鮮，安南，暹羅，緬甸，印度，波斯，中央亜細亜の小さな国々に及び，その（歴史的）事実や沿革の大略を講ずる．日本および朝鮮，安南，暹羅，緬甸を詳しくし，その他の国々を簡略にし，近代を詳しくし古代を簡略にすべきである」[59]．ここでは，日本と朝鮮の順位が正史・四裔伝と異なっている点に留意すべきである．癸卯学制において，日本と朝鮮の順序が正史の四裔伝と逆になっているのは，「近代を詳しくし古代を簡略にする」という考えによるものとみられるが，朝鮮，安南以下の国々の配列は「近きから遠へ」という正史・四裔伝の編纂体裁と一致している．実際に，多くの教科書は日本以外の国や地域を正史・四裔伝に倣って並列的に扱っている．

　これと対照をなすのは上古，中古，近世などの時代区分と章節体を取り入れた東洋史の教科書である．清末期に上海で出版された趙懿年編『中等歴史教科書』がその典型である．同書は癸卯学制下の中学堂歴史教科書であり，「本国之部」（中国史）と「東西洋之部」（東洋史と西洋史）の2冊からなっている．著者は「東西洋之部」の冒頭で，東洋史は「同洲各国」の歴史，すなわちアジアの歴史であるとしながら，「東洋諸国は互いに離れているため，（それぞれの国の歴史を）関連させることは難しい．それゆえ大綱をつかみ，概要を示して，東洋の大局に関わらない一家，一国のことは大体これを略す」[60]と述べている．同書は，桑原『中等東洋史』と同様に，東洋史を上古，中古，近古，近世の四つの時期に分けている．しかし，上古史のとらえ方においては両者は大きく異なる．前述のように，桑原は秦の始皇帝による中国統一をもって東洋史の上古

---

59) 璩鑫圭・唐良炎編『学制演変』330頁．
60) 趙懿年編『中等歴史教科書東西洋之部』上海科学会編訳部発行，1909年初版，1913年第3版，「総論」1頁．

期と中古期を区切っており，上古期部分の叙述も「中国 vs. 夷狄」という華夷観念の影響を受けている．これに対して，趙懿年は「東洋史＝アジア全域の歴史」という構想に基づいて，朝鮮半島，日本から，インド，西アジアまでの広い地域における統一国家の出現や文明の発展期を東洋史の上古期としている．中古史，近古史は高句麗の勃興から李氏朝鮮期までの朝鮮半島の歴史，イスラーム勢力の拡大，ムガル帝国滅亡までのインド史，奈良時代から徳川期までの日本の歴史を対象とする．それに続く近世史は，アジアにおけるヨーロッパ勢力の拡大やヨーロッパ諸国同士の対立を中心としている．

いわゆる六・三・三制の「新学制」が 1922 年に成立したのをきっかけに，中国の学校制度はそれまでの日本モデルからアメリカモデルへ転換した．外国史教育では，「亜洲各国史」と「西洋史」を合わせた「外国歴史」（世界歴史）科目が設置され，それまでの「東洋各国史」や「亜洲各国史」は中学校のカリキュラムから消えた．民国期の世界史教科書は，基本的にヨーロッパの古代，中世，近代を軸として，これに「インドの古代」，「朝鮮と日本の開化」，「明治維新」など数少ないアジア史関連の単元を組み入れて編纂されたものであった．そのようなヨーロッパ史中心の教科書では，「東洋」という語はほとんど姿を消した．これと同時に，それまで教科書の叙述にしばしば現れた「東洋 vs. 西洋」，「東方 vs. 西方」という二項対立の枠組みも，「中国 vs. 外国」，「中国 vs. 西方」，「中国 vs. 西洋」に変わった．たとえば，1930 年代に出版されたある中学の世界史教科書では，「中国文化と外国文化の比較」と題した章が設けられており，「中国文化」と「西洋文化」を比較する内容が盛り込まれている．それによれば，西洋文化の最大の特徴はキリスト教の信仰と科学が併存し，神を信ずることは科学による物質的発展を妨げないことにある．一方，中国の文化は周代においてすでに倫理道徳の面で高い水準に達したが，古代から物質面での創造を軽視してきたため，国運が衰微した．中国文化を復興させるには，「科学を研究し，科学を利用する」ことがもっとも重要である[61]という．ここで注目されるのは，「東洋」という語が教科書からほとんど消えるのと並行して，「東 vs. 西」軸が「中 vs. 西」軸に変化した点である．「東 vs. 西」軸におい

---

61) 李季谷『李氏初中外国史』下冊（教育部審定新課程標準世界中学教本），世界書局，1934 年初版，1938 年新第 1 版，202–207 頁．

ては,「東」が「東洋」であれ「東方」であれ,中国はその一部分として位置づけられていた. これに対して,「中 vs. 西」軸において「西」(「西洋」もしくは「西方」) と対比されるのは「中国」であって, それまでの「東洋」や「東方」に含まれた日本, 朝鮮などの「東洋諸国」もしくは「東方諸国」は世界史の視野から消えた.

　民国期の世界史教科書における「東洋」用例の減少ないし消滅は, 中国をその一部分とする新しい「東洋」概念の衰退を意味する. その背景として, 20世紀前半期中国の一般社会において「東洋」が依然として日本を指す言葉として使われていたことを見逃すべきではない. たとえば, 日本から中国への工業製品の輸出が増えるにつれ,「東洋車」(人力車),「東洋布」(日本製の機械織り綿布),「東洋表」(日本製の腕時計)などの言葉が一般の中国人の生活に定着しつつあった.「対華 21 カ条要求」, 五四運動, 満洲事変など日中関係を震撼させる出来事が起きる度に, 中国各地で「東洋貨」(日本製品)に対するボイコット運動が起こった. そして, 日中戦争期には, 抗日ナショナリズムが高揚するなかで,「東洋鬼子」が日本人の代名詞として使われていた. 日中戦争の最中に作られた抗日の歌「打東洋」は,「盧溝橋で砲声が響き, 難民が四方に逃亡した. 食べ物も服もなく, 日夜奔走して苦しみは耐えがたい」,「刀をもち, 槍を背負い, 自衛のため戦場に赴き, 民族の解放を勝ち取ろう」と唱い, 民衆を奮い立たせようとしている[62].

　また, 文学作品では, 1921 年から 1922 年にかけて『新青年』誌に掲載された魯迅の名作「阿 Q 正伝」に, 主人公阿 Q がもっとも軽蔑する人物の一人である同村の銭旦那の長男について,「先前跑上城里去進洋学堂, 不知怎麼又跑到東洋去了」というくだりがある. ここで,「洋学堂」は「西洋学堂」, すなわち西洋式の近代学校のことであり,「東洋」は日本を指す言葉である.「阿 Q 正伝」の「東洋」用例からみれば, 梁啓超ら清末期の知識人は, 日本で出会った, 中国をその一部分とする新しい「東洋」概念を原語のまま中国に輸入したものの, その影響は知識人階層に限られ, 一般の中国人の生活にはほとんど及ばなかった. 日本を指す従来の「東洋」という語は庶民の生活レベルにおいて,

---

62) 韋簡明作詞・欧陽維鑫作曲「打東洋」『音楽与美術』第 2 巻第 9 号(1941 年 9 月).

あるいは社会一般を読者とする書物のなかで使われていた．後者は少なくとも新中国成立まで生命力を失わなかった[63]．

興味深いことに，竹内好をはじめ，「阿Q正伝」の日本語訳者たちは例外なく魯迅が使った「東洋」という語を「日本」と訳している．竹内好の邦訳では，「この男（銭旦那の長男）は，以前，城内へ行って，西洋の学校へ入った．それから，どういうわけか，また日本へ行った」[64]となっている．日本では，明治期に定着した，日本，中国などを含む「東洋」概念は，その後変化せずに使われてきたため，当然ながら，「阿Q正伝」の「東洋」という語を原語のまま表記すると意味が通じなくなるのである[65]．このように，もともと中国に生まれた「東洋」という語は，幾度の意味の変遷と移動を経て，漢字を共有する日中両国で翻訳不可能な言葉になってしまったのである．

おわりに

以上の考察が示したように，「東洋」は本来中国からみた南の海，その後は東の海もしくはその海に浮かぶ日本，琉球を指す言葉であった．19世紀後半，ごく少数の例外を除けば，中国語文献に現れた「東洋」は日本を指す言葉であった．日本では，中国で古くから使われた「東洋」概念は中国人が書いた地理書や欧米の宣教師が中国で刊行した書物を通じて日本にも伝わり，日本人が中国を「中華」，日本を「東洋」と称する用例は明治10年代の文献になお現れている．一方，中国，日本を含む地域を「東洋」と称する用例は江戸時代の文献

---

63) 興味深いことに，中国では，近年，日本を「東洋」と称するタイトルの書物が相次いで出版されている．たとえば，『照照東洋鏡』（郭峰著，湖南人民出版社，2003年），『又見桜花——一個中国女兵的東洋之路』（桃子著，長征出版社，2005年），『尋訪東洋人——近代上海的日本居留民』（陳祖恩著，上海社科院出版社，2007年）が挙げられる．
64) 魯迅，竹内好訳『阿Q正伝・狂人日記』岩波書店，1955年，110頁．その他の邦訳でも同様である．最近出版された藤井省三の訳本では，「（銭旦那の長男は）まず県城に行って，西洋式の学校に入り，次はなぜか日本に行」った，と訳されている（藤井省三訳『故郷／阿Q正伝』光文社，古典新訳文庫，2009年，88-89頁）．
65) 加藤祐三はかつて，「東洋」が中国では日本を指す言葉であることを知った時，「東洋史学科の学生であった私は腰をぬかすほど驚いた」と述べている（加藤祐三「解説」『飯塚浩二著作集』第2巻，平凡社，1975年，497頁）．

にすでに現れ，そのような「東洋」概念は明治維新後「西洋」の対概念として社会一般に広がった．明治期の「東洋」は，多くの場合，アジア大陸全域を指す「亜細亜」と異なって，中国，日本，朝鮮などを含む「東方亜細亜」を指すものであった．これと一致して，日清戦争後に中学校の歴史教科として成立した東洋史は，中国やその周辺地域を対象とするものが主流であった．ただし，東洋史とは別に日本史が設けられていたため，東洋史のなかに日本史は含まれていなかった．

中国をその一部分とするこの新しい「東洋」概念は，日本に亡命した知識人や留日学生に受け入れられ，とりわけ当時の中国で「十中八九が中国史」とされた桑原隲蔵『中等東洋史』などの東洋史教科書を媒介として中国に伝わった．しかし，使用された地域や時期は限定的であり，中国人のそれまでの「東洋」概念を変えるような大きな影響は見られなかった．実際に，20世紀前半期の中国では，日本を指す従来の「東洋」概念は，社会一般において依然として使われていた．

総じていえば，「東洋」概念は歴史的，文化的諸要素に規定されつつ，その時々の政治的，社会的状況に応じて複雑な様相を呈してきた．このような曖昧かつ多義的な「東洋」概念を「西洋」(Occident)の対概念としての「東洋」(Orient)の束縛から解き放し，さまざまな葛藤を内包する「東洋」を生み出す歴史的コンテクストのなかに戻して考察することは，非ヨーロッパ世界が経験した「近代」，またその「近代」が現在の人々の行動や思考に与えた影響について考える際の一つの糸口になるであろう．

第5章　近代日本の国際社会観

「秩序」と「正義」

張　寅性

はじめに

　近代日本は，主権，国際法，勢力均衡の原理を受け入れることで東アジア地域に日本中心の不平等秩序を作り出し，東アジア広域圏の形成までを試みた．しかしながら，その過程でヨーロッパ国際社会とは異質な東アジア国際社会を作り出し，東アジア地域秩序は不全な展開を見せた．その異質さや不全さは，東アジア諸国の力の不均衡や日本の膨張政策がもたらした主権不平等の構造にも連なるものであった．東アジアにおける日本の膨張政策や主権不平等秩序は近代日本で営まれた国際社会観の反映でもあった．

　この論考では，近代日本の知識人たちの国際社会観について考える．対外認識（対外観）が外交政策の形成やその性質に何らかの関連性をもつのは，周知のとおりである．ここでは，他者へのイメージや見方に限定されがちな「対外観」「対外認識」に代わって「国際社会観」という言葉を用いる．国際社会への見方や視線をより構造的に捉える余地を見出せると思われるからだ．その言葉からは，国際社会の規範や権力のあり方を考え，また国際社会のあるべき姿を想像し，そのなかで自国の国際的地位を模索する政治的思惟を読み取ることが期待される．

　本稿では特に，国際社会観の要諦である「秩序」「正義」観念に焦点を当てたい．近代日本の国際関係史は，ある意味では，東アジアと世界における新しい秩序を模索し，それを正当化する正義が打ち出される過程であったともいえる．「秩序」「正義」観念は，世界（欧米）と日本，日本とアジアといった構図のあり方やその変更に政治的思惟を働かせるものであった．国際社会にもっとも敏感であった知識人たちの「秩序」「正義」観念を読み解くことで，近代日本

における国際政治的思惟の性格や特質の解明に迫ってみたい．

1 国際社会における「秩序」と「正義」

(1) 国際社会と「秩序」「正義」

　社会は秩序をもつ．主権国家の社会である国際社会も国際秩序をもつ．ヘドリー・ブルによれば，国際社会における秩序(order)は，大国の了解，国際法のような規範，勢力均衡・外交・戦争のような制度によって保たれる[1]．国際社会は，力関係によって国家間の配置が変わる可能性を孕んだものであり，直接経験の難しさのために国際社会観によってその存在が想像されるものである．ホッブズ的国際社会観では，無政府的な国際社会における秩序は権力的機能性（勢力均衡）の所産としてイメージされる．カント的国際社会観とグロティウス的国際社会観では，自然法的道徳性（自然法）と世俗的合理性（国際法）とがそれぞれ国際社会に秩序を与えるものとされる[2]．国際社会の秩序は，大国の了解（理念）と，権力闘争を抑える制度（規範）と，国際社会を営む大国の意志（権力）との働き合いの所産といえる．神の意志や普遍的価値に立った理念的道徳性と，世俗的権力意志や勢力均衡に始まる権力的機能性，そして世俗的権力を抑える国際法のような制度的合理性，の関数的作用の表現である．

　ヨーロッパでは，その国際社会の膨張期には神の意志に基づく自然法的道徳主義が働き，世俗国家（近代国家）が生まれ権力競争が深まるなかでは，権力的機能性やそれを抑えるための制度的合理性が働いた．勢力均衡，了解，国際法を重んじるブルの歴史的合理主義は，理念的道徳性を脱色させ，権力的機能性

---

[1] Andrew Hurrell, "Foreword," in Hedley Bull, *The Anarchical Society*, 3rd edition, New York: Columbia University Press, 2002, pp. vii-ix.
[2] James Mayall, *Nationalism and International Society*, Cambridge: Cambridge University Press, 1990, pp. 10-15. 三つの国際社会観（イメージ）は，M. ワイト（Martin Wight）が提示し，H. ブルに受け継がれたものである．ブルの秩序観は，権力と勢力均衡を重んじる点では，ホッブズ的伝統の現実主義国際社会観(realism)とも親和性を持ち，共通の価値と了解を重視する点では，カント的イメージの急進主義国際社会観(revolutionism)とも親密であるが，国際規範（国際法）が定める秩序を想定するグロティウス的イメージの合理主義国際社会観(rationalism)と最も親和的である(Hurrell, "Foreword")．

や制度的合理性をもって大国(イギリス)の利益を保たせる現状維持を「秩序」と見なす観点を生み出した．それはヨーロッパ国際社会の歴史的展開に即したものであった．ところが，理念的道徳性に欠け，現状維持を秩序と考える保守的国際社会観では，「正義」は容易には考慮されえない．グロティウス的国際社会観では，正義は秩序の基本目標(生存，信義，所有権)を前提として実現するものであって，秩序を脅かす正義は認められ難い[3]．「正義」とは，秩序を正当化するとき，現在の秩序が脅かされるとき，秩序を改めようとするときに，働くものである．通常，大国は，自国に有利な国際社会を作るために，秩序変更を行うときには自然法的道徳性を打ち出し，確立した秩序の現状維持のためには制度的合理性を持ち出す．他方，小国にとって大国主導の権力的機能性や制度的合理性は，自国の生存を脅かすか，深刻な不利をもたらすものであり，それが大国の「不義」を正す力を持たない場合，理念的道徳性を有力な「正義」の準拠として持ち出すほかはすべがない．そこでは，権力的機能性を表す勢力均衡や，制度的合理性を示す国際法は，小国の生存を保障する道徳的公的原理として理解(または誤解)される．自然法的道徳性と世俗的法規範は，国家間の権力不均衡や主権不平等の現実的条件のうえで，それを矯正しようという心情によって「国際正義」として打ち出される．「文明化」「道理」「平和」といったものが大国と小国の間で相異なる意味合いをもって「正義」の根拠とされる．

　ところが，「正義」は現実の秩序を維持しようとするか，もしくはそれを改めようという意志を正当化する大義名分として働くこともある．普遍的原理が権力と制度を規律するのではなく，世俗的な権力や制度が普遍的原理を引き出しながら正義を生み出す場合が多い．現実の秩序を定める権力関係が，あるべき秩序やそれに向かう正義への想像力を作り出すのである．ここにおいて正義

3）　ブルは，脱植民地化と新生国の出現によってグローバル国際社会が展開し始めた文脈で，現実の国際社会の「秩序」とこれを変えようとする「正義」との間に存在する緊張を認知していたが，世界市民的，普遍的「正義」に含まれた共通善には配慮しなかった．Hedley Bull, *The Anarchical Society: A Study of Order in World Politics*, London: Macmillan, 1977, pp. 82-86．「正義」の問題を積極的に議論し始めたのは，弟子のR. ヴィンセントであった(R. J. Vincent, *Human Rights and International Relations*, Cambridge: Cambridge University Press, 1986)．

は戦略的手段となる．正義を掲げることは権力的現実と原理的想像力との間で生じる隙間を埋めるための政治的行為となる．この隙間は国際社会の不平等構造とも関連する．秩序は構造の表現でもある．この不平等構造が秩序として固着している限り，大国と小国間の政治的，経済的不平等は避けられないだろう．

　その隙間を強く感知し，「不義」に憤慨し，それを乗り越えようとするとき，「正義感」＝「使命感」が呼び覚まされる．正義感とは，理想の秩序と現実の秩序との隔たりを埋めようとする意志に他ならない．それは，あるべき理想の秩序へ向けて現在の不平等，不均衡の構造に異議を投じ，それを変えようとする意志である．通常，大国または現状維持国家(status quo states)では「秩序(現状)維持」への意志が，小国または挑戦国家(revisionist states)では「秩序(現状)変更」への意志が，それぞれ「国際正義」を標榜しながら正義感，使命感として示される．両者の間に生じる「正義の衝突」は「秩序(観)の衝突」であることが多い．

(2) 二つの勢力不均衡と「秩序」「正義」

　国際社会と，秩序や正義の観念に関する以上の議論は，一つの国際社会(ヨーロッパ国際社会)を想定したものである．近代東アジアの国際社会観もある程度これに即して議論できるが，そのさいには以下の二点を考えなければならない．一つは，東アジア地域では，ヨーロッパ発の主権国家システムに取り込まれるなかで新たな国際社会を形成しなければならず，日本がその形成を促したという点である．もう一つは，欧米－東アジア間の〈域間勢力不均衡〉と東アジア諸国間の〈域内勢力不均衡〉という二つの不均衡構図が前提とされている，という点である．日本は，新しい国際システムのルールをもって二つの勢力不均衡構図における国際的地位の引き上げを模索していくなかで，日本主導の東アジア国際社会を描き出したのである．

　主権国家システムの原理，域内勢力不均衡と域間勢力不均衡の両構図，東洋と西洋のあり方に関する思考は，異質な国際社会観と異なった秩序や正義の感覚をもたらす．近代日本は東アジア地域の二つの勢力不均衡構図を敏感に受け止め，域内勢力不均衡を広げ，域間勢力不均衡を縮めようと試みた．域内不均衡の拡大と域間不均衡の縮小は，日本の国際権力による絶えざる秩序変更を意

味するものであった．秩序の変動は正義を生む．正義は秩序変更への権力意志の表現であった．

近代日本の知識人たちは，実際(現実)と想像(理想)の隙間を埋めようとする正義の感覚や意志を，「国民的使命感」「大義」という言葉をもって表した．「大義」は，弱者の地位では防禦や排除の心情を持ち，指導的役割を担おうとする強者の地位では膨張や包摂の心情を保つ．「国民的使命感」は，日本の国際的地位を高めて東アジア秩序を変えようとし，国益を求める現実主義的感覚から生まれる，正義感の表現であった．このような正義感から，日本の国際的地位を客観的に測る合理性を圧倒する，慣習的価値や主観的なエートスが働くことになる．

幕末・明治維新期以来，日本では，両構図のもとで主権国家システムの新しい競争を生き抜こうとする戦闘的エートスに基づいたホッブズ的秩序観念を取り続け[4]，そのうえに国際協調を重んじる規範重視のグロティウス的秩序観念が加わり，国際社会の構造的変更を望むカント的秩序観念も重なっていったと思われる．秩序観の重畳は，自然法的道徳性，世俗的規範性，戦略的機能性の混在とも言い換えられるだろう．その重畳や混在は，一度に二つの勢力不均衡構図に対面しなければならなかった東アジア地域の特殊性や，二つの構図を敏感に捉えながらその狭間で日本の国際的地位を高めようとする政治的意志によってもたらされたものである．「正義」は，その政治的意志の表現，かつその重畳や混在の所産であった．

2　近代東アジア「秩序」と日本の「正義」

(1)　「万国闘争」と「国民的自覚」

日本の開国と近代化の過程では，外からの軍事的脅威を斥けて自主独立を保とうとする守勢的立場と，対外膨張を通じて国家発展を模索する攻勢的立場と

---

[4]　例えば，佐藤誠三郎『「死の跳躍」を越えて——西洋の衝撃と日本』都市出版，1992年；Kenneth Pyle, *Japan Rising*, New York: Public Affairs, 2007; Shogo Suzuki, "Japan's Socialization in Janus-Faced European International Society," *European Journal of International Relations*, Vol. 11, No. 1 (2005).

が並存し，前者から後者へと移り変わる傾向が見られた．開港期や明治初期には，岩倉具視や木戸孝允などに見られるように，国際社会をアナーキーと万国闘争の場とするホッブズ的国際社会観が強かった．近代国際社会の万国闘争イメージと戦国武士の生存闘争イメージとが重なり合った．「大義」(正義)は戦って生き残ること(生存や独立)にあった．

　万国闘争観は闘争の現実を批判する普遍主義的万国平等観を伴うこともある．万国闘争観と万国平等観は，ともに国家の個体性や平等性を想定する．福沢諭吉の，「天は人の上に人を造らず人の下に人を造らずと言へり」「日本とても西洋諸国とても同じ天地の間にありて……互に便利を達し互に其幸を祈り，天理人道に従て互の交を結び，理のためには『アフリカ』の黒奴にも恐入り，道のためには英吉利，亜米利加の軍艦をも恐れず，国の恥辱とありては日本国中の人民一人も残らず命を棄てゝ国の威光を落さざるこそ，一国の自由独立と申すべきなり」[5]というかの有名な言説は，万国平等観の典型として知られている．しかしこの発想は，道理の普遍性に基づいた万国公法の自然法的理解に影響されたものというよりも[6]，主権平等という大義(正義)を掲げて「国の威光」や「一国の自由独立」を確保しようとする政治的意図を含んだものである．普遍的「道理」は，絶対的正義の根拠ではなく，劣勢な小国が優勢な大国に対抗するための名分(正義)であった．「万国平等」の規範主義的国際社会観と「万国皆敵」の権力政治的国際社会観との並存は，大義と実際との共存であった．

　闘争的国際社会観では〈日本対世界(西洋)〉構図が想定される．ところが，日本独りで西洋列強に対抗できないとき，東洋連帯による共同対応を想定する〈アジア対西洋〉構図が浮び上がる．域間勢力不均衡への対応が一義的課題として想定されたとき，「脱亜」が域内勢力不均衡を拡大しようとするものであったとすれば，「興亜」はそれを留保するか，あるいはまず連帯によって域間勢力不均衡に対応しようとする発想であった．実際の日本は，ホッブズ的国際社会観に基づいて近代文明の受容(文明開化)と国際法の域内適用(条約システム)を成し遂げ，これを通じて二つの勢力不均衡に対応し，大国への道を歩ん

---

　5)　福沢諭吉『学問のすすめ』初編，『福沢諭吉全集』第3巻，岩波書店，1959年，29-31頁．
　6)　丸山眞男『「文明論之概略」を読む』岩波書店，1986年．

でいった．〈文明対野蛮〉の国際社会観を形成し，アジアの「文明化」を「正義」と考える国際正義観が現実主義国際社会観に支えられていた．

　不均衡の現実と均衡への理想との格差を縮めようとする闘争意識が強いとき，普遍的で客観的な規範よりは，日本の生存や発展を念願する主観的感情としての使命感が「正義」として標榜されることが多い．この使命感には現実の「不義」への，もしくはそれに鈍感な自己への「覚醒」が付きまとう．域間と域内の二つの勢力不均衡構図を見通す「覚醒」が促され，二つの勢力不均衡を乗り越えるための使命感が鼓吹される．まず，開港期や明治初期には，域間勢力不均衡やそれに伴う脅威に対する憤慨の心理が日本のあり方を考える自覚——「国民的意識」（徳富蘇峰）——を呼び覚ました．他律的開国や幕府の生半可な対応から巻き起こった攘夷の憤慨や倒幕の大義は，明治維新後，政治改革の動力へと切り替えられ，愛国心や使命感のパトスをなした．西洋列強と戦おうとする武士的奮闘心，そして富国強兵を通じて域間勢力不均衡を乗り越えようとする意志は，国民国家の形成を促す強烈な使命感を生み出した．既に「五箇条の御誓文」には，普遍的公共性と世界的基準に照らして自己変革を試みようとする覚醒が示されている．後日，岡倉天心はこの誓文から，「アジアの隠者の島から，世界の広い舞台に立つことになった」日本人たちが西欧が進歩のために提供する多くのものを同化するとともに，東洋の古典的理念を蘇らせなければならない「革新の理念」や，「国民の義務は普遍的なヒューマニティの広い見地から考えらるべきだ」という普遍意識を読み取っている[7]．

　生存や発展のための覚醒は「アジアの覚醒」へと進む．「アジアの覚醒」は，日本独りでは域間勢力不均衡を破り難いことが感じられたさいに，言説化する．日本・アジア関係を〈文明−野蛮〉の枠組みのなかに据えたうえで「アジアの覚醒」を求める使命感が噴出される．域間勢力不均衡に対抗する東洋連帯の構想に，国益の拡充へのビジョンを潜めた，東洋を担おうとする責任感と使命感が付きまとう．自由民権論者も同様であった．自由民権論者たちは「自由平等」「人間愛」の実現を唱える一方で，「アジアの覚醒」を促す強烈な使命感を呈した．杉田鶉山は，アジアが数千年の「卑屈怯懦の迷夢」を払い落とすため

---

[7]　岡倉天心「日本の覚醒」佐伯彰一・桶谷秀昭・橋川文三訳『東洋の理想他』平凡社，1983年，259頁．

には専制政治を打破して「不羈自由の制度」を確立し，さらに全地球上で欧米諸国と闘うためには「活発独立の精神」を発揮してアジア全土に「革命の暴風」を起こさなければならない，と唱えた．甲申政変の失敗に憤慨して「野蕃国」朝鮮の専制政治を改めようと渡韓を試みた大井憲太郎もまた渡韓を「義軍」「正理」の行為と自負していた[8]．

(2)「義戦」と「帝国的自覚」

　戦争は秩序（現状）変更を求める意志の表現であり，それを正当化する正義（プロパガンダ）を伴うのが常である．近代日本の戦争は，域内の勢力均衡を勢力不均衡へ，域間の勢力不均衡を勢力均衡へと転じさせようとする国権膨張の手段であった．戦時中には「文明化」ないし「東洋平和」が日本中心の地域秩序を築き上げるための「正義」として掲げられ，日本が仕掛けた戦争は「義戦」（正義の戦争）とされた．日清戦争は，日本に優勢な域内秩序への変動をもたらし，その過程で「文明」の名で「野蛮」清国を覚醒させるという「正義」が持ち出された．日露戦争は，アジアを代表する「黄人種」日本が「白人種」ロシアに対して行った「義戦」とされ，東アジアへの確固たる優越的地位を勝ち取り，域間勢力不均衡の是正に向かう使命感を吹き込む転機であった．

　まず，日清戦争は，「文明開化の進歩を謀るものと其進歩を防げんとするものとの戦」「文野の戦争」「一種の宗教争い」[9]，すなわち，「野蛮」清国の「文明化」を図る正義の戦争＝「義戦」とされた．「義戦」という言葉は清国の「覚醒」を促し日本の干渉を正当化する心理を表している．内村鑑三でさえ，日清戦争の目的は「支那を警醒するに在り，其天職を知らしむるにあり，彼をして吾人と協力して東洋の改革に従事せしむるにあり．吾人は永久の平和を目的として戦ふものなり」と訴えた．さらに「文明国」日本は，隣国が滅亡に瀕したときは干渉しなければならず，「不実不信の国民」に対しては「鉄血の道」を示すべし，と言うほどであった[10]．

---

8) 橋川文三・松本三之介編『近代日本政治思想史』Ⅰ，有斐閣，1971年，261-267頁．
9) 福沢諭吉「日清の戦争は文野の戦争なり」『福沢諭吉全集』第14巻，岩波書店，1961年，491-492頁．
10) 内村鑑三「日清戦争の義」『内村鑑三全集』第2巻，岩波書店，1933年，216-221頁．

日清戦争の真の意味は視野の拡張にあった．福沢諭吉は，日本を眺める「文明世界の公衆」の視線を強く感じていた[11]．日本の勝利を「人類全体の利益」「世界進歩の必要」「人類進歩の促す所」と見る[12]内村鑑三の観点からも，「人類全体」「世界進歩」を眺める視線が読み取れる．徳富蘇峰は，「世界に於ける，日本の地位の大変動」によって，「世界に対して，日本人たるを慚ぢさるのみならず，亦た日本人たるを誇るの日」になったと考え，西洋人の視線が「清国を総ての物となし，日本を何物にもあらずとなしたる」ことから「日本を総ての物と做し，清国を何物にもあらずと做す」ことへと変わるだろうと展望した．「世界の中の日本」や「世界の視線」を意識する自覚が見られる．同時に個体性への自覚も伴われた．蘇峰は，「吾人は未だ自個を知らざりき．世界も未だ吾人を知らざりき．今や一たひ自個の力を試み，始めて自から知れり，而して始めて世界より知られたり，而して更に世界に知られたることを知れり．吾人が大眼界は，始めて今日に開らかれたり」と言う．日清戦争によって促された，世界や個体への自覚である．「征清」は「国民的生活」から「世界的生活」へ，「国民的自覚」から「帝国的自覚」へとナショナル・アイデンティティを広める「新紀元」，あるいは「国民的精神」を基に「世界的経営」を考えうる契機と見なされた[13]．

　「世界的生活」や「帝国的自覚」に相応する責任感も示された．「帝国的自覚」は「収縮的日本の鎖国根性」を超えて「世界に雄飛する自信力」を持った「精神的解脱」とされる[14]．日清戦争は，日本国民が世界に対して負った「責任の一部」を尽す「国民的活動の一現象」であり，日本国民が世界に雄飛し，「大義を四海に布く」意志の実践であると考えられた[15]．世界への「雄飛」という「大義」は，日本の対外行動が「膨張」と映じるのを避けるための大義名分であった．内村鑑三でさえ，一時，「利欲」を争わずに日本の「天職を尽くすために」，「潜在力を発揚するために」，「真価値を知覚するために」，「新文明

---

11)　福沢「日清の戦争は文野の戦争なり」491 頁．
12)　内村「日清戦争の義」227 頁．
13)　徳富蘇峰「征清の真意義」『蘇峰文選』民友社，1916 年，332-338 頁．
14)　徳富「征清の真意義」315-316 頁．
15)　徳富蘇峰「日本国民の活題目」『蘇峰文選』411-412 頁．

を東洋全体に施すために」,「義戦」を行わなければならないという使命感に燃えていた[16]．

日露戦争は，〈アジア対西洋〉構図を強め，脱亜意識を高めた，白人種に対する黄人種の「義戦」として捉えられた．蘇峰にとってこの戦争は，日本帝国の生存を確保するための権利の闘争，正当防衛であったのみならず，「世界の為めに，暴を伐ち，虐を懲らすの義挙」「世界の為め，文明の為め，人道の為めの義戦」であった[17]．蘇峰は，国民の生存権を侵されたことに「義憤」を感じ，ロシアを「世界人道の公敵」と定めた[18]．若き吉野作造も，この「膺懲」は「文明に対する義務」「日本国民の天授の使命」であり，日本は世界平和を害する政策を捨て文明に貢献するべくロシアを「反省」させるべき「責任」を持つ，と信じた[19]．

日露戦争をめぐっては，〈黄人種対白人種〉〈アジア対西洋〉の対決構図が働いたが，同時にそれを超えようという心理も生まれた．蘇峰は，〈世界の中の日本〉を想定したうえで，アジア人でも東洋人でもなく「日本国民」として「世界に高歩するの雄志」を持ち，「日本人」として世界の審判を受けるべきであり，かつ「亜細亜的なる概括文字」ではなく「日本的なる特有名詞」をもって行動するべきだ，と語った．ここでは，人種，宗教，言語，文字，風俗，習慣を超えた〈自国対世界〉の対決構図と，アジアとヨーロッパの対決や黄人種と白人種の対抗を超えた「自国を除けば，無差別也，平等也」という発想とが，奇妙な共存を見せる．この共存は，「第一等国の文明的列強」を志向する政治的意志によって可能となったものであろう[20]．自国以外の世界を「無差別」「平等」と捉えた蘇峰の国際社会観は国家エゴイズムに立つホッブズ的秩序観の変型ともいえよう．蘇峰は，日本が実力で国際的地位を獲得し，「文明の常規」に従っているにもかかわらず，国際社会で「異邦人視」されることを懸念し，白人種やキリスト教国民しか受け入れないヨーロッパ国際社会の「狭隘

---

16) 内村「日清戦争の義」227-228 頁.
17) 徳富蘇峰「宣戦の大詔を捧読す」『蘇峰文選』737-738 頁.
18) 徳富蘇峰「義憤論」『蘇峰文選』740-742 頁.
19) 吉野作造「露国の敗北は世界平和の基也」『吉野作造選集』第 5 巻，岩波書店，1995 年，10 頁.
20) 徳富蘇峰「わが国民の抱負」『蘇峰文選』761-763 頁.

さを批判し，西洋列強に「宇内共通文明の本義」への「覚醒」を求めた[21]．

　岡倉天心の構図や「覚醒」は，蘇峰のそれとは違った．天心は，「東洋の覚醒」を通じて〈アジア対西洋〉構図に向かい合い，「アジア的様式」の再発見によってヨーロッパ文明に対抗しようとした．彼にとってアジアの当面の課題は，「アジア的様式」の保全や回復，そしてそのために「アジア的様式」の意味を自覚して発展させることであった．「過去の影こそ未来の約束」であり，「生命とは，たえざる自己への復帰のうちにある」からである．「アジア的様式」の再発見＝「東洋の覚醒」はアジアへの回帰を通じて「東洋の理想」を捜し出す自己確認である．ただし，「日本の覚醒」がそれに先行する．「日本の覚醒」とは，日本が「アジア文明の博物館」「アジアの思想と文化を引き受けた真の貯蔵庫」として過去回帰への根拠をもった唯一の国家であることへの自覚である．ここには，「万世一系の天皇を持った類例なき祝福，征服されたことのない民族の自尊心，膨張発展を犠牲にして先祖伝来の観念と本能を守ってきた島国的孤立」といった自尊心が働く[22]．この覚醒は「ヨーロッパの光栄」に屈した「アジアの屈辱」を取り除こうとする使命感，日本がアジアの統一や理想を体現してアジアの復興を働き掛ける責務を生み出す．ここにはアジアとの連帯と日本の主導が想定される．アジアとの連帯は芸術，宗教，哲学に現れた共通の精神で結ばれた「魂と魂の疎通」であり，ここでは〈文明日本対野蛮アジア〉構図は崩れている[23]．

　日清戦争の最中に非戦論へ転じた内村鑑三は，日露戦争の際には国際紛争の平和的解決を迫る「平和主義」＝「非戦主義」を強く打ち出した．その「平和主義」はキリスト教の普遍的人類愛から出たものであろうが，内村は仲裁裁判による国際紛争の平和的解決が増えた事実からも平和主義の実効性を見出していた[24]．また内村は，「優勝劣敗の理」が働いている現実を見つめながらも，自然界が「強者必盛，弱者必滅の世界」「修羅の街」ではなく，「協同一致」

---

21)　徳富蘇峰「東亜の日本と宇内の日本」『蘇峰文選』776-777頁．
22)　岡倉天心「東洋の理想」佐伯・桶谷・橋川訳『東洋の理想他』126-130頁，11-16頁．
23)　松本三之介「国民的使命観の歴史的変遷」唐木順三・竹内好編『近代日本思想史講座』第8巻，筑摩書房，1961年，94-97頁．
24)　内村鑑三「平和主義の意義」『内村鑑三全集』第14巻，岩波書店，1932年，372頁．

「愛憐犠牲」の世界,「愛と正義とが最後の勝利を占むる家庭の一種」であることを信じていた[25]．ここで，人類的観念に基づいた教育，博愛心の注入，外国語や世界史の研究といったような「平和的膨脹」が講じられ，日本の滅亡をもたらす世界の「日本化」ではなく，「人類的観念」に基づいた日本の「世界化」が唱えられる．いまや蘇峰が見せた〈日本対世界〉構図や，天心が示した〈アジア対西洋〉構図は，働かない．日清戦争のときとは異なり，「自己を世界の人となして世界を自己の有となす」という世界観，「人類的観念」，道理の遍在を信じる普遍主義的思惟[26]が〈個人対世界〉構図を働かせていたのである．カント的国際社会の理想によってホッブズ的国際社会の現実を覆おうとした視線が読み取れる．

3　世界「秩序」と日本帝国の「正義」

(1)「東西融和」と「東洋自治」

　日本の対露戦勝は「帝国的膨脹」への新しい踏み台を与えたが，他方では「膨脹的日本」を脅威として受け止める黄禍論の勃興を招来した．第一次世界大戦後，日本はワシントン体制や国際連盟に参加するなど世界政治の舞台に姿を現し，〈世界の中の日本〉を実現することになる．だが，日本が英米中心の世界政治の舞台で挫折したときに〈日本対ヨーロッパ〉構図が再び働き，それと連動して〈アジア対ヨーロッパ〉構図が再登場することになる．

　大正期の蘇峰は，〈東洋対西洋〉構図に代わって〈日本対西洋〉構図に取り組んだ．蘇峰はその構図に対応する二つの「帝国的使命」を語り出す．一つは，人種間均衡や東西の融和を成し遂げる使命である．彼は白人に順応して白人の保護色を帯びる「白化」を否定し，黄人種と白人種の対等な交際を求める．日本に「東西融和の仲介者」「東西洋界の仲介者」または「宇内統一」の「天職」を与える．もう一つは，「弱小な同胞」(アジア人)の蹂躙された権利を回復する「東洋の先覚者たる大和民族の責任」である．その使命は，「日本人によってアジアを処理する主義」である「東洋自治主義」「アジア・モンロー主

---

25)　内村鑑三「非戦論の原理」『内村鑑三全集』第14巻，402-403頁．
26)　内村鑑三「平和成る」『内村鑑三全集』第14巻，378-379頁．

義」として表明される．蘇峰は，東洋自治論が白人排斥論や世界征服論と誤解されるのを懸念し，「東洋自治」が白人を退けるものではなく，白人に東洋を理解させて真の「四海兄弟の実」を挙げるものであると強調した．日本の「限りある力」をもって白人勢力の「限りなき力」と戦っては破滅しかないという恐怖心があったからだ[27]．「東洋自治」構想は，域間勢力均衡を成し遂げるための東洋（黄人種）への帝国的膨張と，域間勢力不均衡の現実から生じる西洋（白人種）への恐怖心との均衡のうえに成り立っていたといえる．

　蘇峰の使命観は，「世界統一」に先立って域間勢力均衡の秩序を作り，「物質的帝国主義」と「精神的帝国主義」とを結び付けようという思惟に示される．「物質的帝国主義」は日本国民の武装化を通じて帝国の使命を遂行することであり，「精神的帝国主義」は「帝国が世界で成し遂げるべき理想を掲げて国際的正義を捕まえて世界の公道を闊歩すること」である．後者は前者を「指導」し，前者は後者を「援護」する．後者は「理想」，前者は「理想を実行する力」である．日本の使命は，「我が義を行ふに，我が強を以てし，我が強を導くに，我が義を以て」して両者を結合させること，すなわち「強国」「義国」を作ることにある．蘇峰は，一方では力で難題を解決し事の成否によって「名義」を作り出す軍国主義を打ち出し，他方では「条理則ち力也．正義則ち力也．苟も理義の存する所，天下に敵なしと為す」とする人道主義を説く．「強」と「義」が結び付いた正義観であるが，「正義」「条理」は力を正当化する手段とされており，その実は「強」に収斂するものであった[28]．

　グローバル・ポリティクスの〈日本対西洋〉構図で示された「東西融和」「東洋自治」の発想は，力の格差に生じた恐怖心の所産であり，この恐怖心から「義」を強く打ち出しつつも「強」を求める正義観が表明されている．格差を乗り越えるための秩序変更への意志は，徹底した権力感覚に基づいたホッブズ的国際社会観の表出であったといえる．「正義」が権力に頼るものである限り，確固たる絶対理念を想定する革命主義的国際社会観の拠り所はなかっただろう．

---

27)　徳富蘇峰「大正の青年と帝国の前途」神島二郎編『徳富蘇峰集』筑摩書房，1978年，230-234頁．
28)　徳富「大正の青年と帝国の前途」235頁，232頁．

(2) 「相互扶助」と「国際民主主義」

　他方，ホッブズ的イメージとは違う観点から国際社会の社会的構成を考える国際社会観も現れた．クロポトキンの相互扶助論や，社会の共同性を相互扶助的本能に基礎づけた B. ラッセルの影響のもと，国民国家を超えて社会の自律性や相互扶助性を重んじる観点も見られたのである．中国社会の自律性や相互扶助性から国民国家を超克する展望を抱いた橘樸にうかがえるような，「社会の発見」と言われる観点である[29]．帝国システムのもとで近代国家が帝国へ吸い込まれるという文脈で東アジア地域のあり方が問われるとき，「社会」は国民国家を超えた国際地域をイメージさせる媒介になる．国際社会を相互扶助の場と見なす国際社会観では，権力闘争のイメージは退けられているかに見える．だがこの観点は，〈帝国のなかのアジア〉構図によって働く，アナーキズムを孕んだ帝国的，反近代国家的思惟であって，〈日本対アジア〉や〈アジア対ヨーロッパ〉構図が再生すれば，主権国家のアナーキー的構成を想定する現実主義国際社会観に近づきうるものであった．

　なお，国家に対して心理的距離を置く個体重視の自由主義や，新カント学派の影響を受けた人格主義の出現は，自由主義国際社会観を芽生えさせ，第一次世界大戦を契機に出現したウィルソン主義，民族自決主義，国際連盟構想など，「人道」「正義」を掲げた自由主義の潮流は，自由主義国際社会観の出現を刺激した．吉野作造はその好例である．かつて〈日本対西洋〉構図で愛国主義的「義戦」を唱えた吉野は，〈世界のなかの日本〉構図に入っては変化する．吉野は，「正義」「人道」「公道」のような普遍的価値や国際規範が働く国際社会を想定し，自由平等の原理に基づいた「国際民主主義」が非併合，無賠償，民族自決の三大原則を貫く国際平和の原理として機能するだろうと展望した．吉野は，「道理」を重んじる普遍主義的国際政治観や，国際社会の「進歩」を信じる自由主義的国際社会観を持っていた．「道理」は日本が「世界的共同生活」の中で「帝国の地位」を確立するための条件とされる[30]．秩序（平和）と正義（国際民主主義）の観念は，国内社会と国際社会の連続的把握のうえで営まれていた．「道理」「正義」が介されるとき，域間勢力構図や域内勢力構図は緩いも

---

29) 酒井哲哉『近代日本の国際秩序論』岩波書店, 2007 年, 162 頁.
30) 吉野作造「対外的良心の発揮」『吉野作造集』筑摩書房, 1976 年, 291 頁.

のにならざるを得ないだろう．

　大戦後の吉野の国際政治論は平和論と国際民主主義論に集中する．吉野の平和論は，人格の成長を信じ相互扶助的共同社会を想定する理想主義的人間観やキリスト教の人道主義と不可分に結び付いているといわれるが[31]，それは戦後国際社会のあり方を見つめてのものでもあった[32]．吉野は，世界平和論が学者の抽象的理想説であること，小国にとって永久平和論は生存のための大義名分であり，「正義」「公道」「国際法」はその盾であること，大国は利益喪失を懸念して平和論を軽んじることを承知しており[33]，平和論の実像を見つめていた．吉野は，戦後の制度的平和構想――ウィルソンとタフトの「平和強制同盟」構想，グレー卿の「国際連盟」構想など――に好意的であり[34]，国際社会において「道義の支配」が次第に「強力の支配」に取って代わると信じ，「道義的創造力の大きな潮流」が一時も足を止めないだろうと楽観した．しかし，この楽観的見解は理想主義から出るものではない．吉野は戦後の制度的平和構想が「国際的正義」を確立し「永久世界平和」を実現しようとする大国政治家の意志を反映したものと考えた[35]．吉野は，国際組織への着目によって「正義」「公道」「国際法」の手段性を克服し，国際正義や永久平和を保障する国際法の法規範的機能を強調し，同時に国際社会や国際組織に働き掛ける「大国」の存在を見落とさなかったのである．

　このことは吉野の国際社会観を捉える手掛かりとなる．吉野は，文明の進歩とともに国内社会で「一つの統一力」が生まれたように，国際社会でも「国際上の制裁力」が可能であると考えた．国際規範（国際法）は国際社会の「社会的制裁力」である．国際法は国際社会の共通規範として進歩し，「列強の承認」が得られれば権威ある規範として働き，「国際制裁力」「統一的制裁力」を具え

---

31) 酒井『近代日本の国際秩序論』序章．
32) この点は内村鑑三との距離からも窺える．吉野は道義的人間観や倫理観において内村の影響を受けた．だが大正期の内村は，吉野の民本主義やウィルソン主義によって「世界改造」「人類平和」が実現できるという見解は「大なる迷妄」である，と批判していた（内村鑑三「聯盟と暗黒」『内村鑑三全集』第14巻，523頁）．
33) 吉野作造「国際聯盟は可能なり」『吉野作造選集』第6巻，岩波書店，1995年，4-5頁．
34) 吉野はエンジェル（Norman Angell）卿の平和論など，当時欧米で現れていた法規範主義的平和論の影響を受けた．酒井『近代日本の国際秩序論』序章．
35) 吉野「対外的良心の発揮」283頁．

て「国際正義」が実現できると信じた．国際連盟の創設はその実現を示すものと捉えられた．この規範的合理性を前提に「法の命じるところ，大国も小国もない．国際法をもって見るならば，諸国平等でなければならない」という国家平等観念も表明されている[36]．

「（国際）正義」は国際的制裁力の根拠とされる．「正義」は，普遍的理念から，大義名分として提示されたものではない．「正義の力は正義を蹂躙さる度に益々反撥的にその力を得てくるのである．而して遂には正義は国民の輿論となって，到底之を蹂躙することが出来ない様に厳然たる制裁力となるのである．即ち制裁力は一種の社会的勢力となるのである．利害関係を共通にした一種の国際法の原則である．それ故社会的には国際的制裁力は社会全体の確信がなければ行はれぬ．確信が制裁の根本である」[37]とあるように，吉野は「正義」を，「国民の世論」に支えられて秩序を定める「社会的制裁力」として形成され，「社会全体の確信」と結び付いた，実体的な社会的構成物として捉えた[38]．しかし，このように，普遍的な絶対理念ではなく国際世論に関わる「（国際）社会全体の確信」を設けるならば，国際法の「社会的制裁力」＝「国際的制裁力」の社会的構成において大国の政策を見逃すことはできなくなる．吉野が「列強の承認」を認めざるをえなかったゆえんである．「社会的正義」を定める「民本主義」が天皇制との共存を許すのと同じく，「国際的正義」を定める「国際的平等」は，「大国」の存在や「列強の承認」を認めたうえのものであった．権力（大国政治家の意志や「列強の承認」）を介した国際規範と国際了解の秩序構想では，理想主義的人間観が国際政治の領域に投射されることは，抑えられている．吉野がカント的国際社会観(revolutionism)よりはグロティウス的国際社会観(rationalism)に近寄ったゆえんであろう．

しかるに吉野の正義観は，〈日本対世界〉構図によって世界に対する日本の使命感を打ち出したとき，やや抽象的で理想的な色彩を呈する．日本が「世界

---

36) 吉野「国際聯盟は可能なり」5-8頁．
37) 吉野「国際聯盟は可能なり」8頁．
38) 「道義」も社会の構成物と理解される面がある．吉野は，政治が新しい現象であって，政治に対する善悪の判断が確定していないために日本国民は「道義心」に鈍い，と考えた（吉野「対外的良心の発揮」283頁）．

経営」に参加して「完全に世界の一国になった」という「世界的意識」を持ち，国際的地位の向上を自覚したとき，日本は「世界の大勢」の「向上発展」に貢献し，「世界の進歩」に対して「特別な使命」を持つべきだ，と彼は言う．「正義公平」を広げて「人類共通の大理想」を成し遂げる「正義を内外に張る国」になるべし，という使命感をも披瀝する[39]．大国を介しての「国際的制裁力」概念に見られる世俗的合理性に与したものの，世界へ向かうときには，万国平等観念に見られるように，自然法的道徳性を撒き散らす，ということになる．もし，大国の権力意志によって「国際的制裁力」が効かなくなり，〈世界の中の日本〉構図が崩れてしまえば，「国際的制裁力」に頼った秩序や平和も壊れ，吉野の「正義」観念も働かなくなるだろう．

4 大東亜「秩序」と帝国の「正義」

(1)「復興アジア」と「新秩序」

自由主義的潮流と普遍主義的国際政治観のオプティミズムとは違った観点から国際秩序と国際正義を捉えた政治的思惟もある．〈アジア対ヨーロッパ〉構図のもとで国際社会の変更を求める革命主義的国際社会観も示された．大川周明はその典型であった．大川は，「世界の独裁者」としての「神聖な使命」を持って世界制覇の角逐を行う資本主義の「古いヨーロッパ」と，その角逐の対象となる「ヨーロッパの臣隷」である「雌伏(被圧迫)アジア」とを対置させる．大川はグローバルな観点から，第一次世界大戦を契機に「革命ロシア」が少数者の統一指導によって民主議会政治を打破し，「国民の経済的生活」に立脚して「有機的な政治的組織」を断行したことに始まる「革命ヨーロッパ」と，自由や正義の観念をもって「現状維持に基づいた国際連盟の精神を壊してヨーロッパの世界制覇に挑戦する」「復興アジア」とが「新しい世界史」を作り出すと展望した[40]．資本主義ヨーロッパの変化(革命)と被圧迫アジアの変化(復興)というモメンタムは，〈ヨーロッパ対アジア〉構図の再構築，すなわち域間勢力均衡の構築を図る「新しい世界史」への展望を生んだ．

---

39) 吉野作造「世界の大主潮と其順応策及び対応策」『吉野作造集』14-20頁．
40) 大川周明『復興亜細亜の諸問題』大鐙閣，1922年，2-5頁，21-28頁．

大川は，域間勢力不均衡を破って「新しい世界史」を築くために，ヨーロッパの「国際的正義」を論駁し，ヨーロッパが作り上げた「世界」の「外面的制度」(国際連盟)に潜んだ「非法」を批判した．「正義」「自由」はヨーロッパ列強の言い分に過ぎず，「国際的正義」は欧米列強の利益保全のための現状維持を意味するものと見られた．ヨーロッパ民族の世界支配は「正義人道」ではなく，多年の戦争で身につけた「剛健無比の戦闘的意志」によるものとされる．国際連盟も不義と隷従を擁護して理法を妨げる「非法」に過ぎない．だが，もはやヨーロッパの「革命」は正義の脆弱性を表し，「国際的正義」は隷属民族の魂に真の自由や正義に対する強い要求を鼓吹している．問題はアジア「復興」の仕方だ．大川は，アジアが燦爛たる文化，政治制度，科学技術を営んだ「歴史に現れた特質」や「世界文化に貢献した事実」を取り上げて，アジアの文明性を強調する．アジアの強さはヨーロッパより優れた「高貴な思想」から出るというのである[41]．その高貴な思想が何かは不明であるが．

　大川にとって，「正義」「自由」は，革命ロシアを論じる際に国家生活と政治組織の有機的なあり方に注目したことに窺えるように，国家や社会の有機的なあり方と結びつく．資本主義的社会組織への批判と協同主義的国家主義生活への擁護として現れる．大川は，大戦後数百万の軍人が「協同互助を根本鉄則とする戦場生活」から「最小の労力を以て最大の利益を収むることを主義とする競争利己の会社工場」に帰ってきたときに抱いた資本主義的社会組織に対する不満を思い起こしながら，「一個の人間が単に土地，鉱山または器械を所有する」資本主義的生き方からは国民の「自由」や「正義」は与えられない，と説く[42]．「競争利己」の資本主義世界と「協同互助」の国家主義生活との対比で想定される「自由」「正義」は，「協同互助」の国家主義生活に拘束されたものであった．〈ヨーロッパ対アジア〉構図の打破を打ち出したときに大義名分とされたアジア民族の「自由」「統一」も，「協同互助」の国家主義生活の発想から抜け出すものではなかった．大川の国際社会観に見られる二つの構図は，ヨーロッパの「革命」やアジアの「復興」への「覚醒」，つまり資本主義や協同的

---

41)　大川『復興亜細亜の諸問題』28頁．
42)　大川『復興亜細亜の諸問題』17-18頁．

社会主義への「覚醒」に対するオプティミスティックな展望によって成り立つ.

　他方,近衛文麿は,〈ヨーロッパ対アジア〉構図を,「持てる国」(現状維持国家)と「持たざる国」(現状打破国家)の間の不均等な国際社会の構図へと取り替えた.近衛にとって,「正義人道」＝「国際正義」は,「持てる国」アメリカやイギリスが営む「英米本位の平和」を打ち破って,「持たざる国」日本の国際生存権のために「公正なる新秩序」を構築することであった[43].「真の世界平和」のための「国際正義」は,「経済的帝国主義」を排し,「黄色人の無差別待遇」を実現すること,「経済交通の自由」や「移民の自由」を含む領土と資本の不公平な分配の解消にあった[44].それは,二つの世界を超えた一つの世界秩序を想定するものであり,日本の生存権の保全に止まらず,日本の大陸進出を正当化し,国際連盟の「不公正」に対抗するための大義名分でもあった.

　近衛の分配的国際正義観は,世界秩序の不平等構造を変更しようという強い意志を伴う.日本が満洲事変を起こし,国際連盟を脱退するなど,世界秩序を変えようとする挑戦国家への道を辿るにつれ,普遍主義的国際政治観や国際法共同体の漸進的発展への楽観主義は崩れていく.日本帝国の知識人たちは満洲事変を正当化し,不戦条約の適用を避けながら国際秩序との調整を図り,東北アジアの「秩序」の変更を通じて「日本本位の東洋平和」を模索し,「アジア主義」を「正義」で包装する姿勢を見せた.日本本位の生存権を求める「国際正義」は,中国ナショナリズムの抵抗に直面した第一次近衛内閣(1937年6月)が「国際正義に基づいた真の平和」を対外政策の基調としたときに露骨化した[45].「日満支の鞏固たる提携を枢軸として東亜永遠の平和を確立し,これ

---

[43]　近衛文麿「英米本位の平和主義を排す」北岡伸一編『戦後日本外交論集』中央公論社,1995年.

[44]　庄司潤一郎「新秩序の模索と国際正義・アジア主義——近衛文麿を中心として」『国際政治』第91号(1989年),40-41頁.

[45]　「国際正義」と「新秩序」の相関性は,近衛の施政方針演説によく示されている.「(政府の基本精神は)百般の政策をして我が尊厳なる国体の精髄に帰一せしむることであります,此精髄の発露は,之を外にしては国際正義に基き,列国と倶に真の世界平和の確立に力を致し,益々国威を宣揚することであります,之を内にしては大義名分を明にし,社会正義に即して,国民をして各々其処を得しめ,依て以て国運の堅実なる発展を図ることであります」(第71回帝国議会における近衛文麿首相の施政方針演説,1937年7月27日).

をもって世界の平和に貢献しようと」するという正義観は，生存権の拡張を望む欲望の表現であった[46]．

　「東亜連盟」「東亜協同体」の地域構想も，世界政治経済秩序への対応としてブロック経済に基づいた日本資本主義帝国秩序を構築しようとした修正主義秩序観に立ったものであり，この点では近衛の国際社会観と軌を一にするものであった．蠟山政道の東亜協同体論は，アングロ・サクソン資本主義国家の「領土的帝国主義」「植民地主義」に対抗するために，「地域開発」という「大陸経営」の方法を提示している．ただし蠟山は，日本政府の軍事的強圧による華北分離工作に対応して，「文化的基礎」＝「道義」を強調しながら，民生（福祉）の地域化による運命共同体の構築を構想した[47]．蠟山の「地域開発」は「民族協和」や「道義的経済関係」を重視するものであった．蠟山は西洋の「覇道」「闘争」理念と「王道」「協和」理念とを対置させながら，東洋的倫理を「秩序」理念とし，これをもって「開発」「経営」を「正義」として正当化した．政治経済上の対立構図を理念上の対立構図へと転換させたのは，中国ナショナリズムとの対峙を見逃さないリアリズムを垣間見せるものであるが，協同体論は新秩序論に比べて地域主義的色彩を呈し，使命感＝正義よりは共生的秩序への配慮を示していた．蠟山の地域主義は，西洋帝国主義との闘争とアジア諸民族との提携という二重課題を乗り越えようという使命感の表現であった．「太平洋周辺の国」でありながら「アジア周辺の国」でもある日本の「地政学的必然」も使命感の基になっていた[48]．

(2) 共栄圏の「秩序」と「正義」

　大正期日本帝国の知識人たちは，公式帝国（内地－外地）のなかで相互扶助観念に基づく秩序を再構成しようという，東北アジアレベルでの「社会の発見」を試みた．他方，1940年代の共栄圏構想では，東アジア民族国家（満洲，中国，東南アジア）を非公式帝国に抱き込み，公式帝国と非公式帝国間の秩序を「大

46）　第73回帝国議会における近衛文麿首相の施政方針演説，1938年1月22日．
47）　蠟山政道の国際秩序観については，酒井『近代日本の国際秩序論』第3章．
48）　任城模「大東亜共栄圏構想における『地域』と『世界』」ソウル大学国際問題研究所『世界政治』第26巻第2号（2005年），111-114頁．

東亜共栄圏」という新しい秩序原理をもって定めようとする，東アジアレベルでの「社会の再構成」が図られた．日本の「使命」＝「正義」は「大陸経営」「民族協和」に限定されなかったのである．

　日本帝国政府は，中国ナショナリズムを認める協同体構想よりは中国ナショナリズムを包むような「大東亜共栄圏」構想を好んだ．この広域圏秩序は両面性をもつ．一つは，〈ヨーロッパ対日本〉構図で日本中心の広域圏秩序を築いて「英米本位の秩序」を破ろうとする側面である．この構図では主権国家システムの主権，国際法，勢力均衡に基づく国家平等が秩序原理とされる．もう一つは，〈日本帝国対東アジア〉構図で，東アジアを日本の秩序観念が投影された「大東亜共栄圏」に組み込む側面である．この構図では，主権国家システムの枠組みと日本的秩序原理を結び付けて帝国領域としての「東亜」を再編することと，東アジアのネーションを認めながら「ネーションの超出」を試みる「新秩序」の構築が図られた．公式帝国内では支配－被支配秩序が働くが，非公式帝国の諸民族を包括する大東亜共栄圏では「民族平等」や「帝国国際法」をもって日本民族と東亜諸民族間の「平等な」関係を規律する秩序が想定された．

　共栄圏構想では，理念においては伝統的帝国観念と近代的国家観念との絶妙な結合が，また権力関係においては域間勢力均衡のための競争的「闘争」と，域内勢力不均衡を孕んだ非競争的「共栄」との並存が見られた．ホッブズ的イメージとカント的イメージとの混在が読み取れよう．域間勢力均衡のための闘争と域内勢力不均衡の共栄とを並行させるには，絶対的秩序理念とそれを正当化する正義観念が求められる．「王道」「家族国家」「職分」「共栄」「八紘一宇」「アジア民族の解放」という言葉が秩序と正義を標榜する常套句として，擬似絶対理念として持ち出される．このさい，〈世界と日本〉を眺める視線は転じざるをえない．〈世界対日本〉は〈ヨーロッパ対日本〉に限定され，〈ヨーロッパ対日本〉は〈日本対ヨーロッパ〉へと変わる．「世界」は，明治・大正期には「ヨーロッパ本位」の世界として追従の目標であったが，今や「日本」を含めて，また日本を媒介として再構築すべき革命の対象として表象される．

　京都学派の知識人たちは，「世界史の哲学」「世界史的世界」を標榜しながら，「近代の超克」，「世界史」の再構成，「世界」の再構築を模索した[49]．西田幾多

郎によれば，19世紀の帝国主義時代における「国家的自覚」においては他国を従属させうる強国化が「歴史的使命」であったが，20世紀の国家は「世界史的使命」を自覚して「世界史的世界」を作ろうとする「世界的自覚」をもって「自己に即しながらも自己を越えて一つの世界的世界を構成する」べきであった．「世界的世界」の構成は，抽象的世界理念から民族の平等な独立を認める民族自決主義ではなく，国家民族が「自己を越えてそれぞれの地域伝統に従って，まず一つの特殊的世界を構成」し，「個性的な歴史的生命を生きながら，それぞれの世界史的使命をもって一つの世界的世界に結合すること」，いわば「個性的統一」である．西田の「世界的世界形成」は「多と一の媒介」としての東亜共栄圏の形成をめざす．東亜共栄圏の構成は，ヨーロッパ帝国主義を抜け出して「東亜民族の世界史的使命を自覚し，各自自己を越えて一つの特殊的世界を構成し，かくして東亜民族の世界史的使命を遂行」する行為として正当化される．「世界新秩序」の原理は「万国をして各々所を得せしむ」という「八紘為宇」理念である．共栄圏の「指導民族」は国際連盟のように「抽象的に」選出されるのではなく，「世界的世界形成」の原理によって「歴史的に」形成されるものであった．「指導民族」たる日本人は歴史的現実のなかで「世界的世界形成」のための唯一の「道徳的使命と責務」を持つ．西田は，さらに「皇道」から「八紘為宇」の世界形成の原理を導き出し，日本皇室を「一つの民族的国家の中心」としてだけではなく「世界的道義」の根拠として位置づける[50]．

　広域圏の「秩序」と結び付いた帝国日本の「正義」は，〈アジア対世界〉構図では「アジア民族解放」であり，〈日本対アジア〉構図では「協和共栄」であった．「アジア」はこのような秩序や正義の観念が投影された表象であり，「東洋平和」は，二つの勢力構図によって域内からの抵抗（中国ナショナリズム）と域外からの圧力への対抗を実現し，東アジアの新しい「秩序」を築き上げるための「正義」＝戦略的スローガンであった．

---

49) 森哲郎編『世界史の理論』燈影舎，2000年；高山岩男『超近代の哲学』燈影舎，2002年．
50) 西田幾多郎「世界新秩序の原理」『西田幾多郎全集』第12巻，岩波書店，1966年．

おわりに

　近代日本の知識人たちの国際社会観に見られる秩序や正義の感覚は，国際システムにおける日本国家の地位と地位上昇への意志から生まれている．地位上昇への意志が強いほど，現実の秩序は不満足に見え，修正の対象とされる．秩序変更への意志や行為はそれに倫理的正当性を与える正義観念を生んだ．秩序の修正を求める正義は，〈日本対アジア〉構図では「文明化」に，また〈アジア対世界〉構図では「民族解放」にあった．

　倫理的道徳性は戦略的意図の所産であった．秩序や正義の根拠は権力的機能性や規範的合理性にあった．〈日本対アジア〉構図では，主権平等の近代国際法が規範（合理性）の根拠であり，かつ権力行使（機能性）の手段であった．〈アジア対世界〉構図では，主権平等の近代国際法原理とハイアラキーの職分原理とを巧みに結び付けて，「指導国」日本と東アジア民族間の主権不平等の秩序を定めた「大東亜国際法」が権力的機能性や規範的合理性を与える制度的根拠として設けられ，日本的秩序原理をもってアジアと世界を定め直そうという強い正義観が示された．

　このような国際社会像や秩序観，正義観の形成を促した要因は，世界（ヨーロッパ）との文明的，経済的，軍事的格差であった．その格差はつねに二つの構図――〈日本とアジア〉〈世界対日本〉――における「秩序」変更への意志やそのための「正義」の表明をもたらした．明治期における秩序や正義は東北アジアを対象にしたものであり，富国強兵のための「文明開化」や東北アジア「秩序」の変更のための「義戦」が「正義」として打ち出された．昭和初期における秩序や正義は〈西洋対日本〉構図によって世界秩序の変更（「新秩序」の形成）やそのための「聖戦」を「正義」として訴えたものである．「正義」は，二つの構図にみられる域内または域間の勢力不均衡の再編を図る権力意志（使命感）の所産であった．そして「アジア」は，「秩序」の変更と「正義」の実践のために供されるものであった．

　国際社会観（秩序‐正義観）と国際システムとの相関性は理念的，哲学的基盤の脆弱さを窺わせる．理念的，哲学的色彩を強く帯びた自由主義国際社会観で

さえ,「国際民主主義」が謳われたヴェルサイユ体制の特殊性と深い関わりを持っていた.内村鑑三,矢内原忠雄,南原繁が見せたような,キリスト教的人類愛に基づいた自由主義は,体制依存的国際社会観とは一定の距離を置き続けたとはいえ,「帝国的民族」の生存を模索する帝国システムの秩序観を抜け出すものではなかった.

　戦後日本の平和憲法は「日本国民は,正義と秩序を基調とする国際平和を誠実に希求」すると宣言している.「正義と秩序を基調とする国際平和」を捉える見方は分かれる.進歩的知識人は普遍的理念である「平和」を「正義」と見なし,それをもって「秩序」を定めようとする.平和憲法を民主主義的正義観や秩序観の根拠,守るべき価値として見る.他方,保守的知識人は「平和」を権力関係による現実の「秩序」に結び付けて捉え,それを修正することを「正義」と考える.戦後平和観に潜む「正義」と「秩序」の観念は,近代日本のそれとどれほど連続し,また冷戦システムや戦後体制のもとでどのような変容を見せているのだろうか.戦後日本の「正義」や「秩序」のあり方を追究することはその国際社会観を究明するもう一つの大きなテーマである.

　＊　この論稿は,東北亜歴史財団『東北亜歴史論叢』第28号(2010年)所収の拙稿を基に全面改稿を行ったものである.

第6章　国際関係研究における人間観
「恐怖」の国際関係論

芝崎　厚士

はじめに——国際関係研究の領域的・方法論的革新へむけて

　学問，少なくとも国際関係研究を含む社会科学の存在意義は「この世界とは何か」という問いに対する答えを得ることにある．この「whatの問い」には大別して「この世界はどのように動いているか」という「howの問い」を問うことによって答えられる部分と，「この世界はなぜそのように動いているか」という「whyの問い」を問うことによって答えられる部分とがある．社会生物学的に表現すれば「howの問い」は生物の直接の行動を説明する「至近要因（proximate factor）」（近接要因）に対する問いであり，「whyの問い」はそれらの行動がなぜ起きるかを説明する「究極要因（ultimate factor）」に対する問いである[1]．

　学問は基本的に人間中心主義的であり人間が制御しうるのは基本的に人間の行動である．よって，「世界」をめぐる上記の三つの問いを解き明かすためには「人間とは何か」「人間はどのように動いているか」「人間はなぜそのように動いているか」という問いに向き合わなければならないことになる．社会科学は人間が創り出した諸関係が生み出す構造（むろんその構造が人間を生み出すという両方向の作用がある）という意味での広義の社会を対象とする学問であるから，「howの問い」と「whyの問い」を「社会」のあり方に即して問うことによって，「人間」をめぐる「whatの問い」を解くことで，「この世界とは何か」という問いに漸近することは，国際関係研究そして国際文化論を含めた社会科学の基本的な使命の一つである．

1）　ジョン・オルコック，長谷川眞理子訳『社会生物学の勝利——批判者たちはどこで誤ったか』新曜社，2004年，10-14頁．

国際関係研究は「世界」「人間」に対するこうした根源的な問いにどこまで取り組んできたであろうか．「国際関係」という切り口を軸に「世界」「人間」を細分化し分析する研究は数多く存在していても，その細分化や分析の前提となる人間観，世界観を総合して，じかに問う研究は数少ない．筆者はこれまで「国際関係」という社会構成ないし世界構成を軸にした「世界」への問いを出発点に近代の人間観，世界観に関するいくばくかの考察[2]を行ってきた．本稿はもう一つの大きな柱である「人間」への問いを出発点にした考察を展開する登攀口を切り拓く試論である[3]．

　加藤周一は最晩年に，「思想」とは「事実はどうなっているか」という第1部と「ではどうするか」という第2部とで構成されるものであるとインタビューで述べた[4]．「人間とは何か」「世界とは何か」を問うことは，加藤周一の表現を借りれば「第1部」である．第1部は，第2部を問う前提条件であり，第1部と第2部をつなぐのは「why の問い」なのである．

　本論文の目的は，「この世界を動かす力」「人間を動かす力」としての「恐怖」「不安」などに代表されるような「感情」が，実際にどのような意味でどのように「人間」を，そして人間の作る文化や文明を形作っているのかを明らかにすることである．そして，国際文化論の立場から世界と人間に対する三つの問いを問い，「ではどうするか」を考察する足がかりを作ることが目標となる．その考察の出発点として本稿が注目するのが，日本の認知科学の第一人者であった戸田正直のアージ理論である．

　本論文の構成は次の通りである．まず，第1節で国際関係研究における「恐怖」概念，ひいては社会科学における「感情」概念のこれまでの取り扱い方を整理し，課題を析出する．つぎに第2節と第3節において，戸田正直のアージ理論の基本的な骨格に即して，それらの課題への問いを解明していく．さらに

---

2) 芝崎厚士『近代日本の国際関係認識――朝永三十郎と「カントの平和論」』創文社，2009年；「ケネス・ウォルツ論序説」『思想』2009年4月号；「〈帝国〉とマルチチュード」小田川大典・五野井郁夫・高橋良輔編『国際政治哲学』ナカニシヤ出版，2011年，第6章．
3) 世界への問いと人間への問いは当然，分かちがたく結びついている．この点に関連した助走的な模索として，芝崎厚士「世界を見通すレンズ磨き」『創文』第530号（2010年5月）．
4) 加藤周一『思想としての二十世紀』岩波現代文庫，2009年．

第4節において，戸田の根本的な問題関心やアプローチの方法を検討する．最後に「おわりに」において，国際関係研究がこのような形で生まれ，進んできたことそれ自体の意味を考察し，アージ理論に昇華された戸田のパースペクティブを国際関係研究，国際文化論の将来に活かす道を探る．

1 国際関係研究と「恐怖」

国際関係研究という学問が「恐怖」を学問的考察の出発点においていることに異論を持つものはいないであろう．ツキディデスがペロポネソス戦争の原因として「恐怖」をあげ，恐怖心，名誉心，利益という優先順位を示して議論を行って以来[5]，第一次世界大戦の原因を主な事例に説明がなされる「安全保障のジレンマ」，ルーズベルトの「恐怖からの自由」，冷戦期の「恐怖の均衡」，テロ戦争時代における「恐怖」，人間の安全保障論における新たな「恐怖からの自由」など，古典的な国家間関係から紡ぎ出されてきたにせよ，グローバル・イシューズへの対処としての模索から編み出されつつあるにせよ，それが戦争であれ内戦であれ，テロであれ感染症であれ，国際関係研究は「恐怖」からの人間の解放を目的として生まれ，育ち，現在に至っている．

このことは同時に，人間が平和や安全からいかにほど遠いところに置かれてきたか，そして現在も置かれているかを物語る．また上記のような狭い意味での国際関係研究に限らずとも，マキャベリやホッブズ，スピノザやロックなど古典的な政治思想の系においても「恐怖」は潜在的にせよ顕在的にせよ考察の俎上に載せられてきた[6]し，オーウェルやフーコーなどを経由して権力による

---

5) トゥキュディデス，藤縄謙三訳『歴史』全2巻，京都大学学術出版会，2000年．「最も真実の原因は，言葉の上では最も表明されなかったが，アテナイ人が強大となってラケダイモン人に恐怖を与え，戦争へと強制したのだと私は考える．」（『歴史』25頁）「吾々としては事態の推移の結果，最初は主として恐怖心によって，次には名誉心によって，そして後には利益にも駆られて，これを今日の状態にまで前進せざるを得なかった．……かくして，吾々が与えられた支配権を受け取り，名誉心と恐怖心と利益という最も強い力に負けて，それを放棄しなかったとしても，吾々は決して驚くべきことや人間性から離れたことを為してきたわけではない．」（『歴史』74頁）

6) この点を概観したものとして，Corey Robin, *Fear: The History of a Political Idea,* Oxford University Press, 2004.

恐怖の操作を描き出す議論においても，監視社会論，〈帝国〉論，メディア論，グローバル企業批判論などさまざまな文脈で「世界」や「人々」を規定する力として「恐怖」は取り上げられ，論じられてきた[7]．このことも，数多の人類が「恐怖」「不安」にさらされ続けて，現在もそうであることを裏書きする．

　国際関係研究は人間の「生存，幸福，自由，福祉」（K. ドイチュ）を実現することを目的としており，そのために「恐怖」や「不安」をできるかぎり取りのぞき「安全」や「平和」を実現しようとする，「恐怖と希望」（高坂正堯）を扱う学問である．にもかかわらず，国際関係研究者は「恐怖」とは何か，人はなぜ「恐怖」に動かされるかという点を直接的に考察することはほとんどなかった．この逆説的な事態をブースとウィーラーは，シャーロック・ホームズの「銀星号事件」でのエピソードをもとに「吠えない犬」と表現している[8]．彼らは，「恐怖」が重要であるということはほとんどすべての国際関係研究者が理解し，認識し，言及しているのであるが，これを国際関係研究という学問分野がどのように引き受けうるのか，という点に関しては合意が見られず，それ以前に研究自体が進んでいないと主張している．もちろん，これまでにもニーバー，バターフィールド，ハーツ，ジャービス，ウォルツなどのような古典的な「恐怖」言及はあり[9]，近年もブレイカーとハッチソン，タン，ルボウなど恐怖ないしは感情一般を分析に取り入れようとする研究は出始めてはいる[10]が，それらは概して根本的な課題を見過ごしているのである．

　根底要因としての恐怖という感情の存在を認めつつも，恐怖ひいては感情一般を適切に分析するツールを発展させることができなかったというパラドクス

---

7) この点については，Joanna Bourke, *Fear: A Cultural History*, Shoemaker & Hoard, 2005. 近年の考察として，ナオミ・クライン，幾島幸子・村上由見子訳『ショック・ドクトリン』岩波書店，2011 年．

8) Ken Booth and Nicholas J. Wheeler, *The Security Dilemma: Fear, Cooperation and Trust in World Politics*, Palgrave, 2008.

9) Booth and Wheeler, *The Security Dilemmna*.

10) Richard Ned Lebow, *A Cultural Theory of International Relations*, Cambridge University Press, 2008; Roland Bleiker and Emma Hutchison, "Fear No More: Emotions and World Politics," *Review of International Studies*, Vol. 34(2008), pp. 115-135; Shiping Tang, "Fear in International Politics: Two Positions," *International Studies Review*, Vol. 10(2008), pp. 451-471.

は，実際には国際関係研究に限らず，社会科学一般あるいは近代の知のあり方一般にもある程度まで通底する事態である．このパラドクスを説明する上で基本的に前提になるのは，近代科学が「理性」にもとづき「論理」を扱う学問であり，「感情」を扱うようにそもそもできていないという一般的な構図である．このいわゆる「理性」対「感情」の二項対立図式からは，合理的・客観的に分析，記述可能なものないしは分析，記述しやすいものから学問研究が進展する一方，分析や記述が困難なものを置き去りにしがちであるという学問細分化過程における一般的な傾向が生み出されやすい[11]．しかし，分析の難易度と研究対象の重要度は屢々一致しない．その結果，さまざまな研究者が既に指摘している通り，重要でないにもかかわらず専門分化や細分化が可能でより精緻に分析しやすいが故に「発展」していく学問分野がある一方で，重要であるにもかかわらず研究が進まない対象や領域が手つかずのまま残されることになる．

　恐怖ないし感情一般に対する学問的言及ないし分析は，全く行われてこなかったわけではない．紙幅の都合で詳述は避けるが，大別すると次の三つの研究の類型を見いだすことができる．第一の類型は人文学的な感情論とでもいうべきもので，社会科学的な知のあり方に直接接合して分析を行うのではなく，そこには「感情」（恐怖であれ不安であれ）が存在し大きな影響を及ぼしているということを単純に概念化して言及するにとどまるものである．この類型は数多いが，たとえば近年ではスタンリー・ホフマンの言及などがこれにあたる[12]．また関連分野として政治学で一時さかんに論じられたシュクラーの「恐怖のリベラリズム」[13]もこの類型に属する．

　第二の類型は近代社会科学還元論とでもいうべきものであり，これは既存の社会科学ないしは近代知のフォーマットに適合するように，すなわち操作可能にするために感情を分析概念や変数に変形するアプローチである．これは前述のブレイカーとハッチソン，タン，ルボウなどが典型的である．第三の類型は，

---

11)　吉川弘之『科学者の新しい役割』岩波書店，2001年．

12)　Stanley Hoffmann, "Thoughts on Fear in Global Security," in Hoffmann, *Chaos and Violence: What Globalization, Failed States, and Terrorism Mean for U.S. Foreign Policy*, Rowman & Littlefield, 2006, pp. 31-41.

13)　Judith Shklar, "The Liberalism of Fear," in Nancy Rosenblum ed., *Liberalism and the Moral Life*, Harvard University Press, 1989.

これとは逆で心理学など感情や心を完全とは言えない形ではあれ扱ってきた分野の知見から社会科学が扱う現象を説明していこうとするある種の感情還元論とでも言うべき立場である．この立場はむしろ国際関係研究の外側に位置するか，第二の類型の研究が操作可能な概念化を行う際の前提として引用されるような形で現れる．

　これらの立場に欠落している最も重要な分析課題は何であろうか．それは「人間にはなぜ『恐怖』（ひいては『感情』）が備わっているのであろうか」という点，つまり人間が感情を持っていることの意味，目的，役割，機能に関するwhat, how, whyの問い，つまり「究極要因」としての感情の存在の意味やはたらきである．大森荘蔵がいみじくも述べたように[14]，目や耳の構造を「客観的」かつ「科学的」に記述できたとしても，ある人間になぜあるものがそう「見える」のか，なぜそう「聞こえるのか」はそうした記述によっては未来永劫説明できないのである．感情についても同様で，脳の機構や（大森は言及していないが）ヒトゲノムの組成がどこまでわかったところで，人間がある時ある状況において「なぜ」そのような感情を持つのかをそれによって説明することはできず，せいぜいそうした感情と脳の機構にみられる客観的な動作を「重ね描き」することしかできないのである．第一の類型は感情の存在を指摘する域を出ておらず，方向こそ違え第二，第三の類型は感情の存在を重ね描きすることしかできない客観的な分析にすべてを還元しようとしがちなのである．

　こうして欠落し，既存のアプローチによっては探究しがたいものとなっているのが，人間にとって感情とは何か，なぜ人間には感情があるのか，感情は人間をどこまで，どのように規定しているのか，といった点に対する根本的かつ包括的，総合的な考察なのである．第一の類型は，そうした考察をいわば直感的，経験的に行っており，どの指摘も幾分かは真実をついているといってよい．しかし，そうであるが故に，人間一般に通底する包括的，総合的，普遍的な仮説たり得ていない．むしろそれらの直感的，経験的な指摘すべてを生み出してしまうようなものが感情なのである．したがって，その共通の土台自体が基本的に何であり，どのようなものであるか，なぜそのような土台を人間が持って

14）　大森荘蔵『流れとよどみ』産業図書，1981年．

いるかを考察しなければならない．

　第二，第三の類型についても同様なことが言える．どのような形で「変形」し「還元」しようとも，そもそもの共通の土台に関する what, how, why 抜きであれば，それらの研究は見当違いに終わるか，うまくいっても感情そのもののきわめて部分的な考察にとどまるであろう．一般的に，ある現象を既存の分野にとって分析しやすく概念化した上で分析することは既存の分野の「発展」には寄与するかもしれないが，それでは学問を行う本来的な意味から逸脱する恐れもなしとはしない．

　かくして，人間と感情をめぐる what, how, why は，「人間とは何か」に関する what, how, why に挑むことであると同時に「世界とは何か」に関する what, how, why への挑戦でもある．こうした問いを引き受けることこそ，人間の死活問題としての文化を考察する国際文化論の課題なのである[15]．

2　感情の野生合理性

(1) 戸田正直

　戸田正直は 1924 年に生まれ（ケネス・ウォルツと同じ），2006 年に死去した日本の心理学者，認知科学者である．心理学研究そして認知科学研究で世界的にも知られ，日本認知科学学会の初代会長を務めるなど日本の認知科学の生みの親，育ての親でもある[16]．戸田のアージ理論は認知科学研究の中でも独自の位置を占め，独創性の高い理論であるが，あまりに独創的でありまた包括的であるが故か戸田の死去によって未完のまま遺されており，現時点でアージ理論を応用したり発展させたりするような仕事はほとんどあらわれていない．

　戸田はゲーム論や行為選択論などの研究を経て[17]，茸喰いロボットの研究[18]，

---

15)　この点についての基礎的な考察は芝崎厚士「国際文化現象としての国際関係研究」『インターカルチュラル』第 5 号（2007 年）．
16)　戸田正直については，「戸田正直氏を送る」『認知科学』第 13 巻第 4 号（2006 年 12 月）を参照のこと．
17)　戸田正直「行動基礎論の数理的研究」『心理学研究』第 21 巻第 2 号（1951 年），38-48 頁．
18)　Masanao Toda, "The Design of Fungus-Eater," *Behavioral Science*, Vol. 7 (1962), pp.

さらにコンピュータの発展に伴いコンピュータを用いた研究[19]をすすめることによって，「感情」そして人間の「心」のしくみを解明していった．その過程で戸田は，一般的に人間の「感情」と呼ばれるものを包含した概念である「アージ」ということばを用いるようになる．戸田のこの議論の集大成となったのが，1992年に刊行され戸田の死後の2007年に増補版が出された『感情』である[20]．増補版に収録された事実上最後の理論的な説明[21]に従うと，人間の「心」というソフトウェアはアージ・システムと呼ばれる構造によって記述できると仮定される．このシステムを記述していく試みがアージ理論である．アージ・システムにはさまざまな種類があるが，戸田が主に記述し重要視していたのは(1)感情システム(2)認知システムである．

　本節では第一に戸田の「感情」に対する基本的な捉え方，第二に「感情」から「アージ」へという概念の拡張とそれによって浮き彫りになる新たな人間観，主体観を整理する．そして次節において「感情システム」と感情システムを起動させる人間の「認知システム」の基本的な構造と特質を検討する．

(2) 人間にとっての感情の意味

　戸田によれば，感情の起源は人間の心に備わっている「状況対処行動を起こさせる仕組み」[22]である．もし，感情が人間の生き延びを阻害するものであれば淘汰の過程によって失われてしまったはずであるし，そうでなければ人間は

164-183.

19) 戸田正直「人間における情報処理の特徴について——日常会話システム NENE からのメッセージ」『情報処理』第31巻第4号(1990年), 4-15頁.

20) 戸田正直『感情——人を動かしている適応プログラム』(コレクション認知科学9)東京大学出版会, 2007年. 戸田はこの議論を日本語・英語双方で, 純粋な学術論文だけでなく, エッセイなどさまざまな形で発表している. 煩瑣を避けるためここではそのすべてを列挙することはしないが, 特に重要なものとして, Masanao Toda, *Man, Robot, and Society: Models and Speculations*, Kluwer-Nijhoff, 1982. なお, 以下の引用, 記述は特に断りのない限り, 2007年版の『感情』に依拠している.

21) 戸田正直「感情システムと認知システム——アージ理論の立場から」戸田『感情』265-294頁. 同論文の初出は, 戸田正直「第1回日本認知心理学会独創賞記念講演内容」『認知心理学研究』第3巻第2号(2006年3月), 205-215頁.

22) 戸田『感情』3頁.

滅んでいるはずである．にもかかわらず人間が感情を持つということは，感情には本来「環境状況に応じて適切な状況対処行動を個体に選択させることによってその生き延びを助ける」[23]機能をもつことを意味する．したがって，感情は野生環境下で生き延びるために長期にわたって形成されてきたものであって，その意味で人間の生存にとって合理性を持つ．

感情が持つ合理性は野生環境下における合理性，すなわち野生合理性である．野生環境とは「人間によって制御されていない環境」[24]である．野生環境においては，たとえば狩りの最中に猛獣の姿を見つけて逃げ出すといったように，基本的には(1)同じ状況が頻発し(2)類似の対処行動がその都度行われ(3)時間圧(time pressure)が高い——余裕時間(available time)が短い——という特徴がある．こうした「本当の意味での『新しい』状況は滅多に起こらない」[25]環境下において生き延びるための基本的原理は(1)，(2)を遺伝的手続きのプログラム化しておくことである．こうして，考えて計算することでいちいち答えを出すのではなく自然選択，蓄積，遺伝的手続きのプログラムとして感情が作動するシステムが構築，複雑化していったと考えることができる．

こうした感情システムは後述するように「今ここ原理」(here-and-now principle)[26]によって自動的に作動し，考えて答えを出す以前に人間を行動させる．つまり人間は，その登場から現在に至るまでの期間のうちそのほとんどを考えることによってよりも感情に流されることによって生き延びをはかってきたのであり，それに成功してきたのである．にもかかわらず現在「感情的になるな」「感情に流されるな」と言われるのはなぜか．それは，感情のもつ野生環境下での野生合理性と文明環境下で要求される文明合理性との間にくいちがいが存在するためである．

野生合理性は，20〜100万年もの長期間に亘って形成されてきたものでその変化の速度は遅い．いっぽう文明環境はせいぜい1万年程度の歴史しかもたないが，環境変化の速度は早い．その結果，人間がついつい野生合理性に基づい

---

23) 戸田『感情』5頁.
24) 戸田『感情』6頁.
25) 戸田『感情』8頁.
26) 戸田『感情』54頁.

て感情に流されて行動すると文明合理性に反する言動をしてしまうことになり，それが非合理的に見えることになる．しかし，人間の生き延びのための状況解決プログラムという意味であれば野生合理性も文明合理性も同様に合理的である．野生環境下において文明合理性に従ってライオンに出くわした際に狩猟班に電話をして助けを待っているうちに捕食されてしまうのが非合理的であるように，どちらの合理性も特定の環境下における相対的な合理性にすぎない．

　西欧的思想の中には，ギリシャ哲学に始まってデカルトによって定式化された，感情を非理性的なものとみなす強い感情に対する偏見がある．そうはっきりとは言わないまでも，東洋でも事情は似たり寄ったりで，「感情に流されるな」という警告はわれわれは良く聞くところである．しかしこの警告は根本的におかしい．アージというものは基本的に自動問題解決プログラムであって，野生動物は感情に流されることによって生き延びを図ってきたのである．現代人においても9割方は感情に流されて問題解決をしており，それを別に不思議とも思っていない．しかし，残りの1割は，感情に素直に流されるとおかしなことが起こる[27]．

この段階で，感情と知の二元論に依拠した近代社会科学の既存のアプローチのすべてが，戸田の理論構成からするとそもそも妥当性を失うことになる．「感情」が重要であるとただ指摘するだけでも，「感情」を変数化するだけでも，「感情」に還元するだけでも，分析としては根本的に出発点の時点で不十分なのである[28]．

　「感情という心的ソフトウェアには，人間のこうした（生き延びに関する＝注芝崎）能力を起動された感情の目的に沿って制御するプログラムが含まれていなくてはならない．そういうプログラムに矛盾が含まれていることは本来あり得ないので，野生環境に話を限る限り，『感情』と『知』の対立などという図式はもともと通用しない」[29]．感情と知は生き延びのために人間が総動員する

---

27) 戸田『感情』280頁．
28) さらに言えば，戸田はある意味で大森荘蔵の「重ね描き」論が到達した科学的描写と日常的描写の関係，あるいはユクスキュルの「客観的世界」と「環世界」論との関係を首尾一貫して説明しうる視座を提示したとみなすこともできる．
29) 戸田『感情』25頁．

第6章　国際関係研究における人間観　　137

心身能力であり，両者は本来調和的に存在し機能してきたのである．感情は知と同様に人間の「心的ソフトウェア」であり，両者は人間の生き延びにとって両輪をなしてきたのである．この前提から出発してはじめて，世界や人間にたいする根本的な問いへの答えを模索できるのである．

このことは，人間観，世界観そのものを根本的かつ全面的に更新することを社会科学，国際関係研究，少なくとも国際文化論に要請することになる．その更新は既存の学問体系の部分的な加除訂正によって解決できるものではない．なぜなら，戸田仮説にしたがえば「感情」概念の書き換えは同時に「知」（学問一般）概念の書き換えそのものを論理的に帰結するからである．このためにはまず，「感情」「知」を統合的に把握するための概念装置の構築が必要となる．

3　二つのアージ・システム——感情システムと認知システム

(1) 感情システムの基本構図——起動・意思決定・実行・再演相

次に戸田は「感情」を含めた人間の「心的ソフトウェア」としてのアージ・システムという概念を導入して人間の行動を規定する心の働きを統一的に考察しようと試みる．「アージ・システム」とは「認知された外部状況に応じて適応的な行動を選択して実行する」[30]ための「遺伝的に基本枠が設定された行動選択・実行用の心的ソフトウェア」[31]であり，「アージ」とはそうした生き延び問題を解決するための選択行動の状況ごとの働き，すなわち「生き延び問題解決機能」[32]である．人間のアージ・システムには「感情システム」「認知システム」「生理システム」などがある．戸田は「生理システム」については詳論していないので，本節ではアージ理論の核になる感情システムと，感情システムが作動する上で大きく依拠している認知システムに関する戸田の議論を考察しよう．

アージ・システムは(1)起動相(2)意思決定相(3)実行相(4)再演相という四つの相を持っている．感情システムを例に取れば，第一の起動相ではあるアージ

---

30)　戸田『感情』25頁．
31)　戸田『感情』25頁．
32)　戸田『感情』267頁．

が（「恐れ」であれば，野生環境下の荒野でライオンに出くわした瞬間に）起動し，アージ目的が設定され，アージ目的の制約下での行動を起こそうとする．重要なことは，第一にアージが起動するのは何らかの状況を認知したことによってであり，感情システムは認知システムと不可分のつながりを持っていること，第二にアージの起動には意思決定は介在しない（考えてから行動するのではない）ことである．

　起動相においては(1)あるスキーマの活性化(2)感情的態度の活性化(3)ムード状態生成(4)アージ起動という基本的メカニズムが働いている．「スキーマ」とはある状況に対する評価であり，状況評価を行うには認知システムによる補助が必要である．「感情的態度」とはあるスキーマが活性化した時に呼び出されるそのスキーマに関する自分の属性に対する情報である．「ムード状態」とは「あるアージを起動しやすくしたり，抑制したりするようになる『心』の状態」[33]をさす．そして「アージ」はそれぞれの状況別の働きである．例えばヘビを見るというスキーマが活性化したときに「自分はヘビが怖い」という感情的態度が活性化し，不安になるという「ムード状態」が生成され，ヘビが近づいてくるなり威嚇してくるなりすれば「恐怖」アージが起動する．

　一般的に人が「感情」という概念を用いて言及しているのはこうした感情的態度，ムード状態，アージのいずれかまたはそのいずれかを部分的に含んだ状態なのである．戸田によれば，これらを明確に区別することは実際には常に容易であるわけではないが，これまでの国際関係に関する「恐怖」言及をこうした分別から整理することによって，それぞれの言及や分析の意味を人間の経験の全体の中で位置づけ直すこともできよう．

　第二の意思決定相で人ははじめて，アージ目的実現のための具体的行動としての「活動プラン」を時間が許す範囲で「考える」ことになる．人間の活動プランは豊富であり，文化差や個人差，野生環境以前以後でも多様である．意思決定相でどのような選択肢をどのように選びうるかは，余裕時間とコストによって決まってくる．

---

[33] 戸田『感情』25頁．戸田は当初は「ムード」と呼んでいたが，2007年版の「解題」では「ムード状態」ということばを使っている．

第三の実行相では具体的な活動を行うが，その活動はムード状態の強さであるアージ強度によって変化する．アージ強度は(1)問題状況の重要性(2)余裕時間によって決まる．アージ強度が高くなると「注意」がそのアージに関するものに集中してしまう．ライオンに追いかけられて命がけで逃げているときは，どのようにしたら逃げ切れるかということに関する点にのみ注意の焦点が集中する．こうした高アージ強度下の注意の焦点の極端な集中のことを戸田は「今ここ効果(here-and-now effect)」と名付ける．よく「感情に流される」という形で否定的に言及される行為の多くはこの「今ここ効果」で説明することができる．

　第四の再演相ではアージが起動し終息するまで(怖いものを見て，逃げて，逃げ切った)の状況を改めてリプレイし，その時にとった活動プランを再検討する．恐怖を感じて逃走した場合，もっとよい逃げ方があったのではないか，逃げ道があったのではないかということを何度も繰り返し検討し直す．これによって，よりよい生き延びのための新しいプランを定着させ今度同じ状況に置かれたときに何に注意をしなければならないのかをチェックし「アテンション・トラップ」を作る．

　「恐れ(fear)」アージは，感情システムを働かせているさまざまな感情アージの一つである．「恐れ」アージは「野生環境における生き延びプログラムの原点のようなもので，したがって進化的な起源も古く，他のアージとほとんど独立に考えることができる」ものである．国際関係研究が「恐怖(fear)」をその原点において生まれ，発展してきたことの意味は，国際関係研究者が理解してきた程度よりもはるかに深い含意を持つようである．

(2) 認知アージ

　感情アージが上記のように作動する感情システムを通して働く際に必要な条件は，状況を認知しこれから何が起きるかを意思決定過程以前の段階で予測可能であることである．この状況認知のアージのことを認知アージ，認知アージがはたらくシステムのことを認知システムと呼ぶ．

　認知アージによる予測は，知識を構成するモジュールとしてのスキーマを対象物に割り振り，さらに対象物との関係については関係スキーマを割り振るこ

とで行われると仮説できる(対象物＝ライオン,関係スキーマ＝捕食されるかもしれない,など).ここでの「予測」は,第一に現実より早いものでなければならず,第二にアージ理論の前提上人間でも動物でも可能なものでなければならない.この第二の点が意味するのは,状況認知と予測が「多少なりとも論理的な規則に従って言語情報処理によってなされるという仮説」[34]が無効であるということ,すなわち,ことばで「考える」ことによって行われているのではないということである.

では,人間をふくめた動物の状況認知のスキーマとはどのようなものか.それが言語ではなく動物でも人間でも可能であるとすると,そのスキーマは「知覚イメージの断片」[35]としか呼びようのないものである.つまり人間を含めた動物は,原的には常に知覚イメージの断片によって状況を認知し言語情報処理によらず「スキーマ自身による自律的予測処理」[36]によって認知システムと感情システムにもとづいて行動していることになる.スキーマは静的なものではなく常に動的かつ自律的に変化するイメージであり,それを戸田は「ダイナミック・スキーマ」と呼ぶ.すべてのスキーマは基本的にダイナミック・スキーマである.

ダイナミック・スキーマによる状況認知と予測のポイントは,これが現実よりも早く将来のことを予測できることである.そのための条件は,ダイナミック・スキーマが現実のすべてを観測なぞっていては追いつかないので,予測するプロセスのなかで予測し行動する上で不必要な「中間状況」をカットすることである.これを戸田は「スプライシング」と呼ぶ.したがって(1)現実の状況に直面する(2)複数のダイナミック・スキーマ群と関係スキーマ群が起動する(3)スプライシング(4)予測された状況がどのようなものか認知する(5)予測状況に従ってアージが起動するということになる.アージが起動すると,四つの相のうち意思決定相において自分がどのような行動をするとどのような結果をもたらすかという「自己スキーマ」がそこに参入し,ああしたらこうなるという「メンタル・シミュレーション」が起きることになる[37].

---

34) 戸田『感情』284頁.
35) 戸田『感情』285頁.
36) 戸田『感情』285頁.

人間が「感情」に9割方流されて生きているとして，感情システムが依拠している認知アージが言語情報処理ではない「知覚イメージの断片」であるダイナミック・スキーマによって駆動するというのが戸田の主張である．では言語はどのような役割を果たしているのであろうか．

　戸田によれば言語は「凍ったダイナミック・スキーマ」[38]である．言語も基本的にイメージの断片であるが，文法があるために，活性化したダイナミック・スキーマ群が表現している情景を近似的に表現可能なのである．人は言語を読む際に，言語化された＝凍結されたダイナミック・スキーマを脱言語化してダイナミック・スキーマとして再生している．つまり「人間は言語を使ってものを考えている」というのは誤りであり，考えているのは活性化したダイナミック・スキーマ群であって，人間はそれを言語化しているために言語を使っているように見えるだけなのである．言語とは人間の思考の「記録取り」なのであって，人は文章を読み，声を聞き，話をする際に言語を媒介としてお互いの思考の記録をそれぞれのダイナミック・スキーマを使って脱言語化して再生しているのである．

　戸田の仕事はその死によって中断されたが，戸田は「感情」と「知」の二項対立はおろか，アージ・システムという総合的な観点から人類史全体を通して普遍的に通底する人間像を構築する一歩手前まで到達していたのである．

(3) アージ理論から見た社会システムの形成

　以上は一個人の感情システムのメカニズムであるが，こうしたメカニズムを持った人々が人類史の中でどのように社会を作って来たのかという点についても，アージ理論にもとづいて一貫した説明を行うことが可能である．

　まず，社会制度が確立する以前において人類の生き延びを支えたのは第一に個体の自己保存を追求する「利己的アージ群」であり，第二は個体間の協力・

---

37) なお，認知アージには予測以外にもいろいろなアージがある．たとえば何かを発明・発見する際の「探索アージ」，論理的に一歩一歩検討していく「思考的問題解決アージ」，ダイナミック・スキーマの自由な変容にもとづいて未来や将来について自由に展望する「想像アージ」などである．

38) 戸田『感情』290頁．

援助を引き出す「利他的アージ群」である．いかなる場合でも自己保存を優先すればば協力して敵や困難に対処することで人類が現在に至ることはなかったであろうし，いかなる場合でも協力・援助するのであれば「逃げるが勝ち」の状況でも全滅してしまうことになる．人間のように知力は発達していても野生環境においては強いとはいえない生きものにとって協力は必須であり，野生合理性にかなっているといえる．しかし，協力がなされるのは言語・知力による説得がなされた結果ではなく「野生人に野生合理性を持った行動をまずアージ的にやらせてしまった上で，『どうだ，結果が良かっただろう』とその行動の合理性を結果で証明しようとする方略」[39]がアージ・システムに含まれており，その結果であると考えられる．

つぎに人間が集団を形成して野生環境において社会制度をつくるようになると，なんらかの共通の規範としての「社会ルール」を定めて協力を効率化するようになる．当初はそれらはごく少数で単純なルールでありルールを共有した集団もせいぜい数十人ほどであったと思われる．こうした集団を戸田は「原集団 (ur-group)」[40]とよぶ．原集団は相互の存在を完全に認知しており，リーダーが集団を制御することになる．イメージ的にはサルやチンパンジーの集団がそれに近い．

農耕革命以降発達していった文明社会においては，集団の数も巨大になっていく．そうすると，不特定多数の人々が数多く集まって形成される社会秩序において，アージ・システムの働きだけで秩序を維持することができなくなってくる．そのため，儀礼，制度，成文法などの社会ルールを作らなければならなくなるが，それらは基本的にはアージを「なぞる」形で作られていく．社会的ルールはアージを代替するものではなくアージを補完するものであって，現代においてもアージ・システムはフル稼働している．こうして現代の文明社会において，基本的にアージの中にないルールはほとんどない．しかし，集団が大規模化するにしたがって社会ルールが増加する．また社会の変動が急激になるのにともなってルールの解釈が多様化していく．その結果として現代社会においては個人の権利と義務が曖昧になっていく．こうした環境下においては，文

---

[39] 戸田『感情』130 頁．
[40] 戸田『感情』143 頁．

明合理性に合致しないアージをなぞった行動は忌避される．人々は自分の権限の縄張りを破られた場合，野生合理性にしたがえば「怒り」ムード状態が高まり「怒り」アージに任せて相手を「攻撃」することになるが，文明合理性において「攻撃」は社会的に抑制されているため，結果として不満を覚えることが多くなる．その意味で「物質的な豊かさにもかかわらず，現代人の生活満足度は全般的には決して高いとは言えないだろう」[41]．

　戸田はこの議論の延長線上で「地球社会」という単位についても論じている．戸田によれば地球社会とは「現在世界中に張り巡らされているきわめて効率的な情報と交通(輸送を含む)のネットワークが，好むと好まざるとにかかわらず実質的に世界を一つに結ばれた社会にしてしまった」ことによって「ほとんど偶然に成立してしまった社会」である．それゆえに「それを効率的に管理運営していくためのシステムが現在完全に欠けている」[42]．

　地球社会を管理するには，世界政府のようなやり方では現在の変化には対応できない．なぜなら現在の世界では，情報のネットワークの速度と規模が上昇し拡大しているため，政府などの社会集団は権威や情報を独占して従来のような「愚民政策」を行うことができず，情報の制御力は低下していくからである．一方，人々はさまざまな比較集団を自らの外側に知ることで自己の不満を高めていく．こうした社会システムにおいては，アージ・システムの表層的ななぞりによる管理運営は困難である．しかし依然として人間はアージ・システムにもとづいて活動しているという点は変わらない．この前提に立って新しい社会システムを作ることが課題となる．

　この戸田の議論は，国際関係がグローバル関係へと変貌していったここ数十年の世界の変化とそれによって生じている難題の核心を，グローバリゼーション論やグローバル・ガバナンス論など国際関係業界の用語を用いることなく外側から，ある点では「内側」よりも的確に指摘し描写している．「恐怖」の国際関係論という主題からはやや外れるが，人間観の更新が国際関係研究とどのように接続しうるかを示唆する重要な論点である．

　では，アージ・システムにもとづいて活動する人間は，どのような新しい社

---

41) 戸田『感情』172 頁．
42) 戸田『感情』172 頁．

会システムを構築していくべきなのであろうか．この点を考察するには，戸田が社会システムを歴史的・理論的にどのようにとらえ，学問がどのような役割を果たすべきであると考えていたかを検討しなければならない．

4 社会組織の老化と統一人間・社会科学の必要性

　アージ・システムという観点からみると有史以来人間は基本的に変わっていない．しかし文明環境は激しく変化していく．では，新しい社会システムをどのように作っていけばよいのであろうか．アージ理論はこの意味で単に人間観・主体観の根本的な刷新を目的とするだけでなく，よりよい世界を作るにはどのようにしたらよいのかという目的意識に貫かれている．戸田がアージ理論を構築しようとしたのも，人間に対する理解の更新と新たな人間観に基づく学問を作り上げ，人類全体のよりよい生を実現するためである．

　戸田のこうした問題関心は，アージ理論を展開する以前から胚胎していた．そのことをもっともはっきり示しているのが，戸田の 1969 年の講演 "Possible Roles of Psychology in the Very Distant Future"（日本語版「心理学の将来」1971 年）である．ただし英語版と比べると日本語版は大幅に加筆されているので，ここでは日本語版をもとに概観しよう[43]．

　同論文で戸田は，現時点で人間が地球以外の他の星に移住することができないという前提に立つと「狭い場所に大勢が平和に住むためには，当然，個人個人が行動をある程度抑制しなくてはならない」[44]と考える．自己抑制を実現するうえで現在人類が抱えている最大の問題は第一に社会組織の老化であり，第二に過剰エネルギーの処理の問題である．

　第一に社会組織は「本来，人々のエネルギーの使用の仕方を整理し，その少しでも多くを情報―制御の拡大生産過程（ある場合によってはその縮小防止過程）に投入する」[45]役割を担っている．しかし我々の社会組織は「本来，生存ぎ

---

43) Masanao Toda, "Possible Roles of Psychology in the Very Distant Future," *Proceedings of the XIX International Congress of Psychology*（1969），pp. 70-75 および戸田正直「心理学の将来」日本児童研究所編『児童心理学の進歩』金子書房，1971 年．
44) 戸田「心理学の将来」336 頁．

りぎりの消費エネルギーを与えられた人々が大部分である社会のために作られたもので，大部分が豊かな人々である社会のために作られたものではない」[46]．その結果，技術文明の発展や必要な消費によっても使い切れない過剰エネルギーが生じることになる．

過剰エネルギーを消費するにあたって人間は，単にそれを消費するのではなく生産的に用いたがる傾向をもつため，第一にさまざまな情報や擬似情報を入手すること，第二に物や機械を周囲に数多く置いて自己の制御圏を拡大することによって消費しようとする．しかしテクノロジーが進展した結果エネルギーは消費されにくく，かといって技術文明の進歩に直接貢献することは困難なため，人々は生きがいを失い不満を蓄積する．その不満は社会組織に向けられるが現在の社会組織はその不満を解消しきれない．このような状況で不満が蓄積し爆発すれば，文明の破壊や崩壊に結びつきかねない．したがって「本当に新しい，より自由な，そして豊かになった個人個人が，そのエネルギーをもって直接，情報―制御過程に参与する……ことを可能にするような社会組織」を作り出すことが「さしあたって人類の最大目標でなければならない」[47]．

新しい社会組織を生み出すためには，自然科学と比較して遅れを取っている人間・社会科学を発展させて，統一人間・社会科学という大きな理論模型を作り出すことが必要であり，心理学はその核となる人間の心を考察の対象とする故に重要な役割を担う．なぜなら「結局，人間社会の最後の単位は人間であって，人間の活動ぬきに社会の動きを考えることはできないからである」[48]．

波多野誼余夫が適切に批判しているように[49]，戸田の議論は人類を十把一絡げ的に把握しすぎており，特に支配者－被支配者の関係を軽視している点，過剰エネルギーの支配者による巧妙なコントロールの可能性を過小評価している点などいくつか問題もある．とはいえ，科学の可能性や無謬性に対する若干ナイーブとも思われる信念をも含めたそれらの問題点を割り引いてもなお，戸田

---

45) 戸田「心理学の将来」341頁．
46) 戸田「心理学の将来」340頁．
47) 戸田「心理学の将来」342頁．
48) 戸田「心理学の将来」351頁．
49) 波多野誼余夫「コメント――特別論文「心理学の将来」について」『児童心理学の進歩』357-362頁．

がアージ理論を通して構築しつつあった「人間とは何であるか」という問いの重要性はゆるがない．1971年段階では戸田は人間の自己抑制の必要性という主張に基礎を置きながら持論を展開していたが，その後，そもそも「人間の活動」とはどのようなものであるか，そしてその核にある「人間の心」とは何かを考察する作業を理論的に展開した．そして戸田がたどり着いたのが，アージ・システムという「理論模型」であったのである．

　この新しい社会組織・社会システムの構想は，国際関係研究の現在の最大の課題のひとつでもある．人間観の変容の必要性に加えて，現在国際関係研究に突きつけられているのは学問の存立に不可欠な「国際関係」という領域設定自体の再検討の必要性である．「国際」という概念にかわる領域設定の必要性，換言すれば国家間関係という意味での国際関係をも含めた「グローバル関係」に領域を再設定することで学問を一から作り直す必要性である[50]．主体観の更新の必要性と領域再設定の必要性とは不可分な形で双方に影響を与えており，その双方を同時に更新していくことが，これからの国際関係研究，改めグローバル関係研究の中心的な課題となるであろう．戸田の議論はその両輪のうちの片方から出発しつつ新たな社会のありかたを構想していこうとしたのであった．

おわりに

　本稿では国際関係研究と「恐怖」ないし感情の関係を，戸田のアージ理論を通してこれまでとは全く異なる見方でとらえ直すための基礎作業として，戸田の理論的枠組みの概要を整理することを中心的な目的とする考察を行った．既存の国際関係研究は，批判するにせよ受け入れるにせよ近代的な身心二元論や感情・知性の二元論に依拠した近代的な「合理的」主体観をその人間観（国家観，世界観も含む）に置いており，それを自明の前提としてきた．もし「恐怖」や感情を従来の陥穽に陥ることなく分析しようとするのであれば，野生合理性と文明合理性の双方を含めたいわばメタ合理性を前提とした人間観にもと

---

50) この点については，Atsushi Shibasaki, "From Study of International Relations to the Study of Global Relations: Possible Future Roles of the Study of International Relations in the Distant Future"（日本政治学会報告，2011年10月9日，岡山大学）．

づいた主体観を基礎におかなければならない．この主体観に基礎を置くならば，おそらく従来とは全く異なった国際関係研究を構想し遂行しなければならないことになり，そのことは国際関係研究の全面的な革新を不可避的に要請するというのが本稿の中心的な主張である[51]．また，人間観の更新は戸田のいう「新しい社会組織」「新しい社会システム」の構築の根本に置かれている．今後の「世界」をどうデザインするかという国際関係研究の根源的な問いを，これまでにない形で問うていく可能性をもそこに見出すことができることも明らかになった．

　では，文明環境下において人間は感情をどのように制御すればよいのであろうか．野生合理性と 1 万年ほどの間に起きた自らもたらした外部変化の中で必要とされる文明合理性のくいちがいから生じる「おかしなこと」に対して，人間の取りうる道は三つあると戸田は言う．第一は進化によって野生合理性と文明合理性の食い違いがなくなるまで待つということであるが，これは現実的ではない．第二は進化が間に合わず「自己抑制」に失敗して絶滅するというシナリオであるが，これは回避したい．とすれば第三の道，すなわち制御しか道はない．

　制御するには第一に対抗アージを発動させることが考えられるが，アージの起動は意思決定ではないのできわめて困難である．とすれば第二に考えられるのは，「ムード状態」の変更，つまり状況認知を文明適合的に「すり替える」ことである．実際には人はこれを絶えず行っている（電車の中でトイレに行きたいが駅につくまでがまんする，など）が常に成功するわけではない．とすれば，制御を向上させることが「感情」にできるだけ流されないで済むようにするために必要ということになる．このためには，認知システムがアージに対する理解を深めていくしかないと戸田は考えていた．

　この制御向上という処方箋は，アージ理論，より一般には進化を前提にした

[51) ただし，アージ理論は万能ではない．アージ理論で説明できるのは究極要因の方であり，それゆえに人間や社会の次の行動を予測したり説明したりすることに直接的に貢献することは期待し難い．「説明」と「了解」の二分法で言えば「了解」の方に主眼がある理論なのである．その意味でアージ理論は，進化論的な理論枠組みの多くがそうであるように，すべてを説明できるように見えて狭い意味での社会科学的な分析という意味では何も説明できない性格をも持っている．

仮説が「至近要因」ではなく「究極要因」の理解を目的としていることを改めて明確に示している．その意味でアージ理論は狭い意味での因果関係を合理的に説明するような理論とは同じ位相にはないことに注意しなければならない．
　次に，「恐怖」が国際関係研究の学問的な原点にあるということの意味は，国際関係研究が「今ここ原理」に駆動されて展開される傾向を原的に持っていることを示唆する．その意味では国際関係研究は野生合理性との親和性が高いと考えてよい．さらに言えば「文明」による人々の恐怖からの解放が学問全般の使命であるとすれば，すべての学問は「今ここ原理」に突き動かされて探究アージが起動することによって生まれ発展してきたとも言えそうである．そしてそのことが，逆説的に恐怖や感情の分析のしにくさを生み，「吠えない犬」状態が生み出されてきた原因であるようにも思われる．
　「今ここ原理」によって学問が「発展」してきたことは，同時に既に述べたように，分析しやすい対象に関する学問が先行し，増殖し，細分化し，職業化，制度化していくことで，分析しがたいが重要な側面や対象に関する学問の発展が阻害されるという悪弊の要因でもある．戸田はこのことを「心理学の将来」論文ですでにふれているが，晩年になってこの問題を「封建制」という言葉を使って論じ直している[52]．
　認知科学はその包括性・学際性を標榜した当初，従来の人文系科学をすべて統合し吸収してしまうのではないかといわれるほど衝撃的なスタートを切った．しかし現在では「もう一度リチャージしてさらなる認知科学世界の構築を試みるか，それとも科学的エスタブリッシュメントの中で小王国を作って安住の地とするか」[53]という岐路に立っている．戸田は当然，第一の道しかあり得ず第二の道は幻想に過ぎないと切り捨てる．というのも，一方で科学者集団の成員が急増し，既存の細分化された保守的な学問体制のなかで「始めはかなりいい加減に定められた縄張り構造の墨守と既得権益の固定化という弊害」[54]を抱えつつ，その体制を存続することに多くの研究者たちは自己正当化と自己の生活

---

52) 戸田正直「認知科学の役割——今までとこれから」『認知科学』第8巻第3号（2001年9月），190-193頁．
53) 戸田「認知科学の役割」190頁．
54) 戸田「認知科学の役割」192頁．

の命運を賭けているが，その一方で科学者集団は常に，自己の科学的方法は正当であるという信念と「科学的方法を使っている限り，科学は常に進歩する」という信念とを持っており，後者の信念は学問の保守性や封建制と不可避的に矛盾するからである．この指摘は「学際」を標榜しつつ認知科学と同じかそれ以上に「封建的小王国群」が成立している国際関係研究を今一度賦活する上で大きな示唆を与えよう．

　このように，戸田の議論からは主体観・人間観の全面的更新の必要性と可能性という意味での国際関係研究の内在的な学問としてのあり方の革新の方向性を導くことができると同時に，国際関係研究という「現象」[55]それ自体が持つ意味や今後の方向性を導くこともできる．本稿はそのとば口をかろうじて捉えたに過ぎないが，これらの諸主題は「文化としての国際関係」「文化としての国際関係研究」を研究対象に含む[56]国際文化論が不可避的に引き受けなければならない学問的課題なのである．

* 本稿は，Atsushi Shibasaki, "Fear and Our Civilization: Towards Interdisciplinary Approach," paper presented at Oxford Round Table, Global Security 2, 17th March 2008（16-21th March 2008, at Hertford College, Oxford University），芝崎厚士「恐怖・文化・文明——国際文化論的考察」（日本国際文化学会第 8 回全国大会，2009 年 7 月 4 日於佐賀大学，自由論題セッション A），「"恐怖"の国際関係論——世界政治における世界観と人間観の全面的更新へのプロレゴメナ」（世界政治研究会，2009 年 11 月 20 日於東京大学山上会館），「"恐怖"の国際政治学——戸田正直のアージ理論を中心に」（日本国際政治学会 2011 年度研究大会，2011 年 11 月 13 日於つくば国際会議場，安全保障分科会 D-4）における研究報告にもとづいている．各報告の司会者，討論者，参加者の皆さんから貴重な示唆をいただいた．ここに心より感謝申し上げたい．本稿は平成 23 年度駒澤大学特別研究助成（個人研究）の研究成果である．

---

55) 戸田のこれらの一連の考察もまた，こうした「『認知科学』という現象」（戸田「認知科学の役割」190 頁）を自覚的に捉え返そうとしたものである．
56) 芝崎厚士「国際文化論における二つの文化」『国際政治』第 129 号（2002 年 2 月），44-60 頁．

第 2 部
近現代アジアにおける文化触変

第 7 章 | 貿易と文化触変
　　　　　近代アジアにおける模倣・偽造と市場の重層性

古田 和子

はじめに——分析視角

　本論の課題は，20世紀初頭のアジア市場で頻繁に観察された粗製品・模造品問題を素材に，市場の質の議論を文化の接触と変容の観点から考察することである．
　粗悪品や粗製品，模造商品が横行する市場は「良い市場」とは言えない．そのような市場は現代でも観察できるし，時代をこえてどのような地域にも存在しうる普遍的な現象である[1]．近年の経済学では，市場の質は商品の質，競争の質，情報の質という三つの要素から検討されている[2]．本論で取り上げる粗製・模造品問題は，質の悪い商品がその質についての正しい情報が得られないままに売買される結果，競争の質も阻害されて品質にみあった適正な価格が実現できないという意味で，上記の三要素のすべてに深く関わる問題である．その意味では純粋に経済学が扱うべき分析対象である．しかし，これを歴史的な

---

*　本稿は，慶應義塾大学大学院経済学研究科・商学研究科／京都大学経済研究所連携グローバル COE プログラム「市場の高質化と市場インフラの総合的設計」による研究成果の一部である．

1)　19世紀末から20世紀初頭の東アジアで生じた商品の品質問題については，社会経済史学会第78回全国大会におけるパネル報告をまとめた以下の論考を参照されたい．古田和子・牛島利明「情報・信頼・市場の質」『社会経済史学』第76巻第3号（2010年11月）；瀬戸林政孝「揚子江中流域の中国棉花取引における不正の発生と解消のメカニズム——20世紀初頭の水気含有問題」『社会経済史学』第76巻第3号（2010年11月）；高橋周「明治後半における不正肥料問題——新規参入の信頼獲得と農事試験場」『社会経済史学』第76巻第3号（2010年11月）；平井健介「1910～30年代台湾における肥料市場の展開と取引メカニズム」『社会経済史学』第76巻第3号（2010年11月）．

2)　矢野誠『「質の時代」のシステム改革——良い市場とは何か？』岩波書店，2005年；矢野誠『ミクロ経済学の応用』岩波書店，2001年．

コンテクストの中で検討してみると，技術移転やイノベーションなどにもとづく正当かつ正規の経済発展に付随して，模造やイミテーションによる「新商品」の生産拡大[3]やローエンド型のシャディー品市場の族生が，それら「新商品」の普通の人々による広範な需要の過程をとおして，その社会に広くて深い文化変容をもたらしていたことに気づくのである．

　本論では，20世紀初頭に日本で生産され，中国をはじめとするアジア市場に向けて盛んに輸出された「近代的な雑貨品」を取り上げて，以下の二つの課題を設定して近代アジア市場における文化触変[4]の問題を検討していきたい．第一の課題は，近代的雑貨の輸出を通して，文化の接触と変容における模倣や模造の意味を問うことである．第二の課題は，商品の粗製・模造問題を具体的な事例にもとづいて考察することによって，近代アジアにおける文化触変とアジア市場の重層性[5]を明らかにすることである．

1　アジア型近代商品としての雑貨

　近代日本の工業化は綿業を中心とする繊維部門の工業化が主導したが，欧米の近代雑貨の模造品製造部門も日本の工業化のもう一つの重要な部門を構成し

---

3) Frank Dikötter, *Exotic Commodities: Modern Objects and Everyday Life in China*, New York: Columbia University Press, 2006; Linda Glove, "'Native' and 'Foreign': Discourses on Economic Nationalism and Market Practice in Twentieth-Century North China," in J. W. Esherick, W. H. Yeh, and M. Zelin eds., *Empire, Nation and Beyond: Chinese History in Late Imperial and Modern Times – A Festschrift in Honor of Frederic Wakeman*, Berkeley: Institute of East Asian Studies, University of California, 2006, pp. 149-165; Maxine Berg, "In Pursuit of Luxury: Global History and British Consumer Goods in the Eighteenth Century," *Past and Present*, Vol. 182 (2004), pp. 85-142; Maxine Berg, *Luxury and Pleasure in Eighteenth-Century Britain*, Oxford: Oxford University Press, 2005.

4) 「『文化触変』とは，1930年代にアメリカで新造された acculturation ということばの訳語で，文化と文化が接触したときに，双方もしくはどちらかの文化に起こる変化を指し示すもの」である（平野健一郎『国際文化論』東京大学出版会，2000年，212頁）．

5) アジア市場の重層性については，20世紀初頭の大阪と韓国市場を事例に検討した著者の以下の論考を参照されたい．古田和子「20世紀初頭における大阪雑貨品輸出と韓国」濱下武志・崔章集編『東アジアの中の日韓交流』（日韓共同研究叢書20）慶應義塾大学出版会，2007年．

ていた[6]．たとえば，マッチ，石鹸，洋傘，歯ブラシ・歯磨き粉，ランプ，帽子，鞄，鏡類，化粧品，メリヤス製品，陶磁器，ガラス製品などの製造部門である．これらの雑貨は国内市場でも需要を伸ばしたが，日本の工業化過程のなかで重要な意味をもったのは，むしろ海外市場向けに生産された輸出雑貨品部門であった．いずれも単品では高価格品ではないので，輸出統計上で個別に見た場合その重要性は認識しにくい．しかし，沢井実が指摘するように，1919年の輸出額500万円以上の主要品目のうち，上位4位までは生糸，綿織物，絹織物，綿糸の繊維製品で占められ，この4品目で輸出総額の56.3％になったが，第6位のマッチを先頭に，メリヤス製品，陶磁器，真田，玩具，ブラシ，ボタン，履物，帽子，琺瑯鉄器などの雑貨製品が並び，雑貨品全体としては主要繊維製品に続く重要な輸出品であった[7]．

　これら雑貨品は20世紀初頭には中国を中心とする東アジア市場に輸出されていたが，製品によってはアメリカやヨーロッパ各国，そして東南アジアやインドも主要な市場を形成するようになった．それにともなって，政府や業界団体，在外公館や輸出商組合などによる海外市場調査も盛んに行われるようになった．

---

[6]　今津健治「輸出工産物の技術的課題」角山榮編『日本領事報告の研究』同文舘，1986年，179-210頁；杉原薫『アジア間貿易の形成と構造』ミネルヴァ書房，1996年，29頁．輸出雑貨工業の事例研究としては以下のものがある．竹内常善「都市型中小工業の農村工業化――大阪府下貝釦生産を中心に」国連大学『人間と社会の開発プログラム研究報告』HSDRJE-15J/UNUP-35, 1979年；Johzen Takeuchi, *The Role of Labour-Intensive Sectors in Japanese Industrialization*, Tokyo: United Nations University Press, 1991；山中進「大阪市とその周辺農村における輸出雑貨工業の地域的展開――明治期～大正期」『歴史地理学』第126号(1984年9月)；山中進「大阪市内を中心とした輸出雑貨工業の存在形態について――明治末期～昭和初期」『熊本大学教養部紀要　人文・社会科学編』第20号(1985年1月)；沢井実「1910年代における輸出雑貨工業の展開――ブラシ・貝ボタン・琺瑯鉄器」北星学園大学『北星論集』第24集(1987年3月)；沢井実「1920年代の輸出雑貨工業――歯ブラシ・貝ボタン・琺瑯鉄器」北海学園大学経済学会『経済論集』第38巻第2号(1990年12月)；黄完晟「産業革命期における重要輸出産業と中小工業――大阪の洋傘工業を中心に」『ヒストリア』第132号(1991年9月)；高嶋雅明「雑貨品輸出と市場調査――麦稈真田製品の場合」安藤精一・藤田貞一郎編『市場と経営の歴史――近世から近代への歩み』清文堂出版，1996年，189-212頁．

[7]　沢井「1910年代における輸出雑貨工業の展開」37頁．山澤逸平・山本有造『貿易と国際収支』(長期経済統計14)東洋経済新報社，1979年，97頁，176-179頁も参照．

アジア向け雑貨品の輸出が 20 世紀初頭の日本にとってどれぐらい重要であったのかを示す事例を紹介しておこう．1910 年に南京で開かれた南洋勧業会は，1900 年のパリ万国博覧会や 1903 年に大阪天王寺で開催された第 5 回内国勧業博覧会などを参考に，南洋大臣両江総督端方らの主導で開催された中国初の大規模な勧業博覧会であった．南洋勧業会の意義や問題点については馬敏などの先行研究に詳しいが[8]，ここでは南洋勧業会の開会を翌年に控えた 1909 年当時，上海駐在の農商務省嘱託宮崎駿児が，南洋勧業会への日本からの出品に関連して中国における日本品の売れ行きや評判について検討した調査記事を取り上げたい．宮崎は各製品の需要状況や将来性を精査した上で，日本からの出品として「巴那馬式模造帽子」，麦稈帽子，洋傘，鏡類，漆器類，革製懐中物，リボン，化粧品，鞄，大工道具，造花及びその材料，夏物絹布，学校用品，タオル等の出品を推奨している[9]．これらは絹布とタオルを除けばすべて雑貨品に分類できる商品である．

　帽子の流行は辮髪から長髪への変化にともなって清末民国初期に生じた新しい現象であった[10]．宮崎の調査によれば，パナマ式模造帽子は上海方面では「尚ほ未だ流行と云ふべき程にはあらざるも年を遂ふて其需要者の増加すべき

---

8) 馬敏『官商之間──社会劇変中的近代紳商』天津：天津人民出版社，1995 年，292-303 頁；野沢豊「辛亥革命と産業問題──1910 年の南洋勧業会と日・米両国実業団の中国訪問」『人文学報』第 154 号 (1982 年 3 月)；吉田光邦「1910 年南洋勧業会始末」吉田光邦編『万国博覧会の研究』思文閣出版，1986 年；山田美香「清朝末期──万国博覧会と南洋勧業会」柴田哲雄・やまだあつし編『中国と博覧会』成文堂，2010 年；『中国早期博覧会資料匯編』北京：全国図書館縮微複製中心，2003 年，第 1 冊〜第 3 冊；南洋勧業会日本出品協会『南京博覧会各省出品調査書』東亜同文会調査編纂部，1912 年．なお，吉見俊哉『博覧会の政治学──まなざしの近代』(中央公論社，1992 年) は，博覧会を「ヨーロッパの諸国家が，博物学的まなざしの場を新しい資本主義のイデオロギー装置としてみずから演出していこうとするようになったときに登場した」とし，帝国主義，消費文化，大衆娯楽という論点を提示して博覧会と文化の政治学を議論する (263-264 頁)．

9) 「南京博覧会出品物ニ関スル説明」(在上海農商務省嘱託宮崎駿児報告)『貿易通報』第 33 号 (1910 年 2 月)，11-12 頁．『貿易通報』は大阪商業会議所の機関紙．

10) たとえば，Karl Gerth, *China Made: Consumer Culture and the Creation of the Nation*, Cambridge, Mass.: Harvard University Press, 2003, Chapter 2 を参照．欧米向けに輸出された模造パナマ帽の台湾と沖縄における生産については，四方田雅史「模造パナマ帽をめぐる産地間競争──戦前期台湾・沖縄の産地形態の比較を通じて」『社会経済史学』第 69 巻第 2 号 (2003 年 7 月)，51-70 頁．

は其輸入額の年々増大しつつあるに因て見るも之を知るべきなり……今回南博［南洋勧業会のこと―引用者注］に出品せんとするものは充分に供給の途を講じ置くを要す　標本の出品はなすも注文には応じ難しと云ふ如きは全然商品たるの資格を有たざるものと言ふべきなり」とある[11]．夏用の模造パナマ帽や麦稈帽子の他に，鳥打帽子やメリヤス類など冬物の引合いに備えて「異形新案」の見本を数種にわたって準備しておくのがよいとしている．「異形新案」というのは，清朝末年の南京や上海において，帽子やメリヤス製品がデザインやファッションなど消費者の選好に左右される新しい商品であったことを示している．帽子とともに洋傘やリボンなどもファッション性の高い雑貨であった．

　学校用品もまた，1905年の科挙廃止後の新式学堂設置に対応して需要が伸びていた商品であった．特に鉛筆と石盤は「学校生徒の需用を以て最多となす」[12]ので，宮崎は上海付近の小学，中学，女学，専門学堂の設立数を調査し，長江沿岸各地の諸学堂での需要も考えれば市場は今後大いに拡大するはずだとしている[13]．1909年当時の上海では，これら学用品はドイツ製で占められて

---

11)　「南京博覧会出品物ニ関スル説明」4頁．

12)　「鉛筆及び石盤の輸出」（在上海農商務省嘱託員宮崎駿兒報告）『貿易通報』第31号（1909年10月），12頁．なお，中島勝住「長江デルタ農村の学校生活」（森時彦編『中国近代の都市と農村』京都大学人文科学研究所，2001年）は，学校生活のなかのモノをとおして中国の近代教育を社会史的に考察したユニークな論考である．1920年代の長江デルタ農村部の小学校では，石盤が生徒の数に見合うだけ用意されていたこと，鉛筆は授業で生徒が普通に使うものではなく硬筆習字の時間専用であったことなどの指摘がある．また中国における鉛筆輸入のピークは第一次世界大戦中であり，ドイツ製鉛筆の不足分を日本製の粗悪な鉛筆が埋めたという．

13)　江蘇省では1905年の科挙廃止後，新式学堂が盛んに設置され，1909年には，専門学堂16校（学生数1,701名），実業学堂21校（1,512名），師範学堂24校（2,493名），中学堂31校（3,155名），小学堂1,886校（6万5,831名），半日学堂34校（987名），女子学堂116校（5,139名）が設置されていた（王樹槐『中国現代化区域研究――江蘇省，1860-1916』台北：中央研究院近代史研究所，1984年，241-243頁）．全国の初等・中等・高等教育の学校数・学生数・教職員数の推移について，高田幸男「近代教育と社会変容」飯島渉・久保亨・村田雄二郎編『シリーズ20世紀中国史2　近代性の構造』東京大学出版会，2009年，139頁を参照．佐藤仁史「清末民国期の近代教育導入にみる市鎮と農村――江蘇省呉江県を事例に」太田出・佐藤仁史編『太湖流域社会の歴史学的研究』汲古書院，2007年，68-75頁；大澤肇「近現代中国における中等学生の『進路問題』――南京国民政府期の江南地域を中心に」『東洋学報』第92巻第1号（2010年6月），55-85頁．また，新式学校教育の開始に関連して，上海都市部では印刷業の旺盛な展開を受けて輸入印刷機の需要

いた．日本製の鉛筆もドイツ製を真似た表示などが目立ったという．日本の製造業者が鉛筆芯の墨質とその標記（たとえば B，2B，3B など）の関係を無視して，上海市場で最も売れていたドイツ製「3B」を模造して，芯の硬軟にかかわりなくいたずらにその「3B」という標記を製品に付して輸出する事例を挙げて，日本の製造業者に対してこのようなことのないように注意を呼びかけている．また，本邦製で「藤田某製造のものは其品質独逸製同品と比すべきにあらざるのみならず使用上其価格は低廉なるも却て破損の多きを以て不経済なりと云ふ説あり」[14]とあるように，日本製の文房具には製品の質という点から見た粗製濫造問題が付きまとっていたことがわかる．

化粧品や石鹸も旺盛な需要の伸びを示していた雑貨類であった．これらに対しても一段ときめ細かい市場調査が行われている．

> ……支那向きおしろいをも之を製し其販路を試みるを一策となす．兼て報告に及び置きたる如く近来は頻りに衛生と云ふ二字を用ゆる流行なれば衛生上の効能書を充分にし而して其香料には桂花の香気を用ゆるを必要となす．近来墺国より輸入のサボン類が急に其販路を拡張するの傾きあるは全く其香料に桂花の香を配合したるに在らんとす．前便拝送の化粧品類は其香気の発散せざるの前広く当業者の参観を誘導せられん事を切望す[15]．

とりわけ近年「衛生」という二文字を商標に用いるのが流行しているから，化粧品や石鹸，歯磨粉などの雑貨品については，衛生上の効能書を充実させるべきであるという指摘は，20 世紀初頭の中国沿海都市部における近代性の一面を映し出すものである[16]．

　　も増加していた．宮崎は，連紙半裁判印刷機の輸入は「目下の所大阪製のもののみ」であるが，将来的に都市部だけでなく内地でもその販路が開ける見込みは大きいので，印刷機の対中輸出に際しては内地市場への運搬も考慮に入れて荷造の仕方も堅牢にする工夫が必要だと指摘している．

14)　「鉛筆及び石盤の輸出」12 頁．
15)　「南京博覧会出品物ニ関スル説明」5 頁．
16)　近代中国における衛生の制度化については，Ruth Rogaski, *Hygenic Modernity: Meanings of Health and Disease in Treaty-Port China*, Berkeley: University of California Press, 2004. 余新忠（石野一晴訳）「清末における『衛生』概念の展開」（『東洋史研究』第 64 巻第 3 号，2005 年 12 月）は，ロガスキの研究を高く評価しつつも，中国語そのものに立脚して「衛生」概念の変遷を議論するに至っていない，とする．飯島渉「衛生の制度化と近代性の連鎖」飯島・久保・村田編『シリーズ 20 世紀中国史 2』213-230 頁も参照．

しかしながら，宮崎の報告が示すように，日本製の近代雑貨の上海での評判は芳しいものではなかった．

> 元来我商人が常に贅沢品も日用品も混同し単に価格の低卑と云ふに着眼するの傾きあるは対外商事の方針を誤れるものと云ふべきなり．……リボンの如きサボンの如きは栄耀者流の使用多きものなれば品質優等にして其製の精妙を主とするにあらざれば需用者の嗜好に投合するものにあらず．我より輸出するサボン類が当地市場に歓迎せられざるは其用途の贅沢的のものなるに関せず無暗に価格の低卑を図り其結果粗製に陥りたるに因るなり[17]．

つまり，石鹸やリボンは贅沢品であるにもかかわらず，日本品は価格の低廉化をはかって商品の質を考慮していないために，上海の消費者には歓迎されていなかったことが読み取れるのである．

清末の政治的社会的変化は，上海をはじめとする中国沿海都市部において，人々の生活様式を変える広範な文化変容をもたらした．20世紀初頭の日本製造業にとって，こうした文化変容の中にあった中国における近代的雑貨品市場の獲得は重要な課題であった．ところで，南洋勧業会に日本から実際に出品された物はどのような物であったのだろうか．上海共同租界の古川合名会社支店内に置かれた南洋勧業会日本出品協会の報告書によれば，「日ハ造船，武器，機械，電気，工芸，砂糖ヲ清国ニ紹介スル者ノ如ク特ニ館後ニ［「参攷館」と呼ばれた外国展示館の後ろ―引用者注］重砲一尊ヲ安置シ」たが，「特ニ日本館ハ雑貨ヲ以テ優リタルモノナリキ」とある[18]．1910年当時の日本にとって本節で取り上げた雑貨品は大きな意味を持っていたのである．

2　上海における雑貨品の市場調査

次に紹介するのは，大阪府立商品陳列所の機関誌『通商彙報』に1918年に

---

17)　「リボンの現況及びサボンの輸出に就て」（在上海農商務省嘱託員宮崎駿兒報告）『貿易通報』第31号（1909年10月），10頁．

18)　南洋勧業会日本出品協会『南京博覧会各省出品調査書』208-209頁．南洋勧業会に参加出品したのは英，独，米，日の4カ国であった．

掲載された上海の雑貨市場調査である[19]。商品陳列所は，世界各地から取り寄せた商品見本や参考品の陳列展示，商品に関する各種調査，取引業者の紹介，共進会の開催，意匠・図案に関する調査・指導など，内外通商情報の収集を目的とするものである。大阪府立大阪商品陳列所は1890年に，農商務省貿易陳列館（1896年）に先駆けて大阪府が設立した商品陳列所である[20]。

　調査に当たったのは，商品陳列所調査課主事段野である。調査では，雑貨品を販売する上海の商店で日本製品がどの程度取り扱われているかに焦点が置かれていた。ちなみに，中国市場における日本製品は，1915年の日本による対華21カ条要求に端を発した日貨排斥運動を受けて需要の大幅な落ち込みが懸念されていた。しかしながら，この調査報告では市中の中国人商店の取扱い商品に占める日本品雑貨の割合が極めて高いことが指摘されている。K.ガースの研究が明らかにしているように，日貨排斥運動をはじめとする国産品愛用運動は中国における経済ナショナリズムの高揚に極めて重要な役割を果たした[21]。しかし，この運動が普通の人々の消費行動に直接的な影響を与えたのかどうかについては疑問視する見方もある。F.ディケターは，中国は価格が支配する市場であって，普通の消費者は国産品愛用運動に関心を示さなかったとする[22]。

---

19) 「最近の上海市場」（4月10日上海出張中段野主事報告）『通商彙報』第14号（1918年4月）。

20) 大阪府立大阪商品陳列所は，1880年にベルギー政府が設立したブリュッセル商業博物館に範をとったといわれる。1916年に大阪府立商品陳列所，1930年に大阪府立貿易館に改称。設立当初は依頼に応じて商品の分析試験を行う分析室も備えたが，分析室は1903年に府立大阪工業試験場が設置されたときそちらに移管された（高嶋雅明「商品陳列所について」角山編『日本領事報告の研究』157-178頁；杉原『アジア間貿易の形成と構造』8章などを参照）。本論で取り上げた1918年度には，商務課，庶務課のほかに，調査課，図書課，陳列課，図案課の6課の構成になった（「所報」『通商彙報』第14号，1918年4月）。ちなみに，中国では民国初期に北京に商品陳列所が設立された。上海総商会が上海商品陳列所を開設したのは1921年であった（潘君祥主編『中国近代国貨運動』北京：中国文史出版社，1995年，391-402頁；Gerth, *China Made*, pp. 225-230などを参照）。

21) Gerth, *China Made*；潘君祥主編『近代中国国貨運動研究』上海：上海社会科学院出版社，1998年；潘君祥主編『中国近代国貨運動』。

22) Dikötter, *Exotic Commodities*, pp. 42-43; Glove, "'Native' and 'Foreign'," pp. 149-165. グローブは，そもそもある商品を外国製か国内製かに分類することは実は難しいのだという。また，やや異なる視点からの分析であるが，以下の菊池敏夫の分析も示唆に富む。

大阪府立商品陳列所の調査報告で見る限り，当該期の上海では，人々が手にとる消費財としての雑貨品需要に対して，日貨排斥の影響はそれほど大きくないようにも読めるのである．

　日本製雑貨品は，上海に開設されていた欧米外国人経営の商店でも主要な取扱い商品を構成していた．ところが，段野の報告には，外国商店に入って日本製とおぼしき商品を手に取ってみるとそのほとんどは商標が取り替えられていて，たとえばイギリス人経営の商店では英国製，アメリカ人やフランス人の店ではそれぞれアメリカ製やフランス製として店頭に並んでいたことが記されている．段野は実際にそれらの商品を手に取って，商標の製造国表示に誤りがあるのではないかと指摘すると，店員はそんなことはないと言い張ったが，「問答の末『我は知らざるなり』の言を以てするを常とす」と報告している．

　当時，上海の英国商人の取り扱うイギリス製と偽った日本製品の多くは香港から入荷する商品であって，いわゆる"Hongkong Goods"の大部分は実は日本品であった．在上海外国商店が日本製の雑貨を販売した背景には，第一次世界大戦の勃発によってヨーロッパ品の中国への輸入が減少し，上海における自国品のストックが底をつきつつあったこと，そのためにやむを得ず日本品で代用するという当該期の特殊事情もあった．しかし，日本製をヨーロッパ製と詐称して販売していた事実は，中国沿海都市だけではなくシンガポールでも報告されている．新たに設立された農商務省シンガポール商品陳列館の館長木村増太郎の講話に，「今はメード，イン，ジャパンと云ふ商標を貼れない状態ですが将来には之を外人にも貼らせる様にする為商品を陳列して見せて紹介したいと思ひます」[23)]とあるように，外国商店に並べる雑貨類は"Made in Japan"で

　　「五四時期のナショナルな政治運動と関わった経験は，舶来品は控え目にし，日本品は排除して国産品を拡大するという百貨店が採るべき大まかな路線を示しはした．しかし，資本家層や都市中間層が創出する現実の都市文化はナショナルであるよりはむしろモダンであった．……しかし『モダン上海』はこのようなナショナルな価値をも内側に大きく包み込む形で展開し，舶来品に対しても，また日本品に対しても，五四時期の路線よりもはるかに寛容な広がりをもって新しい時代を切り開いていった．その結果，上海には世界や国内の各地から膨大な商品が集積し，百貨店は『モダン上海』の牽引車として20〜30年代上海の消費文化をリードしていくことになったのである．」菊池敏夫「民国期上海における百貨店の誕生と都市文化」『中国研究月報』第63巻第10号（2009年10月），24頁．
23)　「新嘉坡商品陳列所館長木村増太郎氏講話」『通商彙報』第17号（1918年7月），22頁．

は買い手が付かないという状況があったことこそが問題であった．

　調査を行った段野は，上海の欧米商店による日本品の商標取替え問題を次のように分析する．

> 殊に支那人に対しては常に各自国製品の優秀なるを説き其の使用を勧奨しつつあるを以て，是等外国商店が日本品を取扱ふに当つては極めて之を秘密にし需要者を瞞着しつつあり，去れど支那人中具眼の士は此の間の消息をしらざるにあらざるを以て，現下本邦製の名を以て販売せられざるは遺憾とするも日本製品が所謂舶来品と化して欧米の商店に羅列せられ，而かも是れ支那人に依りて其の実際を観破れらるるとせば，支那人の脳中一面には本邦商品の価値を認識するに至るべく，他面には本邦品と欧米品との優劣は多くの懸隔なきものなることを自覚し漸次欧米品妄信の夢より醒むるの機会を自然に与ふることとなるべし，兎に角時局の推移に伴ひ本邦品の需要を多大に喚起し，上海市場活気を以て満されつつあるは喜ぶべし，此際我が当業者は製品の研究に腐心し，一時の利益に眩惑せず，永久の地歩を作ることに努力せざるべからず[24]．

　欧米商店は上海在留欧米人への自国品の提供を一種の義務としていたと同時に，中上流階層を中心とした地元中国人に対しては欧米製品の質の高さを説いてその使用を勧誘してきた存在であったから，その欧米商店が日本製品を欧米品と詐称して販売するのは明らかに不正行為であった．しかしながら，中国人顧客の中でも「具眼の士」はこうした事情を知らないわけではなかった．日本製品が「所謂舶来品と化して」欧米商店の店頭に並び，そのことを中国の消費者が承知していたとすれば，彼らが日本品の価値を認識し，日本品と欧米品の質にはさほどの差がないことに気付き，欧米品妄信の夢から覚醒する機会にもなるはずだという分析である．

　上海の欧米商店による日本品の商標偽造に対して，調査者段野の分析は文化触変の観点から見た市場調査としてまことに見事である．また，段野の筆致からは，彼が中国とりわけ上海の消費者を極めて高く評価していたことがうかがわれるのである．前節では，20世紀初頭の日本製造業が中国市場への進出を

---

24)　「最近の上海市場」16頁．

切実かつ緊急の課題としていたことを述べた．その課題は本節で検討した第一次世界大戦期の上海市場での市場調査を見ると達成されたことが読み取れよう．日本の近代雑貨は上海雑貨品市場における占有度を高めつつあった．しかし，それは同時に，「日本製であることを前面に出さない」という前提の下での話であったのである．

3　日本中小製造業者による商標偽造問題と上海・香港の近代性

次に取り上げるのは，日本の製造業者による商標偽造問題である．日本製の雑貨品が在アジア欧米商店や，本論では取り上げなかったが中国商人によって[25]，商標を偽造される一方で，日本の雑貨品製造業者による商標偽造もまた存在した．

1922年12月21日付，在広東総領事藤田榮介から外務大臣内田康哉に宛てた文書「籏儀太郎ノ模造商標取消説諭方ニ関スル件」によれば，広州市の先施公司支配人から在広東総領事に次のようなクレームが寄せられた[26]．先施公司は従来，同公司が使用する香水，頭髪油，美顔用クリーム，諸果汁の容器として多数の瓶類を，香港加藤洋行及び上海北福洋行寶山玻璃廠[27]を通し大阪の各工場に，また香港服部洋行を通し東京の各工場に注文してきた．特に大阪市東区平野町3丁目1番地籏儀太郎に対しては，大正10年1月分および9月分合

---

25) 中国商人による商標権侵害については，本野英一の一連の研究に詳しい．たとえば，以下の論文の表2，表3に列挙された事例は，華商・華人企業に商標権を侵害された日本企業が在華日本領事館に報告した事例，表4は，欧米企業製品の模倣造品を製造販売していた日本人製造業者と協力関係にあった華僑・華商の一覧である．本野英一「清末民初における商標権侵害紛争――日中関係を中心に」『社会経済史学』第75巻第3号(2009年9月)，8，11，14頁．また，本野英一「光緒新政期中国の商標保護制度の挫折と日英対立」『社会経済史学』第74巻第3号(2008年9月)も参照．

26) 「公第216号在広東総領事藤田榮介→外務大臣伯爵内田康哉」大正11年12月21日(外務省記録3.5.6.24.『商標模偽関係雑件第二巻』)．以下，本節で引用する日本外務省記録はこのファイルに収録．

27) 日本人の上海でのガラス工業の嚆矢は1911年設立の日中合弁の寶山玻璃廠であったという．創立者は中国で売薬に携わっていた角田芳太郎．許淑眞「上海近代工業発展史上における日系雑工業の位置と役割をめぐって」『立命館経済学』第54巻第3号(2005年9月)，385-386頁．

計で，瓶類 45 万 6,771 個，金額 3 万 8,235 元 69 仙，大正 11 年 1 月分および 2 月分合計 67 万 4,256 個，金額 5 万 7,052 元 17 仙の注文をしていた．ところが，籏儀太郎は，商標公報第 602 号，登録商標第 145219 号（出願大正 10 年 12 月 14 日，登録大正 11 年 5 月 18 日）を以って，「先施公司ナル名称ヲ登録シ其字様モ亦全ク当地先施公司ノ商標ト同様ノモノ」であるというのである．同支配人は，この模造商品が今後上海方面に輸出された場合には，先施公司の蒙るべき損害甚大なるに付き，なにぶんの保護を得たく願い出たということであった．

先施公司は本店を香港に，支店を広東・上海に置く有名な百貨店である．先施公司は，1880 年代にオーストラリアに渡り鉱山労働者から商店員を経てシドニーの商社のパートナーになり，1894 年に香港に戻った馬應彪が，1900 年に香港に設立した百貨店である．その後 1912 年に広州に支店を開設し，1917 年には上海とシンガポール（ゴム恐慌時に閉店）にも支店を開設した．さらに，1917 年には神戸に，1922 年にはロンドンに商品買付にあたるオフィスを置いた[28]．上海の繁華街南京路に開店した先施百貨店（Sincere）は，後に上海の四大公司と称された有名デパート，先施，永安（Wing On，上海店開店は 1918 年），新新（Sun Sun，開店 1926 年），大新（the Sun，1936 年開店）の一つであり，他の 3 店に先駆けて上海への進出を果たした老舗中の老舗デパートである[29]．

28) 馬應彪編『先施公司二十五週記念冊』香港：先施公司，1924 年，序．1900 年創業当時は 12 人のパートナー．1909 年にパートナーを解消し，香港会社法の下で資本金 HK$200,000 の The Sincere Company, Ltd. として登記された．Wellington K. K. Chan, "Personal Styles, Cultural Values and Management: The Sincere and Wing On Companies in Shanghai and Hong Kong, 1900-1941," in Kerrie L. MacPherson ed., *Asian Department Stores*, Richmond Surrey: Curzon Press, 1998, pp. 66-89.
29) 中国の百貨店については，上海百貨店・上海社会科学院経済研究所・上海市工商行政管理局編著『上海近代百貨商業史』上海：上海社会科学院出版社，1988 年；上海社会科学院経済研究所編著『上海永安公司的産生，発展和改変』上海：上海人民出版社，1981 年；菊池敏夫「戦時上海の百貨店と商業文化」高綱博文編『戦時上海 1937〜45 年』研文出版，2005 年；菊池「民国期上海における百貨店の誕生と都市文化」；Leo Ou-fan Lee, *Shanghai Modern: The Flowering of a New Urban Culture in China, 1930-1945*, Cambridge, Mass.: Harvard University Press, 1999, pp. 13-17; Wen-hsin Yeh, *Shanghai Splendor: Economic Sentiments and the Making of Modern China, 1843-1949*, Berkeley: University of California Press, 2007, pp. 56-63.

藤田在広東総領事は，本件は日本の商標法適用の範囲外に属する事柄であるが，この種の行為は日本商人一般の信用を著しく害し日中貿易上にも悪影響を及ぼすので，籏儀太郎に対して当該登録商標取消の説諭を取り計らってほしいと外務省に書き送った．なお，本件に関しては，先般広東へ出張した三宅農商務省特許局事務官も取り調べ済みである旨，付け加えられている．
　これを受けて外務次官田中都吉は，特許局長官中川友次郎に対して模造商標取消説諭方を依頼した[30]．これに対する特許局長官の返事は次のようなものであった．まず，本件は日本の商標法上，直ちに登録を無効とすることはできないということ．しかし，申越の事情は相当考慮に値するものと認められるので，大阪府知事を介し籏儀太郎より別紙写の通りの誓書を提出させたので，委細ご了解の上，しかるべく取り計らい願いたい，というものであった[31]．
　籏が特許局長官中川友次郎宛てに提出した誓書は以下のとおりである．
　　答申
　　私義所有ニ係ル登録商標第一四五二一九号先施公司ハ香港先施公司ト同様ノ関係上其権利抛棄方ニ付大阪府庁ヨリ御示諭ノ仕第モ有之候間自今第十五類ニ属スル支那向輸出品ニハ本件商標ハ一切之ヲ使用セサル様致候間右御了承相成度此段及答申候也
　　　　　　　　　　　　大正十二年四月十一日　　　　籏　儀太郎
　　　特許局長官　中川友次郎殿[32]
つまり，「先施公司」という商標は，第15類ガラスその他（玻璃及他類）に属する中国向け輸出品には今後一切これを使用しないことを誓約したのである．
　ところで，興味深いのは大阪府知事井上孝哉が特許局長官中川に提出した以下の文書では，籏儀太郎は日本国内における同業者との競争を予め防止するためにこの商標の登録を行ったのであって，「他ニ何等ノ意旨アルニアラサル旨ヲ以テ」別紙のとおり中国向け輸出品には一切当該商標は使用しない旨申し出たとある事である[33]．

30）「通監普通第49号　外務次官田中都吉→特許局長官中川友次郎」大正12年1月11日付．
31）「特調第13号　特許局長官中川友次郎→外務次官田中都吉」大正12年4月26日．
32）「籏儀太郎→特許局長官中川友次郎」大正12年4月11日．
33）「工第82号　大阪府知事井上孝哉→特許局長官中川友次郎」大正12年4月13日．

大阪府知事の回答はいかにも詭弁としか言いようがない．しかし，当時の新聞記事を見ても，大阪府下の製造所や商人が商標模造の件で問題となることは極めて多かったから，国内商標法的に問題がない当該事件の場合には，大阪府による上記のような回答の仕方はありうる対応であったとも言えよう．こうして本件は決着を見，4カ月後の4月28日付にて内田外務大臣から在広東総領事に報告されて終結したのである[34]．

　日本外務省記録が記す本件の偽造商標問題には，経済史的には以下のような背景があった．まず第一に，先施公司は自分の百貨店で販売する自社ブランドの商品開発とその製造に力を入れていたことである．先施は消費者に世界の商品を提供すること（広東支店には「先施公司環球貨品粤行」の看板がある）を基本方針としたが，1915年までに広州に10個ほどの製造所を設立し，安価な西欧風の商品や高価な工芸品の製造を試みた[35]．図1はその内の一つ，広州河南工廠の写真である．W. チャンは，先施のこの方式は18世紀の広東職人が輸入西洋品の現地生産を試みた方式と同じであって，伝統的な広東スタイルに根差したものだという[36]．創立25周年を迎えた頃には，香港，広州，上海に化妝品廠（化粧品），汽水廠（炭酸水），製鐵機器廠，玻璃廠，菓子廠，鞋廠，帽子廠，梘廠（石鹼）などがあり，製品の売れ行きはよく，先施公司の収益増加に寄与した．

　第二に，香水はこれらの製造ラインの中で最も成功を収めた製品であった．先施公司は広州に製造所を設け，先施公司自製「虎牌」の「花露水」（オーデコロン，化粧水）（図2を参照），「生髮香油」（図3），「雪花膏」（美顔用クリーム），「牙粉」（歯磨き粉）を主力製品として製造するとともに，その他の化粧品や菓子露（シロップ・果汁）（図4）の製造も手掛けた[37]．1922年には化妝品総製造所として香港に大工場を建設した．広州支配人が訴えた大阪市の籏儀太郎は，これらを入れる容器用のガラス瓶を製造して同公司に納入していたのである．

34）「普通第15号　内田大臣→在広東藤田総領事」大正12年4月28日．
35）　上海などの製造所の写真「滬行工廠全体職員」，「滬行鐵器製造廠」は『先施公司二十五週記念冊』を参照．
36）　Chan, "Personal Styles, Cultural Values and Management," p. 68.
37）「記載」『先施公司二十五週記念冊』10頁．

図1　先施公司河南工廠：自社開発商品の製造所

出典：馬應彪編『先施公司二十五週記念冊』香港：先施公司，1924年。

図2　先施公司「虎牌」香水「花露水」

図3　先施公司「虎牌」整髪油「生髪香油」

図4　先施公司「虎牌」シロップ・果汁「菓子露」

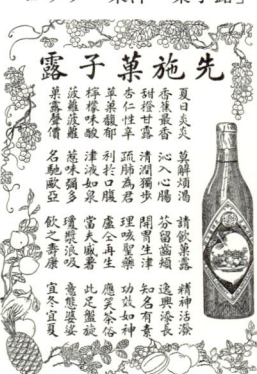

出典：図1と同じ　　出典：図1と同じ　　出典：図1と同じ

166　第2部　近現代アジアにおける文化触変

図5 化粧品販売の上海分荘と済南分荘

上海化粧品分荘　　済南化粧品分荘

PERFUMERY FACTORY
SHANGHAI BRANCH OFFICE

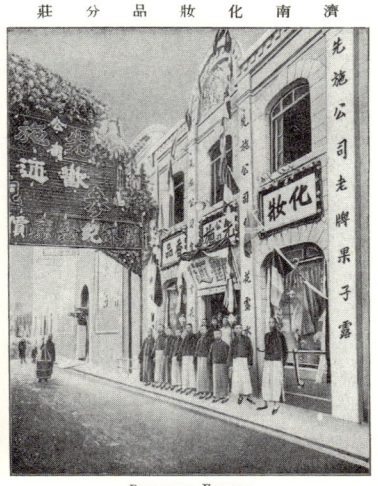

PERFUMERY FACTORY
TSINAN BRANCH OFFICE

出典：図1と同じ

　先施公司は香港・広東・上海の各デパートの化粧品売場を中心に，中国全域に支店を設置してこれらの香水や化粧品の販売に力を入れた．1924年頃には「化妝品分荘」は上海，漢口，済南，天津，営口，奉天，哈爾濱（ハルピン），南京にあり，漢口からは陝西，河南，安徽，江西，湖南，四川諸省の代理店を通じて販売された．これらの化妝品分荘は『先施公司二十五週記念冊』にはいずれも写真が掲載されているが，ここでは上海分荘と済南分荘を載せた（図5）．店頭を飾る「虎牌」の「花露水」の看板などとともに，店先に並ぶ店員の服装が上海と済南で大きく異なるのも面白い．ところで，先施は百貨店内に女性店員を配置したことが特徴であったが，上記の『二十五週記念冊』には彼女らの姿は全く写されていない．

　第三に，ある産業の製品需要の拡大はその産業に資材を提供している別の産業の生産拡大を誘発する．籏儀太郎の硝子製造所は先施公司の化粧品部門における成長の連関効果を得る立場であった．ところで，上記の外交文書によれば，先施公司の瓶類の発注先は大阪にも東京にもそれぞれ複数の工場があり，籏儀太郎の製造所はその一つに過ぎなかったことが分かる．先施に製品を納入して

いた日本の零細な製造所間には激しい競争があったことは想像に難くない．大阪市はガラス製品の主産地の一つであった．板ガラスの製造は他地域に及ばなかったが，壜(瓶)類，食器類，灯火用品はいずれも全国最高の生産額を示した．壜類は，明治初年より清酒壜・薬壜などが製造されたが，機械製壜法による製造は1880年代ごろから進展した．籏儀太郎の硝子製造所が問題になった1922, 1923年ごろには，国内向け製品としてはビール・日本酒壜，輸出向け製品では薬壜が第1位を占め，化粧品壜がそれに次いでいる[38]．

　大阪の零細ガラス製造業者が「先施公司」商標を偽造使用した背景には，当該期に発生したこれら一連の経済状況が関係していた．そして何よりも，「先施公司」商標が，1920年代初頭の東アジア市場全域で高いブランド力を保有していたことを示すものであった．在広東日本総領事館に申し立てを行った広州支店支配人は，大阪で製造された先施公司の商標を模造した製品が，上海市場へ輸出されることを強く警戒していた．1917年に上海に進出した先施公司は，翌年同じく香港から進出して南京路を挟んで対面にオープンした永安百貨店と激しい競争を展開していた．先施の偽商標を貼付した偽造商品が出回ることは永安との競争上，どうしても避けたいところであった．

　このように，上記商標偽造問題は1920年代初頭の東アジアの経済と文化状況を考える上できわめて示唆的である．ここには香港，広東，上海の近代性と，大阪の中小製造業者の関係性の問題が横たわっていた．前者の近代性を商標として模造することによって，東アジアへの輸出を増大させようとする大阪の零細なガラス瓶製造業者の姿が見てとれるのである．

おわりに

　本論では，日本で生産され，中国を中心とするアジア市場に輸出された「近代的雑貨」に焦点をあてて，その粗製・模造問題をとおして見えてくる近代アジアの文化触変の意味を考察してきた．最後に，それらをまとめて本論の結論としたい．

---

38)　大阪市役所編纂『明治大正大阪市史』第2巻経済編上，清文堂，1933年，551-560頁．

日本の近代的雑貨品工業は，欧米の輸入雑貨への需要を受けてその模造品の製造として 19 世紀末に開始された．一般に，商品におけるコピー・カルチャーは贅沢品に対する欲求と価格上の要請とが併存するところに生まれる．文化が接触し変容するとき，高価な輸入品と安価な代替品が併存する現象は，欧米との文化触変を経験した近代アジアに限った現象ではない．17-18 世紀に盛んになった東洋工芸品のグローバルな交易は，18 世紀ブリテンの製造業にそれらに代わる新商品の国内製造業の勃興をもたらした．国内製の食器や家具，装飾品は，公の場に置かれる東洋のエキゾティックな贅沢品としてではなく，18 世紀に急速に形成されつつあった中間層の自宅を飾る消費財として普及したのである．M. バーグが見事に描いたように，模倣や模造は必ずしもネガティブな価値をともなう概念ではなかった[39]．同時に，18 世紀ブリテンは，台頭する中間層にとって消費の持つ意味が必要から欲望（desire）へと再構成された時代であった．その商品を購入し使用することは歓び（pleasure）なのであった．

　本論で取り上げた近代雑貨の消費もまた，必要というよりも歓びに根差した消費であった．清末の政治的社会的変化は，中国沿海都市部を中心に人々の生活や意識を変える広範な文化変容をもたらした．近代的雑貨は，それらを使用すること自体が新しい生活様式や思考様式を表象するものとして，20 世紀初頭の沿海都市部に普及していった．

　そして，急速に拡大する中国の雑貨品市場をとらえたのは，高価な欧米品ではなく安価な代替品としての日本品であった．このことが近代アジアにおける文化触変の過程を複雑にした．

　中国市場における日本品の粗製問題はその複雑さの一つのあらわれである．日本の側には，アジアを一律に低価格品市場ととらえ，西洋風を模造した安価な雑貨品による中国市場獲得をめざす風潮があったが，20 世紀初頭の中国沿海都市部は近代雑貨に流行や嗜好性を求める市場であって，ローエンドなら売れるような市場ではなかった．日本品の粗製問題は，製造技術上の問題だけではなく，上記のような市場認識のズレに起因する問題であった．

　中国の店頭で日本製品が欧米品と称されて販売されるという一種の商標偽造

---

39) Berg, *Luxury and Pleasure in Eighteenth-Century Britain*, pp. 11-12.

問題も，近代アジアにおける文化触変の複雑さのもう一つのあらわれであった．新しい生活様式やステータスを可視化するシンボルとしての近代雑貨にとって，"Made in Japan"は商品の販売を阻害する要因であったという現実を持ち合わせていたのである．在アジア欧米商店や中国商人によって，日本製雑貨の商標詐称が発生した背景には，第一次大戦下での欧米輸入品の減少や，日貨排斥運動での日本品不買を避けるためという政治的な理由もあったかもしれないが，根底には本論で分析してきたような近代アジアにおける文化触変の重層的な関係性の問題が存在したことを示唆している．

　そしてもう一つ，日本の製造業者による商標偽造問題はその複雑性が別の形であらわれた事例であった．先施は，香港・上海の先施デパートで販売する自社ブランドの香水や化粧品を製造し，その容器として大量のガラス瓶を日本の中小ガラス製造業者に発注していた．日本側の製造納入業者は多数あり，その間の競争は熾烈であった．大阪のガラス瓶製造業者が香港・上海の有名百貨店商標「先施公司」を偽造登録した問題は，香港・上海の近代性と，その市場に依存せざるをえない日本の雑貨品製造業者の零細性とをあらわす事例でもあった．

　20世紀初頭以降の日本の製造業は中国における近代的雑貨品市場への進出を切実かつ緊急の課題としていたのである．近代アジアにおける文化触変の複雑性は，こうしたアジア市場の重層性の問題を内包していたといえよう．

第 8 章　近代化と統治の文化
明治日本とシャムの天然資源管理

佐藤 仁

はじめに

　今から 30 年以上前の 1980 年 11 月 9 日にアジア政経学会の場で行われ，後に学会の機関誌『アジア研究』に記録されたシンポジウム「『地域研究』の新しい展開」での議論は，今も新鮮さを失っていない[1]．そこには今日の地域研究がおかれている地点からみて，再考に値する論点が多く含まれている．本論では，なかでもシンポジウムに討論者として参加した平野健一郎が提示した「斜めの視角」を取り上げ，具体的な事例に基づいてその可能性を検討する．

　平野はそれまでの平面的な研究対象地域の設定の在り方に反省を促し，地域のまとまりを重層的に捉える試みとして「斜めの視角」を導入する．たとえば国を単位とした国際政治と文化人類学的な民に焦点を当てた国内事情を，「文化」という共通項を立てて互いの有機的な関連を見出すことで，はじめて「当該の対象である地域の研究は十分なものになる」と主張する[2]．これは，当時，地域研究の支配的なスタイルの一つであった（今でもそうである）現地調査主義，あるいは一般的なモデルの構築を急ぐあまり，本来重層的な対象地域の一つの層だけを取り上げる「孤立の視角」に対する批判として提唱された．

　いわゆる外国事情研究としての地域研究ではなく，現地の当事者らの手による（自国）地域研究が現れ始めている今日，日本人があえて外国の地域研究を行うことの意義はどこにあるのか．筆者は，外国人による地域研究の意義を持続

---

1) 小浪充ほか「基調報告　地域研究方法論への新しい視角（「地域研究」の新しい展開〈シンポジウム〉）」『アジア研究』第 28 巻第 3・4 号（1982 年 1 月），1-17 頁．
2) 平野健一郎「今堀報告に対するコメント」『アジア研究』第 28 巻第 3・4 号（1982 年 1 月），64 頁．

するためには比較の軸を明確にすることが重要であると考える．当該文化に埋没しきっていない他者であるからこそ設定可能な視角が何であるのかを自覚し，自らの文化的背景を比較の参照点とするような地域研究，単に地域の事情を「情報」としてつまびらかにするのではなく，そこに新しい問いを持ち込み，重要なテーマを斜めに切り取って理論化を試みる，いわば「攻める」地域研究を模索しなくてはなるまい．

　「斜めの視角」に意味をもたせるために決定的なのは，テーマの選定である．たとえば，外交や国防など，テーマの性質上，焦点が中央政府の層に偏るようなものは，国や地域の中にある重層性を解き明かすのに適しているとは言えない．そのようなアプローチは必然的に「横に」，同じ階層の中で平面的に広がっていき，地域研究としての課題設定と奥行きが希釈されてしまう危険性がある．平野が文化に着目するのも，それが多様な層の内側へと浸透しつつ，外から地域的なまとまりを捉える上でも共通項を形成しているからであろう．

　筆者は，ここで「斜めの視角」にふさわしいもう一つのテーマとして「天然資源」を提案し，それが社会の重層構造を明らかにする地域研究にどう役立つかを議論したい．天然資源は，食料やエネルギーといった人間社会の生存基盤を形成しているだけでなく，紙や通信素材となる金属をはじめとする様々な文化媒体にもなる「可能性の束」である．その乱用は「環境問題」となって文明の方向性を揺るがし，その不活用は文明社会の経済発展を制約する．

　人口増大と経済成長の著しいアジアで，天然資源の管理が今後，これまで以上に重大なテーマになることに議論の余地はない．その本質は決してマクロな統計上の問題として現れず，むしろ自然をめぐる人間と人間の関係，とくにその権力関係を規定する点で潜在的に効いてくる．たとえば，豊かな森林資源のそばに暮らすのは，その国の政治的中枢からは距離をおく少数民族であることが多い．彼らは，往々にして経済的に貧しく，森の山菜や川の魚など周辺の自然を生活資源として暮らしている．そうした現場で厳格な森林保護を強要することは，競合の対象となる資源をめぐる人々の関係を改変せずにはおかない[3]．

---

3)　豊かな資源が存在する辺境の国家編入は，そのときどきの政府が苦心してきたことでもあった．J.スコットが明らかにしているように，国家と，それに適度な距離を保とうとする周辺の民族との交渉こそが，国家とは何かを考える最も重要な素材になっている．

従来，とりわけ比較政治学の分野で考察の対象になってきた国家・社会関係は，戦争を最も大きな規定要因としてきた．本論は，国家の周辺部分で天然資源が中心部の経済に編入される過程で，資源と密接に接している社会を国家がどのように取り込み，国家・社会関係を規定したのか，また，この規定の仕方が国によって異なる様態で表れる理由を明治日本とシャム（現在のタイ）の比較から説明する．

　もとより，文脈の異なる地域を実験科学のような発想で単純に比較することはできない．しかし，双方の類似点と相違点とを意識しながらの比較であれば，そこから新しい問いを導出し，テーマを深めるきっかけを獲得することは可能である．シャムと日本はアジアで直接的な植民地化を免れた数少ない国であり，西欧諸国の支配を免れんとするためにほぼ同じ時期に中央集権的な政治体制を整えた国であった．中央集権化の速度は当然異なっていたが，それまで地方割拠の上に成り立っていた国を中央政府に一元化するという統治機構の大きな転換を同じ時期に経験した点は見逃せない共通項である．また，天然資源管理という観点から見ると，両国で森林と鉱物がはじめて行政の直接的な管理対象として認識されたという共通点もある．

1　国家による資源管理体制の構築

(1) 明治期日本における鉱山と森林

　国土狭隘という自己意識に強く縛られてきた日本において，資源の管理は地方領主にとって明治維新の以前から中心的な関心事であった．森林や水，鉱物その他，各藩の領地にある資源へのアクセスは，それぞれの藩ごとに決められていた．税と労役の主たる提供者であった農民は，一定の範囲の土地に縛られ，移動の自由を制限されていた．明治維新は，こうした封建体制に終止符を打ち，これによって資源をめぐる人と人の関係も大きな変貌をとげたのである．

　明治政府が導入した抜本的改革の中でも，本論の趣旨に照らして最も重要なのは地租改正である．1873（明治6）年に施行された地租改正は，それまで藩ご

James Scott, *The Art of Not Being Governed,* New Haven: Yale University Press, 2009.

との自治を尊重して組み立てられていた資源統治の構造を，土地の所有者（個人）と国家の契約関係に基づく中央集権的な構造へと変貌させる大胆な試みであった[4]．それだけではない．それまで米を中心とする物納を原則としていた税が，所有地の査定に基づく金納にとってかわった．税額は，その土地が生み出すと期待される利潤の一律3％に定められた．新たに発行された地券は，所有者と所在地を明記しただけでなく，その土地の貨幣価値を表示し，貨幣価値はそれまで禁じられていた土地の売買を前提として評価された．地租改正が画期的であったのは，その制度的な装いだけでなく，それまで税が免除されていた都市住民と山林所有者をも課税の対象にすることで，より平等な税負担を目指したことである．

この改革では主たる税源を田畑に求めたが，日本各地に点在する主要な鉱山も，近代化に不可欠な資源として中央政府に収用された．たとえば武器や艦船の製造に不可欠となる鉱山や施設は工部省の管理下に入り，各藩から取り上げられた．特に重要視された金，銀，銅は，新政府の財源として期待されただけでなく，金納制への移行に伴う一律の通貨システムを確立するために必要不可欠と見なされた[5]．近代的な機械や設備の多くが輸入されなくてはならなかった当時，銅や石炭は外貨を稼ぎ出す輸出品としても重要な位置を占めた[6]．

ところで地租改正がもたらした影響の中でも比較的見過ごされがちなのが，森林への影響である．税収への貢献はとるに足らないものであったとはいえ，面積にして国土の約7割を森林地が占めている日本にとって，森林への国家介入は農民に二つの角度から大きな影響を与えた．第一に，当時の農業において田畑に投入される肥料の大きな部分は森林の下草からもたらされており，その意味で森林管理形態の変更は，農民にとっては死活問題であった．第二に，地租改正は，国有地と私有地の区別を明確にすることを求めたが，その結果，森

---

4) 土地を付与された農民は開拓精神を発揮して，土地の潜在力を引き出すことが期待されていたが，外国人は付与の対象にはなっていなかった．外国人による土地の占有は明治の段階ですでに懸案となっていたのである．丹羽邦夫『土地問題の起源』平凡社，1989年．
5) 通商産業省編『商工政策史』第22巻，1966年，5頁．
6) 1884年から98年にかけて，産出された銅の81％が海外に輸出されていた．朝日新聞社編『明治・大正期日本経済統計総観』並木書房，1999年，1221頁．

林地を中心にどちらにも区分できない曖昧な土地が多数生じ，これが入会争議として後々，様々な対立の温床となった．田畑に隣接する多くの森林は，入会林として部落共有で慣習的に管理されていたケースが大部分で，国有と個人有への厳格な区分には馴染まなかったのである．

鎖国が長く続いた日本では，森林産物の市場が開拓されておらず，森林は長期的な投資の対象と見られていなかった．そもそも森林を所有するという意識も希薄であった．このため，政府にとって森林の接収は他の土地に比べて少ない抵抗で行うことができたのである[7]．こうした背景は，政府が所有者の確定していない森林をいったんはすべて国有林に指定したにもかかわらず，なぜ直ちに森林の多くを民間に払い下げる政策に打って出たのかを理解するときに有用である[8]．森林の払い下げは，国有林の多くに対して政府が管理能力をもたないという自覚をしていたことの表れであった．実効支配できない森林を保有するよりも，それを民間に放出して現金化したほうが得策と政府は考えたのである．所有地の境界線が比較的明確に同定できる田畑とは異なり，森林は地域に応じた慣習の多様性と地理的な条件，生産物の違いなどによって一対一の所有関係を確立することが困難である．とりわけ荒廃した森林の払い下げは，売上金を直接国庫に入れるための手段であったと同時に，所有者の労働意欲を高めて課税可能地を拡張していく狙いがあった．しかし，結果からみると，地租改正はとりわけ農村部で経済格差を拡大しただけでなく，資源をめぐる人々の対立を頻発化させ，過剰開発による資源の荒廃を促した．実際に払い下げを受けることができたのは，有産者である地主層に限られていたからである．林地の集中によって入会林へのアクセスを奪われた農民は，1879年の9万9,000人から88年には180万人に膨れ上がり，各地で放火や盗伐の引き金になった[9]．頻発した農民による反乱や暴動に耐えかねた政府は，やがて山林の私有化政策を撤回することになる．

政府はこうした急激な政策転換の余波，とくに資源状況の劣化に対して中央で統制をかけるために，1879(明治12)年に内務省の中に山林局を設置する．

---

7) 福島正夫『地租改正の研究』有斐閣，1970年．
8) 林業発達史調査会『日本林業発達史』林野庁，1960年．
9) 林業発達史調査会『日本林業発達史』79頁．

内務省は，工部省と並んで，国内統治だけでなく近代化を進めるための明治政府の中心機関であった．山林局の設置に大きな役割を果たしたのは大久保利通である．彼は内治の改善を外交に優先して強調した人物であった．森林保護を近代化に不可欠な要素として重視した大久保は，山林局設置の建議の中で「山林ヲ保護スルハ国家経済ノ要旨タルノ議」とし，水源の保全を含めた森林の生態学的な機能と，道路や造船など国家的諸要請との関係を指し示し，両者を調整する必要性を示唆する[10]．

　森林の中央集権化は，森林の管理それ自体を超える大きな影響をもった．学校，病院，橋，鉄道の枕木，船などを作るための材料のほとんどは，いまや国有林から供給されるようになり，こうした木材を用いるためには国の許可が必要になったのである[11]．それだけではない．ドイツ林業の導入によって，森林に関する土着の知識は背景に追いやられることになった．所有権の明確化という中央集権的な事業は，村人たちが各地で作り上げてきた共有資源管理の仕組みを否定し，置き換えることになったのである[12]．

　もっとも，すでに指摘したように，森林に重く依存した農業形態をそう簡単に置き換えることはできない．農民たちは権力に対して暴力であからさまに立ち向かうのではなく，土地への権利を守るために各地で抵抗を続けた[13]．その多くは森林の不法伐採や放火などの形をとり，森林劣化の大きな要因になった．こうした農民による盗伐は日本各地で組織的に行われるようになり，「上からの管理」の限界を露呈した．

　山林局は入会地の没収に対する農民の抵抗に加えて，国有林を管理するための人員確保の観点から，発足当初の排他的な森林管理を改め，農民たちのニーズを一定程度満足させながら，労働力の提供を動機づける方向へと政策転換する[14]．1897(明治30)年の森林法の制定を皮切りに，国有林の周辺に暮らす農

---

10) ここで後の議論にかかわる重要な論点は，地域の旧慣や社会状況に大久保が早くから配慮していたことである．それは森林区分の案の中に明確に人々に供する共有林を設けていたことからも窺える．西尾隆『日本森林行政史の研究』東京大学出版会，1988年，38-39頁．

11) 西尾『日本森林行政史の研究』52頁．

12) 丹羽『土地問題の起源』．

13) 福島『地租改正の研究』．

民を懐柔するための「地元施設」と呼ばれる施策が実施される．国有林における薪や放牧地の提供，肥料など生活資源の自由採取と引き換えに，森林管理の労務提供を求めるのが，地元施設の考え方であった．地元施設のほとんどは，一定面積の森林管理を地元民に任せる「委託林」の形をとったが，その後，拡大の一途をたどり，1926(大正15)年には全国で310箇所，面積にして4万ha以上の国有林が人々に「委託」された[15]．たとえば秋田では地元施設である委託林が国有林面積に占める割合は，1937(昭和12)年の段階で7割に及んでいた[16]．こうした委託林の制度は，非木材林産物について契約の上で買い取らせるそれまでの政策が機能不全に陥っていたことの反省に立脚していた[17]．近代的な森林政策の考え方に基づいて，一方的で抑圧的な政策からの転換が図られたのである[18]．

　地元施設という政策ツールは，決して農民の生活水準の向上を目指して実施されたわけではなく，盗伐や山火事の監視など国有林の維持保全を住民に肩代わりさせることにその目的があった．しかし，結果として，行政と人々(国家と社会)が交渉するスペースがそこに生まれたことは注目すべきである．1907(明治40)年に施行された改正森林法に基づく行政主導の森林組合の創設も，こうした住民包摂的政策の一つである．農商務省の行政指導に基づいて全国で作られた森林組合は，私有林の適正管理のために振興されたものであった[19]．政府は，枝打ちや間引き，植林，土壌保全のための工事といった組合の活動を支援するために低金利の貸付を行った．警察権力による監視に頼る資源管理から資源育成の誘引に基づく政策への転換をここに読み取ることができる[20]．

　鉱物資源の開発については，日本では近代化以前から長い伝統があった．金，

---

14) 荻野敏雄『日本近代林政の発達過程』林業調査会，1990年．
15) 菊間満「国有林野の地元利用と育林労働組織の展開構造——委託林制度の史的分析」『北海道大学農学部演習林研究報告』第37巻第2号(1980年8月)，479-608頁．
16) 菊間「国有林野の地元利用と育林労働組織の展開構造」492頁．
17) 松波秀実『明治林業史要』大日本山林会，1920年，278頁．
18) 荻野『日本近代林政の発達過程』274頁．地元住民を植林に動員しながら林業経営を進めるという方法は，徳川時代から「部分林制度」として存在した．服部希信『林業経済研究』地球出版，1967年．
19) 松波『明治林業史要』189頁．
20) 林業発達史調査会『日本林業発達史』684頁．

銀，銅の採掘と精錬は遅くとも9世紀から確認できる．明治維新以前まで，他の資源と同じように鉱山の管理も各藩に任されていた．維新後，すべての鉱山は一旦政府の集中管理の下におかれ，政府の許可がなければ採掘できない仕組みになった．これに法的な根拠を与えたのは，1873(明治6)年の日本坑法である．この法律は，地主の所有権が地下資源にまでは及ばないことを明確にした点で大きな意味をもった．行政が鉱山の接収にここまで熱心であったのは，金納制への移行に伴う統一通貨鋳造のために大量の金属が必要であったからである．外貨獲得のために輸出品として重要であった石炭や銅に一層の力を入れることも不可欠と考えられた．

　1886(明治19)年3月に農商務省鉱山局が設立されて，鉱山行政が近代化の装いを整える以前までの鉱山管理は，制度的な紆余曲折を経た．政府は，維新当初，大阪で集中管理を企図し，そこで主要な輸出品である銅の一括管理を目指した．大きな初期投資を要する鉱山の開発に関し，政府は大蔵寮の下に鉱山行政を位置づけた．その後，鉱山行政は大蔵省，農商務省，民部省，工部省，そして最終的に1886年に農商務省に落ち着くまでに，さまざまな省をたらいまわしにされる．中央による統制の試行錯誤にもかかわらず生産量は期待した通りに伸びず，お雇い外国人の雇用費用もかさむようになったために，政府は1884(明治17)年を画期として主要な官営鉱山の払い下げを実施するのである．

　一方で，鉱山部門では不況と労働条件の劣悪さに憤慨した労働者たちが各地で暴動を起こすようになり，1907(明治40)年にはそうした社会不安がピークを迎える．足尾や別子銅山では労働者の暴動が相次ぎ，操業停止に追い込まれる鉱山が相次いだ．政府はこれに対して力をもって対抗し，警察力での封じ込めをはかった[21]．1869(明治2)年から90(明治23)年にかけて実施された大規模ストライキの総数71件のうち，4割に上る28件までが鉱山を現場にしたことは，災害にみまわれやすい労働者の劣悪な実情を反映したものとみてよい[22]．近代化の初期段階における鉱山労働者の大部分は農民であったために，農閑期にしか労働供給がなく，過酷な労働条件も手伝って鉱山に人手を集めることは

---

21)　通商産業省編『商工政策史』第22巻，396頁．
22)　佐々木享「わが国の初期鉱業労働保護立法について——鉱業条例の鉱夫保護規定に関する覚書」『社会科学年報』第5巻(1971年)，252頁．

容易ではなかった．また，過酷な鉱山労働を引き受ける非熟練労働者の多くが，いわゆる士農工商の外にいる最下層の人々であったことも政府の労務管理政策に影響している[23]．三池炭鉱などで囚人や朝鮮人の強制労働が用いられるようになったのは，農繁期にも安定した労働力を調達するための苦肉の策であったといえよう．政府による鉱山開発を軸とした工業化への邁進は，とりわけ熟練労働力の確保という壁にぶつかったわけである．

すでに指摘したように，鉱山開発の伝統が長い日本では，明治の段階では近場の鉱山はほとんど採掘されつくしていた．鉱物資源はより地層深く，より奥地に求められなくてはならなかった．この事実は必要とされる労働力の性質を規定した．江戸時代にも囚人が鉱山労働に動員されることはあったが，彼らの仕事は排水や運搬といった肉体労働に限定されていた．製錬や選鉱は熟練を必要としたからである．西欧技術の導入と機械化は，それまで人力に依存していた排水の作業を自動化し，囚人らは掘削や深い坑道での運搬など機械が及ばない場所での仕事に振り向けられるようになった．

こうした過酷な環境における劣悪な労働条件を初めて公に告発したのは，松岡好一である．松岡は1888（明治21）年に九州肥前の高島炭鉱を視察して，その惨状を世に知らしめた．松岡の報告が契機となって政府は鉱山労働者の状態に関する本格的な調査を行う．その帰結の一つは，労働者の健康や基本的権利の保護について初めて言及した1890（明治23）年の鉱業条例の制定であった[24]．

ここまでを要約しよう．日本は明治維新以降，中央集権化と民営化という急激な政策転換を立て続けに経験した．こうした転換は，度重なる農民や労働者による争議や抵抗を抑え込むことのできない貧弱な警察力と中央集権的な資源

---

23) Fumio Yoshiki, *How Japan's Metal Mining Industries Modernized*, Tokyo: United Nations University, 1980, p. 4.
24) この法律は，プロシアの鉱山法（1865）を参考に作られた．ここで注目すべきは，鉱山における労働者保護の規則が1911（明治44）年の工場法に20年も先んじて制定されたことである．もちろん，これをもって日本政府が末端の労働者に対してより温情的であったと理解するのは間違っている．むしろ過酷な労働条件ゆえの労働者の頻繁な離反や労働放棄を抑制する狙いが政府にあったと考えるべきであろう．とりわけ西欧における工業化の弊害をいち早く学びとっていた海外留学組の内務官僚たちは，労働者との係争が生じる前にそれを防ぐことを画策したと考えてよい．Sheldon Garon, *The State and Labor in Modern Japan*, Berkeley: University of California Press, 1987, p. 22.

管理の限界を政府自らが認識しはじめていたことの反映である．逆にいえば，資源の存在する地方では行政と人々とが交渉するスペースが大きく開いていたことを意味する．他方で，鉱業法や森林法の充実は，「排除する権力」ではなく，労働者の保護を含めた「生産する権力」を強化し，行政の力を周辺地域と末端階層にまで浸透させていった．政府への定期的な報告義務を課せられた各鉱山では，労働者の管理が進み，行政の提供するサービスを通じて国家に依存する人々が徐々に生産されていったのである．

(2) シャムにおける漸進的な中央集権化と森林・鉱山開発

19世紀後半までのシャムは，江戸期までの日本がそうであったように，チャオと呼ばれる地方領主が，それぞれの領地を管理する地方割拠の統治体制をとっていた．地域の人々は，雑役と税の納入と引き換えに，地方領主による保護を受け，土地の使用権を認められていた[25]．商品価値の高いチーク林が密集する北部地域と，錫が集中する南部地域ではとくに地方領主がこれらの資源の管理を厳格に行っていた．資源の中央集権的な管理は，資源を介して間接的に地方領主を管理下に収めるという大変革を意味していたのである．自由貿易の拡大を企図した英国は1855年にシャムとの間にバウリング条約を締結した．これは関税を低く固定し，治外法権やシャム領土内における土地所有権を認めるといった条項を含む英国有利の不平等条約であった．西から英国，東から仏国が迫る中，シャム政府にとって地方資源の管理は重要な外交懸案であった．政府は領域的な地方管理体制を改め，統一的な税制に立脚した中央集権的な官僚制の確立を急ぐことで西欧の植民地勢力に対抗しようとする．

日本と比較して乳幼児死亡率が高く労働力が稀少であったシャムでは，政府による労働者の管理が重要なものであった．それゆえに，シャムでは人頭税を軸に労働力としての人の所有制度の整備が進んでいたのに対して，土地の所有権制度の整備は著しく立ち遅れていた[26]．ウェールズは，シャムの天然資源が

---

25) Ratanaporn Sethakul, "Political, Social, and Economic Changes in the Northern States of Thailand Resulting from the Chiang Mai Treaties of 1874 and 1883," Ph.D. diss., Department of History, Northern Illinois University, 1989.

26) David Feeny, "Decline of Property Rights in Man in Thailand, 1800–1913," *Journal of*

十全に活用されていない理由を労働力の相対的な不足にみた[27]．少数民族を標的にした奴隷狩りは頻繁に行われ，奴隷人口は全労働者数の4分の1から3分の1を占めていたという[28]．徴兵された人々は虚偽の登録をするなど様々な方法で苦役から逃れようと抵抗し，国王の統治基盤を脅かした[29]．

　こうした中で，チュラロンコン王(ラーマ5世：1868-1910在位)が手がけた行政改革の一つは，労働力に立脚した経済から，税収に立脚した国家へと統治体制を転換することであり，それによって地方領主の勢力を抑え，中央集権体制を確立することであった[30]．日本がその税収システムを物納から金納へと変革したように，シャムも税収を通貨に立脚した統一的なものにしようとしたのである[31]．この変革の基礎となる土地の登記は1908年の地券法を契機に始まったが，その対象は地代を生み出す水田の存する平野部に限定されていた[32]．

　天然資源の一部は，「資源」として認知される以前から，国家間の境界線を形成することを通じて国土の成立に重要な機能を果たしてきた[33]．トンチャイは地図が未発達だった近代以前のシャムにおいてさえ，英国が関心をもつ木材と鉱物資源の所在地だけは例外的に明確な境界線が設けられていたと指摘する[34]．一部の天然資源に対する注目度の高さにもかかわらず，ラーマ2世時代における錫貿易からの歳入が全歳入に占める割合はわずか0.2％で，錫，鉄，

Economic History, Vol. 49, No. 2(1989), pp. 285-296.

27) H. G. Q. Wales, *Ancient Siamese Government and Administration*, London: Bernard Quaritch, 1934, p. 10.

28) Virginia Thompson, *Labor Problems in Southeast Asia*, New Haven: Yale University Press, 1947, p. 214.

29) 小泉順子「タイにおける国家改革と民衆」歴史学研究会編『民族と国家——自覚と抵抗』東京大学出版会，1995年，327-352頁．

30) Feeny, "Decline of Property Rights in Man in Thailand, 1800-1913," p. 291.

31) この過程は，国家主導の税制改革だけに起因するわけではない．大量の華人労働者への賃金支払いや，米の商品化の流れは現金によるやり取りを不可逆な流れにした(Feeny, "Decline of Property Rights in Man in Thailand, 1800-1913")．

32) James Ingram, *Economic Change in Thailand, 1850-1970*, Stanford: Stanford University Press, 1971, p. 66.

33) Tongchai Winichakul, *Siam Mapped: A History of Geo-Body of a Nation*, Honolulu: University of Hawaii Press, 1994.

34) Tongchai, *Siam Mapped*, p. 65, p. 73.

チークの総計はラーマ 4 世期になっても 0.7% に過ぎなかった[35]．こうした統計の信頼性を疑うことも可能であるが，農業部門を除くと，天然資源が経済全体に占める比重は確かに小さかったといえる．そうであれば，政府の中央集権化への動機付けは財源以外の側面に求めなくてはならない．

　豊富な土地と稀少な労働力という条件下にあったシャムにおいて，政府の天然資源管理への関心は英国の動きに強く影響された．北部におけるチークと南部における錫に対して地方領主が中央政府の意向からは独立して企業等に伐採・採掘権を付与していたからである．中国と英国の企業が主に関与した錫開発は領土問題をほとんど引き起こさなかったが，北部のチークは領土問題と密接に関係していた．この点についてマッコーリーは，次のような観察を残している．

> 増大する木材貿易の重要性が，シャム政府による北部支配を動機付ける理由になっていたことは間違いない．シャム北部のラオ諸国を傘下に収めることに基本があったことは疑いえないが，その手続きは地方領主を怒らせないようにゆっくりと進められた．こうして最終的には，シャムの北部はすべて中央政府の手中に接収されたのであるが[36]．

つまり，中央政府を資源統治に動かしたのは，チークや錫の商品価値そのものというよりも，それらの地政学的な所在地なのであった．

　シャムにおける金属生成の歴史は長いが，近代化以前の段階から大規模な掘削対象になっていた鉱物は錫のみであった．そのほとんどは少数の華人資本に支配されており，彼らは県知事らとも密接な関係をもつことによって南部地域一帯に大きな影響力をもった[37]．南部の錫生産地域では税金を錫で支払うことも認められていた[38]．錫が王室による独占的な輸出品に指定されたのも，こうした背景がある．しかし，錫が近代的な施設を用いた本格的な開発の対象になるのは，やはり英国資本がシャムに進出してからのことである．バンコクの中

---

35)　Wales, *Ancient Siamese Government and Administration*, pp. 231-232.
36)　R. H. Macauley, *History of the Bombay Burmah Trading Corporation, Ltd. 1864-1910*, London: Spottiswoode, Ballantyne & Co., 1934, p. 59.
37)　Malcolm Falcus, "Early British Business in Thailand," in R. P. T. Devenport-Hines and Geoffrey Jones eds., *British Business in Asia since 1860*, Cambridge: Cambridge University Press, 1989.
38)　Wales, *Ancient Siamese Government and Administration*, p. 200.

央政府は英国の進出については強い警戒感を示しつつも，華人の進出については これを容認していた．ところが，地方領主が牛耳っていた伐採・採掘権を中央から統制する力を，当時の中央政府はもっていなかった．

1891年の王室鉱山・地質局（後の鉱山局）の設立は，こうした地方勢力を牽制して中央から統制することを目的にしていた．後に局長になる2人の外国人顧問（ドイツ人と英国人）は1901年に鉱山法を起草し，鉱山産業における規制の在り方の骨格を作った．最初の鉱山局長になる英国の地質学者H．スミスは，自叙伝『シャムでの5年間（*Five Years in Siam*）』の中で「コンセッションが付与されている鉱区は複数あったが，地代の支払いや作業は何も行われていない．コンセッションのほとんどは，投機目的であった」と鉱山行政の実質的な不在を嘆いていた[39]．

ラーマ5世がライセンス方式を導入した背景には，鉱山会社，知事，中央政府との間の係争が絶えなかった無秩序な状況があった[40]．新たに設置された鉱山局にとっての最初の仕事は，地質調査を行い，税収を安定化させるために鉱山関連法を整備することであった．欧州由来の地質調査や地籍図の作成は，単に効率的な資源開発を行うためではなく，中央集権的な国家をつくるための基礎にもなったのである[41]．

鉱山における主要な労働力は，華人の移民たちであった[42]．労働条件は過酷で，賃金を高く維持することは労働者を確保するために不可欠な措置であった[43]．小規模の華人系企業は，10〜16%のロイヤルティを政府に納めること

---

39) H. Warington Smyth, *Five Years in Siam, from 1891-96: The Malay and Cambodian Peninsulars, with Descriptions of Ruby Mines*, Bangkok: White Lotus Press, 1898, p. 33.
40) Krom Sapayakon Taranii, *100 pi krom sapayakon tarani* ［鉱物資源局百年史］（タイ語），Bangkok: Chalongratrana Publishing, 1992.
41) Tamara Loos, "Introduction to *Five Years in Siam*," in Smyth, *Five Years in Siam, from 1891-96*, p. XVI.
42) Ingram, *Economic Change in Thailand*, p. 210. トンプソンによれば，20世紀初頭のシャムにおいて華人労働者は港湾などでの人夫，造船夫，商人，鉱夫の大半を占め，農業外部門における全労働者の70%近くを占めたという(Thompson, *Labor Problems in Southeast Asia, 1850-1970*, p. 217).
43) William Skinner, *Chinese Society in Thailand: An Analytical History*, Ithaca: Cornell University Press, 1957, p. 110.

になっていた[44]．華人移民らの鉱物に対する知識は卓越しており，彼らは知識の多くを秘密にすることで将来的な資源開発上の優位を確保しようとした[45]．政府が自前で鉱山専門家を養成し，華人労働者を自国民労働者で置き換えるようになったのは，1930年代からナショナリズムの機運が高揚してからである[46]．要約すれば，南部の錫開発は，経済的な「飛び地」で行われ，採掘権リースという行政との間接的なつながりがあったとはいえ，実質的には華人系列によって牛耳られていた．

　一方で，北部に豊かに存在した森林の方は，ビルマから触手を伸ばしてきた英国勢力から大きな影響を受けることになる．1896年に設立された王室森林局の初代局長のH. スレイドはビルマで経験を積んだ英国人で，1901年まで局長としてシャム林政の礎を築いた．ビルマにおけるチークの枯渇と拡大する英国勢力は，シャム政府に森林管理を通じた中央集権化を急がせることになる[47]．初期の森林局の中心的な業務は，王室調査局と協力しながら地図を作成し，伐採権の範囲や伐採可能樹種を明確にして係争の発生を抑制することであった[48]．中でもスレイドが注力したのは，その初期において伐採権の発行を規制し，6年間は森林の保全育成に努めるという政策であった[49]．1900年前後の段階で鉱山局と森林局の双方が国家統治の中枢機関であった内務省にあったことは，天然資源の管理が木材や鉱物そのものの生産を超えて政治的に重要な案件であったことを例証するものに他ならない．

　ここで注目すべき点が二つある．1点目は，西欧の脅威が資源管理の中央集

---

44) Ingram, *Economic Change in Thailand, 1850-1970*, p. 108.
45) D. E. Malloch, *Siam: Some General Remarks on Its Productions and Particularly on Its Imports and Exports, and the Mode of Transacting Business with the People*, Calcutta: J. Thomas at the Baptist Mission Press, 1852, p. 22.
46) Krom Sapayakon Tarani, *100 pi krom sapayakon tarani*, pp. 183-192.
47) Gregory Barton and Barett Bennett, "Forestry as Foreign Policy: Anglo-Siamese Relations and the Origins of Britain's Informal Empire in the Teak Forests of Northern Siam," *Itinerario*, Vol. 34, No. 2(2010), pp. 65-86.
48) H. Slade, Report of the Forestry Department, 1901(R5 M 16/2 Chotmaihetu Rachakan Thi 5, Krasuang Mahathai, ラーマ5世期内務省分類文書).
49) H. Slade, Report of the Forestry Department, 1897(R5 M 16/9 Chotmaihetu Rachakan Thi 5, Krasuang Mahathai, ラーマ5世期内務省分類文書).

権化を正当化するのに役立てられたということである．マッコーリーはこの点について「森林局が設置されてからまもなく，シャム政府は，中央集権化によるヨーロッパ勢力の統制を大義に地方領主への働きかけを正当化した」と指摘した[50]．2点目は，この時期に資源管理を介して，国家と社会の関係がより明確になったということである．

たとえばスレイドは山地民による農法を「無駄が多い」と批判し，彼らを断固として規制しなければ，政府の手中にあるチーク林の範囲を推計することさえままならないと強調した[51]．伝統的な焼畑移動耕作の正当性は認められず，法律にしたがって所有や利用の主張がなされていない土地はすべて国王，そして森林局の土地になることが明確にされた[52]．地域住民，とくに山地で焼畑移動耕作を営む人々は森林の持続的管理の障碍であるという認識が定着し，国家が資源管理の独占的主体として立ち現れた．国家による中央集権的な森林管理が進行する過程で，慣習的な森林利用権が正式な形で認められることはなかったのである[53]．この時期に形成された森林をめぐる国家と社会の対抗関係は現代に到るまで尾を引くことになる．

森林局は，材木の流通経路，奥地における通信と交渉といったコミュニケーションなどの回路を通じて国家権力の地方への拡張に貢献した．中央と地方の権限や機能分担の問題にまで及んだ．森林管理の中央集権化は，首都バンコクがその影響力を地方に伸張させるためのテコであり，地方領主の経済基盤を弱体化させる手段となっていたのである．マッコーリーは次のように指摘する[54]．

何世紀もの間，理論上，中央に制約されていた地方(チェンマイ，ラコン，

---

50) Macauley, *History of the Bombay Burmah Trading Corporation, Ltd. 1864-1910*, p. 60.
51) Slade, Report of the Forestry Department, 1901, p. 7.
52) Banasopit Mekvichai, "The Teak Industry in Northern Thailand: The Role of Natural Resource-Based Regional Economy," Ph.D. diss., Cornell University, 1988.
53) Nancy Peluso and Peter Vandergeest, "Genealogies of the Political Forest and Customary Rights in Indonesia, Malaysia, and Thailand," *Journal of Asian Studies*, Vol. 60, No. 3 (2001), p. 778. シャムにおける「公共地」の法的な認定は，1932年の民商法の制定を端緒とする．そこでの公共地とは，道路，湖，沿岸地帯などが想定されており，森林は含まれていない．シャムの公共政策の歴史的背景については北原淳『タイ近代土地・森林政策史研究』晃洋書房，2012年を参照．
54) Macauley, *History of the Bombay Burmah Trading Corporation, Ltd. 1864-1910*, p. 65.

ナーンの)諸侯の力は，それぞれの領土を管理する上でバンコクからほとんど統制を受けることはなかった．したがって，現在の諸侯たちが生きている間に旧い支配体制を転覆させることは困難であった．ところでシャム政府がラオの国家に支配権を拡張しつつあったとき，諸侯らは高齢に達しているものがほとんどであった．H. スレイドが登場して森林局を設立した1896年は，ちょうどこのような時期である．そう考えると，シャム政府が(地方統治の)支配体制を築き始めたのは，森林局を介して，といえるのであり，この展開はラオ国家を絶対的な支配下に収めたところで完了したのである．

その後，森林局の主導で拡張を続けた国有林は，各地で森林資源に日常的に依存していた村人たちとの係争の焦点となり，政府は苦し紛れの使用権を乱発することでその場しのぎを繰り返すことになる[55]．政府は「禁止と許可」という白黒が明確な規定手段から，徐々に条件付の「程度」の規制(自給目的の林産物採集の容認や地域住民が利用してよい範囲の区画化など)へと態度を軟化させるが，住民主体の共有林が権利として法的に認められるようになるには2000年代まで待たなくてはならなかった．

2 比較と考察——社会の反応はなぜ異なるのか

(1) 出発点の類似と帰結の相違

日本もシャムも，多分に地方の自治に任された政治状況と内部に大きな身分格差を抱えた統治体制から近代化をスタートした．両国ともに地方の権力者が群雄割拠する中，西欧からの圧力に対抗するために，急速な中央集権化を目指した．天然資源の中央集権的な管理は，所有権制度の整備と並行して，いずれの国でも重要な政策として位置づけられていた．

直接的な歳入という点で森林と鉱物の貢献は小さかったが，それでも統治の対象としてこれらの資源が重要視されたのは，資源管理の失敗で近代化のペー

---

55) 北原淳「森林の保全と利用の矛盾と紛争」ポーリン・ケント，北原淳編『紛争解決　グローバル化・地域・文化』ミネルヴァ書房，2010年，63-84頁．

スを落とし，外国勢力につけ入る隙を与えたくなかったからである．同時に，政府は列強との対抗を大義名分にして時には地方領主や西欧企業，地域住民などの間に仲裁に入り，間接的に地方の諸侯がもっていた権限を吸い上げて中央集権化を進めようとした．

　伐採権の乱発によって北部の森林が荒廃している事実は，ラーマ5世にとっての懸案の一つでもあった[56]．それは中央政府による「科学的な管理」を正当化する引き金になった．資源の稀少化は日本では一層深刻であった．山林局の設置を建議した大久保利通は，森林保護活動に地域住民を参加させる必要性を訴えたが，これは行政能力の限界を自覚していたからこそであった．1900（明治33）年ごろから政府が森林組合の設立を奨励したのも，資源基盤の劣化に対して政府だけでは対応しきれないという問題認識を反映している．このように，天然資源は単に商品や歳入源と見られていたわけではなく，国家が地域社会にその影響力を浸透させる手段としても重要な機能を求められていたのであった．だからこそ税源としてはさほど重みをもたない資源に対して政府は管理の触手を伸ばそうとしたのである．

　シャムと日本には上述のような類似性も確認できるが，両者の相違点も見逃せない．一つは，民間と政府の関係である．日本では明治政府が発足当初の全面的な中央集権的な管理を早々に放棄し，国営のモデル事業を限定した上で，重要な資源を民間へと払い下げる政策へと急転換した．これに対してシャムでは，民間への払い下げではなく，伐採・採掘権の乱発という形で開発が進み，その基本的な方向は民間企業の強化ではなく，政府の統制強化に向けられた．日本では，こうした民営化の過程で財閥が急成長するものの，タイの資源部門では鉱物資源管理で一部の華人勢力が影響力をもつようになっただけで，影響力をもつ民間資本は育たなかった．

　第二は労働力の扱い方である．日本政府はシャムに比べると労働者の保護や福祉事業に比較的熱心に取り組んだ．森林部門では，江戸時代からあった部分林という制度を踏襲し，地域住民が国有林管理に労働力を提供するのと引き換えに，薪や下草といった自給用資源の採集を許した．鉱山部門では鉱山労働者

---

56) Barton and Bennett, "Forestry as Foreign Policy," p. 75.

の権利について積極的に制度を整えようとした．その一方で，タイで森林の共有権が議論されるようになったのは，ようやく 1980 年代に入ってからであり，鉱山部門でも労働者の保護に関する法制度が整うのは第二次大戦以降のことであった．タイでは，近代化の開始以降，一貫して中央政府が独占的な支配体制を築こうとしてきたのである[57]．

　日本の鉱山部門では近代化の過程で鉱山労働者の組織化が解体されるより，むしろ強化されてきた．仲買人や労働者の仲介役を果たした組織が広範に存在したために，中央政府の労働者保護政策は末端まで届いたわけではなかった．こうした現場の実態は，労働搾取的な資本家やブローカーを迂回して，政府からの直接の保護を受けようとした労働者の運動を喚起したと同時に，労働者相互からなる自助組織の発達を促した．鉱山の熟練労働者の間で広くみられた「友子」と呼ばれる制度はこうした相互扶助組織の例である[58]．この組織は個々の労働者にとって怪我や病気の際の保険として機能しただけでなく，熟練労働者が鉱山から鉱山へと渡り歩くことを保証し，それを通じて技術の伝播を下支えする役割を果たした．鉱山は埋蔵量にもよるが，数年の掘削で枯渇するところも多く，「渡り」と呼ばれる熟練労働者の移動は日常茶飯事だった．一部の労働者は技術を習得する目的で文字通り山から山へと渡り歩いていた[59]．友子はそうした移動者を制度的に支え，移動先できちんと処遇されることを互いに保証し合うシステムだった．生産力の向上よりも，リスクヘッジとして機能した相互扶助組織が日本各地で見られたという事実は，熟練労働者がいかに稀少な存在で，その労働環境がいかに過酷であったのかを端的に示している．

　シャムでも，鉱山での操業を牛耳っていた華人労働者が独自の相互扶助組織を作っていた．公に認知されていた日本の友子とは異なり，シャムの相互扶助

---

57) Jin Sato, "Public Land for the People: The Institutional Basis of Community Forestry in Thailand," *Journal of Southeast Asian Studies*, Vol. 34, No. 2 (2003), pp. 329–346.

58) 松島静雄『友子の社会学的考察――鉱山労働者の営む共同生活体分析』御茶の水書房，1978 年．

59) 村串仁三郎『日本の伝統的労使関係』世界書院，1999 年．土井徹平の調査によれば足尾銅山では鉱夫の 8 割が友子のメンバーであった．また，尾去沢鉱山での事例調査では 60% の労働者が 2 年以内に移動していたとして，労働者の流動性の高さを裏付けている（土井徹平「近代の鉱業における労働市場と雇用――足尾銅山及び尾去沢鉱山の『友子』史料を用いて」『社会経済史学』第 76 巻第 1 号，2010 年 5 月，3-20 頁）．

組織は当局の介入をかわすための秘密結社としての性格を帯びていた[60]．組織的な暴動はときに中央集権的な改革の勢いを弱める効果をもったが，そうした暴動はごく稀で，しばしばバンコクの中央政府による財政的な迎合策に取り込まれることが多かった[61]．すでに指摘したように，南部の鉱山地域では華人系財閥が支配的な力をもっており，争議の仲裁なども担っていた．中央政府からみると，こうした財閥が半島における英国の影響に対する緩衝剤の役割を果たしていたのである[62]．その一方で，労働者の権利が法的に整備されるようになるのは1956年であり，そこから初めて組織的な労使交渉権が認められるようになった[63]．自助組織の形成という点で日本とシャムの労働者は類似の道をたどるものの，政府との関係という点では日本でのそれが近い関係であったのに対して，シャムでの関係は明らかに遠いものであった．

(2) 相違の説明

ほぼ同時期に近代化をスタートさせ，鉱業と林業という二つの天然資源部門を通じて形成された国家・社会関係が，日本とシャムの両国でかくも異なる性格を帯びるようになったのはなぜだろうか．

第一に，19世紀のシャムにおける鉱業と林業は，稲作に基盤を置く主流派の文明からは切り離された経済的な「飛び地」の中で行われていた．山岳民族と華人労働者に依存した産業形態は，中央政府の直接的な統治の外に置かれていた．このために，中央政府はこうした辺境の労働者の権利保護には無関心で，ナショナリズムが高揚した1920年代から30年代にかけて移民や少数民族への風当たりは特に強かった[64]．これに対して，日本の森林利用は農民にとっては農業活動と強く関連した部門として認識されており，そのことが資源管理を通

---

60) Jennifer Cushman, *Family and State: The Formation of a Sino-Thai Tin-Mining Dynasty 1797–1932*, Oxford: Oxford University Press, 1991.
61) Ansil Ramsay, "Modernization and Reactionary Rebellions in Northern Siam," *Journal of Asian Studies*, Vol. 38, No. 2(1979), pp. 283–297.
62) Cushman, *Family and State*, p. 43.
63) Bevars DuPre Mabry, *The Development of Labor Institutions in Thailand*, Data Paper No. 112, Southeast Asia Program, Cornell University, 1979. 労働者の安全について規定した工場法は1939年に施行されたものの，労働現場ではほとんど無視されていたようである．
64) Thompson, *Labor Problems in Southeast Asia*, p. 230.

じた国家と社会の関係を密なものにした．鉱業部門では，労働者の確保が大きな制約となり，このことが労働者確保に向けた国家介入の促進や友子制度などの旧慣の容認につながった．

　第二の要因は，日本の方が西欧文明から学び国内の制度改革に意欲的だった官僚や政治家の層が厚かったことである．彼らは単に近代化を推し進めようとしたのではなく，西欧文明の問題点を見抜いていた．そのことは，たとえば内務省の社会派官僚によって進められた工場労働者の保護に関する諸政策に表れている[65]．その一方で，シャムにおいては資源関連部局の長のほとんどは西欧からのお雇い外国人で，植民地経営の観点から効率的な資源開発を優先し，地域社会の伝統を軽視する傾向が強かった[66]．

　第三の要因は，日本では多様な天然資源が長く開発の対象になってきており，それゆえに稀少化した資源を最大限に活用するための工夫が随所で行われていたことである．田畑の肥料として森林の下草が欠かせない存在となっていたように，複数の資源の相互依存関係が濃密に構築され，国家・社会関係の基盤になっていた．他方でシャムの林業部門では，資源の管理目的が商業的な観点に基づくチーク材の安定獲得に絞られており，鉱物も錫だけが開発の対象になっていた．日本では金銀銅に始まり，石炭から鉄に至るまで多様な金属に政府の介入が行われていたことに比べると，シャム政府の鉱物資源への介入は非常に限定されていた．開発対象になった資源が多様であったことは，資源の周辺に暮らす人々の間に特殊な関係を作り出すことになった．入会をめぐる厳格な慣習が日本各地で見られるのは，この例である．

　国家が周辺社会へと浸透した程度の違いは，単なる行政能力の差と見るべきではない．シャムと日本の比較から分かるのは，国家権力の浸透度は行政単独で規定されるのではなく，社会との関係の中で規定されてくるということである．日本では，鉱山に対する国家関与は民営化と伝統的な労働者組織に立脚していた．シャムの近代化初期における統治の浸透は，国際的な商品価値をもつ天然資源の植民地経営に端を発していたゆえに搾取的であったが，その分，統

---

65)　Garon, *The State and Labor in Modern Japan*, p. 230.
66)　専門知識をもった職員の不足は，海外留学組が帰国を始める 1920 年代まで一貫してシャム政府を悩ませた．

治の範囲は労働力と天然資源の局所的な分布地に限定された．両国におけるこうした文脈の違いが二つの国の国家・社会関係を性格づけたのである．

3　資源を介した統治

　ここまで，シャムと日本の資源統治の比較を通じて，前者の排他的な体制と後者の包摂的な態度を対比させてみた．両国政府のアプローチの違いは，意図的な選択の結果として解釈すべきではない．地域住民を包摂しながら国有資源の統治を深めていく日本のやり方は，地域住民の福祉や生活水準を優先して採択された方法ではなかった．それは行政能力の不足を住民の力で補いつつ，中央政府主導の近代化を進めるためにとられた，やむを得ない選択であったと考えるべきだろう．

　逆に言えば，シャムでみられたような排他的な資源管理体制は，政府の統治範囲が限られていた分，地域の人々には相対的により多くの自由が付与されていたと見ることもできる．このように，自然環境の支配は，間接的に人間社会の支配と再編成を伴った．そして，辺境の天然資源を中央集権的に支配しようとする努力は，その過程において資源の所在地周辺における国家と社会の関係を規定した．たしかに，土地を国有と民有とに区分し，手付かずの森林のほとんどが国家管理へと編入された結果，人々と政府が永続的な対立の構図の中で争いを続けることになった点で両国は似ている．しかし，日本では旧慣の尊重や組合活動の奨励など，状況に応じた住民の懐柔と国家政策への取り込み戦略が矢継ぎ早に打ち出された一方で，シャムでは今日に至るまで一貫して山地民や地域住民を排除する方向で資源管理が実施されてきた．

　繰り返すが，これは明治政府が国民に温情的な政策を選んでいたからではない．シャムと日本のそれぞれで形成された国家・社会関係が，それぞれの政策の選択肢を規定したのである．日本もシャムも資源管理の中央集権化に必死であった．ただし，資源開発の歴史が長い日本は極端な森林荒廃に代表される資源の限界を早く目の当たりにした．そのことが，資源回復に向けた地元の労働力の動員と協力を不可欠にしたことは想像に難くない．耕作可能地の絶対的な制限下におかれていた日本では，旧慣を活用した資源利用政策はしごく合理的

な選択だったのである．この選択は，それまで国家の外に置かれてきた下層階級を新たな資源経済に編入させることになったが，資源経済が飛び地を形成していたシャムでは同じような編入が起こらなかった．このように，資源統治とは資源そのものの統治を超える領域，つまり奥地で動員される労働者層と国家との関係という点で地理的にも社会的にも深い浸透力を備えた介入であった．

　本論は，近代化開始当初のシャムと日本で，なぜ歳入上の貢献が少ない天然資源が国家管理の対象になったのかを問うた．本論が明らかにしたのは，天然資源は単にその商品価値を認められていたわけではなく，むしろ，その潜在的な可能性を見込まれて統治の対象になったということである．ここで統治を必要とするのは，モノとしての天然資源に限られない点に注意を促したい．西欧諸国による植民地化の脅威，中央と地方の権力闘争，農民と支配階級の対立など，いずれの火種も，土地と天然資源を軸に加熱する可能性があった．社会不安や係争の種などの潜在的な脅威をあらかじめ封じ込めるという意味でも資源統治は重要になったのである．そして見過ごせないのは，近代化の時期に醸成された資源統治の文化が現代に至るまでの管理思想の下じきになったことである．

おわりに

　本論では，平野が提起した「斜めの視角」を応用しながら，天然資源管理というテーマで地域研究に比較の視点を持ち込む可能性を検討した．異なる風土や歴史的な背景をもつ国や地域を，分析する側の都合で並べて比較することに無理が生じることは避けられない．しかし，たとえば本論で取り上げた天然資源管理を通じた国家と社会の包摂・排除の関係は，同じような時期に，同じような外圧の中で中央集権化をスタートした日本とシャムを比較してみることで，はじめてくっきりと浮かび上がるテーマであり，それぞれの単独に行われる一国研究からはでてこない．このような比較の可能性をさまざまに模索していくことによって，平野の言うように「地域の研究は十分なものになる」と思うのである．

第9章 植民地と文化触変
日本植民地下の朝鮮における茶文化

金　東明

はじめに

19世紀後半から20世紀に入ると，国際関係の緊密化にともなって，二つ以上の個別文化のあいだの接触が絶え間のないほど頻繁になり，その接触によって，それぞれの文化が激しく変化するようになった．植民地支配は，まさにそうした文化と文化のあいだの接触と，それによる文化の変化の代表的な一つの形であった[1]．

周知のとおり，日本と韓国とのあいだには，古代から絶えず文化接触があり，両国の文化はお互いに影響を受け変化してきた．20世紀初頭，日本帝国主義の支配を受け始めた植民地朝鮮においても，既存の朝鮮文化と日本文化との接触が増え，二つの文化は影響を与え合った．特に，同化主義政策を掲げた支配側の日本帝国主義は，強制的な接触を通じて圧倒的影響力を被支配側の植民地朝鮮に加えた．

本稿では，このような文化の接触とそれに伴う変化を文化触変(acculturation)[2]として理解し，日本帝国主義の支配下にあった植民地朝鮮において，日

---

*　本稿は，韓日関係史学会『韓日関係史研究』第31輯(2008年12月)に掲載したものに若干修正を加えたものである．
1)　平野健一郎『国際文化論』東京大学出版会，2000年，53頁．
2)　良く知られているように，文化触変研究の成立は，1936年，*American Anthropologist*というアメリカの学会誌にフランツ・ボアズ(Franz Boas)の指導を受け，ロバート・レッドフィールド(Robert Redfield)などが共同で掲載した「文化触変研究のための覚書(Memorandum for the Study of Acculturation)」によってである．ここで文化触変とは，「異なる文化をもつ集団が，持続的な直接接触を行って，いずれか一方または両方の集団の元の文化の型に変化を発生させる現象」であると定義した ("Memorandum for the Study

韓両文化の接触によって起った朝鮮の文化触変のなかでも，特に茶に焦点を当てて分析することによって，植民地朝鮮での文化触変の実態を明らかにしようとする．

　文化触変には，自発的行為による文化受容と，文化の強制流入という二つのタイプがある．植民地期の文化触変は後者に当たる．植民地政府の強力な政治的圧迫は，文化的に全く異なり，決して受け入れられないほどの異質的文化要素も植民地に受け入れさせる．政治的影響力は，ある方向に変化を強要することができるためである．このために，植民地支配期間に起った文化触変は，成功しない場合が多かった．しばしば心ならず強いられて受け入れた文化は，それを要求した政治的環境が消えると同時にただちに消滅することになる．これに対して，おおむね植民地支配期に自発的行動によって採択され受け入れられた文化的要素は，長く続いて慣習として生き残る傾向が強い[3]．

　ところで，植民地朝鮮における文化触変に関する研究は，ほとんど行われてこなかった[4]．このような状況のなかで，一つの漁村を対象とした崔吉城らによる研究は貴重な研究である[5]．そこでは，巨文島を対象に波市（海上魚市），機関，教育，神社，漁業，言語，社会組織，儀礼などの各分野において起った文化触変の実態が把握された．編者である崔吉城の文化触変に関する結論は次のようである．すなわち，日本帝国主義は，巨文島に住宅街，人工湾，防波堤などの港湾施設を整備し，漁労技術の導入や関連重要機関の設置，漁業の組織化などによる近代的漁業を発展させた．その過程において巨文島には飲食業と売春業が栄え，近代的な教育と日本の文化施設が普及した．しかし，解放後，巨文島では漁業のような生計と関わる一部を除いては文化施設などの日本文化の残滓はほとんど消滅し，結局，植民地という特異な現象による文化受容はほ

---

　　　of Acculturation," *American Anthropologist*, XXXVIII, 1936, pp. 149-152）．これについての詳しい内容は，平野『国際文化論』55-57頁を参照．
　3）　イビョンウォン「植民地時期の音楽的文化変容――総体的，批判的視角で見た見解」ソウル大学東洋音楽研究所『東洋音楽』Vol. 27（2005年），16-17頁．
　4）　たとえば，文化触変に関して言及した論文としては，金在弘「日帝植民地治下の放送文化移植」慶北大学校社会科学研究所『社会科学研究』Vol. 2（1986年）；イビョンウォン「植民地時期の音楽的文化変容」などがある．
　5）　崔吉城編『日帝時代ある漁村の文化変容』上，亜細亜文化社，1992年（日本語版：崔吉城編『日本植民地と文化変容――韓国・巨文島』御茶の水書房，1994年）．

とんど行われなかったという[6].

　本研究は，崔吉城などの研究から多くの示唆を受け，日本帝国主義の支配下にあった植民地朝鮮で起った茶の文化触変過程を，特に，文化触変に関する理論に基づいて段階別に分析する．具体的には，平野健一郎の文化触変理論によって日本帝国主義との強制接触を通して植民地朝鮮の茶文化がどのように変容したのか，その過程と実態を明らかにしたい．

　植民地朝鮮における茶の文化触変に関する本格的研究は，いまだ行われておらず，茶と関連した事実を列挙した初歩的研究が存在するだけである[7]．そのなかでは，金明培はかなり多くの貴重な事実を断片的に発掘して示している．資料の出処が十分明らかにされていない点は惜しいが，その先駆的労苦は高く評価されるべきである．一方，最近出された日本人研究者川本理絵による近代韓国と日本における茶道教育の比較研究[8]は，植民地期の茶文化に関する研究に先鞭をつけたものであるといえる．

1　文化触変の過程

　平野によると，文化触変は一つの過程，時間の流れにそった変化の過程である．すなわち，文化触変は基本的に一つの文化が旧平衡から新平衡の状態に至る過程として把握される．文化を一つのシステムと見るとすれば，その変動はこのような流れがシステムのあちこちで繰り返し発生しているということである．彼は，どの時点をとっても，文化はけっして固定的なものではなく，たえず動いているし，いつもどこかに変化が起っているが，全体としては，大体安定した状態になり，継続性が維持されると主張する．しかし，その安定が部分的に大きく崩れることがあると，崩れたままの状態では，人々の生活を支える文化の意義そのものが失われることになるので，ほとんどの場合，その混乱状

---

6)　崔吉城編『日帝時代ある漁村の文化変容』上，51-83 頁．
7)　金明培『茶道学』学文社，1984 年；柳建楫『韓国の茶文化史』上，イルンアチム，2007 年．
8)　川本理絵「近代日韓における女子茶道教育――その背景と関連性」韓国日本語教育学会『日語教育』Vol. 41(2007 年)．

態を一時的なものとして，新しい安定，平衡状態を獲得しようとする動きが文化の内部に生じるとする．平野はそのような文化触変の過程を一つのフローチャートに示した[9]．

その図にも見られるように，旧平衡から新平衡に至る文化触変の過程は，文化の部分的な解体の開始，外来文化要素の伝播と選択，外来文化要素の受容，文化的抵抗，文化の再解釈・再構成という五つの主要段階に分けられる．

第一に，文化の部分的な解体は，文化のある部分に存在する文化要素が従来のままでは目的を達成することができなくなり，機能を果せなくなったとき，その状態を改善するために必要な変化が途中で中断され，そのまま放置されることで始まる．すなわち，文化の解体は，文化の変化が滞ったときに始まるのである．解体を避けるためには，文化を変化させなければならないのである[10]．

第二に，外来文化要素の伝播と選択は，外因によって文化変化が進められる場合である．ある文化要素が機能不全に陥ると，それに代わるものとして他の文化から外来文化要素が伝播して呈示され，選択される段階である．もちろん，呈示された外来文化要素が必ず選択されるわけではなく，拒絶や黙殺の憂き目に遭うことがある．拒絶は，置換の対象となる従来の文化要素や関連する他の文化要素との競争関係が強烈な場合に発生する反応である．黙殺は，人々が呈示された新文化要素の代替価値に気づかない場合に起る[11]．

第三に，外来文化要素の受容は，受け手文化の側にある新しい文化要素に対する必要性と，その文化要素の，それと高い関連をもつことになる他の文化要素との適合性との組み合わせによって決定される．すなわち，必要性と適合性を基準として，外来文化要素の呈示後，比較的短期間のうちに実行される．すでに文化の部分的な解体が進行中であるから，機能不全を起こした文化要素に代わる新たな文化要素を早急に必要とすることは明らかである．従って外来文化要素の受容の段階では，必要性の有無が適合性如何の判断に優先される[12]．

第四に，文化的抵抗は，新しい文化要素を受容したのちしばらくして起る外

---

9) 平野『国際文化論』58頁の図3「文化触変の過程」．
10) 平野『国際文化論』58-60頁．
11) 平野『国際文化論』60-62頁．
12) 平野『国際文化論』77-79頁．

来の異物を排除しようとする動きである．当初は，外来の文化要素の方が変化するように思われるが，組織的適合性を高めるために，受け手の側の文化要素も変化していかなければならないことが，しばらくしてから明らかになるからである．新しい文化要素が一応受け手の文化のなかに収まって，効果を発揮し始めると，従来の文化要素によって生活をしていた一部の人々は，まさに生業を奪われたり，生の根拠を崩されたりするように感じ，新来の文化要素に激しい敵意を感じ，それを排斥するようになる[13]．

最後に，文化の再解釈・再構成は，新しい文化要素を完全に取り込んで，文化全体が新しい活力に満ちた文化として息を吹き返すことである．新しい外来の文化要素は，それが与え手の文化の体系のなかでもっていた機能，意味のゆえに選ばれたのであるが，そのままでは受け手の文化の体系に適合しないので，ある程度においてその意味を変えられる．外来文化要素への拒絶反応を乗り越えて組織的適合が生み出されたとき，そこに相互に適合的な再解釈が成立しており，つぎの再構成の段階に進むのである．そして文化は新しい平衡状態に達し，文化全体が解体にいたることが食い止められるのである[14]．

本稿は，このような文化触変過程モデルを植民地朝鮮において実際に起きた茶の文化触変過程に適用して分析する．すなわち，植民地支配という強制的な文化接触の状況下における文化触変にこのモデルを当てはめてみようとするものである．具体的には，文化の部分的な解体の開始は，古代以来盛んだった茶文化が朝鮮後期に入って沈滞状態に陥ったが，開国以後，外国の茶文化に影響され，新しく茶文化を受け入れようとする動きにおいて見ることができる．次に，外来文化要素の伝播と選択は，植民地支配のために朝鮮に移住してきた日本人が増えると，朝鮮内で茶の需要が増加し，主に日本から茶が流入すると，それに対応して朝鮮で茶の生産が始まったことに見出すことができる．また，外来文化要素の受容は，生活のなかで茶を飲む朝鮮人が徐々に増える状態としてみた．最後に，文化的抵抗は，日本人が日本式茶道を朝鮮人のなかに普及させると，それについて日本人及び朝鮮人が懐疑を抱くことになったことに見ら

---

13) 平野『国際文化論』86-87頁．
14) 平野『国際文化論』101-103，107頁．

れる．一方，文化の再解釈・再構成はここでは除外した．植民地期の茶文化の場合，抵抗を越え，再解釈・再構成にはいたらなかったためである．

2　植民地朝鮮における茶の文化触変

　植民地朝鮮において行われた茶の文化触変の全貌を明らかにするためには，茶の生産と製造，流通と消費，茶生活一般，茶道教育，茶具，茶文献などの多様な部門にわたって検討しなければならない．特に，文化触変を正確に理解するためには，茶に関わる特定の文化要素に焦点を当て，触変過程を細密に分析する必要がある．しかし，本稿においては，限られた資料と紙面の関係上，茶文化全体の触変過程のなかで各段階に相応する部門を例として取り上げ，総体的に説明することとする．

(1) 部分的な解体の開始——茶文化導入の動き
①近代以前の韓国の茶文化　朝鮮半島で茶文化が形成されたのは遠く古代にまでさかのぼる．伽倻と百済における茶文化の存在がうかがえる伝説と記録，遺跡などがみつかり，新羅では茶文化が非常に盛んであったことがわかる．『三国史記』によると，新羅第27代善徳王(632-47在位)のときからすでに茶があったが，栽培され盛んに行われたのは，新羅第42代興徳王3(828)年に使臣として唐に渡った大廉が茶種を持ち帰り，王命で智異山に植えてからである．新羅では，王と僧侶，貴族をはじめ一般の人々も飲茶を楽しんだという記録がある[15]．

　高麗時代には茶文化が以前よりさらにひろまった．茶の全盛期といえる高麗時代においては，仏教の普及とともに全時期にわたって，王と貴族などの支配階級のみではなく，一般民衆のあいだでも茶が普及した．高麗国の二大祭典である八関会と燃燈会で飲茶は重要儀式の一つであった．八関会は，開京と西京において11月15日と10月15日にそれぞれ行われた．前者は護国的性格を，後者は祖先祭の性格を帯び，王は臣下とともに茶を飲み，音楽を聞きながら食

---

15) ヨヨン『我らが本当に分かるべき我が茶』ヒョンアッシャ，2006年，54-84頁．

事とお酒を楽しんだ．燃燈会は，仏陀の功徳をほめたたえ，国家と王室の太平を祈る行事である．正月15日と4月8日に王宮をはじめ全国の村々で灯をともし，王と臣下がお酒と音楽や歌舞をともにしながら茶を楽しんだ[16]．

　また，高麗時代には王子と王妃などの冊封の際に進茶儀式が行われ，外交上でも重要な礼物の一つとして茶が用いられ，王は臣下と一般民衆に茶を振る舞うこともあった．朝廷と宮中の行事に必要な茶関係の事務を担当する官庁として茶房と茶院が設けられた．そして寺においても茶が盛んに行われた．寺には茶をつくって朝廷にささげる貢寺茶所があり，直接茶畑を設けた．お茶は僧侶の修行と接待のためにも用いられ，寺の多くの儀礼にも供養物として捧げられた．なお，文人も茶を楽しんだ．彼らは茶を飲みながらそれを主題とした詩を残し，茶や茶具を贈り物とした．このため，高麗時代には茶具も発達し，茶碗などの多様な種類の焼き物が流行した．また，このような飲茶の普及による需要増加に対処するために茶の生産が組織的に行われ，『世宗実録地理志』によると，茶を貢納する地域が32郡県，茶を土産物とする地域が3，茶の産地である茶所が19地域にのぼっている[17]．

　朝鮮時代には崇儒抑仏政策によって仏教が排斥され，仏教儀式とともに栄えていた茶文化が退潮しはじめた．朝廷や王室の制度や儀礼などで徐々に茶の代りにお酒を用いるようになった．特に，壬辰倭乱（豊臣秀吉の朝鮮出兵）を経て経済的に困窮したことで，宮中はもちろん一般民衆のあいだでも茶文化が急激に衰退した．しかし，茶に関する多くの詩や文，民謡，絵などが伝えられていることからわかるように，朝鮮において茶文化が完全に消滅したわけではなく，士大夫の家礼と一般民衆の生活などで連綿として引き継がれた．だが，朝鮮後期になると，茶文化は寺を中心に少数の茶人と民家の一部においてのみその命脈を維持し，宮中はもとより，両班と一般大衆においても気軽に楽しむ文化ではなかった[18]．

②植民地化直前の韓国の茶文化導入の動き　以上のように，近代以前の韓国の茶

---

16) ヨヨン『我らが本当に分かるべき我が茶』87-91頁；金明培『茶道学』265-267頁．
17) ヨヨン『我らが本当に分かるべき我が茶』92-99頁；金相鉉「お茶」韓国精神文化研究院『韓国民族文化大百科事典』21，1991年，580頁．
18) ヨヨン『我らが本当に分かるべき我が茶』100-135頁．

文化は沈滞したまま平衡をなしていた．このような沈滞した茶文化は，近代化の波のなかで部分的な解体が始められた．すなわち，19世紀末の開国以後，外国人との交流と接触が頻繁になり，海外の茶文化が朝鮮に紹介されると，朝鮮でもそれへの関心が高まり，外から茶文化を導入して既存の沈滞した茶文化を再活性化させる多様な動きが起きた．

　まず，茶栽培に関する政府の努力である．1881年，領選使として清国に渡った金允植は，北洋大臣李鴻章との会談のなかで，朝鮮での茶の栽培と海外輸出問題について議論した．また，彼は1882年には，天津海関道軍機所南局を訪ね，茶業振興に関して具体的に意見を交わした．そして1883年，朝鮮政府は統理軍国事務衙門に農商司を設け，農業を振興するための各種方案を備えて各地方に通告したが，そこに茶栽培と関連した「茶規則」が含まれている．1885年には，清国の九江道から茶秧(苗)6,000個を輸入し，1886年には清国の安徽省から六安茶の茶種を輸入した．なお，1887年，当時のアメリカ公使ディンスモア(Hugh A. Dinsmore)は，朝鮮が対外的儀式や朝廷の行事，寺での儀式などで茶を用いる反面，生産にはつとめないとし，政府に茶の栽培をすすめた．その後，1905年，農商工部では茶の栽培と製茶法が収録された安宗洙の『農政新編』を各道に配布し，また，毎年，清明の日の前後に茶の木などを植える「植木条例」を該当の道庁に示達した[19]．

　次に，外国からの茶葉の輸入である．1884年には，全体の輸入金額1万1,110元10銭のうち，25％である2,813元の茶を日本から輸入し，1896年には247元，1897年には2,683元，1898年には1,414元，1899年には148元の茶をそれぞれ輸入した．また，中国からも1855年に葉茶23担74斤(1担は100斤)を731元で，1888年には上海から葉茶1箱を輸入した[20]．

　最後に，西洋式の茶話会が始まった．以前には，茶を飲むために計画的な集まりをもつことは稀であり，2,3人が会って茶を飲むか，詩会や耆老会(年をとって退職した宰相たちの親睦の集まり)，契会(相互扶助のための組織)などで茶をあしらう程度であった．これに対して，新しい茶話会は，多くの人々が

---

19)　金明培『茶道学』363-364頁；柳建楫「柳建楫教授の年表で見る茶文化史50．朝鮮時代25」，http://news.buddhapia.com(2005年11月9日)．

20)　金明培『茶道学』365頁．

約束のもと集まり，茶を飲みながら会合する簡単なパーティー形式の集まりであった．兪吉濬は，『西遊見聞』（1895 年）のなかで，西洋式の茶会を紹介しており，内閣大臣と中枢院の顧問などの高官を中心に茶話会が開かれるようになった．1906 年 10 月，龍山印刷局において各部の大臣が茶話会を開催し，1908 年 4 月には，内閣と中枢院顧問が合同茶話会を宮内部大臣閔丙奭の邸宅で開いた．なお，同年の 6 月には，内閣と中枢院顧問が輪番制で行う茶話会を中枢院顧問李根沢が三清洞の玄興沢のあずまやで開催した．続いて 7 月には，中枢院顧問権重鎮がソウル北部の北一営（訓練都監訓の分営）において茶話会を開いた．そして 8 月には，内部大臣宋秉畯が旅館巴城館において各部の大臣，次官と府，部，院，庁の高等官を招き，8 月には学務局長尹致昿の夫人尹高麗が自宅に皇族婦人と女性の名士を招き，それぞれ茶話会を行った．1909 年 3 月には，永宜君李俊鎔が龍山の李址鎔の江亭で茶話会を開催した[21]．

　このように，1910 年の植民地化直前の朝鮮の茶文化では，沈滞の状態から抜け出ようとする動きが起っていた．旧平衡のなかで沈滞していた茶文化は，近代化の流れのなかでそれ以上耐えることができず，部分的な解体が始まっていた．これをくいとめるために，朝鮮政府と高官を中心に茶の栽培と輸入，茶話会などを通じて外部から新たに茶文化を導入して既存の茶文化を変容させようとしたのである．このような変化をさらに促したのは，日本帝国主義の植民地支配のために朝鮮に移住した日本人であった．

(2) 外来文化要素の伝播と選択──茶の移入及び生産

　①**日本人の移住と茶の移入**　1876 年の開国以後，朝鮮内の日本人は，1884 年の甲申政変前後の激動期を経て，1889 年の 5,589 人から 1890 年末には 7,245 人，1891 年には 9,021 人と一挙に増大した．これは，移住漁民が増え，貿易関係者が山口や長崎などから朝鮮に拠点を移したためである．以後，朝鮮内の日本人数は，日清戦争中の 1894 年末まで大きく変わらなかったが，戦勝の影響で 1895 年末には 1 万 2,303 人と急増した．続いて 1900 年末までは小康状態を見せたが，日本政府が過剰人口問題を解決し，日露戦争に備えるために朝鮮へ

21）　金明培『茶道学』366-367 頁；柳建楫『韓国の茶文化史』28 頁.

表1　日本からの茶の移入量及び日本人数

年度	1910	1911	1912	1913	1914	1915	1916	1917	1918	1919	1920	1921	1922	1923	1924	1925
数量(千斤)	249	282	332	333	325	344	377	352	357	369	409	457	435	464	830	588
価額(千円)	81	91	111	114	110	116	131	127	127(144)	190	224	250	261	299	400	388
日本人数(千人)	171	210	243	271	291	303	320	332	336	346	347	367	386	403	411	430

出典：「生れ出た製茶業　附．移入茶の取引状況」『京城日報』附録『産業第一24』1926年2月28日，4頁．ただし，1910年度統計及び1918年( )の内価額は，渡邊彰「朝鮮の茶業に就て」『朝鮮』1920年8月号，59-60頁による．日本人数は，高崎宗司，李圭洙訳『植民地朝鮮の日本人』歴史批評社，2006年による．

　の移民を積極的に奨励すると，1905年末に4万2,460人，1906年末に8万3,315人と激増した．そして日韓併合直後の1910年末には17万1,543人と2倍以上に増え[22]．以後，植民地支配が続く過程では，表1からも分かるように増加の一途をたどった．

　すでに日本で茶文化を生活化していた日本人にとって，茶は彼らが朝鮮に移住した後にも欠かせない嗜好品であった．従って，朝鮮内で茶の需要が急増したが，前述したように，朝鮮では茶文化が沈滞状態から脱すべくちょうど伸長しはじめた時期であったために，茶の生産量は需要の増加に追いつかない状態であった．結局，日本からの移入が不足分を埋めるようになったのである．表1は，日韓併合以降，朝鮮に移住する日本人が増えるにつれ，日本から朝鮮への茶の移入が増加していった状況をよく示している．

　移入茶の多くは緑茶で，玉露，煎茶，番茶，ホシ茶，粉茶，抹茶が含まれる．日本茶の産地は，静岡産が60％，京都産が30％，その他が10％ぐらいであった．静岡産と京都産が圧倒的であったのは，主に市場関係によるものであった．すなわち，日本国内でもこの地域が茶の重要産地であったからであろう．一方，移入茶には日本産紅茶及び台湾産ウーロン茶も少量(1万円)あったようである．その他に，朝鮮で消費される茶には，紅茶と中国茶があったが，中国茶は朝鮮に居留する中国人と上流の朝鮮人のあいだで需要があり，紅茶とウーロン茶は，外国人のあいだでコーヒーとココアの代用として，中国人と朝鮮人のあいだでは中国茶の代用として，日本人には日本茶またはコーヒー，ココアの代用品として飲まれた．それ以外に，英領インド，英国，アメリカ，オーストラリアな

22) 高崎宗司，李圭洙訳『植民地朝鮮の日本人』歴史批評社，2006年(原著：岩波新書，2002年)，16，38，56，98頁．

表2　1924年各国別茶の輸入量

輸入国	中国	香港	インド	イギリス	アメリカ	豪州	計
数量(斤)	28,163	355	2,630	855	1,046	40	33,089*
価額(円)	15,184	350	4,106	1,270	1,639	45	22,594

出典:「生れ出た製茶業　附．移入茶の取引状況」『京城日報』附録『産業第一　24』1926年2月28日，4頁．ただし，数量合計(*)の誤りを正した．

どからも極めて少量であるが輸入された[23]．1924年外国からの各種の茶の輸入量は表2のようである．

　以上のように，日韓併合以降，日本人の朝鮮への移住が増えると，茶の需要が激増し，日本からの移入茶を中心に中国，香港，インドなどの外国から茶文化要素が伝播され，沈滞した茶文化の部分的な解体が始まっていた朝鮮社会に呈示されたのである．

　②茶の生産　先に言及したように，朝鮮政府が茶の生産を模索するなかで，開国以降日本人が移住するにつれて茶の需要が漸増した．特に，統監府及び総督府の設置で日本人が急増し，日本茶が大量移入されると，新たな問題が起きた．まず，輸入茶の価格が値上がりして茶を飲む消費者に負担となり，また，輸入超過で総督府の財政が悪化した．このため，朝鮮で茶を生産する必要性が生じ，総督府も朝鮮での茶生産に関心をもつようになった．これについて，1910年から総督府内務部地方局地方課に勤めたあと，学務局宗教課に移った渡邊彰は，「年々，茶の代価として拾余万円を内地の製茶業者や貿易商に支払わざるを得ざる不利の地位に在り，これ啻に個人の経済上は兎も角も，朝鮮全体の経済上より見て甚だ不得策のことと云わざるべからず」と主張した[24]．そして，渡邊は，朝鮮において製茶を奨励することは「憂慮に及ばざるべし」として，次のように具体的方法を示した．

> 既に移住せし人人の中にも茶業に経験ある者多かるべきを以て初心の朝鮮人を指導啓発する教師の地位に立つべき実業者少なからざるべく　夫れにて不足を感ずるときは内地より招聘することも亦難事にあらず　故に即今の急務は植付地の適否を歴史地理に基きて検定し手近の場所より著著植付

---

23)　「生れ出た製茶業　附．移入茶の取引状況」『京城日報』附録『産業第一　24』1926年2月28日，4頁．
24)　渡邊彰「朝鮮の茶業に就て」『朝鮮』1920年8月号，56頁．

を実行し以て製茶の原料を充分造成するに在り[25]
すなわち，渡邊は主に朝鮮に居住する日本人と総督府の財政的必要性からすでに朝鮮に伝播された茶文化要素を強制的にでも選択させることを説いているのである．

　一方，植民地期に著名な朝鮮茶の専門家であった諸岡存によると，日本人のなかで初めて朝鮮において茶の栽培を始めた「近代朝鮮茶の開発者」は，鳥取県出身の尾崎一三である．彼は，1909年に朝鮮に渡り，全羅南道宝城の文徳面で砂金発掘に失敗したあと，他の事業を構想していたところで，朝鮮の婦人が立派な葉の茶をもってきたので，その茶の所在地を問い，無等山の證心寺であることが分かった．元来，故郷で製茶経験があった尾崎は，直ちに證心寺に行って調査し，朝鮮在来種の茶の盛んであった産地を15年契約で借り受け，茶園開発に着手した．翌年，700円で山全体を購入し，無等茶園を開発した結果，初年度に500斤ほどの生葉を生産した．以後，毎年，改良を重ね，1937年には約2万斤を生産した．そして羅州の仏会寺，長興の宝林寺などでも茶園を経営したが，利益がないため中止した[26]．

　また，当時の新聞記事によると，日本人が茶の需要を満たすために朝鮮で茶の栽培を試み，初めはすべて失敗したが，1909～10年頃，井深和一郎が全羅北道井邑郡山原面において静岡県産の種子をもって試験したところ見事に成功し，以後，茶はその地方一帯の特産物になった．そして，1920年代半ば頃から朝鮮人の栽培者も現れ，1924年井邑地域では井深を始め，3人の生産者が煎茶，正喜選，青柳など，九つの商品名をもって，計3,805円分の茶を生産した[27]．当時の朝鮮全体の茶生産に関する統計を見出すことはできないが，1937-39年調査[28]の全羅南道地域の茶生産の状況を見ると，全25カ所で総生産量は1万2,360斤であり，このうち光州において約3分の2にあたる8,000斤が生産されている[29]．

---

25)　渡邊「朝鮮の茶業に就て」62-63頁．
26)　諸岡存・家入一雄『朝鮮の茶と禅』日本茶道社，1940年，1，77-78頁．
27)　「生れ出た製茶業」．
28)　「生れ出た製茶業」．
29)　諸岡・家入『朝鮮の茶と禅』41-42頁．

このように，日本人が移住するにつれて，朝鮮において急増した茶の需要を充足するために，主に日本から茶が移入され，日本人によって近代的な茶栽培が始まり，それに朝鮮人も加わることによって，朝鮮での茶の生産が増えた．これは，当時，部分的な解体が始まっていた朝鮮の茶文化に外来文化要素が伝播され，一応，それが選択されたことを表すものと言える．

(3) 外来文化要素の受容——朝鮮人の茶生活

日本人の移住とともに朝鮮に伝播，選択された茶文化は朝鮮に受容された．これは朝鮮人の茶生活を通して確認することができる．ここでは，当時朝鮮語で発行された新聞記事を中心にそれを明らかにする．まず，前に触れた総督府の官吏渡邊は，1920年の時点で朝鮮人がほとんど茶を飲んでいないとみている[30]．しかし，1926年2月，『京城日報』は「朝鮮人も，近時，上流社会のみならず，一般に愛喫するようになってきた」とし[31]，1920年代なかばになると，日本人だけではなく，朝鮮人のあいだでも茶生活が広がっていたことを垣間見せてくれる．

このような朝鮮人の茶人口の増加と茶生活の様子は，朝鮮人を対象とした茶販売の広告を通じても分かる．東京と大阪に拠点をおいた星緑茶株式会社は，1925年『朝鮮日報』に「ホシの茶」と大きなポイントで書かれた日本語の下に「호시의차」という小字の韓国語を付し，三つの製品に関する説明と価格を漢字混用文で次のように宣伝している[32]．

> 新茶의 香気를 永保하도록 本社 独特의 包装法을 施한 호시特製緑茶(真空鑵入)1円50銭 贈答品에 適하고 接待用으로 亦佳한 호시緑茶(化粧鑵入)(大)1円20銭，(小)70銭児孩들이며，病人도 안심하고 잡수시는 호시복근茶(化粧鑵入)90銭，(鉛詰)80銭

まず，大ポイントの日本語表記と独特な日本式包装法を前面に出したのは，優秀な日本製品であることを示すためである．すなわち，外来文化要素であることを強調しているのである．そして贈答品と接待用として宣伝していること

---

30) 渡邊「朝鮮の茶業に就て」56頁．
31) 「生れ出た製茶業」．
32) 『朝鮮日報』1925年11月24日．

からみて，当時朝鮮人が土産として使ったり，自宅に客がきたとき茶を出したりしていたことが分かる．また，子供や病人には，比較的朝鮮人の口に慣れている炒めた茶を勧めていることは，まだ日本茶に慣れていない朝鮮人に茶生活を始めるよう案内しているものと思われる．

次に，『東亜日報』が，1930年，「家庭常識　食料品を買うときは」という欄で，上質の茶を選ぶ方法を簡単に紹介していることからも，朝鮮人の茶生活がうかがえる[33]．また，茶の科学的効能に関する記事も，朝鮮人のあいだに飲茶生活が広がり，茶への関心が高まったことを示す．1930年『東亜日報』は，紅茶や番茶，玉露などにチフス，コレラ，赤痢のバクテリアなどの病菌を殺菌する効力があるという，大阪市立衛生試験所の研究結果を伝えている[34]．

1933年にも『東亜日報』は，「なぜ，茶を飲むのか？　その効用と飲み方」として，「暖かい紅茶のいれ方」を紹介している．『東亜日報』は，そこでまず「昔だったら茶が分かる人は少なかった．しかし，現代の環境のなかで生きる我らに茶は日用品の一つである．現代人であるならば誰でも茶を飲む」と述べ，茶文化の沈滞が見られた朝鮮においても，現在は茶が重要な文化要素として生活必需品になっていることを指摘している．続いて『東亜日報』は，茶の「全盛時代」であると言えるほど人々が茶を飲む理由について，科学的に分析した成分と効能を明らかにしている．重要成分としては，蛋白質，カフェイン，タンニンを，効能としては，神経系統を刺激して体を暖め，利尿作用を促進することなどをあげている[35]．

なお，1937年には『東亜日報』は，「家庭常識」の欄において「葉茶の利用」について，「お茶のカスを飛ばして火炉の火に少しずつ入れて燃やすと，ハエはまんまとどこかに飛んでいってしまいます．また，乾かしたお茶のカスを便所に捨てると悪臭を除きます．なお，まくらにそば殻の代りに入れるとたいへん軽快で憂鬱症のある人によいそうです」と，紹介している[36]．

以上，見てきたように，1930年代に入ると，朝鮮語の新聞では，基本的な

---

33)　『東亜日報』1930年9月30日，3面．
34)　『東亜日報』1930年9月25日，2面．
35)　『東亜日報』1933年11月18日，6面．
36)　『東亜日報』1937年7月18日，4面．

茶の購入方法，成分と効能，茶の入れ方，飲んだ後の茶葉を活用する方法など
を紹介している．これは，徐々に朝鮮人の家庭で茶が普及していったことを示
している．

　1936年，『毎日申報』に発表された茶詩も茶生活の様子を垣間見せてくれる．
1936年11月20日，毎日申報社は茶を主題とした四律一首，または七絶二首
の漢文詩を懸賞募集した．当時の入選者は，黄海道載寧の白南杓，京畿道坡州
の李承禧，水源の洪健裕，忠清北道堤川の呉樊州，ソウルの金漢卿，権相老，
尹一英，李承高，慶尚北道金泉の金在文などであった[37]．特に，ソウルの入選
者が多数であるなか，黄海道，慶尚北道などの地方の入選者もあり，全国的な
茶の普及状況がうかがえる．

　以上のように，主に新聞に現れた茶に関する記事を通じて，一部の朝鮮人の
生活のなかで茶文化という外来文化要素が漸次受容されていたことを確認する
ことができた．外来文化要素の受容は，必要性と適合性の組み合わせによって
決められるが，前者がより重要であるとすれば，すでに沈滞した朝鮮の茶文化
に部分的な解体が起っている状況のなかで，一部の朝鮮人は茶を近代生活文化
の象徴であるととらえ，それが当時の生活のなかで必要であると考えて受け入
れたのである．

(4) 文化的抵抗——日本式茶道への懐疑

　日本人の移住とともに外部から伝播し，朝鮮で選択され受容された茶文化は，
直ちにこれに抵抗しようとする動きにぶつかる．このような文化的抵抗を具体
的に把握するためには，茶の生産と製造，流通と消費，飲み方など，各部門別
に細密に考察する必要があろう．しかし，ここでは紙面と資料の関係上，主に
日本式茶道の普及過程に焦点を当てて，抵抗の様子を明らかにしてみる．

　日本式茶道の普及は，茶会教習と学校教育，協力団体などを通じて行われた．
これは朝鮮人の自発的必要によってではなく，日本帝国主義の同化政策や皇民
化政策などを実現するための手段の一環として茶道教育が行われたことを意味
する．茶会教習の場合，日本人が日本帝国主義に協力的な朝鮮人を集めて日本

---

37)　金明培『茶道学』379頁．

式茶道を教えた．学校教育では正規の家事の授業時間を通して日本式茶道教育が実施された．協力団体は日本帝国主義の支配を強化するための手段として朝鮮人に日本式茶道を普及しようとしたのである．このために，日本式茶道普及に対する朝鮮人の全面的抵抗は起らなかった．従ってここでは日本式茶道の形式をめぐって提起された懐疑を糸口にして植民地期における茶の文化触変過程での抵抗の様相を探ってみる．

まず，茶会による日本式茶道の教習に関する本格的研究は，筆者が知る限り，まだ行われていないが，在朝日本人が茶会を開き，朝鮮人に教えたようである．たとえば，1941年当時誠心女学校長で国民総力朝鮮聯盟婦人指導委員であった李淑鐘（日本姓，宮村）によれば，長郷衛二朝鮮住宅営団理事夫人を中心に月1回，茶会が開かれ，長郷夫人がとても親切に教えてくれたという[38]．

次に，学校での日本式の茶道教育は，1926年6月1日，朝鮮人と日本人が共に学んだ仁川公立高等女学校に岐阜県出身の津田よし江が茶道講師として赴任したのをきっかけに，1930年から始まり，1940年代には全国47の女子高等学校の多数と梨花，淑明女子専門学校などで日本式の茶道教育が実施された[39]．学校での茶道教育において教えたのは，川本理絵の指摘にあるように，日本式の茶道であった[40]．学校での茶道教育は，1941年から家事教育の一環として本格的に実施されたが，朝鮮総督府が編纂，発行した『中等家事教科書』は第9章で「茶の入れ方」という題目の下に，茶の種類と成分，味など，茶に関する基礎知識と，番茶と上茶との違いとそれぞれの茶の入れ方を説明している．また，勧められた茶の受け方を記述し，茶室と茶道に必要な道具の写真を載せている．写真では畳部屋の日本式茶室に一組の茶道道具が整えられている．また，その写真の下に道具の名称がそれぞれ書かれている．なお，実際に梨花女子専門学校で実施した茶道教育の場面をとった写真をみると，畳を敷いた日本式茶室で抹茶を用いる日本式茶道を教えていたことが分かる[41]．

---

38) 座談会「お茶と半島の生活」『緑旗』1941年11月号，111頁．
39) 金明培『茶道学』379頁．
40) 川本「近代日韓における女子茶道教育」187-189頁．
41) 『中等家事教科書』巻一，朝鮮総督府，1941年，46-50頁；金明培『茶道学』375頁の写真参照．

最後に，協力団体は朝鮮人の「生活と茶」について「積極的関心」をもっていた[42]．例えば，1938 年 6 月，日本帝国主義は戦時総動員体制への突入とともに，各種官辺団体と民間団体を網羅する戦時統制機構である国民精神総動員朝鮮聯盟を発足させた．この聯盟は，実践要目として，「毎朝皇居遥拝，神社参拝励行，機会アル毎ニ皇国臣民ノ誓詞朗誦，国旗ノ尊重，掲揚ノ励行，国語生活ノ励行，非常時国民生活基準様式ノ実行」などを提示し[43]，非常時国民生活基準の第 1 項に「お客の接待について半島の人々も茶を出すようにしたらよい」と決議した[44]．また，1933 年，朝鮮人の自発的戦争動員と皇民化を目標として組織された民間内鮮一体団体である綠旗聯盟も，1941 年，「お茶と半島の生活」という題目の座談会を開き，日本式の茶道を朝鮮に普及する方案について議論した[45]．

　これらの日本式の茶道普及のなかでも，綠旗聯盟が開催した座談会の内容を中心に，日本人が日本式の茶道を朝鮮人に普及するうえで直面した懐疑に焦点を当て，文化的抵抗の一端を明らかにしてみる．

　まず，座談会に参加した人は，秋葉隆（京城帝国大学教授），長郷衛二（朝鮮住宅営団理事），李淑鐘（誠心女学校長，国民総力朝鮮聯盟婦人指導委員），加藤裕也（日本茶業連合委員会），成田不二生（京城医学専門学校教授，医学博士），諸岡存（医学博士，『茶とその文化』著者），金玏禎（京城愛国婦人会西部六区分会長），表景祚（梨花高等女学校教諭），津田節子（綠旗聯盟講師）など 9 人であった．朝鮮の巫俗研究家で当時朝鮮民俗学界の巨頭であった秋葉をはじめ，朝鮮の財界，茶業界，医学界，教育界，協力団体で活動していた日本人と朝鮮人，それに朝鮮茶研究の大家である諸岡が日本式の茶道を普及させる方案を立てるために集まったのである．

　座談会のなかで彼らは，「結局朝鮮ではお茶が生活化しなかった」ことに同意した[46]．その理由について，長郷は，朝鮮は日本と異なり，「文化と共に茶

---

42) 「お茶と半島の生活」104 頁．
43) 「国民精神総動員朝鮮聯盟実践要目」森田芳夫『朝鮮における国民総力運動史』国民総力朝鮮聯盟，1945 年，89 頁．
44) 「お茶と半島の生活」104 頁．
45) 「お茶と半島の生活」．
46) 「お茶と半島の生活」107 頁．

が盛んに行われなかった為，簡単にいうと，趣味と結びつかなかった為に，茶よりよいものが出るとそれに駆逐された」と考えた．そして彼は，「朝鮮の婦人の生活は，日本の婦人よりうるおいとか楽しみとかの要素が少ない」点に，朝鮮人家庭での茶生活が盛んにならなかった原因を見た．従って，長郷は，「お茶を普及させるには，コーヒーよりも栄養があるとか，その他にいろいろな理由を述べただけでは普及しないし」，「家庭生活を豊富にし，楽しみを増加」しなければならないと主張した[47]．

特に，長郷は，日本の抹茶中心の茶道は，朝鮮人がオンドル生活をしているために，煎茶とは違ってなかなか普及しないと考えた．その理由は，朝鮮人が抹茶の味の深さがよく分からず，「茶の根底」をつかむことができないために，茶道の楽しさを感じることができないからであるとした．従って彼は，朝鮮人に茶道の楽しさを感じさせるためには，日本式茶道そのものを朝鮮人家庭にすすめてはいけないと主張した．なぜならば，朝鮮人は，正座に慣れていないため自然ではないからである．ここで，長郷は，「オンドル点前といったものを作って朝鮮の部屋でみっともなく感じない茶礼の方式を作り出したらどうか」と提案した．「オンドル点前」とは，外国人のための点前である立礼にまねて，立膝にする点前のことである[48]．これは，朝鮮の婦人が，普段から立膝で座ることに配慮したのである．

また，長郷は，水屋の関係や部屋の構造の関係もあり，オンドルで茶を点てるには，座る座らぬは別として点前をかえなければならないとし，茶礼は日本式にしても部分的に朝鮮に合う茶礼を考えなければならないと主張した[49]．

それでは，実際に日本式茶道についてそれを習う朝鮮人はどのように考えていたのか．前にも述べたように，李淑鐘は長郷夫人を中心に月1回，開かれる茶会で日本式茶道を習っていたが，次のようにその際の不便さを吐露した[50]．

> 肩は痛む，足はしびれる，味はにがい，やりきれないのです．おまけにそれが4, 5時間もかかる．朝鮮側の人はみな時計ばかりみてる．それから

---

47) 「お茶と半島の生活」110頁．
48) 「お茶と半島の生活」110頁．
49) 「お茶と半島の生活」111頁．
50) 「お茶と半島の生活」111頁．

何でもほめますね．にがいお茶をのまされて，結構でございますなんてお世辞をいってるみたいで，にごうございましたっていいたいのですが．

李淑鐘は，親切に教えてくれる長郷夫人の夫の前で，茶道の形式と味への拒否感を表している．肩が痛み，足がしびれるのは，もちろん正座で長時間座って習ったためであろう．また，彼女が，茶のうまさを感じられず，むりやりに飲み，感じた味さえ自由に話せなかったのは，日本式茶道への懐疑的態度であると言えよう．

1944年，国民総力朝鮮聯盟の嘱託であった濱口良光も，『朝鮮の茶』という題目の著書のなかで，当時朝鮮において行われていた日本茶道について懐疑を抱き，どのように朝鮮の茶道をつくるべきかについて苦悩していた[51]．まず，彼は「茶道は，今日，単純な喫茶法ではない．総合的生活の基準を提示するものである．生活錬成の有力な方法である」ゆえに，植民地朝鮮でも必ず必要であると考えた．ところで，当時朝鮮の茶道教育は，朝鮮の生活に合わせて行われず，臨時措置として，別の道理がないからこのようにせよというやり方で行われているので，一歩間違えれば茶道教育が廃止されるおそれがあると，濱口は判断した．すなわち，彼は，日本の茶道は，日本の生活文化の最高水準を示すもので，朝鮮の生活とはかけ離れていると考えた．具体的には，朝鮮の建築には床間と畳もなく，衣服には絹布をさしこむところもないということである．従って，彼は，このような朝鮮と日本とのあいだの差異を克服し，日本茶道の約束事を朝鮮の生活に合うように改良して朝鮮の茶道を打ち立てるためには，朝鮮の生活に関する奥深い調査と理解に努めなければならないと主張した．

以上，述べてきたように，日本人が朝鮮人に普及しようとした日本式茶道は，表面的には受容されていた．しかし，日本人自ら日本式茶道を朝鮮人に教える過程で座る姿勢と茶室の構造，衣服の形式などをそのまま適用するのには懐疑を感じたように，朝鮮人も座る姿勢と茶の味などに関して日本式に抵抗しようとする動きを見せていた．これは，日本式茶道に朝鮮人が見せた抵抗である．強制的状況のなかで，日本式茶道は一応，朝鮮人に受けいれられたが，それに対して，朝鮮の既存の文化要素である座る姿勢，建築と衣服などをそのまま維

---

[51] 金明培『茶道学』375-376頁．

持しようとする朝鮮人の文化的抵抗も起っていたのである．

おわりに

　これまでみてきたように，日本帝国主義の支配下にあった植民地朝鮮において茶の文化触変は次のように行われた．まず，朝鮮後期にいたって沈滞状態による旧平衡を維持していた茶文化は，開国以後，近代化の波のなかで沈滞状態を脱して新たな茶文化を導入しようとする部分的な解体を始めた．次に，日韓併合に前後して日本人が朝鮮に大挙して移住したことによって急増した茶の需要に対応するために，日本から大量の茶葉が移入され，朝鮮でも日本人による近代的な茶栽培が始められ，朝鮮人もこれに加わることによって，既存の朝鮮の茶文化に外来文化要素が伝播し，選択された．そして，依然，少数であるが，以前に比べて生活のなかで茶を飲む朝鮮人が増え，外来文化要素である茶文化が朝鮮において受容された．しかし，日本人が日本式茶道を朝鮮人に広く普及させると，それに対して，座る姿勢や建築や衣服などの形式をめぐって朝鮮人の抵抗が起った．

　ところで，茶文化の場合，すでに朝鮮に存在する文化要素であったという点で，他の文化要素に比べて，順調に文化触変が行われる可能性が高かったと言えよう．特に，植民地化直前の朝鮮で茶文化の部分的な解体が開始していたことを想起すれば，なおさらそうであったといえる．しかし，本格的文化触変は，朝鮮人の自発的な必要性によって行われず，日本帝国主義勢力の朝鮮への膨張に伴う移住日本人によって強制的状況のなかで茶文化が伝播し，選択された．もちろん，一部の朝鮮人が生活のなかで茶を飲むなど，茶文化要素が受容されることもあったが，日本式茶道の普及が象徴するように，朝鮮での茶の文化触変は日本帝国主義の支配を強化する手段の一環として一方的に進められ，全面的なものではなかったが，茶道の形式をめぐって朝鮮人の抵抗があったのである．

　最後に，解放後の韓国における茶文化の展開について概要を述べて，本論の結びとしたい．1945年，日本帝国主義が朝鮮半島から退却したあと，韓国の茶文化は再び沈滞に陥ってしまった．それまで，文化触変を強制的に主導した

政治的環境が消えると，一部受容されていた茶文化はほとんど解体された．以後，1970年代になって韓国社会で伝統文化に関する関心が高まるなかで，韓国の茶文化は再び部分的な変容を始めた．続いて，1980年代には韓国の茶文化を復興しようとする韓国人の自発的努力によって茶文化が新たな文化要素として選択された．それは，もちろん日本の茶道文化とは無縁の喫茶文化，いわば韓国式の茶文化である．そして，1990年代にはいって健康生活(well-being)ブームのなかで茶文化が本格的に韓国人の生活のなかに受容され，最近では完全に韓国の文化のなかに受けいれられ，旺盛な茶文化が展開され維持される新平衡の状態に至ったのである．

第 10 章　国家構築と文化触変
東ティモールにおける村会議制度の形成

井上　浩子

はじめに

　国際連合をはじめとする国際社会の主体が，武力紛争の解決と秩序の維持に関与し，紛争後社会における平和構築を支援することは，冷戦後の顕著な傾向である．特に 1990 年代半ばからは，民主的な国家を造ることが，その国の長期的平和のみならず国際社会の安定にとっても不可欠であると考えられるようになったことから，国連が民主国家の制度構築を直接に行ったり，政府へのアドバイザーの派遣を行うなどの形で，民主化支援を行うことが盛んになった．
　本論が題材とする東ティモールでも，インドネシアからの独立の是非を問う住民投票が行われたことを機に，1999 年 7 月以降，国連の平和維持ミッションまたは政治ミッションが常駐し，国家構築を支援してきた．とりわけ国連東ティモール暫定行政機構（UNTAET）では，1999 年 10 月から東ティモール民主共和国が正式に独立する 2002 年 5 月までの 2 年半の間，国連が司法，行政，立法に係るすべての権限を行使して国家構築を進めた．このように東ティモールは，国際社会の深い関与という近年の国家構築の傾向をよく反映した事例であった[1]．
　このような国連による平和構築活動，国家構築活動は，長年の外国による支配と 1999 年の騒乱で疲弊していた東ティモールの復興に重要な役割を果たし

---

[1]　東ティモールが独立し，主権が東ティモール政府に委譲された後も，国連は，国連東ティモール支援団（UNMISET：2002 年 5 月〜2005 年 5 月），国連東ティモール事務所（UNOTIL：2005 年 5 月〜2006 年 8 月），国連東ティモール統合ミッション（UNMIT：2006 年 8 月〜2012 年 12 月）として東ティモールに残り，民主化支援を柱に平和構築の支援を行った．

た．しかし，一方で，地域研究者，特に人類学者からは，国連が持ち込む国家制度は西洋で発展したものに過ぎず，自由民主主義に思想的基盤を置く諸制度は，文化的土壌の異なる東ティモールでは機能しないのではないか，という懸念が示されるようになった．東ティモールには，植民地権力が到来する以前から，血縁で結ばれた部族を基本単位とする小王国が多く存在し，これらの小王国はそれぞれにリサン[2]と呼ばれる固有の秩序を有していた．数世紀にわたる外国支配の下でも，国家という統治機構が東ティモールの社会の底辺まで浸透することはなく，現在でも一般の人々の間ではリサンの伝統が根強く残り，これが社会の最も草の根の部分を秩序立てている．人類学者たちは，こうした血縁共同体をまとめる統治の方法が，東ティモールの政治文化の土壌を形成する重要な要因となっているとし，西洋の自由民主主義的な政治制度を持ち込んでも，民主制とは名ばかりのものになってしまう，と主張したのであった[3]．

では，1999年以降に，国連の指導の下，東ティモールに造られた国家制度は具体的にどのような特徴を持っていたのだろうか．東ティモールの人々は，それをどのように評価し受け入れたのだろうか．前述の先行研究は，東ティモールの伝統的な統治方法の存在を明らかにし，紛争後地域といえども社会を統べる仕組みが存在するということを明らかにした点で意義があった．しかしその一方で，「現地にある非西洋の文化」と「国連が伝播する西洋の文化」という二元的な文化観に依拠し，制度設計の中で異なる二つの制度，文化のどちらを残し推進するべきなのかという，価値判断を含む議論に終始することが多かった．本論は，そのような研究から一歩進んで，東ティモールに独自の統治の方法と，国連の関与の下で造られた新しい制度とが接触することで，両者に変

---

[2] リサン(lisan)は「慣習(的な社会システム)」と訳され，現在では新しく持ち込まれた制度，文化に対置して，東ティモールに以前から存在する，独自の文化全体を示す．東ティモールの公用語であるテトゥン語ではリサン，インドネシア語ではアダット(adat)と呼ばれる．

[3] Tanja Hohe, "Totem Polls: Indigenous Concepts and 'Free and Fair' Elections in East Timor," *International Peacekeeping*, Vol. 9, No. 4 (Winter 2002), pp. 69-88. 他に，東ティモールの「伝統的」統治の方法の重要性を指摘したものとして以下がある．Sofi Ospina and Tanja Hohe, *Traditional Power Structures and the Community Empowerment and Local Governance Project: Final Report*, Dili: World Bank, 2001.

容がもたらされる過程を検証する．そのために，国連が主導した国家構築の過程の中でも，国家の末端機関にあたる村レベルの統治機構である村会議 (konsellu suco) に焦点を絞り，その制度設計と施行の過程を明らかにする．国連や国際機関が制度設計に関与した政治行政制度の中で，村レベルでの政治行政制度の中核である村会議は，最も底辺に位置する制度である．他の国家機関が首都ディリに置かれ，めったに一般の人々の生活に触れることが無いことを考えれば，東ティモールの全人口の 80% が住む農村部の隅々にまで行きわたった村会議は，一般の人々にとってほとんど唯一のフォーマルな統治制度との接触の機会である．本論は，この村会議に注目し，リサンに基づいた統治の文化は村会議制度の構築にどのように影響したのか，そして新しい制度は伝統的な統治の文化をどのように変えたのかを検証することで，東ティモールの人々が国連の関与の下に造られた制度をどのように受け入れたのかを明らかにする．

　本論では，国家などのフォーマルな統治機構だけでなく，慣習的な統治の方法も含めた，広義の統治の方法は文化の一様態として理解される．すなわち，本論においては，国連による国家構築の過程を，統治の方法という文化要素の伝播として捉え，その過程が生み出す文化の接触と変容の過程を考察するという手法が採用される．このような方法は，平野健一郎がその著書『国際文化論』で提示した文化の考え方に基づいている．

　以下では，次のような順序で考察を進める．まず第 1 節では，上記の平野の議論を参照しながら統治の方法の文化性を定義し，文化の接触と変容の過程を理解するための概念を説明して，東ティモールにおける村会議の設置過程を考察する枠組みを準備する．続いて第 2 節では東ティモールにおける村会議の制度設計について考察する．国連は，村レベルでの統治の方法として，どのようなモデルを呈示したのだろうか．また，東ティモールの政治エリートは国連から呈示された文化要素をどのように受容し，新たな村会議の制度に組み込んだのだろうか．さらに第 3 節では，第 2 節で検討したような村会議の制度が，どのように実施され機能しているのかを検討する．制度設計の中に取り入れられた新しい文化要素は，一般の人々によってどのように受け入れられたのだろうか．東ティモールの人々による文化要素の選択と再解釈の過程を，リサンという現地の古い文化要素との関連を中心に，他の環境的な要因を考慮しつつ考察

する．最後に「おわりに」において，村会議制度導入の過程で観察された文化の接触と変容の過程を振り返り，国連ミッション下の国家構築を文化触変の過程として理解することの重要性について触れることにする[4]．

1 国連平和ミッションと統治の方法の伝播

　ここでは，平野健一郎の文化触変論を参照しながら，広く統治の方法を「文化」として捉え，現代の国家構築を，「自由民主主義的な統治の方法」としての文化の伝播の過程である，と理解することから始めたい．平野はその著書『国際文化論』の中で，国際関係を文化の側面から理解するために，文化を「生きるための工夫」と定義する[5]．この定義に従えば，複数の人間が集団として生活する際に必要な決まりごとや，物事の決定方法，紛争が生じた場合の解決法など，人間集団に秩序を与え統べる方法としての広義の統治の方法もまた，「生きるための工夫」，すなわち文化であると理解できる．例えば東ティモールの血縁共同体における法と秩序のありかたであるリサンも，東ティモールの環境と歴史の中で人々が培ってきた共生のための工夫であると考えれば「文化」と呼ぶことができる．また西洋近代で発達しネーションを統べるようになった近代国家という統治の方法も，規模ははるかに大きく，統治の方法自体がより明示的で制度化されているが，「生きるための工夫」という点においては，より小さな共同体の統治の方法と同様に「文化」であると考えることができる．

　文化としての統治の方法は，より細かい部分に分けて観察すると分かりやすい．例えば東ティモールの多くの共同体では，共同体の資源の利用について，毎年タラ・バンドゥ(tara bandu)と呼ばれる規則を策定する．タラ・バンドゥ

---

[4]　なお，調査の方法についてであるが，筆者は，2010年5月から9月まで4カ月間東ティモールを訪れ，現地調査を行った．現地調査では，現地の統治の文化をより良く理解するという目的から，エスノグラフィックな調査とインタビューを組み合わせる方法を用いた．インタビューの氏名の記名に関しては，刊行物に本人の名前を出すことに了承を受けた人についてのみ記名し，その他は役職等を記すにとどめた．

[5]　平野健一郎『国際文化論』東京大学出版会，2000年，11頁．これは，文化を実態的に捉えるのに適していると同時に，その抽象度ゆえに普遍性を持ち，そのため身近で特定的なものから，より高次の抽象的なものまでをもカバーできる文化の定義である．

は共同体の長老たちによる合議によって決定され，その後，決定内容を村の大きな木に吊すことで，その年の規則について村人への周知が図られる．これは，規模や形態こそ違え，近代国家における，議会での法の審議と策定，公布と実施と，大変よく似た機能を果たしているといえる．このように，統治の方法は人間の集団を統べるための必要から生まれた工夫であり，それゆえに「文化」であるといえる．また，平野は，文化の特性として隔たったところでそれぞれに発展したにもかかわらず，双方に機能的な類似性が存在することを挙げているが，タラ・バンドゥと近代国家の法の間に見られる機能的類似は，まさにそうした文化の特性を示す例であるといえる．

ところで，西洋近代に成立した近代国家が，植民地主義の拡大とともに世界各地に伝播し，近代国民国家を単位とする現在のような国際システムが出来上がったことはよく知られている．現在「破綻国家」や「紛争後地域」と呼ばれる地域は，このようにして国民国家によって埋め尽くされた世界に小さく虫食いのように残った，国民国家の伝播しきっていない地域ということができる．また，現在国際社会の支援の下に行われている国家構築，平和構築は，近代的な統治の方法という文化の伝播過程の延長線上にあると捉えることができるだろう．ここでは，国連や，その他の国際的なアクターが，国家構築活動，平和構築活動を通して，国民国家という統治の一つの方法を伝える文化運搬者(culture carriers)[6]となっているということになる．また，発展途上国の政府が，二国間協定に基づいて外国から招く法律アドバイザー等も，近代法を伝え，その制定，運用に係る技術を教えることを目的とすることから，同じく，文化運搬者であるといえる．

平野は，文化を理解する際に，文化要素(cultural elements)という考え方を取り込むことで，一つの人間集団が共有している文化が相互につながりあった，より細かい文化要素から成り立っているという理解に立つ[7]．例えば，共同体内でのタラ・バンドゥという資源管理の規則の作成方法は，規則の作成を行う役職の存在なしには成立せず，また裁決に際して参照される法や規範なしには

---

6) 平野『国際文化論』65-75 頁.
7) 平野『国際文化論』11-15 頁.

意味を持たない．つまり，「法の作成方法」という文化要素は，「法作成者の選択方法」や「法作成に際しての採決の方法」という別の文化要素とも密接な関係にあるといえる．こうした，文化要素のつながりは，東ティモールの伝統的な統治方法にも，より制度化が進んだ近代国家における成文法や議会や裁判所などのフォーマルな統治方法にも観察されることである．このように考えると，文化の伝播とは，文化要素の伝播に他ならないことが分かる．伝播した文化要素は，外来の文化要素として呈示され，文化の受け手によって選択か拒絶かというフィルターにかけられる．そして，いったん受容されると受け手の文化の中に入り込んで，相手方の文化要素との間で抵抗や再解釈，そして文化要素の再構成を伴いながら，やがて統合という段階に入っていくのである．

2　村会議の制度設計——新しい文化要素の呈示とフィルタリング

では，1999年以降の東ティモールの国家構築では，村レベルでの制度設計において，どのような外来の文化要素がどのように伝播し，どのように受け入れられたのだろうか．

(1) リサン——東ティモールの伝統的な秩序

話を進める前に，UNTAETが設置された1999年以前の，村レベルでの伝統的な統治の文化を概観しよう．東ティモールには，植民地権力が到来する以前から，血縁で結ばれた部族を基本単位とする共同体が存在しており，こうした共同体がリサンと呼ばれる固有の秩序を有していたことは先述の通りである．共同体は通常，リウライ(liurai，王)，リアン・ナイン(lian nain，祭司)，カトゥアス(katuas，長老)といった複数の，世襲の指導者を有する．リウライは，「王」という訳語が含意するほど排他的で絶対的な権力を持っていたわけではなく，むしろ他の指導者との間で権力の分有が行われていたことが知られている．そこでのリウライの権限は，主に植民地権力や近隣の部族との外交，共同体内部では政治経済的資源の分配に限られていた．一方，「言葉の(lian)主(nain)」として敬われるリアン・ナインは，先祖から受け継がれた「聖なる家」を守り，先祖の言葉を伝える祭司であった．リアン・ナインは，また，共

同体内の儀式を執り行うと同時に，先祖の言葉＝法に基づいて共同体内の諍いなどの仲裁にあたり，いわば判事の役割も果たした．カトゥアスと呼ばれる長老達は，合議体である長老会議を形成してリウライやリアン・ナインに助言を与え，その権威を下支えした[8]．

こうした共同体は，血縁で結ばれた政治共同体であり，その土地に住みついた先祖に関する神話を持ち，先祖の役割を強調した．その土地に最も早く定住した家系は共同体の指導者を輩出する権利を持ち，指導者は先祖の意思に則ってその任務を遂行するものとされた．祭司であるリアン・ナインは，リウライを含めた共同体指導者の選出に関わるなど，共同体内部で包括的な権限を有していたが，これはリアン・ナインが先祖の意思を語り継ぐ者と考えられていたためである．他方，農耕中心の自給自足的な社会にあっては，部族は，農耕による作物の生産と分配，家畜の所有と贈与といった経済活動によってつながる経済共同体でもあった．そこでは，人々と土地とのつながりは共同体存続の基本であり，先祖に関する神話は人々と土地との関係に関する神話でもあり，それゆえに土地の所有に係る法の淵源でもあった．リサンは，したがって，単なる統治の仕組みではなく，政治的，経済的，宗教的活動を共にする共同体が礎とする神話と，その上に成り立つ秩序全体であったといえる[9]．

このような東ティモールの血縁共同体とリサンを基礎とする統治の方法は，長く続いた外国勢力の統治下で，少しずつその文化実践の内容を変化させながらも存続したことが知られている．例えば，東ティモールの宗主国であったポルトガルは，各共同体を「スコ(suco)」と呼ばれる村落行政単位に再編成し，リウライの代わりに「シェフェ・デ・スコ(chefe de suco)」と呼ばれる村長を置くことで，全ての共同体を植民地行政の下に組み込もうとした．また，1975年から1999年まで東ティモールを占領したインドネシアは，村レベルの行政単位である「デサ(desa)」を置き，その長として5年に一度の選挙によって選出される「ケパラ・デサ(kepara desa)」を配置した．しかし，こうした外部

---

8) Mubyarto and Loekman Soetrisno et al., *East Timor: The Impact of Integration – An Indonesian Socio-Anthropological Study*, Melbourne: IRIP, 1991.

9) Elizabeth G. Traube, *Cosmology and Social Life: Ritual Exchange among the Mambai of East Timor*, Chicago: University of Chicago Press, 1986.

勢力による共同体再編の試みは，近代国家という新しい統治の制度が人々の生活に浸透することには結びつかず，むしろ伝統的な共同体が国家行政単位と重なり合いながらも自律性を維持し，その内部では伝統的指導者が以前と変わらぬ役割を担うという状態を生み出した．それは，例えばケパラ・デサの選挙の前に必ず村内の会合がもたれ，リウライやカトゥアスと考えられる人が候補者として擁立されたことにも明らかである[10]．こうした歴史的経緯を経て，1999年以降に国連や国際機関の下で構築された村レベルでの統治制度は，ポルトガルやインドネシアの村落行政単位の代替となると同時にリサンという伝統的な統治の体系と接触することになった．

(2) CEP村落開発会議の構築──文化要素の呈示

東ティモールを1999年10月から2001年5月の2年半にわたって統治したUNTAETが，世界銀行と提携して行った事業の中に，「共同体のエンパワーメントと地方ガバナンス・プログラム(The Community Empowerment and Local Governance Program)」(以下，CEP)というものがある．CEPでは，東ティモールが独立するまでの2年半の間に，250万ドルの予算が投じられ，1,000以上の共同体開発プログラムが実施されることになっていた．この開発プログラムを地域に根ざした形で民主的に遂行するために設置されたのが，「村落開発会議(Village Development Council)」(以下，CEP村落開発会議)である．CEP村落開発会議は，各村に一つ設けられ，プログラムの実施，特に開発予算の配分決定と執行の過程に住民の参加を促すことを目的にしていた．このようなCEP村落開発会議は，インドネシアからの独立が決まった1999年以降，はじめて造られた村レベルのフォーマルな制度であり，後述する村会議の原型となった[11]．

UNTAETと世界銀行によって設置されたこのCEP村落開発会議は，以下のような特徴を持っていた．第一の特徴は，CEP村落開発会議が，代表民主制

---

10) Ospina and Hohe, *Traditional Power Structures and the Community Empowerment and Local Governance Project*, pp. 52-57.

11) Tanja Hohe, "Local Governance after Conflict: Community Empowerment in East Timor," *Journal of Peacebuilding and Development*, Vol. 3(2004), pp. 45-56.

を基本としていたことにある．村落開発会議のメンバーは，村内の各集落から公選によって2名ずつ選ばれ，集落の代表として村落開発会議に出席することになっていた．第二の特徴は，こうした公選制を通じて，女性に政治参加への道を開こうとしたことにある．各集落から選ばれるのは男性1名，女性1名と決まっており，そのため村落開発会議全体でも男女比が1対1になるようになっていた[12]．これは，共同体の構成員に平等な発言の機会を与えようとしたもので，村落開発会議における実質的な50％のジェンダー・クオータ制の導入ということができる．第三の特徴は，村落開発会議と，伝統的な権威との関係である．UNTAET統治下での法律にあたるUNTAET規則は，CEP村落開発会議選挙の候補者の要件として「18歳以上であること」，「集落や村に居住していること」，「会議ではたらく十分な時間があること」に加えて，「伝統的な指導者やローカルな指導者でないこと」[13]と定め，公選によるメンバーの選出から伝統的な指導者を排除していた．

　このようなUNTAETと世界銀行による地方自治制度の構築は，公選制という世襲に代わる指導者の選出方法を徹底させ，一方で女性の政治参加を推進したという点で，冷戦終結後に主流となった国際的な「民主主義」の定義をよく反映していたといえる[14]．また，この制度設計はUNTAETと世界銀行によって担われたが，東ティモール人による選択や解釈が介在しなかったという点で，文化運搬者による文化要素の純粋な呈示の過程ということができる．当時は，UNTAETが主権を有する立法，行政，司法に関わる全ての権限を有しており，国民諮問委員会という東ティモール人による諮問機関はあったものの，UNTAET統治下での法律にあたるUNTAET規則の実質的な立案，採択の権限は，国連事務総長特別代表が兼任していた東ティモール暫定行政長官にあったのである．

---

12)　UNTAET Regulation 13/2000 Section 2.1.
13)　UNTAET Regulation 13/2000 Section 4.3.
14)　冷戦後の民主主義理解の最も端的な例として挙げられる文書に以下がある．Boutros Boutros-Ghali, *An Agenda for Democratization*, New York: United Nations, 1996.

表1　村会議の構成

CEP村落開発会議(2000年)	村会議(2004年)	村会議(2009年)	任命の方法
…	村長(1名)	村長(1名)	選挙
男性代表(集落数分)	集落長(集落数分)	集落長(集落数分)	選挙
女性代表(集落数分)			
…	女性代表(女性2名)	女性代表(女性2名)	選挙
…	若者代表(男女各1名)	若者代表(男女各1名)	選挙
…	老人代表(1名)	老人代表(男女各1名)	選挙
…	…	リアン・ナイン(1名)	村会議の設置後、他の村会議構成員が任命

(3) 村会議の構築——現地エリートによる文化要素の選択

　2002年5月の独立によって，東ティモールの主権は東ティモール国民に返還され，司法，行政，立法の各権限も，各国家機関が担うことになった．このことは，立法過程が東ティモールの政治エリートによって担われることになったことを意味し，地方行政についても法務省が関係省庁と連携した上で法案作成を行い，国会に提出するという通常の形をとることになった．法案策定は，常に国連や国際機関，外国人アドバイザーの助言の下に行われたが，東ティモールの政治エリートが実質的な法案策定の権限を持つようになったことで，エリートによる文化要素の選択，すなわちフィルタリングが行われるようになった．

　国連による統治の下，国際機関が設計したのがCEP村落開発会議であったが，その中で呈示された文化要素は，東ティモールが独立した後，東ティモールの政治エリートによってどのように選択，受容されたのだろうか．結論から述べると，第一の文化要素である公選制については継続が図られたが，第二の文化要素である女性の政治参加と，第三の文化要素である伝統的権威と村会議との関係に関しては，大幅な修正が施されることになった．このことは，独立後の村会議の構成に明らかである．村レベルの行政単位である村会議のデザインは，表1に示したように2004年法律第5号によって示された．それによれば，村会議は，村長(1名)，集落長(村内の集落の数)，女性代表(2名)，若者代表(男女各1名)，老人代表(1名)で構成される．村長，集落長，老人代表は，男女の両方に開かれた職であり，女性代表と若者代表に関しては，ジェンダーバランスが規定されていた．また，5年後の法改正では，老人代表が男女各1

名の計 2 名に増員されるとともに，上記の役職に加えて，リサンの祭司であるリアン・ナイン（1 名）が加わることになった[15]．

　こうしたフィルタリングの過程には，新しい文化要素の受け手である東ティモールの文化の特性がはっきりと現れていた．第一の特性は，家父長制的な規範の存在とそれを支える文化要素の存在である．まず，女性の政治参加に関しては，完全な男女 50% のクオータ制を廃止する一方で，新しい村会議の中に女性代表の枠が作られた．CEP 村落開発会議は，草の根レベルに民主的な意思決定システムを作ったとして高い評価を受けた．しかし，一方で，特に農村部では，集落の女性代表に選ばれた女性が，家族からの協力が得られない，畑仕事や家事を残して家を出られない，交通手段がないなどの問題から，会議に参加ができないことが多く，その結果，CEP 村落開発会議への女性の参加は実態を伴わず形骸化してしまった[16]．村会議制度でジェンダー・クオータが採用されなかったのは，こうした CEP 村落開発会議の運用の実態を受けてのことであった．言い換えれば，女性の政治参加は，家庭での女性の役割や女性の持つ交通手段といった，社会を形作る他の文化要素と密接につながっており，それらの変革なくしては実現が困難である，ということがジェンダー・クオータの導入と失敗によって明らかになったということができる．さらに，ジェンダー・クオータが廃止された一方で，女性代表と若者代表という役職の創設によって，新たな村会議に年齢や性別による差別を是正する制度が導入されたことは注目に値する．これは，女性政治家や女性活動家のグループが 2004 年の法案策定にあたって行った活発なロビー活動に負う所が大きい[17]．

　もう一つの特徴として現れたのが，共同体の指導者を選ぶ際の，伝統的正統性の重要性である．伝統的権威との関係に関しては，伝統的権威を選挙から排除する条項がなくなり，共同体の伝統的な祭司であるリアン・ナインが，村会

---

15) 2009 年法律第 3 号．
16) Sofi Ospina, *Participation of Women in Politics and Decision Making in Timor-Leste: A Recent History*, Dili, Timor-Leste: United Nations Development Fund for Women (UNIFEM), 2006.
17) Sofi Ospina, *A Review and Evaluation of Gender-Related Activities of UN Peacekeeping Operations and Their Impact on Gender Relations in Timor-Leste*, Dili: Report for UN DPKOHQ, 2006, p. 40.

議の中に制度として組み込まれた．リアン・ナインは選挙で選ばれるのではなく，他の村会議のメンバーが選挙で選ばれた後，最初の村会議でリアン・ナインとして権威を持つ数名の長老の中から合議によって選出されることになっている．新しい村会議の制度で，いわば村会議の「お目付け役」「ご意見番」として迎えられたリアン・ナインは，民主的な選挙制度の外部に位置しているにもかかわらず，民主的に選ばれた村会議に大きな影響力を持つ存在であるといえる．

　このような伝統的な権威を組み込んだ新しい村会議の制度は，CEP村落開発会議への反発，もしくはバックラッシュということができるだろう．東ティモール選挙行政管理事務局の事務局長トマス・ロザリオ・カブラル氏は，リアン・ナインが村会議の構成員に組み込まれたことに関して，「文化的必要性」と呼んで次のように説明する．

　　リアン・ナインがいなければ，人々は村長にもその他のリーダーにも従いません．リアン・ナインを（村会議の構成員として）組み込むことは，村会議が実質的に機能することを担保するための文化的必要性なのです[18]．

　CEP村落開発会議は，伝統的な指導者を排除することで統治の文化の変革を目指した．しかしこれは，CEP村落開発会議が伝統的な長老会議に併行して存在するという二重構造を作り，さらに伝統的指導者の助言なくしてはCEP村落開発会議が実質的に機能しないという状況を生み出した．地方の多くの村では，人々の生活は血縁でつながった部族を中心にして成り立ち，様々な儀礼が社会的に重要な意味を持っている．このような地域では，フォーマルな統治制度も，リサンと現地の統治文化を無視しては機能しなかったのである．したがって，リアン・ナインという伝統的権威を村会議に編入することは，住民の目から見た制度の正統性を確保する試みであると同時に，新しい村会議制度とリサンにおける長老会を統合する試みであったといえる．

　以上のように，CEP村落開発会議が伝統的な統治の文化をラディカルに変革しようとしたのに対して，現地の政治エリートによって設計された村会議は，家父長制的規範を是正する措置を講じるなど，外来の文化要素を一部受け入れ

---

[18]　東ティモール選挙行政管理事務局事務局長トマス・カブラル氏へのインタビュー，2010年9月2日．

つつも，現地の伝統的な統治の機能を組み込むことで，新しく国連によって持ち込まれた「近代的な」文化要素と東ティモールで培われた「前近代的な」文化要素とを併せ持つ，折衷的なものになっていった．

3　村会議の施行——草の根での文化触変

それでは，東ティモールの一般の人々は，そのような折衷的な村会議制度とそれに含まれる文化要素をどのように受け入れたのだろうか．村会議制度は，選挙の実施という点だけを観察すれば，ほぼ問題なく機能しているといえる．村レベルでの代表を選出するための選挙は，2000年に行われたCEP村落開発会議メンバー選出のための選挙，独立後に新しく作られた村会議メンバーの選出のための2004年の選挙と，その5年後に行われた2009年の選挙の計3回行われたが，いずれの選挙も選挙人登録を忘れてしまうことや投票の際の技術的な問題を除けば，混乱や暴力や威嚇等もなく無事に行われたことが報告されている[19]．これは，言い換えれば，公選制という文化要素が一般の人々に受容されているということであろう．

(1) リサンとの競合——文化的抵抗と再解釈

しかし，より詳細に検討してみると，その内容は東ティモールの文化や規範によって抵抗を受け，再解釈されつつ実践されていることが明らかになる．まず，自由な市民による公正な選挙という政治指導者の選出の方法は，ローカルな文化によって解釈を加えられて実践されている．オスピナとホヘは，2001年に行った調査で，東ティモールでは，政治指導者として選ばれるためには，リウライやリアン・ナインを輩出している家系など特定の家の出身者であることが必要であること，つまり伝統的な政治的正統性が重要であることを明らかにした[20]．現在全国に442人いる村長のうち何人までが伝統的政治指導者の血

---

[19]　*Electoral Violence in Timor-Leste: Mapping Incidents and Responses*, Timor-Leste Armed Violence Assessment (TLAVA), Issue Brief, Number 3 (June 2009).

[20]　Ospina and Hohe, *Traditional Power Structures and the Community Empowerment and Local Governance Project*, pp. 54-57, 64-66.

を引く指導者なのか，ということに関する統計的な調査は，残念ながら存在しない．しかし，1999 年の「民主化」から 10 年余を経た現在でも，こうした伝統的正統性概念が有効であるということは，この間に行われた人類学的な研究によっても，また筆者が行った現地調査によっても確認される．例えば，バウカウ県でインタビューに応じてくれた男性は，以下のように証言する．

　　村長はリウライの血を引く正しい家系の者でなければなりません．リウライの家系でない者が出ても選挙に勝つことはできません．もしも彼／彼女[21]が選挙で勝てば，何か悪いことが彼／彼女やその共同体に起こります．例えば彼／彼女が事故で死んだり，そういうことです[22]．

　また，選挙によって選ばれた指導者の男女比は，女性が正統な指導者とみなされないことを如実に示している．例えば，全国に 442 人いる村長の中で女性は 10 名，2.3% に過ぎない．また，女性の集落長は 2,167 名中 37 名で 1.7% を占めるにとどまり，リアン・ナインに至っては 442 名中 6 名でわずか 1.4% である[23]．これらがいずれも法律上は男女共につくことができる役職であることを考えると，共同体の指導者は男性であるべきという規範もまた，独立後に実施された新たな民主化とその基礎としての選挙という新しい文化要素の解釈に重要な影響を及ぼしていることが窺われる．

　さらに，東ティモールの伝統的な共同体では，結婚が社会的に重要な意味を持ち，結婚によって人は社会的に一人前になると考えられている．法の翻訳の過程は，新しい制度の移入に際して現地の文化による解釈が加えられるということを示しているので，少々細かい点ではあるが見てみよう．例えば，上述した村会議のメンバーの中にある「老人代表」という役職であるが，これは，東ティモールの公用語であるテトゥン語の法律では "katuas ka ferik" となっている．これは，ポルトガル語で書かれた原文では "anciao ou ancia" となっていて，

---

21) インタビューはテトゥン語で行われた．テトゥン語の "nia" は，日本語の「彼」や「彼女」など三人称であるが，性を持たないため，彼／彼女と訳した．

22) 青年教育のための NGO に勤務の男性へのインタビュー，2010 年 6 月 22 日．なお，筆者の現地調査の中では，同様のコメントがしばしば聞かれた．

23) *2009 Community Elections: Women Participation*, Brochure released by Secretáriado Técnico de Administração Eleitoral (Technical Secretariat of Electoral Administration), April 2010, p. 9 より筆者が計算．

「年長の男性または年長の女性」といった意味である．一方，東ティモールは，性別に加えて，年齢，そして既婚か未婚かが重要視される社会であり，テトゥン語にもそれが反映されている．そのため，役職名がテトゥン語に訳されると途端に異なった意味を含むことになってしまう．すなわち，"katuas" は単に年長の男性ではなく，「既婚の尊敬に値する（既婚であることが尊敬に値する，ということにもつながる）年長の男性」となり，"ferik" は，「既婚の尊敬に値する年長の女性」を意味することになるのである．また，「若者代表」という役職の解釈についても，似たような現象が起きる．ポルトガル語で若者を意味する単語 "joven" は，テトゥン語法でも同じ単語 "joven" がそのまま使用されている．しかし，これもテトゥン語で使用されるのと，ポルトガル語で使用されるのとでは，異なる意味合いを含む．テトゥン語では，通常，"joven" は，年齢が若いというだけではなく未婚であるということも要件に含まれる．つまり，「若い」かどうかは年齢だけではなく，配偶者の有無によるのであり，それによって共同体での尊敬の受け方も異なってくるということである[24]．ここから，ポルトガル語話者が起草した法は，東ティモールの一般の人々の使用言語であるテトゥン語に訳されることで現地の文化による解釈を加えられて使用されている，ということがいえるだろう．

　以上，村レベルでの政治指導者の選出に際して，伝統的指導者の家系の出身であるかどうか，男女の別，既婚，未婚の別など，東ティモール社会で指導者であるために重要とされる要件に基づいた選考が存在することを明らかにした．国際社会の指導の下で行われる国家構築と「民主化」の中で設置された村会議制度は，現地エリートによるフィルタリングを経て折衷的なデザインになりながらも，選挙という世襲に代わる指導者の選出方法，女性や若者の政治参加，という点で新しい文化要素を導入した．その結果，村会議制度という近代的な政治行政機構は，植民地時代に外部の影響を受けながらも生き残ってきたリサンという伝統的な統治の方法との，文化接触の場となったのである．

---

24)　現地調査（2010 年 5 月〜9 月），特にボボナロ県での参与観察と聞き取り調査より．

(2) リサンの綻びと新しい文化要素の受容

しかし，新来の文化要素が旧来の文化要素からの抵抗や再解釈を受けて変化するだけで，旧来の文化要素は全く変化しない，と考えるのは間違いである．特に都市部では，公選制に基づく指導者の選出がより実質的に実践されるようになっており，また女性や若者の政治参加が部分的にではあるが観察されるようになっている．例えばディリでは，村長が伝統的な指導者の家系の出身でなければならないと考える人は比較的少なく，村会議のメンバーの選出に際しては，伝統的な指導者の家系の出身ではない指導者が選ばれる例が見られる[25]．これは，選挙を通しての，世襲によらない指導者の選出という新しい文化要素が受容されつつあることを示している．また，女性代表や若者代表といった新しい役職が，特にディリで活発に機能していることも注目に値する．女性代表は女性の，若者代表は若者の代表として村会議に出席するとともに，その世話係となることを期待されている役職である．こうした新しい役職は，地方ではほとんど機能していないことが指摘されているが[26]，首都のディリでは女性代表や若者代表が，女性や若者のための催し物を開いて女性間，若者間での交流を図ったり，職業訓練プログラムを紹介したりするなど様々な役割を担っている[27]．これは，女性代表と若者代表という役職の設置を通して受容された女性や若者の政治参加という文化要素が，都市部では，一部ではあるが一般の人々によって受け入れられてきているということを示しているといえる．

世襲によらない指導者の選出や女性や若者の政治参加という新しい統治の文化が浸透する背景の一つに教育がある．東ティモールでは，1999年以降，市民教育や選挙人教育が，国際機関，政府，NGOなどによって盛んに行われて

---

25) 現地調査（2010年5月〜9月）より．首都であるディリ県は六つの郡に分けられるが，ディリではうち5郡から一つないし二つの村を抽出し，各村の村長に聞き取り調査を行った．

26) Deborah Cummins, "Decentralisation, Democratisation and Lessons from the konsellu suku," in Steven Farram ed., *Locating Democracy: Representation, Elections and Governance in Timor-Leste*, Darwin: Charles Darwin University Press, 2010, pp. 52-62.

27) 現地調査（2010年5月〜9月）より．特に，ディリ県ナインフェト郡ビダウレシデレ村村長へのインタビュー，2010年6月9日，ディリ県ドンアレイシオ郡コモロ村村長へのインタビュー，2010年6月15日．

きた．そこでは，選挙の期日や手続きなど技術的な内容のほか，民主主義の理念，個人の平等や女性の権利に関する教育が行われる．頻繁に行われる市民教育や選挙人教育は，指導者の選出に関する人々の考え方など，統治の文化に重要な影響を及ぼしていると考えられる．また，一般的に，高等教育を受けた人は，伝統的指導者よりも選挙で選ばれた指導者や国家機関などのフォーマルな制度に正統性を見出す傾向があることが報告されている[28]．学校教育もまた，人々の選好に重大な影響を与えるといえるだろう．

　他方で，新しい統治の文化の浸透は，受け手であるディリの社会自体が女性や若者の政治参加という文化要素に適合的になってきたということも示している．ディリでは，国際社会による東ティモールへの直接支援が始まった1999年以降，地方からの人口，特に現金収入を求める単身の若者の流入が顕著になり，その結果，血縁共同体に属さない個人の集合としての集落がディリに形成されることになった．地方の血縁共同体は通常，政治的な意見集約の回路になったり，個人の孤立を防いだり，貧困など生活上の困難に際してのセーフティーネットとなったりしている．他方，都市では，本来血縁共同体が有していたそのような機能がなく，地方からやってきた若者の多くが住むことになった地区では，若者の社会的孤立や経済的困難が報告され，治安の悪化が社会問題化することになった[29]．こうした中で，村会議という新しい政治行政制度の，若者代表という新しい役職が，若者の意見を村会議で代表するほかに，若者への職業訓練の機会の斡旋やスポーツなどを通した交流といったより世話役的な役割を期待されるようになったのは自然なことであるといえる．つまり，社会経済構造の変化や人口の移動によって共同体がそのあり方を変え，新しい統治の文化に対する必要性が生まれると共に，受け手の文化そのものが新しく移入される文化要素に適合的になったのであった．

---

28) The Asia Foundation, *Law and Justice in Timor-Leste: A Survey of Citizen Awareness and Attitudes Regarding Law and Justice*, Dili: The Asia Foundation, 2008.

29) James Scambary, *A Survey of Gangs and Youth Groups in Dili, Timor-Leste*, Report Commission by AUSAID, 2006.

おわりに

　以上，1999年以降の東ティモールにおける村レベルの統治機構の制度設計と施行を，文化触変の過程として考察してきた．本論を通して明らかになったことをまとめると，以下のようなことがいえるだろう．第一に，現地社会にとっての必要性を著しく欠き，現地の文化に適合しない制度は，現地住民によって拒絶，黙殺されることがあり，制度自体が形骸化してしまう恐れがあるといえる．これは，国連と世界銀行によって設置されたCEP村落開発会議が，東ティモールの村落部に根付いた統治の文化と適合せず，本来期待された機能を果たせなかったことに明らかである．CEP村落開発会議は，世襲を防ぐために公選制を徹底し，実質的なジェンダー・クオータを取り入れるなど，現在国際社会で「普遍的」と考えられている民主主義の理解を反映した設計であった．しかし，多くの村にはすでに伝統的な長老会議が正統性を持った合議体として存在しており，CEP村落開発会議は権力の二重構造を生み出したばかりではなく，正統性を欠いた存在と考えられることになってしまった．

　第二に，国際社会の関与の下で移入された新しい統治の文化要素は，制度の設計と制度の施行の二つの段階で，それぞれ政治エリートと一般の人々によって，現地文化に基づいた抵抗と再解釈を受けるということが明らかになった．まず，村会議の設計過程では，女性や若者など，伝統的な統治の文化の中では政治参加が制限されていた主体の政治参加が部分的に推進され，その一方で，伝統的な指導者が選挙を経ずに村会議の構成員となる仕組みが造られた．これは，国連によって推奨された新しい文化要素が現地エリートによるフィルタリングを経て選択的に取り込まれたことを示している．また，この村会議は，実際の運用の過程でも現地の旧来の文化要素に基づいた解釈を施され続けている．リウライを輩出する家系など，特定の家系の出身でなければ選挙に立候補，当選できないという考え方などは，まさに新しい文化要素が現地の伝統に基づいた解釈を施されて運用されている端的な例である．こうした現地文化に基づいた制度の解釈と運用は，法や制度が，法の起草者や制度の設計者が意図しなかった形で運用される可能性を示しているといえよう．

第三に，国際社会の関与の下に行われる国家構築活動の中で，現地の統治の文化にも徐々に変化が生じていることが明らかになった．特にディリでは，競争に基づいた指導者の選出や，女性や若者の政治参加など，国連が推進した新しい統治の文化が部分的にではあるが確実に浸透してきている．一方では新しい制度の施行と，それに伴う教育活動などが実を結んでいるといえる．ただし，こうした文化変容は，社会経済構造の変化や人口の移動など，制度の施行とは異なる要因によって強く後押しされている点に注意が必要である．都市部では伝統的な共同体のあり方に変化が生じ，その結果として伝統的な共同体に根差した古い文化が脆弱になっており，そのため新しい文化要素が人々に受け入れられやすい状況ができていた．

　以上，村会議制度導入の過程で観察された文化の接触と変容の過程を振り返ってきたが，最後に国連ミッション下の国家構築を文化触変の過程として理解することの重要性に触れて本論の結びとしたい．これまで見てきたように，文化触変論を応用した国家構築の検証は，紛争後地域の住民と文化を考察の中心に据え，現地の住民が新しい統治の文化をどのように受け入れ，解釈し，実践したのかを理解しようとする．これは，これまでの国家構築，平和構築研究が介入側，すなわち国際的な主体を国家構築や平和構築の主たるアクターと捉えていたこととは対照的である．文化触変論に基づいた国家構築の考察は，視点を介入側から被介入側へと転換することで，「破綻国家」や「紛争後地域」と呼ばれる地域にも，その土地の歴史や環境を反映した統治の方法，文化があることを検証の出発点とするのである．

　従来の国家構築研究，平和構築研究は，国家構築の中でも国際的なアクターが関わる部分，つまり法や制度が出来上がるまでを主な関心の対象としており，国家構築や平和構築の「成功」や「失敗」の原因を，主に介入側の活動に求める傾向があったといえる．その結果，こうしたアプローチは，新しく構築された制度や法が現地でどのように受け入れられるのかを考察する枠組みを欠くことになり，国家制度の構築後の機能不全などを「意図せざる帰結(unintended consequence)」と認識することはできても，その原因を説明することができない，という事態を生じることになった．一方，文化触変論は，新しい文化と古い文化の齟齬の問題に光をあて，そこで起きる制度の不具合を説明すること

を可能にする．国際社会の関与の下で構築された国家という統治の制度と現地の伝統的な制度との間にはどのような相違があったのか．現地の伝統的な統治の文化は，人々の国家制度の理解とその運営にどのような影響を及ぼしたのか．文化触変論から見た国家構築論は，このような問題を設定することで，「意図せざる帰結」が生じる原因の一部を明らかにすることに寄与するのである．

　さらに，このような現地の文化への着目は，国家構築と国民形成の関係を理解することに役立つ．共同体の構成員によって共有される文化に着目して国家構築を考察することは，国家という統治機構やそれを構成する文化要素の移入が，現地社会の文化，さらにはその共同体の全体に及ぼす影響を考察することにつながる．国家構築の過程で，現地の共同体はどのように保持され，解体され，再構築されるのか．文化触変論から見た国家構築の考察は，このような問題を分析の視野に入れることで，国家構築と国民形成との関係を考察する糸口となるといえる．以上のような点において，文化触変論は，国家構築，平和構築という現代的な問題に，短期的な「教訓(lessons learnt)」の議論以上の知見を与えてくれるのである．

第11章 美術における「アジア」の表象
福岡アジア美術館の展示活動

岸 清香

はじめに

「アジア美術」が美術の領域において市民権を得た，と言われるようになって20年が経つ．1980年代後半からの中国・東南アジアを中心とする経済発展や民主化，自由化を背景に，この地域の同時代の現代美術が脚光を浴びるようになった．近年では中国やインドの作家を中心に，オークションにも「アジア現代美術」という部門が現れ，美術市場でも高値をつけるようになり，美術館のブランド戦略にも用いられるなど世界の注目を集めている．この「アジア美術」の展開に両義的な態度を示しつつも積極的に関わってきたのが日本の美術界である．1980年代末以降，激動するアジアの新世代の美術家たちが文化交流機関や美術館によって全国的に紹介されるようになり，1994年には「アジア現代美術ブーム」と新聞報道されるや，一大論争に発展する．そして99年には「アジア」を冠したアジアの近現代美術専門の美術館が，「世界でただひとつ」と銘打って福岡に開館するに至ったのである．

北東・東南・南西のアジア22カ国・地域を対象に，「西洋美術の模倣でもなく，伝統の繰り返しでもない」「既製の『美術』の枠をこえていく」作品の収集・展示を行う，福岡市美術館の分館として開館したのが，福岡アジア美術館である．3年毎に開催する「福岡アジア美術トリエンナーレ」を中心とする企画展示，アジアの作家・研究者の招聘や，体系化されたコレクションの充実をはかり，福岡市美術館が1979年の開館以来，5年毎に開催してきた「アジア美術展」を中心とする「アジア美術」の展示・収集活動を専門的かつ発展的に行っている[1]．その「アジア美術」とは，狭義の「美術家」による近代／西洋

---

1) 福岡アジア美術館ホームページ．1979年の福岡市美術館の「アジア美術展」創設から

由来の「美術作品」を意味するいわゆる「近現代美術」のみならず,「民俗芸術・民族芸術・大衆芸術」にまで及ぶ点が大きな特色となっている.

このような同館の「アジア美術」観を形成したのが,1990年代の日本であり,この時期にアジア・日本関係が大きく変化していたのである.そのようななか,同館学芸員たちは美術界の論争において独自の位置を占めていくとともに,従来の国別展示を脱して,地域共通のテーマ設定による展示=「アジア」像の呈示に取り組んでいったのである.本稿では,この論争と表象のプロセスをたどりながら,福岡アジア美術館の展示活動を事例に,美術における「アジア」表象の日本的展開の様相を検討していく.

近現代の日本において「アジア美術」とは,「東洋(古)美術」と同義の,「日本の伝統美術に関連する近代以前の名品」を意味する概念として用いられてきた.現在の美術史学や美術教育でも,西洋・日本・東洋美術という三本立てによる概念構造と,南・東南・北東アジアという「東洋美術」の地域的範囲は,(かつての国家主義的色彩は払拭されつつも)そのまま踏襲されている[2].すなわち「アジア美術」とは,「西洋美術」を対概念とする「日本美術」の「内なる外部」として位置づけられてきたのであり,この点で,「ヨーロッパ美術」のような国家を超えた広域美術概念とは大きく異なっている.この「アジア」の表象を問い直す福岡アジア美術館の取り組みは,困難を極めていくのである.

1　1990年代日本における「アジア美術」論争

「アジア現代美術ブーム　福岡・広島など各地で展覧会——西洋との対立から脱皮,現実の中で『自分探し』」『朝日新聞』1994年10月5日.
「アジア現代美術　絵画・彫刻の枠越え西洋にない独自性——暮らしの現

---

1) 99年「福岡アジア美術館」開館までの詳細については,岸清香「美術館が『アジア』と出会うとき——福岡アジア美術館の設立と展開」戦後日本国際文化交流研究会,平野健一郎監修『戦後日本の国際文化交流』勁草書房,2005年,240-278頁を参照.開館から13年経ち,企画展示は27件を数え,コレクションも2,700点を超えている(2011年度末現在).
2) 石川千佳子「希望としてのアジア美術」『宮崎大学教育文化学部紀要』第16・17号(2007年9月),11-18頁.

実から発想，"伝統の鎖"免れた解放感にじむ」『読売新聞』1994年10月18日．

「回顧'94美術　アジア美術が独自の主張——表現の評価，基軸が多元化」『朝日新聞』1994年12月5日．

「美術'94この1年㊦　目立ったアジア興隆の流れ——蔡國強が活躍，欧米衰弱の〈現代〉」『読売新聞』1994年12月15日夕刊．

　1994年9月，アジア大会開催都市の広島と「アジアの交流拠点都市」を謳う福岡でそれぞれ大規模なアジア現代美術展が開幕し，10月半ばには東京の国際交流基金アセアン文化センターでアジア現代美術をテーマとする国際シンポジウムが開催された．これをきっかけに，「アジア美術」が上記のごとく新聞紙面を賑わせ，美術界に議論が巻き起こる．そこではまず，中国・東南アジアを中心とするアジアの同時代美術が，社会の現実を見据えた独自の表現を見せるようになったとされ，「衰弱」あるいは「沈滞」「自己撞着」と映る欧米や日本の状況と対照され，称揚された．美術評論界の社会派重鎮として知られる針生一郎は，次のように期待感を表明している．

　　アジアの美術でわたしたちにとってもっとも刺激的で，欧米からも少しずつ注目されているのは，現実の社会的矛盾のただなかから生まれ，現実の矛盾をするどくえぐりだした作品群である．……1970年代以降日本で語られた自律性は，経済大国の現実に乗っかってたたかいの自覚を欠き，テーマとメッセージの喪失を招いた点で，アジアの美術に謙虚に学び直す必要がある[3]．

　他方同時に，「アジア地域の国々の社会，宗教，文化などの諸形態はあまりにも多様」であり，「ヨーロッパ美術」というのと同じ意味合いでの普遍的な「アジア美術」はあり得ない，「脱西欧」ならともかく「アジア美術」と固定化することは，欧米そしてアジアの人々が神経を尖らせるなか望ましいことではない，とする懸念も広く見られた．「海外の美術というと，欧米の美術だけに注目してきた日本の美術界のこれまでの状況から見れば，これは大変動といえる現象」としつつ，もう一人の戦後美術評論を代表する中原佑介は，1970年

---

[3]　針生一郎「アジアの現代美術をどうみるか」『新美術新聞』第721号(1994年12月11日)．

に日本初の本格的な国際美術展の企画を務めた人物であり，西欧起源の「美術」の普遍性は疑えないとする立場から，こう注意を促していた．

　逆説めくが，私はアジア各国の現代美術への関心は，「アジア美術」という概念の放棄を土台にすべきではないかと思う．……「アジア美術」という発想は，「ヨーロッパ美術」という概念の裏返しでしかないからである．「アジア熱」はいいけれども，それが「アジア美術」幻想を生むものだとすれば好ましいことではない．……脱西欧とは脱西欧的普遍性ということであり，それは美術の普遍性についての再考をうながす．もし，そうでなければ，日本の考える普遍性によってアジアの美術を律することになりかねない．文化侵略である[4]．

このように1990年代半ばの日本に突如「アジア美術」をめぐる議論が沸騰し，新たな形で編成されていったのであるが，その背景には，1980年代後半以降の日本社会，とくに公的セクターにおけるアジア志向の高まりがあった．なかでも1990年，国の文化交流機関である国際交流基金は「アセアン文化センター」を設立し，東南アジア諸国連合（ASEAN）加盟国の現代芸術の紹介に着手した[5]．そこで紹介された美術作家や作品は当時民間画廊が扱い始めた中国の新世代作家による現代美術とともに「アジア美術」として認知を得ることになる．とりわけ92年，国際交流基金創立20周年とASEAN結成25周年を記念する「東南アジア祭'92」の一環として，東京・大阪・広島・福岡の4都市を巡回した「美術前線北上中——東南アジアのニュー・アート」展は，メディアで大きく取り上げられ，「未知のヴェールを払いのけた」などと好評を得

---

4) 中原佑介「アジア的な日本的な3　普遍的な『アジア美術』はあり得ない」『読売新聞』1995年1月6日夕刊．折しも94年9月，韓国国立現代美術館で開催された「現代日本伝統工芸展」における太平洋戦争犠牲者遺族会による抗議，破壊事件が報じられていた．10月の国際交流基金アセアン文化センターのシンポジウムでは，タイ人美術評論家のアピナン・ポーサヤーナンが「大国覇権主義以降のアジア美術」と題した報告で日本の美術界の姿勢を問い，耳目を引いていた．

5) 同センターは，95年には「アジアセンター」に改組され，対象地域をアジア21カ国に拡大するとともに，それまでの「国内におけるアジア理解」に加えて「共同事業によるアジア域内交流」の促進に取り組んだ．アジアセンターは2004年，国際交流基金の独立行政法人化に伴い解消したが，専門員の古市保子（現・文化事業部造形美術チーム）により，国際シンポジウムやアジア次世代キュレーター育成事業などが継続されている．

た．この際，「日本の現代美術シーンは，世紀末から第一次大戦ごろにかけてのパリや，両大戦間のニューヨークのように今後ますますアジアの若手アーティストの作品を必要とするようになる」というような期待感も呼び起こしたのである[6]．美術評論家の登用と地方公立美術館との協力に基づく同展の企画体制（美術評論家2名と美術館学芸員2名，そしてアセアン文化センター専門員のチーム），および現地調査に基づく企画手法は，94年の福岡市美術館と広島市現代美術館の展覧会企画にも大いに影響を与えるものでもあった．

1992年の同展を嚆矢とする「アジア美術」紹介の展開について，「美術前線北上中」展の企画当事者である美術評論家の谷新は，「ある程度先行した日本が背後にアジアを見ているというかたち」であり，「『日本とアジア』というときほとんど無意識に『ヨーロッパと日本』という図式を繰り返している」ことを認めている[7]．95年，『美術手帖』誌の特集号「検証'94現代日本美術の実績」の座談会では，その展開が「欧米型のモダンが病んで崩壊して多元主義が尊ばれる」なかで現れた，「アジア的，あるいは第三世界的なるものを重視しなくちゃならないという欧米の丸写し論理」だとする指摘や，「アジアも西欧型モダニズムを追っかけようと」しているということであろうが，日本こそ「近代以降，外部にとらわれすぎて自己を見失ってきた……いちばんの後進国じゃないか」というような見解が述べられている．それに対してもう一人の同展企画者である美術評論家の中村英樹は，「西欧とは違う，日本とアジアに通底する部分」もあり，「日本人が日本の今後をつくるために，アジア人がアジアの将来をつくるために自己発見することが必要」との立場も示していた[8]．

1992年の「美術前線北上中」展に際して，毎日新聞美術記者の三田晴夫は，美術界の「アジア」に対する視線に変化が現れつつあることを指摘していた．それまでの「アジア」論者たちは，明治以来の脱亜入欧路線，および「太平洋戦争における軍事侵略の記憶や現在の経済進出が招いた反発感情」という二つ

---

6) 柏木博「アジアとの出合い——文化交流の視点から4 物・情報が培う現代美術 独自の感覚で再編して発信」『朝日新聞』1993年1月7日夕刊．

7) 三田晴夫・菅原教夫・高島直之・谷新・中村英樹「座談会 点滅する現在——日本の体質と構造をめぐって」『美術手帖』1995年3月号，39-62頁のトピック「『アジアの現代美術』ブームの加熱に深まる内憂外患の美術状況」．

8) 三田ほか「座談会 点滅する現在」．

の負い目によって,「アジア」に対する態度を「必要以上に無批判に対象にのめり込ませるか,反対に禁忌として回避的,もしくは迂回的にしてきた」のであった.しかしこの頃には「今日のアジアを生き生きと等身大でとらえる」ことを可能にするような新しい認識と理念が共有されつつあったというのである[9].その「決定的なひとつの範型」として参照されたのが,同展企画にも学芸員後小路雅弘を参加させていた,「唯一アジア美術の紹介と理解に実績」のある福岡市美術館の活動であった.89年,同館が開催してきた「アジア美術展」の第3回展では,倫理意識に足を取られた「アジア」観でも,倫理意識の裏返しである「アジア」幻想でもない「透徹した認識と理念」が示されていた.同展で日本部門の選考に当たった学芸員の黒田雷児が,アジア・日本の関係性について,「現在の日本人にとっては,西洋に対して,アジアとの一体感やアジア文化の独自性を主張することは,もはや切実な課題ではない……むしろ日本は,いまや,物質的にも精神的にも,かつての西洋の立場にたって,アジアを消費し始めているのだ」と述べていたのである[10].

この時黒田はまた,「いっさいの理想化や神秘化なしに,また珍しいものを求める消費の欲望とは異なる次元で,日本とほかのアジアの国それぞれの『現代』が生み出しつつある文化の実態を,生活の姿を,ありのままにさらけ出し合うこと」という,「アジア美術」表象において画期的な立場・理念を明確にしていた.このように述べる黒田の立場は,1990年代の「アジア美術」論争のなかでさらに鮮明に打ち出されている.冒頭に挙げた94年の国際シンポジ

---

9) 三田晴夫「東南アジアのニュー・アート〈美術前線北上中〉展——美術にとっての〈アジア〉」『美術手帖』1993年5月号,184-193頁.三田はまた,福岡市美術館の「専売特許」であり「祭典的」ないし「牧歌的」な「一地方美術館の主題」であった80年代のアジア美術紹介が,90年代には,経済交流と対になった文化交流という「国策レベルの理念が背後の影のように寄り添う国家規模の主題」となり「ポストモダン的な知による交通整理が進んでいささか肩肘の張る思い」のするものへと移行したと整理している.三田晴夫「アジアという主題をめぐって」『LR』第2号(1997年5月).

10) 黒田雷児「越境するシンボル」福岡市美術館『第3回アジア美術展』(展覧会図録)1989年.中国や東南アジアの現代美術が伝えられていなかった当時,「欧米の展覧会形式や価値基準にアジアや日本の作品を近づける」のか,それとも「アジア的混沌,雑多さを,その固有の文脈を尊重してそのまま提示する」のか,「正反対の方向の間に妥協点を見いだすのは,日本の美術館や批評にとっては現在ではあまりにもシビアな課題」であるとも述べていた.黒田雷児「アジア展のシビアな課題」『アトリエ』1989年10月号.

ウムでは，アジア観の日本中心主義を批判して，従来の「アジア美術」紹介が，欧米人がアジアに対するようにアジアを「他者」として外部から見る視点と，アジアを強引に日本に同化しようと「理解困難なものを抑圧する」視点の二種の日本中心主義に陥りがちであったと指摘し，双方への対決姿勢を鮮明にしている[11]．さらに 96 年のセミナーでは，「日本の美術館でやってきたことを基準」にする世代に対して，「自分がすでに知っているものを相手の中に，……確認するためだけに見る」立場を否定し，「貴方がジレッタント的な態度で自分が好きなものを骨董品を扱うように楽しんでいるのであれば，私はそれに興味はない」と苛立ちを隠さない．すなわち，「アジア美術を考える」こととは，「美術館がやってきたこと，日本の近代，私たちの美術観をすべて問い直す，ひっくり返す，あるいはその位置をもう一つ正しく直す，ロケーションをもう一度与える作業」なのであり，そのためには「ひとつひとつの作品，ムーヴメントにどれだけの必然性，価値があるかを，自分の立場でなく相手の立場に立って，内在的に捉えていく努力」が必要であると主張したのである[12]．

ここに，「西洋」をモデルとしてきた近代化以降の「日本」の同化主義的な「アジア」観と，1990 年代に現れた「欧米」の現代美術を基準とする他者化された「アジア」理解の双方を否定して，外部にある「アジア」を「ありのまま」かつ「内在的に」見る視点を探るという，福岡アジア美術館独自の課題が示されたことになる[13]．それは近代日本の価値観にも現在の日本にもない「アジア」の表象として呈示されていくのである．

---

11) 黒田雷児「アジア現代美術――『ブーム』の表と裏」『ArtEXPRESS』第 6 号（特集「いま，アジアの美術」，1995 年 3 月）．
12) 国際日本文化研究センター公開セミナー「現代藝術とアジアⅢ　わが愛するアジア美術」1996 年 2 月における黒田雷児の発言．97 年 10 月，国際交流基金アジアセンターによる国際シンポジウムでも，「西洋対日本の二元論に囚われてきた」公立美術館のあり方への反省として福岡アジア美術館が構想されたと表明されている．後小路雅弘「アジア美術館の誕生へ向けて」国際交流基金アジアセンター『シンポジウム「再考：アジア現代美術」報告書』1998 年．
13) 同館の「アジア」が日本の美術界における福岡の位置と共鳴しつつ把握されていることについては，拙稿「美術館が『アジア』と出会うとき」で指摘したことがある．

2 表象された「アジア」

　1991年，福岡市美術館学芸員の黒田雷児は，「皮肉にもヨーロッパや東京に刺激されて，福岡は再びアジアを見い出そうとしているのである」と述べていた[14]．参加各国の公的機関に選考を委ねていたそれまでの「アジア美術展」では，「西洋近代の前提を無批判に受け入れつつ，そこに非近代的なものを接ぎ木して事足れり」とする折衷主義的な作品が中心であり，「集合的・観光的な国ごとの特性を構成するものとして作品をとらえる傾向」があったという．他方，同館の「アジア美術展」の情報源では知りえなかったアジア系の作家たちが欧米の美術界で活躍し始め，「欧米の形式的な模倣」どころか「欧米の批評基準をやすやすとクリア」している．ここに，担当学芸員によって「アジア」を内在的にとらえようとする契機が生まれていたのである．こうして同館の「アジア美術」紹介は，参加各国による独自性の称揚から，アジア共通のテーマ設定という形に方向転換していく．同年，イギリスの代表作家の地位にのぼりつめたインド人作家を紹介する展示においてなされた主張――「私たちがアジアに求めるのは，作品によって既知のイメージを確認することではなく，未知なる美術の可能性に出会うことなのだ」――にも見られるように，「アジア」像の表象は，新たな可能性として追求されていった[15]．

　同時期の福岡市美術館では，1991年度に「アジア美術」の収集が拡充され，92年には福岡市長の「アジア美術館」建設意向が公表されるなど，福岡市の都市開発に伴い「アジア美術館」の構想が進められていた．同館のこれ以降の展示活動において，福岡アジア美術館の基礎となるテーマが打ち出されていったのである．また美術界で「アジア美術」に注目が集まるなか，同館の活動については，国内外の関係者による議論が展開している．以下では「現実主義」「移民」「庶民」という三つの主要なテーマとその評価をたどり，日本の美術界

14）　黒田雷児「『アジア美術』紹介の今後　アジア美術雑感　コラージュの治療」『新美術新聞』1991年7月1日．
15）　黒田雷児「カプーアとアジア的抽象」（福岡市美術館小作品展示室常設展示 No. 140 リーフレット）1991年9月．

において「アジア美術」が持っている可能性と限界を知る手がかりとしたいと考える.

(1) 現実主義

1994年9月,「第4回アジア美術展」は,本展示を「時代を見つめる眼——Realism as attitude(態度としてのリアリズム)」と題して,特別部門「リキシャ・ペインティング——バングラデシュのトラフィック・アート」および「ワークショップ」とともに福岡市美術館で開会した.先に挙げた針生一郎は,この会場の活況を次のように伝え,同展に「現代アジアの最先端」との賛辞を送っている.

> そこでは,明治以降日本から輸出され,幌や座席にバングラデシュの説話・歴史から今日の映画場面まで極彩色で描き,自転車で引いて街を走る「リキシャ」の車体と絵が4室に特陳された.そのほか,地主,資本家,軍人など木のレリーフ状のひとがたを,観客に自由にならべ変えさせるフィリピン作家の《権力》,……祖母,母,日本軍の軍属で戦犯として処刑された韓国青年などの写真をならべて,自国の歴史を問い直す韓国作家などの作品が印象に残る.絵画や彫刻もメッセージの明確なものが多いが,それらの形式も展覧会場もはみだしそうな,パフォーマンスやインスタレーションをふんだんにとりあげたのが,活力と刺激を生んだ原因だろう[16].

こうして同展は,美術界における「アジア美術」と福岡市美術館の知名度を一気に高めるものとなった.それは同館学芸員に「15年間の不遇の後にようやく全国デビューしたという喜びを素直に味わっている」といわしめるほどであった[17].1カ月余の会期中の入場者数は約2万3,000人と,数の上では過去の「アジア美術展」と大差ないのだが,同展はさらに箱根彫刻の森美術館,秋田アトリオン,世田谷美術館にも巡回するなど,美術界や専門家の間での評価

---

[16] 針生「アジアの現代美術をどうみるか」.正確には,同館特別展示室Aと市民ギャラリーA〜Dで本展示が,特別展示室B(1室)において特別部門「リキシャ・ペインティング」の展示が行われている.

[17] 同時に「ブーム」との報道に対して,「改めてメディアの軽薄さと東京中心主義を感じないわけにはいかない」と付け加えている.黒田「アジア現代美術」.

を確立するものであったといえる[18]．

　同展はまた,「社会という現実」「国家・民族・歴史」「都市／消費されるイメージ」「共同体のイメージ」「環境としての自然」「暴力のあいまいな表れ」の六つの小テーマを設けて，テーマ毎に会場を構成していた．各国の代表機関が選考した大量の作品を，各国に均等なスペースを定めて総花的に紹介していた第3回展までの公募団体展的な展示とは異なり，作家・作品数を18カ国の48作家・123点と従来の約半数にしぼったのも，美術館側が設定した「態度としてのリアリズム」というテーマに一貫性を持たせる工夫であった[19]．

　この「態度としてのリアリズム」＝「現実主義」というテーマは，同館学芸員の後小路雅弘が90年代に精力的に行った現地調査から見出したものであった．後小路はまず，1992年のASEAN 6カ国を対象とした「美術前線北上中」展において，「新しい主題（変貌する社会），新しい形式（インスタレーションやパフォーマンス）や素材（日常の身辺的なありふれたもの）」が目立つことに注意を促していた．80年代まで「西洋の影響と（自国の）伝統の誘惑の間で苦しい『自分探し』を行ってきた」東南アジアの美術は，90年代に入り「自分たちの生きる社会，身の回りの現実に直接関与しようとする態度」を現しつつあるととらえたのである[20]．そして94年の本展では，19世紀絵画におけるリアリズム＝写実主義や20世紀の社会主義リアリズムとは区別される，こうした「社会や日常に対するきわめて『現実主義的な』態度」が，参加18カ国のアジア全域に共通して見られる特徴であるとする．「『西洋』を絶対的な価値として，

18）　同展を指揮した学芸員の後小路雅弘は，観衆の反応も，「家族連れで南の方の，もの珍しい美術を見に，ただ通り過ぎて」いたのが，同展では「アジアのアーティストたちの訴えかける表現に，耳を非常に真摯に傾けている態度」に変わった，と述べている．国際交流基金アジアセンター『シンポジウム「再考：アジア現代美術」報告書』．一方同年，フランス近代絵画で著名な「バーンズ・コレクション」展（読売新聞社・国立西洋美術館主催）は，戦後3番目の観客動員数といわれる107万人（会期は2カ月半）を記録して，話題になっていた．

19）　福岡市美術館では1987年度から「アジア美術」への取り組みを本格化させており，すでに第3回展においてもテーマ設定が行われるなどの変化は見られていた．「アジア美術展」の変遷とデータについては，岸「美術館が『アジア』と出会うとき」を参照．

20）　後小路雅弘「自分探しの迷宮（ラビリンス）――東南アジア美術，80年代から90年代へ」国際交流基金アセアン文化センター『美術前線北上中――東南アジアのニュー・アート』（展覧会図録）1992年．

『西洋』に学ぶことをもっぱらにしてきたアジアの『近代』が終焉の時を迎えつつ」あり，「新しい『現実主義』の抬頭は，アジアにおける近代以後の新しい時代の始まり」を告げるものであると主張したのである[21]．ここで「アジア」は，「西洋近代」への対抗的価値として定位されたことになる．

　1989年の「第3回アジア美術展」の際には「アジア全体と日本とが，同一の問題を共有することが可能なのかどうか，という疑問を禁じ得ない」としていた日本部門の選考担当学芸員黒田雷児もまた，今回は日本と他のアジアの作品が「それぞれ別の時間の流れを主張しながらも共存」しており，「アジア美術新世代の登場を祝福し合っていると感じた」と述べる[22]．そしてその背景に，社会性，政治性，批評性に欠けるとされていた日本の作家の間にも，バブル崩壊後，日本内外の深刻な社会的テーマを扱う若手が少数派ながら現れ，注目され始めたという変化を指摘している．今回出展した2人の作家には，それぞれ韓国とパプアニューギニアでの滞在経験があり，「短期とはいえ欧米以外の外国に住むことで，日本と欧米の両方を客観的に観察する視点を身につけている」という．それゆえ「日本社会の暗部も恥部をも見据えながら，そこで生きることを選んだ作家たちの誠実な努力」を評価したのである．これらが「『作品になっていない』とする見方もあろうが」としつつ，「私たちにとって価値ある美術とは，珍奇な骨董品として愛玩される作品ではなく，それぞれの社会や共同体に働きかける機能をもつ活動のことであってもいいのではないか」と選考の意図を示したのである[23]．

---

21) 後小路雅弘「態度としてのリアリズム——90年代のアジア美術」福岡市美術館『第4回アジア美術展』（展覧会図録）1994年．「美術前線北上中」展では「日本側が面白いと思ったもの」を集めた結果としてテーマが浮かび上がった一方，「アジア美術展」ではテーマに合った作品を，全アジアから「意識的に」集めた，と後小路は述べている．後小路雅弘「1990年代の東南アジア美術」国際交流基金アセアン文化センター『現代美術シンポジウム1994「アジア思潮のポテンシャル」報告書』1995年．
22) 黒田雷児「日本作家の作品——異なる速度のなかで共存」『西日本新聞』1994年9月30日．
23) 黒田雷児「街のヘンなもの——3人の在日日本人アーティスト」福岡市美術館『第4回アジア美術展』．他方，後小路学芸員は，同展で政治的，社会的なメッセージ性の強い作家を主に選んだ結果，黒田学芸員が実は「非常に苦労をして」日本の作家を選ぶことになったと振り返り，「日本の美術が，ほかのアジアの国のテーマとどこかそぐわないとい

こうして「反西洋近代」として打ち出された「現実主義」というテーマは，「アジア美術」の代名詞とも見なされるようになり，福岡アジア美術館において繰り返し登場する命題となっていく．1997年に福岡市美術館で開催された「東南アジア――近代美術の誕生」展では，1930年代東南アジアの美術におけるナショナリズムに着目し，それが（日本とは異なり）「それまでの美術を西洋人の異国趣味におもねった，生気のない……アカデミズムとして否定」した点を評価している[24]．2007年，新潟県立万代島美術館および韓国国立現代美術館と共同開催した「民衆の鼓動――韓国美術のリアリズム 1945-2005」展は，1980年代の民主化運動で役割を果たした「民衆美術」を取り上げて，「社会の現実からかけ離れた抽象美術に疑問を感じた美術家たち」が「現実社会の問題や人々の暮らしを見つめ，また伝統的な絵画形式や民俗芸能に想を得て，韓国独自の，民衆による民衆のための美術を作り出そうとした」と紹介し，「もうひとつの韓流」との看板を掲げている[25]．「アジア美術展」の後継展である「福岡トリエンナーレ」においても，「社会的な主題性」を重視した「コミュニケーション」「コラボレーション」などのテーマが設定され，日本人作家の選出にあたっても，作品の「現実主義」的な側面が重視されてきた．

　他方，このようなアジア像が一般化するなかで，「アジア的」といわれるような先入観や期待，あるいは幻滅を生んでいることへのジレンマも指摘されるようになっている[26]．たとえば2005年，「第3回福岡トリエンナーレ」が「多重世界」と題し，「限定的で抑圧的なテーマを放棄した」と表明したのは，特定のテーマで「アジア」を括ることの難しさを反映しているように思われる．

　　　う印象」があったと1997年に述べている．国際交流基金アジアセンター『シンポジウム「再考：アジア現代美術」報告書』．
24)　後小路雅弘「序説／東南アジア近代美術の誕生」福岡市美術館『東南アジア――近代美術の誕生』（展覧会図録）1997年．
25)　「あなたはまだ，韓国の『リアル』を知らない．」『あじびニュース』第30号（2007年10月）．
26)　黒田雷児「紛争と扮装――『多重世界に跳び込む』」福岡アジア美術館『第3回福岡アジア美術トリエンナーレ』（展覧会図録）2005年．

(2) 移民

　1994年10月，国際交流基金アセアン文化センター主催のシンポジウム「アジア思潮のポテンシャル」で日本中心のアジア観を厳しく批判した黒田雷児は，日本における「アジア美術」紹介が，とりわけ中国・東南アジアなどの「日本人の期待を満たす」「身近な」アジアに偏っていると指摘した．それら新世代作家に見られる「たくましさ」「みずみずしさ」や「明るいエネルギー」が，「日本美術にはない社会性を持った現代美術作品」として映っているのであり，このため「アジアの侵略」や「アジアの自然やコミュニティの破壊」のような，それらに含まれうる日本への抗議などの側面が看過されているという問題を提起したのである[27]．

　そのような「身近なアジア」像に対置されたのが，欧米の多文化主義の流れのなかで発言力を強めつつあった「欧米のアジア作家」であり，自分の出身文化と欧米の都市文化の間でアイデンティティが宙づりにされ，どちらにも帰属することができないなか，「喪失感，欠落感，不安，頼りなさ，寄る辺なさ」とともに，「欧米人がアジア人を見る眼差しに対して非常に激しい抵抗，批判」を表現している「移民」によって提起されるアジア像であった[28]．1993年2月，福岡市美術館では「ラシード・アライーン展」を開催し，年に一度企画していた個展形式の「アジア現代作家シリーズ」の第4回展で初めて，東南アジア・中国ではない南アジア出身かつ「在外」の作家の活動を紹介していた．そこでは，イギリスでインド・アフリカ・カリブ海出身者を指す「ブラック・アーティスト」として，また脱植民地主義の論客として知られていた在英パキスタン人作家を，「アジア」の作家として取り上げたのである．表象批判という方法により「アジアの国家，民族，宗教……などのイメージに付与された制度的な意味を徹底して疑う」その作品は，冷戦終焉後の新たな移民の波のなか，「全世界の異境で生きていくアジアの人々の立場を予見」するものであるとされた[29]．そして日本の多文化社会化が課題となるなか，「アジア」とは，「日本

---

[27] 黒田雷児「他者のなかの他者——欧米のアジア作家について」国際交流基金アセアン文化センター『現代美術シンポジウム1994』．

[28] 黒田「他者のなかの他者」．

[29] 黒田雷児「アジア現代美術におけるアライーンの位置についての走り書き」福岡市美

の主流文化に挑戦し，私たちを不快にする『他者』としても把握されるべき対象であると呈示されたのである．

　福岡市美術館では1997年にも在米ベトナム人女性作家を取り上げた「ハン・ティ・ファム展」を開催したほか，福岡アジア美術館でも引き続き「在外作家」たちが紹介されてきた．2008年の「アジアとヨーロッパの肖像」展では，「日本美術界への同化も『韓国的美意識』を売り物にすることも拒否した」在日コリアン作家や，「対決姿勢」よりは「文化的混交や雑種性」を表現している近年の移民2世作家にも言及しつつ，黒田雷児は彼らの作品が「果敢な勇気をもって権力や多数派を批判したり，ときにはユーモアをもって偏見や敵対感情を解きほぐす」可能性を持つことに期待している[30]．

　ただし黒田は，移民作家たちへの全面的な支持にも留保をつける．彼らの作品が「美術作品として必要な物質的・空間的な説得力を欠く場合が非常に多く，説明倒れになっていることが多い」ことに注意を喚起し，作品が個別化することは，コミュニケーションが閉じられ，「マイノリティ・アート」に陥る危険性を伴うのだという．あくまで「美術作品」としての評価を優先して，「美術は世代を超えたコミュニケイションを可能にする力があると思いたい」と述べるのである．

　総じて日本の美術界においては，多文化主義的方向性に対して懐疑的な態度が示されてきた．多文化主義は原理主義につながる，多元主義は分裂と不寛容に結びつくなどの警戒感が繰り返し表明されてきたことに表れているように[31]，「移民」＝「反主流文化」というアジア像は，当事者意識を持ちにくい日本の美術界において，十分受け入れられているとは言い難い．

(3) 庶民

　1994年の「第4回アジア美術展」でおそらく最も注目を集めた「作品」のひとつが，特別部門として展示された「リキシャ・ペインティング」であった．

　　術館『ラシード・アライーン展――抗争／構造』（展覧会図録）1993年．
30)　黒田雷児「アジアという他者，アジアの他者――現代世界を調整する術」吉田憲司ほか編『アジアとヨーロッパの肖像』（展覧会図録）朝日新聞社，2008年．
31)　たとえば建畠晢「多元主義の罠」『ArtEXPRESS』第6号(1995年3月)．

これは，バングラデシュの職人たちに発注したリキシャ 3 台と大量の装飾画のことで，うち 1 台については招聘された絵描き 1 名が展覧会場で公開制作を行い，関連する映画ポスター，カレンダー等とともに紹介されたのであった．大英博物館の民族誌学部門である人類博物館でのコレクション展示を見た後小路雅弘学芸員が，バングラデシュ人キュレーターに依頼して実現したもので，「庶民のエネルギー」とのキャッチコピーとともに同展の目玉として，新聞・雑誌報道でも最も頻繁に取り上げられることとなった．

　「リキシャ・ペインティング」に福岡市美術館が見出したのは，「近代的な『美術』概念の外側にあって，街路を疾走するアジアの庶民の表現」であった[32]．担当学芸員の都築悦子は，「アジアの大衆画の世界もアジアの市民の美意識の現われ」であるとして，「芸術作品をむやみにありがたがるか，大量生産されるデザインものを受け入れるしかない日本の状況」に鑑みて，リキシャ・ペインティングの「庶民のために描かれたエネルギッシュで色鮮やかな世界」を評価している．「さまざまなひとびとが，さまざまな表現を選び，享受できる」のが「アジアの造形の豊かさ」であるというのである[33]．黒田雷児もまた，それが「たいていの『現代美術』よりもはるかに民衆の生活の中に根差して生きている」「現代特有の民俗美術」であるとして，「欧米人が期待する『伝統』などよりも，はるかにバングラデシュ生活者のリアルな夢と欲望を表現している」点を評価している[34]．「知的・経済的エリートが欧米を手本に生み出す美的創造物」以外の作品をも「現代美術」と見なすことができるなら，「これまで無視され蔑視されてきた造形物にこめられた宗教的感情が，現代の私たちの心をうつようになる」というのである[35]．このアジア像には，「西洋

---

[32] 後小路雅弘「アジア美術展の意味——異国趣味から同時代表現へ」『西日本新聞』1994 年 9 月 9 日．

[33] 都築悦子「リキシャ・ペインティング考——モダニズムの娘」福岡市美術館『リキシャ・ペインティング——バングラデシュのトラフィック・アート』（第 4 回アジア美術展特別部門図録）1994 年；都築悦子「リキシャ・ペインティングの世界」『西日本新聞』1994 年 9 月 23 日．

[34] 黒田「アジア現代美術」．

[35] 黒田雷児「聖なるイメージ」（福岡市美術館日本画工芸室／小作品展示室常設展示 No. 174 リーフレット）1995 年 10 月．

近代」が排除したものであることに加えて，それが「庶民」や「民衆」の造形表現なのである，という反エリート主義が顕著である[36]．

　この一連の作品群を福岡アジア美術館のコレクションとして収めるという構想が，美術界のスキャンダルとなった．1997年10月に国際交流基金アジアセンターが開催した国際シンポジウム「再考：アジア現代美術」では，米・豪・英・シンガポールの美術館による「アジア美術」紹介の事例報告とともに，間もなく開館する福岡アジア美術館の設立経緯と収集方針が開設担当課長の後小路雅弘から報告された．そこで「近現代美術」と並ぶコレクションの二軸のひとつが「民俗芸術・民族芸術・大衆芸術」であり，その例として「リキシャ・ペインティング」が挙げられたことをめぐって，激しい論戦となったのである．

　美術評論家の中原佑介は，なぜそれを「美術館」で見せる必要があるのか，理解を超えていると異議を唱える．あえて「美術」という鋳型にはめ込まなくても，生活の中で生きているものならば，従来の欧米型の美術館とは違う「新しいタイプの美術館」を考えてはいかがかと問うたのである[37]．一方，針生一郎をはじめとする賛成派は，大衆文化などを参照する近年の現代美術作品の例を引きつつ，「欧米に対抗できる戦略，パラダイム，価値基準」をアジアの関係者が共同して作るべきであるという点で意見を一致させる．「アジア美術」紹介に携わるタイ人評論家は，「ハイアートなのかローアートなのかは問題ではなく，展覧会は非常に魅力的だった」といい，ニューヨークのアジア・ソサエティ・ギャラリー館長も「日用品をあえて美術館の中で見つめ直す」べきだと「リキシャ・ペインティング」への支持を表明する．オーストラリア・クイ

---

36) 1920年代の民芸運動のみならず，このような意識が日本の美術界になかったわけではない．たとえば，福岡市美術館副館長も参加していた81年の座談会では，従来の美術館において「いわゆるエリート美術が主でキッチュ（通俗的な）芸術あるいはフォーク（民芸）の部分が落とされている」こと，しかしながら「現在の美術が生き返るためには，生活との関連の深い工芸は積極的に取り戻してこなければならない」といった意見が述べられていた．河北倫明・倉田公裕・財津永次「鼎談　これからの美術館」『文部時報』1981年12月号，8-20頁．

37) 中原佑介の発言．国際交流基金アジアセンター『シンポジウム「再考：アジア現代美術」報告書』．1999年，美術評論家の建畠晢は，改めてこの問題提起を取り上げている．国際交流基金アジアセンター『国際シンポジウム1999「アジアの美術：未来への視点」報告書』2000年．

第11章　美術における「アジア」の表象　　249

ーンズランド州立美術館副館長がアボリジニ・アートに言及して，非欧米的観点による「新しいタイプの美術館」の必要性を述べるなか，福岡アジア美術館もまた「美術館という枠をどこか壊した別のもの，別の可能性を探りたい」との展望を明らかにしたのである[38]．

　福岡アジア美術館では，こうして「近代化＝西洋化の流れのなか美術になりそこねた」という多様な造形物を，国内外の関係者と提携しつつ収集・展示してきている[39]．「リキシャ・ペインティング」ほど実用性のある「問題作」ではないかもしれないが，たとえば，中国のカレンダー（年画），商業ポスターやベトナム戦争ポスター，パキスタンの映画ポスターなどのいわゆる「大衆芸術」，インドのミティラー画やタントラ画などの「民俗・民族芸術」，さらには西洋人へのみやげものとして制作されたバリ絵画，チャイナ・トレードやカンパニー・ペインティングなどであり，同館の小企画展示「生活とアート」および「近代美術」シリーズでも定期的に紹介されている．2004 年の「チャイナ・ドリーム」展では，18 世紀後半から 19 世紀前半の輸出用絵画であった「チャイナ・トレード・ペインティング」，そして広告画，「年画」（および中華人民共和国における「新年画」）などの大衆芸術のみから展示を構成し，「正統な美術史からは顧みられなかった」「中国でも辿られたことのない」，「知られざる」「もうひとつの中国近代美術の流れ」として紹介している[40]．2008 年の「アジアとヨーロッパの肖像」展のように，国内外の民族系および歴史系の博

---

38)　国際交流基金アジアセンター『シンポジウム「再考：アジア現代美術」報告書』におけるアピナン・ポーサヤーナン，ヴィシャカ・デサイ，キャロライン・ターナー，後小路雅弘の発言．

39)　後小路雅弘の「アジア美術館の誕生へ向けて」，および「アジア美術館の見方――福岡アジア美術館のコレクションから」福岡アジア美術館『アジアコレクション 50――福岡アジア美術館所蔵品選』2000 年．

40)　ラワンチャイクン寿子「もうひとつの中国近代美術」福岡アジア美術館『チャイナ・ドリーム（中国之夢）：描かれた憧れの中国――広東・上海』（展覧会図録）2004 年．さらに黒田雷児は 2009 年の「夢みるアジア」展において，「民俗芸術」も立派な「現代美術」であるとしていた論理を逆転して，「今をときめく大スターたちの『現代美術』も一種の『フォーク・アート』という性格を分有している」のだと述べている．黒田雷児「夢見ることは夢見られること――グローバル化のなかの『アジア美術』の三様態」高知県立美術館『福岡アジア美術館コレクション　夢みるアジア――アジアの伝統的大衆芸術と現代美術』（展覧会図録）2009 年．

物館との連携も進みつつあるが，この「非美術」ないし「反エリート」という方向性について，日本の美術界全体の取り組みが大きく変化するには至っていない．これらの「作品」の批評基準を立てることも，またそもそも（観衆一般が高級芸術志向であって）「庶民」を想定していない「美術館」というシステムにおいて反エリート主義を実践することも，現状では困難な課題なのである．「近代の『美術』概念や『美術館アート』を見直す」という福岡アジア美術館の目指すあり方は，「美術」の範囲と観客層を僅かに広げる方向に向かっているように見えるものの[41]，いまだ道半ばと言わざるを得ない．

おわりに

　福岡アジア美術館における「アジア美術」とは，「日本」の外部にありつつも，「ありのまま」かつ「内在的に」とらえられるべき「アジア」として表象されてきたといえよう．「現実主義」というテーマは成功を収めつつも，そのようにラベリングすることについては自省される段階にあり，「移民」についても，内在的な理解を促すことは容易ではなく，健闘が続いているといえる．「庶民」としての「アジア」像は最も挑戦的であり，現行のシステムでは真に「庶民」のものとすることはなかなかに難しい．1990年代の福岡市美術館で打ち出された三つのテーマは，形を変えつつも福岡アジア美術館に引き継がれ，一貫して追求されている．

　既存の「アジア美術」とは異なる（「もうひとつの」「知られざる」）「ありのまま」の「アジア」像の可能性を切り開いてきた福岡市美術館および福岡アジア美術館の努力と実績は多大なものである．日本における「アジア美術」紹介の一翼を独自の立場で果敢に担うと同時に，アジア太平洋における評価も高めてきたのである．たとえば，かつて「日本の大国覇権主義」を警戒していた前

41）　都留文科大学文学部比較文化学科「フィールドワークⅠ」編『アジア美術が紡ぐ共同性』2010年3月の第Ⅲ部「『作品』をつくり上げる——地域住民が描く『アジア美術』」を参照．そこには，福岡アジア美術館の「妙な自転車」（リキシャ）に「乗りたいとー」と言ったという娘と「何気なくそういうものが見られるのはすごい」と語る母親，そして一方「ピカソやモネのような超一流でないと美術館には行かん」と言う父親という，同館の近所に住む一家のエピソードが登場する．

出のタイ人評論家は，97年のシンポジウムで「福岡ではもうアジアは『エキゾチックな南の島』ではなく『仲間』」であり，「自分と自分の仲間を収集し，展示することについて私たちに多くの示唆を与える」と述べている[42]．クイーンズランド州立美術館副館長もまた，1997年の「東南アジア——近代美術の誕生」展が，東南アジアにおける日本人美術家の活動や日本軍政下の粛清やプロパガンダといった問題にも取り組んだことについて，「アジアでの日本の孤立を福岡が克服」したと評価している[43]．

　一方で，「他者化」でも「同化」でもなく内在的に「アジア」を把握する困難が克服されたわけではない．1997年の「東南アジア——近代美術の誕生」展に言及して，後小路雅弘は，東南アジア各国の関係者と共同であった作品選考の過程で「どうしてもこちらが理解できないような，私の目から見ると全然いいと思わないものが推薦されるということがしばしばあった」と振り返っている．また「アジア」のなかに「日本」を位置づけることについても，「日本では，日本の美術を『アジアの美術』という枠組みで捉える視点も，経験も不足している……誰も主体的に『アジアの美術』について語れない」と述べている[44]．何より福岡アジア美術館には，(福岡市美術館との役割分担があるにしても)「福岡トリエンナーレ」出品作品以外の日本美術は，展示も収集もされていないという現状がある．国家を超えた広域美術としての「アジア美術」概念が存在しないなか，福岡アジア美術館による「アジア美術」が，西洋近代への対抗軸として，「日本」にはないものとしてのみ表象されている危険性も否定できない．しかしそのような既存の価値の裏返しとしての概念化が「アジア美術」表象のひとつの道であるとするならば，さまざまな人々や作品との絶えざる交渉に取り組むことは同館の課題であり続けているといえよう．

　さらに日本の「アジア現代美術ブーム」自体が，行政機関や美術館による「上からの」ブームに終わったという反省も聞かれるようになっている．「アジ

---

42) アピナン・ポーサヤーナンの発言．国際交流基金アジアセンター『シンポジウム「再考：アジア現代美術」報告書』．

43) Catherine Turner, "Linking Past and Future: Cultural Exchanges and Cross-Cultural Engagement in Four Asian Museums," *Humanities Research* (ANU), Vol. IX, No. 1 (2002), pp. 13-28.

44) 国際交流基金アジアセンター『シンポジウム「再考：アジア現代美術」報告書』．

ア美術」紹介が，日本の美術の「担い手」(ここでは作家たちや一般の観客)の内発性に基づいていたわけではなかったというのである[45]。福岡アジア美術館の活動も，「欧米の美術界で一刻も早く市民権を獲得させようという美術政治の戦略，戦術」[46]の一環であったと言われても致し方ない面があろう。美術界における市民権は獲得されたとしても，美術界内部での動きにとどまっていることは否めない。2004年には国際交流基金アジアセンターも解消し，いまや「アジアは死語か」と問われたり，「日本が主導的な役割を果たしていたアジアの美術展／美術館ネットワークから日本の美術館は置いていかれるのではないか」と懸念される状況も見られる[47]。マンガやアニメといった大衆文化が広くアジアにおいて受容され，新興都市中間層における地域共同体想像のメディアとして一定の影響力が指摘されている状況とは対照的に[48]，美術や美術館はかつてほど主流のメディアではなくなり，さらにその大半は(とくに日本社会では)名品主義と欧米志向をもつ「主流」の人々によって支えられるという構造のもとにある。本稿で見てきたような「アジア」表象のアジアにおける共有は，二重の困難のもとに置かれているという限界性をもっていると思われる。

　それでも，「アジア美術」には可能性も認められる。ひとつは，1990年代以来の日本における経験が，アジア太平洋における他の活動に引き継がれているように見えることである。たとえば2010年，韓国国立現代美術館とシンガポ

---

45) 中村英樹「だれが／だれに／何を／なぜ〈紹介〉するのか？」国際交流基金アジアセンター『国際シンポジウム 1999』。

46) 中原佑介の指摘。国際交流基金アジアセンター『シンポジウム「再考：アジア現代美術」報告書』。美術評論家の峯村敏明はさらに「時代がちょうど『アジア』を疑問視し，欧米主導のグローバリズムに理屈抜きで親近感を覚える世代によって動かされていた」といい，「ジャンルの溶解とか，政治的社会的関心を芸術表現の固有性より上位に置く反美学主義とか，手間暇のかかる制作よりも手っ取り早く効果をあげることをよしとする概念主義といった欧米美術界の風潮に，表向き合致するものだけが紹介されてきたのではないか」と批判している。峯村敏明「旅する地霊」『アジアセンターニュース』第25号(2003年12月)。

47) 島敦彦・藤吉祐子編，建畠晢監修『国立国際美術館開館30周年記念シンポジウム　未完の過去——この30年の美術　記録集』国立国際美術館，2008年の議論，および後小路雅弘「アジア美術にリアリズムを探して」『民族藝術』第27号(2011年)。

48) 白石さや「ポピュラーカルチャーと東アジア」西川潤・平野健一郎編『国際移動と社会変容』(東アジア共同体の構築3)岩波書店，2007年，203-226頁。

ール国立美術館が共同企画した「アジアのリアリズム」展は，国際交流基金による日・韓・シンガポール共同事業「アジアのキュビスム」展（2005年）の続編として実現したものであり，この際，フィリピン人美術史家の論考は，「第4回アジア美術展」の「現実主義」を引照している[49]．米・豪を中心とする「アジア美術」に対する注目度の上昇のなかでも，これらの経験が活かされていく可能性は小さくないと思われる[50]．

　もうひとつは，アジアに住むわれわれにとって「アジア美術」がもつ可能性についてである．黒田雷児もいうように，現代の美術とは，視覚文化の「ごくわずかな部分」を占めるにすぎず，かつ「顧客の少ない」「周縁的」メディアではあるが，その展示は客観的な視点や批判精神，あるいは和解の力を喚起しうる[51]．近年アジアでも「アジア美術館長会議」（福岡アジア美術館も日本代表館として参加）などネットワーク化が見られるようになっているが，ヨーロッパにおいて「汎ヨーロッパ美術」と呼ばれる動きが地域統合にともない進展しているように[52]，経済的格差や政治的不安定を抱え，ヨーロッパよりはるかに広大で文化的にも多様な現代のアジアにおいて，「アジア美術」が，既存にはない新たな価値を生み出す原動力として，「作品」を体験した者同士少数ではあっても，国境を越えて見出されるようになることを期待したい．

---

49) Patrick Flores, "Style in Southeast Asia: A Political History, " in Yeo Wei Wei ed., *Realism in Asia*, Vol. 1, Singapore: National Art Gallery, 2010, pp. 30-37; 김이혜，조이스 팬 편집，"아시아리얼리즘"，국립현대미술관，2010, pp. 268-274.
50) たとえば，アジア・ソサエティ美術館館長らによる90年代以降のアジア美術論のアンソロジー刊行は注目に値する．Melissa Chiu and Benjamin Genocchio eds., *Contemporary Art in Asia: A Critical Reader*, Cambridge, Mass.: MIT Press, 2011.
51) 黒田「アジアという他者，アジアの他者」．
52) 岸清香「ヨーロッパ統合と文化政策――戦後美術の想像力はどう変遷したのか」廣田功編『現代ヨーロッパの社会経済政策』日本経済評論社，2006年，213-241頁．

第 12 章　文化の商品化としての国際観光
グローバル・シティ東京の「下町」

五十嵐　泰正

はじめに

　しばしば，21世紀は都市の世紀と言われる．2008年に，都市に居住する人々が初めて世界人口の半数を突破したとされることがその由来のひとつだが，都市のプレゼンスの増大は単に都市人口増大だけにとどまらない．流動性の高いコスモポリタンなビジネスエリートと，彼らの華やかな生活を下支えする再生産労働を担う途上国からの下層移民が同時に流入し，金融資本と多国籍企業の中枢管理部門が集積するグローバル・シティを筆頭に，「鈍重な」国家以上にグローバリズムに直結する拠点として，都市はますますそのプレゼンスを増大させている．

　そうした背景のもと都市に注目する本論では，まず第1節で，近年の東京の都市政策における「下町」地区の位置づけを概観した上で，グローバル化時代の都市を考える上で観光という領域に注目することの不可欠な意義を論じていく．続く第2節では，東京都のグローバル・シティ戦略の中で観光地区という割り当てをされた「下町」が，積極的にそれに呼応していくプロセスを，いくつかの側面から分析する．さらに第3節では，国家を越えるプレゼンスを担う都市においても，観光の文脈における都市アイデンティティの称揚や商品化は，いまだナショナルなものに繋留されがちなことが見逃せないことを，内外に向けた「下町」の「グローバルな発信」の語りに見ていく．

　本稿の焦点となる下町という語は，いまさら語るまでもなくきわめて曖昧な言葉である．とりあえず手近にある『大辞林』[1]を引くと，こうある．

---

1)　『大辞林』第2版，三省堂，1995年.

> 都市の市街地のうち，低地にある地区．主に商工業者などが多く住んでいる町．東京では東京湾側に近い下谷・浅草・神田・日本橋・深川などの地域をいう．

さらに，この下町を形容詞化した「下町風」なる言葉を引いてみると，こうなる．

> 下町の風俗・風習・気風．特に，東京の下町に残る，江戸時代の「いなせ」「いき」などの風をいう．

こうした記述からは，本来低地地区や，地勢と抜きがたく結びついていた近世都市の機能分化に基づく商工業者地区を意味する下町という言葉が，東京のある特定の地区を指す固有名詞にもなっていることがうかがえる．つまり，一般的な用語法としては「大阪の下町」「ソウルの下町」のように使われても，下町とだけ書くと，「東京の下町」を指すことが暗黙のうちに了解されているのである．以下この論文では，この「東京の下町」を指す固有名詞としての下町を，カッコ付きで「下町」と表記することにする．

1　東京都のシティ・セールス戦略における「下町」

(1) 東京都心の機能分化の試み——鈴木都政から石原都政へ

いまこの「下町」は，東京都の都市戦略の中でもある意味づけを持つようになっている．その発想の起源は，バブルへと至る時期に「世界都市」を目指した1980年代の鈴木都政にさかのぼることができる．

成熟期の東京の経営を開始した鈴木都政は1982年，東京の都心構造を一点集中型から多心型へと転換するべく，六つの副都心(新宿，池袋，渋谷，上野・浅草，錦糸町・亀戸，大崎)および臨海副都心を，それぞれの歴史と特色ある機能集積などを生かしながら育成・整備する構想を打ち出した．バブル崩壊後の青島都政は，その構想をほぼそのまま引き継いでいる．台東区の枢軸をなす上野・浅草副都心は，「芸術や伝統を育む豊かな文化のあるまち」という将来像を与えられ[2]，「江戸情緒を現代に伝える歴史的な環境や，下町の生活

---

2) これはたとえば，「多彩な交流・生活の舞台のあるまち」という像を与えられた池袋副都心とは，対照的である．

文化を継承する活気ある街並み」などの,「観光,文化資源をいかしたまちづくり」を推進する,とされた[3]。東京都心部の機能分化が目指されていく中で,「伝統」と「文化」,そしてそれらを生かした産業である観光が,80〜90年代を通して,東京都の側から台東区地域に割り当てられていったのである。

続く石原都政は,周辺7都県市を一体とした戦略を強調する『東京の新しい都市づくりビジョン』(2001年)で,分散から集積へと大きく都市政策の大方針を転換し,鈴木都政以来の多心型都市構想を古びていると断じたために[4],上野・浅草を含めた副都心という呼び名自体はなくなる。が,代わって設定された帯状のセンターコア再生ゾーンの中で,上野・浅草は,「街並みや地域の雰囲気を生かした新しいにぎわいのある下町」の一部として,「国際的な観光スポット」を形成していると位置づけられており,結局のところ,青島都政以前の「役割分担」と大きく変わるところはない。いやむしろ,都市計画上の名称や位置づけはともかく,東京の中で「伝統」と「文化」を担う地区として,実質的に「下町」に期待される役割は,石原都政のもとでは大きく増加しているとみるべきである。

(2) 都市間競争の強調

バブル崩壊以降「失われた10年」と呼ばれた日本経済の沈滞と,中国をはじめとした東アジア諸国の急速な経済発展の中で,アジア地域における資本と情報のネットワークの結節点という,東京のグローバル・シティとしての地位は,1990年代に大きく揺らぐことになった。スイスの調査機関が行った世界の主要都市の総合競争力比較では,1992年に1位だったのが1998年には18位へと急落した[5]。Nasdaq-100に上場している多国籍企業のうち,アジア圏において中枢管理機能を東京に置いている比率は2000年には27%にまで下がり,

---

[3] 東京都都市計画局『副都心整備計画 1997-2005』1997年。

[4] この大転換について詳しくは,矢作弘「東京のリストラクチャリングと『世界都市』の夢再び」大阪市立大学経済研究所・小玉徹編『大都市圏再編への構想』東京大学出版会,2002年,157-158頁を参照のこと。

[5] 武居秀樹「石原都政と多国籍企業の拠点都市づくり」『ポリティーク』第8号(2004年9月),76頁。

98年に東京で開催された国際会議の件数は，シンガポールの半分以下で，香港，ソウルよりも下回った[6]．

石原都知事は就任当初から，いや知事選挙に出馬したときから，そうしたグローバルな都市間競争における東京の地位の低下についての危機意識を，強く訴え続けていた．就任翌年に発表した『東京都市白書2000』では，紙幅の半分以上が「国際都市東京の魅力の危機」という章に割かれているほどである．同時期に長期的なマスタープランとして発表された『東京構想2000』には，「千客万来の世界都市・東京を目指して」という副題がつけられ，「激化する都市間競争に勝ち抜き，日本経済を力強く牽引する世界に冠たる国際都市」たるべく，東京の魅力を高めることが謳われている．また，『東京の新しい都市づくりビジョン』（2001年）では，東京の国際的な地位の低下を危機の一つとして指摘した上で，従来の需要対応型の都市づくりから戦略的な政策誘導型の都市づくりへ，という政策転換を打ち出している．

都市間競争の「仮想敵」を示すように，『東京都市白書2000』においてはしばしば東京と他都市の国際比較が試みられるが，金融市場や空港規模などの競争の激しい分野において出される相手方は決まって，ロンドンやニューヨークなどの欧米の大都市と，シンガポールやソウル，香港などのアジアの大都市の2パターンである[7]．資本や情報のグローバルな流動性の増大は，多国籍企業の中枢管理部門の特定の都市への集中と，世界中の都市のヒエラルキー化をもたらすということが論じられてきたが，欧米のグローバル・シティと再び肩を並べ，アジア圏では他都市を圧するグローバル経済の結節点として復権すること[8]を，東京が達成すべき課題として設定しているわけである．

上記の東京都のマスタープランの類では，総じて，グローバルな都市間競争

---

6) 矢作「東京のリストラクチャリングと『世界都市』の夢再び」142頁．
7) 東京都『東京都市白書2000　国際都市東京の魅力を高める』2000年，15, 97頁など．
8) バブル期の東京を分析したサスキア・サッセンが，アジア圏で圧倒的なヘゲモニーを持ち，ニューヨーク，ロンドンと肩を並べるグローバル・シティとして東京を論じていたのはよく知られている（Saskia Sassen, *The Global City: New York, London, Tokyo*, Princeton: Princeton University Press, 1991）．英語圏で行われていたこうした議論を整理し，同じくバブル期前後の日系多国籍企業の中枢管理部門のグローバルな展開を論じたものに，町村敬志『「世界都市」東京の構造転換』東京大学出版会，1994年，68-69頁．

に勝ち抜いた「世界都市」という理念像が，あるべき規範として措かれており，それに向かって東京を積極的に再編成する決意が表明されている．武居秀樹は，過去四半世紀の都政の展開と石原知事の登場の意味を，以下のように概括する．1980年代にやはり「世界都市＝東京」を打ち出した鈴木都政の時代には，国際金融市場の未成熟や高コスト体質，国際的な労働力移動の少なさなど，東京は国内産業の集積を背景とした一国の首都として，いまだ「閉じられた構造」を持っていたために，その構想は頓挫した．その後90年代後半には，橋本内閣が金融制度改革（「金融ビッグバン」）などグローバル化への対応を進めるが，青島都政はそれと相反する「生活都市＝東京」を掲げて，東京のグローバルな再改造が停滞し，先に触れたような都市間競争における地盤沈下を招く一因となる．そこに危機意識を大いに煽る形で登場し，国内的な資本蓄積ではなく，多国籍企業の資本蓄積に適合的な拠点づくりという明確な目的意識を持って，世界都市という理念像を掲げたのが石原都政というわけだ．さらに2001年からは，国政を預かる小泉政権の都市再生プロジェクトと一体となって，ドラスティックな東京改造を進めることができたのもかつてない特徴となっている[9]．

(3) 観光政策の焦点化

　激化する都市間競争を勝ち抜くための手段として，石原都政が上記のようなマスタープランでも重点を置いている具体的な政策のひとつに，観光がある．2003年に都が設立した東京都観光財団が，「Yes! Tokyo」という海外向けの観光振興キャンペーンを行い，都庁内においても，観光関連の部署が生活文化局の観光レクリエーション課から，産業労働局の管轄に移って――それはすなわち，観光が生活者のための潤いの提供から外来者目当ての産業へと位置づけなおされたことを意味する――観光部に格上げされるなど（2002年），石原都政の観光政策に対する意気込みと考え方は早い時期から示されている．この観光部の中にはシティ・セールス係という部署が設けられ，世界各国に出向いての東京のプロモーション・イベントなども行っている．

　その背景として，観光産業のもつ潜在的な雇用創出効果と，それによる税収

9）　武居「石原都政と多国籍企業の拠点都市づくり」67-78，84，92-93頁．

増を狙っていることも重要な要因である[10]が，東京の活性化という経済的な文脈で観光が重視される理由はそれだけではない．ビジネスエリートや高度人材のコスモポリタンな流動性が高まる現在，彼らと彼らが働く企業の中枢管理部門を集積させるために必要な都市アメニティの充実は，観光振興という政策目標と近似していくことが大きい．たとえば石原都知事は，就任当初から観光戦略の文脈で臨海地区にカジノを作る構想にしきりに言及したが，そこには国際会議や見本市の誘致などを念頭に置いた，アフターコンベンションの充実という目標があると考えられる[11]．これは，カジノ運営という観光振興策のひとつが，単なる狭義の観光客の誘致と税収増を狙っているのみならず，MICE[12]の増大という数値化可能な目標を介して，より広汎な意味でグローバルなビジネス中枢となることを意識した一策でありうることを，端的に示している．ジグムント・バウマンは，より魅惑的な刺激やより魅力的なキャリアを求めて自由な選択のもと十分に行先を吟味して国境を越えてゆく，超領域的・コスモポリタンなビジネスマン，文化人や学者を「旅行者」と呼ぶ[13]が，狭義の旅行者を誘致するために魅力的な都市アメニティを整備することが，税収や高い生産性をもたらす脱領域的な「旅行者」を誘引することにも，つながってくるのである．

　そしてもうひとつ，政治的な思惑も考えられる．石原都知事は，イデオロギーとしてのグローバル化の語りを巧みに用いて，激化する都市間競争への危機感を煽りながら，広範な都民を動員してゆく手法を得意とする．東京都民に，「共通のライバル」や「危機」といった語りを介して，社会・文化の領域にも及ぶ全域的な競争が都市間で起こっていると擬制することで，多様な「都民」の中に，本来存在しないはずの共通利害や擬似的一体性の感覚を作り出してい

---

10)　矢作「東京のリストラクチャリングと『世界都市』の夢再び」144 頁.
11)　武居「石原都政と多国籍企業の拠点都市づくり」87 頁.
12)　MICE とは，Meeting（企業等の会合），Incentive Travel（企業による報奨旅行），Convention（国際会議），Exhibition/Event（展示会，見本市，イベント）の略語で，MICE に集まる人々は一般の観光客以上に「よく金を落とす」ために，経済効果が高いものとして，近年 MICE の誘致が世界的に各都市で重視されている．
13)　ジグムント・バウマン，澤田眞治・中井愛子訳『グローバリゼーション』法政大学出版局，2010 年，120-125 頁.

るのだ[14]．その手法は，圧倒的な強さで4回の都知事選挙を勝ち抜き，あまつさえ，これといった明確な政治的争点がなく，強力な対抗馬が不在だった2003年4月の二期目の選挙では得票率70.2％，得票数308万票という驚異的な数字を叩きだしたひとつの要因となっていたであろう．ただ，グローバルな都市間での競争と呼ぶべきものがあったとしても，それを日常的に強く実感しているのは，本来，投資や金融などの分野にかかわる限られた階層の人々のみである．その一方で，都市の魅力を掛け金として，極めて移り気な国際市場を舞台に都市空間そのものを商品化する観光とは，幅広い都民のアイデンティティや誇りの醸成にかかわる文化産業である．シティ・セールスと銘打たれた観光は，都市間競争というコンセプトを広範な都民へと全域化させ，アイデンティティを動員する上で，非常にわかりやすい媒介項となりうるのだ[15]．

(4) 東京都の観光政策における「下町」の位置

そうした中，東京都の重要な戦略産業と位置づけなおされた観光において，「旧」上野・浅草副都心にかける期待は相変わらず大きい．もう少しミクロで具体的なレベルの都の観光振興政策に着目してみると，たとえば2004年には，観光まちづくり推進モデル地区の指定が開始されている．この試み初の指定地区に選ばれたのは，ひとつが再開発された臨海エリア，そしてもうひとつが，東京固有の伝統や文化に恵まれた「下町」の中心的な盛り場のひとつであり，日本を代表する美術館や博物館も集積している上野である．

都の観光まちづくり推進モデル地区指定を受けた上野では，文化施設，地元関係者に行政・学識経験者を加えた「上野観光まちづくり検討会」が発足し，

---

14) 町村敬志「再加熱イデオロギーとしてのグローバリゼーション」『現代思想』第28巻第11号(特集「グローバルシティ東京」，2000年10月)．
15) そうした動員を目的とする最もわかりやすい施策が，石原都知事が執着していたことでよく知られているオリンピック招致であろう．それは，都市アイデンティティのみならずナショナリズムも刺激しながら，東京都民が一丸となって世界の他都市と争うという幻想を強力に作り出す．2012年の招致に成功したロンドンをはじめ，近年グローバル・シティと呼ぶべき先進国の巨大都市が，にわかにオリンピック招致に熱心になっていることに関する分析に，町村敬志「メガ・イベントと都市空間」『スポーツ社会学研究』第15号(2007年3月)，3-16頁．

2004年4月に『上野地区観光まちづくり基本構想』を発表した．同報告書では，第一級の文化施設と歴史遺産，「下町」情緒あふれる商店街，そして鉄道交通と成田空港へのターミナルという性格を併せ持つ上野は，東京都内で最も観光資源に恵まれた場所というように位置付けられており，生かしきれていない既存の観光資源を，来街者に強くアピールするためのさまざまな具体的な提案が検討されている．もちろん，全編を通して外国人観光客に向けられた意識は，極めて高い．こうした報告書などを見ると，明らかに，「千客万来の世界都市」を目指す石原都政がこの地域に割り当てている役割は，商品化された「下町」らしい景観や生活文化，人々の気風などを保全し続け，国内外からの観光客・ビジネス客にアピールできるまでに，それを演出することである．

　これはまさに，『東京の新しい都市づくりビジョン』で目指されている戦略的な政策誘導型の都市づくりの一端でもある．戦略的な都市づくりとは，既存の住民や産業のニーズに対応して都市政策を展開するのではなく，潜在的な都市成長と高い投資効率のシーズを想定して，政策の側が積極的に仕掛けてゆくことである．その政策はおもに，「戦略的エリア」「ホットスポット」の選定と形成[16]——都心とベイエリアを中心に，目的を明確化し，個性を重視した特定地域の再開発を政策的に誘導してゆくこと——という形で具現化されてゆく．ただし，グローバルなマーケットで「売り物」となる都市空間は，その場所が蓄積してきた文脈とは無縁な形でフレキシブル[17]に再開発され，機能的に上級化（ジェントリファイ）されたエリアだけではない．現代ではクリエイティブな人材が集まる創造都市こそが，結果として経済発展を達成していくと主張するリチャード・フロリダも，創造都市に必要な多彩な都市アメニティのひとつとして伝統を重

---

16)　島田章『ルポ　東京再興』日本経済新聞社，2002年，19頁；平山洋介『東京の果てに』NTT出版，2006年，37-48頁．平山も指摘するように（145-148頁），「ホットスポット」の選定と形成は，グローバル・エリートのライフスタイルに資する都市空間の生産を目的としており，それは当然ながら，グローバル・シティ論で常に危惧されてきた都市の分極化を帰結する．だとすれば，グローバル・エリートの集まる多国籍企業の拠点としての世界都市＝東京を，あるべき規範として掲げる石原都政は，戦略的＝積極的に都市分極化を推し進めようとしているとも言えるであろう．

17)　ここでは，その場所が従来拘束されていた機能や意味から解き放たれる形で生み出される空間をフレキシブルな空間と呼ぶ，町村『「世界都市」東京の構造転換』の用語法に従っている．

視しているように[18]，その都市固有の歴史や文化が色濃く刻印されている場所こそが，シティ・セールス戦略のひとつの要となることは言うまでもない．そのため東京を含めた各都市は，固有性のあるローカルな文化シンボルを掘り起こして，資源として動員し，もしくは積極的に作り出し，グローバルに発信することにしのぎを削るのである．際限なく貪欲に，価値を生み出す差異の快楽[19]を求めて世界中を運動する資本の論理に突き動かされ，場所のアイデンティティが売買・消費される[20]グローバル化状況の中でこそ，ローカルな差異の復権が起こるという，しばしば指摘されてきた現象をここに確認することができる．

戦略的都市づくりでは，エリアごとに明確に機能を定義して，確固とした地域イメージを持たせることこそが重要になる．石原都政下の再開発プロジェクトも，フレキシブルな空間を大量生産したが，台東区のような地域自身が歴史的に積み重ねられた意味をかなぐり捨て，機能的でフレキシブルなオフィス街となって，金融や情報産業を呼び込む都市中枢になることなど，まったく期待されてはいない．浅草や上野や谷中は全く逆に，街路の一本一本，景観の一つ一つに，複製不可能な意味と物語をできる限り充填し，商品化していくという方向で，いわばフレキシブルな都市空間でないことをもって，東京という都市の魅力を高めること，すなわち国際市場での東京のブランディングに貢献するよう，要請されているのである．

2　台東区の呼応

(1) 台東区政と観光

同時に非常に重要なことは，東京都のグローバル・シティ戦略の中で観光の役割を与えられ，「伝統」や「文化」を割り当てられることに，「下町」の中核として名指されている台東区の行政や区民の側も基本的には嬉々として応じ，

---

18)　Richard Florida, *The Rise of the Creative Class*, New York: Basic Books, 2002.
19)　スチュワート・ホール，安藤充訳『文化とグローバル化』玉川大学出版部，1999 年，53-58 頁．
20)　デヴィッド・ハーヴェイ，吉原直樹監訳『ポストモダニティの条件』青木書店，1999 年．

観光振興政策を支持してきたように見えることである．

　この種の策定としては東京23区の中でも先陣を切って2001年にまとめられた『台東区観光ビジョン』は，「多彩な魅力の下町テーマパーク」といういささか能天気な副題をつけられ，「国際観光都市・台東の実現」をこれからの戦略目標に据えている．台東区議会でも観光振興にまつわる議題は高い頻度で取り上げられ，すでに1980年代から，観光にまつわる条例整備も進んでいる．1987年には台東区文化財保護条例が制定され，文化財の指定と保護が進められているが，生活文化財（日常生活用品を生産する技能等）を対象に含んでいることは，他区にも例がなく，台東区の大きな特徴となっている．また，さまざまな自治体が国に先駆けて制定していった景観まちづくり条例は，台東区においては江戸開府四百周年を控えた2002年10月に制定され，「地域における伝統，文化，にぎわいその他生き生きとした人々の活動及び暮らしを形づくる生活風景」（同条例第24条）を面的に保全することが目指されている．一見してわかるように，卓越した学術的・資産的価値のある文物だけでなく，日常的で何げない景観や伝統文化，そして過去の名残を残す「生活」をこそ保全していこうという方向性は，別稿[21]で論じた70年代以降の「下町」ブームが需要してきたものに対応している．同時に，日常的な景観や文化財を軸として観光振興を図る方法論は，地域イメージ作りとその発信を通して，住民の地域に対する誇りや愛着をも再活性化させようとする，地方中小都市型の観光まちづくりの方向性とも近いと言えよう．

　この傾向は行政文書や条例制定にとどまらず，地方政治の領域にも及ぶ．たとえば，前区長の急死を受けて2003年2月に行われ，大接戦の末に決着した台東区長選挙において，5人の立候補者のうち4人が政策パンフレットなどで観光振興政策に言及しており，うち2人は最重要の基幹政策のひとつとして位置づけていた．同様に，2001年，2005年の都議会議員選挙でも，当選した2人の候補者[22]とも観光政策重視をキャッチ・フレーズのひとつにしていた．しかも，その中には，自民・民主から共産に至る各政党の公認・推薦候補，およ

---

21) 五十嵐泰正「池波正太郎の『下町』」伊藤守編『文化の実践，文化の研究——増殖するカルチュラル・スタディーズ』せりか書房，2004年，28-39頁．
22) 筆者は，そのうちの一人の選挙対策事務所で，中心的な選挙運動員として2カ月にわ

び無所属市民派を標榜する候補までが含まれており，保守／革新，既存政党／「市民派」の別なく，観光振興というテーマが取り上げられていることが注目に値する．

(2) グローバル・シティ戦略と観光まちづくりの合流

　ここでやはり考慮に入れなければならないのは，世界都市をめざす東京の中での台東区の経済的なポジションである．バブルの絶頂期に至る時期の大規模都市開発をデータベース化した町村敬志の研究を参照すれば，1975年から1990年の間に東京で行われた計254件のプロジェクトのうち，台東区で行われたものはわずか3件しかない[23]．グローバル化に対応した東京の改造が最初に目指された鈴木都政の時期に，上野・浅草副都心は実態としても確かに，フレキシブルな空間生産から除外されていたのである．石原都政の時期に関しても町村に準じた手法で調べてみると，都内で全669件あった1999-2006年に着工された延べ床面積2万㎡以上の建築物のうち，台東区はわずか4件に過ぎない．192件ある5万㎡以上の建築物に限れば，台東区内の着工は皆無である[24]．より加速化・巨大化した2000年代の都市再生＝東京改造の再度のチャンスにおいても，台東区は完全に蚊帳の外だったのである．そのひとつの帰結として，こうしたプロジェクトで生産されるフレキシブルなオフィス空間に入居することの多い外資系事業所は，その都心からの近さにもかかわらず台東区には著しく少ない[25]．

　　たり参与観察を行った．自分自身が政策的・戦術的な立案やスピーチ・ライティングにまで関わるという姿勢は，観察者としては極めて危険なものであったことは否定しないが，台東区における言説の配置とイメージの連関を体得する上で，この上なく貴重な経験であった．
23)　町村『「世界都市」東京の構造転換』173-176，188頁．この台東区での再開発の少なさを他区と対比すると，都心3区や新宿区，渋谷区との格差はいうに及ばず，東京東部でもむしろ，工場や倉庫の転用が多かった隅田川向こうの墨田区や江東区のほうが目立つほどである．
24)　東京都都市計画局『建築統計年報』2000年版〜2007年版．
25)　東京都産業労働局『外資系事業所のための環境整備に関する調査報告書』2004年によれば，同調査に回答のあった東京都内に事業所を置く外資系事業所847社のうち，台東区にオフィスを構えるのはわずか11社である．

図1 都心各区の小売業販売額の対 23 区比率
(1970-80 年代の経年変化)

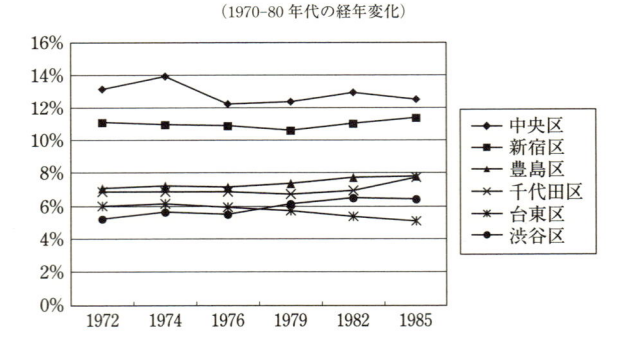

凡例：中央区、新宿区、豊島区、千代田区、台東区、渋谷区

図2 都心各区の小売業販売額の対 23 区比率
(1990-2000 年代の経年変化)

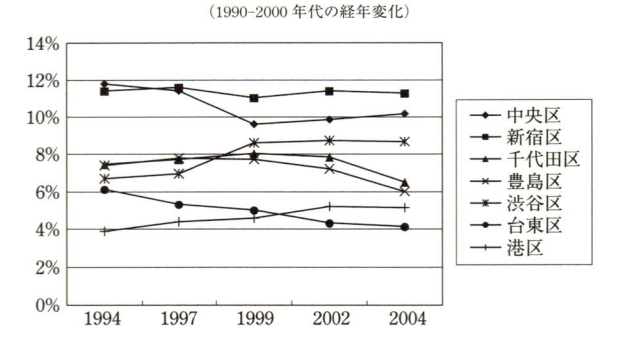

凡例：中央区、新宿区、千代田区、豊島区、渋谷区、台東区、港区

　商業面でも台東区の相対的な凋落は明らかである．中心商業地区を擁する都心区に関して，小売業販売額(飲食店除く)の対23区比率の経年変化を比較してみると(図1・図2)，1970年代から80年代前半にかけて，ただひとり台東区だけが右肩下がりの地盤沈下を続けている．これは，台東区が抱える上野や浅草という繁華街が，銀座や新宿に遠く及ばず，池袋には引き離され，80年代を前に新たにファッショナブルなイメージとともに台頭してきた渋谷にも抜かれたことを，端的に意味している[26]．1990年代中ごろは，消費が収縮する不

---

[26] 各年次の『東京都統計年鑑』より，筆者が作成．これは，通商産業省(現・経済産業省)によって全国的に行われる商業統計調査報告の東京都分に基づくデータであり，同調査は1952-76年は2年ごとに，1998年までは3年ごとに，それ以降は5年ごとの本調査と中間年の簡易調査が行われている．

況期にあってほぼ現状維持を果たした台東区のプレゼンスが一時的に高まる時期なのだが[27]，90年代後半から2000年代に至る時期の右肩下がりは，70年代以上に激しい．2000年代に入ると，従来のターミナル型の繁華街がある各区のみならず，大型再開発に沸く港区にも抜かれている．

　オリンピック以来の大規模な東京の変貌が起き，続々できる新しいスポットが好景気に沸く人々を吸引するバブル期．そして，実感のない戦後最長の景気回復局面が続き，「セレブ・ブーム」と連動した真新しいスポットの誕生が話題を呼んだ2000年代．それを横目で見ていた台東区の商業者や住民にとっては，たとえ再開発の対象とならなかったことが，結果として過去の名残を守ることにつながったのだとしても，1970年代から引き続く停滞意識をさらに深め，グローバル化に向けた東京の変貌などまったく無縁の話だとの思いを抱かせる経験であったことだろう．そうした傾向は例えば，2003年に上野地区で行われた商店街調査の中で[28]，上野を「活気がない」「つまらない」「充実していない」街だとした比率が，来街者よりも上野の経営者たちに遥かに多かったこと，すなわち必要以上に自らの街の現状に対して悲観的になっていることからも，窺い知ることができる．

　そうした状況において，「千客万来の世界都市」をめざす東京都は，「下町」にこう呼びかける．旧来の「下町」を肯定し，歴史に育まれてきた「下町気質」や何気ない日常生活，過去の名残を見出せる景観を守ることこそが，世界に向けた「下町」の発信と明確な地域イメージの確立を通して，グローバル化の荒波の中で東京と地元を生き残らせ，価値を向上させる契機になるのだ，と．

　「失われた20年」を経た日本においては，グローバル化というイデオロギーは一般的に，従来の「日本的」なビジネス慣行，産業構造，そして対人関係や自己意識までをも否定的に捉え，「痛み」を伴う変革と再生を強いるものとして理解されているが，世界都市戦略の中でのシティ・セールスや観光振興とい

---

27)　本稿の趣旨から外れるので詳述はしないが，「下町」が大衆的な街であるが故のこの時期の上野の一時的な集客力の向上は，島田隆司『ヤングでよみがえる——アメ横商店街超繁盛の秘密』（実業之日本社，1994年）などに窺い知ることができる．もっとも，この本で詳述されているアメ横地区の古着や靴の安売り店などのブームは，郊外や地方都市を主戦場としたユニクロの出店攻勢前夜のものだったことは明記しておく必要があろう．

28)　台東区『上野地区商店街診断報告書』2003年．

う文脈では，価値が転換する．ローカルなものを肯定することこそが世界都市を掲げる東京のグローバル化戦略に貢献する鍵なのだ，というこのビジョンは，取り残され感のある台東区の住民や商業者にとってきわめて魅力的なものには違いない．グローバル化時代に自己肯定と勝ち残りを両立させる絶妙な隘路をつく戦略として，観光振興政策が機能しうるのである．だからこそ，広範な支持が見込め，反発を招きにくいパフォーマティブな論点として，保守から革新に至る幅広い台東区の政治家たちが，「千客万来」を積極的に語っているのだ．

　こうした傾向は，2010年に策定され，「本物に会えるまち——したまち台東から新たな賑わいのステージへ」という副題をつけられた『台東区新観光ビジョン』でも，よりクリアな形で継承されている．「区民の生活文化そのもの」が，本物(オーセンティック)の魅力に満ちた観光資源である，と謳う同ビジョンの発表に合わせて「本物に会えるまち」をテーマに行われた台東区主催のシンポジウムでは，副区長や上野・浅草両観光連盟の役員らから，「まちの人が誇りを持って魅力づくりにひとりひとり取り組んでいるのが，ほかにはない台東区の魅力」「下町に根付いている文化や人情すべてが『本物』なので，ありのままでいい．既に台東区の皆さんが持っている『本物』を前面に出せば観光客を楽しませることができる」というような発言が多々なされていた[29]．

　こうして概観すると，激しい都市間競争を勝ち抜くために都市の歴史的な魅力が動員されるグローバル・シティのシティ・セールスと，衰退した地方都市で地域アイデンティティの醸成も狙いながら盛んになっている観光まちづくり[30]という，ともに地域イメージ戦略を重視する現在の都市政策の二つの系譜

---

29)　台東区主催の観光シンポジウム「さらなるにぎわいをめざしこれからの観光を考える」2010年3月18日，台東区生涯学習センター・ミレニアムホールでの発言，および配布資料による．

30)　衰退した重工業都市の港湾が「美貌の港」へと生まれ変わった北九州・門司港レトロ地区で，周辺住民への質問紙調査を行った須藤廣は，観光産業に直接関連する住民層はごく少ないにもかかわらず，この地区で街の観光化が総じて肯定的に捉えられているということ，それは差し迫った「経済的理由」という以上に，「地元アイデンティティ」や「にぎわい」といったイメージの領域で支持されていることを指摘している（須藤廣『観光化する社会』ナカニシヤ出版，2008年，114頁）．まさに上野と同じく，自己肯定的な地域イメージやアイデンティティの昂進にもつながるからこそ，観光化が広範な支持を集めているわけだが，須藤の分析対象の北九州市と，本稿で取り上げている台東区とが，

の合わさるところに，上野・浅草を中心とした現在の「下町」台東区が位置しているように思える．東京都としては，台東区に伝統や過去の役割を割り当て，世界都市の魅力の一角として確固とした「下町」イメージを売りに出そうとする．一方で，東京の中での相対的な地盤沈下に対する停滞感や危機意識を抱える台東区は，自己肯定的な地域イメージの確立と経済活性化を同時に追求する観光まちづくりに，地方都市同様に活路を見出そうとする．こうして観光というポイントで両者の利害は一致し，それぞれのレベルの地方政治で，シティ・セールスや集客構想が，アイデンティティを刺激する動員のために便利なスローガンとなってゆく——このようにまとめることができるのではないだろうか．

3　グローバル化時代の「日本」の発信

(1)　「日本」の再定位

　現代の都市は，国家を超越してグローバルな流動性と直結する結節点となる．しかし，ほとんどの場合，その都市のアイデンティティは，ナショナルなそれから完全に無縁ではありえない．いやむしろ，グローバル市場に向けて打ち出されるシティ・セールス戦略は，都市が繋留されざるを得ない背後のナショナルなイメージをも，それが商品価値を持ち得ている限り，積極的に動員していく．

　商品としての「下町」に内包されていた「日本」という含意も，グローバルなシティ・セールスの文脈で別の意味を付与されて，ふたたび光を当てられることになる．端的に言えば，「われわれ」共通の過去の保管庫としての「ふるさと＝下町」の中に見出されていた「日本」[31]は，外国人へのアピールに格好な差異として見つめなおされてゆく．台東区にも「下町」を「世界」に発信するという意識が存在することは，先に挙げた『台東区観光ビジョン』にも明らかだが，やはりここでも，政治家のレトリックは明解である．たとえば，台東区議会の 2000 年代初頭の議事録を見ていくと，観光振興政策についての質問に絡み，以下のような台東区の国際的 PR を強く求める発言が頻出している．

　日本の伝統はこの下町なんだ，日本らしさは下町なんだというような，む

　　ともに停滞感・斜陽感を抱えている地域であるという背景も重要な共通点である．
　31)　この論点に関しては，五十嵐「池波正太郎の『下町』」を参照のこと．

しろ日本全域だけでなく海外に発信するぐらいの意欲を持ってほしいと思いますし，そのぐらいの価値があるものではないでしょうか（東京都台東区議会会議録，平成12年第3回定例会）．

浅草に訪れる多くの観光客は，江戸の文化や伝統や歴史に触れたいからこそ訪れるのです．つまり，台東区に訪れれば，日本の文化に触れられることができる，そんな期待を持って台東区に訪れるのです．そして，その期待にこたえることができるのが台東区なんです．つまり，台東区は，日本を語る上でも大変重要な役割を担っているのです（東京都台東区議会会議録，平成13年第2回定例会）．

こうして，東京の片隅に存在する手近な「ふるさと」として需要された「下町」が，今度は世界都市＝東京を訪れたビジネス客でも気軽に立ち寄れる「本物の日本」として，新たな存在意義を与えられようとしている．もちろん，区議会議員たちのこうした言説は，議場だけでなく，観光振興を政策の軸に掲げた選挙中のスピーカーからも繰り返し語られることで，一般区民の中にも浸透していく．それだけでなく，この方向性は既に具体化されている．わかりやすいところでは，FIFAワールドカップを控えた2002年には，台東区は国際線の機内誌や空港ロビー，海外向け政府刊行物に"Taito in Tokyo, The Real Japan"というキャッチコピーを冠した広告を出し，世界中からの観戦客に「1年を通じて心温まる伝統的な浅草や上野」をアピールしていた[32]．

(2) 対内的に折り返された「日本」

また，「下町」のグローバルな発信という戦略は，東京圏に住む日本人に対してのマーケティングにおいても，まったく無関係というわけではないことも指摘しておきたい．東京を訪れる人々の主要な足となっている東京メトロは，民営化された直後の2004年の秋から，「東京日和」と題するキャンペーンを展開し，地下鉄駅構内に，「パリに行くのはやめた」というキャッチコピーと「凱旋門より雷門」というサブ・コピーが踊るポスターを張り出した．別バージョンでは，「ヴェニス編」でゴンドラと屋形船が，「ふたつのロンドン編」で

---

32) 『朝日新聞』2002年2月14日朝刊．

パブと有楽町ガード下の飲み屋，ビッグベンと銀座の時計塔が，そして「ふたつのニューヨーク編」ではセントラルパークと新宿御苑，自由の女神と上野の西郷像が比べられ，それぞれ東京の景観写真と印象的なコピーが付されている．ちなみに西郷像の上には，「自由の女神も凛々しいが，上野の西郷さんも格好いい」と書かれていた．あらためて追記するまでもなく，固有性と魅力がアピールされている東京の六つの景観のうち，雷門，屋形船，ガード下の飲み屋，西郷像と四つまでが，「下町」的なるものの典型的なアイコンである．

　もちろん，ネット上でも賛否両論の反響を巻き起こしたこのキャンペーン自体は，インパクトのある広告効果を狙っただけのものではあろうが，都市間競争への危機意識の高まりを，図らずも象徴的に露呈しているのではないだろうか．国際的な移動がもはや日常と化しているグローバル・シティにおいて，この広告の対象者たる地下鉄乗客たち——都心に通勤するホワイトカラー層が想定されているのだろう——のすぐそばにあるはずの東京の景観も，パリやニューヨークを含めたグローバルな観光地のメニュー群の中から，選び取ってもらわなければならない対象となっているのである．

　「下町」をあらためて選びなおす人々にとっては，そこに内包される「日本」のもつ意味もまた，別のものになっていることであろう．1970年代の国内旅行ブームを引き起こした「ディスカバー・ジャパン」キャンペーンのわずか10年ほどのち，1984年から国鉄は「エキゾチック・ジャパン」と称するキャンペーンを行っている．これは，周縁部に保管されている「日本」を，「自分探し」と重ねて「発見」するのではなく，もはや新奇な「外国」として感知する，欧米文化の圧倒的な影響下で育った新人類世代に向けられたものであった[33]．これは，変化の激しい消費社会における「遺産の外国化」というデヴィッド・ローウェンタールの鋭い指摘[34]に響きあうものだが，こうした方向性の国内旅行キャンペーンは，現在に至るまでたびたび行われている．近年では，

---

33) エキゾチック・ジャパン・キャンペーンに関する分析は，Marilyn Ivy, *Discourses of the Vanishing: Modernity, Phantasm, Japan,* Chicago: University of Chicago Press, 1995, pp. 48-55.

34) David Lowenthal, *The Past Is a Foreign Country*, Cambridge: Cambridge University Press, 1985.

「今，世界からカッコイイと思われている」「新しいNIPPONへ行きましょう」と呼びかける，全日空が2007年から行っている「NIPPON 2」キャンペーンなどはその典型である．

　阿部潔は，グローバル化時代に「世界」という他者に出会うことになってはじめて，「日本」という自己意識化がなされるようになったことを，昨今のナショナリズムの高まりの背景として重視する．その結果として現代の日本には，救いや癒しとして機能するノスタルジックな「日本」に加えて，西洋という「他者」のまなざしに映る「ジャパン」像や，逆輸入されたキッチュな「日本＝和」も並存しているという[35]．本論で取り上げてきた国内観光の文脈にひきつければ，「ディスカバー・ジャパン」の系譜に連なるのが前者の「日本」であり，「エキゾチック・ジャパン」の系譜が後者の「ジャパン」であるのは言うまでもない．「下町」もまた，訪れる者が癒される首都に残された本物の「日本」であると同時に，外国人がガード下や屋形船に向ける好奇の視線を内面化した人々にとっては，パリやニューヨークとの比較の中で魅力を再発見する「ジャパン」でもある．

　実際に90年代になると，谷中のような地区に住んで長屋暮らしの魅力を語り，海外の諸都市との比較に言及しながら，消え行く「下町」の過去の名残の中に「日本」を見出して愛惜する外国人のエッセイが，「下町」語りの定番の一角として確立している．NHKアナウンサーの桐谷エリザベス『消え行く日本――ワタシの見た下町の心と技』[36]や，墨絵画家のジム・ハッサウェイ『下町の外人さん』[37]がその代表格である．『東京　下町山の手』のエドワード・サイデンステッカーや『都市の日本人』を著したロナルド・ドーアなど，下町地区に学問的関心を寄せる外国人研究者は古くから数多いが，2000年ともなると，観光ガイドブックの巻頭特集で谷中界隈を歩く案内人として桐谷が選ばれるまでに[38]，この種の語りの商業的価値が見出されている．外国人――もちろ

---

35) 阿部潔『彷徨えるナショナリズム』世界思想社，2001年，39, 205-206頁．
36) 桐谷逸夫訳，丸善，1997年．
37) 産業編集センター，2000年．
38) 「谷中に暮らして15年の夫妻が歩く　谷中　根津　千駄木」『東京　下町を歩く』昭文社，2000年，4-7頁．

んこの場合，欧米人であることには注意が必要だ——が「下町」の魅力を認証し，それによって日本人も足元の「下町」を再認識するという，「他者」の視線を経由したわかりやすい構図である．

おわりに

　当初はやや理念先行・行政主導の感もあった外国人観光客の誘致政策[39]であるが，2000年代後半からは筆者が参与観察を続けている上野商店連合会などの場でも頻繁に話題に上るようになった．中国や韓国で発行されているガイドブックに掲載された店舗が，外国人観光客を相手として大きく売り上げを伸ばすような現象も生じ，従来から外国人相手の売り上げが多かった業種[40]にとどまらない多くの商店主たちの関心事になっている．しかも，「下町」の魅力を認証してくれる欧米人というよりは，国内の長引く消費低迷を埋め合わせる経済効果をもたらすアジア人旅行者，中でも急速な経済発展に伴い増加傾向が続き，国の「観光立国」諸施策でもインバウンド観光の主力と位置づけられている中国人観光客に，関心の中心が移ってきている．

　その象徴が，銀聯カード（ユニオン・ペイ）の導入をめぐる議論である．銀聯

---

39) 2000年代前半の上野における，外国人集客増大を意識した「官制」の色彩の強い観光まちづくりの具体的な取り組みの一例として，2004年9月中旬に開かれた不忍池畔の水上音楽堂での野外映画上映会が挙げられる．英語字幕を付した『壬生義士伝』や，『ラストサムライ』といった幕末・維新期の「日本」を描いた話題作が上映され，実際に多くの欧米系の観衆も訪れた．中国人観光客の爆発的増加の前夜であったこの時期のイベントで，アピール対象とされていた「外国人」とは，第一義的には英語圏の欧米人であるということには，注意が必要である．
40) この地域で古くから外国人客に対する売り上げ比率が大きかった業種の一例を挙げれば，アメ横商店街に数多く立地している乾物屋がある．ある乾物屋での聞き取りによれば，1980年代初頭より商売の中心は台湾人，韓国人，中国人ほか東南アジア一帯の華人の旅行客や，アジア圏に里帰りをする関東在住の外国人であり，数万円単位で品質の良い日本産のホタテ貝柱や干し椎茸といった中華食材をお土産に買っていく例も珍しくないという．また，和装店の中にも，廉価なものや小物を中心に外国人客——こちらは欧米系が多いという——を獲得し，売り上げの8割に達している事例もある．その一方で，中国人の場合は持ち込んだものを飲食することが普通であるなど，習慣の違いに翻弄される機会の多い飲食店には，外国人客に対する積極誘致に及び腰の店も見られる．

カードは，来日中国人観光客のほぼ100％が所持している，中国の大半のATMをネットワークしたデビットカードであり，銀聯カードのステッカーが店頭に貼られていること自体が，中国人観光客に対する大きな信頼の獲得と誘客効果につながる．中国人個人旅行の段階的解禁が始まった2009年以降には，上野商店街連合会でも，従来行ってきたカード事業をどう銀聯カード対応端末の導入に拡大していくかの具体的な議論が始まり，台東区でも商店主向けの銀聯カード説明会が開催されている．

　しかし，2011年に至って，こうした傾向も一頓挫してしまった．言うまでもなく，東日本大震災とそれに続く原発事故による外国人観光客の激減である．8月18日の日本政府観光局の発表では，2011年4月，5月の訪日外国人観光客は，それぞれ前年同月比81.9％減，65.8％減と激烈に落ち込み，6-7月もいまだ40％以上の減少幅が確実視されており[41]，その影響は東日本に留まらないものとなっている．中でも，センセーショナルなフクシマ報道が過熱し，塩買占めパニックまで起こった中国圏からの観光客の落ち込みが著しい．法務省の入国者統計で短期滞在入国者数——もちろん，狭義の観光客数と一致するわけではないが——を見てみると，2011年4月にはそれぞれ対前年比で，中国からが91.6％減，香港からが89.5％減，5月でも中国が81.2％減，香港が72.6％減と壊滅的な減少幅を記録した[42]．

　中国からの突出した訪日観光客数の激減は，2009年以降の段階的な個人旅行客への緩和措置以降もいまだ中国からの観光客の中心となっている，団体旅行の全面的なキャンセルとして観光の現場では実感された．筆者が上野地区の商店街連合会やアメ横の商店主に取材する限りでも，各国の個人旅行者は比較的早い時期に戻ってきたが[43]，6月末まで団体らしき外国人観光客はほとんど

---

41)　http://www.jnto.go.jp/jpn/downloads/110818_monthly.pdf
42)　やはり訪日観光客の主力を占める台湾からの短期滞在入国者は，2011年5月には対前年比42.2％減と持ち直しの兆しを見せたが，韓国からのそれは，中国ほどではないにせよ63.7％減と大きく落ち込んだ．ちなみに，2010年5月の短期滞在入国者数において，この東アジア4地域で全体の実に65.4％を占めている．
43)　たとえば同地区で，ネットを通じて各国からの個人旅行者に人気の澤の屋旅館では，6月には震災前の60％，7月には80％の水準と，かなり早い時期に客足が回復している（「谷中の『澤の屋旅館』，外国人観光客回復傾向に」『上野経済新聞』2011年7月12日）．

見かけなかったという．5月末の温家宝首相の福島訪問が一つの転機となって，中国人富裕層の存在感が大きい都内高級デパートのブランド品売り上げは6月には前年比86％まで回復し，中国人団体観光客も8月からは都内にも戻り始めていると報道されているが[44]，今後いつごろの時期にどこまで回復するかは，本稿脱稿時点の2011年9月現在まだ不透明である．

　今後中長期的には，各国におけるフクシマ報道の沈静化とともに，「下町」での外国人観光客，なかんずく中国を中心としたアジア人観光客への期待も復活していくであろう．とはいえ，今回の数カ月の「壊滅」状態は，外国人観光客とは，「ちょっとした」──東京における放射能の影響を「ちょっとした」と表現するのが適切かどうかはここでは問わないが──環境の変化によって著しく増減していく，はなはだ移ろいやすいマーケットであることを身を持って実感する経験として蓄積されたに違いない．その移り気なマーケットを繋ぎとめるべく，「平時」においても，さらなるシティ・セールス戦略の強化に向かっていくのか，あるいは，移り気な外国人旅行者に依存を深めることの脆弱性を痛感してほかの方向の模索を始めていくのか，今後の観光政策の展開を注視していきたい．

44）「中国人観光客に『底打ち』の兆し──団体クルーズ復活，免税品堅調」『産経新聞』2011年8月9日．

第3部

国際関係における文化・文明・民族

第13章 植民地の文明化と宗教的・民族的少数派
フィリピンのモロをめぐる「白人の責務」とイスラーム復興

川島 緑

はじめに

　1898年，米西戦争に勝利した米国は，スペインからフィリピン諸島の領有権を獲得し，植民地統治を開始した．1903年，米国植民地政府は，南部ムスリム地域にモロ州（Moro Province）という軍政機構を設立し，直接支配を行った．このモロ州体制は1913年に同州が廃止され，ミンダナオ・スールー管区（Department of Mindanao and Sulu）による民政が開始されるまで継続した．

　モロとは，スペイン本国において，スペイン人が北アフリカのマグレブ地方のムスリムに対して用いた呼称に起源をもつ．スペイン人は植民地統治とカトリシズムを受け入れたフィリピン諸島中北部の住民を「インディオ」と呼んだのに対し，植民地支配を受け入れなかった南部のムスリム住民を「モロ」と呼んだ．スペイン支配下のフィリピン低地部キリスト教徒社会にとって，モロは外部の世界に属する他者であり，この呼称は海賊，裏切者，襲撃者などのネガティブな意味を持っていた．アメリカ人もこの呼称を使用し，南部の非キリスト教徒住民を対象とする行政機構の名称として採用したのであった．

　こうしてフィリピン諸島南部のムスリム住民は，モロ州体制期に，マニラを中心とするフィリピンの政治システムに初めて本格的に組み込まれ，その周縁部に位置づけられることになった．したがってこの時期は，フィリピン国家におけるムスリムのあり方を方向付けた重要な時期といえる．この時期の南部ムスリム社会の動きを扱ったこれまでの研究では，世襲称号を持つ特権的支配層（ダトゥ層）の対応に注目し，彼らの植民地政府への抵抗と協力を，階層的・個人的利益によって説明するものが主流となっている[1]．

1）　代表的なものとして，藤原帰一「イデオロギーとしてのエスニシティ——米国統治

では，圧倒的な軍事力と経済力を有する非ムスリムによる植民地支配のもとで，南部フィリピンのイスラーム知識人は，新たな状況をどのように認識し，何を考えていたのだろうか．この点を，ムスリム自身が作成した史資料にもとづいて明らかにしていくことは，フィリピンのイスラーム運動や思想を理解するうえで不可欠である．しかし，先行研究では，一次資料に基づいてこの時期のイスラーム知識人の認識や思想を解明する試みはなされてこなかった．そこで本稿は，この点に関する事例研究として，1912年にモロ州サンボアンガ地区[2]のイスラーム知識人，ハッジ・アブドゥッラー・ヌーニョ(Haji Abdulla Nuño：以下，ヌーニョ)らがオスマン帝国スルタンに宛てて作成した請願[3]をとりあげる．以下では，請願をめぐる政治・社会状況や，請願の内容，タウスグ語アラビア文字表記(ジャウィ表記)で書かれた請願原文のテキストを検討し，それにもとづいてヌーニョが何を目指していたかを明らかにする．

1 背景

今日のフィリピン共和国では，カトリックを中心とするキリスト教徒が全人口の90％以上を占め，ムスリムは圧倒的な宗教的少数派である．これらのムスリム住民は，南部のミンダナオ島中部から西部，スールー諸島，パラワン島

下における『モロ問題』の展開」『国家学会雑誌』第97巻第7・8号(1984年)，および，Patricio N. Abinales, *Making Mindanao: Cotabato and Davao in the Formation of the Philippine Nation-State,* Quezon City: Ateneo de Manila Unversity Press, 2000 を参照．
2) モロ州はダバオ，コタバト，ラナオ，スールー，サンボアンガの5地区(district)で構成され，各地区にはいくつかの部族区(tribal ward)が設けられた．モロ州行政については，Peter G. Gowing, *Mandate in Moroland: The American Government of Muslim Filipinos 1899-1920,* Quezon City: New Day Publishers, 1983 を参照．
3) この請願は，直接的には駐米オスマン帝国大使を宛先としていた．しかし，その内容は，大使を介してオスマン帝国スルタンからの支援を求めるものなので，本稿ではオスマン帝国スルタン宛の請願と呼ぶ．この請願の原本とアラビア語訳はイスタンブルにあるトルコ共和国総理府オスマン文書館に所蔵されている．米国ペンシルヴァニア州カーライルにある陸軍省米陸軍軍事史研究所所蔵フィンリー文書には，請願の白黒写真と請願本文の英訳が所蔵されている．筆者は2001年に閲覧した米陸軍軍事史研究所資料を用いて研究を進めていたが，2011年に，Ismail Hakki Kadi 氏(British Institute at Ankara)とAnnabel Gallop 氏(British Library)のご厚意により，オスマン文書館所蔵の請願原本とアラビア語訳のデジタル画像を入手することができた．

の海岸部に集中して居住している(図1参照).本稿では,この地域をムスリム地域,また,この地域のムスリムをフィリピン・ムスリムと呼ぶ.フィリピン・ムスリムには,言語,植民地化以前の政治共同体の歴史,生業や慣習,イスラーム化の程度の点で,多様な人々が含まれている.スールー諸島一帯からミンダナオ島西端のサンボアンガ半島にかけては,かつてスールー王国の支配民族であったタウスグと,海産物採集と海運によってスールー王国の経済を支えたサマが集中している.ミンダナオ島西部から中部にかけての海岸地帯とプラギ川流域には,マギンダナオ王国の支配民族であったマギンダナオ,その北部に位置するラナオ湖周辺地域にはマラナオが居住している.この四つのエスニック集団がフィリピン・ムスリム人口の約88%を占めている[4].

これらの地域には,アラブ人やマレー人の商人や布教者によってイスラームが伝えられた.これらの布教者たちは,現地の支配者の娘との通婚によって支配を確立し,それに伴い社会のイスラーム化が徐々に進展した[5].こうして15世紀半ば以降,ホロ島を拠点としてスールー王国,ミンダナオ島中部プラギ川流域にマギンダナオ王国などのスルタン制イスラーム国家が形成された.

16世紀にフィリピン諸島に到達したスペイン人は,16世紀後半以降,ルソン島とビサヤ諸島の平地部において,大半の住民をカトリック化して植民地統治を確立した.スペイン人は,南部のミンダナオ島やスールー諸島にも艦隊を派遣して進出を試みたが,マギンダナオ王国やスールー王国による組織的な抵抗にあい,撤退を余儀なくされた.

その後,スールー王国は18世紀半ばから19世紀にかけて,交易を経済的基盤として大きく発展した.特産品の海産物採集や海運・水軍の労働力が不足したため,タウスグの首長らは労働力調達を目的として海洋民のサマを組織し,ルソン島やビサヤ諸島をはじめとする周辺諸島への奴隷狩りの遠征を行った.

---

4) 他のエスニック集団としては,ヤカン,ジャマ・マプン,カリブガン,サンギルなどがある.

5) 南部フィリピン・ムスリム地域の歴史全般に関しては,川島緑『マイノリティと国民国家——フィリピンのムスリム』山川出版社,2012年;早瀬晋三『海域イスラーム社会の歴史——ミンダナオ・エスノヒストリー』岩波書店,2003年;Cesar Majul, *Muslims in the Philippines*, Quezon City: University of the Philippine Press, 1973 を参照.

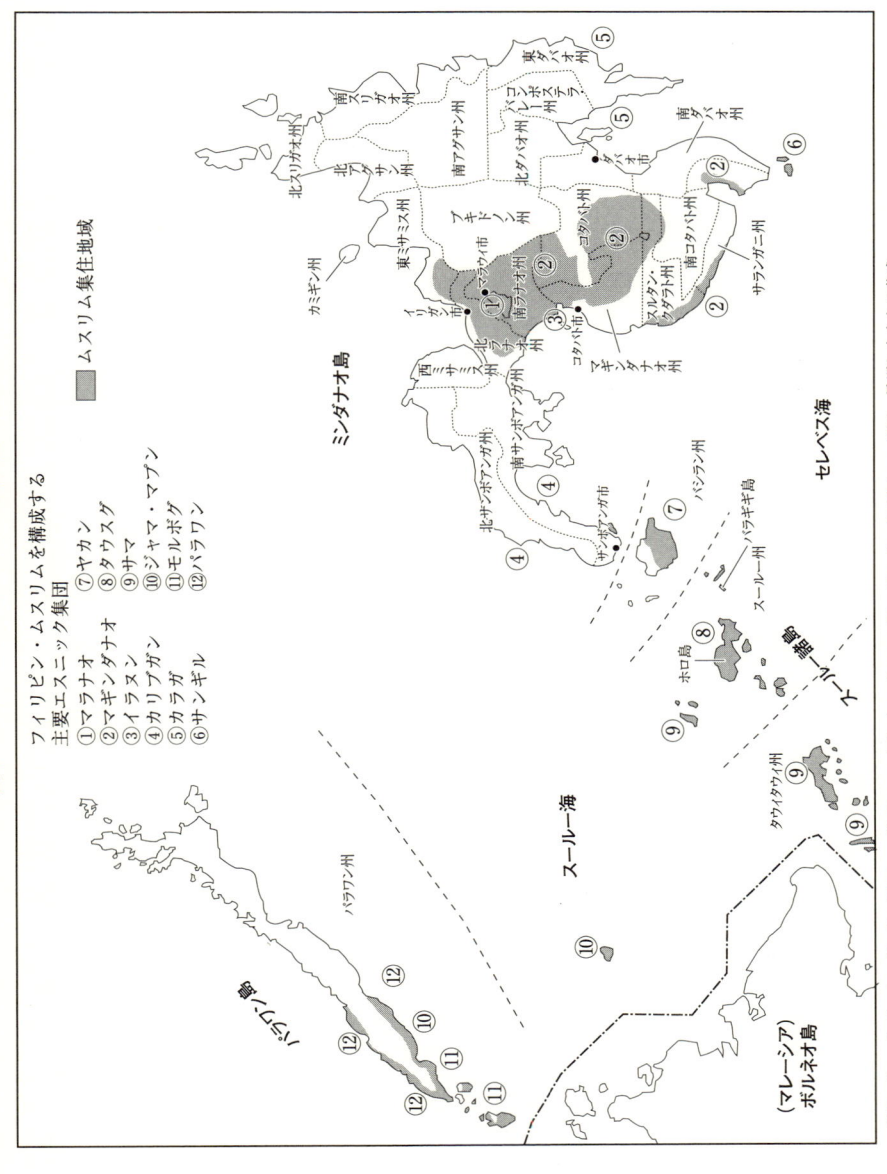

図1 フィリピン・ムスリムの集住地域(2012年)

ムスリム集住地域

フィリピン・ムスリムを構成する
主要エスニック集団
①マラナオ　⑦ヤカン
②マギンダナオ　⑧タウスグ
③イラヌン　⑨サマ
④カリブガン　⑩ジャマ・マプン
⑤カラガ　⑪モルボグ
⑥サンギル　⑫パラワン

出典：Peter G. Gowing, *Muslim Filipinos: Heritage and Horizon*, Quezon City: New Day Publishers, 1979, 見返しをもとに作成．

ホロ島の東方にあるバラギギ(Balangingi)島は，サマによる奴隷狩りの拠点であり，この島のサマは，バラギギ・サマと呼ばれ，スペイン人やフィリピン人に海賊として恐れられた[6]．

　19世紀半ば，スペイン人はフィリピン諸島近海に蒸気船を就航させ，ムスリムに対して軍事的優位を確立し，奴隷交易の拠点を攻撃してこれを制圧した．これによりスールー王国やマギンダナオ王国は打撃を受け，さらにスペイン人の介入による王朝分裂により弱体化し，19世紀後半には両国ともスペインの保護国と化した．そして，20世紀初め，南部フィリピン・ムスリム地域は米国によるモロ州軍政下に置かれた．

　ヌーニョが生きた19世紀半ばから1910年代までの時代は，スペインによる植民地支配の現実化とアメリカによる近代的植民地支配の導入によって，南部フィリピン・ムスリム社会が大きく変容を迫られた時代であった．

2　ハッジ・ヌーニョの経歴

　バラギギ島のサマ・コミュニティの首長，パンリマ・タウパン(Panglima Taupan)は，数々の奴隷狩り航海を率いた勇猛な戦士で，スペイン人の間で「海賊の首領」として知られていた．ヌーニョはこのパンリマ・タウパンの息子であったと伝えられている[7]．

　スペイン政庁は，フィリピン諸島住民に対する奴隷狩りの根絶を目的として，1848年にバラギギ島，1858年にシミサ島を攻撃して制圧し，島民を捕えてルソン島に連行した．シミサ島で捕えられた捕虜の中に，9歳ほどの息子を連れ

---

6) James Warren, *The Sulu Zone 1768–1898: The Dynamics of External Trade, Slavery, and Ethnicity in the Transformation of a Southeast Asian Maritime State*, Quezon City: New Day Publishers, 1985; J. Warren, *Iranun and Balangingi: Globalization, Maritime Raiding and the Birth of Ethnicity*, Quezon City: New Day Publishers, 2002.

7) ヌーニョの経歴は以下の先行研究に基づく．Margarita delos Reyes Cojuangco, *Kris of Valor: The Samal Balangingi's Defiance and Diaspora*, Philippines: Manisan Research and Publishing, 1993; M. R. Cojuangco, "Journey to a Muslim Land," *The Philippine Star*, Dec. 23, 2001; Warren, *Iranun and Balangingi*; Helen N. Mendoza, "The Moro Tapestry," in Antonio E. Orendain II ed., *Zamboanga Hermosa: Memories of the Old Town*, Makati: Filipinas Foundation, 2002.

たパンリマ・タウパンの妻がいた．この少年が後に成長してヌーニョと名乗ることになったとされる．少年はマニラでスペイン人イエズス会士によって育てられ，カトリックの洗礼を受け，アントニオ・デラ・クルス（Antonio de la Cruz）というスペイン式の名前を与えられた．アントニオ少年は，スペイン語教育を受け，スペイン語の読み書きができたという．

1866年，10代後半のアントニオ（後のヌーニョ）は，ルソン島北部イサベラ地方にある官営タバコ農園に移された．1881年，アントニオはスペイン政庁の許可を得て南部フィリピンに戻り，スペイン人のサンボアンガ行政に協力した．サンボアンガはミンダナオ西部のサンボアンガ半島の突端にあり，17世紀にスペイン軍が築いた要塞の周りに発展した町である．

アントニオは南部フィリピンに戻って間もなく，自分の生まれながらの宗教であるイスラームに戻り，さらに，スペイン人に与えられたアントニオ・デラ・クルスという名前をヌーニョと変えた[8]．その後，マッカ（メッカ）巡礼を行い，ハッジ・アブドゥッラー・ヌーニョと称するようになった．

ヌーニョはスペイン政庁の了解を得て，サンボアンガ町の中心から20kmほど離れた海岸部にあるタルクサガイ（Taluksangay）という場所に，土地を持たない周辺地域のサマを呼び寄せて定着させ，サマのコミュニティを建設した．タルクサガイには，アラブ人やマレー人のイスラーム布教者が逗留し，イスラーム教育や布教を行った．そのため，すでに19世紀末，南部フィリピンのムスリムの間で，イスラームの学びの中心地として知られるようになった[9]．

1898年末に米国がフィリピン領有権を獲得した後，スペイン人はサンボアンガ町から撤退した．1899年にアメリカ軍がサンボアンガ町に入城した際，ヌーニョは，サンボアンガ町の有力ムスリム指導者ダトゥ・マンディ（Datu Facundo Mandi）[10]らとともにアメリカ人を歓迎した．

---

8) ヌーニョはスペイン系の名前である．この名前に変えた理由について，コフアンコは，スペイン人サンボアンガ知事，セベロ・ヌーニョ（Severo Ventura Y. Nuño：任期1877-84）に因む可能性を指摘している（Cojuangco, *Kris of Valor*, p. 165）．

9) Michael O. Mastura, "Assessing the Madrasah as an Educational Institution: Implications for the Ummah," in M. Mastura ed., *Muslim Filipino Experience: A Collection of Essays*, Manila: Ministry of Muslim Affairs, 1984, pp. 97-98.

10) スペイン人を父，サマ女性を母とするメスティーソで，スペインのサンボアンガ統治

1903年に発足したモロ州では，各地区の行政は，アメリカ軍人が務める地区知事（District Governor）の手に委ねられた．サンボアンガ地区知事ジョン・フィンリー（John P. Finley）大尉[11]（後に少佐）は，後述するように，モロやその他の非キリスト教徒（ペーガン）[12]に対し，奴隷制の廃止，産業振興，子供の就学促進などの文明化事業を精力的に実施した．ヌーニョは，末端の植民地行政官である部族区長代理に任命され，フィンリーの施策に積極的に協力した．フィンリーの信頼を得て高く評価されたヌーニョは，その後，サンボアンガ地区評議会第三メンバーに任命された．

　この間，ヌーニョは，ルソン島北部のタバコ農園に連行されたバラギギ・サマとその子孫の南部フィリピンへの復帰を計画し，1905年，米国植民地政府の協力を得て，約100名のサマをサンボアンガに呼びよせた．その一部はタルクサガイに入植した．また，タルクサガイにモスクを建設した．

　一方，米本国では，米西戦争終結以前から，予想されるフィリピン領有と植民地化をめぐって，国論を二分する対立が起きていた．ウィリアム・マッキンレー（William McKinley）大統領（共和党）がフィリピン領有を宣言し，植民地統治を開始した後も，フィリピン放棄と早期独立供与を主張する勢力と，植民地維持を主張する勢力が対立した．前者は民主党と反帝国主義者が中心であり，後者は共和党，および，フィリピンに利権を持つ実業家やプランターが中心であった．フィリピンにおいては，キリスト教徒を主体とするフィリピン人ナショナリスト政治家が早期独立を求めて米国政府や議会関係者と交渉を行っていた．フィリピン・ムスリムの政治指導者は，独立支持派と，米国統治の継続を求めるグループに二分していた[13]．

　　　に協力し，スペインに数カ月滞在したこともある（Cameron Forbes, *The Philippine Islands*, Boston and New York: Houghton Mifflin, 1928, Vol. 2, p. 44; Mendoza, "The Moro Tapestry," pp. 238, 241）．
11）　1854年生，1943年没．フィンリーはミシガン大学大学院で気象学を学んだ後，陸軍通信部隊に入隊し，気象予報や竜巻観測に関する先駆的な業績をあげ，気象学者として知られていた．1899年にフィリピンに派遣された．
12）　スバノンと呼ばれる山地民など．
13）　フィリピン独立問題に関しては，中野聡『フィリピン独立問題史——独立法問題をめぐる米比関係史の研究（1929-1946年）』龍渓書舎，1997年，および，藤原「イデオロギーとしてのエスニシティー」を参照．

サンボアンガ地区では，キリスト教徒フィリピン人政治指導者や実業家がフィリピンの早期独立を求める運動を展開していた．一方，植民地統治機構の末端の行政官に任官していたムスリム指導者は，総じて現状維持を望んでおり，ヌーニョもこの立場を取っていた．米国議会でフィリピン自治法（ジョーンズ法）が成立した 1916 年，ヌーニョは，米国のフィリピン総督フランシス・ハリソン（Francis B. Harrison）に宛てて，将来フィリピンが独立する場合には，南部フィリピン・ムスリム地域を独立から除外し，引き続き米国統治下に置くことを求める請願を提出した．ヌーニョはハリソン総督からマニラに招待され，これまでと同様，政教分離体制の下であらゆる宗教の自由が保障されるという説明を受け，それを受け入れて帰郷した．2 年後の 1918 年，ヌーニョは 70 歳前後でその生涯を終えた．

3　米国植民地政府のモロ統治と宗教政策

　米国植民地政府は，当初，ムスリム指導者に対してイスラームへの不干渉を約束し，彼らと友好関係を結び，それによって治安を確立しようとした．同時に，フィリピン諸島住民に対して身体的な特徴や生活様式，言語などに関する民族調査を実施して民族集団に分類し，それらの文明化の度合いを判定して序列化した．1903 年に米国植民地政府が初めて実施したセンサスでは，民族集団が「文明部族」（civilized tribes）と「未開部族」（wild tribes）に二分され，平地部のキリスト教徒の民族集団は「文明部族」，モロの下位単位である諸民族集団や，非キリスト教徒山地民の諸民族集団は「未開部族」に分類された[14]．そして，「未開民族」は「非キリスト教徒部族」（Non-Christian tribes）と呼ばれ，米本国の先住民（「インディアン」）と同様，アメリカ人による教化・文明化の対象とされた．全国の大半を占めるキリスト教徒住民――すなわち「文明部族」――の居住地域では地方自治が認められたが，「未開部族」――すなわち

---

14)　米国のフィリピンにおけるセンサスと民族分類については，ビセンテ・L.ラファエル「白人の愛――アメリカのフィリピン植民地化とセンサス」R. C. イレート，V. L. ラファエル，F. C. キブイェン，永野善子編・監訳『フィリピン歴史研究と植民地言説』めこん，2004 年参照．

非キリスト教徒——が居住する南部ムスリム地域と山地部では，住民の自治能力が不十分であるとして自治が制限された．1903年に設立されたモロ州は，このような認識にもとづいて設置された差別的な政治制度であり，モロ州知事は，同州における軍と民政双方のトップとして大きな権限を与えられていた．

モロ州政府は教育や保健衛生，産業振興などの一連の文明化事業を実施したが，これは，マッキンレー大統領が，フィリピン領有にあたって植民地支配を正当化する論理として用いた「恩恵的同化」(Benevolent Assimilation)という方針にもとづいていた．これは，米国の植民地統治は，恣意的な支配に代えて個人の権利と自由を保障し，正義と権利の統治を目指すというものであり，「白人の責務」論にもとづくものであった．

サンボアンガ地区知事フィンリーは，「白人の責務」論にもとづき，モロと山地民に対して温情主義的な態度をとり，文明化事業を実施した．フィンリーはサンボアンガ周辺のモロ住民をタルクサガイに集め，随時，モロ住民集会(public meeting of Moro)を開催し，米国統治の意図や方針を説明するとともに，住民の要望を聞き，質疑応答を行った[15]．フィンリーは，モロはイスラームについての知識が乏しく，そのために飲酒，アヘン吸飲，賭け事，アモック(amok)[16]，盗み，海賊行為，奴隷保有などの悪習に染まっているとみなした．そして，正しいイスラームの知識を彼らに植え付けて，彼らの倫理を向上させ，それによって悪習を断ち，「野蛮人」を「よき市民」に変容させることができると主張した[17]．

フィンリーはヌーニョと個人的な信頼関係を築き，彼を通じてモロ文明化事業を推進しようとした．フィンリーは，ヌーニョを通じてタルクサガイとその周辺のモロ住民に奴隷保有をやめるように呼びかけ，ヌーニョを「モロのアブラハム・リンカーン」と呼んで称賛した(図2)[18]．また，貧しい山地民を，モ

---

15) "A Synopsis of the Progressive Development of the Moro Province," 1912, Archives of the U.S. Army Military Historical Institute, Carlisle Barracks, Penn., John P. Finley Papers, pp. 4-5.
16) フィリピンや近隣のマレー語圏で，突発的に興奮状態になって人を襲ったりすることを指す．
17) "Compendium of Photographs and Records with a Statement of the Object Sought in Their Presentation to the President," 1912, Finley Papers, p. 2.

図2 ハッジ・ヌーニョ(中央)と家族(タルクサガイにて)

米陸軍軍事史研究所所蔵.

ロやキリスト教徒フィリピン人などの海岸部住民による搾取から守るために，モロ取引所(Moro Exchange)という公設市場を設立し，商取引を促進して産業振興につとめた．初代モロ州知事レナード・ウッド(Leonard Wood: 任期1903-06)は，フィンリーのこのような取り組みを高く評価していた[19]．フィンリーの活動は，米国の雑誌記事でも紹介され，米国のフィリピン植民地統治の成果として称賛された[20]．フィンリーは，米国の学術雑誌に寄稿した論文の中で，後見人が未成年者を保護し教育する責任を持つのと同様に，アメリカ人はモロや山地民に対する責務を負っていると述べている[21]．

---

18) "List of Photographs and Other Records Pertaining to the Moros and Pagans of Southern Islands of the Philippines," 1912, Finley Papers, p. 2.
19) "Diary of Leonard Wood," Aug. 1-4, 1904, Library of Congress(Manuscript Division), Washington, D.C., Leonard Wood Papers.
20) Atherton Brownell, "Turning Savages into Citizens," *The Outlook,* Dec. 24, 1910.
21) John P. Finley, "Race Development by Industrial Means among the Moros and Pagans of the Southern Philippines," *Journal of Race Development*, Vol. 3, No. 3(1913); J. P. Finley, "The Mohammedan Problem in the Philippines," *Journal of Race Development*, Vol. 5, No. 4(1915).

このようなフィンリーの主張は，共和党，および，ウィリアム・タフト（William Taft）大統領（共和党）により1910年に陸軍参謀長に任命されたウッドのフィリピン領有継続の主張と完全に一致していた．フィンリーは1910年に陸軍省長官ジェイコブ・ディキンソン（Jacob M. Dickinson）がサンボアンガを視察した際，舟艇を用意して多数のモロ住民を歓迎集会に動員した[22]．この集会では，マンディやヌーニョらがモロの代表として米国統治の継続を求める発言を行った[23]．このようにフィンリーのモロ文明化事業は，陸軍幹部や共和党が主導するフィリピン領有継続運動の一翼を担っていたのである．
　一方，フィンリーは，1909年にモロ州知事に就任したジョン・パーシング（John Pershing: 任期1909-13）から厳しく批判され，翌1910年，パーシングから辞任を迫られた．パーシングのフィンリーに対する主な批判は，フィンリーはモロと山地民のことにかまけて，キリスト教徒フィリピン人を無視したり敵視したため，両者の関係が悪化した，および，フィンリーがバランス感覚を欠き，非社交的な人物で，独断専行を行うので，行政官としての資質を欠くというものであった[24]．
　フィンリーは陸軍省からの直接の命令ではないとしてパーシングの辞任要求を拒否し，サンボアンガ地区知事にとどまった．しかし，陸軍参謀長ウッドから米本国で長期休暇を取るよう説得され，1912年4月にサンボアンガを出発して米国に向かった[25]．ヌーニョらのオスマン帝国スルタンへの請願は，フィンリーの渡米に合わせて準備された．

4　ハッジ・ヌーニョのオスマン帝国スルタンへの請願

　ヌーニョは，ワシントン駐在オスマン帝国大使に宛てて，フィリピンのムス

---

22) "Finley to Secretary of Moro Province," Aug. 5, 1910, Library of Congress（Manuscript Division）, Washington, D.C., John Pershing Papers.
23) Gowing, *Mandate in Moroland*, p. 251.
24) "Brief Re Lieutenant Colonel John P. Finley, United States Army," 1914, and "A Report to accompany 3d endorsement made in accordance with instructions contained in 1st endorsement, A.G.O., File No. 2080394-3," Feb. 20, 1914, Pershing Papers.
25) "Brief Re Lieutenant Colonel Finley."

リムを導くために，イスラーム指導者を派遣してくれるようオスマン帝国スルタンに対し懇願する手紙を書き，サンボアンガ地区のムスリム指導者 58 名の署名を付してフィンリーに託した[26]．

　フィンリーは，この請願の作成過程にどの程度関与していたのだろうか．パーシングはフィンリーの処遇問題に関する報告書のなかで，次のように述べている．「ハッジ・ヌーニョは，［モロ］州［政府］に，タルクサガイ［の住民］のためにイスラーム教師を雇ってもらいたいという要望を表明したことがあり，これにもとづいて，フィンリーがイスタンブル訪問を計画したらしい」[27]．

　一方，地方史研究者のメンドーサは，ヌーニョはフィンリーから高く評価されていたので，オスマン帝国からムスリム宣教師を連れてきてもらうようフィンリーに頼み込むことができたと述べている[28]．

　フィンリー自身は，タフト大統領に提出した報告書において，ヌーニョが請願起草委員会の委員長であったと記している[29]．フィンリーはさらに，この請願はモロが突発的に思い付いたものではなく，それまで 12 年間にわたって，モロ州政府が体系的に立案し実行したモロ統治政策の成果であると述べている[30]．これらのことから，ヌーニョらとフィンリーとの接触の過程で，サンボアンガ地区外からイスラーム学者を招く計画が生まれ，それがさらにオスマン帝国からのイスラーム学者派遣要請に発展したものと思われる．

　フィンリーにとってこの請願は，米国統治以前はイスラームの教えもろくに知らなかった野蛮人モロが，彼のもとで目覚ましい進歩を遂げたことを示す証として重要であった．そして，フィンリーが普及させようとした近代的な価値をいち早く理解して，それを他のモロにも伝えたヌーニョは，フィンリーとい

---

26) "Record of a petition from the Moros of the Province of Moro, P.I. to the Sultan of Turkey thru the American government at Washington, April 8th, 1912," Finley Papers.
27) "A Report to accompany 3d endorsement," p. 2.
28) Mendoza, "The Moro Tapestry," pp. 237-238.
29) "List of Photographs and Other Records," p. 2.
30) "A Review of the Moro Petition, Its Origin, Scope and Purpose, and How Its Object May Be Realized in Aid of the American System of Control," 1912, Finley Papers, p. 3. 1903 年のモロ州設立からは 9 年しか経過していないが，1900 年の米軍人によるモロ統治開始を起点として 12 年としていると思われる．

図3　フィンリーに請願を手渡す
　　　タルクサガイのムスリム指導者

右からフィンリー，ハッジ・ヌーニョ，
ダトゥ・マンディ．フィンリーの前の背
の低い人物はパンリマ・ディキディキ
(1912年4月10日，サンボアンガ市)．
米陸軍軍事史研究所所蔵．

う「教師」にとっての「優等生」であり，彼のモロ統治の成功を体現する人物であった．フィンリーはヌーニョを「進歩的なモロ」として称賛したが[31]，これはフィンリー自身のモロ統治に対する自画自賛でもあった．

　フィンリーのサンボアンガ出発が間近に迫った1912年3月末，タルクサガイでモロ住民集会が開かれ，フィンリーの旅行中，毎週金曜日，日没後の礼拝の後，男性住民がモスクに集まり，フィンリーが無事に使命を果たせるよう祈ることが決議された[32]．フィンリーは4月初め，請願を携えてサンボアンガを出発した(図3)[33]．

　米国に到着したフィンリーは首都ワシントンに滞在し，陸軍省長官ヘンリー・スティムソン(Henry L. Stimson)やタフト大統領[34]などの政府要人と会見した．翌1913年2月，フィンリーはスティムソン陸軍省長官の命によりイ

---

31) "List of Photographs and Other Records," p. 2.
32) "Record of the Minutes of a Public Meeting of Moros Held at Taluksangay, District of Zamboanga, Moro Province, P.I., on Friday, March 29th, 1912," Finley Papers.
33) フィンリーの米国およびイスタンブルでの活動と，オスマン帝国政府の対応に関する以下の記述は "Brief Re Lieutenant Colonel Finley"，および，"A Report to accompany 3d endorsement" に依拠する．
34) タフトは米国の初代民政フィリピン総督(任期1901-1904)であり，フィンリーと旧知の間柄であった．

スタンブルに向けて出発した．フィンリーはイスタンブルでオスマン帝国政府から丁重に遇され，スルタンに謁見して請願を手渡し，スルタンからメッセージと記念品を受け取った．そしてそれらを携えて7月にマニラに戻った．

　この間，サンボアンガでは，モロ州知事パーシングが，フィンリーのサンボアンガ地区知事復帰を阻止しようとして，陸軍省に働きかけていた．サンボアンガ商業会議所はフィンリーの復帰に反対する決議を行い，陸軍省に送付した．

　一方，米国では前年11月の大統領選挙で共和党が敗北し，1913年1月，民主党のウッドロウ・ウィルソン（Woodrow Wilson）が大統領に就任した．民主党は，フィリピンの早期独立を認める立場をとっており，新政権はこの方針に基づいてフィリピンの自治を拡大する政策を採用し，フィリピン総督にフランシス・ハリソンを任命した．1913年10月，ハリソンがマニラに赴任し，新政策の一環としてモロ州を廃止し，ミンダナオ・スールー管区による民政を発足させた．同管区長官には，フランク・カーペンター（Frank Carpenter）が任命された．これによって，フィンリーのサンボアンガ地区知事復帰の可能性は消滅し，フィンリーはマニラの部隊付きに転任を命じられた．

　しかし，フィンリーに託されたオスマン帝国スルタンのメッセージと記念品は，まだタルクサガイに届けられていなかった．同年10月，フィンリーは，パーシング同行のもとに短期間タルクサガイを訪問することを認められ，パーシングの監視下，ヌーニョをはじめとするタルクサガイのモロ住民に対して，オスマン帝国スルタンのメッセージを読み上げ，記念品を渡した．

　一方，オスマン帝国政府は，フィンリーとヌーニョらの要望に応じ，シェイヒュルイスラーム[35]府に勤務するアラブ人イスラーム学者，ワジーフ・エフェンディ・ザイド・アル・キーラーニー・アッナブルスィー（Wajīh Afandī Zayd al-Kīlānī al-Nāblusī：以下，キーラーニー）[36]をフィリピンに派遣した．キーラーニーは，1914年2月，マッカ（メッカ）帰りのフィリピン巡礼団と同じ船でサンボアンガに到着し，フィンリーやヌーニョらの出迎えを受けた．

　これに対し，サンボアンガ商業会議所やキリスト教徒フィリピン人政治家，

---

35) オスマン帝国の官職で，イスラーム法学者が務め，公式の法学意見書（ファトワー）を発布した．

36) パレスチナ出身．Jilani, Gilani と表記される場合もある．

キリスト教徒聖職者から，キーラーニーの訪問への抗議の声があがった．オスマン帝国がキリスト教徒政府に対する聖戦を呼びかけているのではないかという噂も広まった．ミンダナオ・スールー管区長官カーペンターは，キーラーニーとフィンリーの訪問を，南部ムスリム地域の治安に対する重大な脅威とみなし，サンボアンガ地区以外への訪問を禁止し，マニラに引き揚げさせた[37]．さらにハリソン総督はキーラーニーを国外に退去させた[38]．以上が，請願をめぐる一連のできごとの概略である．

5 フィンリーとヌーニョがめざしたもの

(1) フィンリー知事のねらい

すでにみたように，フィンリーはモロや山地民に対して温情主義的な態度をとり[39]，倫理・産業発展促進事業に熱心に取り組んだ．その真のねらいは，モロや山地民を米国植民地統治に適応させ，自ら進んでアメリカ人の支配に服し，その統制下に入るように仕向けることにあった．1912年8月，ワシントン滞在中のフィンリーは，イスタンブル行きを間近に控え，請願に関する一連の文書をまとめたファイルを陸軍大学校図書館に寄贈した．フィンリーはこのファイルに，「倫理および産業発展を媒介とする，南部フィリピンのモロと異教徒の隷属化」というタイトルをつけた[40]．このタイトルは，フィンリーが取り組んだ「文明化」事業の真の目的が隷属化にあったことを露呈している．

それでは，ヌーニョは，一方的にフィンリーに利用され，モロ隷属化の試みのお先棒を担がされただけだったのだろうか．それともヌーニョは，フィンリ

---

37) "Telegram from Carpenter to Governor General, Feb. 8, 1914," Pershing Papers.
38) キーラーニーはその後ほどなく，病により客死した．William G. Clarence-Smith, "Ottomans in the Philippines during the Crisis of World War I," presentation at the workshop, "From Anatolia to Aceh: Ottoman, Turks and Southeast Asia," held on Jan. 11-12, 2012, at Banda Aceh.
39) フィンリーはアメリカの雑誌に寄稿した論文において，オランダの東インド統治のように，米国はモロの宗教や慣習を十分尊重し，寛容で忍耐強い統治を行うべきだと主張した (Finley, "The Mohammedan Problem in the Philippines," p. 359).
40) "The Subjugation of the Moros and Pagans of the Southern Philippines through the Agency of Their Moral and Industrial Development," Finley Papers.

図4 ハッジ・ヌーニョらのオスマン帝国スルタン宛の請願
（本文1頁）　　　　　　　　　　（表紙）

トルコ共和国総理府オスマン文書館所蔵．

ーの意図とは異なる，独自の目的をもって主体的に行動したのだろうか．以下では，ヌーニョが中心となって起草した請願のタウスグ語原文[41]において，請願の目的がどのように述べられているか検討し，彼が何を求めていたのか考えてみよう．

(2) ハッジ・ヌーニョのねらい

請願本文は，「サンバ・スジュード(sambah sujud)」という句で始まる(図4)．「サンバ」は古典マレー語やタウスグ語で，王など身分の高い人に対する敬意を示す深い礼を意味する[42]．「スジュード」はマレー語やタウスグ語に取り入

---

41) タウスグ語は，スールー王国の影響下にある地域で広く用いられていた言葉で，スールー王国スルタンとヨーロッパ人との間に交わされた外交文書にも用いられた．ヌーニョが母語のサマ語ではなくタウスグ語で請願を書いた理由は，サンボアンガからスールー諸島一帯におけるムスリムの間で，タウスグ語が公用語としての地位を持っていたためと考えられる．

42) 現代マレー語，現代インドネシア語のスンバ(sembah)にあたる．1812年に出版されたウィリアム・マースデンのマレー語英語辞書には，サンバ(sambah)と表記されている (William Marsden, *A Dictionary and Grammar of the Malayan Language*, Singapore: Oxford University Press, 1981 [orig. 1812], Vol. 1, p. 181).

第13章　植民地の文明化と宗教的・民族的少数派

れられたアラビア語で，イスラームの礼拝で行われる，額を床につける平伏礼を意味する．従ってこの句は，オスマン帝国スルタン（および，その代理である駐米オスマン帝国大使）に対する謙虚な僕として服従の姿勢を表わしたものと思われる．

　以下は，オスマン帝国からのイスラーム指導者派遣を求める理由を述べた部分[43]を，なるべく忠実に訳出したものである[44]．下線は筆者による．

　　サンボアンガ地区，および，モロ州全体における<u>イスラーム民族（bangsa Islam）</u>たる臣民（hamba raayat）は50万人にのぼります．我々はかつての父祖の時代以来，約300年間，イスラーム教ムハマディーヤ（agama Islam Muhammadiya）を信奉してまいりました．しかしながら，恵み深きアッラーにより，イスラーム教ムハマディーヤ，［すなわち］イスラーム，タウヒード（tawhīd）[45]，マーリファト（ma'rifat）[46]の信仰に恩寵が授けられたのは，今日この頃のことであり，ここタルクサガイにはモスクが建っております．アメリカ民族（bangsa Amirika）のお偉方，とりわけモロ州知事パーシング准将殿が目撃し，証言してくださるように，この地で［我々は］日夜，崇高にして偉大なるアッラーの命じられたことを学び，毎日5回の礼拝を行うことに没頭しております．

　　そこで我々は，閣下に畏れ多くもお許しをいただきたくお願い申し上げます．モロ州における閣下の臣民の実態をご覧いただく必要がございます．我々にとって，このお願いは過大なものではございません．なぜなら，この我々はイスラームの子供たち（anak Islam）であるからです．それゆえ，あなた様の臣民は，本当にお足もとにひれ伏して[47]懇願いたします．モロ州における我々の言動を見聞きし，我々とモロ州知事を支援し，我々に二つのこと——<u>いかにして我々のイスラームの慣習と法を，アメリカの慣習</u>

---

43) 原文1頁7行目から2頁7行目まで．
44) タウスグ語原文の解読と翻訳は，タウスグ語を母語とする美術史研究者でフィリピン大学教授のAbraham Sakili 氏と筆者による共同作業により行った．ムスリム・フィリピン人担当国家委員会（NCMF）翻訳官のMoctar W. I. Haron 氏にもご協力いただいた．
45) 神の唯一性を意味するアラビア語．
46) 知識を意味するアラビア語．
47) 原文の pa tapak siki の文字通りの意味は，「足の裏に対して」．

と法と結合することができるか，特に，いかにして神の言葉に従い，クルアーン，および，預言者ムハンマド(彼にアッラーの祝福と平安がありますように)のハディースの中に述べられたムハマディーヤの宗教を確立し，それによってアメリカ政府［の法］に違反しないようになるか——を教えていただくために，陛下の使者を遣わしてください．

　請願者は自分たちを「フィリピン諸島モロ州サンボアンガ地区のバンサ・イスラーム・ムハマディーヤ」と名乗っている．タウスグ語のバンサという言葉は，血筋・出自，および，それによって継承される社会的威信を意味する．そこから派生して，一族，人種，民族，ネーションなど，集合的なアイデンティティを持つ人間集団の意味でも用いられる．「ムハマディーヤ」という用語については，フィリピン・ムスリムがこれを請願における自称の一部として用いた例は，管見の限り 1910 年代のサンボアンガに限られている[48]．用例が少なく，明確には断言できないものの，文脈から判断して，イスラーム，あるいはムスリムの同義語として用いられているようである[49]．

　請願原文は，オスマン帝国スルタンを君主，自分たちを臣民とみなし，臣民から君主への嘆願という形で書かれている．「我々はイスラームの子供たちであるからです．それゆえ，あなた様の臣民は……」という部分では，イスラーム共同体の長，カリフであるオスマン帝国スルタンと，イスラーム共同体のメンバーである自分たちとは，君主と臣民の関係にあるとし，自分たちの願いを正当化している．

　では，上に訳出した部分は，請願原文に添付された英訳[50]では，どのように

---

[48]　他には 1916 年のダトゥ・マンディらの請願の中で用いられている (Midori Kawashima, "Transformation of the Concepts of Homeland and People among the Philippine Muslims: The Bangsa Moro Revolution and Reformist *Ulama* in Lanao," in Hiroyuki Yamamoto et al. eds., *Bangsa and Umma: Development of People-Grouping Concepts in Islamized Southeast Asia,* Kyoto and Melbourne: Kyoto University Press and Trans Pacific Press, pp. 193, 196).

[49]　この請願起草から 8 カ月後の 1912 年 11 月，中部ジャワで，マッカでイスラームを学んだイスラーム学者アフマド・ダフラン (Kiyai Haji Ahmad Dahlan) によって改革主義イスラーム社会団体「ムハマディーヤ」が設立された．「預言者ムハンマドの言行を手本として生きる人々」というこの運動の理念がヌーニョに伝わっていて，それを踏まえて「ムハマディーヤ」の語を用いた可能性も考えられる．

[50]　"A Translation of the Petition to the Sutlan of the Ottoman Empire from the Followers

表現されているだろうか．以下は，英訳文をなるべく忠実に日本語で表現したものである．

　我々タルクサガイ，および，モロ州全体における<u>預言者に従う者たち(followers of The Prophet)</u>は50万人以上であります．我々はこれまで300年間，唯一にして真実のイスラームの信仰に従ってまいりました．しかしながら，「アッラーのご意志」により，モロの間で我々の宗教が実践され始め，明確で真の形をとるようになったのは，実はごく最近のことであります．最初のムスリムのモスクはここタルクサガイに建設されました．そして，この地で我々は，<u>よりよく，より純粋なモハメッダンの信仰(a better and purer Mohammedan faith)</u>に生きるべく，奮闘努力しております．モロ州政府の役人，とりわけ知事は，これが事実であることを証言することができ，我々にも自ら進んでそのようにおっしゃってくださいました．

　したがって我々は，我々の問題について，より広く深い関心を持っていただきたくお願いいたします．我々はモハメッダンとして適切である以上のことを求めているとは思いません．モロ州の実情を調べ，<u>我々の法・慣習を，アメリカ政府の法・慣習と整合的で一致するものにするために</u>[51]，モロの管理に関してモロ州知事を助けるとともに，<u>どのようにすれば，国家の法に一切違反することなく，コーランと預言者ムハンマドのハディースに述べられたことに従いつつ，正しいやり方によって，我々がよりよく，より正しく，より純粋なモハメッダンの信仰に到達することができるか</u>を我々に助言し，助けていただくため，大教主(Commander of All the Faithful)たるオスマン帝国スルタン陛下の使者を派遣してくださるようお願いいたします．

　英訳文は，サンボアンガ地区第2部族区の翻訳官ウィリアム・ギルヴァン(William Girvan)が作成した[52]．タウスグ語原文と英訳文を比較すると，大体

---

　　　of the Prophet Muhammad in the District of Zamboanga. Apr. 8, 1912," Finley Papers.
51)　英語原文は以下の通り．"..., so that our laws and customs may be brought into line and agreement with the laws and customs of the American Government, ..."
52)　この人物の詳細は不明であるが，現地に長年滞在しタウスグ語を習得したアメリカ人

の内容は一致しているものの，以下のように若干の重要な違いがみられる．

　第一は，実線の下線を付した部分である．タウスグ語原文には，「いかにして我々のイスラームの慣習と法を，アメリカの慣習と法を結合することができるか」[53]と書かれている．「結合する」とここで訳したタウスグ語原語は，マグスグパット（magsugpat）という動詞で，複数のものを結び付ける，接合するという意味を持つ．たとえば，短い棒に，別の棒を結び付けて長くする場合，この言葉が用いられる．この表現は両者を継ぎ足して一体化することを意味しており，片方を，もう片方に合わせて一方的に変えるという意味ではない．

　これに対し英訳では，「我々の法と慣習を，アメリカ政府の法と慣習と整合的で一致するものにするために」と書かれている．この表現は，米国の法と慣習に合わせて，モロの法と慣習を一方的に変えることを意味しており，原文の意味とは異なる．

　二番目は波線を付した部分である．タウスグ語原文には，「ムハマディーヤの宗教を確立し（magpatindug）」という表現がある．マグパティンドゥグは，「立つ」という動詞ティンドゥグ（tindug）の使役形で，「立たせる」，「（倒れていたものを）起こす」，「建設する」「樹立する」「掲げる」などの意味を持つ．したがってこの部分は，クルアーンとハディースにもとづいた，ムスリムの宗教（イスラーム）を確立する，あるいは，興す，という意味に解される．

　ところが英訳には，マグパティンドゥグに相当する表現が抜け落ちている．その代わりに，原文にない「正しいやり方によって」，「よりよく，より正しく，より純粋な」モハメッダンの信仰に「到達」する，という表現が用いられている．数行前にも，「よりよく，より純粋な」信仰という，原文にない表現がみられる（点線部分）．このことは訳者が，現在のモロの信仰は悪しく，誤っており，不純であると認識していたことを示唆している．英訳からは，「悪しく，誤った，不純な」信仰を，「善く，正しく，純粋な」信仰へと，あらかじめ用意されたレールに沿って，単線的に進歩発展させるという訳者の考え方を読みとることができる．

　　の元教師，退役軍人，あるいはプランターの可能性が高い．
53）　原文は以下の通り．"Humindu sing kita duwa bang biyaddiin ing adat-shara' namu' Islam supaya magsugpat iban sing adat-shara' sing Amirikan."

また，先にみたように，原文では「イスラーム民族」(bangsa Islam) という集合的なアイデンティティを示す自称が用いられている（二重線部分）．「アメリカ民族」(bangsa Amirika) という表現も用いられていることから，これは「アメリカ民族」に対応し，国際関係の主体となりうる人間集団として自分たちを認識していることがうかがわれる．しかし，英訳では「預言者（ムハンマド）に従う者」と書かれており，そこでは共同体の一体性の感覚が若干薄められている．

　以上のように，原文からは，米国統治のシステムと調整をとりつつ，イスラームで結ばれた共同体，イスラーム民族として，イスラームの確立をめざすという主体的な姿勢を読み取ることができる．これに対し英訳では，アメリカ人の基準に合わせて，モロが個人の信仰を誤ったものから正しいものに進歩させようとする姿が描かれている．英訳には，モロの宗教を「進歩的な」イスラームに変え，それを通じて彼らを隷属化するというフィンリーのねらいが反映されていたのである．

おわりに

　フィンリーはモロの宗教を変容させ，それによって彼らを隷属させようとした．フィンリーにとってヌーニョは，米国統治によってモロが文明化可能であることを示す証として重要であった．フィンリーのモロ文明化事業は，フィリピン植民地維持を主張する共和党やウッドにとっても重要であった．

　ではヌーニョは，何も自分の考えを持たず，フィンリーの言いなりになっていただけなのだろうか．ヌーニョは，かつてのスールー王国の従属民族サマであった．しかも，スペイン人の攻撃を受けて捕虜となり，離散を強いられたバラギギ・サマである．ルソン島でイエズス会士に育てられ，後にマッカ巡礼も行ったヌーニョは，おそらく世界情勢にも通じていて，欧米諸国が軍事面でも経済面でも圧倒的に優位にあり，現状ではサマは軍事力，政治力，経済力，いずれにおいても非力な存在であることを身に染みて感じていたことであろう．そのような状況に置かれていたヌーニョは，イスラームを共通の絆として，タウスグやマラナオ，マギンダナオなど，モロ州の他のムスリムと手をつなぎ，

さらにフィリピンの外に広がる，より大きな国際的なイスラーム世界とつながることによって，フィリピンでは非常に弱い自分たちの立場を強化することができると考えたのではないだろうか．そのとき彼に必要だったのは，新しい状況にふさわしい，より普遍性を志向するイスラームのあり方だったのではないかと考えられる．

　フィンリーの「進歩的」イスラームを普及させる試みは，ヌーニョにとっては，モロ州のムスリムの間に新たな共同性を創出する機会を意味したのかもしれない．フィンリーは，モロの隷属化のためにヌーニョを必要としていた．これに対してヌーニョは，フィンリーを通じて，国外イスラーム世界とつながり，それによって南部フィリピンにイスラームを確立し，自分たちの立場を強めたいと考えていたのではないだろうか．そうだとしたら，両者の協力関係はこのような思惑によって支えられていたことになる．この点を立証する資料はまだ不十分であり，以上は推測の域を出るものではない．本稿はこの点に関する研究の出発点として，ヌーニョが自分たちの言葉と文字で記した文書を検討することによって，イスラーム知識人としてのヌーニョが考え，めざしていたことに，ほのかな光を当てるものであった．

　　＊　本稿は国際ワークショップ "From Anatolia to Aceh: Ottoman, Turks and Southeast Asia," held on Jan. 11-12, 2012, at Banda Aceh，および，NIHUイスラーム地域研究上智大学拠点主催研究会「アジア・ムスリムと近代——1920〜30年代の出版物を資料として」（2012年1月29日，上智大学）における筆者の報告に基づいている．国際ワークショップを組織したAnnabel Gallop, Andrew Peacock両氏や，コメントしてくださった方々など，ご協力いただいたすべての方々に心より感謝いたします．

第14章　日中関係のなかの中国美術
岡倉天心の中国調査とアジア文明論

李　廷江

はじめに

　　彼ら［一般の西洋人］は，日本が平和な文芸にふけっていたころは野蛮国と見なしていた．しかし，日本が満州の戦場に大殺戮行動をおこしてからは，文明国とよんでいる．最近「武士道」——わが兵士をして身命を惜しまず死地におもむかしめる「死の術」——については，これまで多くの論議がおこなわれてきたが，茶道については，それがわれわれの「生の術」を多く語っているにもかかわらず，ほとんど関心が払われていない．もし文明が，おそろしい戦争の栄誉に依拠しなければならないというのなら，われわれは甘んじて野蛮人としてとどまるであろう．われわれの芸術と理想にたいしてしかるべき尊敬が払われるその時まで，じっと待つとしよう[1]．

1922年，日本美術院から刊行された和装3冊の『天心全集』は，時代の変化によって評価が大きく変わることがあったとはいえ，すこぶる生命力を有する名著である．岡倉天心が提起した「アジアは一つ（Asia is One）」という命題は，日本のアジア主義の精神的な柱としての価値を有するだけでなく，近代日本の思想界において，東洋が一つの独立的文明体であり，西洋と同等であるという相対的な文明論認識の源流であるともいえよう．

　明治の先駆者として，また，横山大観をはじめとする明治期の日本画の巨匠を育てた美術運動の創立者として，天心の生涯は波乱万丈であり，ある意味で

---

*　本論は，拙稿「方法としてのアジア——岡倉天心の"アジアは一つ"を中心として」(1)〜(4)（亜細亜大学アジア研究所『所報』第60号〜第63号，1990-91年）と「岡倉天心的亜洲文明観和他的中国之旅」（中国近代社会史研究集刊（第5輯）『近代中国社会与文化流変』社会科学文献出版社，2010年，379-402頁）を改稿したものである．

1)　岡倉天心『茶の本』色川大吉編『日本の名著　岡倉天心』中央公論社，1970年，268頁．

は，悲運に満ちたものであった．数はけっして多くなかった著書を通して彼が唱えた文明論は，明治以降，日本という国家の進路に直接かかわるものとして，彼に悲運をもたらしたと考えてもよいであろう．東洋対西洋の軸で，また，アジア対日本の思想的交差のなかで近代の日中関係を再検討する際，誰も岡倉天心を避けることはできず，また，アジア文明論の形成における天心の存在と影響を無視することはできない．

　天心は常に時代の最先端を走り，19世紀末から20世紀初頭にかけて，日本，アジアに限らず，世界的に活躍したグローバルな日本人の思想家である．本論は，天心が1893年に行った最初の中国旅行を中心に，彼の中国認識と思想の変化を再検証しようとするものである．結論を先にいえば，中国旅行での見聞は，天心の従来の中国知識と中国観を根底から揺さぶっただけでなく，その後の彼の思考と行動に多大な影響をもたらし，まさに彼の人生に大きな転機をもたらした重要な出来事だったというべきである．明治の日本において，中国を多面的，相対的に観察しようとする日本人がきわめて少なかったなかで，天心は衰退しつつある中国の現状を歴史的に把握し，その行方を文明社会発展の法則からとらえていた．本論では，旅行者，美術家，思想家としての旅と観察により，彼の中国文化との多面的な対話がどのように変化したか，また，その変化によって，天心の思想にどのような変化がおこったかを検証し，1893年の半年にわたる中国旅行と天心のアジア文明論の形成および展開との関連を明らかにしたい．

1　岡倉天心とそのアジア文明論

　「アジアは一つ」は天心の文明論の核心であるといってよい．「東洋の理想」のなかで，彼はつぎのように述べている．

> アジアは一つである．ヒマラヤ山脈は，二つの強大な文明，すなわち，孔子の共同社会主義をもつ中国文明と，ヴェーダの個人主義をもつインド文明とを，ただ強調するためにのみ分っている．しかし，この雪をいただく障壁さえも，究極普遍的なるものを求める愛の広いひろがりを，一瞬たりとも断ち切ることはできないのである．そして，この愛こそは，すべて

のアジア民族に共通の思想的遺伝であり，かれらをして世界のすべての大宗教を生みだすことを得させ，また，……地中海やバルト海沿岸の諸民族からかれらを区別するところのものである[2]．

ここには，アジアの名で愛と宗教を考える天心の命題がある．色川大吉によれば，「日本がアジア大陸に〈大東亜戦争〉なるものをしかけた昭和十年代に，一時，とつぜん，かれは有名になった．……『アジアは一つ』，そのことばはインテリ層をこえて当時の大衆の耳にも鳴りひびいた」[3]．ところが，戦後になると，天心の名はアジアとともに一部の人びとに忘れられる一方，多数の中国研究者やアジア研究者から批判を受けながらも，一部の人々はかえって口を揃えて，再び天心賛歌を歌いだした．この点について，竹内好は「天心はあつかいにくい思想家であり，また，ある意味で危険な思想家でもある．あつかいにくいのは，彼の思想が定型化をこばむものを内包しているからであり，危険なのは，不断に放射能をばらまく性質をもっているからである．うっかり触れるとヤケドするおそれがある」と語った[4]．竹内は戦後の天心復権を前期と後期にわけ，そこにあらわれた天心の思想の進歩性（前期）と侵略性（後期）に批判と評価を加えたが，それに対して丸山眞男は，天心を福沢諭吉，内村鑑三と比較しながら，三者の違いを明らかにして，「明治の精神」が三者それぞれの思想基盤を築きあげたとした[5]．

高階秀爾は天心論の冒頭で，「伝統復帰」を目指す天心の人物像を次のように描写している．

岡倉天心の遺影のなかで，広く世に知られているものに，東京美術学校長時代の馬上姿がある．当時天心は，いつも馬に乗って通勤していたのだが，その服装が異様である．それは遠く奈良時代の朝廷の服装を範としたもので，頭には冠帽を戴き，身体には闕腋(けつてき)の袍をまとい，足にあざらしの靴をはいている．当時としても，人目をそばだたせるものであったに違いない[6]．

---

2) 岡倉天心「東洋の理想」『岡倉天心集』（近代日本思想大系7）筑摩書房，1976年，9頁．
3) 色川大吉「東洋の告知者天心――その生涯のドラマ」色川編『日本の名著　岡倉天心』7頁．
4) 竹内好「岡倉天心――アジア観に立つ文明批判」橋川文三編『岡倉天心　人と思想』平凡社，1982年，179頁．
5) 丸山眞男「諭吉・天心・鑑三」橋川編『岡倉天心　人と思想』．

高階が語ったように，自らの設計による異様な服装もさることながら，天心は「四十歳にて九鬼内閣の文部大臣となる……五十にして貨殖に志す……五十五にして寂す」という人生計画から晩年の純愛に至るまで，「奇行」が多かった．彼の「奇行」について，色川は，それは「現代にたいする辛辣なイロニイであり，にがい自嘲の唄」であったと解釈し[7]，その「奇行」は結局彼の「払っても払いきれない近代との違和感であり，天心のように一度でも『近代』を心眼をひらいて見てしまったものの逃れえない痛苦の宿命であったろう」と指摘した[8]．

　確かに，さまざまな「奇行」には天心の近代に対する無言の抵抗が満ち溢れていた．しかし，より深く考えれば，彼の美術探求，生活様式は，彼が終始一貫求めた東洋の理想の実現とアジア文明の復興につながっていたと考えてよい．つまり，天心といえば「アジアは一つ」を連想せざるをえないように，天心は，この「異様な服装」を思想道具として自分の考えを広く人々に伝えようとしたのではなかったであろうか．

　では，天心のアジア観とはどのようなものだったであろうか．20世紀初頭，日清戦争の勝利によってアジアの大国となったという意識が高揚する日本で，福沢の「脱亜入欧」が人心を得て時代の潮流になった．しかし，天心のアジア観は，ヨーロッパ文明に対する批判，西洋と東洋の対立の認識に端を発するもので，まさに福沢のそれを否定するようなものであった．彼は1902年の英文による「日本の目覚め」の最後に，次のように述べている．

　　ヨーロッパが見せるこの奇妙な組合わせ——病院と魚雷，キリスト教宣教師と帝国主義，厖大な軍備と平和の維持——これらは何を意味しているのか？　このような矛盾は，東洋の古代文明には存在しなかった．そのようなものは，日本の王政復古の理想でもなく，維新の目的でもなかった．われわれを幾重にもつつんでいた，東洋の夜のとばりは揚げられた．だがわれわれの見る世界は，いまだに人類の夜明け前である．ヨーロッパはわれわれに戦争を教えた．彼らは，いつ，平和の恵みを学ぶのであろうか？[9]

---

6)　高階秀爾「開かれた伝統主義者　岡倉天心」橋川編『岡倉天心　人と思想』238頁．
7)　色川「東洋の告知者天心」12，28頁．
8)　色川「東洋の告知者天心」12頁．

また，「東洋の目覚め」の中では次のように述べた．

　　破滅の運命は進み，貪欲の徒党はいそぐ．極東は今や，生体解剖のまないたの上にのせられた．われわれは，中国において，1840年の阿片戦争に「白禍」を感じとった．このもっともいまわしい戦争で，大砲の脅迫のもとに毒物がわれわれに強制され，香港がうばいとられてイギリスの作戦根拠地となった．1857年のアロー号事件では，ふたたび何の口実もなしに英仏連合軍が北京に侵入して，夏宮の略奪をおこない，その財宝は，今日にいたるまで彼らの芸術品収集の誇りとなっている．……合衆国を先頭とする全世界の武装使節は，日本に開港を命ずるためにその扉をたたいたのである[10]．

彼は「ヨーロッパの栄光は，アジアの屈辱」と嘆き，「なぜこのようなわれわれの没落の物語がつづくのか？」と自問自答する．「西洋文明をもたらした彼らの船は，それとともに，征服，保護領，治外法権，勢力圏，その他さまざまの悪しきものをはこんできた」という文章に明らかなように，天心は西洋を「悪」と見ており，「まことに，西洋の栄光はアジアの屈辱」と断言した．彼は明治「維新後の開化の皮相な外面性を批判」し，「自己内部からの発現」をもとに，アジア人の目覚め，特に日本人の目覚めを喚起しようとしたと考えられる．

天心は，善玉対悪玉という図式で，西洋の唱えた「黄禍」論に対して敢えて「白禍」を訴え，東洋に向って西洋文明の欺瞞性を暴露するとともに，日本を含めた東洋の「伝統」を西洋に説いた．こうしたアジア文明観に限ってみれば，「天心の合言葉は終始調和と合一と不二元」であり，また，彼が唱えるアジア文明の復興は根本的に彼の痛烈な近代批判に依拠したものである[11]．

竹内は天心の文明観を次のように評している．「『西洋開化は利慾の開化』であるがゆえに否定されるべきなのである．なぜなら『文明は精神をもって物質に打勝つの謂』（1903年）だからだ．……彼にあって美術は宗教と等価である」[12]．アジアの視点から天心の文明観を見る．この点に関して，竹内の指摘

　　9）　岡倉天心「日本の目覚め」色川編『日本の名著　岡倉天心』263-264頁．
　　10）　岡倉天心「東洋の目覚め」色川編『日本の名著　岡倉天心』72頁．
　　11）　岡倉「東洋の目覚め」70，72-73頁；岡倉「日本の目覚め」227頁；丸山「諭吉・天心・鑑三」162，174頁．

は正鵠を得ているといえよう．この竹内説をふまえて考えれば，天心のアジア文明論は少なくとも三つの特徴を持っていたと指摘することができる．

　まず第一に，天心の「アジアは一つ」は「東洋の社会，東洋の理想は，厳密に検討してみても，西洋にくらべて少しもおとるものではない」という認識に基づくものであった．つまり，いまの東洋は衰退の同義語になっているが，実際の内容を見れば，西洋よりずっと優れているということである．天心は，東洋の家族，人間生活は西洋よりずっとよい，東洋の社会は西洋よりずっと美しい，東洋の自由は西洋よりはるかに高い，芸術においては，西洋より随分進んでいる，と指摘した．すなわち「アジアは一つ」の主張は，アジア文明の精神的優越性という認識に支えられていたのである．

　第二に，『大東合邦論』を著した樽井藤吉と同様に，天心は東洋文明を発掘し，賛美し，西洋文明を根本から否定しようとした．天心は「『自由』という，全人類にとって神聖なその言葉は，彼らにとっては個人的な享楽の投影であって，たがいに関連しあった生活の調和ではなかった．……西洋は平等を自慢するが，彼らの特権階級は今なお大衆の背にまたがり，富者は貧者をふみにじることをやめず，永遠のユダヤ人は以前にまさる迫害をうけている」と述べ，独自の視点で世界を捉え，西洋のいわゆる「自由」「平等」の実態と本質に宿る欺瞞性を徹底的に批判した．

　第三に，天心は西洋の物質文明の栄光には「裏面がある」と看破し，「西洋は自由を誇っているが，しかし，……幸福と満足は，たえずつのってゆく渇望の犠牲にされている．……ところが，その広大な地域で無数の犠牲者を出してもなお満足せず，西洋は，東洋まで餌食にしようとしている．ヨーロッパのアジア進出は，東洋にとって，野蛮でないにしても粗雑としか思えない社会思想のおしつけであるばかりか，現存のあらゆる法と秩序の破壊を意味する」と説明する．したがって，数代前の日本人が「西洋の進出のうちに日本の破滅の危険しか見ていなかった」のも，けっして理由のないものではなかったと彼は強調した．

　このようにして，彼は「文明は精神をもつて物質に打勝つの謂」という判断から「西洋開化は利慾の開化」であるがゆえに否定すべきなのであるとし，東

---

12)　竹内「岡倉天心」185頁．

洋と西洋の関係を，ヨーロッパの「科学」とアジアの「理想」即ち芸術との対立と捉えた．丸山は，天心のこのようなアジア観に立った文明論を「東洋の内在的発展の論理が右のような近代ヨーロッパとの対抗のシェーマに結びついたとき，天心の使命観は彼が意識すると否とを問わず，ある致命的な個所でルビコン河を渡っていたのである」と指摘した[13]．天心が後年のファシストたちに「大東亜新秩序の預言者」と担ぎ上げられた根本的な原因は，おそらくここにあったと考えてよいであろう．

2　中国への旅

　　　北京を出で西の方長安に向ひますには広寧門を出て参ります．天寧寺の古塔を望み，白雲観を過ぎて蘆溝橋を渡る．涿州に至れば既に燕京の風塵に遠かり，始めて支那の内地の趣を備へ，身は十九世紀の外にあり，古亜細亜の客となれり[14]．

　年譜によれば，52歳の生涯において，天心が中国の大地に足を踏み入れたのは1893年，1906-07年，1908年（中国東北，天津，北京を経由してヨーロッパから日本に帰る）と1912年の4回であった．1回目の訪中は，日本帝国博物館（宮内省）に命じられた中国美術の調査で，約4カ月にわたる旅であった．それから，約13年後の1906年から07年にかけての2回目の訪中は，主にボストン美術館による中国美術品収集のためであった．翌年の中国滞在は2週間足らずであったが，4回目の旅は，2回目と同様に，ボストン美術館に依頼された中国美術品の収集であった．明治期に，中国と何らかのかかわりを持つ日本文化人は多かったが，4回にわたって通算約10カ月間も中国に滞在した人は数えるほど稀であった[15]．もちろん，早くから活動の舞台を海外に広げ，国際

---

13)　岡倉「東洋の目覚め」70，81-88頁；岡倉「日本の目覚め」226-227頁；丸山「諭吉・天心・鑑三」175頁．

14)　岡倉天心「支那の美術」『岡倉天心全集』［以下『全集』と略す］平凡社，1979-81年，第3巻，192頁．

15)　『全集』は，旅行日記以外にもいくつか重要な資料を収めている．写真目録，日程表，旅行報告，旅行講演メモ，支那の美術，旅行幻燈説明，及び国家経済会における講演メモなどである．

的に知られていた天心にとって，最初の中国調査から最後の中国への旅まで，前後20年も近い時を経たとはいえ，合わせて4回，しかも毎回の時間がかなり長いことは珍しい事例であった．

　河上徹太郎は天心を明治文化の開拓者と見なしたが，竹内は，天心が人々に残した最大の謎は"Asia is One"であると指摘した[16]．つまり，日本にとってもアジアにとっても，19世紀末から今日に至るまで，天心こそがアジアを絶えず問いかけつづけた偉大な思想家ではないかということである．また，世界史の観点から考えれば，19世紀末から20世紀初頭という時代に，東洋とかアジアという意識や観念が一般の人々に共有されていなかった事実に照らして，彼が英文でヨーロッパ社会に，アジアの社会，アジアの美術，アジアの文化，アジアの歴史と生活の紹介を介して，アジア人の声を伝え，アジア人が求める理想と権利を声高らかに呼びかけ，発信した意義を高く評価しなければならない．これこそ，アジアはもちろん世界の文化と芸術に対する天心のもっとも重大な貢献だったといえよう．

　海外旅行と中国調査が天心の独特なアジア観に大きな影響を与えたことはいうまでもない．残念なことに，従来の研究には両者の関係に触れたものがほとんどなく，前者の経緯さえも完全に明らかになってはいない．しかし，天心の思想と行動に見られる不可解な，あるいは謎めいた部分の多くは，中国旅行の体験と，そこで中国の歴史と美術史に思考をめぐらしたことに由来したものであった．最初の中国旅行の後に天心が書いたほとんどの文章には旅行から得た知識の痕跡が見られる．旅行中の記録を，旅行後に書かれたアジア論と比較してみれば，彼の世界認識には矛盾があり，彼の行動には高まる西洋批判と異なるものが少なくなかった．日本，中国，アジアの歴史を熟知する思想家としての天心がもつ苦悩，叫び，およびその限界が，中国旅行記の隅々に見られ，明治の思想家としての天心の複雑な思いがそこには染み込んでいた．

　天心の中国旅行の動機と背景には，学術研究を深める必要性と，古くからの中国への憧れの二つがあった．すでに「古代中国の美術」という短文を書いていた天心は，1890年に東京美術学校で日本美術史を教えるとき，日本美術の

---

16)　河上徹太郎「岡倉天心」『現代日本文学大系66』筑摩書房，1972年，68頁；竹内「岡倉天心」192頁．

源流が中国にあると主張した．しかし，実際に中国に行ったことがない彼の中国に関する知識は机上のものに留まっていた．ヨーロッパには数回，長期の調査旅行を行っていたが，中国旅行の条件は整っていなかった．英文，漢文ともに精通していた天心でも，中国旅行を成功させるには多くの準備が要求されたのである．弟子の早崎梗吉の後年の回想によれば，天心はかなり早い段階に中国旅行の計画を立て始めていた．出発前年の 1892 年の秋に，天心は当時 19 歳の早崎に中国語と写真術を学ばせていた[17]．また「当時において入手困難だった写真種板を，輸入着荷毎に手を廻して或る数の取揃えにも功を収めた」．早崎は帝国博物館の学芸委員として宮内省からの出張旅費の給与を受けた[18]．こうして 1893 年の夏には，中国旅行のための人，物と金などの準備がようやく整った．7 月 11 日，美術学校で最初の卒業式が行われ，横山大観をはじめ，やがて近代日本美術の巨匠となる 16 名の卒業生を社会に送り出し，4 日後の 7 月 15 日に，天心は早崎を同行して，新橋を発ち 4,000km にわたる中国の調査に出発したのである[19]．

天心は，この最初の中国旅行について日記を 10 万字ほど綴り，150 枚のスライドを撮影し，漢詩を作り，多くの挿絵を描いた．帰国後に彼が書いた旅行関係のものは次の十数点に及ぶ．①支那旅行日誌（明治 26 年），②支那行雑綴，

---

[17] 「支那語研究への一般的関心が高まったのは日清戦争以後のことであり，写真術の普及にしても同様だった．斯道の専門家は各自門戸を堅くとざして，なかなか気軽に素人なぞにその秘術とするところを教えてはくれない．わずかに渋谷宮益坂に，後に写真製版で売り出した田中亥太郎がアマチュアとしてアトリエを持っていたので，早崎氏は毎日そこへ通って写真術の初歩から指導を受けることになった．そうしてその帰途日本橋浜町へと廻り，大江某なる人について支那語を習うのである．もちろん広い東京にも，電車一本通じてなかった当時のことだし，往復ともに徒歩で行くので，朝早く弁当持ちで中根岸の天心宅を出ると，帰りはきまって夜の十時過ぎになったという」（清見陸郎『天心岡倉覚三』中央公論美術出版，1980 年，102 頁）．

[18] 斎藤隆三『岡倉天心』吉川弘文館，1986 年，75 頁．

[19] 天心の中国旅行については，斎藤『岡倉天心』と大久保喬樹『岡倉天心』小沢書店，1978 年に比較的詳しい記述がある．天心一行は 7 月 15 日東京を離れ，韓国を経由して 8 月 9 日北京に到着．一行は，早崎梗吉以外に通訳一人だった．現地では，北京で三輪高三郎（当時 28 歳）を通訳として雇っている（木下長宏『岡倉天心』ミネルヴァ書房，2005 年，171 頁）．「一輛二頭の騾車を連行するという大仕掛けであって，騾車には，衣類・寝具・写真種板（当然ガラス板であった）・洗面器・食器から馬蹄銀まで積み入れて重量二千斤であったという」（斎藤『岡倉天心』75 頁）．

③写真目録,④経歴書,⑤支那旅行報告稿,⑥支那旅行講演メモ,⑦支那美術ニ就テ,⑧支那旅行——幻燈説明,⑨国家経済会に於ける講演メモ,⑩桟雲一片,⑪支那の美術,⑫支那美術品蒐集ニ係ル意見,⑬支那南北ノ区別,である[20]．斎藤隆三が指摘するように,天心が「東京美術学校長時代,『日本美術史』の大作一編を作り成したこと,奥深く中国本土の大旅行を遂げて当時の研究に資したこと,この二大業績などは正に当代の学界に捧げた大きな貢献であった」[21]．次に,この旅行で天心が見た中国を三つの側面から検証してみよう．

3 旅行者として見た中国

天心の最初の中国旅行は 1893 年 8 月 3 日から 12 月 1 日まで,延べ 121 日間に及んだ．直隷から入った彼は,河南,陝西,四川,湖北,湖南,江西,安徽,江蘇,あわせて九つの省をまわり,その距離は 4,000km 余りに達した．1 万 4,000 里と天心が自称したこの旅で,彼が調査した都市と町は 85 以上に上る[22]．

このようなコースに決めたのは,中国の文化と美術に対する天心の理解によるものであった．旅行を終えて書かれた「支那美術品蒐集ニ係ル意見」の中で,天心は,調査すべき地域はおよそ三つあると述べた．すなわち (1) 山東,河南,湖北,(2) 直隷,山西,陝西,(3) 江蘇,安徽,江西[23]．経路を設定するには,当時閲覧が可能な資料を参考にした．内閣書庫から「十八省通志」を借り出し,一部を携帯していった．東京からは『広輿記』,『営造法式』,『宣炉考』,『読史方輿紀要』,『天下郡国利病書』,『事類統編』,『日下旧聞録』,『帝京景物略』,『宸垣識略』と『山東武梁祠石刻』など,十数冊を持っていき,さらに北京瑠璃廠で「県志」,「府志」,『大清一統志』,『陶説』と『陶録』などを購入して,旅行中ずっと参考にしていた[24]．

---

20) 『全集』第 3 巻の解題によれば,このうち「支那美術品蒐集ニ係ル意見」は,「本稿の一節『長安洛陽ノ遺趾ニ就キ』のくだりに,〈小生昨秋探検ノ際〉という文が消されており,第一回の中国美術調査旅行の翌年,明治二十七年に起草された帰国報告書草稿の一つとも考えられる」(『全集』第 3 巻「解題」488 頁).
21) 斎藤『岡倉天心』69 頁.
22) 天津から上海までの訪問地,調査地の一覧は『全集』第 5 巻,120-126 頁.
23) 岡倉天心「支那美術品蒐集ニ係ル意見」『全集』第 3 巻,410 頁.

当時，中国の奥地を旅行する外国人はまだ珍しかった．中国に入ってから，早崎を甥と呼び，二人は親戚のように振舞った．旅館の習慣に慣れるために，日本公使館の宿を引き払って，前門外の旅館に数日泊まったこともある．北京公使館の斡旋で身なりをすべて中国風に変え，髪を切って仮辮をつけてもらった．天津領事館から紹介された随員の王昆，公使館が通訳として招聘した三輪高三郎と，天津以来，身の回りの世話をする高二という青年，そして轎夫が4人，車夫が2人，コックが2人という大部隊で移動し始めた[25]．9月9日，天心は，河南開封から長男一雄に寄せた書簡に毎日の生活状況を次のように詳細に述べた．

　　朝は午前三時半ニ起サレ四時半ニ旅店ヲ出テ候　生玉子三ツニ支那の饅頭二ツ　十一時頃昼食　そーめんうんどん一二杯ニ豚の煮付ケ　夜は七時半頃宿ニ着　粱ヨリ醸シタル土臭き焼酎一二合計リ　豚肉ヲ団子ニシテ油揚ニシタルものカ豚料理二三種ニテ粟の粥一腕（ママ）（米ハ糠臭くして如何にしても喉ニ下ラス且支那人として旅行候ニ付早崎料理の手際ヲ出ス場合なし）……道中ハ唯々平原ニて千里又千里ノ藁粱（ママ）相連り山とてハ西の方一脈相見へ候のみ　沙土ヲ馬ニて蹴立て風強き日は前途見ヘス相成候[26]

　天心の中国旅行は，日本政府の全面的な支援のもとで行われた国家的なプロジェクトであった．北京駐在の日本公使館書記官中島雄が編集した『明治26年発収文信総目』には，天心の中国奥地への調査のためのビザ申請の記録が掲載されている．1893年8月19日，中島は中国政府に対して天心の入国ビザを申請し，4日後，再度中国政府に催促した結果，当日に中国政府から許可されたことが記録されている[27]．日本公使館が天心一行のために日本人の中国語通訳を紹介したことからも，国が関わったことが見てとれよう．天心の中国旅行は，ちょうど93年の冬から，スヴェン・ヘディンをはじめとする欧州の探検隊や日本の大谷光瑞探検隊が相次いで中国に入り，探検の名目で中国の文物を

---

24)　下村英時編『天心とその書簡』日研出版，1964年，71頁；『全集』第5巻，35頁．
25)　「支那旅行日誌（明治二十六年）」には轎夫など全員の名前が書きとめられている（『全集』第5巻，93頁）．
26)　『全集』第6巻，67-68頁．
27)　『明治26年発収文信総目』孔祥吉・村田雄二郎編『中島雄其人与《往復文信目録》——日本公使館与総理衙門通信目録1874-1899』国家図書館出版社，2009年，439-440頁．

略取する旅が始まる直前に当たった．つまり，天心は近代中国に最初に，しかも長期間にわたって文物の調査と収集に来た外国人の一人であった．

　天心は，観察者として優れた眼力を持っていた．彼による「支那旅行報告稿」は，現在の観光案内書よりも便利で充実している．日本出発から北京観光の諸費用にいたるまで13項目になるその説明は，文化と芸術の雰囲気が漂う北京に対する天心の気持ちを反映し，観光のガイドというより，今日流行している歴史文化の旅の紹介のようである[28]．横浜から天津への定期郵便船から始まる紹介は，天津‐大沽間の鉄道，天津の旅館と天津から北京までの交通手段としての河船，馬車から道中の旅館，通州から北京までの旅行経路の概要，各地の旅館，食事及び地理と慣習を簡単に説明し，北京城，城内の遊覧場所と城外の遊覧場所を細かく紹介しながら，遊覧の順路およびその諸費用の概算までを示している．興味深いのは，天心がそこにあげた26カ所の北京城内と城外の古跡名所である．天心から見た北京城内と城外の観光地とは，観象台（天文台），考場（科挙の試験場），雍和宮，文廟，景山，璧雍宮，鐘楼，鼓楼，隆福寺，瑠璃廠，天壇，五塔寺，八里荘，四平台，香山，碧雲寺，臥仏寺，万寿山，昆明湖，玉泉山，円明園，湯山，昌平州，南口，居庸関，八大嶺（八達嶺）である．これらの名所を全部回るには少なくとも5日間が必要になるとして，丁寧に遊覧の順路と費用を教えたのである[29]．悠久の歴史を有し，優れた文化，芸術を創造した中国は，東方の文化と歴史の大国としての魅力があり，時間をかけて見るに値すると，天心は考えていたのである．

　旅行中，天心は各地で見たさまざまな美術品，寺院，彫刻などを整理して日記に書き綴った．8月6日，天津から北京に行ったときのことを，天心は「此日虫毒ニ触レ終日困臥　亦左右ノ景ヲ見ス　暮方ニ至リ船首ニ至レハ斜陽蕃籬ノ野ニ在リ　楊柳人影総て画中ニ見し所と同シ　雪舟の瞥見筆ニ入レタルモ此趣ニ外ナラス　劉松年の村家人物　閻次平の夕陽帰牧眼前ニ在リ　彼等ハ寧ロ写生的ノ人ニシテ別ニ画裏の天地ヲ開キタルニ非サルカ如し　猶考ヘタシ　此行惜ムラクハ雅邦画伯と共ニ遊ハサルヲ」と記した[30]．以後の記述にも，これ

28）　岡倉天心「支那旅行報告稿」『全集』第5巻，127-135頁．
29）　岡倉「支那旅行報告稿」127-133頁．
30）　岡倉「支那旅行日誌（明治二十六年）」20頁．

第14章　日中関係のなかの中国美術

と似たような深い感慨を表すものがよく見られる．

　一種の調査記録として詳しく書き記した日記に対して，天心は，旅行紀行文としては，竹添進一郎の「桟雲峡雨日記」を思わせる「桟雲一片」のみを残しているが，そこには，旅行中に見舞われた困難について「桟中雨ふれば則ち深泥膝を没す．以て行くべからず．強て達せんとするも轎夫行くを肯んぜず．ために駅舎に滞ること数々なり」と記したあと，「駅馬の鈴のかけかたは依然として唐代の風を存せり」と書き，最後に「蜀道中，屢々亜刺比亜風の建築を見る．蓋し亜刺比亜建築は源を支那に発し，亜刺比亜を経て，更に西班牙に移りしものなり」と記した[31]．

　他方，中国の長い旅のなか，天心は山東の土を踏んだ時からずっとマイナスのイメージを記していたという事実がある．初日の8月3日の日記には，「舟太沽ニ至ル　少しく雨フル　濁浪千里行ケトモ尽キス　是よりして碧海ヲ見サル由」とあり，8月8日の日記には「午後六時過通州ニ着ス　洪水ノ為メ岸辺ノ家屋破壊セル多し　船檣林立ノ間一塔夕陽ニ立ツモ奇なり　此賊狗盗アリ　舟ヲ窺フ　盗ヲ警メテ鶏明ニ至ル」と書いた[32]．そして，天心は次の詩を詠んだ．

　　一湾々尽是通州　　　一湾一湾尽きる所に通州あり
　　世運誰推逆水舟　　　世運に逆らう舟を推すは誰ぞ
　　孤塔残陽前代影　　　孤塔の残陽に前代の影
　　暮雲無際起奇愁　　　暮雲限り無く愁いを起す[33]

近代の日本文人が執筆した中国紀行文には，中国社会の立ち遅れた部分や，政治的な腐敗の実態に対する蔑視の視線が見受けられ，天心もその例外ではない．天心の日記にも虫害，水害，不潔，喧噪，そして至る所に墓があることが記されている．8月9日の日記には，「舟ヲ捨テ車ニ上ル……忽チ平地より振り落サレゴタンドシン頭ヲ打ツコト三回　地獄の車とも考ヘラレ凡五時間七十余里ノ行程も疲れ果テタリ　顧ミて他の車ヲ見れは婦人老人抔の乗ルアリ　亦此人種の為メニ一気餤ヲ吐クニ足レリ」[34]とある．天心から見れば，日本人とし

---

31) 岡倉天心「桟雲一片」『全集』第3巻，219頁．
32) 岡倉「支那旅行日誌(明治二十六年)」18, 22頁．
33) 岡倉「支那旅行日誌(明治二十六年)」22頁．
34) 岡倉「支那旅行日誌(明治二十六年)」22頁．

ての自分は現地の中国人と違う人種であり，中国人としては忍耐できるが，日本人としては耐えられないものであった．このように，細部に関する描写が多い日記は，著者の感情と心理を知るよい材料である．要するに，旅行者としての天心にとって，中国の社会環境，さらに衛生環境と人間生活の実態はあまり好ましくなく，失望と軽蔑に悩まされる．他方，広大な自然と中華帝国の悠久の歴史は何千年の歳月を経ても尚輝き，美術品や至る所に見られる古跡名所の探索と発見は，毎日のように彼に新しい発見の興奮と驚きを与えた．それゆえか，初めの頃しきりに書かれていた日常生活の不便と社会に対する描写は次第に減り，旅行の終りの段階になると，そうした記述はほとんど見られなくなった．総じて，天心の中国認識において，歴史と現実はまったく異質なものとしてあった．

4 美術家の目に映った中国

19世紀末から20世紀初めにかけて，中国の古美術品を取り巻く国際的な略奪の構図が形成された．血は流されないこの戦いは，二つの戦線で展開した．一つは，新疆を舞台に，スウェーデン，ロシア，イギリス，フランス，ドイツなどによるトルファン・シルクロードの探検部隊に日本の大谷光瑞などが加わった，「グレート・ゲーム」と呼ばれる戦いであった．もう一つは，国籍や人種を問わず，学者，文化人が個人あるいは小さなグループで中国内地のあちこちにおいて，コレクション用の逸品収集を行った熾烈な戦いであった．天心の中国旅行は，まさにこのような時代背景のもとで行われたのである．

美術家としての天心はこの中国旅行を通してこの上ない収穫を得た．彼は行く先々で，城から寺院，彫刻から古墳や掛け軸まで，あらゆる有形の文物を見た．写真録を見れば，寺院だけでも12カ所15枚，彫刻が16カ所28枚，景色が67カ所90枚，スライドは計33点ある[35]．美術家の視線から見た中国に関する天心の問題意識と評価は独特であり，それはこれらの写真に表われていた[36]．天心の幻燈の解説には次のような一節がある．

---

35) 写真の詳細は『全集』第5巻，117-119頁，幻燈は岡倉天心「支那旅行講演メモ」『全集』第5巻，144頁を参照されたい．

> 支那の趣きは欧羅巴でなく日本でなく……山は孤城を囲んで居て此所に細い道があって碑なんぞがある　谷間から水が流れて〔潺々(せんせん)〕として煙りは向ふの山から湧き出て居る所は実に絵になって居ませう　理想からして美術の出るのは此等から出や一しませぬかと思ひます[37]

天心は，早くも1890年の「支那古代ノ美術」で，「本邦美術ノ淵源ヲ探ラントスレハ，遠ク漢魏六朝ニ遡ラサルヘカラス」と指摘していた[38]．この調査で，その認識を実証的に確認できたのである．

　9月9日に洛陽で龍門石窟を発見したことで，天心の中国調査の目的は達成されたというのが下村英時の指摘である．下村によれば「一行はこの後十日目には洛陽の南方，伊水岸壁上の一大偉観，龍門の石窟群に到着した．天心は狂喜してこの大芸術の発見に我を忘れて見とれ，……ここに於いて天心は，初めて東洋人にそなわった優秀な芸術家的素質と，東洋に発達したユニークな精神的表現技術の極致とを知り得たと思った」[39]．このときの衝撃を，天心自身は「諸仏の妙相　忽チニシテ喜歓の声ヲ発セレム……洞の裏円光等浮刻妙　残影ニ対スルモ妙言フヘカラス」，「此山の半腹ハ幾百の仏像ヲ安シタルヲシラス　実ニ支那の奇観ナリ　此ニ至リ西遊初メテ効アリ」，「既ニ薄暮ナルヲ以テ止ムヲ得ス洞ヲ出ツ　他日考古の人必ス一登スへキノ価アリ　我も亦再ヒ来ラント欲ス」と日誌に記し[40]，翌日は，「暁起　龍門の諸仏猶残夢の間ニ在リ」であった[41]．下村は「天心はこの一事件だけで，最早今回の旅行目的を達したようにさえ感じた．東洋美術史を講義する際の要訣を，ここで初めて明確につかんのだったから」と論じた[42]．その後の旅行は，「偉大なる漢文化を発生せしめた特異な風土と，優秀な民族性とについての深い観察」が，「天心をして東洋文化に対する迷わざる確信を抱かせるに役立った」のである[43]．

---

36)　岡倉天心「支那旅行——幻燈説明」『全集』第5巻，153-165頁．
37)　岡倉「支那旅行——幻燈説明」154頁．
38)　岡倉天心「支那古代ノ美術」『全集』第3巻，75頁．
39)　下村編『天心とその書簡』73頁．
40)　岡倉「支那旅行日誌（明治二十六年）」51-52，60頁．
41)　岡倉「支那旅行日誌（明治二十六年）」60-61頁．
42)　下村編『天心とその書簡』73頁．
43)　下村編『天心とその書簡』73頁．

この中国旅行は，芸術専門家の天心に画期的な意義を持った．第一に，この長期にわたる中国調査があったからこそ，アジア美術専門家としての天心の地位がはじめて確立した．第二に，中国美術を調査したことによって，東京美術学校において東洋美術史学を確立する基盤を築いた．第三に，中国美術に対する調査を経て，彼の東アジア美術史の研究の更なる可能性が生まれた．天心は，帰国後の1894年1月24日に日本青年絵画協会の月次研究会および新年懇親会，2月17日には日本美術協会，2月25日には大日本教育会（東邦協会と共催），および5月6日に国家経済会などで，「支那美術ニ就テ」と題して講演を行った[44]．訪中の感想談ともいえるこれらの講演は，いずれも中国美術に対する天心の理解と変化を知る恰好な材料であるが，特に以下のような挨拶は，中国美術のレベルの高さとその生命力の強さに対する天心の敬意と憧れを表明するものであった．

> 昨年十二月余カ清国ヨリ帰朝セル時ヨリシテ辱知諸君ヨリ屢(シバシバ)支那美術ニ就キ観察セル所ヲ吐露センコトヲ命セラレタリト雖トモ　余ノ躊躇今日ニ至レルモノ他ナシ蓋シ支那ト云フ文字ノ下ニハ曠漠タル範囲ノ観念ト遼遠ナル時代ノ意味ヲ伴ヒ来リ之ニ対シ口ヲ開カントスレハ一葦大海ニ泛(ウカ)ンテ茫然自失スルノ感アリ　五ケ月ニ足ラサルノ日子以テ此古大国ノ一隅ヲ横キリタルノミニテ恣(ホシイ)マヽニ其巧芸ヲ論断セントスルカ如キハ少シク学問ヲ重ンスル者ノ宜シク慎ムヘキ所ナリ　本日ハ諸君ノ示諭ニ依リ茲(ココ)ニ強テ一場ノ談話ヲ試ミルニ至リタレトモ　不熟浅薄ニシテ既ニ自身ヲ満足セシムルニ足ラス[45]

　天心は，旅行中に見てきた文物，風土，人情を簡潔に歴史的に捉え，さらに評論を加えた．詩的なまでのその言葉は，古人への尊敬の気持ちに溢れ，数々の精巧な美術品との出会いの感動に支えられ，中国美術を語る名文になっている[46]．

　天心の中国美術研究の方法は比較であった．第一は，日本美術との比較であ

---

44) 『全集』第5巻「解題」496頁．
45) 岡倉天心「支那美術ニ就テ」『全集』第5巻，146頁．
46) 大日本教育会臨時講談会の模様について，『大日本教育会雑誌』第143号（1893年3月），1897頁．

り，法隆寺の仏像などを調べた結論として，中国美術の巨大な影響は否定しがたいとした[47]．第二は西洋との関係であるが，天心は中国と西洋の風景および生活文化の近接に注目し，文化の相互影響関係をも指摘した[48]．しかし，もっとも重要なのは，第三の，中国独自の特徴の重視である．すなわち，天心は中国全体を貫通するものは見出しがたいと見たのである．ヨーロッパが単一でないように，中国も単一のものではないと天心は主張した．中国は多様性の国であって，けっして一つの基準，あるいは一カ所から中国を論じるべきではない．すなわち，唐，漢，元にそれぞれ時代的な差異があり，また，南辺，北辺，あるいは江南，河北にも地方の差がある．中国の人種もさまざまである．そこで天心は，美術の観点から中国を三つの地域文化，一つは黄河文化，一つは揚子江文化，今一つは北京文化に分けて見るべきだと提案した[49]．黄河文化が秦漢時代の美術に代表され，揚子江文化が唐宋時代の美術を代表し，北京の文化は明清時代の美術を代表しているという理由からである．同時代であっても，地域によって大きな差異があるとし，中国文物収集の特徴を指摘しながら，中国の美術がよく保存されていない原因についても，彼なりの見解を述べた[50]．これらの見解はいずれも天心が東洋美術史学を確立するための原点であり，また重要な，理論的な基礎となったのである．

5　思想家からみた中国

中国旅行は，思想家としての天心にも大きな刺激を与えた．帰国後に認めた中国を紹介する文章において，彼は，日本人が中国を見るときには少なくとも次の三つの視点が必要だと主張した．第一に，中国を将来大いに考究しなければならない．中国の購買力や経済力から考究しなければならないだけでなく，

---

47)　金子敏也『宗教としての芸術――岡倉天心と明治近代化の光と影』つなん出版，2007年，147頁．
48)　岡倉天心「支那の美術」『全集』第3巻，207-208頁．
49)　「支那の美術」『大日本教育会雑誌』第143号，1880-1881頁．
50)　内乱の多発および古い寺院など，より新しいものをより大事にする社会的風潮などの理由を挙げた．

これまでの中国認識の誤謬を明らかにしなければならないし，中国から日本への影響が歴史的に深いこと，そして西洋から中国への影響が大きいことなどを明察しなければならないと注意した．第二に，日本が中国から受けた影響は想像よりも大きかったことである．日本にあるもののすべての沿革を知るには，中国に行かなければならない．第三に，中国は「実に恐るべき実に立派な国」であり，将来は非常に希望のある国だと認識しなければならない，日本より遅れているといって軽蔑すべき国ではなく，むしろ大いに戒めて考えなければならない国柄であると強調した[51]．旅行日記には天心の思想的な変化を確認できる材料は多くなかったものの，帰国後の，特に一連の旅行談と中国に関する講演や文章からは，以上のような中国認識が徐々に形成されつつあったことが窺える．それらが，最終的に1903年以後に発表した三部作「東洋の理想」，「東洋の目覚め」，「日本の目覚め」に至ったのである．

　1903年にロンドンで出版された英文の『東洋の理想』は，天心が初めてアジア問題を論じた著作である．中国に関する天心の議論は，実際に見聞してきた文化の多様性から得たもので，中国美術の変化の特徴から，中国思想の特徴を，儒教は黄河を中心とする中国北部のもの，老子教と道教を長江流域の中国南部の文化と把握する方向へと飛躍した．天心は，周代に頂点に達した中国の原始文化の産物である漢代の美術が，南北朝の芸術とともに，より早い段階で日本の原始芸術に影響を与えていたとも主張したが，「その中心思想は，中華民族の基本的な考え方を体現し，また明確化した偉大な賢者の名前にのっとって，広い意味で孔子教とよぶことが出来よう」と述べている[52]．天心は，「中国人は……肥沃な黄河流域に，悠久の昔，定住をはじめて以来，彼らがモンゴルの草原地帯に残してきた遊牧の同胞の文明とはまったく別種の，いわば壮大な共同主義の体系をたちまち展開させ始めた」と述べ，地理の特徴から民族の形成および宗教理念等の面に説き及んだのである[53]．

　天心がこの文章を書いたのは，1893年の最初の訪中からすでに10年も経っていた．中国に対する天心の関心は，この間に芸術から思想，文化，宗教にま

---

51) 岡倉「支那旅行――幻燈説明」164頁．
52) 岡倉天心「東洋の理想」『全集』第1巻，22頁．以下の引用は『全集』による．
53) 岡倉「東洋の理想」22頁．

で広げられていたが，彼は中国の美術品を中国の社会，文化と思想の結晶と見なし，それを通して中国思想に対する彼なりの理解を深めていったのである．天心は，孔子と音楽と詩，孔子と絵画と教育，また周代の銅器や漢代の建築，秦の始皇帝時の長城に触れながら，『易経』と孔子の生涯のいずれもが人生の意義を示すとともに，至る所に中国独自の社会システムを見せていると指摘した．しかし，「揚子江は決して黄河の支流ではない」と断定し，揚子江流域に生まれた南方文化は老子教と道教の影響を受けて，「北方人のそれとはいちじるしく異なった形式ながら，愛と理想を唱う自身の芸術表現を見出すに至った」と述べた[54]．そして，長江の精神の産物である老荘精神は，芸術の面で，中国と日本における未来の画論，美学の基礎となると宣言した[55]．さらに，儒教，仏教，道教は絶えず対立してきたが，唐代の自由主義のおかげで，3教徒が互いに寛容の心で共存できるようになったとも指摘した[56]．

こうして，中国の芸術文化に対してその思想的な文脈を検証することによって，中国思想とインド思想は，歴史的源流から見ても，哲学，宗教の面から見ても相通じるものが多く，所謂東洋人の個性とは，温和な人間性を含んだ思想と感情の調和によってできた個性であり，東洋的な観念とは，単に印刷された教養の指針ではなく，真の手段としての人間の交わりである[57]との結論に至ったのである．その結論から，今日のアジアは大量になだれ込んできた西洋の思想に直面して困惑しているが，アジアの課題とは，アジア的な様式を守り，これを回復させることであるという天心の主張が導き出される．最後に天心は，「闇を切り裂く刃のような稲妻の一閃を，我々は待ち受けている．なぜなら，新しい花々が咲き出でて，大地を花でおおうためには，まず恐ろしい静けさが破られねばならず，新しい活力の雨粒が大地を清めてくれねばならない．しかし，この大いなる声の聞えてくるのは，必ずやアジア自身から，民族古来の大道からであるに違いないのだ」と予言し，「内からの勝利か，しからずんば，外からの強大な力による死あるのみ」と声高らかに宣告した[58]．

---

54) 岡倉「東洋の理想」31 頁．
55) 岡倉「東洋の理想」35 頁．
56) 岡倉「東洋の理想」38 頁．
57) 岡倉「東洋の理想」120 頁．

「東洋の理想」について，稲賀繁美は，天心のアジア美術の知識と彼のアジア主義との内在的関連を理解するには，英文の『東洋の理想』に序文を寄せたマーガレット・エリザベス・ノーブルの分析に注目すべきであるという．ノーブルはその序文でこう述べている．「岡倉氏のように，アジアを，我々が想像してきたような地理的断片の寄せ集めとしてではなく，おのおのの部分が他のすべての部分に依存し，全体が単一の複合的な生命を息づいているひとつの統一された生ける有機体……として示すことは，このうえなく価値のあることなのです」[59]．天心の優れた点は，まさにアジアの歴史とその性質を統一的に把握しようとしたところにあり，彼の中国現地での調査と経験は，断片的な知識を集めようとするものではなかった．また，天心の歴史観，芸術観，哲学的思想は，中国，日本，インド，西洋の現地での体験を融合したものであった．天心のインド哲学と芸術への熱中，あるいは東西美術の比較には，先に行った中国北方と南方への現地調査にもとづく中国美術の理解が不可欠であった．天心が漢代の観音菩薩の宙に舞う軽々とした優美な様式（airly style of beauty）にインドの理想主義（Indian idealism）の影響を見出した例に代表されるように，彼のインド美術の研究にとっても中国美術史研究が重要な参照枠となり，それによって両者の相互影響関係を指摘することができたのである[60]．要するに，天心の中国訪問は彼の中国認識，中国観に画期的な変化をもたらし，そのアジア思想に豊かな収穫をもたらすものであった．言いかえれば，彼の最初の中国旅行は天心を一美術家から思想家へと成長させる基盤を作り上げ，天心とアジアの間に永遠の縁を結ばせることになったといえよう．

むすびにかえて

　以上，本論で考察してきた中国の旅は天心の後半生を決定したといえる．1913年，天心は米国と東洋美術との関係について，「ボストン博物館の特色を

58）　岡倉「東洋の理想」123頁．
59）　稲賀繁美「岡倉天心とインド」モダニズム研究会編『モダニズムの越境』第一分冊，人文書院，2002年，79頁．
60）　稲賀「岡倉天心とインド」83頁．

挙げて見ると凡そ三つある．……第三は東洋芸術の蒐集で，是は日本を除いては世界最大位に有る．近頃各国，特に東洋熱の流行が素晴らしい勢ひで，サウスケンシントン博物館，ルーブルの東洋部，巴里のギメイ博物館，伯林(ベルリン)の人類博物館等，何れも東洋芸術に力を注いで来たが，到底ボストンの比では無いので有る」[61]と語った．天心から見ても，中国調査の経験と中国美術に関する知識がなければ，ボストン美術館における彼の地位もなかったであろう．第1回の中国調査があったからこそ，その後の一連の中国現地調査があり，ボストン美術館のために中国美術品を収集する仕事を成し遂げ，最大の貢献をしたのである．なぜこれほど大量かつ貴重な中国と日本の文物や美術品を集められたのかと聞かれたとき，彼は，謙虚さからというよりおそらく後ろめたさから，自分の貢献にはいささかも触れずに，中国美術品の由来と価値への言及も避け，寄付者のおかげだと答えただけであった．天心の最初の中国旅行は，4カ月以内に帰国するという日本宮内省の規定を超過したが[62]，その後も中国に対する天心の興味と情熱は尋常なものではなく，第二次中国旅行を終えて門司に上陸した際には，「支那には今度が二度目です．支那といふ国は私共にはどうも無限の趣味を感じます」と述べた[63]．

　天心は，それまで日本の美術品を日本に留めて置くことに力を捧げてきたが，今や東洋と西洋は互いに理解しあうべきだという見解を持つようになった．「当館に優秀なコレクションが存在していれば，この目的に役立とうし，さらには日本にもその好ましい影響が反映するものと考えられる．アメリカこそ，東洋と西洋の中間に位置するものであり，当コレクションの如き内容のものが作られるとすれば，日本美術にとっても最も望ましい」[64]というのが彼の見解となった．1913年12月，『ボストン美術館館報』(*Museum of Fine Arts Bulletin*)に，天心の親友だったウィリアム・スタージス・ビゲロウとジョン・エラートン・ロッジ中国日本部長の連名による天心の追悼文が掲載された．天心の生涯，

---

61) 岡倉天心「米国と東洋美術」『全集』第3巻，334頁．
62) 7月11日，清国出張の辞令は，帝国博物館理事岡倉覚三宛，「清国ヘ出張ヲ命ス　但往復共四ケ月以内ニテ帰朝スヘシ　明治廿六年七月十一日　宮内省」『全集』第5巻「解題」492頁．
63) 岡倉天心「支那美術について」『全集』第3巻，289頁．
64) 岡倉天心「美術館評議委員会に対する岡倉氏の演説」『全集』第2巻，229頁．

その学問と業績およびボストン美術館への貢献を称えた長文のなかには,「日本,中国,インドにおける美術や詩のみならず,歴史,哲学,宗教に関して,彼が,研究者としてのみならず旅行者として実地に得た知識によって答えることのできないような質問を,彼に発することは不可能だった」[65]と記されていた.この文章には,ボストン美術館における天心の事業において1893年の中国現地調査がきわめて重要であったことが如実に示されている.

　天心は思想家として21世紀に計り知れない精神的な財産を残した.では,天心にとって中国旅行の意義は果たしてどのようなものであっただろうか.1979-81年に刊行された『岡倉天心全集』に天心関係のすべての歴史文献が収録されているが,この9巻からなる『全集』に中国関係の文章は凡そ3分の1を占めている.天心の人生における中国旅行の意義は,われわれの想像をはるかに超えるものだったに違いない.

---

65)　大岡信「解説」『全集』第7巻,406頁.

第15章 民族の相克と教育
満洲における教育改革の挫折と「排日教科書」批判

砂山 幸雄

はじめに

　筆者はかつて，戦前期に日本の政府・民間ジャーナリズム・在満教育関係者などによって展開された一連の「支那排日教科書」批判を跡づけ，その背後にある日中双方の政治的，軍事的な動向との関連についても一定の検討を行なった[1]．そのなかで，初期(1910年代)の「排日教科書」批判と比較して，1920年代末から30年代初めの批判が組織的，計画的に行なわれたことを指摘し，その起点となった当時の在満教育関係者，とりわけ満鉄学務課長として活躍した保々隆矣の中心的役割を指摘した．保々は，満鉄地方部長在任中の昭和初年，関係者を動員して中国側の教科書・副教材を収集，分析し，そのなかの「排日」と目された文章を集めた資料集を作成して，日本内外の世論工作に提供したのだった．

　保々隆矣は，「現地適応主義」のスローガンを掲げ，満洲補充教材の作成などで在満日本人教育界に新風を吹き込み，「大正リベラリズムの申し子」とさえ称された満洲国教育史における重要人物である[2]．しかし，その保々が満鉄を去る直前に排日教育・排日教科書批判の急先鋒となっていたことは，従来ほとんど注目されてこなかった．それは，中国の排日運動の展開に対する在満日本人全体の反応の一部として扱われるか，日本による満洲教育事業の挫折の結

---

1) 拙稿「『支那排日教科書』批判の系譜」『中国研究月報』2005年4月号(のち一部加筆修正の上，並木頼寿・大里浩秋・砂山幸雄編『近代中国・教科書と日本』研文出版，2010年に所収)．
2) 保々の現地適応主義の提唱を，その後の植民地補充教材・教科書の出発点として重視している研究に，磯田一雄『「皇国の姿」を追って』皓星社，1999年がある．

果として簡単に言及される程度であった[3].

　保々が満洲教育界にもたらした革新とその限界については，つとに平野健一郎によって指摘されているところである．平野は，「文化触変(アカルチュレーション)」の視角から，満洲教育には「満洲特有のX」を加えるべきだという保々の主張には，「日華文化接触が新しい場を形成しつつあるという認識が未発達ながらもそこには認められる」と評価しつつ，「25年の時の経過の内では，日本人でも中国人でもない新しい人格の創出はなく，日華両民族の統合もほとんど実現しなかった」とする．この観点から言えば，保々らの排日教科書批判は，まさに平野が指摘する「中国人人口の流入と排日運動に起因する日本側の焦燥」の表れにほかならず，「満洲を強制的手段によって隔離する」ことを軍部に訴えるしか道がなかったことも理解できる[4]．また，1920年代の満洲における教育権回収運動を分析した阿部洋は，1925年の五・三〇運動の影響で満鉄経営の諸学校で反日デモや同盟休校が頻発したことが，日本側教育関係者に大きなショックを与え，公学堂廃止論まで提起されたこと，また1928年末の「東北易幟」以降，中国側教育当局の主導により教育権回収運動が「劇的昂揚」をみたことを指摘している[5]．

　だが，保々に対する筆者の関心は，満洲教育史のコンテクストからはいささか離れる．保々は排日教科書批判の急先鋒であったが，他方，1922年にアメリカの教育システムを参照して導入された中国の初等中等教育制度(壬戌学制)をきわめて高く評価しており，満洲事変前後の時期にもなお「支那の教育が新味に富み，我が教育上大いに参考とすべきものがある」[6]ことを力説していた．中国側の教育内容に対する非難と，それを支える制度・方法への賞賛と——この極端な対照をどのように考えたらよいのだろうか[7]．一つの解釈は，大正

---

3) 後者の例として，鈴木健一「満鉄の実業教育と保々隆矢の教育観——日中人分離主義教育の推移を中心に」『近畿大学教職教育部論叢』第8巻第2号(1997年1月)．
4) 平野健一郎「満洲における日本の教育政策——1906年～1931年」『アジア研究』第15巻第3号(1968年10月)．
5) 阿部洋「1920年代満州における教育権回収運動——中国近代教育におけるナショナリズムの一側面」『アジア研究』第27巻第3号(1980年10月)．
6) 保々隆矢「満洲の教育」『岩波講座教育科学』第10冊，岩波書店，1932年，34頁．
7) 保々が中国側の教育改革を高く評価していたことについては，磯田『「皇国の姿」を追って』305頁も指摘している．

「新教育」思想なるものは，もともと帝国主義時代の国際競争の中で日本が勝ち残るために，活動的で進取の気質に富んだ人材を育成する役割を果たしたのであり[8]，保々の対照的態度は矛盾していないというものであろう．この解釈に従えば，中国側の教育制度を評価していたからこそ，その脅威をより深刻に感じたと説明することができよう．しかし，中国側の教育制度の「先進性」と，その制度を通じて普及される教育内容の「非合理性」とを，それほど截然と分けて考えることは可能だったのだろうかという疑問は残る．とりわけ，在満日本人の「生存権」が危機に瀕していた環境の中で，中国の教育を客観的な態度で評価することは可能だったのであろうか．むしろ，保々の態度に見られる葛藤・矛盾こそ，昂揚する中国ナショナリズムに対して日本人が抱いた困惑のパターンの一つとして捉えるべきではなかろうか．本稿では，この問題をいささか掘り下げて考えてみるために，まずは保々の教育観，とりわけ当時の日本の教育に対して保々が感じていた危機感について検討を加え，これと対比して，当時の中国の教育に対する保々の認識について考察してみよう．しかる後に，保々（および保々の監修下に作業に加わった満洲教育関係者）の排日教科書批判の言説を検討し，中国ナショナリズムの矢面に立った日本人のアンビヴァレントな反応の一つのパターンとして，保々のケースを析出してみたいと思う．

　本論に入る前に，保々の経歴について簡単に記しておく[9]．保々隆矣は1883年熊本県菊池郡大津町にある浄土真宗東本願寺派の末寺の住職の四男として生まれた．幼少より秀才の誉れ高く，熊本の第五高等学校を経て1907年には東京帝国大学法科大学政治学科に入学した．帝大在学中には，デモクラシーを「衆民政治」と訳して紹介した小野塚喜平次の政治学講義に大きな影響を受けたという．1910年に高等文官試験に合格し，翌年内務省に入省，以後，警視総監付きの秘書警部を振り出しに，名古屋の新栄町警察署長，愛知県勧業課長などを歴任し，エリート内務官僚の道を歩むはずであった．しかし，満鉄副社長中西清一（前逓信次官）の勧誘により，「公費留学」を条件に1920年1月に渡

---

[8] このような見解は1950年代半ばに梅根悟や玉城肇らによって示された．中野光『大正自由教育の研究』黎明書房，1998年の序章，参照．

[9] 満鉄学務課長時代までの経歴については，竹中憲一「満鉄学務課長　保々隆矣小伝（1）」渡辺宗助・竹中憲一編『教育における民族的相克』東方書店，2000年を参照した．

満し，満鉄附属地における教育事業を主管する満鉄地方部学務課長に就任した（中西は翌年発覚した満鉄疑獄事件で退社）．1921年秋から約1年半の欧米視察を行ない，23年秋から学務課長に復帰，1926年3月に審査役，1927年10月には地方部長に昇進している．学務課長時代の業績には，満洲補充教科書の作成のほか，附属地の小中学校教員養成のための満洲教育専門学校の設立（日本本土に先立ち師範学校が専門学校に格上げされ，保々はその校長を兼任した），日本人生徒への中国語教育の奨励，中国人教育の重視などが挙げられる．なお，1928年11月の満洲青年連盟の設立に際してはその趣旨に共鳴し，顧問に就任している[10]．保々が排日教科書の調査と批判活動を展開したのは，地方部長就任直後から1930年9月仙石貢総裁の「大馘首」による退社を経て，満洲事変までの4年間ほどのことであった．満鉄退社後は出版社社長，日満教育協会理事長，旧制甲南高等学校校長などを歴任した．終戦直後には参議院議員全国選挙管理委員会委員を務め，『社会科のありかた』などの著書を刊行しているが，その後は目立った活動はなく，1960年に東京で没した．

1　保々隆矣の教育観——欧米視察と日本の教育への危機感

　東京帝大法科から内務官僚へと進んだ保々は，いわば「教育の門外漢」（竹中憲一）であり，満鉄入社以前に何らかの教育思想を体系的に学んだ形跡は見られない．渡満後に，満鉄附属地に相応しい教育のあり方を実践的に追求するなかで独自の教育観を形成したと見るべきであろう．保々の教育観を知る上でもっとも興味深い資料は，1年半の欧米視察で得た所感を書き記した『帝国の危機と教育の根本的改造』（大阪屋号書店，1924年）である．ここではこの書を中心として，保々の教育観をその背後にある彼の内外情勢の認識とあわせて抽出してみよう．
　同書の序は「わが日本の現況は，万般の事が行き詰まりである」という書き

---

[10]　保々の下で地方課長であった中西敏憲によれば，保々は「この運動を助けることは，謂はば地方行政の一つの重要な仕事である．職務として協力すべきであるといふ意見で，青年運動の非常な共鳴者であつた」という．中西敏憲「自治指導部創設の回顧」宮内勇編『満洲建国側面史』新経済社，1942年，66頁．

出しから始まる．そして，視察したイギリス，ドイツ，アメリカなどの状況と対比しながら，日本の現状，とくに日本の政治社会が呈しているいくつかの様相に対してきわめて強い危機感を表明している．その一つは日本人全般の政治に対する「無理解」である．保々によれば，日本の政治家は政治を「野心家の野望を逞うする術」と，また政綱を「羊頭を掲げて狗肉を沽る衆愚欺瞞の表看板」と考えている．また，有産者は政治を「不良無産の徒の従事すべき業」と見なし，「年少一知半解の徒」は「『普選の実行』を以て天国の実現とでも仰望期待している」．これらすべては「政治的陶冶の皆無」に由来し，「形式主義で一切の事が魂が無い」という「時弊」を生み出す．保々は日本におけるうわべだけの立憲政治に深い憂慮の念を抱いていたのである[11]．

しかし，保々は日本に欧米流の立憲政治や政党政治はなじまないとは考えない．「挿木でも肥料と手入れが充分であれば立派に成長して果実を結ぶ」．問題は，日本では「其手入たる『政治教育』を『政治運動』と混同し」て教育界から排除していることにある．保々はここでかつての「専制政治崇拝の某憲法学者」（穂積八束であろう）の「徒弟達」が，日本の憲法学界や官界を独占して，政党政治の育成に悪影響を及ぼしていると痛烈に攻撃している[12]．小野塚喜平次の影響を受けたといわれる保々の反「専制」的姿勢は，一種の体質のようにその後の彼の活動に時折顔をのぞかせることになる．

保々が欧米視察中に受けた最大のショックはおそらく，かの地の人びとが普段から「道徳律が高い」ことであった．かつて「排英党」を自任していた保々は，英国で公共交通機関を利用する乗客のマナーのよさ，議会内での与野党対立の背後にある暗黙の節度，さらには新聞報道の公平さに感銘を受け，「漸次英国をエライ国と思ふ様になりました」と述懐している[13]．保々のいう「道徳律」とは，公共の精神あるいは公共心と呼ぶべきものである．この「道徳律」において，保々の目に映る日本人は西洋人から大きく見劣りしていた．保々は見知らぬ自分を助けてくれたイギリス青年やアメリカの若い紳士の例を挙げつつ，日本の学生の現状を次のように憂えている．

---

11) 保々隆矣『帝国の危機と教育の根本的改造』大阪屋号書店，1924 年，7，14 頁．
12) 保々『帝国の危機と教育の根本的改造』11-12 頁．
13) 保々『帝国の危機と教育の根本的改造』2-6 頁．

日本の今日の多くの若者は，節制なく，自由と放縦とを取違へ，デモクラシイーも共産主義も同様のものだと一知半解し，又は「学校騒動」を為すを以て，学生の英気である如く解し，「知らざる第三者」に対して無道徳にして，秩序と礼儀とを目して，因循懦夫の業の如く誤解し，以て得々たる青年が少くないからである．加之教師は新思想に無理解であり，当局は「力」で事後の鎮圧のみに腐心して，禍源の探究に勉める事を知らぬ寒心すべき現況であるからである[14]．

　保々は，「デモクラシイー」の思想に共鳴しながらも，その実現を裏づける道徳的，社会的基盤が日本では著しく貧困であると見て取っていた．保々より10年ほど早く欧米に留学した吉野作造も，欧米の人びとの「秩序や礼儀」を印象深く日記に書き残している．しかしそれは，吉野が足繁く通って観察した大衆大会や労働者のストライキに対する印象であった[15]．この時期の日本では「学校騒動」も増加の兆しを見せていた．警察署長として米騒動の対応に苦心惨憺した経験を持つ保々は，教育の場における「道徳律」の未確立を深刻に考えていたのかもしれない．同書の序には「教育の振興，改善，これこそこの行詰りを突破する唯一の正路である」とある．

　ところで，保々にとって日本人の公共心の欠如は，たんに一国内の社会道徳問題に留まらなかった．保々が欧米視察に出た時期はアメリカやオーストラリアなどで日本人移民排斥の動きが強まった時期と重なっていた（アメリカにおける排日移民法の施行は1924年7月）．保々は中国における「排日」の動きも世界的な排日の気運の一環とみなし（後述），日本人が海外で排斥される理由をその道徳的欠陥と結びつけてこう論じていた．

　　余をして直裁に言はしむるなら，これは一には，皇国の興隆が世界の脅威であるから，夫れに伴ふ「恐怖」と「岡焼」が排日の一因ではあるが，一面に於ては，日本人があまりに特異の習俗と東洋道徳の欠点を遠慮なく発

---

14) 保々『帝国の危機と教育の根本的改造』29-30頁．引用文は読みやすいように句読点の位置を調整した（以下，同様）．
15) この点について松本三之介は「吉野がヨーロッパ滞在中，民衆の規律ある集団的行動や労働者の節度ある社会的態度に直接ふれる機会にめぐまれたことは，彼の民衆運動への理解と関心とを深めるうえに大いに役立ったようである」と述べている．松本三之介『吉野作造』東京大学出版会，2008年，80頁．

揮するからではあるまいか．此等無遠慮が嵩じて日本人の「肌触りが悪く」なるのである[16]．

「肌触りが悪い」とは，「知らざる他人に対する道徳が無い」日本人を形容する保々独特の表現である．日本の小学生は死んだ猫の死骸を「不知の他人」の邸内に投げ込み，路傍の美しい野生の花を手折って悪びれない．だが，それがなぜ「不道徳」であるかを合理的に説明する教育が日本にはない．保々は「大正の日本人の生活は団体生活であり，亦文明人の生活である」として，「此団体生活体の一構成分子として，最も適応せる品性を具備せしめる」のが日本人に必要な「徳育」であると強調した[17]．一方，日本の修身科に対しては，「教師も生徒も腹と違つた空念仏を唱えて居るのを気の毒でもあり，偽善でもあり，罪悪でもあるように思はれてならぬ」と手厳しく批判し[18]，代わって，「善良なる市民の習俗を訓練する」ことを本質とする「civics」すなわち「公民学」を推奨した．保々は，同書のなかでわざわざ1章を割き，アメリカの著名な公民教育学者アーサー・ダン（Arthur Dunn）の「小学校における公民教育」[19]を訳出している．実はダンの著作は，1920年代初めに日本で初めて公民教育が実業補習学校に導入された際に，文部省がその「教授提要」を作成する参考として用いられたものであった．それは「社会有機体説から発展した社会連帯論（Social Solidarity）」に立つ教育観であり，「個人が社会と同一の運命を辿ることへの自覚を促すもの」であったという[20]．保々が当時の文部省のこうした具体的な動きをどこまで把握していたのかは不明である．だが，たとえ内務官僚的関心からであったとしても，保々が従来の「修身」教育に代わる，一種の市

---

16) 保々『帝国の危機と教育の根本的改造』22頁．
17) 保々『帝国の危機と教育の根本的改造』41-47頁．
18) 保々『帝国の危機と教育の根本的改造』61頁．
19) その主内容はインディアナポリスの小学校で実践されている公民教育の紹介である．
20) 山崎裕美「1920年代における文部省の公民教育論」『首都大学東京法学会雑誌』第49巻第1号（2008年7月），369，378-379頁，参照．山崎によれば，日本の学校教育における公民教育は，1922年に実業補習学校の「修身」の一部として導入されたのが最初であり，24年には「公民科」という名称が正式に採用されている．第一次世界大戦終了後の恐慌の影響で小作争議や労働争議が頻発して「社会秩序の再建と維持が急務」となり，「国家に対する帰属意識の内面化の徹底と社会知識の付与を目的」として公民科が導入されたのだった．

民道徳ないし公民道徳の教育の必要性を明確に認識していたことは間違いない．

このような保々の観察は表層的感想の域を出るものではなかったとはいえ，国際協調がうたわれたワシントン体制のもとで日本人が感じていた国際的な圧迫感や国内の政治社会の「行詰り」感を彼なりに分析した結果であった．また，その教育的観点からの対応策は，保々が満洲で実践しようとしていた教育の内容と密接に関連するものであった．保々の「現地適応主義」教育の裏側に，日本の現状への強烈な危機感が張り付いていたことを確認しておくことが重要であろう．

2 中国ナショナリズムへの眼差し——中国の教育をめぐって

1932年刊行の『岩波講座教育科学』に収められた保々の論文「満洲の教育」には「支那側の教育」の章があり，その中で，「国語に説話即ち話術を第一に重視する点，地歴を合し社会科とする点，工作即勤労教育を採用し居る点」などを挙げて，「凡ては我が文教当局の無限の参考とならう」と当時の中国の初等教育を絶賛している．また，教科書が国定でない点も世界と共通であるとして，日本の教科書国定制度を暗に批判している[21]．中国の教育に対する保々の高い評価は満鉄赴任の初期から始まっており，しかも中国ナショナリズムの昂揚との関わりで中国の教育に着目している点が興味深い．

保々は『帝国の危機と教育の根本的改造』の中にも中国の教育に関していくつか印象的な記述を残している．その一つは，世界的な排日風潮の一環として中国の排日現象を論じた部分である．「我にありて尤も大切なる『原料国』，『得意国』たる支那は，同文同種などの題目では鬼の念仏程にも響かない様になつた．而して其排日は慢性病の如く季節季節に必ず来る」[22]——このように中国が日本に対し強気に転じた背景には何があるか．保々はそれは教育の普及であるという．教育の普及は一つには自国産業の保護につながり[23]，また一つ

---

21) 保々「満洲の教育」34頁．
22) 保々『帝国の危機と教育の根本的改造』21頁．
23) 保々は養蚕学校の相次ぐ設立によって，近い将来中国が日本の製糸業の手強い競争相手となることは明らかだと書いている．保々『帝国の危機と教育の根本的改造』17-18頁．

は「小国民の当時より敵愾心を養成せらるる事となり，不日恰も独仏の如き関係，怨恨を胎す事になるまいかと我輩は心配に堪へぬ」[24]．さらにこの箇所に注記して，遼陽のある学校で生徒のみで作成したという「学校新聞」の一部を口絵写真つきで紹介し，「支那の排日は今や世間で言ふ様な皮相なものでなくて白紙の如き小児の心に迄も墨痕あざやかに染めつけられておる」と記している．その内容は「国恥記念日の感想」「国の仇を復した勾践」といったタイトルの，おそらく国語教科書の文章に範をとった生徒の作文であり，今日から見れば，排日というより，「国恥」を雪ぐために国民に奮起を促す文章とするほうが適切である．ただ注意すべきは，保々がこれらを一方的に批判するために紹介したわけでなかったということである．それはむしろ日本人に自省を促す材料として取り上げられていたといってよい．保々は，「長春，営口，奉天に於ける邦人の悲境は何が為めぞ．此『好ましからざる諸現象』の悉くの原因を目して，『非違悉く彼に在り』と誰が断言できませうぞ」[25]と述べ，批判の矛先を「肌触りが悪く」なる日本人に向けているのである．

もう一カ所は，西洋人の考え方と対比して，「東洋思想の病所」を「力ある者本位」と「消極的に物を考察する事」にありと論じた節の末尾に，中国が近年この「東洋思想の病所」からの脱出を図っていることを指摘した部分である．保々は，北京の高等師範学校の教室に掛けられている東西の聖賢像のなかに孔子の像がないのを訝しがった日本人が教授にその理由を尋ねたたところ，「あれは良くありません．孔子は支那の文明を停頓せしめた人ですから，吾等は崇敬する訳にはいきませむ」という返答を得たエピソードを，共感を込めて紹介している[26]．

中国の教育界は，五四新文化運動を経てプラグマティズムの教育思想の影響を強く受け，1922年11月には教育部がアメリカの六・三・三制をモデルとする新学校制度「学校系統改革案」（「壬戌学制」）を公布した．初等教育では従来の「修身」を廃止して，「公民」「衛生」の科目が新設された．小学「公民」

---

24) 保々『帝国の危機と教育の根本的改造』21-22頁．
25) 保々『帝国の危機と教育の根本的改造』24頁．
26) 保々『帝国の危機と教育の根本的改造』52頁．

の目的は「生徒をして自己と社会(家庭,学校,団体,地方,国家,国際)の関係を解せしめ,社会改良の思想を啓発し現代生活の習慣に適すべく養成すること」(課程要綱)と定められた[27].初級小学(初等教育は初級小学4年と高級小学2年に分かれる)では「公民」「衛生」「歴史」「地理」が統合されて「社会」となった.この科目にも「共和制度の社会に適応し,さらに社会を積極的に改良し,公共生活の幸福に奉仕できるような公民を育成することである」[28]という公民教育の精神が貫かれていた.また男女による教科目の違いも撤廃された.「公民」教育の実態については別途検討すべきであろうが,少なくとも保々には新カリキュラムのねらいは直ちに理解できたはずである.彼は日本を顧みて,中国の教育改革の先進性に羨望の念を禁じえなかったのではあるまいか.

中国の公民教育は,デューイの影響を反映した「コスモポリタン的,教養主義的」(市川博)と評される1920年代初期の段階から,やがて20年代半ばには「国家主義」派の影響が強まり,さらに1920年代末に国民党政権による「三民主義教育」(当初は「党化教育」と呼ばれた)が導入され,「国恥」教育も体系的に展開されるという変遷を経ている[29].だが,「コスモポリタン的」のはずの段階の公民教育の中にも,保々は的確にナショナリズム教育ないし国民教育——日本側から見れば「排日」教育——的要素を見て取っていたわけである.

『帝国の危機と教育の根本的改造』には,大連在住の有力中国人の「談話」を筆記した「華人の観たる日本人」という章が収められている.「短気で耐久力が乏く,自ら高く恃して居て,実力が之に伴はぬ」,「亜米利加や私の国で排日の声が揚がるのは誤解してはならぬ,あれは排日と云ふべきものではないのである.日本人が自重せぬからである」,「日本人は西洋人の所論を崇拝するに拘らず,我々支那人には西洋よりも日本の方を一段高く見よと云ふから可笑し

---

27) 市川博「プラグマティズム教育思想導入期の公民教育観——"救国と教育"をめぐって」世界教育史研究会編『世界教育史大系4 中国教育史』講談社,1975年,326頁.
28) 許芳「中華民国時期1923年新学制における社会科の設立と性格——国レベルのカリキュラム構想を手がかりに」『早稲田大学大学院教育学研究科紀要』別冊,第15号-2(2008年3月),116頁.
29) 市川「プラグマティズム教育思想導入期の公民教育観」参照.また砂山「『支那排日教科書』批判の系譜」も中国の教育全般の国家主義教育から党化教育への変容に言及し,その連続面について注意を促した.

くなる」[30]——「談話」はこのような日本人批判に終始していると言ってよいが，これをわざわざ自著に収録した保々の意図は，中国人から日本人がどのように見られているかを読者に知らしめ，姿勢を正させることにあったであろう．現地日本人のうわべだけの傲慢さを見透かしたこれらの指摘について，保々は「吾同胞の短所に関しては少なくとも肯綮に当たれることを認むるであらう」と書いている．

「談話」にはさらに，日本人や西洋人と比較して中国人の自信や長所を語った箇所が随所にある．例えば，その冒頭は次のように始まる．

> 憐むべき国は我民国である．憐むべき国民は卿等日本人である．卿等は二口目には「支那と云ふ国は実に可愛想な国である．統一する処なく，内乱の絶え間なく，百姓は一日として堵に安んずることが出来ない．全く塗炭の苦しみである．常に東洋の禍根をなして居る．此の国ほど救済の仕悪い国は先づあるまい．極まる処は我日本の厄介になるより外はない」等と親分顔して壮語するが，私は其度に片腹痛い感がする．実に噴飯に堪へない．卿等は軽薄なる皮相の観察を以て如何にも洞察し尽くした様な言語を吐く事を好むから，世界の至る処で排斥の声を聞く様になるのである[31]．

この話し手は，日本人が中国を語る際の常套句をあっさり否定し，逆に日本人こそ世界から嫌われているではないかと反撃した．彼が日本人に勝るとして挙げている中国人の長所は，「有産階級」であっても労苦を惜しまず倹約につとめる生活態度(他方，日本の富豪の「軽薄な生活振り」)，国家の庇護に頼らず「個人個人が各々自分を保護して自ら発展する」独立心(他方，日本人の「国の保護」への依存性)などである．「談話」は最後に，「私の国は勿論ご覧の通り駄目であるが，何時かは皆の者が国家の有難さを真に感ずる様になり」，実力者が善政を布けば，「世界の一等国」になるだろうと述べている．これに対する保々の感想は記されていないが，上述した日本と日本人についての反省的言辞を踏まえれば，保々は中国や中国人に対し根拠のない優越感や蔑視の意識を持っておらず，中国人も教育の進展によって近代国家形成の能力も十分備

---

30) 保々『帝国の危機と教育の根本的改造』105，108，110頁．
31) 保々『帝国の危機と教育の根本的改造』99頁．

えるようになることを暗黙に認めていたと考えてよかろう．

　これに関わって興味深いのは，やや後になるが，保々が満鉄附属地における実業学校教育の対象から中国人子弟を排除するよう提案したことである．附属地の実業教育は，元来日本人と中国人を分離して別個に行なわれていた．1923年には保々の主導のもと，中華民国の学制改革に合わせて，熊岳城と公主嶺の公学堂初等科に接続して設置されていた農業補習科（就業年限2年）と補習予科（同1年）を廃止し，かわって中国人子弟を対象とする農業学校を設立したほか，遼陽と営口にそれぞれ商業学校を開設した．これら実業学校は満洲開発のための「親日的中国人育成という願望が秘められていた」[32] といわれるように，いずれも中華民国の小学校高級もしくは満鉄・関東庁の公学堂高級卒業程度の中国人子弟を対象とし，全寮制，授業料無料という優待策がとられていた．ところが，期待に反して，これらは昂揚した教育権回収運動の影響を被り中国人生徒を思うように集めることができなかった．公主嶺農業学校では1925年，校内での乱闘事件をきっかけに中国人生徒の退学が相次ぎ，校長が自殺する事態さえ発生した．こうした事態を打開するため，保々は1927年に四つの実業学校をすべて日本人子弟対象に転換することを主張し，これが概ね受け入れられて翌年からは名称を公主嶺農業実習所等に改めて再出発したのだった[33]．

　この附属地実業教育の転換を分析した鈴木健一は，保々の『満洲日日新聞』上の次のような発言を引用して，「日本民族の絶対的優位性の主張，日本民族自体の強固な団結によるアジアの盟主の地位達成という，いわゆる大アジア主義的な思考の表明を見ることができる」[34] と述べている．

　　日本人が支那人に対して優越感を抱いてはならぬなど言ふ人は，これは人類の歴史を知らぬ，又人間生活を真に透徹した頭で見ぬから起こる愚論である．……人間として優越感を失つた時，その人の進歩は止まり，民族として，自己民族の優秀性を失つた時，それはその民族の下向堕落之兆候である．……只問題は実力あるものが上にありて能く之を指導することが肝

---

32)　鈴木「満鉄の実業教育と保々隆矣の教育観」38頁．
33)　保々は完全に日本人子弟のための学校とすることを主張したが，公主嶺農業実習所と遼陽商業実習所は日中共学となった．鈴木「満鉄の実業教育と保々隆矣の教育観」40頁．
34)　鈴木「満鉄の実業教育と保々隆矣の教育観」41頁．

要であつて，実力なきものが……上層に立ち自己より優位なる人物を派閥の力を以てその進路を阻止したりしてはならぬ．かかることが無かつたから，我が大日本帝国が僅々七十年にして世界の強国になつた．今東亜の盟主たる以上，そこに人材育まれ……幾多の英材が，南に北に櫓梶を執ることによつてのみ東亜の明日は輝くのである[35]．

　この引用文は，上述した保々の日本批判や中国と中国人への眼差しとはかなり隔たっており，むしろ正反対とさえ言える．しかし，これが15年後の回想であることも勘案すれば，上記引用文の前後の次のような述懐のほうが，当時の保々の真意に近いのではなかろうか．

　［昭和2年夏頃］在満日本人は農業などは勿論商業であれ工業であれ悉く経済的には土民に圧迫されて張の奉天政権は日々に日本を軽蔑し在満権益の根幹であり，総和であつた満鉄すら基本線に平行して張側は鉄道を敷き以てその栄養力を奪わんと企つる次第であつた．……一体日本人が支那人にかくも経済戦に惨敗するのは何故であらうか？　世人は「外交が軟弱だ」からとか「日本人が優越感を持つて臨むからだ」とか言ふが，外交官の無能はその養成法に因るから一朝にして改まるまい．……［ここに上記の引用文が入る］……ソコで私は考へた．これは日本人が農業であれ商業であれ身を粉にして働かぬからである．……一つこれから日本人の農業や商業を教育を根本から改めるとしよう[36]．

　つまり，保々が実業学校を日本人子弟向けに転換することを提案したのは，実業教育を必要としているのは中国人よりむしろ日本人であると考えたからである．確かに保々は日本人が「優越感」を持つ必要があると主張しているが，それは一種の闘争心の喚起に過ぎず，ここに「日本民族優越感」や「中国民族蔑視感」を読み取るのは，保々の意図を誤解することになろう．保々から見れば，中国人のほうが日本人を「蔑視」しており，これに対抗するために在満日本人も「自尊心」をもって農業・工業・商業の実力を養成していく必要があったのである[37]．

---

35)　保々隆矣「満洲の今昔」3『満洲日日新聞』1942年12月17日．
36)　保々「満洲の今昔」3．
37)　これらの実習所については，西村秀治（保々の満鉄赴任時の長春小学校校長）が，「最初

しかし，保々は満鉄教育関係者のなかで唱えられていた中国人子弟教育の放棄論に与したわけではない．保々は後の回想の中で，最も苦心したことの一つに「支那人教育問題」を挙げ，その原因が会社の最高幹部のほとんど全員が中国人教育を無用視していたからであり，「自慢するではないが，事変当時迄，支那人教育を兎にも角にも現状維持で持続して来たのは私の力であつたと自信してゐる」[38)]と述べている．保々が中国人教育に熱心だったのは，満鉄の経営のために日本語ができる親日的中国人人材を育成する必要があるという現実的要請を考慮したのは確かであろうが，彼のリベラルな教育観からすれば，能力と意欲のある若者には国籍を問わず教育の機会を提供すべし，と考えていても不思議はない．保々は満鉄の経費で中国人学生を日本に留学させる制度の創設者でもあった[39)]．

　ただ重要な問題は，植民地であった朝鮮や台湾とは異なり，「国家機関として，外国人としての異民族を教育するといふような任務を有つたのは，わが国に於ては，満鉄が初めてであつた」ことである[40)]．満鉄が附属地の中国人教育に乗り出すのは1909年に蓋平に創設した公学堂が嚆矢であるが，この未経験の任務に対して，満鉄は当初，「極端なる同化主義を排し，支那人を支那人として教育するという方針を採り，同化は寧ろ自然のものとして所謂適地主義教育を実施した」[41)]といわれる．しかし，公学堂で日本語教育に携わった日本人

　　　は周囲から随分其の成功を危ぶまれたに拘らず意外の成功を見たのは，能く彼の四つの実習所長の人を見て各其の長ずる所に思う侭に進ましめられたからであつたと思ふ」と述べている．西村秀治「保々学務課長とその当時」『満鉄教育回顧三十年』南満洲鉄道株式会社地方部学務課，1937，35頁．保々自身もこの実習所開設が，後に日本と満洲で簇生することになる「実習所」「修練所」「農民道場」などの「始祖」になったと誇らしく回想している．保々「満洲の今昔」3，参照．
38) 保々隆矣「思い出るま丶」『満鉄教育回顧三十年』11頁．
39) 保々隆矣「思い出るままに――4．支那人教育と日本留学」『協和』第204号（1937年11月1日）参照．保々はこの文章の中で，満鉄が日本に送り出した留学生は数百名にのぼるが，卒業後に会社にお礼に来た者のなかに，これから勉強して満洲を立派な郷土にして，満鉄の人などを必要としないようにするつもりだと言う者もいて，さすがの保々も留学予算の削減を自ら提案したという逸話を紹介している．
40) 法貴慶次郎「満鉄在職当時」『満鉄教育回顧三十年』16-17頁．
41) 南満洲鉄道株式会社総裁室地方部残務整理委員会編『満鉄附属地経営沿革全史』上巻，南満洲鉄道株式会社，1939年（龍渓書舎1977年復刻版），479頁．

教員が，当時「飽くまで同化主義で押通すか或はどこまでも人道主義で進むか或は又政策教育を行ふかと言ふ様な根本の主義方針なるものが明確でなかつた」[42]と回想しているように，実際には方針が定まらぬまま始まり，その後も明確な基本方針が示されることはなかったように思われる．1920年代半ばに教育権回収運動が満洲にも波及すると，満鉄内部でも次第に中国人教育廃止論が強まった．上述のように，保々はこれには抵抗し，規模は縮小したもののなんとか維持することはできた．だが，中国人子弟向けの実業教育の廃止に見られるように，保々自身もまた満鉄附属地において中国人教育を必要とする確固とした根拠を見出しかねていたのではあるまいか．

その一つの証しとなるのが，保々が監修した排日教材資料集，『打倒日本——支那の排日教育』にほかならない．当時の附属地公学堂で使用していた教科書は，大部分が中国の大手教科書会社が出版した教科書であったが，それらは中国のナショナリズム教育の重要なツールの一つでもあった．中国側の排日風潮が公学堂の周辺で強まると，それを助長するような教科書を公学堂で使用し続けることが問題となった．次節では，保々らの排日教科書批判の論理と心情に光を当て，彼らが満鉄附属地における中国人教育の可能性をどのように展望していたのかを考えてみよう．

3 「排日教科書」批判の論理と心情

まず『打倒日本』刊行の経緯について，拙稿の記述と一部重複するが，これを四平街公学堂長であった小田献四郎の回顧[43]により補充して再整理しておこう．

公学堂では日本語，算術，理科は日本語の教科書を，「修身」「国語」「歴史」「地理」は中国語の教科書を採用していた．このうち後者については，各公学堂長らが中国で刊行されていた教科書のなかから選定し，「修身」は中華書局の『新学制適用公民課本』を，それ以外は商務印書館の『新学制』シリー

---

[42] 諸石熙一「教師の苦心と意気」『満鉄教育回顧三十年』165頁．

[43] 以下の記述は小田献四郎「公学校用満文教科書について」『満鉄教育回顧三十年』250-255頁による．

ズを 1914(大正 3)年から用いていた[44]．ところが，1928 年 12 月の「東北易幟」以来，満洲でも『新中華』(中華書局)，『新時代』(商務印書館)，『新主義』(世界書局)などを冠した「排外教科書」[45]以外の教科書が手に入らなくなった．そこで，1930 年からはこれまで使用してきた教科書から「排日的」な部分を削除した写真版を印刷して用いることになった．これが，「21 年間の伝統を破つて，支那文教科書も公学校(堂)独自のものを使ふことになつた一大変革であつて，満洲事変後排日教科書使用禁止の後に大いに役立つた因を作つたのである」と，小田は誇らしく記している．保々は，この「焼き直し教科書」に代わる本格的教科書の作成を教科書編輯部に命じ，1931 年 4 月には商務印書館の教科書と同じ「新時代」の名を冠した『常識課本』と『国語教科書』初級 1, 2 年用が完成している．これらが満洲国成立後の新教科書へと継承されていくことになった．

こうした教科書編纂に先立ち，排外教科書の普及に直面した満鉄では，1929 年 2 月から公学堂教育関係者が調査に乗り出している．保々はその調査報告をもとに学務課を動員して『支那排日教材集』としてまとめあげ，その年，日本国内で東亜経済調査局(満鉄東京支社に設置された調査研究機関)の内部資料として刊行したほか，中国語原文に英訳をつけた『中華民国教科書ニ現ハレタル排外記事』(祖国社，1929 年 10 月)を刊行し，同年 11 月に京都で開催された第 3 回太平洋会議の全調査委員に配布した．満洲問題を主要テーマとしたこの会議に日本代表として出席したのは，満鉄副総裁を退職したばかりの松岡洋右である．松岡は在職中に保々とはかって同書の作成にも関与していた．

満洲事変の直前に，保々が社長をつとめる邦文社から出版された『打倒日本——支那の排日教育』は，上記の東亜経済調査局の内部資料に註を増補したものである．保々はこれに序文を書き，その中で中国側の排日教育を「人あり，自己の年少子弟に向ひ，其の隣人を指して，『彼こそ強盗である，悪魔である，吾等の仇敵である．汝等成人の後は必ず膺懲せよ』と日夜教える」[46]と譬えて

---

44) 民国初期の二大教科書会社の教科書のうち，中華書局のほうが商務印書館に比べて民族主義的色彩が強いという評価が一般的であったようである．なお，原文は「昭和 3 年」(251 頁)とあるが「大正 3 年」の誤りであろう．

45) これらは南京国民政府大学院(1928 年 5 月以降は教育部)の検定を経た教科書を指す．

激しく非難する一方,「『仕様がないから少しは我慢しよう』と考えて色色の御世辞を並べ,そのご機嫌を取るのに汲々として居る」日本側(外務省を指す)を「間抜奴」と罵った.また,註も倍増させて,排日教育批判の度を高めている.保々が,6年後に「支那の排日教育を云々する人は今日もなお必ず私達のこの輯録に拠るのである.『満洲は日本の生命線である』と生命線なる日本語を松岡さんが捻出され,私も『打倒日本』なる熟字を日本に流行させた」[47]と得意気に語るように,同書は刊行当時かなり話題を呼んだものと思われる.

1930年代に刊行された同種の排日教科書紹介の書籍・小冊子のなかで,『打倒日本』の際立った特徴は,随所に註を付していちいち原文に批判を加えたところにある.全部で80条程度の註は,在満日本人教育関係者が,中国の教育ナショナリズムをどう受けとめ,いかに対抗しようとしたのかをうかがうことができる興味深い資料である.註の増補も2年の間に彼らの態度や感情がどのように変化したかを物語る指標となりうる.註のなかで保々自身の筆によるものを見定めることは難しいが,いずれにも監修者として保々の意向がかなり反映されていたことは疑いない.ここではまず,これらの註を三種に分類してその特徴を説明しよう.

まず註のなかで最大の分量を占めるのは,中国側教科書が日本について描き出す領土的,経済的野心を逞しくする国家というイメージが,いかに事実を無視したり歪曲したりして「捏造」されたものであるかを,「客観的」に論証しようとするものである.

例えば,「日本の東洋における勢力」と題する『高級地理課本』の一節は,日本が「我が国の属地」であった琉球,台湾,朝鮮を奪い去り,今や「金州半島を租借して関東を牽制して居る.我が東三省を侵略する野心は十分顕著である」と書いていた.これに対し,三つの註が付され,それぞれ伊波普猷の日琉同祖論,台湾出兵の経過,シャーマン号事件の際の清国の対応を説明して,三地の日本による領有の正当性を主張した[48].また,「我が国は僅かばかりの外

---

46) 保々隆矣監修『打倒日本——支那の排日教育』邦文社,1931年,1頁.
47) 保々隆矣「松岡総裁と京都の太平洋会議」『満鉄教育回顧三十年』260頁.なお,筆者の手元にある同書の奥付では,初版は昭和6年9月1日,第10版は昭和6年9月15日となっている.
48) 保々監修『打倒日本』6-7頁.

国人を殺したのに賠償金を出し謝罪した，外国人は我が国に在つて人を殺し火を放ち掠奪をしたが，どうしてくれるのだらう」という『小学党化教材』の「辛丑（義和団）条約」に関する記述に対しては，8カ国連合軍の出兵にいたる経過を説明し，「頑迷なる主権者の後押しによる組織的暴動に対して，支那政府をして賠償の責に任ぜしめたること」は当然であると反論している[49]．ほかに倭冦について，大連の繁栄について，さらには五・三〇事件についても，日本側から見た「客観的」事実が説明されている．

　第二のカテゴリーは，日本の行動が当時の国際社会で認められた正当な権利に基づく正当な行動であることを力説するものである．例えば，第一次世界大戦の勃発からワシントン会議までの経緯を簡略に記述した『新中華歴史』の「山東問題」の一節には，長短五つの註が付され，そのうちの第一のものは，現行国際法が「戦争を是認」しており，戦争は敵国のすべての力の打倒を目的としているのだから，租借地や鉄道など「敵国が第三国に有する権利」も武力行使の対象となるとして，「日本の山東出兵は国際法上正当の行為である」とした．また，袁世凱政権が日本の要求を認めた5月9日を，「国民は為に大恥辱として此の日を国辱記念日と定めた」という文につけられた註は，

　　大正四年の日支交渉は特に侵略と称すべき程度のものでない．山東に於ては日本は膠州湾を占領したけれども，先に独逸に対し，之を支那に還付するやう勧告した位で，元より永久占領の意志があつた訳でない．所が当時英露の勢力は大に満，蒙方面に扶植されてゐたので，日本としても支那に於ける地歩を固くする必要があり，従つて膠州湾占領を機として，支那と交渉を開き，既得権を確保すべき方途を講じたものである[50]．

と，自らの行為が列強の行動規範に照らして正当なものであることを強調していた．国際法や国際慣例を遵守する日本に対し，中国がこれらを無視する「暴戻」な国であることを印象づける註は，第一のカテゴリーと重複するものを含めて数多い．当時，日本では張学良による「満鉄包囲鉄道網」建設を条約違反であると糾弾する論調が強まっており，同書も，「排日教科書」批判を通じてこれに加勢していたと言える．

49) 保々監修『打倒日本』52-53頁．
50) 保々監修『打倒日本』74頁．

興味深いのは，1929 年の『支那排日教材集』に付けられた註の大部分が以上の二種のカテゴリーに属すものであったのに対し，1931 年の『打倒日本』で追加された註（総計 37 条）には，在満教育関係者の窮状をありありと推測させる記述や，中国の現状や現政府に対する直接的非難が多くを占めている．この種の註が第三のカテゴリーを構成する．
　例えば，「祖母の談話」（『新中華国語読本』）は，アヘン戦争の 2 年前に台湾に生まれた女性が 84 歳のときに，清仏戦争，日清戦争，五・三〇運動などの際に彼女の身の回りに起こった出来事を孫に語って聞かせるという設定である．これに対する註は言う．「こんな名文で其父祖にない『愛国心』を養つて居るのが現代の支那である．脱線ではあるが日本の教科書もこんな物語風に書かれたらと時折思ふことがある」[51]．『打倒日本』の「解説」は，中国の教科書が，以前の「悲憤慷慨」調から「表面は尋常平静な叙述の如く見せて内容は頗る深刻を極め」たスタイルに転換したことを指摘し，こんな教科書で学んだ子どもたちが，「今から十年も経過すれば……熱烈なる排日主義者となつて我等に臨んでくるであらう」と述べている[52]．在満日本人教育関係者は，こうした教科書に憤りつつも，これによって強固な「愛国心」をもつ中国国民が養成されつつある現実を密かに承認せざるを得なかったにちがいない．
　しかし，『打倒日本』の編者たちは，中国ナショナリズムの発展可能性を否定する註を書き連ねた．『新主義歴史課本』の義和団事件の記述に対する註では，清朝政府の対応を「欺瞞」的と非難した上で，「支那を支配するは今も猶此精神である――即ち自省，正視の精神が無いことである」[53]と断じた．また，『小学党化教材』の「五四運動」の記述に対しても，「五月四日の学生運動は或は民論の外交を動かしたるものと謂ひ得べけむも支那民主々義の勝利とは断ず可からず．支那の現実は今日も猶新旧軍閥の専制にして民主の実なし」[54]と批判し，同「帝国主義」の一節にも，「一部日本人間にも，恰も理想国出現の如く期待された支那の国民革命は，其実支那に何を齎したか？　国民の意思が如

---

51)　保々監修『打倒日本』30 頁.
52)　保々監修『打倒日本』4 頁.
53)　保々監修『打倒日本』50 頁.
54)　保々監修『打倒日本』98 頁.

何程反映したか？　彼等は只新らしき『スローガン』を掲げたまでで事実は依然たる政権争奪である」[55]としている.

　興味深いのは,『小学党化教材』にある,「大黄」と「小黄」という兄弟の短い物語につけられた註である.「薄馬鹿」の兄は「奸智」にたけた弟に家の「東北」にある畑を奪われてしまう.これに対する註は言う.「誤解するなよ,薄馬鹿ではなくて怠け者であるから,此方で働いて一家を喰はして居る.財産を横領するのではない.地下から掘り出して居るのだ.奸智でなく全く善く出来過た人が所謂小黄日本だよ」[56].これは,日本の既得権益を正当化する一つの論法である.だが,「大黄」が「怠け者」であるという前提は,前述の実業教育問題で見たように,当時の保々の認識に反する.むしろ,満鉄と関東庁に依存して生活し,自ら汗水たらして働くことを厭う在満日本人のあり方を保々は深く憂いていたのである.「租界の回収」(『小学党化教材』)の一節に対する「不毛の曠野を,今日の如き殷賑なる街区,港埠と化した日本其他外国の努力精進に対し支那人は何等感謝の念もなく,無償で回収しようと言ふのか？」[57],また「中国の領土喪失」(『新中華三民主義課本』)の一節に対する「所謂『失ひたる領土』は其以前に『奪ひたる領土』ではないか？」[58]などという註も,保々の認識とは相容れない主張に属する.これは追いつめられた現地の日本人の一種の強がりあるいは開き直りと見るべきであろう.

　このように,1929年版と比べ,1931年版に出現する第三のカテゴリーの註は,中国人に対してより侮蔑的であり,中国ナショナリズムが近代国家建設に結びつく可能性についてもより否定的である.1929年版では中国人に対し事実と法理を説き,また国際社会に向かって日本の立場を訴えて事態の挽回を図ろうとする姿勢が読み取れるが,1931年版は,中国による不当,不義の圧力の被害者としての日本が強調されている.しかし,そこで描き出される「支那」イメージは二つの矛盾する相貌を呈していた.一方では,「自治自立」できず,自らの資源を開発する能力もなく,軍閥割拠が続く停滞した「支那」で

---

55)　保々監修『打倒日本』123頁.
56)　保々監修『打倒日本』87頁.
57)　保々監修『打倒日本』166-167頁.
58)　保々監修『打倒日本』155頁.

ある．だが，他方では，外国が開発した資源や土地を奪い取るべく児童に「作り話」をもって「排外」を教え，内なる病根を改めることより，それを外に転化して民衆を動員する荒々しい「支那」であった．『打倒日本』は，この相反する二つの「支那」イメージを繰り返し提示することにより，読者に理解不能でデモーニッシュな「支那」のイメージを植え付ける役割を果たしたのではなかろうか．

　こうした「支那排日教科書」批判の結果，附属地の中国人子弟教育は独自の教科書編纂へと進んでいったが，在満日本人社会全体が存亡の危機に直面していたなかで，それだけで従来の教育体制が維持できるはずはなかった．保々らが期待した関東軍による軍事行動によって，満洲における排日教育問題はさしあたり軍事的に解決された．だが，これによって中国の排日教育問題が根本的に解決したわけではないことは言うまでもない．

　ところで，「現地適応主義」の旗印を掲げて満洲に乗り込んできた保々自身の教育観はどうなったのであろうか．上述したように，保々は 1937 年に「満蒙は日本の生命線」という松岡洋右の言葉と並んで「打倒日本」が人口に膾炙したことを誇らしく回想しているが，1942 年に『満洲日日新聞』に 5 回にわたって掲載した回想記事では，「満洲事変前吾々が心血を注いでやつた事も，また社外の功労者の輝かしい事績も『悉く失敗した』事になつてゐる」[59] と嘆いている．そして，自分の仕事のなかで満洲教育専門学校と実習所の設立を「日本の先駆」として誇らしく詳述しているものの，『打倒日本』については言及さえしていない．その頃の保々にとって，排日教育批判は決して懐かしく回顧される活動でなくなっていたのではなかろうか．なぜなら，満洲事変以後の満洲と日本の現実は，彼の教育観とは相容れない方向に推移してきたからである．

おわりに――保々の教育観のゆくえ

　『打倒日本』刊行後の保々は，日満教育協会理事長に就任した以外に満洲と

---

[59] 保々隆矣「満洲の今昔」1『満洲日日新聞』1942 年 11 月 15 日．

関わる目立った活動はしていない[60]．その後の保々の足取りの中から彼の教育観のゆくえを示す興味深い二つのトピックを紹介することによって，小稿の締めくくりとしよう．

その一つは，旧制甲南高等学校校長を務めた際の保々の言動である．実業家で教育者でもあった平生釟三郎（ひらお はちさぶろう）（貴族院議員，広田弘毅内閣の文相）が設立し，校長を兼任していた甲南高校は，「健全なる常識をもつ世界に通用する紳士たれ」という校訓が表すように「坊ちゃん学校」的な校風を持っていた．平生が北支経済委員会委員長に転出するのにともない，後任として白羽の矢が立ったのが保々であった．同校校史によれば「保々は，ドイツ流の官公立学校よりも，英米流の私立学校の教育に共鳴し，あくまで生徒の自治を尊重する考え方の持ち主だった．教職員は，この意外な人選にいささか驚いたが，新校長の教育観には期待を持った」[61]．1938 年 6 月に校長となった保々は，運動会の企画運営をすべて生徒に委ねたり，全生徒を自ら引率して（陸軍関係の学校ではなく）江田島の海軍兵学校を見学させたり，職員会議で教育勅語を批判したり，神社参拝を廃止したり，軍部を揶揄する話をして配属将校を憤慨させたりして，そのリベラルな教育観を実践してみせた．

だが，就任直後に阪神地方を襲った大水害の後始末をめぐるトラブル，学校運営の独断専行，さらには始業式への欠勤など「常識を超えた言行」のために次第に信望を失い，最後は生徒処分問題で教員と対立して，39 年 4 月保々はついに校長辞職に追い込まれた．同校校史は，「長く満鉄に勤めて大陸風の生活になじんだ保々の場合，それはそれなりに一つの風格であった．だからかれの野人ぶりに共鳴する生徒も現実にいたのである．しかし，かれはついに甲南の気風と相いれず，教員との間に深い溝が生じてしまった」[62]と書いている．保々は志半ばで終わった満洲における教育上の理想追求を，日本国内の私学の校長として実践しようと考えたのではなかったのだろうか．

もう一つは，1948 年に出版された『社会科のありかた』という保々の著作

---

60) 保々は一時満洲国協和会顧問を務めたが，実際にはなすところなく終わったようである．竹中憲一『大連歴史散歩』皓星社，2007 年，32 頁，参照．
61) 甲南学園 50 年史出版委員会『甲南学園の 50 年』甲南学園，1969 年，43 頁．
62) 甲南学園 50 年史出版委員会『甲南学園 50 年史』甲南学園，1971 年，201 頁．

である[63]．同書は，連合国軍最高司令官総司令部(GHQ)の指示により従来の修身・地理・歴史を統合して始まった小中学校の「社会科」教育に困惑していた教師のために書かれたものである．保々は，その序文のなかで「昨日迄は教育勅語の一点張りであつたのに，その正反対な民主理念の上に立つ此の科」が，文部省の指導要領だけで授業ができるはずはないと断じ，20年以上前の自著『帝国の危機と教育の根本的改造』から引用しつつ，日本でも社会科教育の前提として，「米国のシヴイツクス(Civics)」を範とする「立派な公民科」がなければならないと主張した．同書は全6編からなるが，「総説」「民主々義の道徳」「新憲法の要綱」「産業の民主化」「文化日本の建設」「貿易立国と国際智識」という編名からおよその内容は推測できよう．この本の中で保々は，読者に対し「立派な民主国民」を育成するための社会科のあり方を得々と説いている．

　しかし，この『社会科のありかた』は，社会科教育が始まってまもなく，いわゆる進歩派の学者から突きつけられた社会科「無国籍」論の批判を免れないものであった．「アメリカ追従の新教育の花形」(宮原誠一)，「イギリスはじめ西洋諸国の近代社会が，まるで明日の日本社会の目標であり，民主主義の模範であるかのように描く」(長洲一二)といった学習指導要領批判[64]は，「日本は今日民主国としては赤ん坊である．だからアメリカを真似るとしても，それは少なくとも二，三十年前のCivicsの程度で充分である」と主張する保々の『社会科のありかた』にこそよりよく当てはまる．それは「日本人は12歳の少年」というマッカーサーの言葉を彷彿とさせる，アメリカ追従の最も極端な例として挙げることもできよう．だが，保々にとってそれは1920年代初めの欧米視察で感得した諸原理の復唱にすぎず，いまさら「アメリカ追従」の誹りを受けるのは心外であったにちがいない．GHQが戦後社会科創設の参考資料と

---

63) 保々隆矣『社会科のありかた』日本弘報社，1948年．同書の著者略歴には，著者が欧米視察を通じて日本の師範教育の後れを痛感し，満洲教育専門学校を創設しその校長となったこと，それが内地の師範学校の専門学校への昇格を促したこと，さらに農業・工業の実習所4校を創設し，労作教育を提唱，実践したことが記されているが，排日教育批判に関する言及はない．

64) 谷川彰英『戦後社会科教育論争に学ぶ』明治図書，1988年，24-28頁，参照．

して分析したなかに，戦時中に満洲・朝鮮の国民学校用につくられた「国史地理」教科書『皇国の姿』が含まれていたが，これこそ保々が満洲で奨励した満洲補充教材から発展したものであり，「ほとんど［戦後の］社会科としてのゆきかたに近づいてくる」教科書であった[65]．保々の満洲における教育実践は，確かに戦後に連なっていたのである．

　しかし他方，このことはまた，満洲における教育改革の挫折を，保々が敗戦後もなんら反省材料としていないことを物語っている．保々は中国の「排日教育」がすでに「国民」創出の試みを実践していたことに気づいていたはずである．その成果として生じた「現地」の変容に対し，彼の「現地適応主義」教育はそれを受けとめるだけの柔軟性を欠いており，満洲事変がなければ，満鉄附属地教育は早晩撤退を余儀なくされていたに違いない．戦後の保々は，あたかも何事もなかったかのように，1920年代初めの認識へと回帰した．『社会科のありかた』では，彼の満洲体験は，「今後海外を志す青年」に対し「国家の保護など一切望みもせぬ華僑」[66]に学べ，と説くあたりにわずかに垣間みられるのみである．保々にみられるような満洲体験の「忘却」は，日本人が戦後に自らの「歴史認識」を問い直す機会を見失うことになった一つの事例といえようが，裏を返していえば，満洲における挫折は，それをあえて「忘却」せざるをえないほどの痛みとなって，保々の心の深いところで疼きつづけたように思われるのである．

---

65) 片上宗二『日本社会科成立史研究』風間書房，1993年，121頁．
66) 保々『社会科のありかた』211頁．

第 16 章 | 国際移動者の民族性と国籍
在日朝鮮人をめぐる教育と人権保障

加藤 恵美

はじめに

　人の国際移動が増大する現代において，日本でも民族的に多様な人びとが生活を送るようになっているが，日本には人びとが帰属する民族間の関係を国民間関係と同一視するという傾向がある．この日本の特徴は，日本政府が日本で暮らす人びとの民族的な多様性を，国籍の違いをもって理解しようとしているところにまず表れている．
　2010(平成22)年の国勢調査によると，日本に在留する外国人数は164万8,037人で，日本の総人口(1億2,805万7,352人)の約1.3%を占めている．国籍別にみると，中国国籍者(台湾，香港出身者を含む)が最多で46万0,459人，以下，韓国・朝鮮(42万3,273人)，ブラジル(15万3,166人)，フィリピン(14万5,950人)，米国(3万8,327人)，ペルー(3万6,776人)と続いている[1]．しかし，この統計は日本で暮らす人びとの民族的多様性を知るには不十分である．なぜなら，これらの数字からは日本国籍をもつ人びとの民族的多様性を知ることができず，また例えばその多くが日系人であるブラジル人やペルー人の民族性も知ることもできないからである．
　民族性(ethnicity)と国籍(nationality)を同一視する日本的な見方は一般的ではない．例えば英国の国勢調査(センサス)では，人びとは国籍について問われず，代わりに帰属意識をもつ民族コミュニティについて尋ねられる．その結果，英国で暮らす人びとはグレート・ブリテン(イングランド，ウェールズ，スコ

---

1)　政府統計の総合窓口(e-Stat)，平成22年国勢調査，全国結果，http://www.e-stat.go.jp/SG1/estat/GL08020103.do?_toGL08020103_&tclassID=000001034991&cycleCode=0&requestSender=search (2012年5月12日アクセス)．

ットランド)出身者の他,アイルランド,インド,パキスタン,カリブ海諸国などを出身とする,民族的に多様な人びとから構成されているという事実を知ることができる[2].この英国の国籍法は日本の国籍法に比べより出生地主義的であり,国境を越えて英国に移動した旧植民地出身者の多くだけでなく,新しく英国に外国人として入国した国際移動者も滞在が長くなるにつれ英国籍を取得する傾向にある.そのような英国には,異なる民族に属する人びとがひとつの国民に属するというアイデンティティ観に基づき,英国政府が政策を通じて民族と国民の重層的なコミュニティ形成を促進していることが確認できる.

　国民国家的な世界においては,自由民主主義的な国家でさえ,当該国家の公式メンバーとしての国民である人にしか権利の全体の保障を約束しない.国民が単一民族的な国では,国民が多民族的な国とは異なり,国民である民族とは異なる民族に属する国際移動者は外国人として排除され,人として等しく享有するはずの権利を永続的に保障されない危険性がある.外国人である国際移動者が保障されない権利には,参政権のような普遍的な権利だけでなく,民族的少数者に保障されるべき彼ら自身の民族文化の実践の権利も含まれる.国民国家的な世界において民族間関係を国民間関係として同定し続けることは,このように国際移動者の人権の侵害を正当化することにもつながる.それにもかかわらず,なぜ日本では民族間関係が国民間関係として位置づけられ続けてきたのか.その中で,国際移動者は,どのように権利のために闘ってきたのか.これらの問いの答えを探ることが本論のねらいである.

　民族的帰属と国民的帰属との関係は,国籍法に端的に定義されている.しかし,自由民主主義的な国において,国籍法は人びとが作り替えることのできるものであることから,国籍法が民族性と国籍をめぐる人びとのアイデンティティ観の根本を形作るものであるとはいえない.そこで本論文は,なぜ日本で民族間関係が国民間関係と同一視されてきたのかを知るために,日本で暮らす子どもが受けてきた教育を検討する.人は,子ども時代に集中的に教育を受けて世界に対する理解を深め,成人し政策を形成する準備を整える.従って,日本

---

[2] Joy Dobbs, Hazel Green and Linda Zealey eds., *Focus on Ethnicity and Religion*, Hampshire: Palgrave Macmillan, 2006, p. 6.

の国籍法が，民族アイデンティティと国民アイデンティティを一致させようとする血統主義的な性格をもち続けてきたのも，教育が，日本の人びとにそのようなアイデンティティ観の獲得を促してきたからだと考えられる．

　それでも日本の人びとが受けてきた教育には，国民アイデンティティと民族アイデンティティを同一視する見方に基づきながらも，国籍にかかわらず人びとの権利が保障され，共により善く生きるためのコミュニティを形成するための教育も含まれてきた．その取り組みは，国民というコミュニティを相対化し，地域コミュニティの形成，あるいはグローバルなコミュニティの形成を志向することで，民族的に多様な人びとの権利を保障することを目指す教育でもあった．本論が検討する，日本で暮らす国際移動者の権利のための闘いとは，このような教育の実施をめぐる闘いのことである．他方で，日本において国際移動者の権利が保障される余地がまだ残っているのは，これまでの教育的取り組みが十分でないからだともいえ，結論では本論の検討の結果を踏まえて，日本の国際移動者の権利を保障するために今後発展させるべき教育について論じる．

　本論文は，在日朝鮮人，すなわち日本の植民地支配下にあった朝鮮半島から日本本土に移動した人びととその子孫をめぐる教育を事例としてとりあげ，次の三つの問いに答えることを目的にする．第一に，日本で暮らす二つの民族，すなわち日本人と朝鮮人の関係が，なぜ，どのような教育を通じて国民間関係と同定されるようになったのか．第二に，日本人と朝鮮人の民族＝国民アイデンティティが，どのような教育により相対化されようとしてきたのか．第三に，国籍にかかわらず日本で暮らす人びとの権利を保障するために，現状において，どのような教育的取り組みが不十分であるといえるのか．これらの問いに答えるために，第1節では，終戦直後に創設された朝鮮人学校が，地方自治体による公立学校化を経て，本国政府との関係を強め「各種学校」化された，1945年以降1970年頃までを検討する．第2節では，1970年代以降2000年代後半までの，一方で，地方自治体の主導で公立学校における「在日外国人教育」が始まり，それがその後「国際理解教育」として発展した過程を，他方で，日本における新しい国際移動者の権利保障を促進する朝鮮人学校が，日本政府の「各種学校」支援から排除される現状を検討する．

　本論文では，在日朝鮮人も含め，国境を越えて生活の場を変えた，あるいは

変えざるを得なかった人びととその家族・子孫を広く「国際移動者(international migrants)」と呼ぶ.「移動(migration)」という語に「動いている」状態が含意されるにもかかわらず,本論文が数世代に亘り日本に居住する在日朝鮮人を「国際移動者」と呼ぶ理由は,次節以降で明らかになるように,在日朝鮮人は法的地位とアイデンティティにおいて歴史的に「動いている」ことによって特徴づけられる集団だからである.すなわち本論文は在日朝鮮人を,「定まっている」状態が含意される「移民(immigrants)」としてではなく,「国際移動者」として描き出す.

1 国民間関係としての民族間関係の成立——1945年から1970年頃まで

(1) 朝鮮人学校の創設

日韓併合(1910年)以降,朝鮮半島から日本本土への人の移動は,急激にまた大幅に増大した.1910年に2,000人程度だった在日朝鮮人人口は,1920年に約3万人,1930年には1920年のおよそ10倍の約30万人,強制連行が開始された直後の1940年には約110万9,000人,終戦を迎える1945年には196万9,000人になった[3].1945年の終戦直前には,220万人あまりの朝鮮人がいたとも記録されている.この中で,終戦直後(1946年12月末)に帰国したのは,全体でおよそ124万人であり,強制連行開始より前に日本に移動した人びとを中心に,96万人が日本に残った[4].それほど多くの在日朝鮮人が日本にとどまった理由は,後で詳しく述べるような朝鮮半島の内政不安が伝わったためだった.他方で,すでに長く日本で暮らした在日朝鮮人の中には,自分の生活の本拠である日本が「故郷」であり朝鮮半島は「帰る」場所ではないと感じて,帰国を思いとどまる者もいた[5].

この間在日朝鮮人は,日本全国の朝鮮人集住地域で「国語講習所」を開設し,

---

[3] 外村大『在日朝鮮人社会の歴史社会学的研究——形成・構造・変容』緑蔭書房,2004年,44頁.
[4] 西成田豊『在日朝鮮人の「世界」と「帝国」国家』東京大学出版会,1997年,334-335頁.
[5] 西成田『在日朝鮮人の「世界」』332-335頁.

朝鮮語の教育を始めていた[6]．それは，日本の植民地支配から解放された朝鮮人にとって，言語が最も優先的に回復したい文化要素だったからだと思われる．朝鮮人の国民としての独立を奪い「皇国臣民」化しようとした日本政府の植民地政策は，日本人への民族的な「同化政策」として特徴づけられるが，日本政府は，例えば1922年の第二次朝鮮教育令で朝鮮人を「国語（日本語）を常用せざる者」と呼び[7]，朝鮮人と日本人を根本的に区別する文化要素を言語だと考えて「国語（日本語）の徹底」を図ってきた[8]．国語講習所は当初は帰国準備のための教育機関だったが，終戦直後の帰国の波が引いてからも，少なくとも当分の間は日本に留まり生活を続けることを選んだ在日朝鮮人の教育機関として残った．

　1945年10月に正式に発足し，全国組織として発展した「在日本朝鮮人連盟（朝連）」は，第2回全体大会（1946年2月）で，全国各地で国語講習所が開かれているという報告を受け，「民族教育と青年教育の強化」を図ることを方針の一つとして決定し[9]，新学年度から国語講習所を「民族教育」機関として，初級，中級，上級の三段階の全日制学校（朝鮮人学校）に改編し始めた[10]．終戦直後の極端な物資不足，貧困の中，「金のある者は金で，労力のある者は労力で，ちえのある者はちえで，われわれの学校をたてよう」を合言葉に，在日朝鮮人は朝鮮人学校の建設に情熱を注いだ[11]．朝鮮人学校で使用されることになった教科書も朝鮮人学校の教員養成もすべて，朝鮮半島からの留学生を中心に，朝連に結集した在日朝鮮人による手作りだった[12]．

　1947年1月の第9回朝連中央委員会では，「教育綱領」と「教育の基本理念」が示された．これらの方針について，梁永厚は「祖国（当時は「北朝鮮臨

---

6)　金徳龍『朝鮮学校の戦後史──1945-1972』社会評論社，2004年，21頁．
7)　石田雄「『同化』政策と創られた観念としての『日本』」（下）『思想』1998年11月号，153頁．
8)　石田雄「『同化』政策と創られた観念としての『日本』」（上）『思想』1998年10月号，50頁．
9)　梁永厚「在日朝鮮人教育における路線の推移」『在日朝鮮人史研究』第11号（1983年），24頁．
10)　梁永厚「在日朝鮮人教育における路線」24頁．
11)　小沢有作『在日朝鮮人教育論──歴史編』亜紀書房，1973年，192-195頁．
12)　金徳龍『朝鮮学校の戦後史』35-64頁．

時人民委員会」)の教育に関する諸規定や出版物を在日の主体的立場からとりいれ,それを咀嚼しながら路線化を図った」ものと説明している[13]. とりわけ特徴的な点は,「教育綱領」の中で「民族教育」が「日本の教育の民主化」への「積極的協力」として位置づけられた点である. 金德龍は,この時「民族教育」が「新しい民主主義国家を建設する上で貢献できる朝鮮の国民を養成する」教育として位置づけられたと説明しているが,そのような当時の「民族教育」の実態は,後で述べるような新しい民主主義国家としての日本の国民を養成する教育と,それほど大きく異なるものではなかったといえる.

　第3回全国大会(1946年10月)で「在留同胞の権益擁護と生活の向上をはかる」ことを運動方針として掲げた朝連[14]が運営するこの朝鮮人学校は支持され,在日朝鮮人の多くがこの朝鮮人学校に子を通わせることを選んだ. 1948年4月のピーク時には,確認されただけでも,593の小学校,11の中学校,38の高校で,1,361人の教師から6万7,000人を超える子どもが教育を受けていた[15]. 割合でみると,小学校の学齢期にあった在日朝鮮人の子については,約7割が朝鮮人学校に通っていた[16].

(2) 日本政府と地方自治体の対応——「廃校命令」と朝鮮人学校の公立学校化

　これに対し,日本政府は1949年10月に都道府県知事に対して,朝鮮人学校に「廃校命令」を出すよう通達した. この「廃校命令」の背景には,まず1947年3月に定められた学校教育法が日本国民に課した就学義務が,当時国籍が定まっていなかった在日朝鮮人にも適用されるという見解があった. しかし,より重要な背景としては冷戦があった. 日本からの解放後間もなく,朝鮮半島は米国とソ連の手で南北に分割占領され,1948年8月15日に朝鮮南半部に大韓民国(韓国)が資本主義国家として成立し,北半部には同年9月9日に朝鮮民主主義人民共和国(北朝鮮)が共産主義国家として成立した. 朝鮮人学校に対する「廃校命令」が出されたのは,中華人民共和国が成立(1949年10月)した直後

---

13)　梁永厚「在日朝鮮人教育における路線」25頁.
14)　梁永厚「在日朝鮮人教育における路線」24頁.
15)　小沢『在日朝鮮人教育論』200頁.
16)　外村『在日朝鮮人社会の歴史社会学的研究』418-419頁.

であり，また 1950 年 6 月に始まる朝鮮戦争の直前だった．

　当時，連合国軍最高司令官総司令部(GHQ)の日本の占領政策は「逆コース」へと舵がきられ，共産主義的な活動がより厳しく弾圧されるようになっていた．朝鮮人学校の「廃校命令」は，「治安維持」を目的に制定された「団体等規制令」(1949 年 4 月)が，北朝鮮政府に対する支持を明確に表明していた朝連に 1949 年 9 月に適用されたことと関係があり，その趣旨は，団体等規制令により解散を命じられた団体が運営する学校は当然廃校になるというものだった．結果，当時存在していた朝鮮人学校 337 校のうち，私立学校として認可された韓国政府を支持する在日本朝鮮居留民団(1946 年 10 月結成，民団)系の 3 校を除き，すべて閉鎖されることが決まった[17]．

　しかし，この日本政府の決定にもかかわらず，朝連が実施してきた「民族教育」の一部は，在日朝鮮人が集住する地域で地方自治体により残された．まず東京都は，都内で朝連が運営していた朝鮮人学校 16 校を，14 校の都立学校(第一朝鮮人小学校他 12 校，朝鮮人中学校，朝鮮人高等学校)とした[18]．他方，兵庫県，愛知県，大阪府などでは，朝鮮人学校が母体となり，19 校の公立学校分校が設立された[19]．その他，滋賀県，京都府，茨城県，埼玉県，兵庫県などには 77 の「民族学級」が設置された．滋賀県では全日制の「民族学級」として，日本人の学級とは別に朝鮮人の子どものための学級が編成され，授業も朝鮮人教師によって個別に行われた．その他の地域では，日本の公立学校の正課の授業を日本人の子どもと一緒に受けた後，放課後に朝鮮人の子どものみを集め，朝鮮語，朝鮮の歴史等の授業を行う課外の「民族学級」が作られた[20]．

　当時の地方自治体が，「民族教育」を義務教育として提供した背景には二つの理由があった．第一に，戦争直後の混乱期にある日本の公立学校の側に，いったん朝鮮人学校で教育を受け始めた在日朝鮮人の子どもを受け入れる準備が整っていなかったからである[21]．例えば大阪府内では，1949 年 10 月の「廃校

---

17)　小沢『在日朝鮮人教育論』265 頁．
18)　金德龍『朝鮮学校の戦後史』118 頁．
19)　金德龍『朝鮮学校の戦後史』128-129 頁．
20)　小沢『在日朝鮮人教育論』289-292 頁．
21)　小沢『在日朝鮮人教育論』288-299 頁．

命令」を受けて,1949年11月当時,小学生1万2,580人,中学生5,325人,計1万7,905人の朝鮮人の子どもが公立学校に移るはずだった.しかし,実際に直ちに移ることができたのはその1割だった[22].第二に,当時の日本の公立学校が地方分権的に運営されていたからである.各地域の公立学校の運営にかかる予算編成権,人事権は,地域の住民に選出された代表者としての教育委員長の下,教育委員会が持っていた.また,カリキュラムの編成や教科書の選択等教育内容の決定権限は,主として公立学校にあった.

このような地方分権的な公立学校運営は,当時の日本の義務教育の目的に即していた.1947年に制定された教育基本法は,教育の目的(第1条)を「国民の育成」と定めたが,この「国民」には当時「人が形成する社会」という意味が付与され,そのための「教育改革」が進められていた.例えば戦後の新しい日本の教育の内容的中心は「社会」科であり,「修身」,「国史」,「地理」が廃止され融合された上で導入された科目だった.1947年に日本政府が示した教育課程の指針「学習指導要領(社会科編)」[23]によると,「社会」科の目的は,「人と人との関係」の中で営まれ「権利を保障する諸制度・機関を生み出し,機能させる……社会生活」の「進展に力を致す態度や能力を養成すること」と定められた.またこうした教育の目的を達成するために,教師が「地域の社会の特性や,学校の施設の実情やさらに児童の特性に応じて,それぞれの現場でそれらの事情にぴったりした内容を考え,その方法を工夫」することが重視されていた[24].朝鮮人学校の存置は,日本の新しい義務教育の目的にふさわしい措置だったといえる.

(3) 朝鮮人学校と本国政府の関係の強化

1952年4月に日本政府は,サンフランシスコ講和条約に基づき主権を回復

---

22) 岸田由美「在日韓国・朝鮮人民族学級の史的変遷及び現状――『民族共生の教育』の観点から」筑波大学大学院修士論文,1993年,11頁.
23) 国立教育政策研究所,学習指導要領データベース,学習指導要領社会科編(昭和22年度),http://www.nier.go.jp/guideline/s22ejs1/chap1.htm(2012年5月12日アクセス).
24) 国立教育政策研究所,学習指導要領データベース,学習指導要領一般編(昭和22年度),http://www.nier.go.jp/guideline/s22ej/index.htm(2012年5月12日アクセス).

すると同時に，旧植民地出身者は「日本国籍を喪失した外国人」であるとの見解を通達で示した．国内に居住する旧植民地出身者に国籍の選択権を与えないまま，一方的に彼らの国籍の喪失を決定するというような方法は異例であり，憲法第10条が「日本国民たる要件は，法律でこれを定める」としている観点からも，通達により国籍保持者の範囲が決定されるということには問題があった[25]．しかし，血統主義的な国籍法成立（1950年5月）後の当時，この決定はきわめて当然のこととして受け入れられた[26]．日本で「左派」と呼ばれたリベラルな知識人の間からも「多民族国家」の構想は提起されず，むしろ批判される傾向にあった[27]．

　日本が主権回復してからしばらくの間に，日本の義務教育は中央集権化され，地域的な公立学校運営が制限されるようになった．例えば，1953年にそれまで地方教育委員会が持っていた教科書の検定権限が文部省に移され，1956年には教育委員会の公選制は廃止され中央政府による任命制が導入された[28]．そして1958年からは，学習指導要領が公立学校の「教師が依拠すべき国家基準」として示されるようになった．戦後初めて「日の丸」，「君が代」を推奨した1958年の学習指導要領は，「日本人の育成」を目的にした「道徳の時間」も導入した．この「道徳」は，「教育勅語」への郷愁と「修身の復活」という願望を強く持つ政治家のイニシアティブにより実現され[29]，当時導入された「道徳」の「内容」[30]において，日本で暮らす人びとの地域的，民族的多様性については一切言及されなかった．

　この間，朝鮮人をめぐる教育についても重要な変化があった．日本政府は在

---

25) 田中宏『在日外国人——法の壁，心の溝』岩波書店，1995年，66-68頁．
26) 小熊英二『〈民主〉と〈愛国〉——戦後日本のナショナリズムと公共性』新曜社，2002年，486-487頁．
27) 小熊『〈民主〉と〈愛国〉』255-261頁．
28) 文部科学省，学制百年史，http://www.mext.go.jp/b_menu/hakusho/html/others/detail/1317552.htm（2012年5月12日アクセス）．
29) 山崎政人『自民党と教育政策——教育委員任命制から臨教審まで』岩波書店，1986年，32-37頁．
30) 国立教育政策研究所，学習指導要領データベース，中学校学習指導要領（昭和33年度），第3章「道徳，特別教育活動および学校行事等」，http://www.nier.go.jp/guideline/s33j/chap3-1.htm（2012年5月12日アクセス）．

日朝鮮人の日本国籍喪失に関連して，1953年2月に都道府県に対し通達を出し，もはや在日朝鮮人の子どもの就学を督促したりする必要はなく，「外国人を好意的に公立の義務教育学校に入学させた場合」にも「義務教育無償の原則は適用されない」と指示した．在日朝鮮人が外国人になったという事実は，次に述べるようにそれ自体として，公立学校としての朝鮮人学校運営を認めていた地方自治体の方針に影響を与えた．しかし，義務教育行政の中央集権化を背景に，この日本政府の通達が地方自治体の方針により重大な影響を与え，朝連を継承した在日朝鮮統一民主戦線(民戦)が実施する「民族教育」の日本の義務教育からの排除を決定づけた．

1952年6月に東京都教育長は，「講和発効と共に(朝鮮人は)対等の独立国民，外国人となるわけだから，子弟教育の責任もしたがって朝鮮人に移されるべきである」とし，都立朝鮮人学校をまず私立学校に移管する方針を示した．これに対し朝鮮人学校の側は当初，公立学校として存置されることを望んだものの，私立学校としてでも日本の義務教育学校(学校教育法第1条が定める「学校」)として残ることを重視し，東京都の指示に従い教育内容等を改編した[31]．しかし，東京都の私立化の方針は先に触れた1953年2月の日本政府の通達により変化し[32]，朝鮮人学校側に当面5年間の「教育援助金」(1億2,000万円)と「各種学校」の法的地位を与えると約束した上で，都立朝鮮人学校を1955年3月31日をもって廃校にした[33]．

東京都立朝鮮人学校をめぐるこれら一連の過程に実際にかかわった李東準は，1956年の著書の中で，「民族教育をまもるたたかい」を「日本の国民教育の民主化のたたかいの一部分とみなして，祖国朝鮮の教育建設の一部分としてはみなかった」ことを「朝鮮人運動のあやまり」として反省した[34]．彼は，「わたしたちは日本の国内政治にくちばしをいれて，日本人からきらわれた」のだと述べ，「ゆきづまった民族教育をすくいだすために，どうしてもこのあやまりをなおさなければ」[35]ならず，今後はこの問題を「日朝の外交問題，国際問

---

31) 李東準『日本にいる朝鮮の子ども』春秋社，1956年，103-117頁．
32) 李東準『日本にいる朝鮮の子ども』106頁．
33) 李東準『日本にいる朝鮮の子ども』118-119頁．
34) 李東準『日本にいる朝鮮の子ども』120-121頁．

題」として位置づけること[36]が正しいとも述べた．

　李がそう述べたのは，北朝鮮政府が1954年8月に日本政府に対し，日本に住む朝鮮人は「朝鮮民主主義人民共和国の公民としての正当な権利を持つ」という声明を出したからでもあった[37]．この声明を受けて1955年5月には，在日本朝鮮人総聯合会（総連）が「朝鮮民主主義人民共和国の在外公民組織」として，民戦から発展的に結成された．その頃から朝鮮人学校は，本国政府との関係を強めた．朝鮮人学校の教育課程は，総連により本国の教育方針に基づき統一され，1957年には北朝鮮政府から最初の「教育援助費」と「奨学金」が届き，朝鮮人学校の授業料は軽減されたり廃止されたりした[38]．その結果，1957年当時1万7,738人だった朝鮮人学校の在籍数は，1960年には3万5,250人へと急増した[39]．この急増の背景には，総連が組織的に推し進めた朝鮮半島の北半部への帰還運動があり，当時の朝鮮人学校は在日朝鮮人の帰国準備のための学校として機能した[40]．

　1960年代に入ると日本の地方自治体は，公立学校としては廃校になった朝鮮人学校に日本の「学校」としての法的地位を与えることで側面支援した．1961年に大阪府，63年に兵庫県，64年に福岡県，65年に神奈川県，66年に宮城県など6県，67年に愛知県など7県，68年に群馬県など4道県（これに先立ち1953年に京都府，1955年に東京都）が，朝鮮人学校に「各種学校」の法的地位を付与し[41]，税制上の優遇や公的補助を受けられるようにした．地方自治体の支援の背後には，朝鮮人の子どもは朝鮮人学校で教育を受けるべきだと

---

35)　李東準『日本にいる朝鮮の子ども』123-124頁．
36)　李東準『日本にいる朝鮮の子ども』130頁．
37)　李東準『日本にいる朝鮮の子ども』127-130頁．
38)　金德龍『朝鮮学校の戦後史』157-169頁．
39)　金德龍『朝鮮学校の戦後史』274頁．
40)　テッサ・モーリス＝スズキは，国交のない北朝鮮政府による数億円もの「教育援助費」等の送金を日本政府が認めたのは，朝鮮人の帰還を望んでいた日本政府が朝鮮人学校を利用しようとしたためだと指摘している．テッサ・モーリス＝スズキ，田代泰子訳『北朝鮮へのエクソダス──「帰国事業」の影をたどる』朝日新聞社，2007年，209-211頁．
41)　在日本朝鮮人教育会『在日朝鮮人の民族教育の権利──21世紀に向けて，朝・日友好と国際化の中で』在日本朝鮮人教育会，1996年，263頁．

いう,当時の公立学校の教師の間に広く行き渡っていた信念があった.日本教職員組合の方針としても「民族学校の門まで」と定められ,日本の公立学校が提供できる教育は,在日朝鮮人の子どもが朝鮮人学校で学ぶ機会を得て帰国するまでの,過渡的な教育に過ぎないとみられていた[42].こうして1960年代に,日本には子どもを民族=国民別に育成する教育体制が成立した.

2 国民間関係としての民族間関係の相対化——1970年頃から2000年代後半まで

(1) 「在日外国人教育」Ⅰ——背景

学齢期の在日朝鮮人のうち朝鮮人学校に在籍する子どもの割合は1967年にピークを迎えたが,それでも小学生で23.3%,中学生で16.3%だった[43].在日朝鮮人の大多数の子どもは日本の公立学校に通い,日本人の子どもと同じように「日本国民」として育成される教育を受けてきた.しかし,高度経済成長期のピークである1971年になっても,在日朝鮮人の有業者の割合は25%で,75%が失業か半失業状態にあった.有業者であっても下層肉体労働,自営業,運転手が多くを占め,当時の日本人には容易であったはずの企業の正社員としての就職が,朝鮮人には不可能な差別的な現実が存在していた[44].

在日朝鮮人に対する差別の問題が日本の中で広く共有され始めたのは,1960年代末に始まる「学生叛乱」の時代であったが[45],その背景には,一方で総連が組織的に促進した朝鮮半島の北半部への帰還が停滞し,他方で日本政府と韓国政府の国交樹立と基本条約の締結(1965年)により韓国籍を有する朝鮮人に永住権が与えられ,また世代が進む中で在日朝鮮人の永住傾向がより強まったことがあった.しかし,民族団体は依然として帰国を志向し日本を「仮の宿」としてみなす傾向が強く,日本で生活を送る上で不可欠な,在日朝鮮人に日本

---

42) 岸田由美「在日韓国・朝鮮人教育——共生教育的観点からみた発展と課題」天野正治・村田翼夫編『多文化共生社会の教育』玉川大学出版部,2001年,134頁.
43) 外村『在日朝鮮人社会の歴史社会学的研究』462頁.
44) 加藤千香子「1970年代の日本の『民族差別』をめぐる運動——『日立闘争』を中心に」『人民の歴史学』第185号(2010年),14-15頁.
45) 加藤「1970年代の日本の『民族差別』」13-14頁.

人と等しい権利の保障を求める運動に取り組んでいなかった[46]．その中で1971年1月に，朴鐘碩及び彼を囲む在日朝鮮人2世の青年と日本人の青年のグループが起こした日立就職差別裁判は，在日朝鮮人の権利意識を飛躍的に高めた．

日立製作所への就職を希望した朴鐘碩は，履歴書に本名ではなく通称の日本名を，本籍として日本国内の出生地を記入して採用試験を受け，結果，試験に合格し，日立から採用の内定通知を得た．その後，日立から戸籍謄本の提出を求められた彼が韓国籍であるために提出できないと告げると，彼は日立から採用の内定を取り消された．裁判では，日立側は朴の「虚偽の記載」を理由に内定取り消しを正当化し，これに対し朴側は，朴が「虚偽の記載」をせざるを得なかった理由，すなわち当時の日本の中で在日朝鮮人が日常的に経験していた日本人による差別の存在を考慮すべきとして，日立の内定取り消しの不当性を主張し争った[47]．

この裁判の支援組織「朴君を囲む会」の拠点になったのは，在日朝鮮人の集住地区，川崎市桜本に位置する，李仁夏が牧師を務める大韓基督教川崎教会だった．李牧師は「朴君を囲む会」の呼びかけ人として裁判を支え，アメリカの公民権運動に重要な役割を果たした全国教会評議会（National Council of Churches, NCC）から裁判資金の援助を得た[48]．また，「朴君を囲む会」は朴正熙政権下の韓国における「民主化闘争」とも連帯した[49]．日立就職差別裁判は，当時世界中で起こっていた民族的多数者あるいは国家による人権の抑圧に抵抗する運動とグローバルに連帯し，裁判にかかわった青年らは裁判闘争を「人間性の回復と社会正義」を求める運動として位置づけた[50]．

裁判所は日立製作所の国籍に基づく差別の事実を認め，1974年7月原告の全面勝訴で終わった．裁判を終えた時「朴君を囲む会」は，朝鮮人，日本人を合わせて総勢400人からなる全国的な会へと発展し，間もなくゆるやかな連帯

46）　山田貴夫「川崎における外国人との共生の街づくりの胎動」『都市問題』第89巻第6号（1998年），55頁．
47）　朴君を囲む会編『民族差別——日立就職差別糾弾』亜紀書房，1974年．
48）　朴君を囲む会編『民族差別』39-43頁．
49）　崔勝久「『日立闘争』とは何だったのか」崔勝久・加藤千香子編『日本における多文化共生とは何か——在日の経験から』新曜社，2008年，48頁．
50）　崔勝久「歪められた民族観」『思想の科学』1976年3月号，6頁．

組織「民族差別と闘う連絡協議会(民闘連)」の結成へと向かった．川崎市の桜本を拠点にした民闘連運動は，大韓基督教川崎教会を母体とする社会福祉法人青丘社が担い，その後川崎市に対して国籍要件の撤廃を求めていった．青丘社の川崎市との交渉の結果として，児童手当と公営住宅の入居(1974年)，各種奨学金の給付(1977年)などに設けられていた国籍要件が次々に撤廃された．当時の民闘連運動にかかわった崔勝久によれば，「差別をしかたがないものと諦めるのではなく，それはおかしいと声をあげ，実際に続けて私たち(在日朝鮮人)の要求が実現されていくのを目の当たりにして，私たちはみな大きな自信と夢を持ち始め」た[51]．

　このように川崎市で暮らす外国人の法的地位が地域的に改善されていったのは，川崎市が1971年の伊藤三郎市長の誕生とともに「革新自治体」になっていたことと関係があった．「革新自治体」は，日米安保反対運動の過程で生まれ勢力を強めた，日本政府の政策に批判的な諸団体に支えられ，またその諸団体を政策的に支えた地方自治体だった[52]．松下圭一によれば，当時の「革新」首長は「中央政府による体制的制約」の中で，「自治体の政治的自立性」を「住民主権」にもとづく地方自治を通じて実現することを共通に目指していた[53]．伊藤市長は川崎市の「憲法」として，「人間都市」の形成を目指す「川崎市都市憲章(条例)原案」を1973年2月に発表するなど，その目標を顕著に追求しようとした首長の一人だった．

(2)「在日外国人教育」II——方針の形成過程とその内容

　国籍要件の撤廃に成功した青丘社が，次に対市交渉の重要なイシューとして位置づけたのは，川崎市の公立学校における義務教育の変革だった．もとより青丘社の「民族差別」と闘うより日常的な実践は桜本地区の子どもをめぐる教育活動であり[54]，まず川崎教会が1969年に教会堂を開放して開園した桜本保

---

51) 崔勝久「『日立闘争』とは」57頁．
52) 全国革新市長会・地方自治センター編『資料革新自治体』社会評論社，1990年，i頁．
53) 松下圭一『シビル・ミニマムの思想』東京大学出版会，1971年，272頁．
54) 曺慶姫「『民族保育』の実践と問題」崔勝久・加藤編『日本における多文化共生とは何か』56-62頁．

育園での保育活動だった．桜本保育園では，朴鐘碩の裁判をきっかけに，保母が中心となり自ら本名を名乗り働き，また子どもたちを本名で呼び合う実践が始まった．その後，川崎教会を母体とする社会福祉法人青丘社が認可され1974年2月に桜本保育園が川崎市の認可保育園となった頃からは，朝鮮語での挨拶の実践や，朝鮮の絵本や歌，遊びが保育活動に積極的に取り入れられた[55]．1977年には，桜本保育園は「民族差別をしない，させない，負けない子」を目標とする「民族保育」に取り組み始めた[56]．

　桜本地区は臨海部の工場地帯に隣接し，鉄粉やセメントの粉じんが舞い降りる，公害認定者の割合も多い地区だった．構造上あるいは所有上の不良住宅率は高く，生活保護率，未成年者の犯罪率も高かった[57]．桜本地区には朝鮮人だけでなく日本人も暮らしており，桜本保育園に加え，当時青丘社が取り組んでいた小中学生を対象とした子ども会活動についても，生活の困難を抱える地区の人びとに広く利用されていた．そのような中，青丘社の活動の方針は，日本人であるか朝鮮人であるかにかかわらず，地区の「解放」であるべきではないかという異議が出された[58]．しかし，青丘社はこの意見を退け，日本人による在日朝鮮人に対する民族差別の是正に取り組む団体として，川崎市の公立学校を通じて教育的取り組みを促進することを次の目標として定めた．

　対市交渉の出発点として青丘社は，川崎市と公立学校全体で「在日韓国・朝鮮人教育を進める」ことを促す「教育基本方針」の策定を要求することにした．それは当時，青丘社にとってモデルになるような在日朝鮮人の子どもの教育をめぐる方針が，後で触れるように一部の自治体で定められ推進され始めていたからだった．川崎市の「教育基本方針」は，青丘社が1982年7月に最初の要望書を提出してからおよそ3年半後の1986年3月に制定されたが，その交渉の過程で最も長い時間を取ったのは，教育委員会が公立学校の中に朝鮮人に対する差別があることを事実として認めることだった[59]．

---

55) 鄭月順『アッパ・ぎゅっと抱きしめてよ——鄭月順遺稿・追悼集』新幹社，1995年，100-130頁；曺慶姫「『民族保育』の実践」121-126頁．
56) 曺慶姫「『民族保育』の実践」23-24頁．
57) 金侖貞『多文化共生教育とアイデンティティ』明石書店，2007年，55-59頁．
58) 崔勝久「『日立闘争』とは」61-68頁．

制定された「教育基本方針」は，「川崎市在日外国人教育基本方針——主として在日韓国・朝鮮人教育（教育基本方針）」と名付けられた．同方針は，「市内に居住する外国人に対して教育を受ける権利を認め，これらの人々が民族的自覚と誇りを持ち，自己を確立し，市民として日本人と連帯し，相互の立場を尊重しつつ共に生きる地域社会の創造を目指して活動することを保障しなければならない」と宣言し，「外国人」に対する差別の克服を川崎市の教育の課題とした．在日朝鮮人はここでも「外国人」と同定された．だがそれは，在日朝鮮人を排除する目的でではなく，地域で暮らす人びとが人権という価値に基づき，国籍を尊重しつつも国籍にかかわらず「市民」として連帯し，「国際的」なあるいはグローバルなコミュニティを形成する目的でそうされたのである．

　「市民」の育成を目指す「教育基本方針」には，まず「在日外国人児童・生徒」に対しては，「その民族としての歴史・文化・社会的立場を正しく認識することを励まし助け，自ら本名を名のり，差別や偏見に負けない力を身につけるように導く」こと，また「進路指導の充実をはかる」こと，そして「日本人児童・生徒」に対しては，「民族差別や偏見を見ぬく感性とそれを批判し排除する力を養う」こと，最後に「すべての児童・生徒に対して，日本と外国，特に韓国・朝鮮の正しい歴史や文化を理解させ，国際理解，国際協調の精神を養う」ことが掲げられた．ここでの「国際理解，国際協調の精神」とは，当時川崎市側の担当者だった星野修美によれば，「人権意識」のことである．日本に居住する外国人の権利状況が，1979年に国際人権規約，1982年に難民条約を日本政府が批准した結果として一挙に改善された経験[60]は，人権にかかわる事柄を「国際的」な事柄として，「教育基本方針」の作成者に強く意識させた．

　加えて，川崎市が日本人と朝鮮人の地域における連帯を「国際的」な事柄として定位したもう一つの理由は，「教育基本方針」の言葉を借りると，「（在日）韓国・朝鮮人に対する差別や偏見」の根本的原因にも関係がある．すなわち，1910年の日韓併合により日本が朝鮮の人びととの国民国家としての独立の可能性を奪い植民地化し，「同化政策」を通じて朝鮮民族固有の文化や言語を否定

---

59) 星野修美『自治体の変革と在日コリアン——共生の施策づくりとその苦悩』明石書店，2005年，69頁．
60) 星野『自治体の変革と在日コリアン』201頁．

し「皇国臣民」化したこと，あるいは「日本国民」化したという歴史的事実である．「教育基本方針」における在日朝鮮人の「外国人」としての同定は，「外国人」であることを望む在日朝鮮人の要求に，川崎市が応えてのことだったともいえるだろう．以上のような在日朝鮮人をめぐる教育の課題は，1995年までに，関西以西の地方を中心に（大阪府と府内23市，兵庫県内8市，奈良県と県内3市，京都府，広島県），その他関東地方（東京都内2市，神奈川県内3市）と中部地方（愛知県名古屋市）の44の地方自治体が作成し[61]，在日朝鮮人が集住する地域を中心に広く共有された．

(3) 朝鮮人学校の現在と「在日外国人教育」の効果

朝鮮人学校にも，1990年以降に顕著な変化があった．朝鮮人学校への在籍数は1960年の3万5,870人をピークに減り始め，1994年にはほぼ半減し，2003年度現在の在籍数は1万2,000人程度である[62]．だがこの減少は，一方で高齢化，少子化という日本社会の一般的な傾向を反映しており，他方で1985年の国籍法の改正，すなわち国籍法が父系血統主義から両系血統主義へと変化したことの結果であるとも考えられ，在籍率でみるとそれほど減少していない．例えば，1960年の朝鮮人の朝鮮人学校在籍率は，小学校で21.9％，中学校で14.5％だった．これに対し2001年の大阪府の数字ではそれぞれ15.6％（小学校），16.1％（中学校）と，1960年比で小学校の在籍率は3割程度減少に留まり，中学校の在籍率は微増している[63]．

朝鮮人学校の教育課程の改定は，1963年以降10年ごとに行われてきた．本国の教育方針を反映させてきた朝鮮人学校の教育課程が大幅に改定されたのは，1993年のことである．そこでは朝鮮人学校を卒業し日本の高等教育を受けようとする子どもとその家族の期待に応じて，日本の学習指導要領が参考にされた[64]．この教育課程の改定とほぼ同じ時期に，朝鮮人学校は国連の人権諸条約

---

61) 中原良二「在日外国人教育方針・指針の内容」鄭早苗ほか編『全国自治体　在日外国人教育方針・指針集成』明石書店，1995年，28-33頁．
62) 金徳龍「在日朝鮮学校のあゆみと未来への提案」（上）『世界』2004年3月号，254頁．
63) 金徳龍「在日朝鮮学校」（上）254-255頁．
64) Sonya Ryang, *North Koreans in Japan: Language, Ideology and Identity*, Colorado:

に基づき，朝鮮人学校の運営を民族的少数者の文化継承の権利として日本政府に要求し始めた[65]．これらの活動を支えるのは，1992 年に創設された「在日本朝鮮人人権協会（コリアン人権協会）」という専門家組織である．このコリアン人権協会は，弁護士が中心となり，日本の中で人びとの権利を擁護する目的で結成された多様な団体と協力しながら，朝鮮人学校における民族文化の継承の権利を要求している．

子どもの権利条約について検討すると，日本政府は 1994 年に子どもの権利条約を批准したが，日本政府の『第 2 回報告書』(2001 年)に対する条約委員会の『最終見解』(2004 年)には，「子どもの権利条約レポート NGO 連絡会議」の『代替報告書』が活かされている．同会議には，コリアン人権協会の他，全日本自治団体労働組合（自治労），日本教職員組合（日教組），セーブ・ザ・チルドレン，東京生活者ネットワークなどが参加している[66]．結果，条約委員会は『最終見解』として日本政府に対し，「少数民族の子どもが自らの文化を享受し，自らの宗教を公言乃至実践し，自らの言語を使用する機会を拡充すること」を求めている．

日本政府は日本経済への貢献という文脈で，朝鮮人学校と同じ「各種学校」の法的地位にある「外国人学校」の一つ，インターナショナル・スクールの支援を優先的に進めているが，日本で暮らす国際移動者の人権状況の改善に積極的な貢献をしているといえる朝鮮人学校を，支援策から排除している．例えば朝鮮人学校は，2005 年に結成された「外国人学校・民族学校の制度的保障を実現するネットワーク（外国人学校ネット）」の中心的役割を担っている．この外国人学校ネットは，2007 年 11 月にブラジル人に顕著な「不就学」について懸念を示し，「外国人学校」が就学の機会を提供し得るという考え方に基づき，朝鮮人学校の経験を踏まえたブラジル人学校の運営改善策として，まずはその「各種学校」化の促進を地方自治体と日本政府に提言している[67]．

Westview Press, 1997, pp. 56-61.
65) 鄭秀容「在日同胞の民族教育の権利とその現状――国際基準から見た民族教育の権利」『人権と生活』Vol. 13(2001 年)，45 頁．
66) Committee for NGO Reporting on the CRC(Japan), *The Implementation of the Convention in Japan and the Problems of the Japan's Third Periodic Report* (*Revised Summary*), 2010.

このような貢献にもかかわらず，「外国人学校」に対する支援策から排除され続ける朝鮮人学校をめぐる現状が暗示することは，在日朝鮮人に対する差別の是正を目的とした「在日外国人教育」，すなわち国籍において多様なすべての人が「人間」として共により善く生きるための教育の効果の現時点での限界である．1990年代以降，日本で教育を受ける子どもが「在日外国人」について，とりわけその民族文化について理解を深める実践は発展した．例えば大阪府では「民族クラブ技術指導者招聘事業」が1992年に開始され，1997年には「民族クラブ技術指導者招聘事業総括技術指導者制度」を通じて拡充された[68]．他方，川崎市でも「教育基本方針」に基づき，「川崎市の学校において民族文化の紹介や指導を行う外国人市民等を招請して多文化共生をめざす学習活動」，すなわち「民族文化講師ふれあい事業」が1997年5月に開始された[69]．

　大阪市と川崎市について上に示したような事業が発展した背景には，日本政府による「国際理解教育」の全国的な奨励がある．1996年の中央教育審議会の答申は，「広い視野を持ち，異文化を理解し，これを尊重する態度や異なる文化を持った人々と共に生きていく態度などを育成する」教育としての「国際理解教育」に詳しく言及し，その内容として「地域で行われる国際交流活動」という方法を例示した．同答申は，グローバリゼーションの時代を「生きる力」を育むことを重視する，日本の義務教育の総合的な改革を導いた答申でもあり，これを機に「総合的な学習の時間」が2002年の新学習指導要領に新設され，「国際理解」はその中で取り扱うべきテーマとして挙げられた．しかし，朝鮮人学校をめぐる現状からは，「在日外国人教育」の方針が日本各地で制定されてから20年が経過するにもかかわらず，人権が保障される差別のない地域コミュニティの形成は目指され始めたばかりだといわざるをえない．

---

67) 多民族共生教育フォーラム『すべての子どもたちに「教育への権利」を──多民族共生教育フォーラム2007東京資料集』2007年，17-35頁．
68) 金光敏「境界に生きる，共生を発信する新たな試み，コリアNGOセンターの発足」『市政研究』第144号(2004年)，106-107頁．
69) 川崎市ふれあい館『だれもが力いっぱい生きていくために──ふれあい館20周年事業報告書』2008年，175-178頁．

おわりに

　国民国家的な世界においては，自由民主主義的な国家であれ，国家は国民の権利を保障する約束をしているに留まり，外国人の人権は侵害されがちである．日本には民族間の関係を国民間の関係と同一視する特徴があり，国家のレベルでは，権利を保障すべき人びととしての国民の外部に国際移動者をめぐる諸問題が位置づけられ続け，民族的少数者としての国際移動者の社会的排除のリスクは高い．本論文は，日本で実施されてきた教育が，人びとに国民と民族を同一視する見方を形作ったと考え，日本で暮らす歴史的に主要な国際移動者である在日朝鮮人をめぐる教育を検討することで，次の三つの問いに答えようとしてきた．すなわち，(1)在日朝鮮人と日本人の関係を，国民間関係として同定することを強化する教育体制がどのように成立したのか．(2)そのような教育体制を背景に，在日朝鮮人の権利保障を促進しようとしてきた教育とは，どのような教育か．(3)在日朝鮮人の権利のために，どのような教育を発展させなければならないといえるのか．

　在日朝鮮人と日本人を国民別に育成する教育体制が成立したのは1960年頃のことであり，それまでは地域によっては朝鮮人学校も公立学校と認められるなどして，在日朝鮮人の「民族教育」が「日本国民を育成する」(教育基本法)教育の一部として実施されていた．それは一方で当時の「日本国民を育成する」教育が，地域コミュニティを個人からなる「社会」として発展させるための教育として位置づけられ，単一民族的な国民を形成する教育とは異なる性格をもつものであったこと，他方で当時の在日朝鮮人の「民族教育」が，在日朝鮮人による在日朝鮮人のための教育として実施され，地方自治体が，民族的多様性を尊重する教育を地域コミュニティの形成に不可欠な教育であると判断し，その教育を実施する権限をもっていたことから可能になった．

　在日朝鮮人は，日本の主権回復(1952年)とともに日本国籍を明らかに喪失したにもかかわらず，その後1955年頃までの間は，日本の義務教育学校として朝鮮人学校を運営し続けることを望んだ．それにもかかわらず，朝鮮人学校がその後日本の義務教育の外部に位置づけられ運営されることになった理由は

二つあった．第一に，血統主義的な国籍法の制定に加え，1950年代の後半には義務教育を中央集権化し民族的多様性を考慮しない「日本人を育てる」道徳教育を導入するなど，日本政府が単一民族的な国民形成を志向し始めたからである．第二に，当時朝鮮人学校を運営していた主要な民族団体である総連が1954年に「在外公民団体」と北朝鮮政府に位置づけられ，1957年からは「教育援助費」などが送られるなど，朝鮮人学校と本国政府との関係が強化されたからである．こうして1960年頃には，日本における学校教育体制が日本人と朝鮮人の関係を国民的な関係とみる見方を強化するものとして成立した．

　朝鮮人学校に在籍する学齢期の子どもの割合のピークは1967年であるが，その当時でも在日朝鮮人の約8割の子どもは，日本の公立学校に通い「日本国民」として育成される教育を受けていた．それにもかかわらず，日本人でない朝鮮人は日常生活のあらゆる場面で差別され，日本人と等しい権利が保障されてはいなかった．その中で1970年代に入るとグローバルな社会運動の高まりとともに，在日朝鮮人の権利が問題になり始め，1980年代が終わりを迎えるころには，差別の克服を目指す「在日外国人教育」の方針が各地で策定された．それは，地方自治体も地域コミュニティを形成する人びとの権利を保障する政府であるという自覚を高めた「革新自治体」の出現をひとつの背景にしていた．加えて，総連が組織的に促進した朝鮮半島の北半部への帰還がピークを過ぎたこと，また日韓基本条約締結の結果，韓国籍を有する朝鮮人に日本での永住権が与えられたこともその背景にあった．

　「在日外国人教育基本方針」の中でも在日朝鮮人は「外国人」と同定されたが，そこに排除的な含意はなく，地方自治体は「在日外国人教育」を通じて国籍にかかわらず住民の権利を保障する地域コミュニティ形成を目指すと宣言し，この地域コミュニティを形成する人びとの共通のアイデンティティとして，グローバルなコミュニティ形成にも資する「国際理解，国際協調の精神」を位置づけた．在日朝鮮人にとっても「外国人」であることが，日本での生活において直面する差別と彼らが闘うために必要な連帯感を促進するものであったといえる．この「外国人」アイデンティティを形作る文化要素としては，本名や言語などの朝鮮の民族文化が，ある特定の国家を優先する国民性とは異質のものとして位置づけられた．

1990年代に入ると，1960年代以降北朝鮮政府への忠誠心としての国民アイデンティティを子どもに育成してきたと考えられる朝鮮人学校も変化し始めた．その変化はまずカリキュラムの変化に，また国連人権諸条約に基づく日本の民族的少数者としての権利要求，そして1990年代に急増したブラジル人学校に対する支援などの行動に現れており，朝鮮人学校は日本で暮らす国際移動者の人権保障に重要な役割を果たしているといえる．この間，日本政府は一般的には「外国人学校」の支援を強めたが，この朝鮮人学校の人権への貢献を評価せず，支援の対象から排除している．この日本政府の行動は，国民の権利保障を超え人権を保障するための教育として各地で構想され実施され始めた「在日外国人教育」の効果の限定性を暗示してもいる．

　1990年代になると，「広い視野を持ち，異文化を理解し，これを尊重する態度や異なる文化を持った人々と共に生きていく態度などを育成する」ことを目的とする「国際理解教育」を日本政府が促進し，在日朝鮮人の子どもと日本人の子どもが朝鮮半島の民族文化を学ぶ機会のような，「国際理解教育」の目的に適合的な教育は発展した．しかし，「在日外国人教育」の本来の目的である，日本人の在日朝鮮人に対する差別の是正は進んでいるとはいえない．文化的多様性の尊重も国際移動者の権利保障を促進するという点で，日本政府による「国際理解教育」の推進はポジティブな面を持つが，国民あるいは民族的な違いを理解するだけでなく，それにもかかわらず等しい権利を享有する人であるという意識を人びとに高め行動することを助ける教育の実施が，国際移動者の権利保障には不可欠である．

　国籍と民族性を同一視するアイデンティティ観は，日本人と朝鮮人の関係をめぐる教育を事例に検討した結果，いずれの側もそれを肯定し促進するような教育を求め，実施してきていることが明らかになった．他方で，その見方を相対化し，国民であることを権利保障の前提にせず，人の権利を保障するための教育も実施されてきた．日本において国際移動者を「外国人」として同定することは，必ずしも排除を目的としたものであるとはいえ，国際移動者のアイデンティティを尊重するものでもある．しかし国際移動者が「外国人」であり続けるためにも，日本で暮らす人びとの権利を等しく保障するという課題への教育的取り組みが伴わなければならない．日本で生活を送る民族性においてだ

けでなく国籍において多様な子どもが，その課題に取り組む準備を整えるための教育を受けられれば，その子どもは将来どこで暮らそうとも，外国人を排除し続ける国民国家を超え，人の権利が保障されるコミュニティ形成に貢献することになるだろう．

第 17 章　国際移動者の言語と教育

在日ブラジル人の母語教室利用戦術

柴田　寛之

はじめに

　1990年の改正入管法施行以来，多くの日系ブラジル人が日本社会で生活を送るようになり，すでに20年余りが経過した．この間，彼らが日本社会に流入することで生じた様々な問題に実質的に対応してきたのは，彼らの多くが居住する地方の工業都市であった．外国人集住自治体と呼ばれるこれらの地方自治体は，次々と生じる問題に対応していく中で，彼らを対象とした一連の公共政策を構築してきた．「内なる国際化」[1]という言葉が人口に膾炙して久しくなるが，外国人集住自治体のこうした取り組みは，この「内なる国際化」の具体的な表れにほかならない．本論は，在住ブラジル人に対する先駆的な取り組みで知られる静岡県浜松市を具体的な事例として，市で実施されている取り組みが，在日ブラジル人たちによってどのように受け止められ，どのように利用されているかを探るものである[2]．

　本論が特に検討するのは，浜松市教育委員会の委託を受けて NPO 団体が運営する母語教室「H」である．2007年以来，「H」は，週一回，母語指導の機会を提供してきた[3]．

---

1) 初瀬龍平編『内なる国際化』増補改訂版，三嶺書房，1988年．
2) 山脇啓造は政策形成の歴史的文脈の違いに注目し，外国人政策を行ってきた地方自治体を，1. 主に在日コリアンとの対話から施策を積み上げてきた「人権型」，2. ニューカマー外国人の増加を受けて取り組みを開始した「国際型」，3.「人権型」と「国際型」の統合を図っている「総合型」の3タイプに類型化する．山脇によると浜松市は「国際型」の典型である．山脇啓造「現代日本における地方自治体の外国人施策――人権・国際化・多文化共生」内海愛子・山脇啓造編『歴史の壁を超えて――和解と共生の平和学』法律文化社，2004年，231頁．
3) この NPO は，母語指導教室「H」としてポルトガル語，スペイン語，そしてベトナム

ここで注目するのは，2008年の経済危機以降，ブラジル人学校に通う子どもたちの数が減少する一方で[4]，在住ブラジル人家庭の間で「H」の人気が衰えることなくむしろ高まっている点である．経済危機があらわにしたのは，何よりも在日ブラジル人たちの雇用環境の脆弱性であった[5]．したがって，母語ニーズの増大は，彼らの雇用環境の変数であると想定される．このことと合わせて注意を払いたいのは，在日ブラジル人たちの滞在年数が長期化していることを受けて，政策的には定住化支援の議論が高まっていることである．以下に見るように，定住化支援の議論の枠組みの中では，彼らの母語指導は周辺的な位置づけに追いやられる傾向がある．雇用環境の脆弱性に対しては労働政策による対応が要請されるとしても[6]，経済危機以降の労働市場の逼迫の中での母語ニーズの増大は，彼らの生活戦略の再編と密接に関わるように思われる[7]．したがってそれは，定住化論に基づく取り組みを再検討する機会となる．在住ブラジル人家庭はどういった期待に基づき「H」を利用しているのか．彼らの母語ニーズを検討することで，現行の政策と彼らのニーズのズレが見えてくる．

1　ローカル・シティズンシップと当事者ニーズの所在

　冒頭でも述べたように，これまで在日ブラジル人を対象とした社会政策は，主に外国人集住自治体によって担われてきた．外国人集住自治体による在住ブ

　　語の母語指導クラスを提供している．これらの他に，日本の公立学校に在籍する外国人
　　の子どもたちを対象にした日本語指導教室も運営している．
4)　「ブラジル人学校の子ども，2ヶ月で4割減　親の収入減で」『朝日新聞』2009年3月29日．
5)　樋口直人「経済危機と在日ブラジル人——何が大量失業・帰国をもたらしたのか」『大原社会問題研究所雑誌』第622号(2010年)．
6)　樋口「経済危機と在日ブラジル人」64頁．
7)　これまで「多文化共生」の名の下に労働市場の構造に根ざしたブラジル人と日本人との社会経済的格差がなおざりにされてきたという問題意識から，労働政策の重要性を強調する樋口の議論は説得的である．しかしながら，労働政策のみによって問題が解決する訳でもない．社会経済的平等と文化的承認は相互補完的な関係にある．筆者はまだ両者の関係を検討し始めた段階であるが，さしあたり重要なのは，アイリス・マリオン・ヤングが指摘するように，文化的承認の問題を社会経済的平等の課題とどのように繋げていくかという点にある．Iris Marion Young, "Unruly Categories: A Critique of Nancy Fraser's Dual Systems Theory," *New Left Review*, No. 222(1997).

ラジル人を対象とした取り組みは，しばしばローカル・シティズンシップの取り組みと捉えられてきた．タケユキ・ツダによれば，ローカル・シティズンシップとは，地域社会の一員としての在住外国人の基本的な権利を保障しようとする地方自治体の取り組みと定義される[8]．すなわち，国による在住ブラジル人への支援策が欠ける中で，現に居住する彼らと否応なく関わってきた外国人集住自治体の取り組みが実質的に彼らの権利保障として機能してきたのである．

このローカル・シティズンシップにもとづく取り組みは，言うまでもなく，外国人集住自治体の歴史的模索の所産である．本論で取り上げる浜松市をはじめとして，外国人集住自治体の大半は，1990年代初頭のブラジル人流入以前にはまとまった規模の外国人住民への対応を経験したことがなかった．当時，在住外国人への取り組みを行っていく上で，参照先が全くなかったわけではない．たとえば，1988年に当時の自治省は「国際交流のまちづくりのための指針」という滞在外国人に対応するためのガイドラインを出している．しかし問題は，トップダウン型のガイドラインにのみ沿った施策では現実に生じる様々な問題に対応できない点にある．そうした諸問題に対応していくためには，当の外国人集住自治体がいわば手探りで取り組みを展開していく必要に迫られたのである．この意味で，外国人集住自治体は，対応の枠組み自体を新たに模索していかなければならなかったのである．そのためか，それは時に「場当たり的対症療法」と批判されることもある[9]．しかし，ローカル・シティズンシップとそれに基づく取り組みは，この自治体の試行錯誤の過程の中で鍛えられてきた概念であり，施策である[10]．

とはいえ，現行のローカル・シティズンシップに基づく取り組みが，外国人居住者の，より具体的にはブラジル人居住者のニーズを十全に満たしていると

---

8) Takeyuki Tsuda, "Localities and the Struggle for Immigrant Rights: The Significance of Local Citizenship in Recent Countries of Immigration," in Takeyuki Tsuda ed., *Local Citizenship in Recent Countries of Immigration: Japan in Comparative Perspective*, Lanham, Md.: Lexington Books, 2006, p. 6.

9) 丹野清人「市場と地域社会の相克」梶田孝道・丹野清人・樋口直人『顔の見えない定住化――日系ブラジル人と国家・市場・移民ネットワーク』名古屋大学出版会，2005年，254頁．

10) 柴田寛之「ローカルな多文化主義としての共生――静岡県浜松市の外国人政策の展開にみる共生概念の変容」『移民研究年報』第15号(2009年)．

は言えないこともまた事実である．もちろん浜松市行政は，地域社会にとっての問題抑制と同時に，当事者のニーズを見定めて施策を展開してきた[11]．のみならず，浜松市は，外国人住民から構成される諮問機関「外国人市民会議」を2000年に設置し，彼らから直接要望を聞く機会も度々設けられてきた[12]．しかしそうではあっても，取り組みの狙いと当事者のニーズが完全に一致することは稀である．政策の実施主体の狙いと対象とされる当事者のニーズとの間にはズレが存在することのほうがむしろ常であろう．ナンシー・フレイザーが指摘するように，ニーズのあり方は必ずしも自明ではない．その所在をめぐって「ニーズ解釈の政治」の次元で対抗的な解釈に開かれているからである[13]．

特に外国人住民を対象とする政策の場合，前述の浜松市の努力にも拘らず，外国人住民は政策の対象，すなわち客体の位置におかれやすい．このことに加えて，ブラジル人居住者の場合，そのコミュニティの組織化の弱さが指摘されている[14]．その結果として，行政当局が彼らのニーズを探りつつ策定された事業であっても，当事者である在住ブラジル人たちのニーズの所在とズレが生じることが起こるのである．

とはいえ，このことは彼らが与えられた政策に従う以外の方策を持たないということではない．ここで有効なのは，ミシェル・ド・セルトーの指摘する

---

11) この点に関連して，本論が具体的に対象とする静岡県浜松市で2007年まで市長を務めた北脇保之氏は在日ブラジル人の子どもたちの教育を受ける権利に関して「本質的には権利の問題であって，それを推進していくことで，一種の反射的利益というと言い過ぎかもしれないけれど，前進していけば結果的に子どもたちの不就学が解消されて，街中とか地域でブラブラしているような状態が段々解消されていく訳ですから，結果的に地域住民の不満というかそういうものも解消していくという関係にある」と述懐する（北脇保之氏へのインタビュー，2010年8月6日）．

12) 「外国人市民会議」は，2008年4月に条例によって「外国人市民共生審議会」として制度化されている．

13) Nancy Fraser, "Struggle over Needs: Outline of a Socialist-Feminist Critical Theory of Late Capitalist Political Culture," in Nancy Fraser ed., *Unruly Practices: Power, Discourse, and Gender in Contemporary Social Theory*, Minneapolis: University of Minnesota Press, 1989.

14) 樋口直人「外国人の政治参加——外国人参政権・外国人会議・社会運動をめぐる行為戦略」梶田孝道・宮島喬編『国際化する日本社会』東京大学出版会，2002年．および，樋口直人「移民コミュニティの形成？——社会的ネットワークの再編成をめぐって」梶田・丹野・樋口『顔の見えない定住化』．

「戦略」と「戦術」の分析概念上の区別である．セルトーは「戦略」を特定の場所を区画し，その場所の意味を定義する権力のあり方として捉える[15]．本論の文脈では，行政によって立案された政策ないし事業がこれに当たる．より重要なのは「戦術」である．「戦術」は，「戦略」とは対照的に，与えられた場の中での遊戯の比喩によって捉えられている．「戦術は，情況がさしだしてくれる可能性に依存しているけれど，場所の掟にはしたがわない．場所によって規定されたりしない……．戦術のほうは，もっぱらその空間を利用し，あやつり，横領する」[16]．この戦術の含意を汲み取るならば，日本に滞在するブラジル人たちには，たとえ与えられた事業であっても，そこで想定された事業目的にとどまらない利用の仕方をすることで，自らのニーズの充足に少しでも近づけようと格闘する契機が残されている．そうした戦術としての格闘は，必ずしも明示的な主張となって表出されるとは限らない．しかしそれは，れっきとした在住ブラジル人たちの行為主体性の表現である．

　本論がとりわけ「H」に着目するのは，それが行政によって制度化された母語習得の機会だからである．図式的に整理するならば，在住ブラジル人たちには四つの教育オプションがある．第一には，日本の公立学校（のみ）に子どもを通わせるという選択，第二には，私営のブラジル人学校へ子どもを通わせる道，第三には，不就学，そして第四には，公立学校に子どもを通わせつつ母語指導教室を同時に活用する選択である．第一の選択では，基本的に日本の学校とそこでの学習言語である日本語への適応が求められる．第一の選択とは対照的に，全日制のブラジル人学校に子どもを通わせる場合，ポルトガル語が学習言語となる．公立学校とブラジル人学校はそこで使用される言語の点でも，また，授業時間帯という点でも排他的な関係にある．そして第三に，公立学校にもブラジル人学校にも通わない不就学の子どもたちがいる．不就学となる原因としては，日本の公立学校における受け入れ体制の構造的問題が指摘されている[17]．

---

15)　ミシェル・ド・セルトー，山田登世子訳『日常的実践のポイエティーク』国文社，1987年，25頁．

16)　セルトー『日常的実践のポイエティーク』90頁．

17)　宮島喬・太田晴雄編『外国人の子どもと日本の教育――不就学問題と多文化共生の課題』東京大学出版会，2005年；佐久間孝正『外国人の子どもの不就学――異文化に開かれた教育とは』勁草書房，2006年．

したがって，それは在住ブラジル人たちの教育機会とは言いがたい．不就学を積極的な「選択」から排除すると，ブラジル人は公立学校とブラジル人学校の間の二者択一を迫られているように見える．しかし，第四のオプションが存在する．公立学校に子どもを通わせながら母語指導教室を活用する道である．母語教室「H」はこの第四のオプションに相当する．「H」に通う子どもたちは日常的には日本の公立学校に通いながら，週一回土曜日に「H」に通級している．

もっとも，数の面から見れば，母語指導教室に通級しているブラジル人の子どもは公立学校だけに就学している子どもに比べて少ない．浜松の場合，2010年の時点で公立小中学校のみに就学する子どもは，「H」にも通級する子どもの約 3.5 倍である．その上，行政が母語指導教室を整備しているのは浜松のようなごく一部の先進自治体のみである[18]．しかしながら，行政が制度化した母語指導教室を検討することは，研究戦略上の意義を持つ．なぜならば，それが，行政が母語指導に与える意義づけと在住ブラジル人の教育戦術との交錯と相克を集約的に体現する場であるからである．ここで参考になるのは，アルバート・ハーシュマンの「退出」「発言」「忠誠」の議論である[19]．それぞれをこれまで見てきた在住ブラジル人の教育オプションに重ねあわせると，公立学校を選択し，そこで求められる規範に従う選択は「忠誠」，ブラジル人学校に子どもを通わせるという選択肢は，ホスト社会の制度からの「退出」に当たる．では，「H」への通級はハーシュマンの提示したもう一つのオプション「発言」だろうか．しかし，そのように解釈するのは困難である．「発言」であれば，公教育制度に対する母語習得機会の要求として表れるからである．「H」に子どもたちを通わせている在住ブラジル人たちは，公立学校に子どもを在籍させることで，ホスト社会の制度の内部に位置し続けると同時に，公立学校では提

---

18) 浜松市以外に母語指導教室を行政が整備している事例として，愛知県岩倉市の「日本語・ポルトガル語適応指導教室」の取り組みがある．

19) Albert O. Hirschman, *Exit, Voice, and Loyalty: Responses to Decline in Firms, Organizations, and State*, Cambridge, Mass.: Harvard University Press, 1970（A. O. ハーシュマン，矢野修一訳『離脱・発言・忠誠——企業・組織・国家における衰退への反応』ミネルヴァ書房，2005 年）．

供されない母語学習の機会を「H」を通じて利用している．この意味で「H」は，既存の制度である公立学校とその既存の制度では解消されない固有のニーズを抱える在住ブラジル人コミュニティとの接点に位置している．ブラジル人家庭が「H」をどのように利用しているのかを見ることによって，行政の提供する施策と在住ブラジル人との，言い換えれば制度と当事者のニーズとの齟齬のありようが鮮明になる．

　在住ブラジル人の家族はどのような期待を持って母語教室である「H」を利用しているのか．彼らなりのやり方で，与えられた環境を利用することでいかに彼らの行為主体性が発揮されているのか．言い換えるならば，外部から与えられたものとしてのローカル・シティズンシップを当事者である在住ブラジル人たちがいかに経験し，またいかに活用しようとしているのか．以上の問いを検討するのが本論の課題である．

　以下の節では，第一に，浜松の行政がブラジル人たちの母語をどのように位置づけてきたのかを歴史的に検討する．第二には，そうした行政による母語の位置づけと並行して，実際にブラジル人たちが母語指導に何を期待し，どう利用しているのかを「H」に子どもを通級させている家庭に対するアンケート調査の結果から考察する．

2　言語維持と言語移行の相克――母語の位置づけをめぐって

　1990年の改定入管法施行以来，浜松市では，ブラジル人に代表される外国人の子どもたちの教育に関して積極的な取り組みがなされてきた．とりわけ特徴的なのは，当初より子どもたちの母語に対する支援が行われてきた点である．はやくも1991年には教育委員会によって「ことばの教室」が開設され，その中で日本語指導と共にポルトガル語の指導が行われていた．興味深いのは，「ことばの教室」でのポルトガル語指導が，現在「H」の講師として活躍するブラジル人女性Cさんが先行して行っていた母語指導を起点として始まった点である．彼女たちの取り組みのきっかけは，第一には，ポルトガル語を忘れないようにとの思いからであった．だが同時にCさんたちにはポルトガル語指導だけでは不足するとの考えがあった．「ポルトガル語だけではなくて，そ

れだけだと子どもたちはハケン［派遣労働］に適応してしまうから」[20]とCさんが語るように，彼女たちの取り組みは，ポルトガル語指導を行うと同時に日本の学校への適応も視野に入れたものだった．それは同時に，非熟練労働者の世代間再生産に対する危惧を含むものだった．単にポルトガル語のみではなく，日本語と並行して指導することが目指されたのはこのためであった[21]．

このことに加えて，2002年には，不就学の子どもたちの増加を受けて，彼らを対象に日本語とポルトガル語のバイリンガルで指導を行う「カナリーニョ教室」がスタートする．当初は不就学の子どもたちを対象としていた「カナリーニョ教室」であったが，公立学校に在学する子どもたちも受け入れてバイリンガル指導を行ってきた．

興味深いのは，「カナリーニョ教室」が教育委員会ではなく国際課によって設立された事業だったことである．当時の市長であった北脇保之氏は，この点について公立学校での子どもたちの受け入れ体制の問題を「教育委員会だけにやらせておくと，どこまでいっても公立の義務教育に受け入れるという話にしかならない……．それでは対応し切れてないからこそ，不就学の子どもが存在する」という認識を持っていた[22]．太田晴雄が指摘するように，現行の公立学校においては「日本語至上主義」とでも言うべき考え方が支配的である[23]．すなわち，日本語習得が授業への参加の前提条件とされ，外国人の子どもたちの日本語習得を何よりもまず優先する思考である．そこでは子どもたちの母語能力は，否定的な評価が与えられる．そうした中でブラジル人の保護者たちの間には公立学校へ子どもを通わせることで母語を忘れていってしまう不安が生じる[24]．北脇氏が当時を振り返りながら指摘したのは，こうした日本語至上主義の限界であり，だからこそ教育委員会から離れた国際課の下で「カナリーニョ教室」が運営されるに至ったのである．

20) 母語教室「H」講師Cさんへのインタビュー，2011年3月16日．
21) 後述するように「ことばの教室」は1998年に日本語指導体制に一本化される．
22) 北脇保之氏へのインタビュー，2010年8月6日．
23) 太田晴雄「教育達成における日本語と母語――日本語至上主義の批判的検討」宮島喬・加納弘勝編『変容する日本社会と文化』東京大学出版会，2002年．
24) McMahill Cheiron,"Obstacles to Foreign Children Staying in Japanese Schools: Not Just a Japanese Language Problem"『大東文化大学経営論集』第21号（2011年）．

そこで掲げられた第一の観点は，子どもたちの学習保障である．不就学の子どもたちの発生は，市当局に彼らの教育を受ける権利の問題として把握され，それを保障するために「カナリーニョ教室」が行われることになったのである．このことと同時に，同教室は子どもたちの多様な進路の可能性を念頭においてバイリンガルでの指導を行っていた．中には，「カナリーニョ教室」修了後に帰国する子どもやブラジル人学校に就学する子どもが少数ながらも存在していた．こうした子どもたちの存在を念頭におく時，公立学校へ適応させるために日本語指導を行うだけでは彼らの進路に対応できない．「カナリーニョ教室」における母語指導は日本語習得を助ける補助的な手段ではなく，それ自体が一つの目的として把握されていた．同教室でのバイリンガル指導は，日本語とポルトガル語の間に優劣関係をつけるのではなく，双方が共に子どもたちの将来の進路の可能性を切り開く資源として位置づけられていたのである．

　この「カナリーニョ教室」の事業を教育委員会が引き継ぎ「ことばの教室」と併せて再編するかたちで2007年にスタートしたのが「H」教室である[25]．しかしこの行政上の移管は，母語の位置づけの変化をもたらした．その意義は学習資源として維持されるべきものとしてのそれから日本語への言語移行を補助するものへと変化していく．この要因の一つには先に指摘した日本語至上主義の影響がある．これと同時に大きな要因となったのは，ブラジル人たちが定住化しているという認識である．

　1990年代初頭に行われていた「ことばの教室」でのバイリンガル指導，とくに母語指導は，子どもたちの帰国を前提として行われていた．「ことばの教室」に初期から関わり，また現在「H」を運営するNPO団体事務局長のAさんが「南米系の外国人の方たちは帰る方たちであるという考えが打ち出されていたと思います」と語るように，1990年代初頭のこの時期では，短期デカセギののち帰国というプランが，行政関係者の間でも，また在住ブラジル人たちの間でも現実味のある移住パターンとして受け止められていた[26]．在住ブラジ

---

25) この再編により，外国人の子どもたちに対する言語指導体制は母語指導を受け持つ「H」教室と日本語教室の2教室に整備された．なお「H」教室では，ポルトガル語クラスの他に，スペイン語とベトナム語のクラスが実施されている．

26) 「H」運営NPO事務局長Aさんへのインタビュー，2010年10月20日．

ル人たちは一時逗留者だと考えられ，ブラジルに子どもたちが帰った時に困らないようにとの考えからポルトガル語指導がなされていたのである．

　こうした母語指導の位置づけは，しかし，在住ブラジル人たちの滞在が長期化し，定住化しているという認識が行政の間に広がるにしたがって変化していく．この変化は，「ことばの教室」での母語指導が廃止されたことに象徴される．「ことばの教室」のもう一つの柱である日本語指導は公立学校の授業にブラジル人の子どもたちを適応させる目的で行われていた．子どもたちの滞在が長期化していく中で，日本語指導の位置づけは次第に大きなものとなっていった．短期的に滞在するのではなく，本格的に日本の学校で学習を行っていくためにはなによりもまず日本語が必要となる．したがって，強化されるべきは授業に参加できるレベルの日本語能力の指導である．こうした考えが大きくなっていく中で問題とされたのは，授業時間中に母語を教えることの是非であった．「ことばの教室」は公立学校の授業時間を利用して運営されていた．授業に参加できるよう日本語指導をしてきたのだから，授業を抜けて母語を教えるのは適切ではないとの考えが浮上してきたのである[27]．ここでは日本語至上主義イデオロギーとブラジル人の定住化言説が組み合わさり，お互いを補い合っている．すなわち，定住化し日本で生きて行くためには日本語が必要であり，そのためには母語指導を受けるのではなく，一刻も早く授業に参加できるようになることが必要とされたのである．日本語指導の優先の影で母語指導はむしろそれを妨げるものとして捉えられるようになったのである．こうして1998年，「ことばの教室」から母語指導が廃止され，日本語指導に一本化されることとなった．

　こうした定住化言説と日本語指導の重視は，「H」における母語教育の位置づけにも大きく影響を与えている．Aさんは同教室における母語指導を次のように位置づけている．

　　保護者とのかかわりを見るにつけ，ご家庭で母語が大事にされていたら，それがどれだけ日本の学校に行っている子たちの基盤になるかという点……．こうした観点は，子どもと，というよりも，保護者と母語で対話を

27）Aさんへのインタビュー，2010年10月20日．

していくということが必要であるという考えに繋がっていきました．……「H」では母語を上手になっていくことを一番の目的としているのではありません．母語の問題は家庭でしっかりと考えていかない限り失われていく言葉であって，日本の学校に行っている限りにおいて教育を受けている言語は日本語です[28]．

　以上の発言の中で「H」は，子どもたちの母語の習得そのものを狙いとして運営されているのではなく，保護者とコミュニケーションを取ることで日本の公立学校への子どもの適応を促す機会と捉えられている．家庭内での母語の重要性は指摘されるものの，それはあくまで日本の公立学校への就学を円滑にする補助的手段としての位置づけである．このことと並んで強調されているのは，むしろ日本の公立学校での学習の中での日本語の重要性である．「H」の母語指導はそれを助ける副次的な位置に置かれると同時に，母語は家庭内で意識的に維持しようとしなければ失われる言語として私事化されている．ここに示されているのは日本の公立学校への適応という文脈でのみ評価される母語の位置づけである．

　こうした「H」での母語指導の位置づけを捉えて，「カナリーニョ教室」の講師であった山野上麻衣は，日本語力だけで子どもを評価しないという「カナリーニョ教室」の理念が教育委員会への事業移管によって潰えたと批判する[29]．とはいえ，Aさんをはじめ，公立学校との関係で母語を把握する立場にある人々が，日本語指導を重視するのには一定の合理性がある．Aさんが「結局［日本語での］学力が無ければ高校受験のその後というのが展望できない」[30]と述べるように，子どもたちが日本の教育システムの中で進学していくためには，現実問題として日本語で学力を示す必要に迫られるからである．本来，言語と学力の関係は恣意的である．ある特定の言語によってしかある学習内容を理解し得ないということはない．例えば，ポルトガル語でも日本語でも中国の歴史を学ぶことはできる．だが，現行の日本の教育システムの下では，日本語とい

---

28)　Aさんへのインタビュー，2010年10月20日．
29)　山野上麻衣「『不就学』から日本の教育と社会を問い直す――浜松のブラジル人の子どもたちのケーススタディから」一橋大学大学院社会学研究科修士論文，2010年，36頁．
30)　Aさんへのインタビュー，2010年10月20日．

う単一の言語によって学習の理解を示し，試験に合格しなければ高校に進学することは難しいという現実が存在する．確かにそれを「日本語至上主義イデオロギー」と呼ぶこともできる．しかしながら，イデオロギーの変革を現実に子どもたちを送り出していく立場に立つ人たちのみに託すのは酷ではないだろうか．この意味で，子どもたちには少しでも安定した進路に進んで欲しいとの思いからの日本語習得の強調は，現行の公教育の枠組みの中で活動する彼らの切実さの表れでもある．

しかし行政側の母語指導の位置づけがどうであれ，実際に「H」は運営されており，現に子どもたちがそこに通っている．問題は，教育の送り手側の論理を超えて，受け手である当のブラジル人たちがどのように与えられた機会を活用しているかという点にある．次節では，送り手の論理と受け手の論理の離齬を検討する．

3　経済危機と母語ニーズ

2008年9月に生じた経済危機は，ブラジル人の多くが就労する二次労働市場に大きな打撃をもたらした．ハローワーク浜松調べの有効求人倍率を見ても，2008年の12月に1.08倍だったものが翌年同月には0.38倍と急激な落ち込みを見せている[31]．労働市場の急速な冷え込みの結果として生じたのは，ブラジル人の帰国現象であった[32]．浜松市の統計を見ると，ピークの2008年にはブラジル国籍の外国人登録者は1万9,461人だったが，2010年には1万4,959人と約3割の減少となっている[33]．この減少分に当たる人びと全てが帰国したとは言えないとしても，多くのものは帰国したものと考えられる．こうした全体的な人口動態の変化に応じて，公立小中学校に在籍するブラジル人の子どもたちの数も減少した．2008年4月には1,144人と過去最多となるが，この年を境

---

31)　浜松国際交流協会提供資料，2010年10月．ただし，有効求人倍率は，二次労働市場に限定されていない．
32)　樋口「経済危機と在日ブラジル人」．
33)　浜松国際交流協会ホームページ，http://www.hi-hice.jp/aboutus/statistics.html（2011年8月13日アクセス）．

表1　母語教室「H」ポルトガル語クラス通級者数の推移

	2007年度	2008年度	2009年度	2010年度	2011年度
小学生	88	98	147	185	195
中学生	6	6	17	13	21
不就学	0	2	2	0	0
合計	94	106	166	198	216

出典：「H」運営NPO提供資料より作成．

に減少に転じ，2010年の同月では933人と20%強の減少を見せている[34]．

　こうした傾向とは対照的に，2007年に94名ではじまった「H」ポルトガル語クラスへは2009年度以降もその通級者は増加を続け，2011年度には216人と過去最多の通級者となっている．注目したいのは，2008年度から2009年度にかけて通級者数が106名から166名へと約1.5倍に増加している点である（表1）．こうした通級人数の増加は，労働市場が逼迫する中でのブラジル人家庭の教育戦略を反映していると思われる．彼らは母語指導に何を期待し子どもたちを「H」に通わせているのだろうか．この疑問に答えるために，筆者は上智大学グローバルスタディーズ研究科のグスターボ・メイレレス氏と共同で，「H」に通う子どもたちの保護者に対してアンケート調査を実施した．質問票は筆者が日本語で作成したものをメイレレス氏がポルトガル語に翻訳し，ポルトガル語版を家庭単位で配布した．配布部数178部に対して回収数107部，回収率は60.11%であった．以下ではこのアンケート調査の結果に基づき，ブラジル人家庭の母語ニーズのあり方を考察する．

　はじめに，保護者たちの来日時期と在留資格を確認しておきたい．保護者たちの来日時期を見ると，1990年代前半に来日したものが全体の50%近くを占める．また浜松での滞在歴を見ても，10年以上滞在するものが全体の70%を占めている．他方，彼らの在留資格を検討すると，回答者の73.5%が「永住」の在留資格を有していた．この「永住」の在留資格取得に関しては，のちにも触れるように必ずしも実態としての永住を意味しないが，少なくとも

---

[34] 浜松市教育委員会学校教育部指導課・浜松市企画部国際課「浜松市における外国人児童生徒の教育について」，http://www.h-gyoukaku.jp/council_information/12.html（2011年8月13日アクセス）．および，浜松市教育委員会提供資料「外国人のこどもへの教育支援について」2010年10月．

「H」に子どもを通わせている家庭を見る限り，在住ブラジル人の滞在の長期化は裏づけられる．

　この保護者たちの滞在年数の長さを反映して，子どもたちも非常に幼いうちに来日している．来日時の最高年齢を見ると，6歳で来日したという子どもが3名いるに留まっている．そしてなにより，75.9％の子どもが日本生まれであった．この事実は，子どもたちの日本社会への社会化傾向を想起させる．そこで，日本社会への社会化の度合いを子どもたちの言語習得のレベルから見てみる（表2）．保護者による子どもの日本語能力の評価を尋ねたところ，会話能力では，「支障なし」と答えたものが全体の63.4％ともっとも多く，「ぎこちなさはあるが自信を持って自分の考えを言える」と合わせると全体の80％近くを占める結果となった．他方，日本語の読み書き能力（リテラシー）に関しては，会話能力に比べると，下位カテゴリーの割合が高くなっているが，それでも上位2カテゴリーを合わせると，65％を超える．読み書き能力は子どもの年齢にも大きく影響されることを勘案し，10歳以上の子どもに限って見てみると，上位2カテゴリーが占める割合は約85％となった．回答者は保護者たちなので，子どもたちの言語能力は専門的に測定されている訳ではないが，以上の傾向は，おおむね子どもたちが日本語の環境に適応していることを示すものである．

　他方，子どもたちのポルトガル語能力に目を移すと，会話能力，読み書き能力とも日本語に比較して上位カテゴリーの割合が減少している（表3）．とはいえ，会話能力に関して言えば，極端に低い会話能力を示している訳ではない．「支障なし」の割合は45.9％で，上位2カテゴリーの合計は，約70％であった．このことと同時に，子どもたちの家庭内言語を見てみると，136人中69.1％の子どもが主にポルトガル語で保護者とコミュニケーションをとっている．親子間のコミュニケーション言語としてのポルトガル語はおおむね維持されているといえよう．

　これに比較して読み書き能力を見ると，「支障なし」の割合はわずか4.5％であり，「助けを借りて読み書きできる」の回答も全体の8.3％に過ぎなかった．むしろ多数派は，「簡単な文章の読み書き」レベル以下に属しており，「まったく読み書きできない」との回答も，16.5％と決して無視できない割合だっ

表2 保護者から見た子どもの日本語の会話能力と読み書き能力

	まったくしゃべれない	簡単な日常会話	周りの助けを借りて自分の考えを言える	ぎこちなさはあるが自信を持って自分の考えを言える	支障なし	計
会話能力	0(0.0%)	15(11.5%)	10(7.6%)	23(17.6%)	83(63.4%)	131(100%)
	まったく読み書きできない	単語レベル	ひらがな・カタカナ文の読み書き	助けを借りて漢字混じりの読み書き	支障なし	計
読み書き能力	0(0.0%)	22(16.8%)	21(16.0%)	26(19.9%)	62(47.3%)	131(100%)

注:カイ二乗検定.p＜.05.

表3 保護者から見た子どものポルトガル語の会話能力と読み書き能力

	まったくしゃべれない	簡単な日常会話	周りの助けを借りて自分の考えを言える	ぎこちなさはあるが自信を持って自分の考えを言える	支障なし	計
会話能力	8(6.0%)	20(15.0%)	12(9.0%)	32(24.0%)	61(45.9%)	133(100%)
	まったく読み書きできない	単語レベル	簡単な文章の読み書き	助けを借りて読み書き	支障なし	計
読み書き能力	22(16.5%)	53(39.9%)	41(30.8%)	11(8.3%)	6(4.5%)	133(100%)

注:カイ二乗検定.p＜.05.

た.

　そして,保護者たちが「H」に期待しているのも,このポルトガル語の読み書き能力の向上である.保護者たちの「H」に対する改善要求点を複数回答で尋ねたところ,「会話能力の上達」(39.0%)をしのぎ「読み書き能力の上達」が55.8%と,半数を上回る回答者がその改善を望む点の一つとして挙げた.他方で,「講師からのアドバイス」を求める回答は,3.1%に留まった[35].先に「H」の主催者側は子どもたちに対する母語指導そのものよりも保護者とのコミュニケーションの機会を重要視していることを示した.したがって,この点は主催者側の「H」の開催意図と保護者たちのニーズのあり方とのズレの一端

---

35) 「H」のどこに満足を感じているかと聞いた場合でも,「講師から保護者へのアドバイス」を選んだのは,回答者の9.5%だった.

を指し示す．

　では，保護者たちはどのような理由から「H」を選択しているのか．95 の有効回答中，親たちの理由づけは三つの項目に集中した．すなわち，「ポルトガル語を通じて自分のルーツを確認して欲しいから」(21.1％)，「将来ブラジルに帰国する際の準備」(33.7％)，そして「ポルトガル語ができるようになることによって子どもの将来の可能性が広がるから」(39.0％)の 3 項目である．

　自己のアイデンティティの確立のために母語ないし継承語が果たす役割は大きい．コリン・ベイカーは，継承語教育を実施してきたカナダの事例から，継承語教育には，肯定的な自己イメージと自分の背景への誇りを持つことができるようになる効果があると指摘する[36]．特に現状のように，学校の中で日本語が支配的であり，母語が周辺化されやすい状況にあり，また同時に子どもたちの多くがホスト社会生まれの場合，肯定的アイデンティティ確立の場としての「H」の意義は大きい．「H」の講師の C さんは，日本の学校での子どもたちの振る舞いと「H」での振る舞いの違いを次のように指摘する．

　　学校の中で「あなたブラジル人？」って聞くと恥ずかしがって「いいえ」って言う．例えば新しく子どもが［公立学校に］入ってきて，「手伝おうか」って声をかけると，「いいえ，私日本人だから」って言うのね，ブラジル人が．でも「H」の場合は，それはない[37]．

「H」は自己のアイデンティティを形づくる重要な一側面であるブラジル人としてのアイデンティティをはばかりなく表現できる場として期待されているし，また実際にそのように機能している．「自分のルーツを確認して欲しいから」という理由づけは，こうした「H」の役割への期待に根ざしているといえよう．

　「文化的ルーツの確認」以上に割合の多かったのは「帰国準備」と「将来の可能性の拡大」である．これらの理由が挙げられる背景とはどのようなものか．このことを解釈するには，保護者たちの将来計画を検討する必要がある．

　経済危機に伴う労働市場の逼迫は，ブラジル人たちの将来計画にも大きな影響を与えた．表 4 は経済危機前後での保護者たちの将来計画の変化を示してい

---

36) Colin Baker, *Foundations of Bilingual Education and Bilingualism*, 4th ed., Clevedon, U. K.: Multilingual Matters, 2006, p. 281.
37) C さんへのインタビュー，2011 年 3 月 16 日．

表4 経済危機前後での将来計画の変化

		元々の将来計画				
		ブラジルへの帰国	ブラジルと日本の双方を視野	日本への定住	その他	計
経済危機後の将来計画	ブラジルへの帰国	6(42.9%)	11(25.0%)	5(13.5%)	1(20.0%)	23
	ブラジルと日本の双方を検討	8(57.1%)	29(65.9%)	17(46.0%)	1(20.0%)	55
	日本への定住	0(0.0%)	1(2.3%)	14(37.8%)	1(20.0%)	16
	その他	0(0.0%)	3(6.8%)	1(2.7%)	2(40.0%)	6
計		14(100.0%)	44(100.0%)	37(100.0%)	5(100.0%)	100

る．第一に指摘したいのは，全体の傾向として，経済危機後には日本への定住を計画している層が減少していることである．より詳しく見てみるならば，以前には定住を検討していた層の46%が経済危機後では双方の社会の可能性を検討するようになっている．また，もともとブラジルへの帰国を検討していた層，および双方の社会を検討していた層から日本への定住へ切り替えたのは，わずか1組に過ぎなかった[38]．

第二に指摘したいのは，彼らの将来計画がブラジルへの帰国へと完全に傾いている訳ではないことである．全体としてみれば，確かにブラジルへの帰国を検討する層は経済危機後に増加している．しかし同時に，当初はブラジルへの帰国を検討していた層も，57.1%が双方の社会を居住の候補地として検討するようになっている．むしろ経済危機後の将来計画においてもっとも高い値を示したのは，ブラジルと日本の双方の社会を居住地として検討する層である．

しかしこうした将来計画の変更は，必ずしも明るい展望を示しているとはいえない．なぜなら，この変化は，経済危機による労働市場の逼迫によって生じたものだからである．日本への定住を計画する層の減少は，定住の断念と解釈できるし，双方の社会を居住地として検討するという行為は将来計画の迷いを示しているように思われる．以前から，滞在年数の長さに比較して日本への定

---

[38] 同時に指摘しておきたいのは，経済危機後では「永住」の在留資格を持つものであっても日本への定住を計画しているものは13.3%に過ぎず，58.7%が双方の社会を居住地として検討していることである．法的資格としての「永住」は必ずしも当事者の主観的意向としての永住を意味しない．

表5 経済危機後の将来計画と「H」に子どもを通わせる理由のクロス集計

		「H」に子どもを通わせる理由				計
		ブラジルへの帰国準備	自分の文化的ルーツ	将来の可能性の拡大	その他	
経済危機後の将来計画	ブラジルへ帰国	15(68.2%)	2(9.1%)	3(13.6%)	2(9.1%)	22(100%)**
	ブラジルと日本の双方を視野	13(26.0%)	13(26.0%)	23(46.0%)	1(2.0%)	50(100%)**
	日本に定住	3(20.0%)	3(20.0%)	7(46.7%)	2(13.3%)	15(100%)
	その他	1(20.0%)	0(0.0%)	3(60.0%)	1(20.0%)	5(100%)
計		32	18	36	6	92

注：カイ二乗検定．*$p<.05$．**$p<.01$

住を主観的にも決意したブラジル人は少ないと言われてきた[39]．経済危機とそれに伴う労働市場の冷え込みは，彼らをますます二つの社会の間の宙吊り状態へと追い込んだ．

こうした宙吊りにされた将来計画のあり方を確認した上で，再び「H」に子どもを通級させる理由を検討しよう．表5は経済危機後の将来計画と「H」へ通級させる理由のクロス集計である．残念ながら，日本への定住を検討する層に関しては，そこから含意を引き出すにはサンプル数が少ない．しかし，それ以外の主要な二つの層，すなわち，ブラジルへの帰国を検討している層と，双方の社会を居住地として検討している層に関しては，それぞれに特徴的な理由が示されている．

一方で，ブラジルへの帰国を考えている層は，ブラジルへの帰国準備のために「H」を利用している傾向が強い．将来ブラジルに帰国した際に必要となるポルトガル語を子どもに身につけさせたいというのは，保護者の考えとして論理整合的である．他方で，双方の社会を候補地として検討している層を見ると，「ポルトガル語ができるようになることによって子どもの将来の可能性が広がるから」という理由を選んでいる割合が高い．将来計画が宙吊りにされているがゆえに，将来ブラジルに帰国することになっても，また日本に留まるにしても，ポルトガル語が子どもにとっての資源となるとの期待がここに表れている．

---

39) 樋口直人「一時滞在と定住神話の交錯——ブラジル人労働者の滞日見通しをめぐって」梶田・丹野・樋口『顔の見えない定住化』．

将来計画の不安定さの裏返しとして，子どものポルトガル語習得はその不安定さを担保するいわば保険のようなものとして機能している．

いずれの場合にも共通しているのは，母語を子どもの資源として捉える視点である．「H」の主催者側とその利用者側との間で，「H」での母語指導の意義づけに関して大きくズレが認められるのはこの点である．ブラジル人の保護者にとって，「H」で行われている母語指導は，日本の公立学校への適応のための補助手段以上の意味合いを持つ．経済危機は，ブラジル人の大量帰国をもたらすと同時に，日本に留まったブラジル人の間にも将来計画の上での迷いを強いることになった．将来見通しが不安定な中で，子どもの母語習得は将来計画の柔軟性を確保すると同時に，子どもの将来の可能性を拡張する資源として捉えられている．「H」が提供する母語指導は，この資源としての母語に対するニーズからブラジル人の保護者たちによって支持され，そして人気を集めている．かれらの母語であるポルトガル語は，当初主催者側が想定していた限定的位置づけとは異なり，子どもたちの教育にとってより本質的なものとして捉えられている．ブラジル人個人にとって，労働市場の構造を自らの手によって変革することは難しい．また「H」自体は行政によって与えられた機会である．しかしそうであっても，ブラジル人の保護者たちは，与えられた機会の中で，不安定にならざるを得ない将来計画のリスクを最小化すべく，子どもたちに資源としての母語を身につけさせようとする．ここに，ブラジル人たちの行為主体性が表れている．

おわりに——トランスナショナルな可能性としてのバイリンガル教育

本論を通じて見えてきたのは，第一に，母語指導に対する行政の副次的な位置づけであった．当初，母語指導は，ブラジル人たちが早期に帰国するとの見通しから行われていた．しかし居住するブラジル人たちの滞在が長期化するのにともなって，彼らの母語の意義は，日本の学校への適応を助ける限りで認められるにすぎないものとなっていった．「H」の母語の位置づけも，こうした母語の位置づけを踏襲するものであった．しかしながら，利用者としてのブラジル人たちは，そのような主催側の意図とは異なり，母語を子どもの教育達成

に必要な資源と捉え「H」を利用していた．本論はここに子どもたちの将来の可能性をできる限り拡大しようとする在住ブラジル人たちの行為主体性の存在を指摘した．

しかし同時に指摘しておかなければならないのは，こうした行為主体性の発揮は，労働市場の逼迫によって強いられたものだということである．ポルトガル語が資源として捉えられ，そこに子どもたちの将来に対する期待が託されているとしても，その期待が現実となるかは別の問題である．樋口直人の指摘するように，将来の居住地を日本かブラジルかに限定しない状態は「どこにも帰属できない状態」へと陥っていく可能性は否定できない[40]．

とはいえ，双方の社会を共に居住の候補地として検討するということは，彼らがトランスナショナルな射程において将来計画を描けるという生き方の幅を示してもいる．したがって問題は，「どちらか」という選択を突きつけることではなく，「どちらも」という可能性を担保することである．現にブラジル人の保護者たちの「H」の利用の仕方は，このような「どちらも」に対応しようとする「戦術」であった．

しかし同時に，主催者と利用者の意図のズレが示すように，この「どちらも」に対応する制度的支えは弱い．特に外国人の定住化を前提とする際，教育分野での取り組みは，公立学校への適応，すなわち日本社会への同化へと傾き，彼らの選択の幅を狭める方向に働く．この「どちらも」に対応するには，母語を彼らの資源として捉えることが必要となってくる．

とはいえ，いずれ帰る存在だからという想定に基づく母語指導にも問題がある．第2節で紹介したCさんの懸念が示すように，短期滞在を見込んだ母語指導は，日本社会と子どもたちの関係の軽視につながり，いざかれらが日本に残るとなった際に彼らを苦境に立たせる恐れがある．

そこで求められてくるのは，母語と現地語との間に優劣関係を設けないバイリンガル教育である[41]．そのようなバイリンガル教育は，ブラジルに帰国するにしても，日本に留まるにしても，そのどちらにも対応しうる．塩原良和は，

---

40) 樋口「一時滞在と定住神話の交錯」277頁．
41) 太田晴雄『ニューカマーの子どもと日本の学校』国際書院，2000年．

一定の領域内で展開される多文化主義政策がエスニック・マイノリティに属する個々人をエンパワーすることで，領域を超えるトランスナショナルな意義を持つと指摘する[42]．単なる公立学校への適応手段ではないバイリンガル教育が制度的に担保されるとき，国際移動者が潜在的に持つトランスナショナルな生き方の幅に現実的な基盤が与えられ，そこからトランスナショナルな市民性が開花していくのではないだろうか．

　本論が扱ったのは，在住ブラジル人たちのとりうる四つの教育オプションの中の一つでしかないのも事実である．「H」が体現する母語習得の機会に教育をめぐる受け入れ社会と国際移動者の相克が集約的に表れているとはいえ，在住ブラジル人の教育戦術を，その他の三つのオプションを含む彼らを取り巻く教育環境全体の中で改めて把握する必要がある．公立学校の「日本語至上主義」と母語習得機会との関係は本論でも指摘した．本論がとりわけ扱いきれなかったのは，本論冒頭で「退出」オプションと位置づけたブラジル人学校で行われている実践である．ブラジル人学校に子どもを通わせているブラジル人家庭がどのような思いでそのような教育戦術を取っているのか．このことを解明してはじめてブラジル人学校を含むブラジル人居住者の教育戦術を把握することができる．

　　＊　本研究を進めるに当たって，北脇保之氏，「H」教室運営NPO事務局長のAさん，および講師の方々をはじめ，多くの方にお忙しい中インタビューに答えていただいた．ここに感謝の念を申し述べたい．また，アンケート調査の実施に当たっても「H」教室の講師の方々の多大なるご協力を頂いた．重ねて感謝の念を申し上げたい．そしてなによりアンケートに答えていただいたブラジル人の方々に深く感謝したい．

---

42) 塩原良和『ネオ・リベラリズムの時代の多文化主義――オーストラリアン・マルチカルチュラリズムの変容』三元社，2005年，230頁．

第 18 章　地域統合と文化的多様性
ヨーロッパにおける多様性の「尊重」と「管理」

正躰　朝香

はじめに

　欧州連合(EU)は「多様性の中の統合」(united in diversity)を，ヨーロッパ統合のスローガンとして掲げてきた．また，「自由，平等，法の支配」を「ヨーロッパ的価値」として，統合ヨーロッパを「価値共同体」あるいは「理念の共同体」とさえ呼び，これらの価値の尊重を背景に多様性を維持しながら一つの共同体として発展することを目指し，EUの枠組みの内外で，これらを具現化するような体制を築いてきた．

　一方で，最近みられるいくつかの兆候，例えば排外主義を唱える極右政党の勢力拡大，ブルカ禁止をめぐる各国の類似傾向，中東からおしよせた多数の移民・難民への対応などは，ヨーロッパが掲げる多様性の尊重にも，そこで謳われる異文化集団への寛容な眼差しにもほど遠い．それではヨーロッパが尊重を表明する「多様性」とは何であろうか．

　「多様性の中の統合」を標榜し，法の支配のもと自由で平等な共同体を目指すヨーロッパは，域内に抱える様々な次元の文化的多様性の問題にどのように対処しようとしてきたのか．最近のヨーロッパでみられる明らかに不寛容な異文化への姿勢は，ヨーロッパがその理念を放棄したことを意味するのだろうか．

　本論では，ヨーロッパが抱える多様性の問題を，いくつかのタイプに整理し，近年深刻な問題となりつつある領域的背景をもたない文化に対する欧州の扱いを，これまでの領域に根ざした文化の多様性の扱いと比較検討する．今日のヨーロッパにおける多様な文化の対立と共存の問題を検証することで，ヨーロッパにおける多様性の尊重と排除の相克を明らかにしようと試みるものである．

1　ヨーロッパ統合と多様性

(1)「多様性の中の統合」とヨーロッパ

「多様性の中の統合」という理念は，ヨーロッパ統合の早い段階から掲げられているモットーであり，多様性の保護と促進は今日の EU の様々な政策文書，スピーチなどに繰り返し登場する基本原則である．1993 年に発効したマーストリヒト条約(欧州連合条約)において，文化領域の権限が EU に付与されることになり，また，1997 年のアムステルダム条約第 151 条第 4 項において，「とりわけ文化の多様性を尊重，促進するために，本条約に規定されている他の領域の活動を行うにあたって，文化的側面を考慮しなければならない」という文言が加えられた．2007 年 12 月に調印されたリスボン条約(新基本条約)は第 3 条で，「連合は，その豊かな文化的および言語的多様性を守り，欧州の文化遺産の保護と発展に努める」と謳っていて[1]，「多様性の中の統合」は EU の法原則にもなりつつあるといえる．

(2)「多様性」の三つの次元

「多様性」とは文化的な多様性をあらわすが(ここで文化的の意味するところは幅広い)，どのような集団が保持する文化かについては整理して議論する必要がある．ヨーロッパ統合の文脈において「多様性」ということばが表すところは，次の三つである．

第一に，EU 加盟各国文化の多様性，第二に各加盟国内の(あるいは複数国にまたがる)地域的(民族的)多様性，そして第三に，比較的最近ヨーロッパに流入した集団(移民・難民)の文化的多様性である．

加盟各国の文化はフランス，ベルギーといった EU を構成する国家の国民の主要な文化ということであり，多数派としての国民文化とも捉えることができる．地域とは加盟国内のマイノリティ地域，例えばフランスのアルザス地域，スペインのカタロニア地域などを表す．そして第三の集団とは，ドイツのトル

---

1) 小林勝訳『リスボン条約』御茶の水書房，2009 年，10 頁．

コ系移民，ベルギーのマグレブ系移民，ヨーロッパ各地のロマ人などがあげられる．ここで重要なのは，前二者が主権国家としての領域や行政単位，あるいは民族的ホームランドをもつ集団として「領域」と結びつけて認知できる集団であるのに対し，第三のカテゴリーについては，特定の領域と結びついたかたちでとらえることができない「非領域的集団」であるという違いである．これは例えば，ヨーロッパの大都市に移民が多く集まる地区があるということとは本質的に異なっていて，歴史的な背景や根拠をもつ領域があるかどうかという点が，前二者と後者を分ける大きな違いである．従って第一のカテゴリーに対して，マイノリティという位置付けでは第二のカテゴリーと第三のカテゴリーは共通しているが，「領域性」の有無という点において，両者は本質的に異なるものである．

本論文は，これら三つのカテゴリーの文化的多様性について，ヨーロッパが統合プロセスのなかでどのように位置付け，対応してきたかについて整理した上で，各カテゴリーのもつ多様性と，それに対するEUや各国の対応の差違が意味するところを考察しようと試みるものである．

2 加盟国文化の多様性の尊重

(1) ヨーロッパ統合における「文化」

ヨーロッパ統合における加盟国の文化的多様性についての言及は，統合ヨーロッパが拡大した画一的なヨーロッパ国家を目指すものではないという文脈のなかで繰り返しなされてきた．しかし，文化の領域については，基本的には各加盟国の専管事項とされてきたし，人権や民主主義といった価値の側面については，欧州審議会(Council of Europe)が主として扱うべき領域とされてきた．この傾向が明確に変化し，EUの政策領域として文化を扱うようになるのは，1993年発効のマーストリヒト条約からである．政策対象として言及される文化には，次の二つがある[2]．すなわち，アイデンティティとしての文化，そしてソフト・パワーとしての文化である．このアイデンティティの文化という文

---

[2] ヨーロッパ統合における文化の扱いについては，川村陶子「EUの教育・文化交流政策」坂井一成編『ヨーロッパ統合の国際関係論』第2版，芦書房，2007年を参照．

脈においては，統合に対する一般のヨーロッパ市民に向けた共通の基盤づくりが強調されるが，そのことがヨーロッパ文化の画一化をもたらすものではなく，むしろ多様な文化こそがヨーロッパの豊かさであり，多様性を認める価値や理念がヨーロッパ共通の基盤であり，アイデンティティであると定義された．確かにある時期，ヨーロッパの歌としての歓喜の歌や，共通ナンバープレートといった画一化に映る動きもあるが，同時にヨーロッパの人々を交流させ，多様な文化を認識し，相互理解をうながす政策意図も強く窺える．

近年の文化領域の政策を具体的に見ると，例えば「ヨーロッパ文化アジェンダ」[3]における 2011 年から 2014 年の 4 カ年の活動計画によれば，五つの重点領域の筆頭に，「文化的多様性の維持，異文化間対話，アクセス可能で包摂的な文化」があげられている．各加盟国の文化的多様性を維持し，多様性の尊重という価値観そのものをヨーロッパ文化の基盤にするという方針のもと，加盟各国の文化の違いを理解し，多様な文化それぞれを繁栄させるための施策に力を入れるというものである．

このような方針の具体的表れとして顕著なのが，「欧州文化首都」(European Capital of Culture)や「多言語主義プログラム」，「エラスムス」をはじめとする若者の交流プログラムなどである．多様な文化的背景をもつ加盟国の特に若い世代を積極的に交流プログラムに参加させ，ヨーロッパの複数の言語を習得できるよう教育することによって，「多様性の中の統合」というスローガンを実態のともなった感覚として共有させようとする政策意図がそこにはある．

(2) EU 公用語にみる加盟国文化の多様性の尊重

各加盟国の文化的多様性の尊重をもっともわかりやすいかたちで反映しているのが，EU の公用語である．1958 年の閣僚理事会が定めた規則第 1 号が，「加盟国の公用語をすべて EC 諸機関の公用語とする」という多言語主義についての規定であったことは有名であるが，欧州石炭鉄鋼共同体の原加盟国 6 カ国の時代の 4 言語(フランス語，イタリア語，ドイツ語，オランダ語)から今日

---

3) "Conclusions of the Council and of the Representatives of the Governments of the Member States, meeting within the Council, on the Work Plan for Culture 2011–2014," *Official Journal of the European Union*, C 325 (2 December 2010).

のEU 27カ国に拡大しても，かわらずすべての加盟国の公用語(23言語)がEU公用語として認定されている．また，欧州諸機関で働くおよそ4万人のEU職員のうち1割が，言語の通訳，翻訳に関わる仕事をしている職員である[4]．実務レベルでの作業言語として，英語，フランス語，ドイツ語が圧倒的に使われていることは確かであるが[5]，「多様性の中の統合」という理念をわかりやすいかたちで実践するために，そのための膨大なコストの負担にも，必要な人材育成にも積極的である．

急速に加盟国が増加したEUであるが，加盟国国民に対して，EUへの参加が自国文化の発展と両立するものであることを強調し，欧州統合への支持を確保するためにも，そしてEU域外にむけても画一化した巨大なEU国家の構築という恐れを抱かれないためにも，加盟国の多様な文化の尊重は，EUにとっての大前提であり，スローガンとしても，実態をともなうべき政策課題としても重要なのである．

3　地域的多様性の尊重とレジーム化

(1) 「地域」の権限強化と地域的多様性維持の志向性

ヨーロッパにおける地域的文化の多様性の保護については，主に二つのルートで進められてきた．一つは，各加盟国内の分権化や地域的多様性の尊重の動きを受けるかたちで，EUとして地域的多様性を重要とみる眼差しが育まれたことである．同時に地域の自立性を高めるようなかたちでEUのなかでの「地域」の権限が強化され，地域の果たす役割が大きくなったことである．この背

---

[4]　厳密にいえば，ルクセンブルク語はフランス語・ドイツ語と同様にルクセンブルクの公用語に加えられたが，EUの公用語には挙げられていない．欧州委員会駐日代表部『europe』winter 2009, 26頁．

[5]　現場では「リレー通訳」(英仏独語など使用頻度の高い言語を媒介にして各言語に訳す方式)をとることによってコスト削減をはかっている．また実際に使用される言語としては英語の伸張が著しく，例えば欧州委員会の文書でみると，2001年の55%から2010年には78%にまで上昇している．これに対して，フランス語は30%から7%へと大幅に低下している．『朝日新聞』2012年3月4日．

景にはヨーロッパ統合の深化の中で,連邦主義的な統合を進める重要な概念として「補完性原理」(the principle of subsidiarity)が規定され,多層統治ともいうべき多様な主体の政策決定への関与が見られるようになったことがある[6]。

具体的には,1992年のマーストリヒト条約によって「地域委員会」(Committee of the Regions)が設立され,多様な主体が統合に関わるようになり,とりわけ下位国家主体としての「地域」の権限がEUのなかで強化されてきたことである。あるいはEUの政策として共通農業政策に次ぐ予算執行規模をしめる地域政策の実施において,実際に重要な影響を受ける地域の意思決定への参加を可能にするという必要性もあった。ここでいう地域は,必ずしも文化的な独自性を持った地域(あるいは少数言語地域)と重なるわけではないが,地域文化の独自性や多様性の尊重を主張する地域の要求の実現において,大きな後押しになった。EUの枠組みにおいて文化的な独自性の保持を目指す地域において,その多様性を尊重する価値観とそれを具現化する手段が同時に確保されたことを意味するからである[7]。

(2) 欧州審議会における地域的少数文化保護の枠組み形成

もう一つは欧州審議会の枠組みを中心とする地域的少数文化保護を重視する動きである。1949年に発足した欧州審議会は,文化や人権,民主主義といった,いわゆる「ヨーロッパ的価値」の番人を自負する機関であり,EUの制度枠外の機関ではあるが,EU加盟国はすべて加盟前に欧州審議会に入っており,とりわけ文化の領域において強く連携することが条約にも明記されている[8]。

1960年代以降のエスノ地域主義の高まりを背景に,マイノリティ地域の文化保護についていくつかのチャンネルによる勧告や決議が出されたことを受け

---

6) EUにおける下位国家主体の権限強化については,正躰朝香「『多様性の中の統合』を目指すEU——地域・文化の多様性とアクターの多様化」坂井編『ヨーロッパ統合の国際関係論』。

7) 地域委員会については,正躰朝香「EUの多層統治と『地域のヨーロッパ』——『地域委員会』設立15年」『京都産業大学論集(社会科学系列)』第27号(2010年)。

8) 欧州連合運営条約第220条。また2001年4月には欧州審議会とEUは「協力とパートナーシップに関する共同声明」に署名し,優先順位の設定や協調行動などについて体系的に定めている。Council of Europe, "Joint Programmes between the Council of Europe and The European Union," http://www.jp.coe.int/default.asp(2012年3月30日アクセス)。

て，1985年5月，欧州審議会閣僚理事会は「欧州の地域言語または少数言語に関するアドホック専門委員会」を設立し，少数地域言語保護のための憲章作成に向けて具体的に動き出した[9]．1992年に採択され，1998年3月に発効した「欧州地域・少数言語憲章」(European Charter for Regional or Minority Languages)は，その前文において「欧州諸国および諸地域における地域言語または少数言語の保護促進が，国家主権と領土保全の枠内における，民主主義と文化的多様性の原則に基づいた欧州建設への大きな貢献をする」[10]と述べている．

この憲章において，「地域言語または少数言語」が意味する言語とは，「国家内のある領域において当該国家の他の住民よりも数的に小さい集団を構成するその国家の国民によって伝統的に使用され，かつその国の公用語でないもの」[11]とされ，公用語の方言および移民の言語は含まれない．またどの言語をこの憲章の約束対象とするかについては，各締約国が選択するものとされるが，選択された言語に対しては，憲章で謳う規定が適用され，教育や行政サービスにおける地域言語の保護促進を進めることとなる．

ここで重要なのは，この憲章で保護される対象としてあげられている地域・少数言語とは，あくまでも歴史的にヨーロッパに存在してきた集団の言語であり，比較的最近流入した移民の言語は，歴史的・領域的に根ざしたものではないという説明のもと，保護される対象としては想定されていないことである．

2013年2月時点で欧州審議会加盟47カ国のうち25カ国（イギリス，ドイツ，スイス，オランダ，スペインなど）が批准を終え，憲章の規定が適用されている．一方で，署名したものの依然として批准していないフランスや，言語問題の対応が難しいベルギーやエストニアなどのように署名すらしていない国もある．しかし，欧州議会が「EUにおける言語的・文化的マイノリティに関する

---

9) 欧州審議会主催の欧州周辺地域当局会議におけるガルウェイ宣言(1975年)，地域分権化問題に関する欧州審議会会議における「マイノリティの文化的権利に関する欧州憲章作成の勧告」(1978年)，欧州議会の「地域言語文化の共同体憲章，ならびに種族的マイノリティの権利憲章に関する決議」など．渋谷謙次郎編『欧州諸国の言語法』三元社，2005年，24-25頁．

10) Council of Europe, "European Charter for Regional and Minority Languages," http://www.coe.int/t/dg4/education/minlang/default_en.asp(2013年2月13日アクセス).

11) 「欧州地域・少数言語憲章」第1条．

決議」(1994年)において,「マイノリティ言語・文化もまたEU文化, ヨーロッパの遺産にとって不可欠な一部をなしていると主張し, EUはこれらの地域的マイノリティ言語・文化に法的保護を与え, 必要な財政措置を講じるべきである」[12]として加盟国に対して憲章の署名・批准を求めたように, 地域言語の尊重という価値観は定着しているといえる. これは例えばEUへの加盟条件として設定されたコペンハーゲン基準においても「マイノリティの尊重と保護」が挙げられていることにもあらわれている.

さらに欧州審議会は, 1995年に「民族的少数者保護枠組み条約」(Framework Convention for the Protection of National Minorities)を採択し, 1998年2月に発効させている. この枠組み条約も, 民族的少数者に対する権利について,「アイデンティティを表現し, 保持し, 発展させることを可能にする適切な条件の創出」[13]を目的としている. 2013年1月時点で, 39カ国が批准をすませて適用を受けているが[14], この枠組み条約においても誰を保護すべき少数者として設定するかについては加盟各国が設定できるものであり, 枠組み条約に付帯する宣言においてこれを定めている[15].

このようにEUおよび欧州審議会において形成されてきたマイノリティ保護の枠組みは, 地域的多様性の保護という観点では十分に機能しており, 加盟国の多数派の文化だけでなく, 国内のマイノリティ文化の保護, 多様性も重要なヨーロッパの遺産であり, 豊かさの一部であるという価値の定着が読み取れる. 同時にヨーロッパレベルでの取り組みや保護の枠組みの形成が, 各加盟国の政策を同様の方向へ主導し, そこから逸脱するような動きを牽制する役割をも果たしている. つまり, 地域的少数文化保護については, ヨーロッパとして保護, 尊重のレジームが形成されていて, 加盟国の政策に理念的には制約を与えてい

---

12) *Official Journal of European Communities*, C 61 (28 February 1994), pp. 110-113.
13) 渋谷編『欧州諸国の言語法』40-43頁.
14) 4カ国(フランス, トルコ, アンドラ, モナコ)が署名をしておらず, 同じく4カ国(ベルギー, ギリシア, アイスランド, ルクセンブルク)が署名のみで批准していない.
15) 例えばドイツは, ドイツ国籍をもつデンマーク人, ソルブ民族, フリジア民族とともにドイツ国籍のシンティとロマにも適用するとしている. ここにはトルコ系移民は含まれていない. またルクセンブルクは枠組み条約に署名しているものの, 枠組み条約でいう幾世代にもわたって居住し国籍を有し, かつ民族的および言語的に特徴的な「民族的少数者」は存在しないことを確認するとしている.

るといえる[16]．

　同時に本論での関心から指摘すべき重要な点としては，これらのマイノリティ保護の枠組みが，基本的には加盟国国籍を有し，伝統的に根付いている「領域性」をもった集団，あるいは集団に属する個人を対象としていることである．ユダヤ系住人やロマ人のように，伝統的なつながりがあっても領域の特定が難しい例外的な事例を除いて，移民のように領域を持たない，比較的新しく流入したマイノリティについては尊重，保護すべき文化的多様性とは見ていない．これは上記の憲章や枠組み条約の対象として各国が設定した自国のマイノリティのリストに目を通すと厳然たる事実として存在している．

4　移民・難民と非領域的マイノリティ文化の扱い

　移民・難民政策といっても移民と難民はそもそも流入するルートが異なっており，移民についても合法か非合法かによって政策は大きく異なる．本来はカテゴリーによっての詳細な整理・検討が必要となるのだが，本論での関心はヨーロッパにおいて文化的多様性をどのように認識し，対応しているかという点にある．従って，ここで扱うのは合法的な移民あるいは難民としてヨーロッパに流入した人たち，そしてそのような経緯のもとにヨーロッパで生まれた2世，3世の保持する文化ということになる．ここで問題としているのは文化的な多様性であるので，例えばフランスの移民2世，3世のように多くはフランス生まれの(そして国籍上フランス人である)人たちも含んでいる．つまり各国の多数派文化ではなく，前述した地域的歴史的背景をもつ地域文化でもなく，人の移動の活発化に伴って大量かつ継続的に流入し，定着し，可視化した領域をもたない集団の文化である．一方で，非合法移民については政策対象としてはあくまでも出入国管理の部分でのみ問題とされ，社会統合政策の対象者とはならないため，ここでの考察の対象にはならない．

　移民政策にはどのような人を移民として受け入れるか，という政策理念に基づき，その受け入れを厳格に維持するために行われる出入国管理の側面と，受

---

[16] Peter A. Kraus, *A Union of Diversity: Languages, Identity and Polity-Building in Europe*, Cambridge University Press, 2008.

け入れた移民(あるいは流入した移民)についてどのように社会の一員として統合していくか,という社会統合政策の側面がある．EUは域内の国境検査等の撤廃を定めたシェンゲン協定の共同体化,共通移民政策,難民・庇護政策の共通化を通して,とりわけ出入国管理(入域管理)についての共通化を進めてきた[17]．すなわち,ヨーロッパにおいて移民・難民政策が「共通化」,すなわち「ヨーロッパ化」したというとき,その多くはいわゆる非合法移民の流入を防ぐための,主として治安維持,安全保障上の関心に基づく入域管理の側面が非常に強いのである．一方で,社会統合政策,本論で扱うマイノリティ文化の保護,尊重については,依然として基本的には各国の政策領域とされてきた．

本節では,出入国管理のヨーロッパ化への動きが,社会統合政策のヨーロッパ化へ繋がるのか,そして「多様性の中の統合」を謳うヨーロッパの姿勢は,移民集団の持ち込む文化的多様性にも向けられたものなのか,最近の動きを検証しながら考察する．

(1) ヨーロッパ枠組みでの扱い

合法移民に対する統合政策は基本的には加盟国主導で行われるが,受け入れた移民との軋轢が各国で共通した問題となるにつれ,EUレベルでの情報や経験の共有に向けた動きが見られるようになった．例えば欧州委員会は,2002年,「統合に関する各国連絡窓口」(national contact point)を設置し,さらに2005年9月には「統合のための共通アジェンダ——第三国国民の域内統合のためのフレームワーク」[18]が採択された．これらは移民の社会統合について,

---

17) EUの難民政策については,中坂恵美子『難民問題と「連帯」——EUのダブリン・システムと地域保護プログラム』東信堂,2010年．共通移民政策については,Abdelkhaleq Berramdane et Jean Rossetto, *La politique européene d'immigration*, KARTHLA, 2009; Thomas Faist and Andreas Ette eds., *The Europeanization of National Policies and Politics of Immigration*, Palgrave Macmillan, 2007; 土谷岳史「EU共通移民政策の展開——『移民』と『我々』の繁栄」『高崎経済大学論集』第52巻第3号(2009年12月),10-24頁．
18) 「欧州連合における第三国国籍者の統合に関する統合枠組みのための共通アジェンダに関する,委員会から理事会,欧州議会,経済社会理事会および地域委員会への報告」Communication from the Commission to the Council, the European Parliament, the European Economic and Social Committee and the Committee of the Regions, A Common Agenda for Integration Framework for the Integration of Third-Country Nationals in the European Union, COM(2005)389 final.

一貫したEUレベルの枠組みを構築するべきとの欧州理事会の要請に対して，欧州委員会として対応したものであり，移民が直面する障害を取り除くため，基本権，無差別，機会均等を確実に保障することを強く主張し，各加盟国に包括的な統合戦略の策定を求めたものであった[19]．

　このようなEUレベルでの動きから読み取れる社会統合の面での移民政策の傾向は，経済的論理と移民側への社会統合義務の押しつけである．例えば，EU諸国は人口統計の推移からみても，労働力不足解消のために移民は必要であるという前提にたつが，ここで求められる移民とは，リスボン戦略[20]で謳う「知識基盤経済」に必要な高度技能労働者のことであり，流入する移民の中でこれらの割合を増加させることを重視している．そして移民はその力を十分に発揮するために，受け入れ社会の価値と規範を尊重し，積極的に受け入れ社会に統合されることが，能力発揮のためにも不可欠であるという論理が展開されている．

　また多様な文化的・社会的価値や伝統を背景に持つことがヨーロッパ社会の特徴であり，多様性の尊重は，ヨーロッパ社会の繁栄の基盤であるということは強調されるが，同時に，その前提となるのは伝統的な「ヨーロッパ的価値」の共有である．すなわち，ヨーロッパが求める移民とは，ヨーロッパ的価値や規範を受容し，高度な能力を発揮できるものということになる．一方で，受け入れ社会に対して，受け入れた移民の文化を多様性の一つとして尊重することを求めるようなイニシアティブは見えない．確かに差別の禁止や平等の達成といった，一般的な権利保障の枠組みのなかでは言及されるが，加盟国文化，少数地域文化の尊重や多様性を主張するときの強さは移民文化については全く見られない．移民文化に対する尊重のEUレベルでの共通の動きが見られないままに，第三国国民の流入をEUとしての安全保障上の問題と位置づけるようになり，入国（入域）管理の厳格化ばかりが共通化・ヨーロッパ化しているというのが現実である[21]．

---

19)　欧州委員会駐日代表部『europe』autumn 2006, 5 頁.
20)　リスボン戦略(Lisbon Strategy)とは，2000 年 3 月にポルトガルのリスボンで開かれたEU首脳会議で採択された人的資源に基づく知識社会の構築を重視した長期的な経済・社会改革戦略である．
21)　Rens van Munster, *Securitizing Immigration: The Politics of Risk in the EU*, Palgrave

(2) 移民文化排斥傾向の連鎖現象

　それでは移民文化への反応は各加盟国で大きな差違があるのだろうか．近年，ヨーロッパ各国でみられる移民文化への対応には，共通政策なき共通化，現象としての連鎖とでもいうべき類似性が強くみられる．西欧諸国は第二次世界大戦後の労働力不足を補う目的で，旧植民地国や協定国からの移民を歴史的に受け入れてきた．1970年代の景気後退と失業率の上昇を背景に新規移民の受け入れ停止，制限的な政策へとシフトしたが，すでに定住した移民の家族の呼び寄せや，難民申請などのかたちで多くの移民・難民が流入，定着し，2世，3世と世代を重ねるにつれ，各社会において大きな存在感を持つようになっている．同時にその多くがイスラーム文化圏の出身であることから，彼らの持ち込む移民文化と受け入れ社会のキリスト教圏文化との差異は大きく，両者の軋轢は深まるばかりである．

　このような状況を背景に近年ヨーロッパ各国で顕著に見られるのがいわゆる極右政党の台頭である．フランスの国民戦線，イタリアの北部同盟，英国独立党，オランダの自由党，ベルギーのフラームス・ベラング，オーストリアの自由党など，EUからの脱退や地域の独立など主張の幅は広いが，国家主権やキリスト教の伝統的な価値観を重視し，移民排斥や移民文化の制限を主張する点で共通している．最近では，これまで欧州においてもとりわけリベラルで寛容度の高い社会と認識されてきた北欧諸国においても，スウェーデンの民主党やデンマークの国民党，ノルウェーの進歩党(2009年選挙で約23％の得票率)，さらにはフィンランドにおける「真のフィンランド人」(2011年選挙で約19％の得票率)の大躍進など，国政レベルでの議席獲得や法案成立に大きな影響力を行使できるほどの勢力拡大がみられる．

　これらの右翼・ポピュリスト政党が一定の影響力を行使しうる勢力になることによって，彼らの主張する移民文化の制限や排除を反映するような政策が現実化しやすい状況が生まれている．ヨーロッパ諸国では二大政党による政権交代というよりは，複数政党による連立政権が形成されることが多い．極端な主

Macmillan, 2009; Christine Bertrand sous la direction de, *L'Immigration dans L'Union Européenne*, L'Harmattan, 2008.

張をする右翼・ポピュリスト政党を排除して連立政権を組むことで，多くの政党が連立与党に参加することとなり，結果これらの右翼・ポピュリスト政党が次回選挙時の政権政党への不満の受け皿になると同時に，わかりやすい言説で一層支持が拡大していくという循環がたびたびみられた．加えて，2001 年以降の嫌イスラーム，反移民の傾向，そして右翼・ポピュリスト政党が幅広い支持獲得のために以前より穏健な主張を繰り広げる戦略をとっていることもあって，右翼・ポピュリスト政党への支持は各国でますます広がっている．最近では，連立政権に加わる政党，閣外協力を行う政党，あるいは法案成立の可否を左右するような位置を占めるケースが見られるようになった．このような社会状況を受けて，伝統的政党も，選挙キャンペーンにおいて支持を広げるためには，移民に対するより排除的な政策の主張や制限的な姿勢を打ち出すことが必要と認識されるようになっていて，各国における移民文化に対する政策は総じて厳しくなる傾向が続いている．

　このようなヨーロッパ諸国における社会状況が典型的に現れたのが，ブルカやニカブ(いずれもイスラーム教徒の女性が全身を覆う衣装)の禁止について見られる同調の連鎖である．これまでもフランスでは公的空間での政教分離の原則から，公立学校でのイスラーム女性のスカーフ着用が議論になることはあったが，それが他の国に次々と広がるようなことはなかった[22]．しかし移民の流入と治安問題やテロ対策とを関連づけて議論する風潮の高まりを背景に，フランスやベルギーでブルカを禁止する法律が議論されるようになると，各国でも同様の動きが次々とみられた．2011 年 4 月にフランス，7 月にはベルギーでそれぞれブルカ禁止法案が成立，施行されるに至ると，イタリアやオランダ，スペインやスイスでも同様の法案成立に向けて手続きが進行している．禁止の根拠として治安維持(身元確認や危険物の所持)を最大の理由としている点で共通

---

[22] 1980 年代に公立学校に通うイスラーム教徒の女性徒がスカーフの着用を理由に退学を命じられたことがきっかけで起こった問題で，フランスの厳格な政教分離原則(laïcité)が背景にある．2004 年には，スカーフだけでなく，大きな十字架などすべての宗教的シンボルを禁じた「公立学校における宗教的シンボル禁止法」が成立している．他のヨーロッパ諸国では，個別には同様の問題が生じたりもしたが，各国政府レベルの反応としてはフランスに同調するような傾向はほとんどみられず，多くの国では個人の宗教実践の権利としてスカーフの着用は当然可能と受けとめられた．

しているほか，女性の地位向上を挙げている場合もある．例えばフランスでは，違反者には 150 ユーロの罰金（市民権講座の出席で罰金を免除する場合もある）が科せられる．また，ブルカ着用を強制した者については着用者以上の罰金（1 万 5,000 ユーロ）や 1 年の禁固刑が科せられる可能性もある[23]．ヨーロッパには多数のイスラーム教徒がいるが，実際にブルカやニカブを着用している女性は少ないことから，現実に取り締まりの対象となる数はわずかであるが，多様な価値を尊重することを声高に謳ってきたヨーロッパにおけるこのような傾向の広がりは，移民文化と向き合うことの難しさと寛容度の急速な低下が顕著にあらわれていると理解するしかない．

このような連鎖現象は他にも見られる．例えば，2009 年 11 月にはイスラーム教寺院の尖塔（ミナレット）の新規建設を禁止するかどうかを問う国民投票がスイスで行われた．特定の宗教に対する差別であるとして政府は反対していたが，これまでも敵対的な移民政策を展開してきた保守系の国民党の主導のもと国民投票にかけられ，57.5% の賛成で可決されている[24]．国民投票の結果を反映した憲法改正にあたっては，欧州人権条約への抵触などの可能性もあり依然として不確定な状況ではあるが，スイスでの動きに対して，オランダ自由党，フラームス・ベラング，デンマーク国民党，イタリアの北部同盟など，ヨーロッパ各国の右翼系政党が一斉に賞賛のメッセージを送り，オランダ自由党はモスク建設の禁止など，自国においても同様の動きを主導していくという声明を出した．

(3) 非領域的マイノリティ文化の「管理」

非領域的文化に対するヨーロッパの姿勢は急速に排除的な方向へ向かっている．移民問題が各国の問題からヨーロッパとしての治安の問題として安全保障の領域に位置づけられたのを背景に，主に出入国管理の分野においてはヨーロッパとしての共通の枠組みを構築しようとする試行が重ねられてきた．EU 域内での人の自由移動が保証され，国境を越えた人の移動が活発化するのとセッ

---

23) 『朝日新聞』2011 年 8 月 3 日，2011 年 9 月 8 日．
24) "La construction de nouveaux minarets interdite en Suisse," *Le Monde*, 1er décembre 2009．スイスの 26 州のうち，反対が優勢だったのはジュネーブ州など 4 州のみであった．

トとなって，EUとしての入域管理の厳格化，制限的傾向は強まってきた．ここで移民政策の共通化という宣言のもと，流入した移民の受け入れ社会への統合，彼らの文化的権利の尊重の領域もあたかも共通化されたかのような錯覚を覚えるが，この分野は基本的に各国の権限に委ねられたままである．政策提言や文書には「多様性の尊重」が強調されるが，これはあくまでも受け入れ社会の価値や文化を受容した上で，それに抵触しない限りにおいての移民個人の文化的多様性を認めるものにすぎない．移民に対してはもともとの文化に加えて，ヨーロッパ文化・価値との両立，多様性の尊重が求められるのに対して，受け入れ側が移民の文化をも包摂するような多様な社会の形成を目指す姿勢を求められることはほとんどない．つまり，非領域的マイノリティ文化について語るとき，多様性が求められるのはもっぱら流入した移民の側ばかりなのである．その意味で非領域的マイノリティの文化的多様性に対するヨーロッパの姿勢は尊重，というよりはむしろ排除，あるいはホスト社会の文化との摩擦をさけるような「管理」であるといえる．

　そればかりか，移民文化に対するヨーロッパとしての共通の枠組みが形成されないまま，隣国での排除的動きや不寛容な政策が伝播し，共感され，模倣されるという現象が生じているのである．ブルカ禁止法案にしても，右翼・ポピュリスト政党の伸張にしても，このような傾向が顕著にあらわれた事例であり，不寛容な姿勢を和らげるようなヨーロッパとしての主張や協調した取り組みは，移民文化に対しては見られない．領域に根ざした加盟国内の地域文化に対するような多様性尊重の姿勢は，領域を持たない新興の移民集団には向けられていないのが現状である．

おわりに

　本論では，ヨーロッパにおける文化的多様性の尊重と管理について，カテゴリー別に検討してきた．その結果次のようなことがいえる．領域性をもつ文化，すなわち加盟国の（伝統的）文化とされるもの，そして加盟国内の地域的マイノリティの文化についての保護，尊重という理念，それを実践する枠組みが確立されてきた．他方，比較的最近になってヨーロッパ各国に流入してきた（領域

的背景を持たない）移民・難民の文化については大きく異なる対応がみられる．とりわけ数的に目立つイスラーム系移民の文化については，排除ともいえる動きがヨーロッパ各地で生じている．文化的多様性の尊重が，加盟国文化の尊重から地域的多様性の尊重へと拡大し，確固たるものとなる一方で，領域をもたない少数者の文化を尊重，保護するような枠組みの形成は行われていない．移民・難民の文化的権利や社会統合の取り組みは，ヨーロッパレベルでの共通化，レジーム形成には全く至っていないにもかかわらず，ブルカ禁止法や尖塔・モスク建設の制限，移民排斥運動の連鎖といった，多様性の排除，管理の方向での収斂が結果としては起こっているように思われる．

　多様性についてのヨーロッパの取り組みを尊重と排除とに分けているのは「領域性」の有無である．ヨーロッパは統合を拡大し，深化させることで域内の境界を容易にこえられるように，意識してきた．ところがその結果，域内外を隔てる境界は文化の領域においてより鮮明化しており，「領域性」の有無という基準をもとに非領域的文化に対する排除的な傾向を強めている．

　同時にヨーロッパ的な価値としてのマイノリティ文化の保護が，移民文化に対しては「共通化」されていないだけでなく，出入国管理分野での「ヨーロッパ化」が，あたかも社会統合分野での「ヨーロッパ化」をももたらしたかのような錯覚を覚えさせることで，各加盟国が責任を負う合法移民の社会統合や文化の尊重への取り組みの低さを隠蔽しているようにさえみえる．移民政策の共通化が，現実には入域管理政策の共通化にほぼ限定されている現状と，社会統合政策の不備がもたらす各国における移民への不寛容な動きの連鎖は，大いに関係があるだろう．

　ヨーロッパはその統合の過程において，域内の人の自由移動を促進してきた．同時に「多様性の中の統合」をスローガンに掲げ，文化的多様性の尊重という価値を共有し，加盟国の文化から地域的少数文化へとその対象を拡大してきた．しかしながら，領域を持たない移民文化についての眼差しは厳しさを増すばかりである．人の自由移動を重要な成果とする統合ヨーロッパにおいて，領域性原理を根拠に多様性の尊重に制限を加えることは，自己矛盾にもつながる相克であるが，それほどに移動する人が背負ってきた文化への対応が難しいということでもある．いずれにして領域性の有無に基づいて文化的多様性の尊重と管

理を区別する現状の方法では，移動する人の文化的権利保障も，受け入れる側の不満も，どちらの問題も解決できないまま，やはり人の移動は続くということになるのである．

第4部

国際文化関係を動かす活動

第19章 | 女性と国際交流
　　　　　竹中繁と日中女性の連帯

　　　　　須藤　瑞代

はじめに

　各国の女性史を振り返ると，19世紀末から20世紀初頭にかけては，多くの国の女性たちがさまざまな理由，目的で国際的な移動を行うようになった時期として記録されている．こうした女性の移動は，近代において鉄道や蒸気船の定期航海などの新しい交通手段が現れ，いずれも運賃さえ支払えば男女問わず利用できたことによって可能となった[1]．それは，モダンガールという世界的現象をもたらす背景となった[2]．また知識人女性たちの人的ネットワークも徐々に形成されていった．たとえば1915年には欧米諸国の女性たちがオランダのハーグに集まって婦人国際平和自由連盟（Women's International League for Peace and Freedom）を結成した．1924年には日本婦人平和協会（1921年成立）がその日本支部として加えられている．

　こうした動きのなかで，日本—中国間の女性の移動について見てみると，もっとも顕著なのは，中国からは女子留学生[3]が来日し，日本からは中国へ教員が派遣されるという不均衡な人的交流である[4]．中国人女性にとって日本は学

---

[1] 中国大陸で鉄道網が整備されて個人旅行が可能になったことから，数多くの日本の文学者や画家等が中国を旅している．西原大輔『谷崎潤一郎とオリエンタリズム——大正日本の中国幻想』中央公論新社，2003年，32-37頁．女性の渡航者は少ないが，たとえば1928年に与謝野晶子が夫の鉄幹とともに中国，モンゴルを旅行し，1930年には林芙美子も中国を旅行している．Joshua A. Fogel, *The Literature of Travel in the Japanese Rediscovery of China: 1862-1945*, Stanford, Calif.: Stanford University Press, 1996. pp. 266-272.

[2] 東アジアのモダンガール現象については，伊藤るり，坂元ひろ子，タニ・E・バーロウ編『モダンガールと植民地的近代——東アジアにおける帝国・資本・ジェンダー』岩波書店，2010年参照．

[3] 周一川『中国人女性の日本留学史研究』国書刊行会，2000年等参照．

ぶ対象であり，日本人女性にとって中国は教育を与える対象であった．そうした傾向は思想的交流においてもみられ，清末には日本で形成された良妻賢母論が中国に流入し，大きな影響を及ぼした[5]．こうした関係は 1920 年代になると変化がみられた．女性について論じる中国知識人の関心の対象は，欧米の女性論に移り，日本は次第に欧米の女性論を受容する重要なルートの一つという位置づけとなった．中国の『婦女雑誌』等には，日本人が翻訳した欧米の女性論の重訳や紹介等の記事が多数掲載されている．日本の女性の動向についての記事も比較的多く，女性団体の動向や結婚・離婚をめぐる事件などは頻繁に報道されているが，欧米の女性に関する記事よりは少ない．

一方，日本の女性知識人たちの関心も主として欧米の女性たちの動向に向けられていった．中国については，宋慶齢などの動向が多少注目される程度で，あまり関心が向けられていなかったといえるだろう．

こうした状況の中，日本の女性も中国の女性のことを知り，互いに交流するべきだと考えた女性たちも現れ始めた．本稿は，1920 年代から 30 年代にかけて，そうした活動の中心であった竹中繁(しげ)(1875-1968)に焦点を当て，その活動を分析する．竹中繁は東京朝日新聞初の女性記者であり，また市川房枝をはじめとする日本の女性運動家たちとの関わりも深い人物である．彼女は 1926-27 年の半年間中国を旅行し，帰国後には中国を知るための会（一土会）を結成し，日中双方の新聞・雑誌に互いの女性の状況について寄稿するなど，国家間関係の悪化のさなかに，日中の女性同士の相互理解，連帯を目指した活動を行った．

従来中国女性史研究，日本女性史研究は，それぞれ一国史研究の枠内で論じられることが多く，日中関係に関連する研究は，来日女子留学生研究等を除けば比較的少なかった[6]．近代中国および日本女性史研究で重視されてきたのは，

4） たとえば河原操子(1875-1945)はカラチン王府の教育顧問として 1904 年から 1906 年までの 2 年間内蒙古で女子教育にたずさわった．著書に，『カラチン王妃と私——モンゴル民族の心に生きた女性教師』芙蓉書房，1969 年がある．

5） 良妻賢母論の中国への伝播については，姚毅「中国における賢妻良母言説と女性観の形成」中国女性史研究会編『中国女性史論集』吉川弘文館，1999 年；陳姃湲『東アジアの良妻賢母論——創られた伝統』勁草書房，2006 年参照．

6） 日中の女性交流に関連する著作としては，山崎朋子『アジア女性交流史——明治・大正期篇』筑摩書房，1995 年がある．女性論の日本から中国への伝播については，前山加奈子・王宓「日中両国間の女性論の伝播と受容——『婦女評論』における堺利彦」『中国

参政権獲得運動など女性の公的領域への進出，もしくは自由恋愛や自由結婚など私的領域の改変に関わる問題であり，女性の国際的な動きについてはまだ研究途上といえるだろう[7]．そこで本稿では，中国女性史，日本女性史の双方において重要な意義を持つと考えられる竹中繁の活動について論じたい[8]．

1　竹中繁の前半生

　竹中繁については，香川敦子による伝記がある[9]．そのほかには初期の女性新聞記者の一人として多少注目されるのみ[10]で，彼女と中国との関係についてはほとんど研究されていなかった[11]．中国との関わりについて述べる前に，竹中繁の前半生を簡単に紹介しておきたい．

　竹中繁は 1875 年に東京の神田で生まれた．父半蔵は司法省官吏で，母は竹中が 5 歳の時に亡くなった[12]．竹中は 13 歳の時に女子学院に入学し，ここで

　　『女性史研究』第 9 号（1999 年）等がある．
7)　国際的な女性の交流については，石川照子による「中国 YMCA（女青年会）の日本観──雑誌『女青年』の日本関係記事の考察」歴史学研究会編『性と権力関係の歴史』青木書店，2004 年等一連の YMCA 研究が挙げられる．
8)　竹中繁の遺品（日誌，手紙類）は，香川敦子氏，小倉一迪氏，稲葉幸子氏がそれぞれ手元に置かれており，筆者は 2007 年にすべての史料を閲覧する機会を得た．ご厚意に深く感謝している．以下，引用する場合は「竹中繁史料」と表記する．これらの史料はいずれ，すべて婦選会館に保存される予定である．
9)　香川敦子『窓の女　竹中繁のこと──東京朝日新聞最初の婦人記者』新宿書房，1999 年．以下竹中の前半生については基本的に同書に依拠する．また，竹中は，竹中繁子と署名することもあるが，本稿では引用文献を除いて基本的に竹中繁に統一する．
10)　たとえば，江刺昭子『女のくせに──草分けの女性新聞記者たち』インパクト出版会，1997 年参照．また，当時他の女性記者は短期間でやめるものが多く，定年まで 20 年間勤め上げた竹中は，「本格的な女性記者」と評価されている．春原昭彦・米田佐代子・岩崎千恵子・池田恵美子・平野恭子編『女性記者──新聞に生きた女たち』世界思想社，1994 年，17 頁．
11)　中国との関わりに関しては，次の二つの拙稿がある．須藤瑞代「女性記者竹中繁の見た中国女性たち──1920〜30 年代を中心に」『中国女性史研究』第 17 号（2008 年），89-111 頁；須藤瑞代『中国「女権」概念の変容──清末民初の人権とジェンダー』研文出版，2007 年，179-193 頁．
12)　竹中家の先祖は，羽柴（豊臣）秀吉の軍師竹中半兵衛であるという．江刺『女のくせに』179 頁．

の教育で英語が堪能となった．また，時期ははっきりしないが，洗礼を受けている．卒業後は英語力を生かして，ブラックマーホームという私塾でアメリカ人宣教師の手伝いをして働くようになった．

　しかし竹中の人生は順調ではなかった．竹中は，ブラックマーホームに英語を習いに来ていた鳩山一郎（1883-1959，のち第52,53,54代首相）と恋愛関係になり，1907年に未婚のまま男子を出産した．鳩山一郎は竹中より8歳年下でこのときまだ24歳，名家の出であるため二人の結婚が考慮された形跡はなく，生まれた子供はすぐに養子に出された．その後竹中は鳩山一郎とは関係を断ち，その後の子供の養育費も竹中が負担したという[13]．

　竹中は，この秘密裏の出産について，生涯全く口を閉ざし，極めて親しかった市川房枝にも一切語らなかった．おそらくそのころを指すと考えられる記述は，管見のかぎり次の文章でほんのわずかに暗示しているのみである．

　　私は嘗て再び浮上らうかとも思へないほどな深い落ち目に陥つたことがある．そのとき私は意志と理智ばかりの冷たい人とのみ多くの人から解せられてゐた［女子学院］校長矢嶋先生の眼に昵懇者すら嘗て見たことのない温かい涙を見た．さうして先生は社会的に私を殺すまいとしてどれだけ力を尽して下すつたか，今思ふだに先生のその時の優しいお心持ちに胸うたれる[14]．

　竹中の恩師矢嶋楫子（1833-1925）[15]はこのとき，隠れて出産できる病院を紹介し，産後に行き場を失った竹中繁が女子学院の寄宿舎で舎監として働けるようとりはからったのであった[16]．同時期に，竹中は矯風会の活動[17]にも携わるようになった．しかしながら，女子学院内の人間関係に問題が生じ，また秘密裏の出産が噂となったらしく，両方の活動から身を引いた．

13）　香川『窓の女』45頁．また，鳩山はその翌年，幼なじみの寺田薫と結婚している．
14）　竹中繁子「矢嶋楫子女史のことども」『婦人』第2巻第7号（1925年7月）．なお，竹中の記事では「矢島」と表記しているが，ここでは「矢嶋」で統一する．
15）　矢嶋楫子は女子学院の院長をつとめた教育者で，矯風会（1870年代にアメリカで設立されたキリスト教の婦人団体．日本では1886年に矢嶋らが組織，1893年に日本基督教婦人矯風会となる）の活動に尽力した．矢嶋自身も若い頃に，妻子ある男性との間の子供を出産した経験があった．徳富蘇峰と徳冨蘆花は甥にあたる．
16）　香川『窓の女』43-46頁．
17）　たとえば，矯風会の青年部副部長を務めている．『婦人新報』第134号（1908年6月）．

そして1911年に知人のつてで中村有楽を社主とする雑誌社東京パック社に入ったが，予定していた雑誌の刊行が頓挫し，東京朝日新聞社の社会部長渋川玄耳のあっせんがあって東京朝日新聞社に入社した[18]．窓に向かった机で仕事をしていたので，渋川が「窓の女（マドンナ）」というあだ名をつけたという[19]．はじめは社会部，のちに学芸部にうつった．当時の東京朝日新聞社の男性社員の中には，夕方出社してお酒を飲みながら朝刊の原稿を書くものさえあり[20]，独特の雰囲気があったようだ．1928年に入社した新延修三は，竹中はその中で一人いつもきちんと机に正座して原稿を書いており，皆からは「おばちゃん，おばちゃん」と慕われていたと記録している[21]．

　記者時代に，竹中は女性運動にも関わるようになった．たとえば大阪朝日新聞社主催の全関西婦人連合会第1回大会(1919年)では「東京婦人界の現状」という題で報告し，また第6回大会(1924年)では司会をつとめている[22]．市川房枝と親交を結んだのもこの時期である．ただし竹中は，市川のように運動の先頭に立つのではなく，ジャーナリストとしての関わりに徹している．そして，同時期に中国との関わりも持つようになる．

2　第一期――中国旅行(1926-27年)

　竹中繁の中国との関わりは，大きく三つの時期に分かれる．第一期：中国旅行(1926-27年)，第二期：一土会と日中双方向レポート(1930年代)，第三期：中国旅行(1940年)である．

---

18)　竹中はのちに「実は朝日新聞では婦人を採用しないといふ不文律があつたそうでしたのを，渋川玄耳が『女には女のする仕事がそこにある』と言はれて，私を露払ひとして入社させて下さつた」と述べている．「男性から与へられた教へ・力」『婦選』第9巻第1号(1935年1月).

19)　香川『窓の女』53頁．

20)　新延修三『われらヒラ記者』波書房，1973年，47-49頁．

21)　新延『われらヒラ記者』155頁．のちにゾルゲ事件で死刑となる尾崎秀実も，竹中宛の手紙で「おばちゃん」と呼び，病気(上海でチフスに罹患)見舞いへの礼を述べている．「尾崎秀実から竹中繁への手紙」1930年11月7日(消印は11月29日．竹中繁史料).

22)　鈴木裕子編『日本女性運動資料集成　第1巻　思想・政治I　女性解放思想の展開と婦人参政権運動』不二出版，1996年，557-558頁．

ただし，最初の訪中は，第一期の前，1923年であった．大阪朝日新聞社が主催した婦人支那視察団(18名)に参加したのである．2週間程度の旅行であまり積極的な交流はできなかったといい[23]，この経験が一つのきっかけとなって「中国のことが知りたい」という気持ちになったとのちに書き留めている[24]．先述のとおり，当時日本では欧米の女性の情報は比較的入ってきたが，中国女性のことはあまり知られていなかったことも念頭にあった[25]．

　当時，東京朝日新聞社の社員には海外研修の機会が与えられた．竹中に研修の声がかかったのは1926年，入社15年目のことで，竹中は，迷わず中国旅行を申し出た．編集局長緒方竹虎にお金と時間とどちらが欲しいか尋ねられ，両方欲しかったが「時」を選んで，最低の費用で歩けるだけ歩こうということにしたという．そのため，「出かける時に懐中したのは，たったの2,500円」[26]だった．

　ただし，竹中は中国語を話すことは全く出来なかった．そのため，中国語の堪能な服部升子(1881?-1947)[27]が同行を申し出たことは，幸運であった．服部

---

23) 大阪朝日新聞社『五十年の回顧——大阪朝日新聞創刊五十周年記念』大阪朝日新聞社，1929年，54頁．
24) 竹中繁「旅行」1960年ごろ執筆(竹中繁史料)．この原稿は，三十数年前の中国旅行を振り返って旅行記をまとめようとしたものとみられるが，9枚のみでとぎれている．
25) 竹中繁子「支那の旅」『婦人』第3巻第11号(1926年11月)．
26) 竹中「旅行」．
27) 服部升子は1881年頃福島県に生まれ，福島女子師範学校を卒業後，1901年に日本女子大学開校と同時に上京，1904年に第一回国文科生として卒業した．その年，公使館や服部宇之吉らを通して話があり，10月から教師として北京に赴任，豫教，淑範の二つの女子学校で教鞭を執った(青鉛筆の記者「支那留学生の母　服部升子女史」『婦選』第6巻第1号，1932年1月)．1906年に奉天の女子高等師範学堂に移ったが，1914年に父の病気のため賜暇帰国し，父の死後は母とともに故郷の福島に滞在した．1923年に東京小石川白山にあった中華学生寄宿舎に請われて入り，寄宿舎の経営が1924年に日華学会に移ったあともそのまま残留した．竹中との旅から帰国したのちも，日華学会の寮の舎監を続けている．その後服部には1934年に満洲国中央社会事業聯合会より社会事業功労表彰状が贈られている(「服部升子ヘ社会事業功労表彰状転送ニ関スル件」1934年7月，JACAR(アジア歴史資料センター)Ref. B05015013200，東方文化事業部関係／人事雑件　第1巻(外務省外交史料館))．1937年に高血圧のために日華学会の寄宿舎舎監の職を辞し，1947年7月に病気のため他界した．竹中のノートには，服部升子について「その頃の婦人の中国通ではその第一人者として挙げられる筈の人とわたくしは信じている．そして若し今日在世ならば，新中国から真っ先きに招かれ厚く迎えらる可き人であったろうにと，

第19章　女性と国際交流　　413

は 1904 年から 14 年までの 10 年間を北京と奉天で女性教師として過ごし，1924 年からは日華学会の女子寄宿舎舎監をつとめていた．日華学会は，日中関係を改善することを掲げて 1918 年に設立された団体である[28]．服部は多くの留学生の面倒をみていたため，中国の学校を見学したいという希望があり，竹中繁の中国各地を回る旅に同行を申し出たのであった．

二人の中国旅行は 1926 年 9 月～1927 年 2 月の約半年間で，中国はちょうど国民革命軍による北伐の最中であった．二人は東京から神戸へ列車で移動し，船で大連に渡った．そして北伐とは逆に北から南へ，都市から都市への旅をした．竹中は毎日の行動を 2 冊の小さな手帳（「中国旅行日誌」1, 2 とする）に記録している．それをもとに，主な訪問先および面会者などを図 1 にまとめた．

竹中と服部は各都市につくとまず領事館を訪ねて学校訪問などの案内を要請している．東北部では満鉄の職員が案内をすることもあった．また，東京朝日新聞社支那部の太田宇之助が北京と漢口で手助けをしている．

二人の訪問先は各都市の学校訪問が非常に多く，二人が回った学校は，日誌に正式名称がはっきり記されていないものも含めて約 100 校ある．また，学校以外にも奉天同善堂や内外綿株式会社の工場など，さまざまな施設を訪問している．そして特筆すべきは，二人は旅の途中で，数多くの女性リーダーや女性論者たちと面会する機会を得たことである．

個人名が挙げられている人物のうち何人かを見てみると，まずチチハルで出会った呉俊陞将軍の第二夫人李佑陞[29]は「自然に備はる謙遜なふるまひが，初めて会つた我々に大変奥ゆかしく印象されるくらゐであつた」と述べ，夫人がチチハルの平民教育のために寄附をしていること，夫の軍資金が欠乏した際には自らの装身具を売り払ってお金を整えて送ったことなどを紹介している[30]．

内山完造氏の例に照らしてもわたくしは今更のように女史の早折［逝］が惜しまれてならない」と書かれている（竹中「旅行」）．
28) 大里浩秋「『日華学報』目次」神奈川大学人文学研究所『人文学研究所報』第 38 号（2005 年）参照．
29) 李佑陞は李助君ともされる．李佑陞については，早川正雄『呉俊陞将軍の面影』大阪屋号商店，1930 年；張競「与謝野晶子与李助君的戯劇性邂逅――一段鮮為人知的歴史細節」 *The Journal of Humanities Meiji University*, Vol. 7 (2001) 参照．
30) 竹中繁子「支那の旅通信」(5)『婦人』第 4 巻第 2 号（1927 年 2 月）．

図1 1926年9月～1927年2月の旅行地図（日程と主な訪問先，面会者）

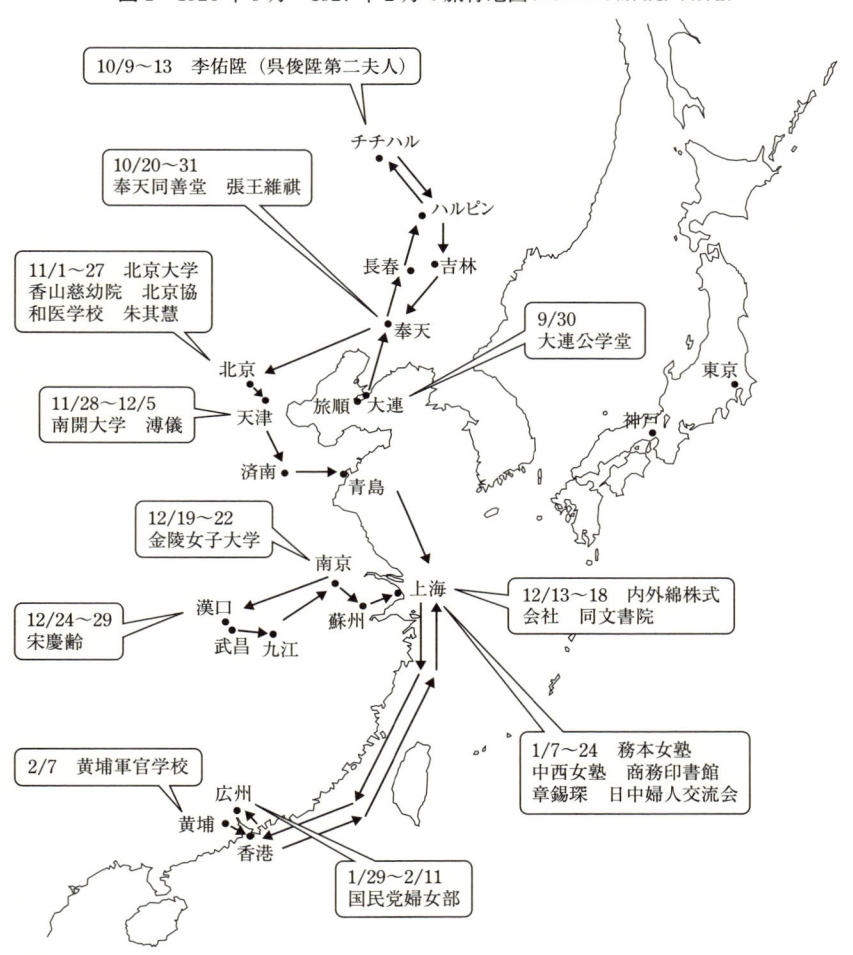

10/9～13 李佑陞（呉俊陞第二夫人）

10/20～31
奉天同善堂　張王維祺

11/1～27　北京大学
香山慈幼院　北京協
和医学校　朱其慧

9/30
大連公学堂

11/28～12/5
南開大学　溥儀

12/19～22
金陵女子大学

12/13～18　内外綿株式
会社　同文書院

12/24～29
宋慶齢

1/7～24　務本女塾
中西女塾　商務印書館
章錫琛　日中婦人交流会

2/7　黄埔軍官学校

1/29～2/11
国民党婦女部

チチハル　ハルビン　長春　吉林　奉天　旅順　大連　東京　神戸　北京　天津　済南　青島　南京　上海　蘇州　漢口　武昌　九江　広州　黄埔　香港

出典：竹中繁「中国旅行日誌」1・2（竹中繁史料）をもとに筆者作成

また竹中と服部はこの夫人に中国服をあつらえてもらっており，竹中がそれを着用した写真も残されている[31]．
　奉天では女性記者である張王維祺と面会した．張王維祺は『醒時報』（日刊新聞）の主筆で，イスラーム教徒である．初対面の時には，通訳なしには言葉が通じないのだが「国を異にするとはいへ互ひに同業の情の浅からぬ感慨に，何といふわけなしに双方の瞼が赤くなつた」という[32]．以上の二人とは帰国後も手紙のやりとりがあった．
　また北京で出会った熊希齢夫人（朱其慧）については，民国の平民教育の提唱者で貧民のための教育施設を北京につくったとし，「恐らく私の北満の極から支那の南端香港までの旅で会つた数多い民国の知識階級の婦人の中で，この夫人の右に立ち得る人物は無かつたと思ひます」とのちに述べている[33]．
　さらに南京から漢口に入り，太田宇之助の紹介で，革命総司令部で宋慶齢と対面した．竹中の旅行日誌には，「3階の一室に導かれ，5分程たつた時小柄な孫文夫人が出てきて初対面の挨拶を成した……孫氏の遺志を奉じて革命婦女を指揮し，蔣介石と気脈を通じつつある」とあり，「写真をうつし，いつか日本に来ることを約束した」という[34]．このとき宋慶齢に広東への紹介状を頼んでおり，1月28日に竹中のもとに届けられた．竹中は宋慶齢の動向については旅行後も注目しており，たとえば宋慶齢が1931年12月19日に発表した宣言を，竹中が日本語に訳して紹介している[35]．
　宋慶齢と面会後，「何となく混乱と凄惨な雰囲気」の漢口には一週間滞在し，竹中と服部は12月30日の夜南陽丸という船に乗り，翌朝九江に到着した[36]．漢口のストライキが九江へ波及しているという噂で，船が九江にたどり着くかどうか不安だったという．九江で艀に乗り移ってほっとしたのだが，やはり治

---

31) 与謝野晶子がこの2年後に呉俊陞夫人と会った際に，竹中に写真を渡してもらうよう頼まれており，与謝野がその旨を記した名刺が竹中の遺品に含まれていた．ただし，与謝野が仲介した写真がどれかははっきりしない．
32) 竹中「支那の旅通信」(5)．ここでは「張王維祺」は「張維祺」と表記されている．
33) 竹中繁「今は亡き熊稀齢夫人を惜しむ」『婦選』第6巻第1号（1932年1月）．
34) 竹中繁「中国旅行日誌1」1926年12月26日．香川『窓の女』120頁も参照．
35) 竹中繁子「宋慶齢女史の宣言」『婦選』第6巻第2号（1932年2月）．原文は「宋慶齢之宣言」『申報』1931年12月20日．
36) 竹中繁「思ひ出の正月――忘れられない元日」『婦選』第5巻第1号（1931年1月）．

安は悪化していた．女二人だけが下船したのを見た糾察隊の一人が突然その轎に飛び乗ってきて，竹中と服部を強請り出した．大きいお金は胴巻きの中に入れていたので無事だったが，それ以外のお金はすべて取られてしまい，しかも沼地のようなところに下ろされた．二人はやっとのことで領事館にたどり着き，大和久領事夫妻に世話になり，領事館で年を越した．二人が危険を承知で九江で船を下りたのは，南昌に行って「革命主将蔣介石氏に会見したい一心」であったのだが，大和領事に安全を保障しかねるため，思いとどまってほしいと諭され，やむなく断念した．
　二人は1927年1月1日に大福丸に乗船し，2日に南京に到着した．そして7日〜25日には上海に滞在した．女性指導者やジャーナリストとの交流が最も濃密に行われたのは，この上海であった．
　まず，1月12日に雑誌『新女性』の編集者章錫琛[37]らと会談した．これは前日に竹中らと面会した，中華農学会幹事で『婦女雑誌』や『新女性』に多くの女性論を執筆していた呉覚農らが準備したものである．この会について，竹中の旅行日誌にはごく簡単に「章［錫］氏は種々婦人問題について質問するところあり．歓談1時間余，新女性にのるものらし」いとのみ書かれている．
　これは実際に『新女性』雑誌に詳しい記事が載っている[38]．それによると，会のはじめは言葉の問題もあり，「［章］錫琛氏と竹中繁子氏は黙って座っていて，ちょうど旧式の新婚夫婦のように，話を切り出すすべがなかった」ようだが，その後は通訳を介しつつさまざまなトピックについて話し合ったという．このとき竹中は，中国と日本の女性には共通点があるが，日本の女性は思想面で発展しており，中国の女性は実際面で発展していると述べ，中国の女性は「今大きな圧迫を受けていたとしても，あるいは将来の発展は比較的いっそう

---

37) 章錫琛は1920年から1925年にかけて『婦女雑誌』の編集に携わり，数多くの論争的な女性論を発表したが，編集方針をめぐって商務印書館側と対立し，1926年に新たに新女性社を立ち上げて創刊したのが『新女性』であった．陳姃湲『東アジアの良妻賢母論』150-159頁．

38) Y. D.「日本竹内女史会見記」『新女性』第2巻第3号（1927年3月）．原文は「竹内」だが，「竹中」の誤りである．本文もすべて「竹内」となっているが，本稿引用文では「竹中」に改めた．また，この記事の作者Y. D.は，前山加奈子の考証により，呉覚農とほぼ断定できる．前山加奈子「Y. D.とは誰か――日本の女性問題を紹介・論評した呉覚農について」『中国女性史研究』第17号（2008年）．

めざましいものになるかもしれません」と述べたとされている．章錫琛とはさらに，女性の教育，経済権，職業問題などについて意見を交換した．

この時竹中は「私は参政権を争うよりは母性運動を提唱するほうがむしろより意味があると思います」と述べたとされている．しかしこの発言の真否は不明である．管見の限り竹中の著作に母性重視を主張した文章は見つかっていない．竹中はむしろ市川房枝らと親しく，竹中自身も日本の女性参政権獲得運動に関する文章を何度か発表している．竹中は子供に対する母親の影響力の大きさについて指摘することはあっても，母性の重要性については，肯定も否定もしていない[39]．母性重視はむしろこの時期の章錫琛の女性論と一致するため，記録の間違いか，あえて章の意見に沿うような形で記録された可能性が推測される．

続いて 13 日には残疾院（障害者などの施設），孤児院，監獄などを見学した後，午後 3 時に婦人会に招かれた．ここでは服部は日華学会の宗旨と会務について，竹中は日本女子の文化事業における地位について講演する予定と報じられている[40]．この会には，女子青年会，中華婦女節制協会と女子参政協会などの人々が集まった[41]．日本人女性も他に加わったようであるが，人数や名前ははっきりしない．この会について竹中は以下のように記録している．

> 二人の為に設けられた日支四五十人の会合である．うれしともうれし，日本婦人の運動の現状について語つて日支両側の婦人から望外の喜びをうけた．もし両者を結ぶ事ともならば私の望みに助けが加わつたのである．解散しようとして散せず別れを惜んで再会を約するもの数多……今夜は昨晩に比べて心甚だ楽しい[42]．

淡々と書かれている旅行日誌の中で，このように喜びを表現している部分は珍しい．図 2 はこのときのものと推測される（前から三列目中央が服部と竹中）．

---

39) 竹中は自身の出産を隠しとおしているが，女子学院関係者等には噂として広まっていた形跡がある．そのような状況の中で母性について語ることは，噂を再燃させることにもつながりかねないため，母性主義について論じることそのものをためらった可能性がある．
40)「女界団体今日宴日記者」『時報』1927 年 1 月 12 日．
41) 竹中繁「中国婦人雑感」『婦人運動』第 5 巻第 4 号（1927 年 7 月）．
42) 竹中繁「中国旅行日誌 2」1927 年 1 月 13 日．

図2　日支婦人会写真(前から三列目中央が服部と竹中)

出典：竹中繁史料

　そして14日には前日の竹中の話に感銘を受けた勤業女子師範学校の校長朱剣霞が竹中のもとを訪れ，二人で女性運動について4時間も語り合った．朱剣霞の最初の質問は「［日本の］今年の議会で参政権はどうなりましたか，私は一日も早くお国の御婦人方が参政権を獲得される事を切望する者です．貴国の御婦人の参政権獲得はわが国の婦人の喜ぶ処です」というものであった．そして朱は竹中に「剣霞提唱和平主義及主張男女平等十余年来如一日．迄今愧未償素願亟望東隣姉妹起而携手促進也［私は平和主義を提唱し男女平等を主張して，十数年がたちましたが，たった一日のように感じます．未だにそれがかなわないことを悔やみます．東の隣の姉妹達が立ち上がり手をとりあって促進していくことを切に願います］」と書いて手渡した[43]．竹中は日誌に「ここにも彼女のような熱心な婦人がある事に大に力を得，自分の目的の半ばはやがて達成する曙光を見るの喜びを得た」と書いている．

　その後1月16日には『新聞報』に新聞学会が二人を招待することが伝えられている[44]．さらに学校等を訪問したあと，25日に広州へ向かった．前述の宋慶齢の紹介状はこの時のためのものと推測される．2月4日の2時から国民

---

43) 竹中繁「民国女性の苦闘の迹」『婦選』第6巻第6号（1932年6月）．このとき朱が竹中に渡したメモは竹中が泊まっていた上海萬歳館の便箋に書かれている（竹中繁史料）．
44) 「新聞学会招待日女記者」『新聞報』1927年1月16日．この記事では，竹中繁は「東京朝日新聞社会部主任」，服部升子は「日華学会総幹事」と，二人とも実際より地位の高い人物にされている．

党婦女部に招待され，非常に気後れして緊張したようであるが，実際は日本の女性の状況を聞かれる程度であったらしい[45]．2月7日には黄埔の中央軍事政治学校を訪問し，第五期の軍官学校には女子も入っており，男子同様髪を切って軍服を着ていること，第一線には立てなくても，経理，参謀など，女子の知識の必要な位置におかれていることを聞いたと記録している．15日には香港に出て，18日に上海に戻った．19日までで日誌はとぎれており，この後帰国の途についたと考えられる．

竹中はのちに，この旅を振り返って，最初は正直に言えば「『突飛』と『軽佻』の一言でわりきられてゐた支那の現代婦人を想像して［旅行に］行つた」と述べている[46]．しかしながらそうした想像は旅行の過程で覆されていった．旅からの帰国直後には「［中国の女性の］その自信のある悪びれない態度に，真面目な努力と奮闘と質実な歩みをつゞけて行くところに，私は少なからぬ畏敬をさへ感じたのでした」と述べるまでに変化している[47]．このような変化は，次の第二期における，日中女性の相互理解，連帯をめざし，実現させようとする行動につながっていく．

3　第二期――一土会と日中双方向レポート（1930年代）

(1) 一土会

竹中繁は帰国後，東京朝日新聞の仕事に復帰した．帰国後の大きな変化としては，まず日本の女性リーダーたちをまとめようという動きを起こしたことが挙げられる．

竹中は，朝日新聞社に働きかけて，学芸部の主催という形で，1928年3月に「月曜クラブ」という女性の会を立ち上げている[48]．市川房枝や平塚明子（らいてう）ら，日本の女性運動に携わる人々が集まって互いに運動方針や研究

---

45) 竹中繁「広東行(2)――民国の旅日記より」『婦選』第6巻第9号（1932年9月）．このときの婦女部からの招待状も竹中繁史料に含まれていた．
46) 竹中繁「支那婦人の進出」『婦選』第6巻第7号（1932年7月）．
47) 竹中繁子「支那の旅から　故国に帰つて」『婦人』第4巻第4号（1927年4月）．
48) 「婦人室　新しく出来た月曜クラブ」『東京朝日新聞』1928年4月2日；香川『窓の女』128-137頁．

事項を発表したり批評しあったり，時には時事問題の専門家を招いて討論をするという会で，1937年まで続いた．毎回十数名程度が参加する地味な会合ではあったが，朝日の町田梓楼は，「ここに集まった女性を一度に失ったと仮定したら，恐らく日本の文化史を変更させるのではないかと思われるほど，現代に大きな足跡を留めている女流」たちであったと評している[49]．もともと思想の相違からとかく論戦となりがちであった女性たちに，顔を合わせて茶菓子を食べながら議論をする場を提供したことは重要で，朝日の記者新延修三も月曜クラブは「当時としては，大英断の壮挙」であり，「今日の日本の婦人運動が大同につく先駆を開いたもの」と評価している[50]．

　1931年，この月曜クラブから，もう一つ「一土会」という，中華民国を語ることに特化した会が生まれた．この年の9月18日に満洲事変が勃発，それを受けて9月の月曜クラブの会合では，朝日の上海特派員，北京特派員，支那部長を歴任した大西斎を招いて満洲問題について議論した．竹中の記録ノートによると，5時までの時間が足りないほど質問が百出したという．そして散会後，上代たの子の発議，市川房枝，金子しげり，高良とみらの熱心な賛成もあり，中華民国の婦人を知る道を拓こうという意見で一致した．そして服部升子を加えて，中華民国を語る会の最初の会が10月4日（土）に開かれた．

　基本的に毎月第一土曜日に集まるということで「一土会」と名付けられた会は，竹中の残したノートには1933年1月の会まで記録されており，臨時会も含めて28回行われたことが確認される．幹事は竹中と服部升子が担当した[51]．

　会の活動には，大きく二種類あった．ひとつは，メンバー間の討論や招待者による講演，もう一つは中国人との交流である．28回のうち，前者は12回，後者は16回であった．

　前者に関しては，たとえば1932年の3月5日の会合では，日中関係について激論が交わされている．当日話をしたのは，1931年末から満洲を旅行して

---

49) 香川『窓の女』128頁．
50) 新延『われらヒラ記者』156頁．また新延の記憶によれば，月曜クラブに参加した女性の「侃々諤々の猛者達」も，みな竹中を「おばちゃん」と呼んでいたという．
51) 第1回目の参加者は，市川房枝，金子しげり，ガントレット恒子，久布白落実ら12名であった．

帰国した久布白落実[52]で，彼女が旅行中上海の女性たちに「［満洲事変について］日本は条約の一点一画も間違つた事をしてゐない」と言い切って帰ってきた事に対し，高良とみが国際条約の何たるかを一々挙げて強く再考を促した[53]．久布白の中国旅行の内容については，竹中を含め，会のメンバーは不満であったようだ[54]．

　また内山完造[55]夫妻が上海事変後の様子について述べたり（1932年3月20日），1932年末に日本女子大学教授の正田淑子[56]の教育視察に同行を命じられ，約1カ月半の満洲視察旅行に出た服部升子が，その見聞について報告したりしている（1933年1月14日）[57]．

　後半になると，中国人との交流を行う会が連続するようになった．日本に来ていた中国人留学生を招いてのお茶会や食事会が多いが，陳衡哲[58]がカナダの太平洋会議に出席する途中に横浜に立ち寄った際に，会のメンバーも横浜に駆けつけ，歓談したこともあった．また，1932年の上海事変で重傷を負った陸軍の空閑昇少佐を救って手厚い扱いをした中華民国の将校甘海瀾との交流も幾度かもたれている．

　また，一土会の活動とは別に，竹中繁は自宅に中国人（主として留学生）を入れ替わり立ち替わり下宿させていた．その中に，天津の『益世報』の特派員だった于立忱[59]という女性がおり，彼女の紹介で，北伐に従軍した女性として有

---

52)　久布白落実（1882-1972）は，徳富蘇峰，徳富蘆花の姪にあたる．1903年に女子学院高等科を卒業後に渡米，日系移民女性の実情に接する．1923年に帰国し，廃娼運動に尽力，婦人参政権運動にも参画した．戦後は売春禁止法制定促進委員会委員長として，1956年の売春防止法の制定に尽力した．久布白落実『廃娼ひとすじ』中央公論社，1981年．

53)　竹中繁「一土会についてのノート」1932年3月5日（竹中繁史料）．

54)　竹中繁子「総選挙後の言」『婦人』第9巻第4号（1932年4月）．

55)　内山完造（1885-1959）は，1917年に上海内山書店を開き，魯迅，郭沫若，田漢らと親交を深めた．1950年に日中友好協会理事長就任．

56)　正田淑子（1877-1942）は日本女子大学を卒業し，アメリカのコロンビア大学に留学．1924年に帰国し，母校の教授となった．服部との視察旅行の5年後，1937年から満州帝国道徳総会顧問となる．

57)　竹中繁子「申年を去らしめて酉年を迎へたる日本」『婦人』第10巻第1号（1933年1月）．

58)　陳衡哲（1890-1976）．1914-20年アメリカ留学．帰国後北京大学などで教鞭を執る．『西洋史』などの著作あり．

名だった謝冰瑩[60]とも知り合い，その手助けをしている．謝冰瑩は，1935年に満洲国皇帝溥儀が日本を公式訪問した際，出迎えの行事参加を拒否して日本の警察に投獄されたのだが，出獄後の彼女の世話をしたのが竹中であった．竹中は，おそらく服部升子の手助けを得たものと考えられるが，謝を日華学会に住まわせるようにとりはからった．その後無事に上海に戻り，のちに台湾にうつった謝冰瑩は，日本時代の回想録の中で，竹中からうけた恩義に深い感謝を述べている[61]．

(2) 日中双方向レポート

竹中繁のもうひとつの活動は，文筆によるものであった．竹中は，東京朝日新聞社を1930年に定年退職し，翌年から中国の『婦女雑誌』[62]などに，日本の女性についての記事を寄稿しはじめた．自ら日中間の橋をかける「橋架け人夫」となることを目指して始めた寄稿であった[63]．中国へ送った記事は，日本語のまま送ると向こうで翻訳の手間をかけるために，あらかじめ竹中のほうで中国語に翻訳した原稿を準備し，送っていた[64]．その数は，筆者が確認できた

---

59) 謝冰瑩(注60参照)の記録によると，于立忱は，日本で未婚のまま子供を妊娠し，堕胎している．相手は1928年から日本に亡命していた郭沫若(1892-1978)で，于は謝に，このことは竹中にも言わないでほしいと頼み，竹中には，急な用事で上海に戻ると伝えて帰国し，その後自殺した(謝冰瑩「于立忱之死」『伝記文学』第56巻第6期，1990年6月．原載は『台北聯合報』副刊1984年6月15日)．郭沫若はその後，1937年に日中戦争が始まると，日本人の妻と4人の子供を捨てて上海に逃げ，のちに于立忱の妹の于立群と結婚した．

60) 謝冰瑩(1906-2000)は，1926年に武漢中央軍事政治学校で短期の軍事訓練を受けた後北伐に参戦，「従軍日記」を『中央日報』副刊に連載した女性兵士として有名になった．その後1930年代に日本に留学．1937年に「戦地婦女服務団」を結成してその団長となり，前線で多くの傷病兵を救助，宣伝工作にも従事した．戦後，1948年に台湾に移り，台湾省立師範学院(のちの国立台湾師範大学)教授となった．晩年はサンフランシスコに移住し，2000年に没した．

61) 謝冰瑩『我在日本』東大図書有限公司，1984年，26-28頁．

62) 1915-31年，上海の商務印書館より発行．内容については，村田雄二郎編『「婦女雑誌」からみる近代中国女性』研文出版，2005年参照．

63) 竹中繁子「憂はしき満洲の空」『婦人』第8巻第10号(1931年10月)．

64) これらの記事のうち数編の中国語下書き原稿が，竹中の遺品のなかに残されていた．竹中は中国語を読むことはできたが書くことはできなかったため，後述する中国人留学生たちが中国語訳を手伝った可能性が高い．

だけで 24 編，内容は，日本の廃娼問題，産児制限，労働，教育，公民権問題等多岐にわたっており，数多くのデータを挙げて具体的に語るものが多い[65]．竹中の寄稿は「折柄『日本』の研究が目下の民国の各方面に盛んになつて来てゐたこととて，こちらの意志とともに記事は非常に歓迎され」たという．しかしその矢先に満洲事変が起きたために頓挫を余儀なくされた[66]．

竹中はまた，『婦選』[67]など日本の雑誌には，逆に中国女性を紹介する記事をいくつも寄稿している．竹中繁の書いた記事の中で，中国に関連する記事は 42 編あり，その多くで中国の女性について論じられている．日本語記事の傾向としては，たとえば前述の宋慶齢など，具体的な中国の女性リーダーについて紹介するものが多いことが挙げられる．また，竹中は中国の女性運動のほうが日本の運動よりも先に進むのではないかという点を強調している．むろん竹中は，当時も色濃く残っている中国の旧習慣，たとえば纏足，束胸や夫家の虐待に耐えかねて自殺した女性の話をも見聞きし紹介しているのだが[68]，中国女性はそうした旧時代の残存物を引きずりながらも急速に変貌している点に注目し，以下のようにやや憧憬に近い感情を表現している．

> 旧時代の支那婦人が，一度び教育によつて自由の空気を味ひ，再び革命の潮に乗つて人間としての権利の回収を許された時……政治と言はず軍事と言はず，開かれた道を自由にとつて，出来るだけ英雄的に活躍して見たいと望んだ事は，物の道理から見ても，極めて有りさうな心の動きではありますまいか……大陸において放たれた翼は，日本のやうな社会組織の島国にせせこましく動くのとは違つて，機会と共に思ひ切り暢びやかに健やかに成長するであらうことを誰が辞めませう[69]．

竹中はこうした記事を著す一方，中国を侵略していく日本への批判に踏み込んだ発言も次々に発表している．例えば，1932 年 1 月の記事には「戦争」ではなく「事変」と称することを「事変と称へるには余りにも重大である」と批

---

65) 竹中の寄稿については，拙稿「女性記者竹中繁の見た中国女性たち」参照．
66) 竹中「憂はしき満洲の空」．
67) 婦選獲得同盟の機関誌．1927-35 年発行．
68) 竹中繁「民国教育の過程」『婦選』第 6 巻第 5 号（1932 年 5 月）；竹中「民国女性の苦闘の迹」．
69) 竹中「支那婦人の進出」．

判し，まかり間違えば「第二の世界戦争」になるのではないかという危惧を表明している[70]．また，日本人の中国観については，中国に詳しいはずの識者ですら「イヤ，あの国の国民は，自分達の生活の安定さへ得てゐたならどこの国の人が来て国を治めようと，そんな事は頓着しないのですよ」などというのに対し，そうした考えは時代錯誤で軽率で危険でさえあるとかなり強い口調で非難している．そして，「中華民国の到る処で出会はした，彼らの骨髄に徹した恨みの記念や，肺肝を衝いて出る，不平等待遇に対する怨嗟の声を，見聞きした経験が記憶に泛び出ます」と述べている[71]．

こうした批判は中国女性との連帯への希望と表裏一体であった．竹中はもともと，日中女性の相互理解，相互交流という目的を持っていたが，日中の国家間関係の悪化と反比例して，女性同士の「連帯」の希望をより強く打ち出すようになった．「せめて［日中の］婦人同士の間に心からなる善隣の誼の結ばれる日の来ることを私は繰返して切望するものである」と訴え[72]，また「今度の事変で滅茶々々に男が破壊した中華民国人の感情の堤を，［日本の］女がせつせと修理して行かなければならない役割に自然まはらないとは限らない」[73]とも述べている．

ただし，竹中はその一方で，満洲事変勃発直後からこれがもはやままならない状況に至ることを予測してもいた．「ジャン［ヌ］・ダークならぬ平和の天使が，何所からか現はれてくれまいか」[74]と，ほとんど絶望の表明に近い記述も残しており，希望と絶望との間で相当の苦悩があったことがうかがえる．

4　第三期——中国旅行（1940年）

日中の国家間関係は悪化の一途をたどり，1937年には日中全面戦争となった．しかし竹中繁の中国への関心は持続していた．竹中は，1940年には3度

---

70)　竹中繁子「魂を入れかへて各自の立場を認識し重大時機を感得せよ」『婦人』第9巻第1号（1932年1月）．
71)　竹中繁「認識不足を恥ぢよ」『婦選』第6巻第4号（1932年4月）．
72)　竹中「憂はしき満洲の空」．
73)　竹中「魂を入れかへて各自の立場を認識し重大時機を感得せよ」．
74)　竹中「憂はしき満洲の空」．

目となる中国旅行を計画し，市川房枝と上海，南京などを約2カ月回っている．この旅行の際の身分証明書（昭和15年2月9日の日付）が竹中の手元に残されていた．その「渡支目的，理由」の欄には「婦人ヲ通ジテ日支親善ヲ計ル為メニ各地在留日本婦人団体及支那婦人団体ヲ訪問スル為メ北支及中支方面ニ渡支ス」とある．竹中の，女性を通じた日中親善という目標は，まだ保持されていたのである．

この旅について竹中自身のまとまった記録は見つからないが，同行者の市川房枝が詳細に記録している．それをみると，今回の旅行には軍部がいくつかの点で関わっていることがわかる．

そもそも竹中と市川の旅の発端は，1940年2月はじめに東亜聯盟協会事務所を訪問したことであった．市川は，石原莞爾を中心とする東亜聯盟協会同志会の「軍による日本中心の東亜新秩序に反対し，日本と中国と同一の立場で東亜聯盟協会を結成し，事変を解決しよう」という立場に，市川も竹中も賛同していたため，事務所を訪問したのだと述べている[75]．その際，協会幹部たちから中国を見てくるようにとすすめられたこと，また，ちょうど南京で3月20日に中国の統一新政府樹立のための中央政治会議が開かれることとなっていたこともあって，渡中することを急遽思い立ったのであった．

二人は民間の旅行者であるから旅費は自分たち持ちだったが，内閣情報部からの紹介状は携えていた．また二人は神戸から出航する前日の2月21日に，当時左遷され京都の留守第16師団長となっていた石原莞爾を訪問し，中国問題についての意見を聞いている．話の内容は，市川の自伝には記されていないが，市川は「普通人と全く同じ態度で，好感が持てた」という[76]．

翌22日，神戸出帆の龍田丸に乗り，24日に上海に上陸した．上海では支那派遣軍総司令部付の影佐禎昭少将を首班とする梅機関[77]を通じて汪兆銘に面会を申し込み，上海の仮住居で面会して話したという．また，竹中繁は，前回の中国旅行の際に交流した女性たちとの再会を試みている．しかし，うまくいかなかったようである．市川は次のように述べている．

---

75) 市川房枝『市川房枝自伝（戦前編）』新宿書房，1974年，492頁．
76) 市川『自伝』493頁．
77) 市川『自伝』では「桜機関」となっているが，正しくは「梅機関」である．

竹中氏が以前訪中の際に会ったという 3, 4 の婦人に面会するのはなかなか骨が折れた．彼らのうちにはフランス租界に住んでいる人が多く，面会場所の選定に困った．それは重慶政府側の人に見つからぬ用心のためと思われた．かろうじて 1, 2 名の人に会ったが，日本の政府，軍に対してもちろん好感を持っていなかった[78]．

　前述の通り，竹中は「婦人ヲ通ジテ日支親善ヲ計ル」ことを旅の目標としていた．ところが，現地の特務機関もまた上海で女性を通じての日中友好を掲げ，日本人女性を特務機関で雇うなどして，占領地の中国女性への働きかけを行っていた[79]．竹中と市川もそうした会合に 2, 3 回出席することになり，春野鶴子[80]らに会ったという．

　その後杭州で 3 泊，また上海から蘇州へ渡り，3 月 17 日に汽車で南京へ行った．20 日の中央政治会議は，二人は新聞記者用の標示をもらっており，中に入って，中央政府は「中華民国国民政府」と称して汪兆銘を主席とし，30 日に南京に遷都するとの決定を見守った．遷都までの間，市川と竹中は数日間別々の行動をとっている．市川は漢口へ[81]，竹中は，記事を執筆していたらしい．3 月 29 日に，竹中の寄稿が『東京朝日新聞』に寄せられている．「親善を語る三婦人――平和の道を拓くこの意気込み」と題された記事は，竹中が中国旅行中に面会した，中国人と結婚した日本女性たちが口をそろえて日中の平和親善に役立ちたいと語ったことを紹介するものである[82]．この記事での竹中の口調は，やや歯切れが悪く感じられる．日中の平和を願う日本人女性たちの気持ちに共感しながらも，戦火をかいくぐって日本海軍のために報道の任務を果たしたと語る日本人女性に対して，「頭が下がつた」と述べるなど，日本軍へ

---

78) 市川『自伝』494 頁．
79) 市川『自伝』494 頁．
80) 春野鶴子の体験記は，『上海放浪記』学風書院，1961 年にまとめられている．
81) 市川は軍用機で南京から漢口まで赴き，そこで軍に対敵放送を頼まれた．市川は，「国民政府」のこと，そこでの婦人の地位，汪氏に面会したときのことだけなら話す，と承諾し，放送を行った（市川『自伝』495 頁）．漢口では，漢口武漢青年協会婦女部長石敬一らのグループと懇談した．
82) 竹中繁子「親善を語る三婦人――平和の道を拓くこの意気込み」『東京朝日新聞』1940 年 3 月 29 日．

の貢献に対して評価している箇所がいくつかみられるためである．ここでは，日中平和親善は日本国家への貢献と矛盾しない範囲に調整されており，同じ日の紙面で報道されている．汪兆銘政府との「平和親善」と同じ文脈に読み取れる．

　3月30日には，汪兆銘が南京で中華民国国民政府を組織した．汪兆銘は，南京の維新政府，北平の臨時政府を統合し，中華民国政府連合委員会を解消し，日本政府はそれに支持を表明した．

　市川と合流した竹中は，南京で作家の佐藤（田村）俊子[83]と会い，また中山陵を参拝した．市川は南京占領の際，日本軍が中国婦人を暴行，虐殺した状況を聞き，そのことを書いた外国人宣教師のパンフレットの翻訳をもらったという．市川は「日本人としてまことに恥ずかしく，弁解の余地は全くない．これでは日中の友好の確立は容易ではないことを深く感じた．」と述べている．その後二人は南京から再び上海に帰り，もともとは中国北部へも足をのばす計画であったが，「重い心を抱いて」4月11日に帰国した[84]．

　以上の旅の経過について，先述の通り竹中は一切記録を残していない．この旅の経験は，むしろ竹中の日中女性の連帯への希望を削いだ可能性の方が高かったのだろう．竹中はその後文筆活動もほとんどしなくなり，旅の翌年，世田谷の自宅を売って千葉県鶴舞町に隠居，表だった活動からは身をひいた．

　竹中は亡くなる1年前の1967年，91歳の時に自伝的文章を『東京新聞』に連載しているが，そこでは中国の女性との交流を目指したことについては一切触れず，戦後の中国人留学生とのふれあいのみ少し紹介するにとどまり，最後に「私は劇場の黒衣の見習いぐらいの者ですから」として連載を締めくくっている[85]．

---

83)　佐藤（田村）俊子（1884-1945）．日本女子大学校国文科中退．1910年代に『木乃伊の口紅』等の小説を発表．北米移住をへて1936年に帰国，1938年12月から中国に渡る．上海で雑誌『女聲』（1942年5月創刊，1945年7月停刊）の編集に携わった．中国での活動については，王紅「上海時代の田村俊子——中国語の雑誌『女聲』を中心に」『中国女性史研究』第8号（1998年）；前山加奈子「関露と『女聲』」渡邊澄子編『今という時代の田村俊子——俊子新論』（国文学解釈と鑑賞別冊）2005年参照．

84)　市川『自伝』467-468頁．

85)　竹中繁「私の人生劇場」(6)『東京新聞』1967年8月20日．

おわりに

　以上見てきたように，竹中繁の活動の主軸は，第一期，第二期，第三期と一貫して日中女性の相互理解と連帯を求めることにあった．第一期の中国旅行においては，幾人もの女性リーダーとの交流を得ることができ，第二期では中国を知るために一土会を結成し，また文筆活動により日中双方に女性の状況をレポートした．しかしその活動は，国家間の対立の激化から戦争へという過程の中で制限を受け始めた．一土会の活動は次第に留学生との個人的交流に縮小され，中国への投稿は不可能となった．第三期の中国旅行は軍部がある程度の便宜をはかる形で可能となり，旅行中に書いた記事にはもはや第二期のような日本批判は見られない．
　竹中の活動は，結果から見れば，国家間関係の悪化に押しつぶされていった．しかし竹中の行為を一つの「試み」としてその根底にあるものを見てみるならば，そこに一つの意義を見いだすことができる．
　日中女性の連帯をめざし日本の中国侵略に反対する竹中の主張は，言い換えれば日本という国家と日本女性とを切り離そうという試みと理解することができる．これは，中国の『婦女雑誌』の日本女性に対する見方とも一致する．1920年代の『婦女雑誌』においては，日本女性は男性に抑圧されているが女性運動に努力していると同情的な記事が多い一方，日本の「軍国主義」の問題はほとんど取り上げられていないのである[86]．同じ商務印書館発行の『東方雑誌』では日本の「軍国主義」に強い関心が見られることと比較すれば，『婦女雑誌』においては国家としての日本と日本女性とを分けてとらえ，侵略する側に向けられるべき抗議は，女性には不問に付されていたと考えられる．そもそも1931年9月の満洲事変勃発以降中国では反日感情が高まっており，竹中の寄稿は掲載を拒否されてもおかしくはなかった．しかし竹中の寄稿は，1932年1月に商務印書館が日本軍に爆撃され『婦女雑誌』が停刊するまで続けられた．

---

86)　拙稿「『婦女雑誌』と日本女性——近代東アジアにおける『同じ女』の意味とは」村田編『「婦女雑誌」からみる近代中国女性』，および拙著『中国「女権」概念の変容』179-193頁参照．

このように国家と女性を分けてとらえる視座は，フェミニズムをひとつの共通項として得られている．従来フェミニズムについては，一国のなかで女性が男性に対して行う要求活動である点のみに注目が集まりがちであった．冒頭に述べたように近代中国女性史，日本女性史研究において重点が置かれてきたのは，女性の公的領域への進出もしくは私的領域の改変であった．前者においては，結果的にナショナリズムに組み込まれていくフェミニズムの有りようが議論されてきたと言えるだろう．しかしながら竹中の事例では，フェミニズムを基軸として，日中の女性がともに日本の侵略を批判しようとしている．この点は，近代におけるフェミニズムのもう一つの役割として，ナショナリズムに対抗する可能性を——可能性にとどまったにせよ——持っていた点で注目すべきではないだろうか．

　＊　本稿は，国際共同研究シンポジウム「清末中華民国初期の日中関係史——協調と対立の時代 1840-1931 年」（東京大学，2007 年 11 月 3 日，4 日）で報告した「北伐期中国を旅した日本人女性——竹中繁と服部升子」を元に，加筆改稿したものである．

第20章　国際文化交流における国家と知識人
国際連盟知的協力国際委員会の設立と新渡戸稲造

斎川　貴嗣

はじめに

　1922年8月，あるユニークな組織が誕生間もない国際連盟に設立された．すなわち，知的協力国際委員会（International Committee on Intellectual Co-operation，以下 ICIC と略記）である[1]．ICIC が他の連盟諸機関と比べて特異であったのは，第一に，国家政府を代表する外交官ではなく，知識人が原則として個人資格で参加していた点である．政府間国際機構である国際連盟において，ベルグソン（Henri Bergson），アインシュタイン（Albert Einstein），キュリー（Marie Curie）などの世界的知識人が個人として委員に名を連ねる ICIC は，当時の人々の耳目を引く独特な存在であった．ICIC の第二の特異性は，第一次大戦後の新たな国際政治経済秩序の構築という課題への取り組みを主要な任務としていた国際連盟において，主に文化領域の活動を担当した点である[2]．

---

*　本稿では，ジュネーブの国際連盟史料館（League of Nations Archives）所蔵史料，ベルギーのモンスにあるムンダネウム（Mundaneum）所蔵 UAI 関係史料，オックスフォード大学ボドリアン図書館（Bodleian Library）所蔵ギルバート・マレー文書（Papers of Gilbert Murray）が多数引用される．出典表示の煩雑さを避けるため，以下の通り略記する．国際連盟史料館史料については，LNA と記し，ボックス番号を明示する（LNA: R1568 など）．ムンダネウムの史料については，Mun とし，ファイル名と番号を記す（Mun: Mundapaix 18 など）．マイクロフィルム資料であるマレー文書は，GM と記し，リール番号を付す（GM188 など）．史料名，作成者，日付は，その都度正確に明示する．

1)　ICIC の概略については，Jean-Jacques Renoliet, *L'UNESCO oubliée: La Société des Nations et la coopération intellectuelle*（1919-1946），Paris: Publication de la Sorbonne, 1999 を参照．

2)　国際連盟の組織および活動における ICIC の位置付けについては，以下を参照．F. P. Walters, *A History of the League of Nations*, London: Oxford University Press, 1960; H. R. G. Greaves, *The League Committees and World Order: A Study of the Permanent Expert*

例えば，出版物の国際的交換，知的財産権の研究，各国大学間の連携，学生教員の交換交流，歴史教科書の共同編纂，国際問題に関する会議の主催，国際関係研究の組織化，各国文学の翻訳出版など，多岐にわたる国際文化事業を実施したのであり，これら ICIC の活動と理念は第二次大戦後のユネスコへ継承されている[3]．

　こうした特異性を持つ ICIC は，個人や民間団体など国際関係における非政府主体の役割に着目し，また国際関係の文化，社会的側面に焦点を当てる近年の国際関係史研究の動向を背景に，研究者の関心を集めるようになってきている[4]．また最近の研究では，文化交流による国際平和の実現を目指した先駆的国際機関として ICIC を評価するものもある[5]．しかしながら，国際文化交流史の観点から ICIC を位置付ける研究は少なく，特にその理念についての検討は緒に就いたばかりである[6]．国際文化交流の歴史的展開における ICIC の意義を理解するためには，国際文化交流と ICIC の知的協力との思想的関係性を明らかにする必要があるだろう．そして，そのためには先ず，ICIC の基本理念である知的協力とは何であったのかが検討されなければならない．

　以上の問題意識から，本稿は 1920 年代初頭の ICIC 設立過程に焦点を絞り，国際連盟において知的協力がいかに構想され，概念化されたのかを分析する．その際，本稿では特に新渡戸稲造の活動に注目する．なぜなら，知的協力の萌

　　Committees of the League of Nations as an Instrument of International Government, London: Oxford University Press, 1931.
- 3) Fernando Valderrama, *A History of UNESCO*, Paris: UNESCO Publishing, 1995, pp. 1-18.
- 4) Julie Reeves, *Culture and International Relations: Narratives, Natives and Tourists*, Abingdon: Routledge, 2004, p. 48; Daniel Laqua, "Transnational Intellectual Cooperation, the League of Nations, and the Problem of Order," *Journal of Global History*, Vol. 6(2011), pp. 223-247.
- 5) Akira Iriye, *Global Community: The Role of International Organizations in the Making of the Contemporary World*, Berkley: University of California Press, 2002, pp. 21-22; Akira Iriye, *Cultural Internationalism and World Order*, Baltimore: The Johns Hopkins University Press, 1997, pp. 63-66.
- 6) 国際文化交流史の観点から ICIC に言及した最も早い研究として，平野健一郎「国際関係における文化交流――史的考察」斎藤眞・杉山恭・馬場伸也・平野健一郎編『国際関係における文化交流』日本国際問題研究所，1984 年，1-24 頁，が挙げられる．

芽段階における国際連盟で中心的役割を果たしたのは，当時連盟事務次長を務めていた新渡戸稲造だったからである．事実，新渡戸は連盟事務局の「国際事務局ならびに知的協力部門」(Section of International Bureaux and Intellectual Co-operation)を担当し，連盟を辞職する 1926 年まで ICIC 会議に事務責任者として継続的に出席していた[7]．また，新渡戸は単に ICIC 設立準備の事務作業だけではなく，さまざまな団体から提議される知的協力事業構想の整理を通じて，連盟における知的協力の概念化にも大きく関わっていた．したがって，新渡戸を中心に据えることで，ICIC 設立過程における知的協力理念の形成とその問題性を明瞭に把握することができるだろう．

1　UAI のイニシアティブ

そもそも国際連盟規約には ICIC 設立の具体的根拠となる規定はなく，知的協力は全く新しい理念として国際連盟に持ち込まれた．そして，連盟のアジェンダとして知的協力が設定される過程で重要な役割を果たしたのが，ベルギーの国際団体連合であった．国際団体連合(Union des Associations Internationales, 以下 UAI と略記)は，ベルギーの国際主義者ラ・フォンテーヌ(Henri La Fontaine)とオトレー(Paul Otlet)が主導し，ヨーロッパを中心とした民間の国際団体を連携する中央事務局として 1908 年にブリュッセルで設立された[8]．

---

[7]　ICIC への新渡戸の関与については既に以下の研究がある．Nicolas Lanza, "Inazô Nitobe au Secrétariat de la Société des Nations: entre patriotisme japonais et 'esprit de Genève' (1919-1926)," *Mémoire de Licence en Histoire contemporaire, Université de Genève, Faculté des Lettres,* 2003 ; 廣部泉「国際連盟知的協力国際委員会の創設と新渡戸稲造」『北海道大学文学研究科紀要』第 121 号(2007 年)，1-20 頁；廣部泉「国際連盟知的協力国際委員会の委員選考過程と新渡戸稲造」『明治大学教養論集』第 441 号(2009 年)，39-53 頁．

[8]　UAI の概略については，Georges Patrick Speeckaert, "A Glance at Sixty Years of Activity (1910-1970) of the Union of International Associations," in Union of International Associations ed., *Sixtieth Anniversary, Union of International Associations: 1910-1970, Past, Present, Future,* Brussels: UAI Publication, 1970, pp. 19-52, を参照．また，ラ・フォンテーヌとオトレーについては以下を参照．Daniel Laqua, "Transnational Endeavours and the 'Totality of Knowledge': Paul Otlet and Henri La Fontaine as 'Integral Internationalists' In *Fin-De-Siècle* Europe," in Grace Brockington ed., *Internationalism and the Arts in Britain and Europe at the Fin De Siècle,* Bern: Peter Lang, 2009, pp. 247-271; Hervé Hasquin et

その後 UAI は，第一次大戦の戦渦に巻き込まれながらも，ラ・フォンテーヌとオトレーを中心に普遍的国際機構の設立案を発表し，国際連盟を生み出す思想運動の一翼を担った[9]．なかでも UAI は，普遍的国際機構が実践すべき活動として「知的協力」（coopération intellectuelle）を重視し，その制度化を積極的に訴えたのである．

　実際，UAI は，1919 年 1 月のパリ講和会議開会にあわせて知的協力に関する国際組織の設立案を作成している．具体的には，国際連盟の一機関として知的，精神的分野に関する組織の設立を求め，知的文化の保護，国際学術組織の維持，知的，精神的分野の国際的団体に対する援助，科学技術の統一標準制度の構築，国際補助言語の選定，教育の国際化といった活動項目を示している[10]．この設立案は，ベルギー代表イーマンス（Paul Hymans）によってパリ講和会議に提出されたが，注目を集めず議題とされることもなかった[11]．

　その後すぐ，ラ・フォンテーヌとオトレーは国際連盟事務局に対してブリュッセルへの代表者の派遣をはじめとした協力関係の構築を要請すると同時に，その知的協力の理念を洗練させ，「世界知識人センター」（Centre Intellectuelle Mondial）構想として発表した[12]．UAI によれば，第一次大戦によって人類は

---

　　al., *Henri La Fontaine, Prix Nobel de la paix, Tracé(s) d'une vie*, Mons: Mundaneum, 2002; W. Boyd Rayward, *The Universe of Information: The Work of Paul Otlet for Documentation and International Organisation*, Moscow: All-Union Institute for Scientific and Technical Information, 1975.

9）　Henri La Fontaine, *The Great Solution: Magnissima Charta – Essay on Evolutionary and Constructive Pacifism*, Boston: World Peace Foundation, 1916; Paul Otlet, *Constitution mondiale de la Société des Nations: Le Nouveau Droit des Gens*, Geneva: Edition Atar S. A., 1917. しかしながら，従来のアングロ・サクソン中心的な国際連盟研究では，UAI の役割や影響力は等閑視されている．国際連盟設立へと至るヨーロッパの思想運動において，UAI を含むベルギーの国際主義団体が果たした役割については，Madeleine Herren, "Governmental Internationalism and the Beginning of a New World Order in the Late Nineteenth Century," in Martin H. Geyer and Johannes Paulmann eds., *The Mechanics of Internationalism*, London: Oxford University Press, 2001, pp. 121-144. を参照．

10）　L'Unon des Associations Internationales, *La Charte des Inrérêts Intellectuels & Moraux: Memorandum adressé à MM. les Délégués de la Conférence de la Paix, à Paris*, Brussels, 1919, Mun: HLF 201.

11）　David Hunter Miller, *The Drafting of the Covenant*, Vol. 1, New York: G. P. Putnum's Sons, 1928, pp. 349-350.

新たな時代に入ったのであり，戦後の政治，経済，文化の構造は国際連盟に基礎を置き，かつ普遍的，人道的，世界的な新文明の土台を作り上げなければならない．そのために，あらゆる知性を結集する知識人の世界的な中心機構が必要なのである[13]．同時に，これまで学術研究の促進，知的業績の保存と普及，国際学術団体の連携といった事業を行ってきた UAI は，そうした「世界知識人センター」として最適であることも付記されている[14]．普遍的な文明に立脚した知識人の世界的連帯という UAI の知的協力理念の基本的性格が，既にここで示されている．

　この UAI の要請に対して連盟事務局は，代表者として新たに事務次長に就任した新渡戸稲造のブリュッセルへの派遣を決定した[15]．新渡戸は，1919 年 8 月末に UAI を視察訪問し，ラ・フォンテーヌならびにオトレーと会談している．両者に対する新渡戸の評価は非常に高く，「熱心な国際主義者」，「学術の普遍性と国際協力の熱狂的支持者」と評している[16]．また，新渡戸は UAI の事業の中でも特にその出版物『国際社会年鑑』(Annuaire de la vie internationale) に注目し，連盟事務局がこの出版事業に対して何らかの助成を検討するよう提言している[17]．このように最初の接触から，新渡戸はラ・フォンテーヌとオトレーによる UAI の事業に関心を示し，可能性を見出していたと言えよう．

　ラ・フォンテーヌとオトレーは新渡戸の訪問を踏まえ，改めて UAI 主導で連盟内に「世界知識人センター」を設立することを求める要望書をドラモンド (Eric Drummond) 国際連盟事務総長に提出した[18]．これに対してドラモンド

---

12) Paul Otlet, *Centre Intellectuel Mondial au service de la Société des Nations*, Brussels: Union des Associations Internationales, 1919.
13) Otlet, *Centre Intellectuel Mondial*, pp. 5-6.
14) Otlet, *Centre Intellectuel Mondial*, pp. 6-8, p. 25.
15) From the Secretary-General to Otlet, 13 Aug. 1919, LNA: R1568.
16) "Report by Dr. Nitobe and Mr. E. M. H. Lloyd on visit to Brussels and the Hague, August-September, 1919," 11 Sep. 1919, LNA: S401.
17) "Report by Dr. Nitobe and Mr. E. M. H. Lloyd."『国際社会年鑑』は，政府間国際組織ならびに民間国際組織に関する詳細なリストとともに，さまざまな国際的な会議で採択された決議を網羅的に集成した 1,000 頁に及ぶ出版物であり，1905 年から 1911 年まで計 5 巻が出版されている．この事業は，現在 UAI の『国際機関年鑑』(*Yearbook of International Organizations*) に継承されている．
18) Union des Associations Internationales, "Memorandum des Réunions qui ont eu lieu à

と新渡戸は，連盟に資する特定の団体への助成を十分検討するよう連盟理事会に提議する点で一致している[19]．他方で，連盟事務局は，UAIを含む国際団体を国際連盟規約第24条に基づいて連盟の監督下に置くかどうか検討を行っている[20]．新渡戸は，民間国際団体の中央事務局としてのUAIの特性に鑑み，それを政府間組織である連盟の監督下に置くことに消極的であり，むしろ連盟とそうした民間国際団体との「架け橋」として認識していた[21]．ラ・フォンテーヌとオトレーもこうした認識を共有する一方で，UAI主導の「世界知識人センター」の設立を通じて，連盟がUAIに対して特別な地位を認め，緊密な協力を推進することを期待していたのであり，両者の理解に若干の齟齬が生じていたことは否めない[22]．このUAIの地位および連盟との関係性は，ICICの設立を具体的に検討する際に再び問題化することとなる．

翌1920年，連盟事務局は新渡戸の提言に従い，UAIの出版物『国際団体の決議および要望集』に対する助成の検討を本格的に始める[23]．連盟事務局の主

　　Bruxelles, les 25, 26 et 27 aout 1919, entre les délégué de la Société des Nations et les secrétaires généraux de l'Union des associations internationales," 12 Sep. 1919, LNA: R 1005.

19)　Nitobe's Minute, 24 Sep. 1919, LNA: R1005.

20)　連盟規約第24条では，一般条約によって設立された既存の全ての国際機関（事務局）は，当該条約当事国の承諾を得て連盟の監督下に置かれ，また今後設立される国際機関，委員会の規則も連盟の監督下に属すこととされている．しかし，連盟設立当初，UAIのような一般条約によらない民間の国際団体がこの規定に該当するかどうかは，連盟への帰属に対する各団体の意見に相違があったこともあり，論争的であった．新渡戸が連盟内で担当した国際事務局部門の第一の課題は，そうした各種国際団体の情報収集，意見の聴取と調整，連盟への帰属についての検討にあった．

21)　Nitobe's Minute, 5 Nov. 1919, LNA: R1005; From Nitobe to La Fontaine and Otlet, 13 Nov. 1919, LNA: R1005.

22)　ラ・フォンテーヌとオトレーは，「世界知識人センター」構想を通じて，UAI自体が最終的に連盟の一機関となることも想定し，かつ希望していたように思われる（From Otlet to Nitobe, 20 Nov. 1919, LNA: R1005）．

23)　Central Office of International Associations ed., *Code des resolutions et voeux des associations internationales*, Brussels: Office central des associations internationales, 1910. この『要望集』（*Code des voeux*）と略称される出版物は，『国際社会年鑑』と同じく，さまざまな国際組織，国際会議において採択された決議や要望を集めたリストであり，1910年にUAIによって出版された．しかしながら，その後大戦の影響とUAIの財政難によって休刊状態となっていた．

要な関心は，国際団体に関するUAIの情報収集能力にあり，『要望集』への助成はUAIが蓄積した知識を活用することを目的としていた．同年5月には，新渡戸がUAIに対して『要望集』への1,500ポンドの助成の可能性を示唆している[24]．この背景には，ラ・フォンテーヌとオトレーによるUAIの事業に対する新渡戸の絶対的な信頼があった[25]．

また，連盟事務局は，この時期UAIが準備を進めていた「国際大学」(International University)計画にも関心を示している．国際大学は，UAIの「世界知識人センター」構想の一環として計画され，1920年9月にブリュッセルでの開学を目指して準備が進められていた[26]．国際大学の目的は，各国の大学と国際団体を普遍的文明に基づく高等教育運動へ統合することにあり，学生は，著名な教員の指導の下で国際比較の視点から主要な問題を学び，一般科目，比較研究，国際問題研究，各国言語文学研究などの科目を履修することが予定されていた[27]．この国際大学構想に新渡戸は大きな意義を認め，連盟事務局員を講師として派遣するだけでなく，連盟として何らかの支援を行うよう提言している[28]．

このようにUAIと連盟事務局双方の関心が一致した結果として，1920年8月の連盟理事会は，UAIの『要望集』に対する1,500ポンドの助成を正式に決定し，また連盟の名で国際大学事業への支持を表明した[29]．このように，連盟

---

24) From Nitobe to La Fontaine and Otlet, 1 May 1920, LNA: R1005. 設立から間もなく，財政的に安定していなかった当時の連盟が民間団体への助成を行うこと自体，異例であった．

25) 新渡戸はドラモンド事務総長に対し，「自らの見聞を踏まえ，私はラ・フォンテーヌとオトレーという二人の紳士に絶対的信頼を置いている」と報告している(From Nitobe to the Secretary-General and Herbert Ames, 31 May 1920, LNA: R1005)．

26) Paul Otlet, *Sur la Création d'une Université Internationale, Rapport présenté à l'Union des Associations Internationales*, Brussels: Union des Associations Internationales, Feb. 1920, p. 2.

27) "L'Université Internationale, Notice et Programme," 25 May 1920, LNA: R1008, p. 1.

28) Inazo Nitobe, "Report on International University," 17 Jun. 1920, LNA: R1008. 最終的には新渡戸自身が国際大学に出講し，国際連盟に関する講義を行っている ("What the League of Nations has done and is doing, Lecture by Inazo Nitobe at the International University Brussels, 13th and 14th September, 1920," Mun: Mundapaix 18).

29) League of Nations, "Proposal by the Union of International Associations for the Estab-

とUAIの関係は，新渡戸とラ・フォンテーヌ，オトレーとの私的な関係においても，助成を通じた公的な関係においても一層緊密になっていったのである．

しかしながら，知的協力の組織化に関する議論を主導してきたUAIに，強力なライバルが登場する．すなわち，1920年7月，フランス国際連盟協会が「知的交流と教育に関する国際事務局の設立」と題する提案書を連盟に提出したのである[30]．UAI案同様，このフランス案も，思想や科学的業績の交流が国際連盟の永続的な力の堅固な基盤になると見なし，教育問題と科学における国際的な理解と協力を推進する常設機関の設立を求めていた．このフランス案の特徴は，主に3点挙げられる．第一に，提案書の名称にも表れているように，教育を知的交流と併置させ，知的協力事業の重要な構成要素としている点である．具体的に提案書では，事務局に「学術研究部門」「文学芸術部門」と並んで「教育部門」を設置することが明示されている．第二には，国家政府の中心的役割である．フランス案では，事務局の意思決定機関として総会の設置が規定されているが，その代表者は各国政府によって任命されることとなっていた．そして第三には，フランスの主導性であり，事務局はパリに設立されることが予定されていた．これら3点は，UAI案と全く性質を異にしており，そうであるがゆえになおさらUAIへの対抗案として注目されるのであった[31]．

フランス案の提出によって，UAIは，知的協力の議論における主導的地位を維持するべく積極的な行動に打って出る．まず，フランス案が組織案を含む包括的かつ具体的なものであったため，UAI案の精緻化が求められた．そこでUAIは，『知的事業の国際組織について――国際連盟における設立に向けて』という小冊子を作成し，自らの知的協力理念のさらなる明確化を試みている[32]．

---

  lishment of an University and Request by the Union for a Subvention of £1,500 Sterling, Report presented by the French Representative, Monsieur Leon Bourgeois, and adopted by the Council of the League of Nations, at its Meeting at San Sebastian on August 3rd., 1920," 3 Aug. 1920, LNA: R1005.

30) League of Nations, "Institution of an International Bureau for Intellectual Intercourse and Education, Letter, dated 8th July, 1920, from the President of the Executive Committee of the French Association for the League of Nations," LNA: R1028.

31) ただし新渡戸は，フランス案を他のどの案よりも包括的であると認めつつも，その実現は時期尚早であると判断している(From Nitobe to the Secretary-General, 15 Jul. 1920, LNA: R1028).

例えば，国際知的協力事業の根本的動機を次のように説明する．

　知識は，もはや単なる知的好奇心から専門家が独占する純粋な思索の問題ではない．それは全人類の利益のために用いられるべき大きな社会的勢力であり，普遍文明の維持と発展における主要な要素なのである．したがって，科学は組織化されなければならない[33]．

このように，「世界知識人センター」構想で示された知的協力の普遍的意義を確認した上で，知的協力事業の具体的活動項目として，学術研究協力，国際教育，単位の標準化，文書の管理と出版，芸術品の収集と保存，国際団体間の連携，知識人の保護を挙げるのであった[34]．さらに UAI は，知的協力国際組織の制度設計と設立に向けたロード・マップも作成している．すなわち，UAI 案によれば，知的協力の国際組織は，国際連盟が招集する準備会議によって憲章が作成され，この準備会議がそのまま総会となり，常設事務局の意思決定機関として機能するのであった．この UAI 案がフランス案と大きく異なるのは，総会にも常設事務局にも政府以外の国際学術団体や個人の参加を推奨している点である[35]．より明確に言えば，UAI 案において国家政府の参加は副次的な意味しかなく，UAI を中心とした民間の活動の延長線上に知的協力国際組織が構想されており，非政府組織の役割が際立っているのである[36]．こうした UAI 案の特徴は，民間国際団体の中央事務局としての特性，ならびに知的協力理念の普遍的性格と連関していたのは間違いない．

このように概念化された知的協力国際機構の設立に向けて，UAI は 1920 年 11 月の第 1 回連盟総会に照準を合わせた．実際，第 1 回総会における知的協力国際機構に関する議論は，ベルギー，ルーマニア，イタリアの各代表連名に

---

32) L'Union des Associations Internationales, *Sur l'Organisation Internationale du Travail Intellectuel: A Créer au sein de la Société des Nations*, Brussels, Nov. 1920.

33) L'Union des Associations Internationales, *Sur l'Organisation Internationale du Travail Intellectuel*, p. 6.

34) L'Union des Associations Internationales, *Sur l'Organisation Internationale du Travail Intellectuel*, pp. 7-8.

35) L'Union des Associations Internationales, *Sur l'Organisation Internationale du Travail Intellectuel*, pp. 8-9.

36) L'Union des Associations Internationales, *Sur l'Organisation Internationale du Travail Intellectuel*, pp. 9-10.

よる動議によって口火が切られている[37]．動議の文中，UAI が実践してきた知的協力事業を継続的に支援し，国際協力の精神を推進するために知的協力の専門機関の設立が求められており，明らかに UAI 案の反映が見られる[38]．この動議は総会第 2 委員会において検討されることとなったが，その第 2 委員会において決議案の報告者に任命されたのがラ・フォンテーヌであった[39]．

1920 年 12 月，ラ・フォンテーヌは連盟総会本会議の壇上に立ち，UAI が国際大学の創設を通じて国際精神を生み出し，さらには世界の知識人の連帯に寄与してきた業績を述べた後，UAI 案の基底にある知的協力の理念を次のように語っている．

> この幸福な状況において我々は，人類の進歩において最も気高く，公平で強力な要素，すなわち人間の精神を究明するという最終課題に立ち向かわなければならない．我々は，人類を野蛮から脱却させ，平和への道を示した人間の精神に対して敬意を表している．この精神なくして，文明の栄光は何一つ達成されなかった．こうした精神が，最も完全で調和を保ち，迅速に作用する方法を見つけ出すことこそ，国際連盟の課題なのである[40]．

いち早く知的協力事業の重要性に着目し，その組織化を訴えてきた UAI の普遍主義の理想がこのラ・フォンテーヌの言葉に凝縮されている．結果，ラ・フォンテーヌ報告は議場から拍手喝采を受け，国際協力の精神を涵養する教育の効果と，それを連盟の専門機関として行う妥当性について 2 種類の報告書を提出するよう理事会に求める総会決議が採択されたのであった．

このように UAI は，パリ講和会議以来の熱心な努力を通じて知的協力事業に対する連盟の目を開くことに成功した．今や連盟は，知的協力の国際的組織化に向けて具体的な検討を開始したのである．その意味で，第 1 回総会におけるラ・フォンテーヌ演説は，知的協力の概念化と組織化における UAI のイニ

---

37) League of Nations, *The Records of the First Assembly, Plenary Meetings* (*Meeting held from the 15th of November to the 18th of December 1920*), Geneva, 1920, p. 501.

38) League of Nations, *The Records of the First Assembly, Plenary Meetings*, p. 501.

39) League of Nations, *The Records of the First Assembly, Meetings of the Committees*, Vol. I, Geneva, 1920, pp. 167-168. ラ・フォンテーヌは，当時ベルギー上院議員であり，ベルギー政府代表団の一員として第 1 回総会に出席していた．

40) League of Nations, *The Records of the First Assembly, Plenary Meetings*, p. 755.

シアティブを明確に示していたと言えよう．しかしながら，その後，UAI の主導性は次第に失われていく．なぜなら，知的協力国際機構の設立がアジェンダとして設定されたことにより，連盟の場において UAI，連盟事務局，フランス政府の三者の思惑が交錯しながら，知的協力の具体的な検討が行われるようになるからである．

2　連盟における議論

上述の通り第 1 回連盟総会は，理事会に対し知的協力国際機構の設立に関する具体的検討を行うよう決議した．しかし，連盟事務局はその実現について懐疑的であった．なぜなら，未だ大多数の国々から知的協力事業への賛同を期待できる段階にはなく，新たな専門機関を設立する際の財源についても反対が予想されたからである．また，UAI 案に従うならば，UAI を中心に知的協力機関を設立することとなり，UAI そのものを連盟の一機関として組み込むことも想定される．ただ，新渡戸を中心とした連盟事務局には，民間国際団体の中央機関である UAI の性質ならびに UAI が主張する知的協力理念の普遍的性格を考慮し，政府間機構である連盟の管轄下に置くことへの躊躇があった．したがって，知的協力事業の重要性は認めつつも，連盟加盟国の新組織設立に対する態度と民間組織としての UAI の意義について確たる答えが得られない限り，知的協力国際機構の設立は時期尚早であるというのが連盟事務局の一致した見解であった[41]．

こうした事務局内の雰囲気を反映して，1921 年 3 月の連盟理事会も知的協力機構の設立に対して消極的な意見であった．報告を担当したスペインのキニョネス・デ・レオン（José María Quiñones de León）は，「現段階で知的協力は，自発的な取り組みによって最も良く推進することができ，差し当たって国際連盟は，知的労働者の組織化を図るよりも，そうした自発的な努力を手助けすべきである」という意見を表明するに留めた[42]．しかし他方で，フランス代表の

---

41)　Société des Nations, "Organisation du Travail Intellectuel, Mémorandum du Secrétaire Général," Geneva, 26 Jan. 1921, LNA: R1005.

42)　"Organisation of Intellectual Labour, report by M. Quiñones de León, Representative of

ブルジョア(Léon Bourgeois)は，知的事業において政府の干渉は問題となり得ないと述べた上で，国際協力精神の涵養を目的とした教育事務局を政府主導で連盟内に設置するよう提言している[43]．このブルジョアの発言は，教育問題の重視，政府の主導性という点において，UAI案に対するフランス案の巻き返しとも言えよう．結局，キニョネス・デ・レオンの報告書にブルジョア提案が添付され，理事会決議が採択されたのである[44]．

その後，連盟事務局は第1回総会決議が理事会に要請した報告書を準備するなかで，次第に知的協力事業の輪郭を明確にしていった．1921年3月の連盟理事会の後，新渡戸は事務局に対して提出された知的協力関係の諸提案を比較検討しているが，特にUAIとフランスの2案に注目している[45]．ただ，理事会におけるブルジョア発言を受けて，それまでUAI案を前提に知的協力を考えてきた新渡戸の認識に変化が生まれている．つまり，よりフランス案に接近するようになり，教育問題に特化した知的協力事業を構想するようになるのである．教育問題の国際事務局設立を主張するフランス案に依拠しながら，新渡戸は，「もっぱら学術目的の組織を扱うUAI案において，知的協力組織はUAIの事業を強化し拡大するもの，またUAI設立者が描いた知的組織の計画を実現するもの」と結論付けるのであった[46]．こうして新渡戸の頭には，UAI案とフランス案を折衷するかたちで知的協力が概念化されていくこととなる．

1921年8月になると，準備中の二つの報告書の内容が明らかとなってくる．国際教育の効果に関する報告書については，国際大学を含めUAIが行ってきた事業の歴史的展開を論じ，その功績を高く評価することで一致した[47]．しか

Spain, adopted by the Council on March 1st, 1921," in League of Nations, *Official Journal*, 2nd Year, No. 2 (Mar.-Apr. 1921), p. 178.

43) League of Nations, "Minutes of the Twelfth Session of the Council of the League of Nations, held in the Palais du Petit Luxembourg, from Monday, February 21st to Friday, March 4th 1921," pp. 27-28, LNA: R1412.

44) League of Nations, "Minutes of the Twelfth Session of the Council of the League of Nations," p. 28.

45) "Report on the International Co-ordination of Intellectual Labour," 21 May 1921, LNA: R1005.

46) "Report on the International Co-ordination of Intellectual Labour."

47) From Nitobe to La Fontaine, 31 May 1921, LNA: R1005.

し，そうした事業を連盟専門機関が行う妥当性については，事務局内で一致した見解が得られず，議論が続いていた．その原因は，新渡戸が UAI 案とフランス案を折衷した知的協力事業を考えており，既存の UAI を連盟に組み込んで専門機関とするのか，あるいは連盟主導で全く別個の新専門機関として設立するのか判然としなかったからである．この点について，モネ（Jean Monnet）は，UAI 案が漠然としており，教育の分野で新たな機関を設立するという連盟の目的とは全く異なるという意見を述べ，新組織について検討を行う少数の有識者による諮問機関の設立を提言している[48]．これに対して新渡戸は，少数の委員による諮問機関の設立について同意しつつも，知的協力の分野における UAI の功績を考えるならば，全く無視することはできず，報告書の記述の大半は UAI に関するものとなるだろうと回答している[49]．このように新渡戸の認識において，組織としては UAI と切り離しつつも，知的協力の捉え方は依然として UAI 案に立脚しており，こうした折衷性は後の ICIC の性格を特徴付けるものとなる．

こうして第 2 回連盟総会開会の直前，1921 年 9 月の連盟理事会は，知的協力組織の設立に関する態度決定を行うこととなった．報告を担当したフランスのブルジョアは，知的協力に関する自身の報告書を読み上げ，連盟事務局によって準備された二つの報告書の採択を求めた．「UAI の教育活動と知的協力事業」と題された報告書では，UAI の事業の歴史的展開が詳述され，そうした事業が国際協力に果たした役割を賞賛している[50]．また懸案の報告書「知的事業に関する専門機関設立の妥当性」では，フランス案に則って，教育活動を知的協力事業の主柱として捉え，教育の観点から知的活動と国際協力の連携を行う連盟専門機関の設立を提議している[51]．組織案としては，ほぼ全面的にモネの

---

48) From Robert Haas to the Secretary General, 11 Aug. 1921, LNA: R1029.
49) From Nitobe to the Secretary-General and Monnet, 11 Aug. 1921, LNA: R1029; From Nitobe to Monnet, 15 Aug. 1921, LNA: R1029.
50) League of Nations, "Educational Activities and the Co-ordination of Intellectual Work accomplished by the Union of International Associations, Memorandum by the Secretary-General," Geneva, 5 Sep. 1921, LNA: R1029.
51) League of Nations, "The Desirability of Creating a Technical Organisation for Intellectual Work, Memorandum by the Secretary-General," Geneva, 5 Sep. 1921, LNA: R1029.

提案を採用し，少数の委員からなる諮問委員会が予定された．こうした点を踏まえ，以下の決議案の採択を総会に対して要請することとなったのである．

　　総会は，理事会に対して，知的協力と教育に関する国際問題を検討する委員会の設置を求める．

　　当該委員会は，理事会が任命する最大12名の委員によって構成される．委員会は，特に学術的情報の交換と教育方法の普及という観点から，諸国の知的交流を促進するために連盟が取るべき方法について次期総会に報告書を提出する．

　　総会がこの報告書を検討する間，当該委員会は，連盟理事会の諮問機関として活動し，次期総会までに生ずる全ての専門的問題を理事会に提出する．

　　当該委員会に対しては，1921年3月1日の理事会報告で言及された国際教育事務局計画を検討する課題も付与される[52]．

教育問題を知的協力事業の中心に置き，委員は国家政府の代表者による連盟理事会によって任命され，UAIなど非政府主体の自発性が排除されている点において，この決議案におけるフランス案の勝利は明白であった．

さらにフランスの主導性を印象付けるのは，報告者のブルジョアである．ブルジョアは上記二つの報告書の採択を求めつつ，知的協力に関する自身の見解も述べている．そして，ここでもUAI案とは対照的な知的協力観が示されている．

　　……国際連盟はなるべく早い機会に，その政治理念と諸国を結びつける知的生活の諸相がいかに密接に結びついているかを明確にすべきである．ただし，こうした精神的な結び付きは，重要なものとして見るべきであり，単なる物質的な関係よりも注意深く扱わなければならない．教育，科学，哲学研究の諸制度は大きな国際的成果を導くかもしれないが，それらが深く国民的な感性と結びついていない限り，決して生まれることも成功することもないであろう[53]．

---

52) League of Nations, "The Desirability of Creating a Technical Organisation for Intellectual Work."

53) League of Nations, "Organisation of Intellectual Work, Report by M. Léon Bourgeois,

既に述べたように，UAI案は人類という普遍的性質，すなわち文明に立脚していたのに対し，ここでブルジョアが述べているのは，国民的相違，すなわち文化の国民的特殊性である．したがって，UAIに端を発した知的協力の理念は，その普遍的特色が脱色され，国民国家を前提とした個別の国民文化の交流と相互理解として概念化されるようになった．こうしたブルジョアによる報告は，二つの報告書と合わせて理事会の採択を得て，まとめて「ブルジョア決議案」と呼ばれるようになり，後にICICを組織化する際の法的，理念的根拠となった．

　このブルジョア決議案は，1921年9月の第2回連盟総会に送られ，総会本会議での議論に先立ち，総会第5委員会において専門的検討に付されることとなった．そして，第5委員会第1回会議で議論の口火を切ったのは，第1回総会と同様ベルギー政府代表団の一員として出席していたラ・フォンテーヌであった．ここでラ・フォンテーヌは，再度UAIを中心に国際知的協力事業の展開を概説した上で，ブルジョア決議案の採択を求めたのである[54]．

　ただし，この第2回総会第5委員会において，ブルジョア決議案に対する根本的な変更が加えられていることに注目しなければならない．すなわち，第5委員会委員長のカナダ代表ドハーティ（Charles Doherty）は，ブルジョア決議案文中の「教育」という語によって連盟が各国の教育を掌中に収めようとしていると誤解されるのではないかという懸念を表明し，委員会はその削除を決定したのである[55]．これは，ドハーティが述べているように，国家政府代表による連盟総会という場で決議案の可決を可能にするため，各国政府の懸念を可能な限り排除するという政治的配慮であった．しかし，既に述べたように，教育こそフランスの知的協力案における理念的主柱であった．それが削除された結

　　French representative, adopted by the Council on September 2nd, 1921," LNA: R1029.
54) League of Nations, *The Records of the Second Assembly, Meetings of the Committees*, Vol. II, p. 333. ラ・フォンテーヌがフランス案に基づくブルジョア決議案を支持した理由は判然としない．これまでの経緯から連盟内での知的協力に関する議論においてフランスの優位は明らかであり，ここでUAI案を提示して対抗を試みるよりも，先ずは組織の設立を優先すべきだと判断したのではないだろうか．また，ブルジョア決議案があくまで暫定的な諮問委員会を想定しており，後にUAIが影響力を行使することも可能と考えたためだと思われる．
55) League of Nations, *The Records of the Second Assembly, Meetings of the Committees*, Vol. II, p. 335.

果，フランス案に基づいた知的協力国際機構の設立構想は骨抜きとなり，知的協力理念は不明瞭なものとなってしまったのである．

　このように曖昧となった知的協力の概念を再び明確化し，総会本会議における報告を任された人物が南アフリカ代表のマレー(Gilbert Murray)であった[56]．ただ，マレーは当初から知的協力問題に関心をもっていたわけではなく，むしろ懐疑的であった[57]．その理由は，知的協力の理念的曖昧さだけでなく，この問題に対して他の委員が無関心であったためだと考えられる[58]．しかし，マレーは，不承不承ながらも報告書を作成し，第5委員会会議で報告を行っている．報告書において，マレーは普遍的良心の形成という観点から知的協力機構の主要な目的を説明している．

　　本委員会は，知的事業を組織化することが非常に重要であると理解する．また委員会は，国際連盟の将来が普遍的な良心の形成にかかっていると考える．あらゆる国の学者や作家が相互の接触を保ち，諸国間の平和を確立する理念を国から国へ広げ，こうした方向で積み重ねられてきた努力が促進されることによってのみ，普遍的意識は生み出され，成長するのである[59]．

---

56) マレーは，オックスフォード大学でギリシア文学を講じた研究者であり，南アフリカ代表として第2回総会の第5委員会に出席していた．ICIC設立後は，1922年から1939年まで委員を務め，1928年以後は委員長の職にあった人物である．マレーの生涯については，Duncan Wilson, *Gilbert Murray, OM, 1866-1957*, Oxford: Oxford University Press, 1987, を参照．また，特にICICに対するマレーの関わりについては以下を参照．Jeanne Morefield, *Covenants without Swords: Idealist Liberalism and the Spirit of Empire*, Princeton: Princeton University Press, 2005; Jean Smith, "The Committee for Intellectual Co-operation in Gilbert Murray's Papers," in Jean Smith and Arnold Toynbee eds., *Gilbert Murray: An Unfinished Autobiography*, London: George Allen and Unwin, 1960, pp. 198-204.

57) 例えば，第5委員会での議論を目の当たりにして，知的協力問題について「全くうんざりする議題」，「あの不愉快な知的事業」，「ほとんど冗談」などと述べている(Salvador de Madariaga, "Gilbert Murray and the League," in Smith and Toynbee eds., *Gilbert Murray*, pp. 189-190)．

58) 第2回総会閉幕後，マレーは「漠然とした曖昧な議題であって，数人の変わり者以外は誰も明確な意見を持っていないようだった」と報告している(From Murray to the Prime Minister, 8 Oct. 1921, GM188)．

59) League of Nations, *The Records of the Second Assembly, Meetings of the Committees*, Vol.

こうしたマレーの認識は，知的協力事業における普遍的価値と知識人の役割を強調する点で，UAI 案と軌を一にしていた．言わば，マレーは基本的な知的協力の認識を UAI と共有しており，普遍的知的協力の観点から教育の目的を普遍的良心の形成として解釈したと言えるだろう．だからこそ，マレー報告は第5委員会の総意を反映していないとしてフランス代表から厳しく批判されるのである[60]．マレーがフランス代表の見解を報告書に取り込むことを約束した結果，第5委員会は，「教育」の語を削除したブルジョア決議案に基づき，知的協力に関する国際問題を検討する最大12名の委員による委員会の設立を求める決議を採択したのである[61]．

　第5委員会の決定を踏まえ，マレーは第2回総会本会議の壇上に立ち，報告書を読み上げるとともに，知的協力に関する自身の見解について演説を行った．まずマレーは，知的協力の概念的曖昧さに触れながら，国際連盟がその組織を設立すべき理由を次のように説明している．

　　思うに，知的事業の国際組織という主題全体が，ある曖昧さに悩まされており，少なくともその正確な意味を思い描くことは困難である．これこそ，我々がこの専門委員会を設立する必要があると考える理由の一つであり，おそらく最大の理由なのである．あえて言えば，この委員会の任務は，その活動領域全体を分析し，提案された活動が本当に重要かどうか，その活動のどの部分が連盟にとって意味があるのかを確認し，それに多大な費用がかかるのかどうかを検討することにあるだろう[62]．

さらにマレーは，新組織の具体的な活動項目を三つ挙げ，知的協力概念の明確化を試みている．すなわち，①知的労働者の保護に向けた国際的取り組み，②知識の進歩に向けた国際的取り組み，③国際精神と人類愛の意識を拡大するための国際的取り組みの三つである[63]．第5委員会の報告において「普遍的良

II, p. 469.

60) League of Nations, *The Records of the Second Assembly, Meetings of the Committees*, Vol. II, p. 365.

61) League of Nations, *The Records of the Second Assembly, Meetings of the Committees*, Vol. II, p. 469.

62) League of Nations, *The Records of the Second Assembly, Plenary Meetings*(*Meetings held from the 5th of September to the 5th of October 1921*), Geneva, 1921, p. 309.

心」の形成を重視したように，この三つの中でマレーが最も重要視するのは国際精神と人類愛の意識の形成であった．そして，UAI によって実践された事業，特に国際大学事業を例に挙げ，「あらゆる国の教育を蝕むナショナリストの動きに対抗する偉大な試みが，国際連盟との協力によって成し遂げられてきたのである」と述べている[64]．こうして，マレーは，UAI とほぼ同じ問題意識から，知的な営みを国家に集中させ，若者の精神を自国の繁栄と利益に導く国民教育の伝統に対して，普遍的な精神と意識から抵抗を試みる点に知的協力の本質を見出すのであった[65]．明らかに，マレーの議論は，文面においてブルジョア決議案に立脚しつつも，理念的には UAI 案に近かったと言えよう[66]．

ただし，こうしたマレーによる知的協力理念を明確化する努力は，逆説的にさらなる混乱を招いたと言えよう．それは，原案であるフランス案が重視し，マレーも強調する，知的協力における「教育」の文言が削除されたことに起因する．したがって，ハイチ代表は，知的協力が人間の精神を問題化するのであれば教育的要素を活動対象とすることは避けられないとして，削除された「教育」の語の再挿入を提案したのであった[67]．ハイチ代表の意見は，マレー自身の論理によって正当化されるものであったが，「教育」の削除は決議案の可決を優先する政治的配慮からなされたものであるため，マレーは苦しい答弁を強いられることとなる．結果として，教育的要素は既に「知的協力」という言葉に含まれているというマレーの見解にハイチ代表が同意し，反対意見は撤回された．こうして，12 名の委員からなる知的協力のための委員会を設立する決議が，連盟総会の全会一致で採択されたのである．

ただし，組織の設立は決定されたものの，知的協力の理念は連盟総会の政治過程を通過することによって，曖昧となり無内容なものとなってしまった．最終的に採択された決議は，UAI 案でもフランス案でもなく，ただ委員会を設立

---

63) League of Nations, *The Records of the Second Assembly, Plenary Meetings*, p. 310.
64) League of Nations, *The Records of the Second Assembly, Plenary Meetings*, p. 310.
65) League of Nations, *The Records of the Second Assembly, Plenary Meetings*, p. 310.
66) そのため本会議においてもフランス代表が反対意見を提出し，マレーによる所論は個人的見解であり，ブルジョア決議案のみ採決されるべきであると述べている(League of Nations, *The Records of the Second Assembly, Plenary Meetings*, p. 313).
67) League of Nations, *The Records of the Second Assembly, Plenary Meetings*, pp. 311-312.

するという規定だけであり，そのため，この後も新渡戸を中心とした連盟事務局において知的協力の概念化が続けられなければならなかったのである．

　連盟総会による知的協力国際機構設立の正式決定により，連盟事務局内部での設立準備作業も本格化することとなる．具体的な課題は，委員候補者の選定であった．すなわち，連盟理事会が委員を任命できるよう，新渡戸が中心となって候補者の選定作業が行われた[68]．候補者の選定における新渡戸の基本的原則は，広義の研究者であること，学術の諸分野と同時に異なる国民的，文化的背景を考慮すること，そしてアメリカとドイツの委員を必ず含めることの3点にあった[69]．このように，新渡戸が学術的観点からだけではなく，文化的，地理的な配分や連盟との政治関係を考慮しながら委員候補者を検討していたことは興味深い．このような原則に則って選定を行い，また各団体からの推薦候補者も加えることで，委員候補者リストが作成され，理事会に提出されている[70]．

　しかしながら，1922年1月に開催された連盟理事会は，フランス代表の報告者アノトー(Gabriel Hanotaux)の提言に従い，次回理事会まで委員任命の延期を決定した[71]．この決定に対して，新渡戸は，強い不満を抱くとともに，延期の原因がフランス政府の政治的思惑にあると示唆している[72]．具体的に新渡戸は，可能な限り多くのフランス人を委員に任命させ，またベルギーの影響力を削ぐことで世界の知的，芸術的活動をパリに集中させようとするフランス政府の野心が背景にあり，実際新渡戸自身，フランスの連盟関係者からラ・フォンテーヌに対する反感を頻繁に耳にしたと述べている[73]．最終的には，同年5月の理事会で委員が任命され，ICICの発足が正式に決定したが，知的協力事

---

68) League of Nations, "Appointment of a Committee to Examine Questions of Intellectual Co-operation, Memorandum by the Secretary-General," 7 Dec. 1921, LNA: R1029.
69) League of Nations, "Minutes of Directors' Meeting held on Wednesday 8th December 1921," Geneva, 9 Dec. 1921, LNA: R1570; Inazo Nitobe, "Intellectual Co-operation," 22 Dec. 1921, LNA: R1029.
70) From Nitobe to Murray, 14 Jan. 1922, GM265.
71) League of Nations, *Official Journal*, 3rd Year, No. 2 (Feb. 1922), p. 111.
72) From Nitobe to Otlet, 31 Jan. 1922, Mun: Mundapaix 19; From Nitobe to La Fontaine and Otlet, 16 Jan. 1922, Mun: Mundapaix 18.
73) From Nitobe to Murray, 14 Jan. 1922, GM265; From Nitobe to Murray, 14 Feb. 1922, GM265.

業はICIC設立当初からこのように連盟内政治に大きく規定されていたのである[74]。

　ICIC委員の任命後，新渡戸はUAIに対し，ラ・フォンテーヌの委員落選について遺憾の意を伝えている[75]。ただ，新渡戸はICIC設立後もUAIとの協力関係の継続を望んでいた[76]。しかし同時に，新渡戸はUAIの状況に大きな懸念を抱いていた。その理由は，1922年初頭，ベルギー政府がUAIに対して行ってきた援助政策を見直し，その停止を決定したからである。具体的には，ベルギー政府はUAIに対して，それまで無償で貸与し，UAIの本部（Palais du Mondiale）が置かれていたブリュッセルのサンカントネール宮（Palais du Cinquantenaire）からの立ち退きを要求したのである。こうして，ベルギー政府の援助に頼ってきたUAIは苦境に陥っていた[77]。こうしたUAIとベルギー政府の不和は，知的協力事業におけるUAIの主導性の終焉を象徴的に示していたと言えよう[78]。UAIはICIC設立決定以後も，その理念が不明確であると批判

---

74) League of Nations, "Nomination of a Committee on Intellectual Cooperation, adopted by the Council on May 15 1922," LNA: R1029. 任命されたICIC委員は以下の12名。カルカッタ大学経済学教授バネルジー（D. N. Banerjee），コレージュ・ド・フランス哲学教授ベルグソン（H. Bergson），クリスティアナ大学動物学教授ボンネヴィ（K. Bonnevie），リオ・デ・ジャネイロ大学薬学教授デ・カストロ（A. de Castro），パリ大学物理学教授キュリー・スクウォドフスカ（M. Curie-Skłodowska），前ベルギー芸術科学大臣デストレー（J. Destrée），ベルリン大学物理学教授アインシュタイン（A. Einstein），ウィルソン山天文台所長ヘール（G. E. Hale），オックスフォード大学ギリシア哲学教授マレー（G. Murray），ベルン大学フランス文学教授ド・レイノルド（G. de Reynold），トリノ大学教会法教授ルフィニ（F. Ruffini），マドリード電気機械研究所トーレス・ケベード（L. Torres Quevedo）。
75) From Nitobe to La Fontaine, 16 May 1922, Mun: HLF 201. 新渡戸が作成した委員候補者リストには，ラ・フォンテーヌも記載されていた。
76) From Nitobe to La Fontaine, 22 May 1922, Mun: HLF 201.
77) From Nitobe to Otlet, 13 Feb. 1922, Mun: Mundapaix 18. ある連盟職員は，「現状はUAIにとって重大な危機である」と述べている（Morpourgo's Minute, 3 Mar. 1922, LNA: S 401）。
78) 例えば，UAIが強力に推進した国際大学は，1922年の第3回を最後に実質的な中止に追い込まれている。そして，1926年にフランス政府の援助によって知的協力国際協会（International Institute of Intellectual Co-operation）がICICの下部組織としてパリに設立されたことは，国際知的協力事業の中心がブリュッセルからパリへ移ったことを明確に表していた（Speeckaert, "A Glance at Sixty Years of Activity（1910-1970）of the Union of International Associations," p. 31, p. 38）。

し，自らの普遍的知的協力の理念を繰り返し提示することでICICに影響を与えようと試み，またUAI代表者を委員に選出するよう求めている[79]．しかしながら，UAIの影響力低下は明白であり，UAIがICICにおいて代表されることはなかったのである．

おわりに

最後に，新渡戸の言葉を手がかりに，ICIC設立時点での知的協力理念の特徴と問題性を指摘しよう．1922年8月に開催された第1回ICIC会議において，新渡戸は次のような開会演説を行っている．

> 本委員会の委員は全て，人類の知識の諸分野において卓越した個人である．各委員とその政府の関係について，委員は決して政府を代表するものではなく，完全に独立している．本委員会の活動は，理事会や総会によってその範囲が未だ厳密に決定されていないが，国際的な知的関係を促進するために，特に学術的情報の交換という点から，連盟が取るべき道を総会に報告することである[80]．

ここで新渡戸は，知識人個人の役割，委員の非政府性，学術的知識の交換という点をICICの基本的性格として示している．これらの特徴は，明らかにUAI案を踏襲したものである．つまり，ICIC発足時も新渡戸は，普遍的性格の強いUAI案をICICの基本理念として採用していたと言えよう．この意味で，UAIは知的協力事業における主導性を失いつつも，結果としてICICの理念的土台を用意したのであった．ただし，ICIC設立過程におけるフランス政府の活動から明らかなように，国際連盟において政府の関与を排除することは容易ではなかった．事実，設立後もフランス政府は積極的にICICに影響を及ぼそうと試みたのであり，ICICの知的協力理念において，知識人個人と政府との関係は主要な問題として引き継がれていくのである．

---

79) Paul Otlet, "Introduction aux Travaux de la Commission de Coopération Intellectuelle de la Société des Nations," 26 Jun. 1922, LNA: R1031.

80) League of Nations, Committee on Intellectual Cooperation, *Minutes of the First Session, Geneva, August 1st-5th, 1922*, Geneva, 11 Oct. 1922, p. 3.

また第1回ICIC会議終了後，その設立過程を振り返った新渡戸の報告書が提出されている．この報告書において新渡戸は，ICICに残された問題として次の点を指摘している．

　　　委員の任命において，原則としてナショナリティは無視され，候補者の個人的長所だけが考慮されるはずであった．しかし，そうした原理原則を貫徹することは困難であった．実際，日本と中国を除いて，理事会を構成する全ての国が委員会に代表されたのである．こうした除外は何故か．中国に関しては，大学が未発達であったからである．日本に関しては，総会で最も深く本問題に関わっていたラ・フォンテーヌ氏とギルバート・マレー教授との私的な議論を通し，委員会を5名から7名程度の可能な限り小さなものとすることになり，日本人である私自身が事務局員の資格で加わることで，公式的ではないにせよ実質的に極東が代表されるだろうと考えたのである．しかし，最終的に12名の委員が任命された時，私はアジアがもっと代表されるべきであると思った[81]．

ここでは，開会演説で示されたICICの基本的性格とは異なる点が述べられている．すなわち，知的協力におけるナショナリティの問題である．既に見たように，新渡戸は，実際に委員候補者の選定作業において，それぞれの国民的，文化的背景を重視した．こうした認識は，単一の普遍的文明を想定するUAI案よりも，むしろ特殊な国民文化の交流とその相互理解として知的協力を概念化したフランス案に近い．日本と中国という非西洋の文化の代表性を求めている点では，あくまでフランスの主導性を前提としたブルジョアよりも，一層国民文化の特殊性を強調しているとも言えるのではないだろうか．したがって，この新渡戸の言葉から，知的協力における普遍性（文明）と特殊性（国民文化）の緊張関係が，設立時点のICICに内在していたと考えられる．

　以上のように，知的協力は，初めUAIによって連盟に持ち込まれ，新渡戸を中心とした連盟事務局における概念化とフランス政府の関与，そして連盟総会および理事会における政治的交渉と妥協を通してICICに具体化した．言い

　　81）　Inazo Nitobe, "Observation on the International Committee on Intellectual Cooperation," 18 Aug. 1922, LNA: R1031.

換えれば，知的協力の理念は，国際連盟という場において，個人，民間団体，国家政府，国際組織といった異なるアクターが絡み合い，交錯するなかで形成されたと言える．しかし，結果として設立されたICICの理念は，全く質の異なるUAI案とフランス案の折衷であり，非常に曖昧なものであった．そのため，ICICの知的協力理念は，個人と政府の関係性，知的協力における普遍性と特殊性の緊張関係といった問題を孕みながら，その後1930年代に至るまで変容し続けるのである[82]．

---

[82] 1920年代から30年代を通したICICの知的協力理念の変容についての大まかな見取り図は，Takashi Saikawa, "From Intellectual Co-operation to International Cultural Exchange: Japan and China in the International Committee on Intellectual Co-operation," *Asian Regional Integration Review*, Vol. 1 (Apr. 2009), pp. 83–91, を参照．

第 21 章　民間団体と外交
中国国際聯盟同志会の初期活動

土田　哲夫

はじめに

　今日，グローバルな物・カネ・人・情報の流れが急速に密接化し，既存の主権国家の枠組みを越えた人々のつながりが強まるなか，19世紀末から20世紀前半に始まった各種民間団体によるトランスナショナルな活動の拡大と相互のネットワーク形成は，グローバル・コミュニティの形成という視点から歴史的に先駆的な動きだという評価もされている[1]．国際関係の歴史的研究において示唆的な議論であるといえよう．

　本稿は，中華民国期につくられた民間団体「中国国際聯盟同志会」（以下「（中国）国聯同志会」と略称）の創立と背景，その対内・対外活動をとりあげ，近代中国の人々がどのように国際関係をとらえ，これに関わろうとしたのかを検討するものである．

　中国国聯同志会が結成されたのは1919年2月5日，ちょうどパリ講和会議の開催直後であり，まだ国際連盟が創立される前であった．当時，中国では五四運動の直前であり，国民の外交問題への関心は高く，ウィルソンの「14カ条」提案，なかでも国際連盟構想に大きな期待が抱かれていた．また，この時期の中国はさまざまな政治・社会活動を行う民間団体が多数設立され，活潑に

---

[1] 入江昭，篠原初枝訳『グローバル・コミュニティ——国際機関・NGOがつくる世界』早稲田大学出版部，2006年，第1章；Thomas Richard Davies, "The Rise and Fall of Transnational Civil Society: The Evolution of International Non-Governmental Organizations since 1839," City University London, Centre for International Politics, Working Papers on Transnational Politics, CUTP/003, April 2008, http://www.staff.city.ac.uk/tom.davies/CUWPTP003.pdf（2013年3月19日アクセス）．

活動した民衆運動の噴出期でもあり，外交問題への関与を主たる任務とするさまざまな団体が出現した．

この頃から中国では，民間団体・私人の対外活動に関わり，「国民外交」という語がしばしば用いられたが，それは

①対内的には，国民の外交問題関与と政府外交の監督，国際知識の啓蒙という外交の民主化に関わり，また

②対外的には，個人や民間による対外活動を進め，国際世論に働きかけ，政府外交の後援を行うものであった．

このような活動を主任務とする団体を「国民外交団体」と呼ぼう．

近代中国の国民外交団体の例としては，1919 年創立の中国国聯同志会，中国国民外交協会，1921 年創立の中国全国国民外交大会[2]，1925 年にハワイで成立した太平洋問題調査会(Institute of Pacific Relations)の中国支部である中国太平洋学会[3]，陳銘枢らにより 1937 年創立された中国国民外交協会，1938 年に改組成立した国際反侵略運動大会中国分会（世界平和連合中国支部）などが知られている[4]．いずれも，国際的知識の対内啓蒙，中国の主張の対外宣伝，政府外交の後援等の活動を行った．

中国国聯同志会は 1919 年に北京で創立され，世界の国際連盟団体の連合体である国際連盟協会世界連合(The International Federation of League of Nations Societies)にも創立以来加盟し，積極的な活動を続けた．北伐前後から一時活動が停滞したが，1936 年に南京で国民党政権下の団体として改組・再建され，日中戦争期には活潑な国際的抗日宣伝活動に従事した．1945 年の国際連合成立後は，国連支援と啓蒙宣伝を目的とする中国聯合国同志会に改組された．その成立・再建の背景と組織構成，対政府関係，活動内容など，北京政府

---

2) 笠原十九司「ワシントン会議と国民外交運動——中国全国国民外交大会に関する研究ノート」『宇都宮大学教育学部紀要第1部』第 29 号（1979 年 12 月）.

3) 山岡道男「中国太平洋問題調査会に関する研究」早稲田大学『社会科学討究』第 38 巻第 3 号（1993 年 3 月）；張静「国民外交的一次嘗試——中国代表参与太平洋国際学会第一次会議之前後」『南京大学学報』2005 年第 3 期など参照.

4) 土田哲夫「国際平和運動，コミンテルン，日中戦争」『現代中国研究』第 20 号（2007 年 3 月）；同「国際平和運動と日中戦争」服部龍二・土田哲夫・後藤春美編『戦間期の東アジア国際政治』中央大学出版部，2007 年.

期と国民党政権期とでは大きく異なるため,本稿では北京政府期に絞って検討することにする.

中国国聯同志会に関する先行研究は内外とも存在しない.唐啓華が北京政府と国際連盟に関する研究書において国聯同志会の創立について触れるが,記述は数頁にすぎず,また組織構成や創立後の活動など詳細は論じていない[5].

各国の国際連盟団体の研究はある程度の蓄積がある.すなわち,著名なバーンによるイギリス国際連盟同盟の研究のほか,ペイジはカナダ組織の変容を扱った[6].日本国際連盟協会については池井優と岩本聖光の研究がある.池井の研究によれば,日本国際連盟協会の 1920 年の成立にあたっては,中国で先に同種団体が成立しており,それが国際連盟協会世界連合において日本に不利な活動を行うことへの懸念があったという.日本や欧米の同種団体との比較や関係という観点においても,まさに中国国聯同志会の創立とその活動についての解明が必要であるといえよう[7].

本稿では,はじめに中国世論の国際連盟観について梁啓超を中心に検討し,ついで中国国聯同志会の創立の経緯と組織,綱領,創立の国内的,国際的要因,ついで創立後の対外活動について検討し,近代中国における民間団体の国際関係を探究する手がかりとしたい.

1 国際連盟への中国の期待

諸国民の自由と平和を保障する国際組織を作ろうというのは人類長年の夢であったが,第一次世界大戦中に米英等の知識人や民間団体,政治家の間で国際機構設立の検討が進み,さらに 1918 年 1 月 8 日,ウィルソン米大統領が「14 カ条」のなかで戦後の国際機構設立を提案したことにより,実際の国際政治上

---

5) 唐啓華『北京政府与国際聯盟(1919〜1928)』台北:東大図書,1998 年,60-65 頁.
6) Donald S. Birn, *The League of Nations Union, 1918-1945*, Oxford: Clarendon Press, 1981; Donald Page, "The Institute's 'Popular Arm': The League of Nations Society in Canada," *International Journal* (Canadian International Council), Vol. 33, No. 1 (1977).
7) 池井優「日本国際連盟協会」慶應義塾大学『法学研究』第 68 巻第 2 号(1995 年 2 月);岩本聖光「日本国際連盟協会──30 年代における国際協調主義の展開」『立命館大学人文科学研究所紀要』第 86 号(2005 年 3 月).

の議題となった．パリ講和会議では英米両政府の強い主張を受けて，1919年1月25日に連盟創設の提案が採択されて国際連盟委員会が任命され，4月28日に最終的に確定した連盟規約案が採択された．連盟規約は同年6月28日に調印されたヴェルサイユ講和条約に含まれ，1920年1月10日，同条約発効により国際連盟は正式に創設された[8]．

(1) 中国の対応——『東方雑誌』より

さて，この国際連盟を中国の人々はどう認識し，これにどう対応しただろうか．中国政府がパリ講和会議と国際連盟構想に多大な期待を寄せたこと，講和会議中国全権団の中で青年外交官顧維鈞が連盟規約委員会において活躍したことはすでに明らかにされている通りである[9]．

本稿の関心は政府側よりはむしろ民間レベルでの対応にある．五四運動前後はさまざまな傾向の新しい雑誌が発刊されており，それらの国際観も興味深いが，ここでは当時もっとも権威ある総合雑誌であった『東方雑誌』[10]を取り上げよう．同誌の1918-20年の国際連盟関連記事を列記すると，表1の通りである．

このように『東方雑誌』では1918年には全く関連記事がなく，1919年初めに関連論説が集中的に掲載されている．1919年に掲載された記事の多くは日本や欧米の新聞記事，雑誌論説の翻訳や紹介である．これは中国論壇の国際連盟に関する関心の高さに比べて，具体的かつ詳細に論じられる者が国内で少なかったからと思われる．中国人のオリジナルな文章，講演録としては梁啓超のものと，中国国聯同志会の発起文に限られる．

このように，国聯同志会発足前後の時期，国際連盟に関する中国の情報は多く海外メディアに依拠していたこと，また中国人で国際連盟論を展開した人物

---

 8) 篠原初枝『国際連盟』中央公論社，2010年，17-54頁；Ruth Henig, *The League of Nations*, London: Haus Publishing, 2010, pp. 1-53.
 9) 川島真『中国近代外交の形成』名古屋大学出版会，2004年，第Ⅱ部第3章；唐啓華「顧維鈞与北京政府対国際聯盟的参与」復旦大学歴史学系編『顧維鈞与中国外交』上海古籍出版社，2001年．
 10) 若林正丈「近代中国における総合雑誌——『東方雑誌』解題」東京大学教養学部『外国語科研究紀要』第26巻第4号（1979年3月），1-118頁参照．

表1 『東方雑誌』国際連盟関係記事(1918-20年)

年月	巻号	記事名(翻訳出典)
1918.1-12		関連論説なし
1919.1	16巻1号	君実「戦後之国際聯盟」
		(小野塚喜平次「戦後ノ国際連盟」『国家学会雑誌』32巻9号，1918年9月)
1919.2	16巻2号	君実「戦後之国際聯盟」(続)(同上)
		梁啓超「国際同盟与中国」，「梁任公在協約国民協会之演説詞」
		英国海徳勲爵(羅家倫訳)「国際大同盟」
		(イギリス人 Sir Summerville Head の国際研究社での講演)
1919.3	16巻3号	「国際聯盟同志会縁起」
1919.4	16巻4号	施塔福「聯邦世界論」
		(西洋諸新聞所載の「万国聯合会」に関わる記事「略訳」)
1919.7	16巻7号	「国際聯盟之藍旗」
		(*Chicago Daily News* 記事に基づくフランス通信社電による)
1919.9	16巻9号	高労「国際聯盟之成立与日英同盟之将来」
		(日本の『新公論』誌から．詳細不明)
1919.12	16巻12号	陳无我「国際同盟之悲観論」
		(Frank H. Simonds, "Nationalism Still Dominates All Europe's Affairs," *New York Tribune*, 1919.8.24)
1920.1-11		関連論説なし
1920.12	17巻23号	楊端六「国際聯盟之前途」
		W「国際聯盟大会之第一幕」

出典：『東方雑誌』記事に基づき筆者作成．
注：中国国内新聞・雑誌からの転載は記載を略す．

としては梁啓超が重要であることが確認できる．

(2) 梁啓超の外交戦略と国際連盟論

梁啓超は中国の世論に大きな影響力を持つ思想家・ジャーナリストであるだけでなく，民国初期には進歩党，ついで研究系[11]を率いる政界の一領袖でもあった．政治的には，当時は段祺瑞ら安徽派が政権を握り，梁らは1917年秋に段らと決裂した後，内閣・国会での勢力を大きく減じたが，なお政界及び社会で隠然たる影響力を保っていた．世論への影響力ということでは，北京『晨報』，上海『時事新報』の両紙の他，いくつかの雑誌が梁啓超の系統のものといわれている[12]．当時の大総統徐世昌は，安徽派が国内の武力統一と対日親善

---

11) 『中国現代史辞典――史事部分(二)』台北：近代中国出版社，1986年，19頁．「研究系」(毛知礪執筆)．

12) 張朋園『梁啓超与民国政治』台北：食貨出版社，1978年，参照．梁啓超についての思

を旨としたのに対し，研究系と協力し，国内世論を利用しつつ，国内の和平統一や対外的な権益回収に取り組もうとしていた[13]．

第一次世界大戦勃発後，梁啓超は激しく変転する国際情勢を注視し，1917年には中国が協商国側に立って対独断交，ついで宣戦布告をするよう主張し，積極的に活動した[14]．すなわち，「欧戦［第一次世界大戦］の結果がいまのようになるのを見越して」，中国が戦勝国側になることで「わが国際的地位増進の絶好のチャンスとしようとした」のである[15]．

そして，1918年末から講和会議開催と国際機構設立案が伝わると，梁啓超は，中国が積極的にこれらに参加すべきことを訴えた．

まず，1918年11月14日『国民公報』掲載の「平和会議列席請求のため謹んでわが友邦に告ぐ」で，梁は国際連盟構想に高い期待を述べ，「ウィルソン大統領及びグレー前英国外相の唱える国際同盟会は，必ずや20世紀においてもっとも光栄ある産物となるだろうと信じる．それがいつ円満に成立するかは結論できないが，今次和平会議は必ずやこの人類大合同，大進化の国際同盟をその最も重要な基礎の一部として打ち立てるだろう」と断言し，「国際同盟」成立後は，中国は「必ずやその最も忠実な一員となることができ，……必ず世界にこの上なく大きな貢献をなし得るものと私は確信する」と述べた[16]．

梁啓超が国際連盟構想を賛美するのは，その理想主義的世界観によるだけではなく，それが「強大国の弱小国に対する政治的野心を抑止するのに十分であり」，「東方の某国」（日本）に対して中国国益を擁護する上で有用だという現実的計算があった[17]．

想史的研究は蓄積が厚いが，民国期について論じたものは少ない．参照：有田和夫「辛亥革命後の梁啓超の思想」『東京外国語大学論集』第47号(1993年11月)；吉澤誠一郎「公理と強権――民国8年の国際関係論」貴志俊彦・谷垣真理子・深町英夫編『模索する近代日中関係――対話と競存の時代』東京大学出版会，2009年．

13) この時期の北京政界の動きに関して，應俊豪『公衆輿論与北洋外交――以巴黎和山東問題為中心的研究』台北：国立政治大学歴史学系，2001年，参照．

14) 梁啓超「在国民外交講演会成立大会之演説」1917年3月3日，夏暁虹輯『飲冰室合集 集外文』北京大学出版社，2005年，中，696-697頁．

15) 記者への談話，『申報』1918年10月26日．

16) 梁啓超「為請求列席平和会議敬告我友邦」『飲冰室合集 集外文』中，725-726頁．

17) 梁啓超「欧戦議和之感想」『飲冰室合集 集外文』中，727-729頁．

また，梁啓超の論説「国際同盟と中国」を見よう．本論説は，『国民公報』1918年12月8日に掲載の後，『東方雑誌』にも転載され，広い読者と影響力を持ったと考えられる．梁はこの中で，「国際同盟」は「昔は単に理論上の研究にすぎなかったものが，いまや実際の建設となった」とし，それは第一に「弱小国の国際的地位」を保障すること，第二に各国間の軍事・経済競争や悪感情が次第に大きな戦乱にエスカレートするのを防ぐことに意義がある，とする．「要するに，今回の戦争が世界文明の歴史において何らかの価値を有するか否かは，国際同盟が成立できるか否かで判断すべきなのだ」．この「国際同盟」は，長く国家主義の下にあるヨーロッパ人にとっては高遠な理想で非現実的だといわれるが，中国人にとってはそうではない．古来，中国の政治家は「治国平天下」といい，「天下を平和にすること」を最終目的とした．「文明の極致を論じるならば，必ずやわが国古代のいわゆる大同主義（すなわち人類全体の大結合，共同活動）を窮極のものとする」のであり，「将来理想の世界大同は必ずこの道をとるべきである．国際同盟はその最良の手段だ」とする．そして，「この同盟の最も重要な保証条件は軍備制限にある」という論点から論を国内に向け，わが国は率先して兵員削減を励行し，「同盟の大主義に対応させるべき」だとまとめた[18]．

　では，この「国際同盟」はどのような形式となるべきか．梁は，七大国により組織されるべきだという説を批判し，「この同盟は平和の同盟でなければならない．平和を愛する国はその強弱大小を問わず，みな共同してこれを組織すべきだ」とし，各国の(1)人口，(2)民主政治（原文「民治主義政治」）の発展の程度，(3)資源の豊かさ，(4)経済発展の程度の四つの基準により代表の人数を定めるのが公平だと主張した．また「国際大同盟」は共通の強制力を持つべきだと論じ，この共通兵力は，「(1)国際大同盟共通の陸海軍；(2)一国または数カ国に属する陸海軍で公共のために用いるもの」からなり，前者は降伏したドイツ・オーストリア海軍軍艦から組織するとした[19]．

---

18) 梁啓超「国際同盟与中国」『飲冰室合集　集外文』中，742-744頁及び『東方雑誌』第16巻第2号(1919年2月)，161-163頁．
19) 梁啓超「在協約国国民協会之演説詞」『飲冰室合集　集外文』中，799-802頁，及び『東方雑誌』第16巻第2号(1919年2月)，166-169頁．

第一次世界大戦終結前後，梁啓超は国際連盟問題の他，中国が勢力範囲打破，領事裁判権撤廃，関税率改訂の三つの課題を達成すべきこと，国民外交を重視すべきことなど，外交に関わる演説や論文を精力的に発表し，その見解を世論に広めるように努めていた．

　以上，当時の世論指導者梁啓超の言説から，第一次世界大戦の「勝利」と講和会議開催，そして国際連盟構想を理想化し，これにより中国の国際的地位を改善すべく相当の期待を抱いていたことが確認できるだろう．

2　「北京名流」と中国国際聯盟同志会の創立

　梁啓超は 1918 年末，上海を出発し，世界大戦後の欧州情勢を視察し，講和会議に向けてその主張を反映させるべく，1 年余りにわたるヨーロッパ訪問の旅にでた．翌 19 年 2 月 18 日，梁は講和会議の開催地パリに到着したが，この間，北京では中国国聯同志会が設立され，梁は国外にいながら，その理事長・在欧代表に推されることになった[20]．いったい，中国国聯同志会はどのような人たちによって設立され，どのような組織であったのだろうか．

　以下，国聯同志会の創立の過程と役職者，組織・規約，成立の背景を確認することから，同会の性質を検討したい．

(1)　中国国聯同志会の創立過程

　中国国聯同志会の公式記録は，同会成立の経過をこう記す．

　　本会は汪大燮・張謇・熊希齢・蔡元培・林長民・王寵恵諸君が同志多数を招いて，民国 8 [1919] 年 2 月 5 日午後，石駙馬大街督辦賑災事宜処 [熊希齢宅] で国際聯盟同志会の組織を協議したものである．来会者は計三十余人であり，ともに汪大燮君を主席に推し，林長民君が規約を報告し，ついでパリのわが国講和会議代表及び梁啓超先生に打電し，本会の成立を報告し，その賛助を請うことを決定した．……まず理事 5 人を以下の通り定めた．

---

20)　丁文江・趙豊田編『梁啓超年譜長編』上海人民出版社，1983 年，877 頁．

汪大燮　梁啓超　蔡元培　王寵恵　李盛鐸
また林長民君を総務幹事と議定した．これが本会の第一次成立会である[21]．ついで，2月9日，11日の会合で，梁啓超を理事長・海外駐在代表，汪大燮を代理理事長，厳修・熊希齢・張謇を理事，胡適，董顕光等を幹事とするなど，役員を定めた[22]．

2月12日午後，国聯同志会は北京大学法科で公開の大会を開催，来会者は1,000人余りにのぼった．大会では汪大燮代理理事長，林長民総務幹事が演説し，王寵恵理事が9カ条の大会決議案を説明し，修正可決後，パリの講和会議中国代表団顧維鈞専使及び梁啓超理事長に打電し，本大会決議を講和会議で提議，鼓吹するよう依頼することとした．最後に司会（林長民）が大会参加者みなに入会を呼びかけ，会員名簿作成のため，姓名，住所を自署して北京大学校長室に渡すように求め，散会した[23]．

本大会の決議は下記の通りである．

一　本会は国際連盟に賛成し，その成立促進に努める．
二　本会は中国の国際連盟加入に賛成する．
三　国際連盟は加盟各国の土地，人口及び商務に応じて代表を出して組織すべきである．
四　連盟各国は軍備を縮小する．
五　連盟加盟国間で紛争の場合は仲裁を受けるべきであり，その判定に従わない場合，連盟本部は加盟各国に通知し，各々執行方法を定める．
六　連盟各国は国際裁判所を設立し，仲裁を拒む紛争があれば，これを審理する．その判決執行は前条と同じとする．
七　国際法は成文法典に編成すべく，若干年ごとに審議，修正できる．
八　連盟各国は相互に国家独立及び領土保全を保証する．
九　条約は連盟本部に登録するべきである[24]．

---

21)「国際聯盟同志会成立之経過」『国際聯盟同志会叢刊』第1冊（1919年4月），36-38頁．本誌は以下『叢刊』と略す．
22)『叢刊』第1冊，59頁．
23)「国際聯盟同志会講演紀」『申報』1919年2月17日．また，『叢刊』第1冊，38-53頁に詳しい議事録収録．
24)『叢刊』第1冊，50頁．

中国国聯同志会の規約(原文「章程」)は，同会の目的及び組織的性格を反映するものである．規約は，「本会は国際連盟［の創立］を主張し，その実現を支援し，その発展を促進するのを趣旨とする」(第2条)とその目的を定め，会の事業は，「(一)国際連盟の各種問題及びその他国際連盟と関係のある問題の研究．(二)講演及び中国語・外国語により国際連盟の主張を鼓吹すること．(三)他国の同種団体との提携，協力」(第3条)の3項と定めた[25]．組織面では，「およそ中華民国人民で会員の紹介を受け，役員会の承認を得た者は会員とする」(第4条)と入会条件を定め，また事務所は北京に置き(第15条)，支部(「分会」)は設置せず，地方会員の国際連盟に対する意見は本会役員会で審査の上発表するとし(第6条)，「本会役員は随時役員会を開き，一切の会務を執り行う」(第14条)とし，役員の権限が強い．財政面では「会費は会員が随意寄付できる」(第7条)としており，一部有力者の資金拠出に依存する方針であった[26]．

　以上から，国聯同志会は国際連盟に関心が強い一部エリートが主導し，その運営及び財政面を担った団体であったことが見て取れる．同会の会員数及び構成を記す資料はないが，北京大学大会での約1,000名とされる参加者すべてが加入可とされ，また会費納入義務はなかったので，創立時の会員は学生が多数を占めたと思われる．なお，事務局は北京市内の欧米同学会(欧米留学同窓会)内に置かれた[27]．五四運動期の親欧米的空気を反映しているといえよう．

　国聯同志会の創立時の役員は表2の通りである．

　この表から見ると，国聯同志会の役員の年齢はかなり高く，学歴も科挙学位保有または海外留学と高く，清末から民国初期の北京政界で活躍した経験を持つが，当時はむしろ学術，教育，実業，慈善など社会活動で著名なエリートたちであり，当時「社会名流」と呼ばれた．本稿では彼らを「北京名流」と呼ぼう．政治的には，1913-14年の熊希齢「名流内閣」時期の閣員や進歩党，研究系との関係が深い者が少なくない．

---

25) 「章程」『叢刊』第1冊，53-55頁．
26) 「章程」．
27) 「国際聯盟同志会講演紀」．

表2 中国国際聯盟同志会役員の構成

役職	氏名	生没年	年齢	学歴	職業等	政治傾向	熊希齢内閣	平和期成会	協約国民協会	外交委員会	国民外交協会
理事長	梁啓超	1873-1929	46	挙人	元財政総長、欧州滞在	研究系領袖	司法総長			(提議)	発起、演説
理事長代理	汪大燮	1859-1928	60	挙人	元外交総長	研究系	教育総長		副会長	委員長	
理事	蔡元培	1868-1940	51	進士	北京大学校長	国民党		発起人	幹事		発起、演説
理事	王寵恵	1881-1958	38	留米	法律編纂会会長	国民党		発起人	幹事		発起、理事
理事	李盛鐸	1859-1937	60	進士	参議院議長					委員	
理事	熊希齢	1869-1937	50	進士	慈善事業	進歩党	国務総理	発起人筆頭	会長	委員	発起、理事
理事	張謇	1853-1926	66	進士	実業	旧立憲派		発起人			理事
理事	厳修	1860-1929	59	進士	教育事業						理事
理事	梁士詒	1869-1933	50	進士	交通銀行董事長	交通系領袖	総統府秘書長				
理事	王揖唐	1877-1946	52	進士、留日	衆議院議長	安福倶楽部総裁		発起人			
理事	王家襄	1872-1928	47	留日	元参議院議長	研究系					
総務幹事	林長民	1876-1925	43	秀才、留日	前司法総長	研究系				委員、事務主任	理事
文書部幹事	梁敬錞	1892-1984	27	北京大学卒、後留英	北京大学法科講師	後に国民党				秘書	
編輯部幹事	葉景莘	1882-1986	37	留英	財政部舎吏	元梁啓超秘書				名誉書記 秘書	

出典：①伝記データ全般：徐友春主編『民国人物大辞典』増訂版、石家荘：河北人民出版社、2007年；山田辰雄編『近代中国人名辞典』霞山会、1995年など．
②国際聯盟同志会役職：『国際聯盟同志会叢刊』第1冊、55-59頁．文書部、編輯部幹事は複数いるが、他を略す．
③平和期成会：『申報』1918年10月26日．「和平期成会」とも称す．
④協約国国民協会：『申報』1918年12月14日、12月15日．
⑤外交委員会：『申報』1918年12月18日、12月20日．他の委員は略す（委員計14名）．
⑥国民外交協会：『国民外交協会成立紀』、『申報』1919年2月20日．このほか范源濂・汪癸寛・汪癸寛も理事．演説は1918年12月22日の北京での大会演説を指す．

注：年齢・現職等は1919年2月現在．

(2) 創立の国内的文脈

　国聯同志会創立の中心となった「北京名流」達は，特に国聯同志会設立のために初めて顔を合わせたというのではなく，以前からさまざまな政治的，社会的交流を持っており，特に 1918 年秋以来，第一次世界大戦の終結と講和会議開催に対応して，中国の国際的地位向上を図るべく，内戦停止・全国和平の呼びかけ，政府外交への関与，国民外交団体設立といった一連の動きを続けていた．それは，政治的には徐世昌大総統と連合し，メディアや学術界を利用し，北京政府を支配する段祺瑞等安徽派（軍人派閥）・安福系（政治派閥）に対抗する意味合いをもつものでもあった．

　彼ら北京名流の創設した関連組織には以下のものがあった（国聯同志会メンバーの加入状況は表 2 参照）．

　(1) 平和期成会．1918 年秋からの大総統徐世昌の南北和平呼びかけに呼応し，同年 10 月 23 日，熊希齢，張謇，蔡元培，王寵恵等が全国に通電し，発起したもの[28]．

　(2) 協約国国民協会．1918 年 12 月 8 日に大戦の連合国（「協約国」）国民間友好団体として創立．熊希齢が会長，副会長は汪大燮と米国人グリーン（Roger Greene），また蔡元培，王寵恵が幹事，名誉書記に葉景莘，また中国在住の日欧米協商国代表が役員に入った[29]．

　(3) 外交委員会．1918 年末に梁啓超，林長民の提議で徐世昌大総統の下に設置され，パリ講和会議に関する方針を審議．安徽派系の政府外交部と競合し，外交政策決定に関与．委員 14 名，特に汪大燮委員長，林長民事務主任，熊希齢，王寵恵委員及び事務員葉景莘が中心になった[30]．

　(4) 国民外交協会．1918 年 12 月から熊希齢，蔡元培，梁啓超らがパリ講和会議と国際連盟成立に備え，外交を後援する国民団体の組織に着手．12 月 22 日，北京で戦後外交研究会・国民外交後援会主催で演説大会を開催．北京各団体を連合し，ついで全国商会・教育会・省議会・各法定団体の加入を得て，

---

28) 『申報』1918 年 10 月 26 日．
29) 『申報』1918 年 12 月 14 日，12 月 15 日．
30) 『申報』1918 年 12 月 18 日，12 月 20 日；葉景莘「巴黎和会期間我国拒簽和約運動的見聞」中国人民政治協商会議全国委員会文史資料研究委員会編『文史資料選輯』北京：中華書局，1960 年—，第 2 輯，144-153 頁．

1919年2月16日，成立大会を開催[31]．本会理事は，張謇・熊希齢・王寵恵・厳修・林長民・范源濂・荘蘊寛[32]．

以上のような「北京名流」の一連の外交関与，国民外交団体組織の動きの一環として中国国聯同志会が組織されたのである．その基盤となったのは，協約国国民協会と国民外交協会であり，主要幹部は両組織と重なっている．国民外交協会は1918年12月から2カ月あまりかけて組織作りを行い，その上で正式に設立されたものであり，19年2月の正式成立後もパリ講和会議代表への要請，反日運動挙行など，五四運動期のさまざまな政治活動に関わった．これに対し，国聯同志会は1919年2月に成立した後，もっぱら対外活動を担当した．こうしてみると，国民外交協会と国聯同志会はともに「北京名流」の主導で創設され，国民外交の対内的機能，対外的機能を分担，協力する兄弟組織であったと考えることができる．

国聯同志会の創立は上記のような国内的文脈によるものと理解できるが，このほか，世界的な国際連盟組織の連合体の結成と中国の加盟という国際的な文脈も存在した．以下，この点を述べよう．

(3) 創立の国際的文脈

1919年1月25日～30日，パリで国際連盟協会世界連合の最初の大会が開かれ，中国を含む8カ国代表が参加した．中国代表の名義で——中国国聯同志会成立前にもかかわらず——参加したのは，パリ講和会議中国代表団秘書の周緯である．周は国際法学者で，『国際社会の法的組織化』というフランス語著作によって欧米の学界でも知られていた[33]．

---

31) 「国民外交協会成立紀」『申報』1919年2月20日．
32) 『申報』1919年2月18日「専電」欄．
33) 周緯（1883-？），貴州省出身．フランス留学，パリ大学法学博士．中国国際聯盟代表処秘書長，北京大学教授，立法委員等歴任．著書に『新国際公法』等．徐友春主編『民国人物大辞典』増訂版，石家荘：河北人民出版社，2007年，893頁．スイス・フリーブル大学法学博士ともいう．周の仏文著作は，S. Tchéou-Weï, *Essai sur l'organisation juridique de la société internationale: contenant un projet pour la réunion de la Troistème Conférence de la paix* (à La Haye), Genéve: Atar, Paris: G. Crès, 1917. 周著に対する同時代の評価としては，Cf. Otfried Nippold, tr. by A. S. Hershey, *The Development of International Law after the World War*, Oxford: Clarendon Press, 1923, pp. 44-45, 68-70, 86-88.

周によれば，本大会はもともと英米仏伊4カ国の国際連盟団体により開催される予定であったが，1919年1月24日，パリで英米伊代表への歓迎会が開かれた際，彼は旧知のフランス国際連盟協会会長ブルジョア（Léon V. A. Bourgeois前首相）に中国の参加を許可するよう求め，参加の可否を大会で審議するので翌日の大会に来るようにとの好意的回答を得た．周は中国代表団に帰ると，これを陸徴祥団長（外交総長）等に報告し，中国の参加の重要性を力説した．その結果，中国には国際連盟団体がまだないので，北京の国際研究社[34]の名義で周が参加すること，また陸徴祥より国内人士に打電し，すみやかに国際連盟団体を組織するように促すこととなった．25日開会当日，参加4カ国代表の審議，投票により，周緯は中国の連盟団体代表として参加，投票する権利が認められた．翌日，ベルギー，セルビア，ルーマニア代表も同様に参加を承認されたという[35]．

　以上から見ると，1918年末以来の「北京名流」による一連の対内的，対外的活動が背景としてあったところに，1919年1月末頃，周緯の活動と提言を受けたパリ講和会議中国代表部からの呼びかけが来て，2月初め以降，中国国聯同志会の組織化が急速に進展したと考えることができる．

3　中国国聯同志会の活動（北京政府期）

　中国国聯同志会の創立後の活動は，国際連盟・国際問題に関わる啓発，宣伝等の対内的な活動と国際連盟協会世界連合における中国の利益擁護や外交支援等の対外的活動の両面に分かれる．重点は対外面におかれた．

(1) 対内広報活動

　中国国聯同志会は創立時期，広報に留意しており，1919年2月12日の大会

---

[34] 国際研究社は王寵恵主席，張君勱，葉叔衡等を理事とする国際問題に関する学術研究団体で，「欧戦」，国際連盟など国際問題に関する講演会や中・英文の小冊子発行等を行っていた．『申報』1918年10月8日，10月16日，10月23日；『晨報』1919年4月11日，参照．

[35] 周緯「各国促進国際聯盟協会在巴黎開第一次大会之報告」『叢刊』第2冊（1920年10月），65-78頁．

後は全国主要新聞等に通電を発し，その決議9カ条を宣伝した[36]．メディアの反応も良好であり，国聯同志会の活動に関する記事は北京『晨報』，上海『申報』等にしばしば掲載された[37]．また，『東方雑誌』第16巻第3号（1919年3月）には，同会成立の趣旨を記す「国際聯盟同志会縁起」が掲載された．

　国聯同志会の刊行物としては，『国際聯盟同志会叢刊』（1919年4月〜1925年12月）がある．これは全5号の不定期刊行物で，各号の分量は60〜200頁，同会の活動報告のほか，国際連盟など国際問題に関する記事，論文を掲載する．初代編輯主任は胡適，ついで程蓮士．1920年6月30日の編集委員会では，編集方針として，各期末尾に英仏文の論説をつけて主として国際連盟に関する国内の意見を発表し，中国語論説では主として連盟の趣旨を発揚し，欧米の国際連盟論を導入することとした．ただ，実際は第3期に国際法学者程天錫の英文論文を掲載した以外は，すべて中国語の論説，資料となった[38]．

　雑誌刊行等の広報以外の対内活動はほとんど行われなかったもようである．

　国聯同志会の創立後まもなく五四運動が展開し，国聯同志会とも人的つながりの深い研究系及び国民外交協会，さらに北京大学学生グループが活躍したが，国聯同志会は特に直接の政治運動を行うことはなかった．

(2) 国際連盟協会世界連合への参加

　北京政府期，中国国聯同志会の対外活動は，もっぱら世界各国の国際連盟支援団体の連合組織である国際連盟協会世界連合において中国を代表して行った諸活動であった．中国は世界連合の創立以来，その大会に積極的に参加し，国際連盟の強化や山東問題の解決などをめざしてねばり強い働きかけを行った．同連合の第1回から第9回までの大会への中国参加状況を表3にまとめた．

　1919年1月のパリ第1回大会への参加に成功した周緯は，あらかじめ中国代表としての意見書を作成，印刷し，会議で配布した．その内容は，「万国聯合会あるいは世界文明民族聯合総会［国際連盟］の主旨は，世界平和を守り，

---

36) 「北京国際聯盟同志会通電」『申報』1919年2月14日．
37) たとえば，秋水「北京通信（三）　国際聯盟同志会之発起」『申報』1919年2月13日．
38) 「本会紀事」『叢刊』第2冊；F. T. Cheng, "The League of Nations and Its Chance of Success"『叢刊』第3冊（1922年1月）．

表3　国際連盟協会世界連合大会への中国代表参加(1919-25年)

回	開催年月日	開催地	参加国数	中国人出席者(代表団体)	中国代表の主要提案
1	1919.1.25-30	パリ	8	周緯(国際研究社)	国際議会・国際審判院・国際行政院をもつ万国聯合会即時設立
2	1919.3.11-13	ロンドン	7	張嘉森・程錫庚(国聯同志会)	国際連盟理事会拡大, 外交上の助けを得てする他国での経済等利権獲得禁止
3	1919.12.1-?	ブリュッセル	16	◎顧維鈞・胡世沢・趙泉(国際聯盟協会・国聯同志会), 王景岐(国際聯盟協社), 王世杰・戴修駿(国際和平促進会)	山東問題の決定につき国際連盟が修正するよう要望, 連盟理事会理事国分州選挙原則
4	1920.10.12-16	ミラノ		◎林長民・張嘉森・廖世功・朱文黻・梁龍(中国促進国際聯盟総会), 王世杰・謝東発(国際和平促進会)	常設国際司法裁判所選挙制度修正, 講和条約の山東関係条文修正を求める国際連盟宛覚書を出すこと
5	1921.6.7-10	ジュネーブ	20	林長民・廖世功・朱文黻・周緯・梁龍(中国促進国際聯盟総会), 謝東発・鄭毓秀(国際和平促進会)	山東問題につき日中両国が国際連盟規約に則り解決すること, 連盟理事会における小国代表数増員
6	1922.6.2	プラハ		朱少平・謝東発・梁龍	
7	1923.6.24	ウィーン		不詳	
8	1924.6.27-7.2	リオン	30	王寵恵・周緯(国聯同志会), 謝東発・常策欧	国際連盟理事会非常任理事国の分州選挙原則
9	1925.7.3-8	ワルシャワ		周緯・常策欧	国際連盟理事会理事国分州選挙原則, 中国分担金引き下げ

出典:『国際聯盟同志会叢刊』第2冊~第5冊に基づき, 筆者作成.
注:中国人出席者欄の◎は総代表を示す. 開催期日・参加国数は不完全なものもあるが, 資料に従う.

公法・正義を発達させることにある. 実はそれは中国民族の古来希望, 提唱したことであり, 孔子は四海の内皆兄弟, 墨子は兼愛……といった」,「われわれ中国人はつとに堅く守り, 実行に努めているものである」. 万国聯合会はすみやかに設立すべきであり, ①国際議会, ②国際審判院, ③国際行政院の三機関の設立を提案する, というものである[39]. 司法・行政・立法の三権を持つ強力な国際機構を, というのは周の持論であり, すでにその著書でこの議論を展開していた[40]. このように中国で最初に国際連盟組織に関わった者が世界政府的な強い国際機構を構想していたことは, 興味深い.

39) 周緯「各国促進国際聯盟会在巴黎開第一次大会之報告」.
40) Tchéou-Weï, *Essai sur l'organisation juridique.*

第21章　民間団体と外交　469

1919年3月のロンドンにおける第2回大会では，梁啓超に随って訪欧した張嘉森(1887-1969　字君勱　政治学者)と程錫庚(国際法学者)が中国代表として参加した．本大会では，各国代表から国際連盟規約案に対する種々の修正が提出され，中国代表も，常設委員会を設けて軍備縮小の実行を監視すること，国際軍事力を準備して世界平和を守るべきことなどを提案した(大会決議に反映)[41]．

　1919年12月のブリュッセルにおける第3回大会は，前2回よりはるかに多い16カ国の代表100名の参加を得て行われ，国際連盟協会世界連合の会則も議決された．連盟世界連合の正式成立会とする評価もある[42]．中国からは6人が4つの国際連盟団体の代表として参加した．といっても中国国内から代表を送るものはなく，在欧の外交官及び華人がその代表を務めた．顧維鈞，胡世沢，趙泉の3外交官は共に国聯同志会と国際聯盟協会の代表を兼ね，また王景岐は国際聯盟協社代表として参加した．国際聯盟協会は衆議院議長・王揖唐の野心と安福派の勢力を背景とし，研究系に近い国聯同志会に対抗して組織された官製団体であった[43]．王景岐は外交官の中では国民党に近く，国際聯盟協社も南方政府系と思われる．このほか，在仏華人の組織した国際和平促進会代表として王世杰・戴修駿が参加した．二人ともフランス留学中の法学者であり，王世杰は後に国民政府の要職を歴任する[44]．

　彼らは対内的には各団体を代表するが，対外的には中国代表として一致することで合意し，顧維鈞公使が総代表となった[45]．この第3回大会では国際連盟協会世界連合の定款が議決され，連合参加は各国1協会とすること(第2条)と定められた．このため，1920年3月から5月にかけて，顧維鈞公使は，この頃在英中であった林長民国聯同志会総幹事の同意も得て，中国の連盟関係団体

---

41)　程錫庚「各国促進国際聯盟協会在倫敦開第二次大会之報告」『叢刊』第2冊，79-87頁．
42)　Birn, *The League of Nations Union*, p. 13.
43)　「国際聯盟協会之継起」『申報』1919年2月15日．
44)　王世杰については，土田哲夫「盧溝橋事件と国民政府の反応──『王世杰日記』を中心に」『中央大学経済学部創立100周年記念論文集』中央大学経済学部創立100周年記念事業委員会，2005年，参照．
45)　「各国促進国際聯合協会在比京開第三次大会報告(附函電)」姜亜沙編『民国初期稀見文電輯録』北京：全国図書館文献縮微複製中心，2006年，第1冊，183-240頁．また，『叢刊』第2冊，89-112頁．

の合同をくりかえし求めた[46]．

結局，この問題は新たなる軍閥戦争により解決された．すなわち，1920年7月，安直戦争で敗れて北京の安徽派政権は崩壊し，安福系首領で国際聯盟協会会長の王揖唐も逮捕令を受けて逃亡，亡命するに至ったのである[47]．

こうして，1920年10月のミラノにおける国際連盟協会世界連合第4回大会では，中国国内の主要連盟団体である国聯同志会・聯盟協会は初めて合同して「中国促進国際聯盟総会」の名で参加し，在欧の中国国際平和促進会とともに林長民を総代表とする一代表団を構成した[48]．

(3) 国際連盟協会世界連合での外交後援

第3回ブリュッセル大会以降，中国代表が世界連合の場で最も精力を傾注したのは山東問題であった．中国代表は第3回大会において，講和会議の山東問題決定が「中国にとって不公平で国際平和及び国際間の感情を害するものと認め，したがって大会は国際連盟理事会及び同総会に対し，連盟の正式開会後直ちに本件の決定内容を修正するよう要請することを願う旨声明する」という決議案を採択するように求めた[49]．だが，本議案は政治的だという反対意見が多く，採決には至らなかった．

1920年第4回ミラノ大会でも，中国代表は第6委員会で，ヴェルサイユ条約の山東問題に関する規定は連盟規約の条文及び精神に反するので，本大会が連盟総会に対しヴェルサイユ条約の山東関係条文修正を求める覚書を出すことを提案し，日本代表との間で激論となった．結局，本提案は，山東問題を明示せず，「世界平和に危殆を与える国際的事実について国際連盟が速やかに連盟規約の条文及び精神に則り審査，解決すべし」という一般的提案に修正されて，可決されることになった[50]．

---

46) 顧維鈞報告（1920年3月15日送付），顧維鈞致外交部電（1920年5月19日着），姜亜沙編『民国初期稀見文電輯録』第1冊，239-240頁．
47) 『中華民国史事紀要（初稿）——中華民国九年（一九二〇）一至十二月份』台北：中華民国史料研究中心，1980年，316-337頁，401，404-405頁．
48) 「各国促進国際聯盟団体総会米郎第四届大会報告」『叢刊』第3冊，9-30頁．
49) 『叢刊』第2冊，106頁．
50) 「各国促進国際聯盟団体総会米郎第四届大会報告」．

1921年6月の第5回大会(ジュネーブ)では，第6委員会で中国代表謝東発(中国国際平和促進会)が熱弁を振るい，「(1)山東の争案未解決はいま平和の保持を危うくしていること，(2)1915年から18年の間に日本が中国を強迫して締結した各条約を修正すべきこと」を提案し，結局，「大会は，日中間の山東の争論が国際連盟規約のみに則り解決されることを希望する」旨，全会一致で可決されることとなった．さらに謝は個人の名義で，大会が高麗の不幸な地位に関心を表明するよう提案したが，日本側の猛反発を招き，撤回することとなった[51]．

　このように，連盟協会世界連合の初期(第5回まで)は，まだパリ講和会議以来の山東問題を巡る日中対立がくりひろげられた．この問題は，ワシントン会議に伴い1922年2月4日，日中間で山東懸案解決に関する条約が締結されるまで続いた[52]．

　山東問題に次いで，中国が連盟協会世界連合大会において追求した目標は，まさしく中国連盟外交の課題であった[53]国際連盟理事会における中国の議席確保の後援であった．このための中国代表団の取り組みを順を追って見てみよう．

　1919年3月のロンドンにおける第2回大会では，国際連盟理事会メンバーを四大国に限らず8カ国とし，小国が半数を占めるようにすべきことを提案し，議事録記載の扱いとなった[54]．続く第3回大会で，中国代表は，国際連盟理事会の理事国は領土・人口及び国際貿易に基づいて選ぶべきこと，またアジア，ヨーロッパ，南米各州から少なくとも各1国が入るべきことを提議した．アジアの大国として中国が常に非常任理事国の地位を確保しようという狙いの提案であったが，討議の可否につき投票の結果，否決された[55]．

　1921年の第5回大会でも，中国代表は理事会中の小国数を4から5に増員するべきことを提議したが，仏代表との長い弁論を経て否決された[56]．

　1924年6月の第8回大会(リオン)では，中国代表はまず国際連盟非常任理

---

51)　周樹堯「国際聯盟協会総会第五次大会報告」『叢刊』第4冊(1925年7月)，109-136頁．
52)　外務省編『日本外交年表並主要文書』原書房，1965年，下，3-8頁．
53)　唐啓華『北京政府与国際聯盟(1919〜1928)』第3章「中国対国際聯盟行政院的参与」．
54)　程錫庚「各国促進国際聯盟協会在倫敦開第二次大会之報告」．
55)　『叢刊』第2冊，108-109頁．
56)　周樹堯「国際聯盟協会総会第五次大会報告」134-136頁．

事国選挙を各州毎とすることを議題にするよう提案し，修正可決を得た．ついで，連盟協会世界連合大会は，連盟総会が1920年可決の原則（地理，人種，宗教，文化，経済資源の重要性を考慮して選挙すること）を尊重し，また連盟理事会において常に非常任理事国になるというアジア数億人の合理的願望をかなえることを願う，という決議案を提案し，修正可決を得た[57]．その前年の1923年の選挙で中国は非常任理事国から落選しており，大きな励ましを得たであろう．

1925年7月の第9回大会（ワルシャワ）でも，中国代表は連盟理事会非常任理事国選挙を州毎の枠で行うことを提案し，可決を得た．この大会では，五・三〇事件の直後とあって中英対立が目立ったが，中国代表は日本，フランス代表と連携し，イギリスを孤立させて多数を獲得し，その提案を通す戦略をとり，成功した．また，日本代表（杉村陽太郎）が出した外国籍住民・移民の平等待遇の提案は，イギリスが強く反対し，結局，反対多数で否決されたが，唯一日本案を支持したのが中国であった[58]．1919年の国際連盟協会世界連合成立以来，前回の大会までは山東問題等で日中両国の対立が続いたが，それが今回の大会では中英間が緊張する一方，日中関係は緩和を見せたのであった．

(4) 対外活動の評価と問題

以上のように，中国国聯同志会は連盟協会世界連合という国際世論の場で精力的に中国国益擁護の活動を行い，中国政府の連盟外交を後援した．そして中国の連盟外交と同様，中国の力の不足を個別の代表の力量（雄弁，外国語力，執拗な自己主張）によって補い，ある程度の成果をあげたということができる．

他方，中国の国際連盟団体の対外活動においては二つの問題点が露わとなった．

第一は中国国際連盟団体の分立である．これは前述のように北京の二団体が合同し，また在外華人の団体も大会の際には国内組織と合同することになり，

---

57) 「国際聯盟同志総会里昂第八次大会政治股報告目録　十三年七月九日本会駐欧代表報告」『叢刊』第5冊 (1925年12月頃), 17-28頁.

58) ただ，杉村代表はむしろ中英間の対立緩和に努めていたようである．周緯・常策欧（輯校者梁敬錞）「各国国際聯盟聯合同志会第九届波京瓦沙国際大会報告書」『叢刊』第5冊, 29-64頁.

解決された.

　第二は国際連盟協会世界連合の分担金問題である．同連合加盟各国組織は万国郵便連合所定の率で経費を分担することとされ（定款第 15 条），したがって中国は一等国基準で経費を負担する義務を負った[59]．これは，国際連盟における中国の分担金と同様の扱いであるが，北京政府が連盟分担金を滞納して問題となったのと同様[60]，中国の連盟団体にとっても一等国基準の分担金支払いは容易でなく，次第に滞納問題が深刻になった．このため，1925 年の第 9 回大会で中国は世界連合の分担金引き下げを求め，相当の議論を呼び起こしつつ，負担軽減を得たが[61]，分担金滞納問題は 1930 年代前半まで続くこととなった[62]．

おわりに

　以上，本稿では中国国際聯盟同志会の創立とその後の活動を同会側資料に即して検討した．国聯同志会は，1919 年 2 月，国際連盟の成立と発展促進と，中国での連盟知識の普及，世界の国際連盟団体との連絡を掲げて創立された．その創立の中心となったのは，北京の政・学・社会各界「名流」達であり，彼らは第一次世界大戦終結という国際情勢に対応し，中国の国際的地位向上を図るべく，一連の対内的，対外的取り組みを行っていた．同志会は在外外交官とは協力関係にあったが，北京政府の統制は受けず，民間団体という性格を維持した．

　北京政府期，同志会の活動は対内的には雑誌刊行，広報に限られ，もっぱら国際連盟協会世界連合を舞台とする対外的なものに集中した．中国代表は，同連合の成立初期には国際連盟の制度設計及び制裁力強化に関わる理想主義的な提案を行ったこともあったが，第 3 回大会以後はより現実的な利益追求に終始し，もっぱら山東問題の「公正」な解決の要求，中国の国際連盟非常任理事国

---

59) 『叢刊』第 2 冊，102-105 頁．
60) 唐啓華『北京政府与国際聯盟（1919〜1928）』第 4 章「中国与国聯会費問題」．
61) 周緯・常策欧「各国国際聯盟聯合同志会第九届波京瓦沙国際大会報告書」．
62) 中央研究院近代史研究所檔案館所蔵「朱家驊檔案」，301-01-16-007「聯合国中国同志会小史」民国 15 年〜23 年項．

議席の確保のための諸提案など，中国の国益擁護をめざして活動を展開した．また，中国の外交官も，国際連盟団体の活動は国民の声を国際世論に伝え，政府の外交を後援するものであるとの理解の上で，それを支援あるいは受任代行していた．

このように，中国国聯同志会は国際連盟協会世界連合という非政府間国際機構に参加する民間団体ではあったが，その活動内容を見ると，それはトランスナショナルな民間社会の連携を担うものというよりは，もっぱら国際的な場において中国のナショナルな利益追求を進めるものであった．「国民外交団体」とよぶゆえんである．

中国国聯同志会の1930年代以降の組織と活動，そして国際連盟協会世界連合との関係については，稿を改めて検討したい．

第 22 章　帝国の文化的支配装置としての財団
冷戦期日本におけるフォード財団の活動

牧田　東一

はじめに——アメリカの民間財団とは何か

　巨大な民間財団は極めてアメリカ的な存在である．中でも，カーネギー，ロックフェラー，フォードの三つの財団はアメリカを代表する民間財団として国外でも有名であり，活動に対する評価も高い．財団の活動に関する研究はアメリカを中心に数多く行われてきたが，それらは二つに大別できる．第一は財団活動をチャリティやフィランソロピーと位置づけ，設立者や運営者の善意によるしばしば宗教的背景を持つ道義的な社会貢献行動と考える立場である．これは財団自身が自らを表現する際の言説でもある．他方で，財団設立者が富豪であり，運営者がエリートであることから，彼らの階級的利益を守ることが本質的目的であり，階級支配の巧妙な文化的装置であるとみるネオマルクス主義の研究も存在する[1]．筆者は，第一の見解を当事者の自己理解としてみたとき，そうした側面があることを否定はしないが，その影響力を善意で片づけることはできないと考える．そこで，階級支配という観点はとらないものの，エリートによる支配的価値観やイデオロギーの操作の側面を持ち，また公共政策への影響力行使の装置であると考える．すなわち，本稿の最後で述べるアメリカのリベラルな社会秩序の中で強い影響力を持つソーシャル・パワーの一種であると考える．

---

1)　ネオマルクス主義の研究としては，例えば，Donald Fisher, *Fundamental Development of the Social Sciences: Rockefeller Philanthropy and the United States Social Science Research Council*, The University of Michigan Press, 1993; Robert F. Arnove ed., *Philanthropy and Cultural Imperialism: The Foundations at Home and Abroad*, Indiana University Press, 1980, など．

本稿では，代表的なアメリカの財団であり，アメリカ国外で活動する数少ない財団の一つでもあるフォード財団の 1950 年代の日本での活動に焦点をあてて，冷戦という文脈の中で同財団が当時の日本の支配的価値観やイデオロギーをどのように操作しようとしたのか，またそれを通して日本の外交政策にどのような影響を与えようとしたのかを分析し，これまで明示的に意識されてこなかったアメリカのソーシャル・パワーの国際関係における重要性を示したいと考える．

1　1950 年代のフォード財団

　フォード財団は，フォード自動車の創業者であるヘンリー・フォードとその息子エドセルによって 1936 年に小さな一地方財団として設立された．当時，フォード自動車はアメリカ最大の企業であったが，1916 年の株式買い占め騒動に懲りたヘンリーは全株式を買収して非公開会社としてしまった．ところが，1943 年にエドセル，そして 1947 年にヘンリーが相次いで死亡し，フォード自動車全株式の 10％ 程度が遺族に相続され，90％ 以上がフォード財団に遺贈された．これは当初から計画されていた相続税対策であり，もし財団に遺贈していなければ約 77％ の相続税が課税され，遺族は株式売却で相続税を捻出せねばならず，一族によるフォード自動車支配が危機に瀕していたとされる．

　フォード財団は当時世界最大の基金規模であった．それが実際いくらなのかは非公開株であり市場価格がないため簡単には分からないが，推定は可能である．1956 年 1 月に財団は所有するフォード自動車株式の 15％ を売り出した．その対価は 6 億 4,300 万ドルであった．このときの数字から推定すると約 43 億ドルの資産規模であったと考えることができる．当時の為替レート 1 ドル 360 円で考えれば，約 1 兆 5,000 億円である．昭和 31 年の日本政府予算が 1 兆 0,890 億円であった[2]ので，その約 1.5 倍となる．

　日本一国の予算にも匹敵する規模の基金を得たフォード財団を，どのように運営するのか，基金の運用から生ずる膨大な果実を助成金として支出するとき

---

2)　財務省ホームページ，http://www.mof.gov.jp，予算決算関連資料データ（2011 年 9 月 8 日アクセス）．

に，何の目的で，どのような活動に充てていくのかは大きな課題であった．理事会議長となった創業者の孫のヘンリー・フォード2世は弁護士のローワン・ゲイザーに財団の活動目的に関する調査を依頼した．1,000人以上の有識者からの意見をまとめて作られた報告書は，(1)平和の確立，(2)民主主義の強化，(3)経済の強化，(4)民主主義社会における教育，(5)人間個人の行動と人間関係の科学的知識の改善の五つをプログラム領域として掲げた．第5項目の行動科学以外は，今日に至るまでフォード財団の活動領域を定めるバイブルの役割を果たしている．このようにいわば憲法は出来上がったが，それを現実に適用するのは人である．民間財団の統治は，少数の理事からなる理事会が行う．財団運営は，年に何回か集まって基本方針を決定する理事会と日々の運営を行う事務局によって行われる．従って，理事が誰か，事務局スタッフ，特にその長である理事長が誰かが，政治的傾向を含む財団の性格を決定することになる．

　フォード財団を動かしていたのは，理事やスタッフになっているエリートたちである．すなわち，学術関係者と企業経営者を最大の母体とし，さらにマスメディア，法曹界，労働界などから選ばれてくるエリートである．人のリクルートは基本的には理事などの人脈で行われ，そこではしばしばエリート校出身者間の人的繋がりなども重要である．これは連邦政府にも見られることであり，政治任用である連邦政府高官も似た性格を持っている．事実，フォード財団の高級幹部には連邦政府から移ってくる人，逆にフォード財団から連邦政府に異動する人も多い．大学や企業から連邦政府に加わって，アメリカ政府の政策立案を行うエリートを国家エリートと呼ぶことがあるが，フォード財団を動かしている人々も同種の人々である．連邦政府と異なる点は，政府がリベラルと保守の妥協的人事の性格があり，その意味でより多様であるのに対して，民間財団は性格がどちらか一方に偏っている点である．つまり，リベラルな性格の財団と保守的な財団に分かれており，その政治的傾向はほぼ不変である．フォード財団はフォード家がリベラルな共和党支持者であったことから，最初の理事，スタッフがリベラル派から集められ，今日に至るまでリベラルな性格の財団となっている．

　1950年11月にフォード財団の初代理事長にポール・ホフマンが就任した．ホフマンはビジネス出身の経営者だが，戦争中はビジネス諮問委員会，経済開

発委員会で活躍し、トルーマン政権から請われてマーシャルプランの実施組織である経済協力局(ECA)の長官となり、欧州復興に功績を挙げていた。彼は第三世界の開発問題に強い関心を持ち、フォード財団で国際開発を推し進め、後には国連大使から国連開発計画(UNDP)の創始者となった。ホフマンが財団に連れてきたのは、元シカゴ大学学長の教育学者でリベラル色の強いロバート・ハッチンズ、元農業調整庁長官のチェスター・デイヴィス、ハーバード大学法学部教授でホフマンの下でマーシャルプランの欧州代表であったミルトン・カッツである。

国内プログラムは主としてハッチンズ、国際プログラムのうち国際開発はホフマン自身が、欧州プログラムはカッツが担当するような形になった。途上国の開発援助プログラム(Overseas Development: OD)では、インド、インドネシア、ビルマ等の非同盟諸国を中心に中東などを含めた新興独立国に、巨額の開発援助資金がつぎ込まれていった。欧州プログラムは、駐ドイツ高等弁務官(大使)であったジョン・マックロイとその下で新聞や雑誌の買収や支援を行っていたシェパード・ストーンが担うこととなった。ストーンはソ連の文化攻勢に対抗すべく自由文化同盟(Congress for Cultural Freedom)[3]などへの助成を行う他、欧州に根強いアメリカ文化を劣ったものと見る知識人の反米意識を変えるべく、アメリカ文化紹介に取り組んだ[4]。彼らを中心に国際問題プログラム(International Affairs: IA)が確立していった。

スタンフォード大学法学部長であったカール・スペスは、全米の大学におけるアジア研究の現状調査を行い、アメリカが世界を経営するためには地域研究の振興が重要であると主張し、そのままフォード財団のスタッフとなって、アメリカにおける地域研究、国際研究の推進を行うことになる。大学への地域研究支援だけでなく、フェローシップを開始し、多くのアジア研究者を育てた。この流れが、国際訓練と研究プログラム(International Training and Research:

---

3) 欧州でのソ連の文化攻勢に対抗すべく、反共の知識人たちが集まり、社会主義リアリズム批判やアメリカの芸術等の紹介を通じて、文化面での反共運動を繰り広げた。日本やインド等にも影響は及んだ。

4) Volker R. Berghahn, *America and the Intellectual Cold Wars in Europe: Shepard Stone between Philanthropy, Academy, and Diplomacy*, Princeton University Press, 2001.

ITR)となる．

　このように，1954年にはOD，IA，ITRの3部門体制が作られた．日本に対しては，主としてIAとITRが関わっていた．IAは欧州で東西冷戦における文化戦争を戦ったが，日本にも同様の趣旨で関わり，ITRはアメリカや日本の大学が日本関係の研究等を実施する際に関わることになった．

　この時代のフォード財団の国際プログラムは冷戦色が強い．上述のように，欧州での文化戦争と親米感情醸成を目的としたIAだけでなく，ODによる国際開発もソ連との援助競争が行われていた非同盟諸国と中東に重点を置いており，さらにITRが力を入れたアメリカにおける地域研究育成も冷戦を戦うアメリカの知的能力向上が主たる目的であった．そして，これらのプログラムの根本目的は若干のニュアンスの違いはあるにせよ，トルーマン政権から始まるアメリカ政府の冷戦戦略と軌を一にしていたのである．それは，フォード財団で一連のプログラムを企画立案，実施した人々がことごとくトルーマン政権で政策立案，実施に関わった人々であることから，ある意味では自然である．彼らの一部は自分たちを「トルーマン難民」と呼んでいた．彼らがフォード財団で活動した時期は，政府は共和党アイゼンハワー政権であり，小さな政府を指向してアメリカの世界関与を減らそうとしていた．途上国への開発援助，欧州の親米感情醸成，アメリカの世界運営能力向上は，どれもアメリカの世界関与を積極的に進める政策であり，トルーマン政権下でそうした壮大な夢に取り組んだ人々が，いわば政権を逐われて，民間財団で夢の実現に取り組んだと考えてもよいのではないだろうか．日本を見ていた彼らの頭の中にはこうした構図があり，それにそって助成活動を考えたのである．

2　1950年代のフォード財団の日本における活動

　以下では，フォード財団の内部資料[5]に基づいて，1950年代の日本での活動を分析していきたい．

5）　フォード財団の内部資料はマイクロフィルム化されて同財団の文書保管室で公開されている．一部，非公開史料もあるが，ごく少ない．

(1) 1952年の事前調査報告書に見られる対日観

　1951年8月に，ホフマン理事長は近東，ドイツ，インド，パキスタンに赴き，ODとIAプログラムが急速に形を整えていった．フォード財団内部資料によれば，1953年に同様の訪日調査団が計画されていた．そのための事前調査報告書が残されている．しかし，調査団は派遣されなかったようである[6]．しかし，この事前調査報告書は当時のフォード財団がどのように日本を見ていたか，その基本方針をどのように定めようとしていたかをよく物語っている[7]．

　フォード財団のスタッフは当時の知日派知識人らに協力を仰ぎ，助言を求めた．報告書ドラフトにコメントを寄せたのは，トーマス・ブレイクモア，デルマー・ブラウン，ジョン・フェアバンク，エドウィン・ライシャワー，ロバート・スカラピノ，高木八尺であり，別に独立したレポートを提出したのは，ジョージ・アルタマノフ，ジェローム・コーエン，フランク・フリーマン，W. L. ホランド，マリウス・ジャンセン，ライシャワー，ジョンD.ロックフェラー3世，ジョージ・テイラー，スタントン・ターナーである．報告書は次のように結論づけている．

　第一に，日本に優先順位をおくべきかをまず検討すべきであるとしている．日本はフランス・イタリアなどと同じで，アジアにあってもODの主要対象国であるインド等とは異なる先進国であることを考えるべきである．すなわち，大学も多く，財団の影響力は限られており，特定の分野に限った限定的関与を考えるべきだとしている．事実，その後のフォード財団の日本への関与は，インドなどに比べると極めて限定的であった．

　第二に，報告書は日本専門家の意見は二つの可能性に集まっていると述べている．これは，当時の知日派知識人の共通認識を反映したものと考えられる．フォード財団スタッフは限定的関与の分野をこの可能性の中から選ぼうとしていた．

---

6) これは，1953年2月にホフマンが理事会によって解任されたことが影響していると思われる．ハッチンズなどの言動によって，ホフマンと理事会は対立していたと関係者の間では通説になっている．ゲイザー報告書をまとめたゲイザーが後任理事長となった．

7) John B. Condliffe, "Preliminary Report on Japan," 1952, Reports 003434, Ford Foundation Archives.

一つめのコンセンサスは，当時の日本には民主主義の知的基盤が脆弱であり，その部分を支援する必要性があるという認識である．この専門家の指摘に対して，フォード財団スタッフは肯定的にとらえている．もう一つは，経済の安定の必要性であるが，この問題に対しては，スタッフは日本独自に経済問題を解決できる可能性が高いことと，フォード財団が限定的に関与するにはこの問題が規模的に大きすぎることから，否定的な立場を取っている．そこで，民主主義の知的基盤の強化に絞ることを勧めているが，ではそれは何を意味するのだろうか．

　民主主義の知的基盤が脆弱であるというのは，実は日本の知識人の多くがマルクス主義の影響を受けており，戦前の軍国主義や国粋主義に再び戻らないためには，日本に社会主義革命を起こすしか方法がないと考えているというアメリカ側の認識に基づいていた．つまり，ソ連との知的影響力競争においてアメリカが負けているという認識であり，それを逆転させなければならないということである．例えば，ライシャワーは「最大のニーズはアジアのイデオロギー的防衛」「人間の思考の征服に対して，我々は何も防衛策を講じていない」「西側の知識や経験の無秩序な氾濫が混乱を招いている」「ほとんど全てのアジアの知識人の思考は，周到に作られたマルクス主義の回路にはまっている」と危機感を述べている．フェアバンクは，「心理戦争，イデオロギー戦争ではほとんど一方的に敵に先制されている．マルクス主義は日本人学生の中に深く入り込んでいる．全ての側面で，我々は思想の闘争で失地している」と述べ，「財団のような民間組織が外国との知的関係において指導的役割を果たせることに希望を託したい」と民間財団の役割に期待している．カリフォルニア大学の日本史教授のブラウンも，冷戦の軍事的，経済的側面においてはアメリカが優位であるが，「残念ながらイデオロギーのプログラムが軽視されており，弱体である」とし，「アメリカの民間財団にしか行えないユニークな機会である」と述べている．

　これらの専門家の指摘を引用しながら，報告書は「アジアにおけるアジア自身と西側諸国に関する知識が欠乏しており，その真空状態は非常に大きな割合でマルクス主義の概念と用語によって埋められている」とし，「日本の最も創造的な人々のムードは，幻滅，絶望，皮肉，戦前の回顧に陥っている．多くが，

マルクス主義史観と個人的に好む政治的自由主義を融合させるという絶望的な努力を行っている」と述べている．そして，結論的には，専門家が「一致して，日本の経済的側面より政治的側面に優先順位をおくべきだ」としており，「日本の知的指導層が，戦前の軍国主義的な封建主義を復活させないための唯一の代替策として，共産主義を受け入れるのを阻止するための迅速な行動の必要がある」と述べている．

報告書は，日本の知識人の多くがマルクス主義の影響を強く受けて，日本や他のアジア諸国の現状をマルクス主義の理論と概念で理解しようとしていることに強い危惧を抱いており，それが唯一の現状理解の仕方ではないことを示すことの重要性を説いているのである．すなわち，社会認識であればアメリカで発達した社会科学，他のアジア諸国認識であればアメリカの新しい地域研究を日本に紹介することで，マルクス主義的理解をまず相対化し，やがては周辺化することを，フォード財団の日本関与の第一目的とすることを提案していたのである．

(2) 日本での活動

表1を基に，フォード財団の活動を三つの時期に分けて分析してみたい．

①戦略化以前（1953年まで）　対日戦略が立てられる前であり，Institute of International Education (IIE) と American Friends Service Committee (AFSC) の必ずしも日本を狙った訳ではない国際交流事業に助成が行われている．IIE は民間財団が合同で設立した国際交流専門の事業財団であり，実際はフォード財団が企画したインドとパキスタンの開発を目的とする農業普及員の研修を IIE に請け負わせたものである．OD のプロジェクトの訓練地として日本が使われた事例である．AFSC はアメリカのクェーカー教徒の NGO であり，助成対象は青少年交流を目的とした事業である．この事業はフォード財団の企画ではなく，AFSC のいわば持ち込み企画である．重要なのは，この時期以降は国際平和を目的とする国際交流的な事業はなくなり，基本的に先述の報告書に見られる冷戦認識に基づく戦略的助成に変わっていくことである．

この年に南カリフォルニア大学の日本におけるソ連の影響を研究するプロジェクトが，冷戦関係の最初のプロジェクトとして開始される．アメリカの大学

表 1 1950 年代のフォード財団の日本関連助成一覧

1953 年

Institute of International Education, *Exchange of Persons – Indian Extension Directors Tour in the USA and Japan*; *Exchange of Persons – Pakistan Government Officials and Agricultural Experts Tour in India and Japan*

American Friends Service Committee, *International Student Summer Seminars in Japan, India, and Pakistan*

University of Southern California(1955 年に追加助成), *Study of Political Organizations and Institutions in Contemporary Japan (Soviet Influence on Japan)*

1954 年

Harvard, Michigan, Stanford – Tokyo, Waseda, Keio, Chuo, Tohoku, Kyushu Univ., *Japan-America Program for Cooperation in Legal Studies*

Prof. Fukio Nakane, *Japanese Law Translation Project*

The Fletcher School of Law and Diplomacy, *Research on Social Democratic Party in Japan*

1955 年

The International House of Japan, *Seminar Conference in Tokyo to Encourage and Improve Communication in Japan among Japanese Labor Economists*

1956 年

The University of Tokyo, *Collection of Documents on History of Labor Movement in Japan*

1957 年　なし

1958 年

The International House of Japan, *Service Foreign Scholars in Japan and (b) Sponsor an Exploratory Study of Translation of Japanese Economic Studies*

The University of Tokyo, *Research on Post-War Educational Reform in Japan*

The University of Kansas, *Cooperative Research on Communist Movement in Pre-War Japan*

Amherst House – Doshisha University, *A Program of Orientation for Foreign Scholars and an Inter-Cultural Program*

Hokkaido University Student Center, *Construction of Student Center*

1959 年

University of Michigan, *English Language Project*

Association for Asian Studies, *A Series of Conferences on Japanese Modernization*

1960 年

Travel Grants, *American Scholars to Attend at Soviet-Asian Conference in Japan*

Travel Grants, *Japanese Scholars to Visit Center of South, East and Southeast Asian Studies*

Social Science Research Council, *Research on Japanese Economic Development*

によるソ連の影響に関する研究は 1950 年代を通して見られる一つの傾向である．

　②**マルクス主義の相対化**(1954 年から 1958 年)　この時期には，三つの傾向が見られる．第一の傾向は，上述の冷戦研究の流れである．南カリフォルニア大学に加えて，フレッチャー・スクールによる社会民主主義の研究，カンザス大学

による戦前共産党研究が助成を受けて実施されている．日本における社会民主主義への注目は，この時期のアメリカ政府や財団に広く見られた傾向である．二つの可能性が考えられる．第一の可能性は，とくにアメリカ政府CIAが絡んだ場合には，社会党の分裂を促し，それによって左翼勢力を弱体化させようという工作である．実際に社会党右派が民社党を作ったことに現れている．第二は，日本において社会民主主義勢力を本気で育てようと考えた可能性である．この可能性が考えられるのは，フォード財団がアジアの他の地域では社会民主主義勢力と提携して，開発路線を進めたことから，あり得ることである[8]．

　第二の傾向は，日本の主要大学への助成による非左翼的な日本像の研究である．ここでは，東京大学による日本の労働運動史の非マルクス主義的理解のための研究と出版，および同大による戦後教育改革の研究に助成が行われている．日本の大学に直接助成をしたのはこれが初めてであり，前者の場合には仲介役として国際文化会館が加わっている．東京大学が選ばれたのには特別の理由がある．当時，左翼はフォード財団の活動を強く警戒しており，いかなる助成成果が出ようが，これを批判することをフォード財団は予想していた．そこで，いわば東京大学の権威を利用して，その研究成果に正統性を持たせようと考えたのである．前者は日本の労働運動を革命と結び付けるのではなく，アメリカの労働運動と同じように分配にかかわることで社会に安定をもたらすものと考える立場から見直そうとするものである．アメリカに留学した労働史の研究者を中心に出版を後押しした．後者はアメリカが推し進めた教育改革についての調査であり，アメリカ占領政策の重要な部分の客観的評価と継続がテーマである．

　第三の傾向は，日米共同研究である．その好例が，アメリカ側がハーバード，ミシガン，スタンフォード各大学，日本側が東京，早稲田，慶応，中央，東北，九州各大学の共同研究である日米法比較研究である．地域的に全米，日本全国をカバーし，代表的な大学の勢揃いのプロジェクトである．その内容はもちろんであるが，参加大学の広さと代表性にも意味がある．共同研究を通じて，アメリカ側研究者の声を日本の全国にあまねく伝えることができる点に注目した

---

8)　牧田東一「フォード財団と国際開発レジームの形成」東京大学博士論文，2005年．

い．日米の研究者の直接対話により，アメリカ的学問の存在を伝えること，日本の大学が行う研究にアメリカの研究者の声を反映させることが意図されているように見える．カンザス大学の共産党研究も日本の大学との共同研究であり，日米共同研究を通じて，アメリカ的学問を日本の大学研究に注入しようとしていたように見える．

③近代化論とアジア地域研究(1959年以降)　1959年から始まるのが，Association for Asian Studies による日本の近代化をめぐる会議と，引き続いて1960年から始まる Social Science Research Council による日本の経済成長をめぐる研究である．1960年代はアメリカで近代化論が隆盛するが，この中核をなしたのが，実は非西欧世界で唯一近代化を成し遂げた日本であり，日本の近代化をめぐる研究は近代化論の核心をなしている．近代化論の典型は，マックス・ミリカンとウォルト・ロストウによる非西欧社会の近代化研究であり，ロストウの発展段階説は一世を風靡した．彼の議論はケネディ政権の国際開発路線の基軸となり，その後のアメリカを中心とする開発援助の今日まで変わらない基本理念となっている．ロストウの書がまさにマルクス主義への対抗理論であることを明示しているように，近代化論の本質はマルクス主義史観に対するアンチテーゼを示すことであった．日本の近代化をめぐる研究は日本にとっての意味だけでなく，アメリカの生み出す世界的な言説の中核をなす部分であり，より大きな戦略的意味を持っていた．近代化論は，左翼からの批判を浴びつつも次第に日本の知的世界に普及し，いつの間にかマルクス主義に対抗する理論体系として根付いていくのである．

次に，フォード財団が目論んだのは，他のアジア地域に対する認識の転換である．それまでは，マルクス主義のアジア的停滞論や家産国家論などがアジアを見る主要な道具立てであった．しかし，そこに実証主義的なアジア研究を持ち込むことで，マルクス主義とは異なったアジア理解の展望を示そうとしたのである．すなわち，アジアで最も可能性の高い日本に，アメリカ流の地域研究としてのアジア研究の中核を作ろうとする意図である．これが，1960年に日本の研究者を世界の南アジア，東アジア，東南アジア研究のセンターへと派遣した旅行助成である．東京大学に東アジアと南アジアの研究センターを，京都大学に東南アジア研究センターを作ることを構想した．その結果，東南アジア

研究センターを京都大学に作ることが計画された．しかし，学生運動や左翼教員の激しい反対に遭ったことは記憶に新しい．反対にもかかわらず，同センターは実現し，全般的に見ればアメリカ流の地域研究としてのアジア研究は日本に根付いたと言えるであろう．もはやマルクス主義的なアジア理解が唯一の正統的な理解だと考える者はいない．むしろ，アメリカ的な実証的で多様なアジア研究が主流であり，マルクス主義的アジア研究は少数派である．

3　フォード財団の助成活動がもたらした変化——プロジェクトの効果

プロジェクトがどのように日本の知識人の認識に影響を与えたのかを定量的に分析することは難しい．上記の労働運動史についても，確かにその後の歴史的展開を見れば，労働運動におけるマルクス主義の影響力の衰退は著しい．しかし，第一にソ連の崩壊に見られるような世界的な社会主義の衰退という要因が大きいことは間違いがない．仮に，日本における労働運動が戦闘的なマルクス主義から穏健な活動に転じていったことにアメリカの直接的な影響力行使が関わっていたとしても，それはフォード財団だけではない．CIA などのアメリカ政府機関もアジア財団を介して，積極的に労働運動指導者をアメリカに招いて，マルクス主義とは異なる原理で動くアメリカの労働運動の見学をさせている[9]．しかし，こと労働運動史研究に限ってみれば，フォード財団のこの助成活動が一定の効果を持っていたことも恐らく動かしがたい事実であろう．フォード財団の活動のインパクトについて，次に，近代化論を巡る箱根会議の事例を通して見てみたい．

1959 年にフォード財団が助成して 1960 年に開催され，60 年代の近代化論研究の隆盛の最初のきっかけとなったアジア学会・近代日本研究会議（Association for Asian Studies, Conference on Modern Japan），開催地にちなんで「箱根会議」とよばれた会議の印象は，参加した日本人研究者によって書き残されている．箱根会議に参加した丸山眞男に焦点を当てた垣内健の論文[10]から，日

---

9)　渡辺靖『アメリカン・センター——アメリカの国際文化戦略』岩波書店，2008 年，49-50, 86-87 頁．
10)　垣内健「丸山眞男の『近代化』観の変容について——箱根会議の議論を中心に」『比較

本側参加者がアメリカ側の近代化論にどのような印象を受け，どのような影響を受けたかを考えてみたい．

　垣内によれば，日本の近代化をどのようにとらえるかは戦後日本における中心的なテーマの一つであったが，丸山を含む戦後初期に近代主義者とされた人々が共有していた前近代性の克服，主体性の確立といった課題は，戦前の講座派マルクス主義による日本資本主義分析による歴史認識を前提としていた．丸山はこうしたマルクス主義の影響から脱して近代化を見る道を模索していたが，箱根会議で示されたアメリカの研究者たちの全く異なったアプローチに異論をとなえたものの，マルクス主義を相対化するという点でアメリカ流近代化論にも一定の理解を示したという．

　箱根会議を主催した近代日本研究会議は1958年にミシガン大学においてジョン・ホール，マリウス・ジャンセン，ドナルド・シャイヴリー，トマス・スミス，ベンジャミン・シュウォーツによって組織され，アジア学会の特別プロジェクトとして1961年に始まる5カ年の年次セミナーとその成果の出版を予定していた．そのセミナーに先だって，1960年の夏に箱根で開かれたのが箱根会議である．最終的に，セミナーのペーパーは1965年から71年にプリンストン大学出版会から出版されている[11]．

　アメリカ側と日本側では明らかに異なるアプローチと重点の置き方を持っていた．垣内によれば，会議の初日，議長のホールは近代化の諸基準として9項目を提案し，これをめぐって議論がなされた．都市化，識字率，所得，移動性，商品化・工業化，マスメディア，近代的社会過程への参加，官僚制，学問的知識の発展と合理的行動の9項目が，あまりにも社会学的であると丸山は批判し，個人の価値体系などの問題が重要だと主張した．高坂正顕はイデオロギーの面が問題であり，modern man を付け加えるべきだと述べた．

『社会文化研究』第25号（2009年），13-26頁．
11) William W. Lockwood, *The State and Economic Enterprise in Japan: Essays in the Political Economy of Growth*, 1965; Marius B. Jansen, *Changing Japanese Attitudes toward Modernization*, 1965; Robert Edward Ward, *Political Development in Modern Japan*, 1968; R. P. Dore, *Aspects of Social Change in Modern Japan*, 1967; J. William Morley, *Dilemmas of Growth in Prewar Japan*, 1971; Donald H. Shively, *Tradition and Modernization in Japanese Culture*, 1971.

一方で，ホールは近代日本史の研究者は，封建制・絶対主義・アジア的社会・ナショナリズム・資本主義・工業化などの普遍化されやすい概念を使用する際に，この大部分が欧州史の基盤の中から出てきたものであり，ある種の因果論を暗に受容していることに十分に注意すべきだとして，マルクス主義などの諸公式を用いることなく，常に仮説を設けて考えていく開放的アプローチを主張したと垣内は述べる．すなわち，従来の近代化研究が用いている概念そのものが暗黙のうちにマルクス主義を受け入れていることを指摘して，脱マルクス主義のアプローチの可能性を示したのである．上述のように，その妥当性は別として，こうしたアプローチはマルクス主義を相対化する新しさという点で日本側参加者に好意的に受け止められたのである．日本側の会議参加者のなかで，大内力，遠山茂樹らのマルクス主義者たちはアメリカ側のアプローチに全面的に否定的であったが，川島武宜のように会議当初は否定的であったが時が経つにつれて全面的肯定に変わっていった者もいた．

　そもそも，アメリカ側は，日本だけでなく開発途上国を含むすべての社会に適用できる社会変動理論としての近代化論の理論モデルの抽出をプロジェクトの目的に置いていたのに対して，日本側は当事者として当時の日本の政治的・社会的状況との関連において近代化を考察しようとしていたと垣内は分析している．フォード財団を含むアメリカ側の意図は，当時駐日大使に着任後すぐのライシャワーが，会議について述べたように，社会主義陣営に開発途上国が取り込まれないための成功例として日本の近代化を位置づけるという政治的なものを含んでいた．

　1960年代のアメリカは，大統領就任以前から国際開発援助に強い関心を示していたケネディの下で，大規模に開発途上国への計画的な開発援助に取り組んでいく．これは，援助競争に出てきたソ連との途上国，特に非同盟諸国の取り込み競争という第三世界における冷戦の一局面である．ソ連は土地の国有化，共同農場，工業化優先などの独自の開発手法をアピールし，植民地の遺産に苦しむ途上国を引きつけていた．アメリカは，コミュニティ開発手法による農業・農村の近代化，さらには新品種や化学肥料の導入による生産性向上などの農村開発にも焦点をあてながら，他の先進国も巻き込んでの技術協力と資金協力という手法で対抗しようとしていた．ケネディの国際開発援助の基礎をなし

ていたのが，ロストウらの発展段階説であり，彼自身も政権に入って，軍事的対立とは異なった経済発展競争による冷戦勝ち残りを進めようとしていた．

　途上国の説得競争のなかで，アメリカ側の国際開発戦略のカギを握っていたのが，非西欧社会で唯一経済発展を遂げた日本の近代化成功事例であり，従って日本の近代化を非マルクス主義的解釈で説明することは非常に重要であった．ロストウの理論にとって，そして途上国政府にとっても重要だったのは GNP 成長率に示される経済成長であり，日本側がこだわった近代人の内面の問題や人権，民主主義の受容などは，その当時はとりあえずは二義的な問題であったのである．このように，日本の近代化をめぐる議論はアメリカの冷戦戦略に利用された面もあった．

　本論文のテーマに戻ると，フォード財団が助成した箱根会議は，どの程度日本の知識人の現状認識を変えることに影響を与えたのだろうか．垣内が述べるように，丸山を始めとして，当時の影響力のある知識人たちは会議でのアメリカ側研究者との議論を通じて，少なからず影響を受けたことは確かのようである．アメリカ流の近代化論研究をそのまま受容した者もいたが，そうでなかった者も含めて，当時常識化していたマルクス主義的な日本近代化理解を相対化することに成功したことは確かであろう．それとは異なる解釈の可能性を示すことに成功すれば，おのずと日本の社会科学者の脱マルクス主義化のきっかけとなる．まさに，フォード財団の 1952 年の訪日調査団事前報告書が述べた戦略的目標の通りに現実は動いていった．

　以上，フォード財団の対日戦略，その実行過程，その影響力を事例を通してみてきたが，筆者はそれを大きなパワーの行使と考えざるを得ない．もちろん，他の事例をみれば，失敗する事例もあるであろうし，予期せぬ結果を生むこともありうる[12]．しかしながら，パワーの行使にはそうした側面がつきものである．既述のように，フォード財団はアメリカ政府からは独立した存在であり，

---

12) フォード財団が日本の論壇に与えた影響については，上丸洋一『「諸君！」「正論」の研究——保守言論はどのように変容してきたか』岩波書店，2011 年．上丸は，フォード財団の IA プログラムが欧州で支援した自由文化同盟が日本にも手を広げ，それが日本文化フォーラムとその雑誌『自由』の創刊につながって，日本の保守論壇形成の重要なきっかけになったことを明らかにしている．

社会的なアクターである．しかも，その巨大な財源を用いて国境を越えた影響力を行使するトランスナショナルなアクターである．以下では，フォード財団に代表されるアメリカの国際活動を行う民間財団を国際関係におけるソーシャル・パワーと位置付けて，若干の理論的考察を加えてみたい．

4　アメリカのソーシャル・パワーとしての民間財団

　はじめに，アメリカをどのようにとらえるのかが重要である．筆者は，1990年代以降に盛んになっているアメリカ帝国論に基づいて考えたい．つまり，1950年代という冷戦前期はアメリカ帝国の形成期であり，ソ連と冷戦を戦いつつ自らの陣営を中心に帝国形成を進めた時期だと考える．山本吉宣は，帝国とは，他を圧した軍事力，経済力を持つ国家であり，それが奉ずる価値を対外的に投射し，国際システムに一つの秩序を形成し，維持する国であり，さらに，帝国は他の国の対外政策に大きな非対称な影響力を発揮するだけでなく，その他の国の内政にも大きな影響力を振るうと論ずるのが，90年代末から提示されてきたアメリカ帝国論であると述べている[13]．

　1950年代のフォード財団が果たした機能は，日本の知識人の認識構造の変革（マルクス主義的認識から非マルクス主義的認識の可能性の認知への変化）であったと言えよう．これは，より大きな国家レベルの戦略という観点からは，アメリカ政府が米国情報サービス（USIS）やCIAを通して，パブリック・ディプロマシーあるいは秘密工作として行ってきた，日本の世論や論壇，指導層の反共，親米への誘導，あるいはアメリカが奉ずる自由民主主義というイデオロギーとそれに基づく社会秩序の投射，さらにはアメリカとの価値の共有に基づく外交，内政の政策形成と，補完的な関係にあると考えられる．

　アメリカはリベラルな帝国である．リベラルということは，国家からの自由を意味するわけであり，政府の権限を極力小さく抑え社会的アクターの活動の自由を最大限認めるという秩序である．別の言い方をすれば，アメリカにおいてはパワーは政府に集権的に存在するのではなく，社会にパワー・センターが

---

13)　山本吉宣『「帝国」の国際政治学——冷戦後の国際システムとアメリカ』東信堂，2006年，38-39頁．

広く分散していると考えるべきである．ここでいうパワーとは，私益の追求を目的とするパワーではなく，公共に影響力を与えるパワーである．公共政策は行政府と議会で論じられるだけでなく，そこを中心としつつも，多くのシンクタンク，大学，財団，ロビイストなど社会的アクターを含む，より広いエリート層の中での政策アドボカシー競争によって決まってくる．

　リベラルな帝国とは，国境を低くすることを求める性質（自由貿易など）を持ったものであり，そこから帝国の奉ずる価値や秩序の対外投影とは，帝国の社会的アクターが生産するものを，国家が後押しして他国に広めることである．国内政治動向によって時々の政権が重点を置く価値は，必ずしも国内的に完全に合意が得られたものではなく，従って社会的アクターが対外的に広めようとする規範，価値は多様であり，時には政府とは異なる場合がある．しかし，そこには国益という枠がはめられている．政府は国内の社会的アクターに一定の規制をかけることも可能だからである．特に，戦時においてはその枠のかけ方は強くなるであろうし，社会的アクターのコンプライアンスも強くなるであろう．1950年代の冷戦真っ盛りの時期は，まさにそうした戦時であり，特に第二次世界大戦と戦後処理を担った世代が指導層であった時期でもあって，フォード財団の活動はアメリカ政府との補完性が高かった．

　こうした内政にもおよぶ強い影響力をソーシャル・パワーと概念化する考え方が出てきている．ソーシャル・パワーの理論はまだ未成熟な面もあるが，ピーター・ファン・ハムは，ジョセフ・ナイのソフト・パワー論を一層進めたものであるとしている．彼によれば，ソーシャル・パワーは強制や支払いを用いずに，正統あるいは望ましいと受け取られるスタンダードを定め，規範と価値を創造する能力と定義される．ソフト・パワーが力の主体中心，また適用可能な資源中心の分析であるのに対して，ソーシャル・パワーはそれに加えて，審議的パワーをも含み，フレーミング，規範アドボカシー，アジェンダ・セッティングなどのプロセスや，パブリック・ディプロマシー論で用いられるメディアやコミュニケーション，ブランディングなども含むと述べている[14]．

　ファン・ハムはNGOを念頭に置いていると思われるが，ソーシャル・パワ

---

14) Peter Van Ham, *Social Power in International Politics*, Routledge, 2010, p. 8.

ーは認知的なフレーム(我々が世界を見るメンタルな構造であり解釈の可能性の範囲を制限する)を変える力であり，フレームを変えることで，広い社会的・歴史的文脈のなかで現在の問題や課題の位置づけが変わると述べている．通常，ソーシャル・パワーによる新しいスタンダード，規範，価値観への転換は，既存のものとの競争，あるいは闘争を通じてもたらされるもので，大きなショックの後にはパラダイムシフトという形で一気に進行する場合もあると述べている[15]．

　これまで述べてきたフォード財団が日本で果たした機能は，フレームの競争のなかで，非マルクス主義的なフレームを日本の指導的知識人に導入することで，アメリカ的なスタンダード，規範，価値観への転換を促すものであったと言えるだろう．まさに，ソーシャル・パワーの特質を示している．

おわりに

　ファン・ハムのソーシャル・パワー論は，自ら認めているようにパワーの主体についての議論が手薄である．この点はナイのソフト・パワー論も同様であり，ソフト・パワーを行使する主体は誰なのかが不明である．ソフト・パワーの源泉であるアメリカの魅力は，アメリカ社会が持つものであり，いわばそれを政府が利用すべきだというのがナイの議論である．そこからは，パブリック・ディプロマシーの議論すなわち広報やイメージ戦略という発想にしかつながらない．しかしながら，本稿で見てきたアメリカの民間財団の持つパワーは，政府と目的をある程度シェアしながらも，それとは独立して執行されるアメリカ国内の社会的アクターの影響力である．アメリカの社会的なパワー・センターがトランスナショナルに発揮するパワーである．つまり，アメリカのソーシャル・パワーは，政府と国内の公共政策に影響力を持つ社会的なパワー・センターによってシェアされていると見るべきだと筆者は考える．こうした社会的なパワー・センターは国家とは独立して，トランスナショナルなアクターとして，アメリカ帝国のソーシャル・パワーの一端を担うのである．

---

15) Van Ham, *Social Power in International Politics*, p. 11.

さらに，ソーシャル・パワーの機能発揮のための戦術をフォード財団の活動に見ることもできる．第一に，ターゲットの選択である．フォード財団の場合には国や分野の選択である．資源（この場合は用いることのできる資金）との見合いのなかで，影響力が最も発揮できそうな国や分野を選ぶということである．経済を選ばず，政治課題を選んだこと，さらに財団が持っているアメリカ国内の大学との緊密なネットワークが活用できる学術の分野を選んだことなどである．さらに言えば，アメリカの財団の中でよく言われる，確立した分野ではなく，賛否両論の分野に資金を投ずるのが効果的だという理論を適用したことである．フォード財団が関わった近代化論，アジア研究などは日本国内に激しい反発を生んだ，まさに賛否両論の分野である．この理論は，賛否が拮抗している場合には少ない追加入力によって，どちらかを勝たせることができるというキャスティング・ボートにも似た考え方である．確かに，フォード財団は大きな騒動を生んだが，時間をおいて見ると，その生み出した状況変化の大きさはこの戦術の正しさを物語っているように思われる．

　第二に，同盟形成（協力者確保）である．フォード財団は価値観を共有する日本側協力者と緊密な同盟関係を結び，そこに資源を集中投資することで，知の闘争に勝っていった．本稿で取り上げた事例では，アメリカ留学者などの知米派，日本の文脈ではリベラル派の人々との同盟関係が顕著に見える．さらに本稿では取り上げていないが，社会民主主義的な人々ともつながっていた．他方，マルクス主義者はもとより保守派（民族主義者など）とはほとんどつながりがない．それは，フォード財団自身の価値観やイデオロギー（アメリカの文脈で中道左派）と一致する人々との同盟関係である．

　本稿では，1950年代のフォード財団の日本での活動を事例にアメリカのソーシャル・パワーについて考察を行った．事例も限られており理論的考察も限定的である．今後はさらに研究対象を広げていき，帝国とソーシャル・パワーの問題を考えていきたい．

第 23 章　解体する帝国の対外文化政策
1950 年代後半イギリスの対アジア文化政策の変容

都丸　潤子

はじめに

　1950 年代のイギリスは，国内外の諸要因が相互に関連しつつ大きく変化する中で，脱植民地化の加速を迫られていた．国外の諸要因とは，代表的なものだけでも，ヨーロッパとアジアにおける冷戦の展開，特に中華人民共和国の朝鮮戦争への介入とスターリン死後のソ連の平和攻勢，脱植民地化を求めるアジア・アフリカ各地でのナショナリズムの高まり，そして 1955 年のバンドン会議で培われたアジア・アフリカ諸国の連帯と非同盟運動の広がりなどであった．さらに，1956 年 10 月末のスエズ出兵は，期待したアメリカの理解も得られず，国連において，まさに連帯したアジア・アフリカ諸国によって帝国主義的武力行使として強い非難と即時撤兵要求決議を受け，イギリスを国際的孤立に導いた．

　また，イギリス国内では，戦後の食糧配給の一部が 1954 年まで続き，ヨーロッパ再軍備や植民地各地での反乱鎮圧などの出費で数回のポンド危機にも見舞われた．それでもイギリスは，戦後復興のための労働者としてポーランドやバルト諸国からそれぞれ約 12 万人と約 8 万 2,000 人[1]の避難民を受け入れた．また 1948 年からは，英連邦市民の自由な英国入国を認める国籍法の施行により，インド，パキスタンなどの旧植民地や英領西インド諸島からの移民の流入が始まり，かれらを工場労働者や公共交通機関の職員として受け入れた大都市

---

1)　Peter Gatrell, *Free World: The Campaign to Save the World's Refugees, 1956–1963*, Cambridge University Press, 2011, pp. 96f；畑中幸子「難民――バルト難民からインドシナ難民へ」峯陽一・畑中幸子編『憎悪から和解へ――地域紛争を考える』京都大学学術出版会，25 頁．

を中心に急速に多民族社会化が進んでいた.

そのようななかで，イギリスの外交におけるアジアの重要性はより高まった.まずバンドン会議の主催5カ国のうちインド，パキスタン，セイロン，ビルマの4カ国は重要な旧英領であった．そして非加盟を選んだビルマを除けば，英連邦に戦後はじめて非白人国家として加わり，いわゆる「新英連邦」を形作った国々であった．インドを筆頭にしたこれらのアジア諸国は，イギリスにとって「新英連邦」での重要なパートナーであると同時に，バンドン会議を通じてアフリカにも「介入」し，スエズ出兵への対応のように国連などで反植民地主義を掲げて第三世界諸国のリーダーシップをとっている難しい相手であった[2].また，英領マラヤ・シンガポール・北ボルネオを含む東南アジア地域は，マラヤにおける共産ゲリラの反乱にみられるように華人住民の一部を通じて中国共産党の影響が及びやすかった．イギリスはまた，東南アジアへの反共プロパガンダを積極化させつつ1954年に東南アジア条約機構(SEATO)設立を主導したアメリカの政治的・文化的影響力にも対抗意識を持っていた[3].また，東南アジア諸地域に派遣されている総督・大使・軍事参謀などを集めて1948年から毎年開かれ，本国外務省に報告・提案を行ってきたイギリス公館長会議の1956年末の会合は重要な見解を示した．スエズでの大失敗の結果，イギリスはアジア諸国にもはや第一級の力を持たず，アジアでも独力では立ちゆかないと率直に認め，早急な政策の見直しをロンドン政府に訴える内容であった．また同時に，「アフロ-アジア・ブロックが共産主義と反植民地主義とムスリム感情を結びつけるのに成功すると非常に危険となりうる」とも観察した[4].国連総会の即時撤兵要求決議は，ソ連の賛成もあり，これに近い状況であった．

また，前述のように国内へは，南アジア諸国からいわゆる「新英連邦およびパキスタン」の移民が多数流入しており[5]，"Outside In"[6]との指摘もあるよう

---

2) 都丸潤子「バンドン会議と日英関係」北川勝彦編『イギリス帝国と20世紀4 脱植民地化とイギリス帝国』ミネルヴァ書房，2009年，281-282頁．

3) 都丸潤子「イギリスの対東南アジア文化政策の形成と変容(1942-1960)」『国際政治』第146号(2006年11月)，127頁．

4) 都丸「イギリスの対東南アジア文化政策」131頁．公館長会議の詳細については，都丸潤子「東南アジアの地域主義形成とイギリス(1941-1965)」『国際法外交雑誌』第98巻第4号(1999年10月)，13-14頁．

に帝国の解体とともにイギリスはその遺産を国内に抱え込むことになった．1956年時点で在英インド人・パキスタン人はおよそ4万5,000人，西インド諸島ほかからの移民をあわせると在英の有色人種は全部で12万人になっていた．同時期に流入した英領西インド諸島からの移民と比べても，南アジア移民の多くは英語を話せず非識字で非熟練労働者であり，失業率も高く，宗教的にも非キリスト教徒がほとんどで[7]，適応上の障壁は高かった．いわば「内なるアジア」への対応もイギリスにとって大きな課題となりはじめていた．

本稿では，1950年代後半の複雑な国際環境において，イギリスの対アジア文化政策はなぜ，どのように変容し，上記の国内外の状況とどのように折り合いをつけ，いかなる特徴をもつに至ったか，をイギリス公文書館の史料や先行研究から明らかにしたい．結論を少し先取りして述べれば，この時期のイギリスの対アジア文化政策の変容には冷戦と脱植民地化の論理の交錯，国内外の対マイノリティ政策の交錯がみられ，その解決策が英連邦重視であり，「世界難民年」のキャンペーン主導であった．なお，本論文では「アジア」は東南アジア諸国(現在の東南アジア諸国連合(ASEAN)10カ国)と南アジア諸国，狭義の東アジア4カ国にあたる地域(当時の非独立地域も含む)とする．また「文化政策」とは，相手国や地域にイギリスの文化的影響力を及ぼすための比較的短期で一方通行的な広報・宣伝政策と，より長期的・交流的なプロジェクトの双方を含むものとする．

1　前提としての「ドロイーダ報告」と「アジアにおけるニュー・ルック」

すでに別稿で詳しく論じたことであるが，少なくとも東南アジアにおいては，英領マラヤでの共産主義ゲリラの蜂起が始まった1948年頃から1953年頃までのこの地域に対するイギリスの文化政策は，主にパンフレットやラジオ・映画

---

5) "Colonial Immigrants," Report of the House of Lords Committee, 10 July 1957, CAB129/88, The National Archives(以下同様のファイルNo.の文書はすべてこちらの所蔵), p. 1.
6) Raymond F. Betts, *Decolonization: The Making of the Contemporary World*, 2nd ed., Routledge, 1998, Chapter 7 "Outside In: Colonial Migration," p. 78.
7) "Commonwealth Immigrants," Memorandum by Lord President of the Privy Council, 18 June 1958, CAB129/93, p. 1.

などをつうじた短期的な反共宣伝を中心に行われていた．インドシナ戦争や中華人民共和国の成立を背景に，主に反共という冷戦協力と，日本軍敗戦後復帰した英領マラヤを中心とした帝国の維持，すなわち自国の影響力維持の目的が一致していたためである[8]．比較的長期的な政策としては，1949年元旦の東南アジア総弁務官マクドナルドと，1951年末のマラヤ訪問時の植民地大臣リトルトンが，現地住民向けラジオ演説でそろって示した将来マラヤに独立を付与する意思であった．また独立付与の条件として，マレー人，華人，インド人の多民族の統合が呼びかけられた[9]．

その後，バンドン会議による反植民地主義の連帯とスエズ侵攻失敗で，アジア・アフリカ諸国のほとんどを敵に回してしまったイギリスは，その反省に基づいて，1956年末から新しい政策を打ち出した．すでに1954年11月に外相イーデンは，世界各地での調査の結果前年に提出された海外情報業務の検討報告書（委員長のドロイーダ卿の名をとって「ドロイーダ報告」と呼ばれる）の提言受け入れを表明しており，これは7年かけて実施された．報告書は，1934年に政府のいわば外郭団体として設立され，戦後に暫定継続設置中であったブリティッシュ・カウンシル（以下BCと略記）[10]に対して，ヨーロッパよりもアジア・アフリカ諸国とイギリスの植民地での情報文化活動を重視するとともに，非政治分野で異民族同士をまとめて人種偏見をうち破る努力をするよう勧告していた．またインド亜大陸での組織拡充や東南アジアでの活動強化，外務省によるインドシナでの英語教育も要請していた[11]．1956年3月には，ロイド外相の覚書によって，BCはドロイーダ報告にもとづき不可欠であり，中東の石

---

8) 都丸「イギリスの対東南アジア文化政策」125-127頁．

9) 都丸潤子「脱植民地化過程における多文化統合の試み」『インターカルチュラル』第4号（2006年4月），120頁；"Text of broadcast in Singapore on 11th December 1951," by the Secretary of State for the Colonies, Oliver Lyttelton, CAB129/48.

10) ブリティッシュ・カウンシルの設立と戦後常設化の経緯は Frances Donaldson, *The British Council: The First Fifty Years*, Jonathan Cape, 1984, pp. 134-139, 201; J. M. Lee, "British Cultural Diplomacy and the Cold War: 1946-61," *Diplomacy and Statecraft*, Vol. 9, No. 1 (March 1998), p. 119.

11) ドロイーダ報告の内容と実施のされ方については，Donaldson, *British Council*, pp. 180-187, 190-193, 382-383．報告書自体は，"Overseas Information Services: Report of the Drogheda Committee," 13 November 1953, CAB129/64/C(53)305.

油利権を守るためにも重要であるとして常設化が承認された．覚書冒頭の一文は，「文化外交（cultural diplomacy）は今日，外交の武具のなかで不可欠の武器として認識されている」であった[12]．この「文化外交」の表現はドロイーダ報告中にはみられなかったもので，この時点までにそれだけ政府内で外交における文化政策の重要性の認識が高まったことを示している．また，上述の1956年末のイギリス公館長会議は，外務省に対して「アジアにおけるニュー・ルック」を提案した．防衛費を削減する代わりに，行政や技術の訓練のための経済援助と，英語教育や訪問・招聘外交のためのBC経費との拡大を求めるものであった．この提案は，1951年からイギリス主導で米・豪・日などと共に南・東南アジア地域の開発支援を行っていたコロンボ・プランの技術援助重視や，BCによる予算獲得急増と東南アジア諸国の重点化などによって実現され，1961年のマクミラン首相の政策思考にも受け継がれた．またこの提案では，文化政策に限らず，戦後処理以来の欧米の域内勢力圏分担にとらわれずに，イギリスはフィリピンや日本を含めて考慮に入れ，アメリカやオーストラリア，ニュージーランドと協議・協力を行うという，より広域的な政策も求められていた[13]．

スエズであからさまな帝国維持行動が失敗した反省から，防衛・反共政策による他者の影響の排除よりは，経済援助や，バンドン会議で成果をあげた出席者たちの「パーソナル・アプローチ」の踏襲，文化的影響を用いて，より広い領域のアジアの住民の人心を掌握してイギリスへ引きつけ，非公式に帝国的影響力を維持する政策であったといえよう[14]．訪問外交の提案は，1957年のレディング卿のインドシナ，タイ，ビルマ訪問や，1958年のマクミランの南アジア3国，シンガポールへの在職首相としての初歴訪とオーストラリア，ニュージーランド訪問，同年のBC理事長シンカーの東南アジア視察などに生かさ

---

12) "The Permanent Establishment of the British Council," Memorandum by the Secretary of State for Foreign Affairs, 23 March 1956, CAB129/80/C.P.(56)86; Donaldson, *British Council*, p. 201.
13) Junko Tomaru, "Japan in British Regional Policy towards South-East Asia, 1945–1960," in Makoto Iokibe, Caroline Rose, Junko Tomaru, and John Weste eds., *Japanese Diplomacy in the 1950s*, Routledge, 2008, pp. 59–64.
14) 都丸「イギリスの対東南アジア文化政策」132頁．

れた．マクミラン歴訪の報告書には訪問先各地で広報活動を重視したことが特記され，シンカーは現地のオピニオンリーダーになるべき人々との「パーソナル・コンタクト」維持の重視を提案するに至った[15]．

2 「マスター・キーとしての英連邦」と教育交流の重視へ
――「ヒル報告」と内閣文書「世界政治におけるイギリスの地位」

　その後，対アジア文化政策の広域化と BC 事業の拡充，科学技術・英語教育の重視をさらに後押しし，政策に新たな特色を加えることになる二つの文書が登場した．1957 年 6 月に英議会に提出された海外情報業務に関する通称「ヒル報告」と，1958 年 6 月に内閣府に提出された「世界政治におけるイギリスの地位」と題する報告書であった．まず，「ドロイーダ報告」のフォローアップとして，ランカスター公領相のチャールズ・ヒルが世界各地を調査してまとめた「ヒル報告」は，BC の海外ポストと海外での英語教育の拡充を求め，BBC の独立性を評価して，その後の BC と BBC の予算の大幅な拡大につながった[16]．報告書は，情報業務は「自由な諸国からなる独特な英連邦の中心としての，我々の利害と威信を反映すべきである」と指摘した．そして，南アジア諸国やガーナ，もうすぐ独立するマラヤやシンガポールなどの新しいメンバーは，我々が民主的統治や経済発展の政策についての彼らの理解を助ける限り，言語・文化・経済の絆で我々と結びつき続けるだろう，と述べている．そして英語が「我々のみえざる輸出品のうち最も価値のあるもの」であり，「イギリス人アドバイザーや技術者，イギリスの技術教育や大学教育，イギリスのプラントや設備，資本など他の輸出品もおそらくひきつける」と強調した[17]．「ドロイーダ報告」や，1956 年 3 月の教育省の海外英語教育に関する委員会報告に記されているように，当時の政府高官は，南アジアなどで独立後に共通語とし

---

15) "Draft report of director general's tour in South-East Asia," March 1958, DO35/9476/19; "Prime Minister's Commonwealth Tour," Note by the Secretary of the Cabinet, 4 June 1958, CAB129/93/C(58)120.

16) Donaldson, *British Council*, pp. 205-207; Lee, "British Cultural Diplomacy," p. 130.

17) 以下，「ヒル報告」の内容については，"Oversea Information Services," Note by the Chancellor of the Duchy of Lancaster, 17 June 1957, CAB129/87/C(57)141.

ての英語が廃れること，あるいは他のヨーロッパ言語やヒンディー語，中国語などに地位を奪われることを恐れていたからでもある[18]．ヒル報告はまた英語教育普及のためにイギリス人教員のリクルート促進や海外での英語教員の養成に力を入れること，他の英語圏諸国との協力の可能性，BBCによる「ラジオによる英語」プログラムの拡充，英語の書籍の積極的輸出なども勧告した．政府内で，脱植民地化の流れの中にある旧英領や植民地にイギリスの影響力を維持するうえで，英語が最も重要な手段と考えられていたことがわかる．同報告書は，イギリスの科学技術の進歩も海外に示されるべきとしており，それを知らせるテレビ番組の例に原子力エネルギーの民間利用についてのフィルムを挙げていることも特徴的である．折しも1956年10月には，世界40カ国からの科学者や政治家を招いて，カンバーランド州のコールダーホールで世界初の原子力発電所の稼働開始式典が行われていた[19]．またコロンボ・プランの広報誌や英語書籍普及計画の中にも，原子力関連のものが少なくなかった．このことから，当時のイギリスはこの分野での先駆的役割を自負して文化的影響力の行使に活用しようとしていたことがうかがえる．これはまた，1953年末からアメリカのアイゼンハワー政権が打ち出した冷戦戦略の一環としての"Atoms for Peace（原子力の平和利用）"政策への率先協力の意味もあったと思われる．

次に画期的だったのが，1958年6月の報告書「世界政治におけるイギリスの地位」である[20]．全般的な外交政策検討文書であるが，内閣委員会での検討議事録が冒頭で指摘しているように，開発・技術援助と情報文化活動，とくに英語教育の拡充に注意を喚起した点と[21]，あわせて英連邦のつながりの重要性を繰り返し強調したことが，その後のイギリスの文化政策に大きな影響を与え

---

18) "Report of the Drogheda Committee," p. 56; "Official Committee Report on the Teaching of English Overseas," Ministry of Education, 23 March 1956, CO859, p. 3.

19) BBC On This Day: 1950-2005, 17 October 1956, http://news.bbc.co.uk/onthisday/hi/dates/stories/october/17/newsid_3147000/3147145.stm（2012年3月5日アクセス）．

20) 以下報告書の内容については，"The Position of the UK in world affairs," Report by officials, 9 June 1958, CAB130/153, GEN624/10, in *The British Documents on the End of Empire A-4, Par I*（以下同資料集シリーズについては *BDEE: A-4-I* などと略記），Document 5.

21) 議事録は，"The Position of the UK in world affairs," Minutes of a Cabinet committee meeting, CAB130/153, GEN659/1st, *BDEE: A-4-I*, Document 6.

たと考えられる．報告書はまず，次のような現状認識を表明している．

> 我々はもはや，帝国勢力としての最盛期に享受していたような圧倒的な強さ——軍事，政治，経済の——をもつ地位から行動することはできない．しかし，物理的強さにおいてもはや優勢ではなくとも，我々は依然として世界政治に実質的影響力を及ぼすことができる——部分的には我々自身の力とヨーロッパでの地位によって，そしてもう一部分では<u>独立した英連邦のリーダーとして</u>．（下線引用者）

そして，自由と専制の間の戦いにおいてアメリカの優勢な物理的強さをサポートすべきとしながら，

> もし我々がスウェーデンやスイスのように中立性や純商業的な勢力としての相対的孤立に逃げ込むならば，我々は影響力を行使することや，<u>ヨーロッパと英連邦とアメリカのつなぎ目として</u>，あるいは従属人民の守護者や信託者としての<u>我々の特別な地位</u>を最大限に利用することは望めない．（下線引用者）

と述べている．そして，「現状での我々の主要な政治的コミットメント」として，英連邦，植民地，アメリカ（との相互依存），国際（国連），ヨーロッパ，中東，東南アジアの七つを順に挙げている．脱植民地化過程における帝国的影響力の形を変えた残滓として，また冷戦における西側同盟，とくにアメリカとのつなぎ目として，新英連邦内での自らの役割に期待をかけていることが読み取れる．英連邦の古参メンバーに，英米と同じく英語圏でアングロ・サクソン系の人々からなるカナダ，オーストラリア，ニュージーランドが存在することは，イギリスにとって好都合であった．カナダは北米での利害をアメリカと共有する点が多く，また，他の２国は当時アジア太平洋でのアメリカとの防衛協力が進んでいた．国連はイギリスにとってアメリカや特定の英連邦諸国との関係において重要と付記しながら，同文書はさらに，イギリスの国際的地位にとっての英連邦の中枢性を以下のように繰り返し強調した．

> 英連邦のシステムはアフロ－アジア諸国の利害と西欧，イギリスと植民地の間双方の重要なつなぎ目を提供している．その結束は我々の世界大国（a world Power［大文字は原文のまま］）としての地位を確保するために必要であり，その分裂はスターリングの地位に大きな影響を及ぼす．

より具体的な政策として，この文書は，開発・技術援助においては「南・東南アジア（コロンボ・プラン）とアフリカ」を，情報文化活動においては「中東と南・東南アジア」を重視すべきとし，「英語教育への投資はとくに実り多いであろう」と期待を示した．検討議事録は，英連邦とそれ以外の外国，特にアフリカ，インド，東南アジアにおける英語教育の拡大を検討すべきであるとし，従属地域がイギリスの行政コントロールから離れても，「英連邦の政治的つなぎ目となり貿易上の利益促進手段ともなる」公用語としての英語を維持させたいとした．

　この文書での英連邦重視は，イギリスの対外文化政策のアジアを含むさらなる広域化と具体的プロジェクトに急速につながった．1958年9月にカナダのモントリオールで開かれた恒例の英連邦貿易経済会議では，イギリスが開催国カナダに対して，科学技術を学ぶ英連邦諸国の留学生を自国に招く提案をしたいと打診した．それをうけてカナダがより広い分野で留学生と特別研究員をイギリスやカナダなどに招く「英連邦スカラシップ計画」を提案して会議の重要な議題となった．大筋で計画を進めることが決められたが，その準備を含めて，翌59年7月にイギリスのオックスフォードで初めての「英連邦教育会議」が開かれた[22]．全英連邦諸国から約140人の代表が出席し，イギリス代表団には16の英領地域から27人の代表も加わった大会議となった．ここでは，「英連邦スカラシップ・フェローシップ計画」として2～3年の期間で合計約1,000人の主に大学院生と特別研究員を，イギリス約500人，カナダ約250人，オーストラリア約100人，インド約100人などの内訳で招くことが決められた．あわせてイギリスは，2～3年以内に新たに400人のイギリス人教員を英連邦の発展途上国に派遣し，第二言語としての英語教育の重要性に配慮して英語教員訓練のために500人をうけいれ，さらに今後10年で技術専門学校に4,000人の訓練ポストを増設することを約束した．カナダ，オーストラリア，インドは教員派遣と英語教員訓練についての協力も申し出て，英連邦全体で1,000万ポンド，うちイギリスは600万ポンドの支出を約束する一大プロジェクトとなった．次の教育会議を1961年に開くことも決められた．英連邦関係大臣による

---

22) "Commonwealth Trade and Economic Conference," Note by the Chancellor of the Exchequer, 3 September 1958, CAB129/94/C(58)178, p. 7.

会議についての覚書では，「現代の多人種からなる英連邦」という新しい表現や，「教育における相互援助」「英連邦の国々の間の協力」という記述がみられた[23]．このスカラシップは，その後も長く続けられ，1995年までに2万8,000人の大学院生・研究員に与えられ，その中から30人ほどの大学総長や校長を輩出することになった[24]．

このプロジェクトからもわかるように，英語教育・技術教育を通じて，多人種の英連邦諸国とイギリスの間に，そして英連邦諸国間に，留学生招致と教員派遣を含めて双方向で直接の人的接触と交流の拡大が図られたことは特筆すべきであろう．すでに「ドロイーダ報告」の中にも，「将来のアジアのリーダーは主に今日の学生のなかから出てくるであろうから」アジアの学生や技術者に英語を学びイギリスを訪問してもらうことが重要だとの指摘があったことが想起される[25]．また，イギリス政府は1957年に徴兵制廃止の準備を決定し，国内の若者の新たな育成をめざして，開発援助のための海外ボランタリーサービス制度(VSO)をもうけたり，難民の支援活動への若者の参加も重視していた[26]．そのため教員派遣を若者の育成と交流計画の一環としてみることもできよう．

さらに1960年には英連邦省が「英連邦ユース・トラスト」を提案した．民間資金を中心に300万ポンドで，留学生5,000人分の受け入れ施設をイギリス各地の大学町に増設し，留学生に対応するためのBCの社会文化センターも増設・拡充することで，若者間の交流を通して英連邦諸国間の結びつきを強めようというものであった[27]．すでに英領や英連邦諸国からの留学生はイギリスに

---

23) "Commonwealth Education Conference," Memorandum by the Secretary of State for Commonwealth Relations, 11 August 1959, CAB129/98/C(59)144.
24) W. David McIntyre, *A Guide to the Contemporary Commonwealth*, Palgrave, 2001, p. 86.
25) "Report of the Drogheda Committee," pp. 14, 56.
26) Lee, *British Council*, p. 122; Gatrell, *Free World*, pp. 42, 149ff.
27) "Commonwealth Youth Trust," Note by the Secretary of State for Commonwealth Relations, 12 December 1960, CAB129/103/C(60)187. マラヤで非常事態鎮圧にあたり，民族間融合を重視したテンプラー将軍が発案者であったことも興味深い．彼の当初案では，ロンドン市内にYouth Cityを作って留学生宿舎を集中させる計画であったが，政府側がイギリス人から引き離すのはよくないとして宿舎を各地の大学町に分散させた．留学生の分散は，BCの従来からの方針であった("Overseas Information Services," Memorandum by the Secretary of State for Foreign Affairs, 24 July 1952, CAB129/54/C(52)259, p. 40).

も流入していた[28]が，国内での留学生や難民への対応は，従来からBCが行っていたので，国内でもBCの役割はさらに拡大することとなった．成果があらわれるのに時間のかかる方法ではあったが，教育や次世代を担う若者をつうじたより大きな文化的な影響を期待しての政策であったと思われる．このBCの国内活動は，1953年にアメリカ文化を説明し政策理解を促進する米大統領直轄機関として設立された「アメリカ広報・文化交流庁(USIA)」の事業が，対外活動のみに限定されていたこととは対照的であった．イギリスの場合はそれだけ帝国支配の遺産による"Outside In"の要因が大きく，対外・対内政策が交錯して不可分であったゆえであろう．

あわせてこの時期に英連邦の広報活動にも進展があった．1958年12月には，「イギリス国内における英連邦の投影」と題する植民地相とランカスター公領相の覚書が出され，それまで毎年「帝国デー」として祝われていたヴィクトリア女王の誕生日の名称を「英連邦デー」に変えようという1949年から議論されてきた案が実現した．そして学校や各地での展示会開催や紹介小冊子の発行，英連邦週間の設置などによる英連邦の周知が勧告された[29]．同年には，1868年から存在した民間親睦団体の「帝国協会」が「英連邦協会」へと改名して政府資金を得ることになり，英連邦周知のための機関として再組織化された[30]．これらの名称変更は，支配従属関係を想起させる「帝国」よりも，「英連邦」の方がメンバー間の対等性やパートナーシップ[31]を強調でき，イギリス人のみ

---

28) 1952年の時点ですでに6,000人の有色人種の学生がいたという記録がある(Minute by P. G. Oates to Mr Churchill, 5 December 1952, PREM11/824, *BDEE: A-3-III*, Document 516).

29) "Empire Day," in Alan Palmer, *Dictionary of the British Empire and Commonwealth*, John Murray, 1996, p. 115; "Projection of the Commonwealth in the United Kingdom," Memorandum by the Secretary of State for Commonwealth Relations and the Chancellor of the Duchy of Lancaster, 12 December 1958, CAB129/95/C(58)252．「投影(projection)」とは，1930年代からBCなどで使われ始めたイギリス独特の政策表現で，BCに長年勤務したミッチェルの定義によれば，「尊敬と威信を獲得するために，一国の業績と価値を意図的に誇示する」ことであった(Rosaleen Smyth, "Britain's African Colonies and the British Propaganda during the Second World War," *The Journal of Imperial and Commonwealth History*, Vol. 14, No. 1(October 1985), p. 65; J. M. ミッチェル，田中俊郎訳『文化の国際関係』三嶺書房，1990年，112頁).

30) McIntyre, *Guide to the Contemporary Commonwealth*, pp. 187, 190.

ならず国内に増えつつある旧植民地の人々にも受け入れられやすいと考えられたためであろう．その一方で，イギリス政府高官の間には，前述の報告書「世界政治におけるイギリスの地位」にあったように依然として「信託者」としての自負が残っていたのである．

すでに触れた1958年はじめのマクミラン首相の英連邦歴訪も国内外にイギリスの英連邦重視を印象づけたが，英連邦の首長（Head）であるイギリス女王や，王族の外交上の役割も，1950年代，すなわちエリザベス2世女王の戴冠後に高まったことが観察される．皇太子の英連邦歴訪は戦前の1920年代にも行われるなど前例はあり[32]，エリザベス王女も父王ジョージ6世の死去時にケニア訪問中であった．しかし戴冠直後の1953年から54年にかけて女王が行った世界各地の英連邦13カ国歴訪の長さと周到さは特筆すべきものであった．その後も1960年代にかけてほぼ2年に一度は英連邦のいずれかの国または諸国の訪問を行っている[33]．また前述の1956年のコールダーホール原子力発電所の開所式で原子炉のスイッチを入れたのも，他ならぬエリザベス女王であった[34]．戦前から行われていた国王の国民と英連邦向けのクリスマス・スピーチは，1957年からは国内向けにはテレビ放映となった．同年のスピーチで女王は，この点に触れて科学技術の発展をたたえると同時に，変化のなかでも理念や正直さを維持することの大切さを訴えた．同時にガーナとマラヤの英連邦参加を歓迎し，「我々が建設しつつある新英連邦」を誇りに思うとも述べた[35]．また，後述するイギリスが主導した世界難民年のキャンペーンでは，やはり女王の写真が使われ，エジンバラ公の募金呼びかけフィルムが各地の映画館で放映されるなど，王族がシンボルとして用いられた[36]．

31) 戦後のイギリスが英領や英連邦諸国に対して，戦前のトラスティーシップ（信託的関係）にかわって，より対等なパートナーシップを強調するようになった点について，詳細は都丸「東南アジアの地域主義形成」8頁．
32) 木畑洋一『イギリス帝国と帝国主義』有志舎，2008年，204頁．
33) 君塚直隆『女王陛下の外交戦略』講談社，2008年，19，143頁．
34) BBC On This Day: 1950-2005, 17 October 1956.
35) Text of the Queen's 1957 Christmas Broadcast, The official website of the British Monarchy, http://www.royal.gov.uk/imagesandbroadcasts/thequeenschristmasbroadcasts/christmasbroadcasts/christmasbroadcast1957.aspx（2012年3月5日アクセス）．
36) Gatrell, *Free World*, p. 157.

では，なぜこの時期にイギリス政府が英連邦をより重視し宣伝するに至ったのであろうか．まずはバンドン会議とスエズ侵攻失敗を経ての孤立状態を改善するために，アジア・アフリカ双方の国々を含む英連邦のゆるやかなつながりが有望視されたことがあろう．また，1957 年になってアフリカ独立運動やパン・アフリカニズムのリーダー格であったエンクルマ率いるガーナと，東南アジア英領の要であったマラヤが独立を果たし，英連邦の一員となったことで，これらの国に影響力を残したいと考えたことも推察できる．国内にも，移民としての新英連邦出身者が急増しつつあった．さらに，1958 年 7 月の外相ロイドによる覚書「アフリカ――次の 10 年」に二国間援助よりもマルチラテラルな援助の方が，被援助国に（旧宗主国への）従属の継続を疑われずに受け入れてもらいやすい，と記されて「アフリカへのコロンボ・プラン」への期待も表明された[37]ように，イギリスは英連邦を通してマルチラテラルな支援ができることにも期待していたのではないか．バンドン会議後にアジア諸国の間で各種のマルチラテラルな会合がもたれるようになった[38]ことにも刺激されていよう．そして何よりも，自国が英連邦のリーダーシップを維持し続けることで，事実上の帝国的影響力の保持（木畑洋一の表現を借りれば「帝国の論理」）ができると同時に，自国を英連邦とアメリカとのつなぎ目として位置づけることで，冷戦協力（木畑の表現では「冷戦の論理」）[39]も同時に行える体制を整えられたからではないか．この時期のイギリスにとって英連邦は，少しずつ異なり相互の矛盾も抱える国内外のさまざまな局面を打開できる「マスター・キー」のようなものだったと考えられるのである．

37）　"Commonwealth Education Conference," p. 29.
38）　都丸潤子「東アジア国際関係の転機としてのバンドン会議」木畑洋一編『岩波講座 東アジア近現代通史 7　アジア諸戦争の時代 1945-1960 年』岩波書店，2011 年，281 頁．
39）　「帝国の論理」「冷戦の論理」という概念と，1950 年代前半のイギリスの東南アジア政策において前者の正当化のために後者が利用されていた，という指摘については，木畑洋一『帝国のたそがれ』東京大学出版会，1996 年，265 頁を参照されたい．

3 「文化」の内実——規範・理念の伝達重視へ

　以上見てきた1958年以降の文化政策における英連邦の重視と長期的な英語教育や教員養成・技術訓練を通しての相互交流促進は，戦後イギリスの文化政策のもうひとつの特徴をより強めることになった．それは，「文化」の内実についてであった．表層的な情報や芸術作品の伝達を超えて，英語という言語を学ぶときに同時に知ることになる発想や価値観，イギリスの政治・社会・文化がもつ制度，規範，理念などの伝達がより重視されるようになった点である．すでに1946年に，その3年前からBCを監督する外務省内の組織として設立されていた文化関係局(Cultural Relations Department，以下CRDと略記)が，当時のBCを，イギリスの中核的な政治・社会の価値体系を示さずに表面的なやり方でイギリス文化を宣伝しているし，「バレエ少女たちや二流画家たちと軽薄に遊んでいる」と痛烈に批判したことがあった．これには対ソ連の政治的反共活動を要請する側面もあったが[40]，この批判を受けて，外相ベヴィンが，BCの広報業務を減らし，文化交流および教育活動，特に文化宣伝よりも教育に専念させるよう指示をした経緯があった[41]．また，「ドロイーダ報告」でもBCの役割は「長期的投資」であるとの認識が記されており，同報告の別の部分では，人種偏見の解消はBCが貢献できる仕事であり，「間接的に大きな政治的重要性を持つ」と述べられていた[42]．1957年6月の「ヒル報告」の序論では，さらに次のように記されている．

　　軍事や経済の強さが話のすべてではない．思想・理念(ideas)はそれら自体が武器である．これらは300年前の宗教戦争の時代以来，我々の時代ほど大きな政治的重要性を帯びたことはなかったと思われる．現代のイデオロギー闘争のなかで，思想や理念は，それらを持ち熟練して使いこなせる

---

40) Richard J. Aldrich, "Putting Culture into the Cold War: The Cultural Relations Department (CRD) and British Covert Information Warfare," *Intelligence and National Security*, Vol. 1, No. 1 (January 1986), pp. 109, 118.

41) Donaldson, *British Council*, p. 139.

42) "Report of the Drogheda Committee," pp. 15, 58.

人々にとって，偉大で巧妙な力を与える．……我々には偉大な科学的知識と政治的経験がある．我々は民主的制度が何によって「作動」するようになるかを知っている．我々には正義，寛容，真実の高い水準がある．つまり，オファーできるものはたくさんあり，正当な理由もすべてある．ただし，我々が十分な影響を行使できるのは，他の国の人々に我々の思想・理念，諸政策，諸目的を理解するあらゆる機会を保証できるように，我々が十分な努力と資源を注ぐ覚悟をもつ場合だけである．

そして，イギリスと英連邦の新メンバー諸国との間に「情緒と啓発された自己関心のきずな」を強めることが大切とも付言されていた．その後，前述のような英連邦教育会議や留学生招致・教員養成の大規模なプロジェクトが立ち上げられたことを考えれば，ここには序論の大言壮語として済まされないものがある．同じ頃のアメリカのUSIAによる海外文化活動が，いわば表層的な文化の紹介，すなわち舞踊団・音楽家の派遣やアメリカの便利な家電製品を紹介する展示会などに力を注いでいたのとは対照的であった[43]．また，少し後の1965年になるが，英語の各種入門書を作って主に英連邦諸国など向けに国内価格の3分の1ほどで売る制度がつくられ，できあがった70冊以上の本の題名をみると，原子力や電力，経済学に関するものと並んで，『イギリス議会』『イギリス社会史』『近代イギリスの憲政史』『近代イギリスのなりたち』など，確かにイギリスの政治社会の伝統を伝える書籍が多いことも特徴的であった[44]．

しかし，規範や理念の伝達を重視する文化政策をとれば，当然，理念間の矛盾や，民主主義の伝達と当時のイギリスの文化政策が全体として帝国的影響力の維持をはかったものであることとの乖離など，さまざまな矛盾も見えやすくなる．すでに前述のマラヤにおける官僚らのラジオ演説で，またケニアやフィジーなど他の英領でも，「多人種主義」[45]を目指す姿勢が示されていた．これは，

---

43) もちろん，同時期のアメリカにも，フルブライト委員会など別組織による交換留学生制度や，政府の青年ボランティアとしての平和部隊派遣事業などがあったことを否定するものではない．

44) "The English Language Book Society: Low-priced books from Britain" and attached photo of printed books, 1965, PREM13/181.

45) イギリスの脱植民地化に際しての「多人種主義」政策については，都丸「脱植民地化過程における多文化統合の試み」125頁を参照されたい．

多民族の平和的共存と統合を支援しつつその進展を条件に漸進的独立支援を行うという方針であった．ここには，「冷戦の論理」と「帝国の論理」の矛盾，すなわち抑圧からの解放を性急に強調すれば，それは植民地支配の批判にもつながってしまうことへの恐れと，支配の緩やかな終焉を正当化する意味も含まれていたと思われる．ところが，1950年代末には，海外英領での多人種主義育成・人種偏見解消の努力自体が，国内社会の多民族化の加速とその対策と矛盾をはらみ，さらには英領各地の非常事態への鎮圧行動とも齟齬をきたすことになってしまった．本稿の最後にこのような矛盾を克服しようとした規範重視の文化活動として，1950年代後半の難民受け入れキャンペーンを概観してみたい．

4　理念と現実の矛盾——克服のための難民受け入れキャンペーン

イギリスは，第二次世界大戦とその戦後処理の過程で生じたポーランドやバルト三国などからの事実上の難民を，正式には条約上の責任が生じず送還が可能なように「難民（Refugees）」とは呼ばず「避難民（Displaced Persons）」と呼びつつ，実際には戦後復興のための自発的労働力（「志願労働者」）として受け入れる制度を作ってきた．その一方で，1947年のインド・パキスタン分離独立の際に生じた大量難民については，それぞれ独立した二国間の問題として関与しなかった[46]．また1949年の中華人民共和国成立から1950年代半ばまでに共産主義政権を嫌って香港に流入した70万人を超える難民の受け入れについては，当時西側諸国で唯一中華人民共和国を承認していた立場もあり，基本的に拒む姿勢をとった．イギリスが1951年の難民条約に調印した際に同条約の海外領への適用は認めておらず，この問題は香港英領政府が対応すべき案件である，という理由づけであった[47]．

---

46) Tony Kushner and Katharine Knox, *Refugees in an Age of Genocide*, Frank Cass, 1999, p. 217; Gatrell, *Free World*, pp. 25–27, 43, 48.
47) Glen Peterson, "To Be or Not to Be a Refugee: The International Politics of the Hong Kong Refugee Crisis, 1949-55," *The Journal of Imperial and Commonwealth History*, Vol. 36, No. 2 (June 2008), pp. 171, 174.

同じ頃，本稿の冒頭で述べたような南アジアや西インド諸島からの自由移民の労働力としての流入が始まっていたことを考えれば，資本や資格をほとんど持たず健康状態もよいとはいえない難民に関しては，イギリスはヨーロッパ人難民優先のかなり選択的な受け入れ政策をとっていたことが観察できる．まもなく，都市部での南アジア・西インド諸島移民の急増と彼らの居住地区の環境・治安の悪化（いわゆるインナー・シティ問題）が社会問題になりはじめ，1954年には人種関係研究所がロンドンに設立された．1954年以降は政府によって毎年のように移民制限法導入の可能性が議論されるようになり，1958年までにはインドとパキスタン両政府に要請して移民送出を制限してもらっていた[48]．主に西インド諸島出身者とイギリス人の対立による人種関係の悪化は，1958年に地方都市のノッティンガムやロンドンのノッティング・ヒル地区などでの相次ぐ人種暴動につながった．

　このような動きの中で，海外の英領・英連邦におけるイギリスの多人種主義や人種偏見解消の努力と，イギリスでの選択的難民受け入れや移民制限の動きとの矛盾が内外に露呈されることとなった．1954年には，イギリス下院議長ソールズベリ卿から，移民に関する英連邦首脳会議の開催の提案があったが，これまで避けてきた議題をとりあげることによって，南アジア諸国やマラヤ代表にイギリスの有色移民制限への動きを説明しなければならなくなり，他の英連邦諸国への入国制限にも批判が予想されるため，政府内の反対で実現しなかった．そのかわりに開かれた非公式な会議では，「多人種の英連邦」という議題で議論がなされた[49]．そのような中，1956年10月にハンガリー動乱が起こり，ソ連の軍事侵攻により約18万人のハンガリー人難民が発生した[50]．イギリス政府は，ソ連のハンガリー侵攻を非難しながら，10月末にフランス・イスラエルと共謀してスエズに侵攻した．この結果，二つの侵攻を同様の帝国主義的侵略と考えたインドのネルー首相ら外国からの批判はもとより，国内のイ

---

48) Lee, *British Council*, p. 123; Letter from Lord Swinton to Lord Salisbury, 15 March 1954, DO35/5216, no. 27, *BDEE: A-3-III*, Document 519; "Commonwealth Immigrants," Memorandum by the Lord President of the Council, 18 June 1958, CAB129/93/C（58）129 ほか．
49) Lee, *British Council*, p. 123.
50) Gatrell, *Free World*, p. 50.

ギリス市民の中にも反発やうしろめたさが生じることになった[51]．スエズ戦争によってエジプトから避難してきたイギリス系住民はすぐに「難民」として受け入れられた[52]ことも皮肉であった．

　この理念と現実の矛盾やうしろめたさを解消すべく，ハンガリー難民受け入れのためにまず立ち上がったのは，グラスゴーやロンドン，オックスフォード，ケンブリッジなどの大学生たちであった．彼らはデモ行進をしたり，実際にオーストリアの難民キャンプにでかけたりして，事態の深刻さを訴えた．国内の反響は大きく，そして早かった．市民の声を反映してロンドン市長のサー・カラム・ウェルチは基金をたちあげて市民からの寄付をつのり，企業や女王，ロイヤルファミリーからの大口献金もあって2カ月の早さで目標額の200万ポンドを集めた．難民受け入れ対応の実績をもつBCの下部組織であるBC難民支援部（BCAR）やイギリス赤十字をはじめ，YMCAやYWCA，セーブ・ザ・チルドレンなどの有力NGOやカトリック団体，そして戦前からの在英ハンガリー人団体などが，献金・支援・広報活動を行った．ハンガリー人難民は，共産主義の抑圧とソ連の侵略から脱してきた「英雄」として扱われた．BCARの中には，彼らへの対応のために，1957年から62年の間，特別にハンガリー委員会も設けられた．イギリス政府はこれらの市民主導の支援運動や国会での質問に答える形で対応を始め，結局約2万5,000人のハンガリー人を「難民」として受け入れることになった[53]．しかし，前述のような移民制限の動きのため，政府は依然として「イギリスは移民の国ではない」とし，イギリスは「混雑しすぎている」と繰り返していた[54]．ただし政府にとってもハンガリー人「難民」の受け入れは，自由の国として共産主義の被害者を受け入れるという「冷戦の論理」での大義名分はたつものであった．また，ロンドン市長基金によって，難民の中で合計約500名の学生にイギリス各地の大学で英語学習と学業修了の

---

51) Magda Czigány, *"Just Like Other Students": Reception of the 1956 Hungarian Refugee Students in Britain*, Cambridge Scholars Publishing, 2009, pp. 24, 31.

52) "Anglo-Egyptian Resettlement Board," Memorandum by the Secretary of State for the Home Department and Lord Privy Seal, 8 July 1958, CAB129/93/C(58)143.

53) Kushner and Knox, *Refugees in an Age of Genocide*, pp. 249–251; Czigány, *"Just Like Other Students"*, pp. 24–33; Gatrell, *Free World*, pp. 49–52.

54) Gatrell, *Free World*, pp. 24, 44.

機会を与える計画が発足し，結果として約390名が実際に大学に登録したことも，すでに述べてきたイギリスの対外文化政策の中での教育重視に照らし合わせて，重要なことであった．オーストリアでの選考や所属先決定の段階から実際の学生生活に至るまで，イギリスの各大学の役職者たちや地元のNGO，学生たちの反応も熱心であり，ほとんどの大学でイギリス人学生と同じ寮で生活を共にし，交流も盛んであった[55]．スエズでの失敗とハンガリー動乱が同時期に起こったことよって，イギリスの対外政策に対する市民や若者の意識がたかまり，内側から政府を動かしてハンガリー難民，特に大学生のうけいれと交流の促進につながったといえよう．このことは，これまで見てきたイギリスの対外文化政策と入国管理を含めた国内政策との交錯と，その交錯領域への市民の新たな参与を示すものとして注目に値しよう．

それでもなお，ヨーロッパやアジアには依然として苦境におかれたままの難民たちがいた．そしてイギリスにとっては移民制限の動きとこれ以上の難民受け入れへの抵抗があり，海外で表明している多人種主義の立場との矛盾は残ったままであった．さらに，1950年代末にはキプロス，ケニア，マラヤなどでイギリスは反乱や民族紛争の鎮圧に苦労し，中央アフリカでも非常事態が生じていたため，イギリスはしばしば多人種主義をも封印して強権的政策をとらざるを得なかった．そのような中，政権党であった保守党内の革新派議員のコリン・ジョーンズ，クリストファー・チャタウェイらは，1958年春号の保守党革新派の雑誌『クロスボウ』のなかで，「難民を助けるための世界の人々によるドラマティックな行動」を求めるキャンペーンを始めた．彼らの呼びかけはハンガリー難民受け入れ運動の一翼を担ったBCARハンガリー委員会のサー・アーサー・ラクナーやデイム・マリー・カーウェン，イギリス国連協会のメンバーの賛同を得て，国連の認定による1959年から1960年の「世界難民年（World Refugee Year）」の活動につながった[56]．『クロスボウ』の執筆者たちは，このキャンペーンに「保守党とイギリス双方にとっての機会がある」と見

---

55) ツィガニーの著書はこの学生受け入れの記録である．受け入れ学生数については，Czigány, *Just Like Other Students*, pp. 32, 152.
56) ギャットレルの著書はこの活動の研究である．主なリーダーたちとその意図については，Gatrell, *Free World*, pp. 10-13, 52, 79-81. Lee, *British Council*, p. 12 にも言及がある．

ていた．キャンペーンを呼びかけた 1958 年春号には，その意図を明確に示す以下のような記述がある．

> 帝国から自治の英連邦への移行期に，安定的で独立した国々を創る仕事は，どうしても往々にしてイギリスに乱暴な帝国主義のいじめっ子の役割を押しつけることになる——キプロスでは少年たちの投石は止められるべきで，ケニアではアフリカ人テロリスト達が処刑されなければならず，シンガポールでは共産主義の扇動者たちは収監されねばならない．イギリス人はこのような感謝されない仕事を納得させられるかもしれないが，それによって奮起させられることはあり得ない．このような種類の創意に富んだ，利他的なキャンペーンは，広がったフラストレーション感情を消散させるのに大いに役立つはずである[57]．

この「世界難民年」キャンペーンは，メディアの注目も得つつ，アメリカをはじめ，ヨーロッパ諸国や英連邦の国々の協力を得て，ヨーロッパや香港にいる難民の救済をめざした．アメリカでは，メディアが自由世界には移動の自由があるということを強調する形で，反共レトリック，すなわち「冷戦の論理」を示しながら，活動に協力した．イギリス自体では，このキャンペーンを巡り，国内で「フェアプレイ」の精神や「ヒル報告」にも記された「寛容」の考え方，「ブリテンのナショナル・アイデンティティ」などについての議論が行われた．しかし結局のところ，政府の「移民の国ではない」という立場は変わらず，すでにハンガリーなどから多くの難民をうけいれている，という前提から，実際の受け入れ難民はヨーロッパからの 1,085 人にとどまり，主に救援資金集めと，各国への協力要請の形で貢献をすることになった．イギリスは資金供与に協力した世界 62 カ国のうち，アメリカとともに他国とは桁違いの 1,000 万ドル以上，アメリカの 1,812 万ドルよりも多い最多の 2,166 万ドルを寄付して，運動のリーダーとしての面目を保った．英連邦諸国と英領あわせて 16 カ国の協力も得た．イギリスが協力を要請した主な諸国のうち，オーストラリアは 500 家族受け入れと寄付を，またニュージーランド，カナダもそれぞれ高額の寄付を行った．インドは国内の難民問題で手一杯であるとして断ったが，パキスタン

---

[57] *Crossbow*, March 1958, p. 11, quoted in Gatrell, *Free World*, p. 36.

は資金協力に応じた．英連邦を重視し，アメリカとのつなぎ目の役割も果たすというイギリスの外交方針がここでも発揮されたことになる．日本も国内の人口問題をかかえていたが，少額の資金供与をした．イギリスとしては途上国に難民の入国をひきうけてほしいと考えたが，多くの国々がやはり労働力などとして有用な人々だけを求めるなど選択的であった[58]．

イギリス国内でのキャンペーンで特筆すべきことは，ハンガリー難民受け入れ運動の時と同様に市民や NGO が積極的に反応し，今回は OXFAM，クリスチャン・エイド，さらに株式仲買人たちまでもが参加したことであり，再び女王や王族がキャンペーンのシンボルとされたことである[59]．後者は国民への訴えかけとあわせて，やはり英連邦諸国や英領の反応を強く意識していたことの表れではないかと思われる．また，当時の植民地大臣で脱植民地化を加速したといわれるイアン・マクロード[60]らの政治家たちが，この運動を当時無気力化が問題とされていたイギリス人青年たちの目を海外に向けさせる好機と評価したことも重要である．現に大学生らは献金集めのため，国内の長距離「巡礼」を行ったり，難民の生活を体験するために各地の大学やロンドンのトラファルガー広場などでの模擬難民キャンプ生活を行った[61]．

比較的短期で限界はあったものの，ハンガリー難民受け入れ運動と，そこから派生した「世界難民年」キャンペーンは，イギリスにとって，「帝国主義のいじめっ子」イメージの改善と，移民制限と人道的配慮の間の矛盾の縮小をめざす意味で，対外文化政策の重要な一部となったといえよう．多数のアフリカ新興独立国が国連に加盟して「アフリカの年」と呼ばれ，植民地独立付与宣言が総会で採択された 1960 年にこの運動を行った意義も大きかった．また，分野や期間は限られていたものの，NGO や市民を巻き込み，若者のトランスナショナルな意識や運動を刺激し，国連や各国政府を巻き込んだグローバルなキャンペーンにつながったことは，イギリスの文化政策が新たな局面に入ったことも示唆している．

---

58) Gatrell, *Free World*, pp. 24, 37-38, 96-98, 101-103, 115-116, 120, 214f, 240.
59) Gatrell, *Free World*, pp. 92, 98, 157f.
60) 木畑洋一『支配の代償』東京大学出版会，1987 年，113 頁．
61) Gatrell, *Free World*, pp. 150f, 163f, 228f.

おわりに

　以上，1950年代後半のイギリスの対アジア文化政策は，バンドン会議によるアジア・アフリカ諸国の連帯とスエズ侵攻での国際的孤立，さらに脱植民地化の加速による新英連邦の拡大をうけて広域化し，英連邦重視に変化したことをみてきた．イギリスは英連邦を，自国と旧植民地のみならず，アメリカや国連加盟諸国との関係をつなぎとめてくれるものとして重視した．そして自国を英連邦のリーダーと位置づけ直し，英連邦との文化的関係を強め深めることで，冷戦協力も行いつつ，公式帝国が解体してゆくなかで世界への影響力を維持しようと考えたのであった．英連邦は当時のイギリスにとって様々なドアを開けられる有用な「マスター・キー」であったといえよう．文化政策の内実も，長期的な英語教育を重視し，相互交流的で，他の英連邦諸国の協力も得たマルチラテラルな留学生・技術研修生招致や教員派遣，訪問外交を盛んにする方向へと変化した．あわせて，表層的な芸術や情報の伝達よりも，若者を対象にした英語教育や各種の専門教育，人的交流を通じてイギリスの思想・理念の伝達を重んじた．英連邦諸国の次世代リーダー候補のイギリス理解を深め，イギリスをリーダーとした英連邦の結束を強めようとしたと思われる．英連邦の首長とされた女王やその家族が文化的シンボルとして登場する機会も増えた．この対外文化政策の新しい特徴は，その後，英連邦加盟国にアフリカ諸国が増えても続けられることになり，現在に至るまでもそれほど大きく変わってはいないようだ．なかでも英語教育による影響は長期的であった．たとえば，ケニアの作家グギ・ワ・ジオンゴは，1980年代末の著作で政治的独立後もなお「精神の脱植民地化」をとげていない人々が少なくないと訴え，「植民地化した側の諸民族の言語によって一民族の言語を支配することは，植民地化された側の人々の精神世界の支配にとっては決定的なことであった」とし，彼自身は英語ではなく出身民族の言葉であるギクユ語で作品を書いている[62]．

　しかし，最後の節でみたように，規範や理念を重視する対外文化政策は，脱

---

62)　木畑『イギリス帝国と帝国主義』216頁．

植民地化の遺産としての国内社会の多民族化への制限的対応や，脱植民地化途上でのスエズ侵攻や反乱鎮圧との矛盾も生んだ．これに不満を持った市民たちは，矛盾を解消する意味をもつ難民支援運動に積極的に加わった．いずれもかなりの成功と国際的影響をもたらしたが，矛盾がすべて解消されたわけではなかった．「世界難民年」において，香港難民の窮状に国内世論は受け入れを要請したが，イギリス政府は依然としてこの問題は英領香港政府の責任であるとして受け入れを拒み，少数のヨーロッパ人難民のみを受け入れた[63]．国内にさらにアジア人が増えることを懸念したためであれば，まさに多人種主義やフェアプレイの理念からはほど遠い判断であったことは否定できない．

最後にこの時期のイギリスの対外文化政策にとって，具体的に「アジア」とは，そしてその重点とはどこであったのか，を考えてみたい．前述の1953年提出の「ドロイーダ報告」は「東南アジアと日本」を活動拡大の最優先地域とし，そこには外務省管轄の非英領地域も含まれていた[64]．また1955年9月頃のイギリスは，日本がバンドン会議に参加し，欧米文化を熱心に輸入し，東南アジアに文化的影響を及ぼそうとしているとの判断から，日本を対アジア文化政策の足がかりと考えていたようだ[65]．それに比べて，1958年の「ヒル報告」は，南アジア諸国やマラヤなど，英領・旧英領に注目し，その後の英連邦・教育の重視を訴えた政策文書でも，情報文化活動において「中東と南・東南アジア」に重きをおいた．オーストラリアやニュージーランドの関与を求めた点で対象が広域化したとはいえ，政策対象としての比重は，当然旧英領の南アジアやマラヤにおかれたことは明白であった．同時に移民流入によって拡大しつつあった「内なるアジア」もやはり南アジア出身者たちであった．香港は英領でありながら，そして欧米文化と中国文化の接点としての歴史もありながら，文化政策の対象としても，一部の比較的裕福な自発的移民や留学生を除けば「内なるアジア」としても，あまり顧みられることはなかった．

さらに，英連邦から国内への留学生を重視するのであれば，同時に「内なるアジア」の人々のイギリス社会への適応や青少年の教育も重視されてしかるべ

---

63) Gatrell, *Free World*, p. 138.
64) "Report of the Drogheda Committee," p. 3.
65) 都丸「イギリスの対東南アジア文化政策」130頁．

きであった．しかし，当時まだ2世の子供たちがそれほど多くなかったこともあり，この分野への対応は立ち後れた．「内なるアジア」への統合政策が始まるのは，1962年の英連邦移民法制定で新英連邦諸国からの移民が大幅に制限されたのち，人種差別が社会問題となった1960年代後半からということになる．したがって1950年代後半のイギリスの対アジア文化政策の変容には，当時の政府の対国内外政策の様々な要因，特に冷戦，脱植民地化，国内の多民族化の交錯が反映され，また人種や地域に対する政策決定者たちの認識も反映されていたのである．

第 24 章　文化会館と国際関係

東京「独日センター」設立構想の展開と挫折

川村　陶子

はじめに

　東京の中心部，地下鉄青山一丁目駅から青山通りを赤坂見附方面に向かって歩き，カナダ大使館と草月会館の間を入ったところ，高橋是清公園に隣接した一角に，赤煉瓦造りの4階建てビルがある．門には看板が2枚掛かっている．

「Goethe-Institut Tokyo」

「OAG-Haus ドイツ文化会館 Deutsches Kulturzentrum」

　この建物は，1979年に完成した，ドイツ連邦共和国の対日文化政策拠点である．テナントのうち，ゲーテ・インスティトゥート東京(以下ゲーテ・インスティトゥートをGIと略称)とドイツ学術交流会(以下DAAD)東京事務所は，ドイツの公的文化交流機関の支部であり，連邦政府の出資を受けている．他にもドイツの文化・学術団体が複数入居している．土地所有者は，社団法人オーアーゲー・ドイツ東洋文化研究協会(以下OAG)．1873年設立の国際学術研究・交流団体で，文部科学省が所管する日本の法人である．東京ドイツ文化会館はOAGが戦後この地に所有していた会館を建て直したもので，現在の建物所有権はドイツ連邦政府とOAGに約2対1の割合で帰属している．

　看板にあるドイツ文化会館という名称は，ほとんど流通していない．建物名はOAGハウスと表記されることが多い．入居の公的文化交流機関を総称した東京ドイツ文化センターという名称もある．2012年現在その枠に入るのはGI東京とDAADであるが，東京ドイツ文化センターは事実上GI東京の別称になっている．

　この施設は，1970年代前半にドイツ本国で文化交流の新機軸を集めたモデル会館(インスティトゥート)として構想され，総合的な「独日センター」となる予定であった．

同構想は，当時進行していた対外文化政策改革の中で出てきたもので，国際文化関係の歴史上でもユニークで斬新な内容であった．自国の言語やハイカルチャーを伝える「学院」ではなく，文化事業と広報事業を結合させ研究所の機能をも備えた拠点として，双方向の交流と協力を目指していたのである．

　しかし，この野心的構想は実現しなかった．第一に，ドイツ文化会館，中でも東京ドイツ文化センターは，独日交流の総合的拠点にならなかった．事業面や制度面の双方向性は不十分で，既存組織の壁も破れなかった．研究事業については，連邦教育研究省が事実上出資するドイツ日本研究所が1988年に設立されたが，場所も活動もドイツ文化会館とは別立てになっている．

　第二に，会館設立には非常に長い時間を必要とした．ドイツ外務省の計画が動き始めてから東京ドイツ文化センター開設までには7年もかかった．連邦政府はこの計画以前から文化会館建設を模索しており，1958年の仮住まい開始から数えると実に20年以上の歳月が流れている．

　本論考では，ドイツ文化会館設立の歴史をひもとき，独日センター構想の革新性と，この野心的計画が実現しなかった実情に迫りたい．さまざまな要因が直接・間接に作用したことで，とくにドイツ政府出資の東京ドイツ文化センターは構想と大きくかけ離れてしまった．ただし，OAGや他の入居団体を含めた会館を全体的にみると，当初の理念がそれなりに現実化した部分もある．

　以下では，モデル会館企画が生まれた経緯と会館設立過程を概観した後，東京ドイツ文化センターと独日センター構想のギャップを整理し，当初計画実現を阻んだ要因を検討する．その上で，OAGハウスという形態が交流拠点としてのドイツ文化会館に与えた意外な効果を考察する．最後に，21世紀初頭の国際文化交流をめぐる状況をふまえて，国際文化関係運営拠点としてのドイツ文化会館の今日的意義をまとめたい．なお，旧西ドイツ時代の国名は，文脈に応じ西ドイツまたはドイツと表記する．

　日独文化関係の歴史研究は，近代とくに戦前・戦中期に関しては多くの成果がある[1]．ドイツ文化会館の「家主」たるOAGでは，創立以来の歴史につい

---

1) Eberhard Friese, "Das Japaninstitut in Berlin (1926-1945)," in Hartmut Walravens hrsg., *Du verstehst unsere Herzen gut. Fritz Rumpf (1888-1949) im Spannungsfeld der deutsch-japanische Kulturbeziehungen*, Weinheim: Wiley-VCH, 1989; Annette Hack, "Das Japanisch-

て,元会長らの回顧を公刊し[2],2003 年設置の研究会が検討を進めている[3].

その一方で,戦後の日独文化関係を,とりわけ国の文化交流政策の文脈で考察した論考は,管見の限りほとんど見当たらない[4].東京ドイツ文化会館にも,同館設立前後の記録は残っていない.執筆にあたっては,モデル会館構想をまとめた『パイゼルト=フラムハイン報告』(後述)のほか,独日の外交史料館文書,ミュンヘン現代史研究所文書,ドイツ連邦議会アーカイブ,OAG アーカイブ,新聞記事等を参照した.また,2011 年 8 月に OAG 事務所,GI 東京,DAAD 東京事務所にてインタビューを行い,分析の参考とした[5].

1 ドイツ対外文化政策改革とモデル会館構想

西ドイツが日本で文化政策を展開し始めたのは 1950 年代後半である.1957 年に日独文化協定が締結され,翌年連邦共和国外務省は東京に文化会館(Kul-

---

Deutsche Kulturinstitut in Tôkyô zur Zeit des Nationalsozialismus. Von Wilhelm Gundert zu Walter Donat," *Nachrichten der Gesellschaft für Natur- und Völkerkunde Ostasiens e.V.*(以下 *NOAG*),157-158(1995);工藤章・田嶋信雄編『日独関係史 1890-1945』III,東京大学出版会,2008 年;宮永孝『日独文化人物交流史』三修社,1993 年;中村綾乃『東京のハーケンクロイツ』白水社,2010 年;和田博文・真銅正宏・西村将洋・宮内淳子・和田佳子『言語都市・ベルリン 1861-1945』藤原書店,2006 年;Rolf Harald Wippich, "Max von Brandt und die Gründung der OAG"『ドイツ語圏研究』第 11 号(1994 年);Wippich, "Aspekte Deutscher Kulturpolitik in Japan 1900-1945"『ドイツ語圏研究』第 14 号(1997 年);葉照子「第一次大戦後の日独関係修復過程における文化交流史的一側面——鹿子木員信をめぐって」『九州ドイツ文学』第 12 号(1998 年).

2) *Die Geschichte der OAG—1873 bis 1980—Zwei Aufsätze von Carl von Weegmann und Robert Schinzinger*, Tokyo: OAG, 1982.

3) Christian W. Spang, "Die Frühzeit der NOAG, 1926-1945: Vom Mitteilungsblatt zur Chronik der OAG-Geschichte," *NOAG* 179-180(2006); Spang, "Anmerkungen zur frühen OAG-Geschichte bis zur Eintragung als 'Japanischer Verein'(1904)," *NOAG* 179-180 (2006);サーラ・スヴェン「OAG 東洋文化研究協会の歴史と在日ドイツ人の日本観」奈良県立図書情報館記念講演会,2009 年 3 月 22 日.会報誌 *OAG-Notizen* にも関連論考あり.

4) 関係者による論考として,小塩節『ドイツと日本』講談社学術文庫,1994 年がある.

5) 調査では以下の方々の協力を得た.マイケ・ロエダ氏,松本知子氏(以上 OAG 事務所),丹野美穂子氏(東京ドイツ文化センター),島田かほり氏,関映子氏(以上 DAAD 東京事務所),ロルフ=ハラルド・ヴィッピヒ氏(元上智大学),上田浩二氏(獨協大学),坂戸勝氏(国際交流基金).心より感謝申し上げる.

turinstitut, 当時は「ドイツ文化研究所」と呼ばれた)を設置した．このとき赤坂の旧 OAG ハウス(57 年完成)に間借りしたことが，ドイツ文化会館と OAG の縁の始まりである．58 年の東京では，他にもイタリア文化会館が開館し，老朽化した日仏会館の新築工事も始まった．アメリカ文化センターが新装され，日ソ図書館や英国文化振興会図書室が設置された 53 年に続き，諸外国による日本への文化施設設置の第二波となった．当時の新聞は，西欧諸国の対日文化事業活性化を，「敗戦の重荷」としての日米文化関係と対比させて「文化のシニセのカムバック」と報じている[6]．

　1962 年，ドイツ文化研究所の運営は GI に移管された．当時ドイツ外務省が進めていた在外施設外部委託の流れに乗った措置である．GI は赤坂に事務所と図書館をおくかたわら，飯田橋でドイツ語講座を開講した(後者は後年渋谷に移転)．しかし，2 カ所での事業展開は不便であり，赤坂の建物も手狭で，独立した会館建設が検討され始めた．用地確保は難航し，困憊したドイツ外務省は日本側に協力を求めたが，満足できる結果に至らないまま時が過ぎた．詳しくは第 4 節で検討する．

　ドイツの対外文化政策は，歴史的に，GI，DAAD など，媒介機関と呼ばれる民間ステイタスの文化交流団体に政府が出資する形で行われてきた．媒介機関の多くは戦間期に起源をもち，戦後西ドイツでも近代教養市民的な感性をもつ世代により運営された．1950 年代後半から 60 年代，対外文化政策は「外交の第三の柱」に位置づけられるも，総合的な理念や制度が整わずにいた[7]．

　1969 年秋の政権交代は，対外文化政策に新展開をもたらした．ブラント新首相は施政方針演説で国際協力推進を重点に挙げ，その一環として文化交流に注力する旨を宣言した[8]．社会学者のラルフ・ダーレンドルフが外務政務次官となり，新しい対外文化政策の総合計画策定を表明した[9]．一方，野党議員ら

---

6) 「活発になった文化交流　西欧三国から　戦後の"失地回復"に」『朝日新聞』1958 年 11 月 28 日朝刊．
7) 川村陶子「冷戦期西ドイツの対外文化政策——外交の『第三の柱』の形成」『国際政治』第 168 号(2012 年)．
8) Plenarprotokoll des Deutschen Bundestages(以下 PlPr)6/5, 28.10.1969, S. 30.
9) PlPr 6/15, 28.11.1969, S. 540ff. この頃の動きについては，川村陶子「ドイツ対外文化政策『改革』とダーレンドルフ政務次官」『国際政治』第 125 号(2000 年)も参照．

は，連邦議会で全会派代表から成る調査委員会を結成し，対外文化政策の総合評価と提言をまとめる動議[10]を提出，これが可決された．こうして，政府と議会の双方で文化交流の公的原則づくりが模索されることになった．

ダーレンドルフはコンスタンツ大学の同僚ハンスゲルト・パイゼルトの協力を得て，総合計画の基本理念を文書（通称ダーレンドルフ・テーゼ）にまとめ，閣議での了承を求めた[11]．ドイツ語と教養文化の普及が重点だった従来の政策を一新し，広義の文化概念に基づく「国家間社会政策」を標榜した新原則は，各方面の反発を呼び，ダーレンドルフは1970年7月に次官の職を辞した．テーゼは外務省の「指針」に編集し直され，同年末一般公開された[12]．パイゼルトは引き続き総合計画の実践編を執筆し，71年4月に所見を大部の報告書の形で外務省に提出した（以下『パイゼルト報告』）[13]．

『パイゼルト報告』の眼目は，全世界でのドイツ公的文化事業の実績データと現場担当者へのアンケートの分析であった．同報告は，調査結果に基づき，従来の国別事業予算配分が対外関係上の優先順位と一致せず，事業内容もドイツ語普及とドイツ学校運営に偏重していると批判した．そして，戦略的重点国の「中心的立地」にドイツセンターをつくり，相互理解と国際協力の拠点とすることを提言した．センターは，公的および商業的な文化活動の要素を，現地のニーズに応じ集積するものとされた（積み木箱の原則）[14]．ヨーロッパ諸国が伝統的に展開してきた文化会館のあり方――語学講座と図書館を備えた「学院

---

10) Drucksache des Deutschen Bundestags VI/57, 11.11.1969.
11) 15 Thesen zur Internationalen Kultur-, Wissenschafts- und Gesellschaftspolitik (Anlage zur Kabinettsache des Auswärtigen Amts vom 18. Juni 1970)，ベルリン外交史料館（以下 PAAA）B97 326.
12) Auswärtiges Amt, *Leitsätze für die Auswärtigen Kulturpolitik*, Dezember 1970. ダーレンドルフ・テーゼ作成から「指針」策定までの経緯については，以下を参照．川村陶子「西ドイツ対外文化政策におけるダーレンドルフ改革の挫折――国際関係における文化のポリティクス」『成蹊大学文学部紀要』第48号（2013年）．
13) Hansgert Peisert, *Auswärtige Kulturpolitik der Bundesrepublik Deutschland*, Konstanz: April 1971. 報告はその後，若干の訂正とダーレンドルフの巻頭言を加えて出版された．Peisert, *Die Auswärtige Kulturpolitik der Bundesrepublik Deutschland*, Stuttgart: Ernst Klett, 1978（以下 *Peisert-Gutachten*）．本文中の『パイゼルト報告』引用は78年の公刊版に依拠．
14) *Peisert-Gutachten*, S. 256.

(institute)」[15]——から脱却し，現代ドイツの情報伝達と共通課題への取り組みに重点をおくと同時に，文化交流事業を行う機関を一カ所に集め，効率化とプレゼンス強化をはかるねらいであった．

　外務省では，総合計画を実行に移す作業が進む中，新型ドイツセンターの候補地として東京に白羽の矢が立った．東京はかねてから文化会館新築が求められていた都市で，『パイゼルト報告』では世界14カ所の「第1ランクの中心的立地」リストに入っていた[16]．文化局では1972年12月，在京大使館と神戸総領事館，GI，DAAD，ケルンの在外学校センターに書簡を送り，現代的文化政策のモデルを検討する最初の候補地に東京が選ばれた旨を伝え，情報意見収集への協力を要請した[17]．翌73年夏には「東京に設置する最新式文化会館」の青写真作成を外部専門家に依頼することを決め[18]，10月にパイゼルトを招いて関係諸機関代表を交え協議した[19]．

　パイゼルトは日本の研究者，政治家，官僚，ビジネスマン，メディア関係者にアンケートを実施し，助手のゲルヒルト・フラムハインと1974年2月から3月にかけて訪日調査を行った．そして，同年5月，所見をまとめた報告書『日本におけるドイツ文化政策——東京独日センターのためのモデル』（以下，『パイゼルト＝フラムハイン報告』）[20]を提出した．

　一方，OAGからは，GIが入居するOAGハウスを建て直し，そこに新文化会館を収容する案が，1969年時点で挙がっていた[21]．外務省は態度を保留していたが，パイゼルトらがOAG案を強く支持したこともあり，75年3月，OAGが新ビル所有権の3分の2を連邦政府に譲渡する案で合意した．しかしその後着工が遅れ，定礎式は1977年10月のゲンシャー外相訪日時に行われた[22]．

15) J. M. Mitchell, *International Cultural Relations*, London: Allen & Unwin, 1986, pp. 45-48（田中俊郎訳『文化の国際関係』三嶺書房，1990年，62-67頁）．
16) *Peisert-Gutachten*, S. 264.
17) 文化局 Schlagintweit 名文書，1972年12月19日，PAAA B90 1108.
18) 文化局 Schlagintweit 名文書，1973年7月20日，PAAA B90 1108.
19) 1973年10月5日会合議事録，11月15日，および同議事録草案，10月8日，PAAA B90 1108.
20) Hansgert Peisert und Gerhild Framhein, *Deutsche Kulturpolitik in Japan: Modell für ein Deutsch-Japanisches Zentrum in Tokyo*, Konstanz, Mai 1974（以下 *Peisert-Framhein-Gutachten*）．
21) *Die Geschichte der OAG*, S. 109-110.

新 OAG ハウスは 1979 年春に竣工し，4 月には三笠宮を来賓に迎え落成式が開催された[23]．これは OAG 単独の催しであり，半年以上経った 12 月に東京ドイツ文化センターの開所式が行われた．式典に出席したヒルデガルト・ハム = ブリュッヒャー外務政務次官の挨拶は，次のように始まる．

> 本日，ドイツ連邦共和国政府を代表して，東京のドイツ文化センターを公式に開所し，このセンターを対外文化関係の三つの担い手——ゲーテ・インスティトゥート，DAAD，情報文献記録協会（Gesellschaft für Information und Dokumentation）にゆだねられ，嬉しさと感謝でいっぱいです[24]．

このスピーチは，実際のドイツ文化会館の姿が，パイゼルトらの構想とは異なっていたことを示している．次節以降で構想と現実の違いを確認したい．

2　パイゼルトらの独日センター構想とその独自性・革新性

『パイゼルト＝フラムハイン報告』は，1971 年の『パイゼルト報告』の発想を受け継ぎ，文化・情報，言語，研究の三つの事業部門を統合し，共有スペースにホールやレストランをおく独日センターを提案していた．各部門の編成は以下の通りである．

① 文化・情報部門：広報センター（照会対応），広報資料（現代ドイツ情報を中心とした日本向け資料，ドイツ向け日本情報資料等の刊行），メディア（マスコミ対応，フィルムアーカイブ等），文化・社会（現代日本社会に関するセミナーや講演会等の開催），情報・文献チーム（日本情報サービス，日独研究文献目録作成ユニット）．

② 言語部門：語学講座（中上級コース，集中コース，目的別コース等），教授法開発チーム（日本におけるドイツ語教育支援，教材開発，ドイツ語教員養成等）．

③ 研究部門：DAAD 事務所（大学や研究者間の連絡・連携，在日ドイツ人

---

22)　*OAG-Jahresbericht 1977/78*, S. 2.
23)　*Festschrift: Das Neue OAG-Haus 1979*, September 1980.
24)　Hildegard Hamm-Brücher, "Einweihung des Deutschen Kulturzentrums in Tokio," in *Kulturbeziehungen Weltweit*, München: Carl Hanser Verlag, 1980, S. 124.

研究者・講師・留学生の支援，奨学金の供与と奨学生への各種サービス），
　　研究チーム（社会科学グループ，日本研究グループ）．
　このうち文化・情報部門の大部分，言語部門，センター全体の事務局（中枢サービス）は運営上 GI に帰属し，DAAD 事務所は半ば独立に機能する．また，情報・文献チームと研究チームは，独日両国からの外部資金で運営される[25]．情報・文献チームと研究チームは設置に時間を要するため，まず他の部署を先に稼働させ，段階的に活動を広げるのが望ましいとされた[26]．
　独日センターが従来的なドイツ文化会館と比べ特徴的な点は，大きく四つあった．第一に，情報（広報）事業の重視である．西ドイツでは，文化（Kultur）と広報（Information）を区別し，前者を外務省文化局と同局出資の媒介機関，後者を連邦新聞情報庁（BPA）とドイツ大使館が担当していた．しかし，ダーレンドルフやパイゼルトは，対外文化政策でより広い内容を扱うべく，ドイツに関する全般的情報提供（一般広報）を連邦政府の施策に関する情報提供（政策広報）と切り離し，前者は大使館でなく文化会館で行おうと考えた．このような発想から，照会対応，広報資料発行，現代日本情報収集，研究者向け情報収集など，幅広い活動が独日センターの業務に盛り込まれた．
　第二に，研究部門の重視である．ドイツの奨学金主要供与先であった日本では，かねてより DAAD 支所設置を望む声があったが[27]，『パイゼルト＝フラムハイン報告』では DAAD 事務所に加え，それとは別個に，専門の研究チームを独日センター内に設置することを提案した．日独交流の主な担い手は研究者であり，また両国は現代的課題に関する共同研究を通して関係を深められるとの考えからであった[28]．ドイツにおける日本研究の充実，現代日本情報の収集分析，最先端の学術研究成果の共有も図られた．訪日するドイツ人研究者のためのゲストルーム設置も検討された[29]．
　第三に，相互性の重視である．パイゼルトたちは，日独関係発展のためには

---

25) *Peisert-Framhein-Gutachten*, S. 80-83.
26) *Peisert-Framhein-Gutachten*, S. 84-94.
27) *Peisert-Framhein-Gutachten*, S. 56-57; Ulrich Lins, "Wie der DAAD nach Tokyo kam," in *Wege nach Japan*, Bonn: DAAD, 2008, S. 80.
28) *Peisert-Framhein-Gutachten*, S. 56, 62.
29) *Peisert-Framhein-Gutachten*, S. 66-67.

両国間の情報や知識の不均衡是正が必須と考えた[30]．そこで，日本の最新情報収集と日本研究の推進，すなわち広い意味での日本文化のドイツへの輸入を，独日センター活動の柱の一つに据えた．また，自己表出からパートナー的協力へというダーレンドルフ・テーゼの理念に沿い，研究部門や文化・情報部門の事業で共同作業を重視したほか，組織面でも独日混合の運営委員会を置くなど，日本側の意向を取り入れる工夫をした．他方，言語部門では，入門および初級レベルのドイツ語講座を外部委託する大胆な案をとった．その背景には，文化会館の人員や予算が語学事業に食われるのを防ぐとともに，ドイツ語を使わなくても利用できる総合的交流拠点の性格を明確化する意図があった[31]．こうした考え方は，ドイツ語は文化交流の手段であって，その普及自体が目的ではないというダーレンドルフ・テーゼの発想に基づいていたと同時に，「ドイツ人が日本人に教養を授ける」パターンから脱却して，より対等な日独関係を模索する姿勢の表れでもあった．

第四に，組織運営面における集中化および連携である．文化・情報部門の部長に所長ポストを兼ねさせてセンターの顔としたほか[32]，図書館や住所録データベース，秘書，翻訳・通訳，運転手等の中枢サービスの共有が提案された[33]．複数の媒介機関が文化交流を担うために事業の重複や非効率が問題化していたことに鑑み，コスト面の合理化と部門間の連携強化が図られたといえる．他方，三部門の部長会議や，日本側も交えた運営委員会が設けられ，部門間の協議と協力を促す工夫もなされた．

以上のような特徴を備えた独日センター構想は，文化会館を古典的学院方式から脱却させ，幅広い双方向の交流の拠点とすることを目指していた．その基盤にあったのは，詩人と思想家の国という旧いドイツ像を破り，現代的問題に

---

[30] *Peisert-Framhein-Gutachten*, S. 15.
[31] *Peisert-Framhein-Gutachten*, S. 42-47. 1970年頃の在京ドイツ文化交流関係者は，GI東京の新築プランとして，語学講座を拡張する「大規模案」と質の高い専門講座に絞って運営する「小規模案」を比較検討していた．在京大使館より外務省宛文書，1970年4月30日，PAAA B96 621.
[32] *Peisert-Framhein-Gutachten*, S. 80-81.
[33] *Peisert-Framhein-Gutachten*, S. 69-79. ただしDAADには，日本の大学関係者に対する信頼性の観点から，独自の筆耕部門を持たせることも考えられていた(S. 73)．

取り組む自国の姿を外に伝え，相互依存を深める世界で国際協力を推進する意図である．こうしたビジョンは，自国文化の表出・伝達を中心に発展してきたドイツ対外文化政策，そして文化外交一般の歴史において，今日なお色あせない革新性をもっている．

　日本は，西側先進国の一員でありつつ地理的・文化的には非欧米圏に属し，近代以来多くの点でドイツを範に発展してきた．戦後もドイツ古典文化が好まれ，1963 年に連邦政府が派遣したベルリン・ドイツ・オペラの公演は，チケット前売りに 3 日前から行列ができた[34]．反面，同時代のドイツに対する理解は浅く，70 年代初頭の調査は，日本人はドイツをいまだ「ゲーテとベートーヴェンの巨人の世界」と考え，若者はハイネの「ローレライ」に惹かれるとの結果であった[35]．かたやドイツでは，独日は「教師と生徒」というイメージが定着する一方，日本は極東の遠い国であり続けた．戦後の高度経済成長期，とりわけ 69 年に日本の GNP が西ドイツを抜いて世界 2 位になると，新聞は日本異質論や日本脅威論であふれ，高級紙や経済紙でも「日本人には善悪を教える心の拠り所がない」（『フランクフルター・アルゲマイネ』紙，1973 年），「日本人は買い，売り，スパイし，情報を仕入れ，投資し，乗っ取る」（『ヴィルトシャフツヴォッへ』紙，1973 年）[36]といった表現が絶えなかった．

　現代ドイツ情報を日本に伝えると同時に，ドイツ側が日本を知り，両国の人々が共通課題に取り組むことを目指した独日センター構想は，当時の日独関係の閉塞を打破し，平等なパートナーシップを築こうとする姿勢の表れでもあった．

3　独日センターと東京ドイツ文化センターのギャップ

　『パイゼルト゠フラムハイン報告』の提言の大半は，ドイツ文化会館では実

---

34) 「二晩徹夜何のその　ベルリン・ドイツ・オペラ　前売り券に記録的な出足」『朝日新聞』1964 年 6 月 19 日夕刊．
35) 「古いドイツ観　固執する日本」『朝日新聞』1971 年 10 月 28 日朝刊．
36) 中埜芳之，楠根重和，アンケ・ウィーガント『ドイツ人の日本像——ドイツの新聞に現われた日本人の姿』三修社，1987 年，114-115 頁，74 頁．

現しなかった．とりわけ連邦政府出資の東京ドイツ文化センターでは，独日センター構想とのギャップが顕著である．

第1節で引用したハム＝ブリュッヒャー演説が示すように，東京ドイツ文化センターは1979年の開設当初，GI 東京と DAAD 東京事務所，情報文献記録協会（以下 GID）支所の3組織で構成されていた．GID は連邦研究技術省（当時）の情報文献記録振興事業の枠内で77年に設立された研究機関で，東京ではドイツの図書館のために日本の科学研究情報を収集していたようである．曖昧な表現しかできないのは，GID は1984年に解体され[37]，現在はフラウンホーファー研究機構という応用化学研究所の日本代表部となっており，旧 GID の活動を知る手がかりがないためである．

いずれにしても，独日センターの第一の特徴であった情報・広報事業についてみると，東京ドイツ文化センターの事業は，当初構想された総合的活動のごく一部しかカバーしなかった．GI には図書室が併設され照会に対応したが，広報資料の作成やマスコミ対策はしておらず，日本に関する情報収集も業務範囲外であった．

第二の研究部門については，DAAD 事務所以外の部分，すなわち研究チームの活動が抜け落ちていた．後年開設されたドイツ日本研究所は対外文化政策とは別の文脈で誕生し[38]（2002年以降は連邦教育研究省管下のドイツ海外研究所財団に所属），千代田区紀尾井町にオフィスと図書館を構えて活動を行っている．『パイゼルト＝フラムハイン報告』では，研究チームを独日センター内部に置くことで文化・情報部門との連携や図書館の充実を目指したが，そうした目論見は外れたといえる．

第三の相互性に関しては，GI 文化部が実施する事業において，日本側パートナーとの協働が盛んに行われた．しかし，ドイツ人が日本を知ることを中心

---

37) Hans-Christoph Hobohm, "Das Verhältnis zur Dokumentation-Fachinformationspolitik in den 70er und 80er Jahren in der Bundesrepublik Deutschland," in Peter Vodosek und Werner Arnold hrsg., *Auf dem Weg in die Informationsgesellschaft: Biliotheken in den 70er und 80er Jahre des 20. Jahrhunderts*, Wiesbaden: Harrassowitz Verlag, 2008.

38) 1992年頃発行のパンフレットによると，ドイツ東洋学会が日本に学術研究機関を設置することを1984年連邦政府に提案し，ドイツ学術会議とマックス・プランク協会の賛同を得て，連邦科学技術省が特別に財団を作り，同研究所を設置したとされている．

に据えた事業は，GI の業務ではなかった．会館の組織運営面で日本側の参画が制度化されたわけでもない．ドイツ語事業についてみると，結局 GI 東京の語学部は，初級を含む全てのレベルのドイツ語講座を維持し続けた．4 階建てのドイツ文化会館のうち 2 階部分は図書室と教室にあてられ，4 階セミナー室もドイツ語講座に使われる．現実の会館が全体として「ゲーテのドイツ語学校」という印象を与えていることは否めない．

東京ドイツ文化センターが独日センター構想と最もかけ離れているのは，独日センターの第四の特徴，すなわち組織運営のあり方である．GI と DAAD（そして解体前の GID）は，各々独自の事務機能を備えており，個別事業で協力はしても，組織的には別機関である．DAAD 事務所は研究交流の中立性を重視し[39]，東京ドイツ文化センターの名称は GI だけが用いている[40]．

以上のような乖離が生じた理由は単純ではない．本節後半では文化会館の設置過程に分け入り，独日センターと東京ドイツ文化センターのギャップが生じた直接的な要因を二つに分けて検討する．

(1) ドイツ側関係者の意向

一つは，独日センター関与が期待されたドイツ側関係者の消極性である．センター設立準備協議には，連邦省庁では外務省，BPA，連邦研究技術省，連邦経済省，政府外機関では GI と DAAD のほかドイツ研究振興協会（以下 DFG），ハンブルクのアジア学研究所，文献記録協会（GID の前身），ドイツ開発財団（DSE），ドイツ商工会議所連合会といった多彩な組織の代表が出席した[41]．多くは東京での会館設立を肯定的に評価し，参画に関心を示したが，文化・情報部門の広報事業や情報収集事業に関しては留保がつけられた．BPA は文化と広報を同一施設が実施することに懐疑的で，広報機能に特化したニューヨークのドイツ情報センター（GIC）のモデルを採用するか，広報機能の一定部分を大

---

39) "Die Außenvertretungen des DAAD," in *DAAD-Jahresbericht 1978*, S. 135.
40) フラウンホーファー日本代表部は，住所を「ドイツ文化会館 1 階」と表記している．http://www.fraunhofer.jp/ja/contact.html（2012 年 6 月 27 日アクセス）．
41) 1973 年 10 月 5 日文化会館設立準備会議議事録案（フラムハイン作成版），10 月 8 日，外務省版議事録，11 月 15 日，PAAA B90 1108; 1975 年 7 月 8 日情報・文献記録センター設立準備会議議事録，7 月 15 日，PAAA B90 1109.

使館に残すべきだと主張した[42]．商工会議所は「関心はあるがカネは出せない」，DSE は「所管官庁の連邦経済協力省からの支援は期待できない」と消極姿勢であった．

　外務省が予算の大半を出資する DAAD からも拒否反応が出た．「日本の研究者の信頼を得るには，単独で事務所をもつべきだ」と，文化会館入居にも消極的であった．理事である大学教授たちは，会館内に独立の研究センターをおくことは学問の自由を脅かすとして強く反対した．西ドイツ学長会議や DFG も同意見とのことであった[43]．DAAD が諮問した 3 名の日本・アジア研究者や，GI の派遣で 1975 年春に訪日したドイツ社会学研究所長ライナー・レプシウスは，研究チーム設置を強く奨めたが，外務省は同年夏の段階でそれは困難と判断していた[44]．最終的に DAAD はドイツ文化会館 1 階に事務所を開いたが，前述のように組織的には独立しており，東京ドイツ文化センターの名称も用いていない．独日センター構想の新機軸であった情報・広報事業の展開や研究部門の設置，中枢機能の統合は，文化交流当事者の自意識にそぐわなかったのである．

　GI は当初，新型文化会館案に乗り気に見えた．1973 年 10 月の準備会合に出席した代表者は，対日事業では「伝統的要素」が大きな問題だと述べている．「図書館はほとんど使われず，文化事業はトップレベルが来ないと聴衆が集まらない反面，ドイツ語講座は常に人があふれ，照会にもこたえられない」[45]．この代表者は，京都では語学講座と文化事業を組み合わせた従来型会館を維持する一方，東京ではドイツ語教育支援と文化事業仲介に特化する「オフィス型（Büroinstitut）」への転換も考えうると発言している[46]．しかし実際には，GI

---

42) 1973 年 10 月 5 日会合議事録案，S. 3. GIC は，ユダヤ人コミュニティを擁し反独感情の強かったニューヨークで 1960 年に活動を開始した．照会対応のほかメディア対策，広報資料刊行，フィルムアーカイブ運営，講演会などを行った．Manuela Aguilar, *Cultural Diplomacy and Foreign Policy: German-American Relations, 1955–1968*, New York: Peter Lang, 1996, pp. 182–188.

43) 1975 年 1 月 15 日 DAAD 理事会議事録抜粋，PAAA B90 1108.

44) Arnold 文化局長書簡（Lepsius 宛）1975 年 7 月 2 日，PAAA B90 1109.

45) 1973 年 10 月 5 日会合議事録案，S. 1–2.

46) 1973 年 10 月 5 日会合議事録案，S. 2.

東京の語学部は改組されず,「ゲーテのドイツ語学校」は東京ドイツ文化センターの「顔」になった.

戦後 GI の発展をまとめた研究によると,この時期 GI では職員の世代交代が進み,事業方針をめぐり異なる見解が衝突する一方,結果的にドイツ語普及が事業の中核であり続けたという[47].GI 東京の大胆な改組を望む声は,対外文化政策転換期におけるひとつの勢力ではあったが,最終的には主流になれなかったと考えられる.

当時の GI 東京支所長も,独日センター構想に 100% 賛成ではなかった.彼は OAG ハウスで前衛アートのパフォーマンスを行うなど革新的事業に注力しており[48],GI はドイツ人の異文化理解を促し双方向交流の拠点となるべきだと主張するなど[49],ダーレンドルフらの新しい理念をほぼ全面的に支持する立場であった.しかしながら,1974 年事業報告で彼は『パイゼルト゠フラムハイン報告』に対し,「具体的で,情勢に合致し,進歩的」と評価しつつ,日本の実情に合わない点があると批判している.文化事業の採算性を重視し,議論で本音を言わない日本人とパートナーシップを組むことは難しいし,控えめさが好まれる当地で大規模な文化会館は必要ないという[50].実質的なセンター長候補者にこのように言われては,構想実現困難は予想に難くない.

(2) 物理的制約

直接的要因のもう一つは,新 OAG ハウスが手狭で,限られた部署しか収容できなかったことである.『パイゼルト゠フラムハイン報告』では,OAG 所有地に地上 6 階,地下 1 階のビルを建設し,1 階から 5 階に独日センターの 3 部門と OAG 事務所が入居,6 階を外部に賃貸しすることを想定していた.しかしながら,実際のドイツ文化会館は地上 4 階,地下 1 階と当初構想よりも 2 フ

---

47) Steffen R. Kathe, *Kulturpolitik um jeden Preis*, München: Martin Meidenbauer, 2005, Teil D, S. 428-429.
48) PAAA B96 849.
49) Koellreutter 支所長より外務省文化局 Schlagintweit 宛私信,1973 年 1 月 21 日,PAAA B96 621.
50) *Jahresbericht der Zweigstelle Tokyo 1974*, S. 10-14. 連邦議会アーカイブ調査委員会資料ファイル所蔵.

ロアー分狭くなっている．最上階の4階にOAG事務所と外部テナントが入り，東京ドイツ文化センター使用部分は1階の一部と2・3階のみである．1階オフィスはDAAD事務所と旧GID支部，2・3階はGI東京のドイツ語教室と図書室，事務局が占有しており，他の部署が入る余地はない．

　パイゼルトらはOAGハウスに隣接する参議院所有の不動産を取得して独日センターの一部にあて，訪問者が青山通りから入りやすいようにするとともに，施設を広いスペースで展開することを推奨していた[51]．ドイツ側は日本外務省を通して斡旋を求めたが[52]，大蔵省理財局の回答は否定的だった[53]．さらに緊縮財政のさなか，連邦財務省の意見により，会館の広さは当初案の約3分の2に削られた[54]．多彩な事業部門を一カ所で展開する独日センターは，そもそも物理的に実現不可能であった．

4　ドイツ外務省のコミットメント減退

　独日センター構想実現は以上のような直接的要因により阻まれたが，その背景には建設計画の中心的主体たるドイツ外務省がプロジェクト推進意欲を低下させていった事情があった．

　文化交流はブラント首相就任時の重点施策であり，独日センターはそのモデル拠点であったが，計画から開所までに7年もかかっている．東京が候補地になってからパイゼルトらの報告書提出までには約1年半，OAGハウスの建物所有権譲渡が合意されてから建設作業開始までには2年近くのブランクがあった．この間政府財政は年々悪化し，関係者の熱意も冷めていった．とりわけ，外務省が財務省による床面積削減を阻止できなかったことは，文化会館の多角的事業運営を不可能にし，独日センター構想挫折を決定づけた．なぜ外務省はモデル会館計画にもっとコミットしなかったのか．史料からは二つの文脈が確

---

51)　*Peisert-Framhein-Gutachten*, S. 116.
52)　GI東京が参院所有の土地の斡旋を求めたメモ，1974年3月22日，外務省外交史料館（東京．以下外史）2010-3470；在京ドイツ大使館から外務省文化局宛パイゼルト出張報告，1974年3月28日，PAAA B90 1108.
53)　「在京ドイツ文化会館用地について」1974年3月29日，同5月7日，外史 2010-3470.
54)　1974年10月24日外務省会合記録，11月5日，PAAA B96 623.

認できる.

(1) 対外文化政策改革の失速

ひとつはドイツ本国における対外文化政策改革の失速である. モデル会館計画が始動した 1972 年末から 73 年頃, 外務省側では『パイゼルト報告』を受けた中期総合計画策定の最中であったが, 理念的方向づけは連邦議会で活動中の調査委員会の成果を待たなくてはならなかった. 同委員会は 1970 年に設置が決定し, 71 年に活動を開始したものの, 72 年秋の連邦議会選挙で活動を中断, 翌年 3 月の再組織でメンバーが大幅に交替した. まとめ役だった議員の死去やコンセンサス重視の方針もあって作業は長期化し[55], 最終報告提出は 75 年 9 月末となった. 調査委員会と外務省は一種のライバル関係にあり, 相互不信から情報の流通も抑えられた[56]. 改革は推進力を失い, 世間の期待や関心も薄れていった.

1974 年から 75 年には, 外国での文化事業が「政治的すぎる」として問題となり, 外務省は釈明に追われた[57]. ブラント政権成立時, 平和政策の手段として期待された文化事業は, 野党やメディアからの批判の種となった. シュミット首相は 76 年の施政方針演説で文化交流にふれず, 東京の会館が建設段階に入った時期には, 対外文化政策が重点施策から外れたことが明白であった. 自由民主党の著名政治家ハム = ブリュッヒャーが 76 年外務政務次官に就任し, 文化事業に力を入れたが, 彼女の主な関心地域は第三世界で, 東京での計画の支援者にはならなかった.

政治的支援欠如に追い打ちをかけたのが, 石油ショック以降の財政緊縮である. 1973 年から 76 年の中期総合計画期間中, 予定された対外文化政策予算の伸びが実現できず, 76 年には初めて前年度より予算が縮小された[58]. この措

---

55) Dieter Rehfeld, "Enqête-Kommissionen in der Bundesrepublik Deutschland," in Klaus Lompe et al., *Enqête-Kommissionen und Royal Commisions*, Göttingen: Vandenhoeck & Ruprecht, 1981, S. 211–212.
56) Rehfeld, "Enqête-Kommissionen," S. 204, 209.
57) Hans Arnold, "Staeck, »Rote Rübe« und die Folgen," in *Kulturexport als Politik?*, Tübingen: Horst Erdmann Verlag, 1976(原文は 1975 年 3 月 17 日付 *Frankfurter Allgemeine Zeitung* 掲載).

置は東京の文化会館建設計画にも影響し，外務省内ではOAGハウス改築内定後も予算措置が整わず，着工へのゴーサインは出なかった[59]．連邦政府はOAGと進めていた建設契約交渉を76年後半になって延期した挙げ句，交渉打ち切りを通告した[60]．OAGは要求を重ね，77年1月に建物所有権の譲渡額に関する詰めの協議にこぎつけた．ボンでの交渉は一度決裂したが，OAG理事長が帰国して臨時総会を開き，13億7,500万円でまとまった[61]．交渉成立は日本で改正建築基準法が施行される直前であり，少しでも遅れたら建築計画そのものが実行不可能になるタイミングであった．

(2) ドイツ外務省関係者にとっての日独関係

もう一つの間接的要因として推測されるのは，この時期のドイツ外務省における対日関係の認識である．両国外務省の間では，文化会館建設をめぐり，すでに1960年代からぎくしゃくした関係が続いていた．争点は，日本が69年に開設したケルン日本文化会館(JKI)と，在日ドイツ文化会館建設との「抱き合わせ」である．

JKI設置は，政府所在地ボンに近く欧米諸国の文化会館の集積地であったケルン市の誘致政策に端を発していた．1961年に同市の独日協会副会長が市助役マックス・アデナウアー（当時のアデナウアー首相の次男）に日本館建設案を披露し[62]，同助役が日独政府関係者に働きかけて[63]，63年11月のリュプケ大統領訪日時の共同コミュニケで，両国が文化会館を相互に建てる意向が表明された[64]．日本側は当初はJKI構想に消極的だったが[65]，その後ドイツ側の要請

---

58) ドイツ外務省文化局記録，1977年2月18日，ミュンヘン現代史研究所(以下IfZ)ED379 134, S. 5.
59) 「独大使館フリーゼ参事官の来訪について」1976年2月12日，外史2010-3472，2頁．
60) *OAG-Jahresbericht 1976/1977*, S. 1-2.
61) PAAA B96 768.
62) 「ケルン日本館に関する昭和37年8月29日ラインボーテ博士覚書」1962年12月13日，外史2010-3469．
63) マックス・アーデナウアー「日本文化会館設立まで」『ケルン日本文化会館二十年史』ケルン日本文化会館，1989年，127-128頁．
64) 「リュプケ・ドイツ連邦共和国大統領の訪日の際の日独共同コミュニケ」1963年11月15日『外交青書』第8号(1964年版)．

を受け入れ，ローマ日本文化会館に次ぐ国際文化振興会(KBS)の在外施設として建設することを決定した[66]．

　JKIの用地はケルン市が提供したが，当時東京での文化会館用地探しに苦労していたドイツ外務省は[67]，1963年の共同コミュニケを文化会館建設に関する相互主義の表明と解釈し，在京大使館口上書により日本外務省に東京の用地斡旋を要求した[68]．恵比寿の公務員研修所跡地が候補となったが[69]，立地の不便さもありドイツ側は逡巡した．日本外務省はケルンと東京の用地交換を提案したが，69年ドイツ側はこの案を断念する旨を通告した[70]．ちょうどOAGがドイツ外務省にハウス改築を提案した頃である．その間にJKIの建設は進み，69年9月2日に開館した[71]．

　その後のブラント政権期，ドイツ外務省文化局ではケルンと恵比寿の抱き合わせ構想が復活した[72]．しかし「恵比寿案」にはドイツ側専門家も連邦政府の建築関係部局も否定的で[73]，パイゼルトらを含め諮問意見は皆OAGハウス案支持であった．結局1974年10月の定期協議で，ドイツ側は日本側に在京文化会館問題がOAGハウス改築の形で解決される旨と，ケルン・東京の用地相互提供に関するリンクを取り下げる用意がある旨を通知した[74]．翌年秋，在京ドイツ大使館口上書により，恵比寿案放棄の最終通告がなされた[75]．パイゼルト

65)　外務大臣公電情文第110号，1962年4月3日，外史2010-3470．
66)　アーデナウアー「日本文化会館設立まで」127頁．
67)　ドイツ外務省は当初，在京大使館近くの有栖川宮記念公園脇にある都立教育研究所跡地に目をつけていたが，東京都に断られた．ディットマン大使の東龍太郎東京都知事宛書簡，1965年6月11日，外史2010-3470；「敷地難で宙に浮く　東京で建設予定の西独文化会館」『毎日新聞』1967年6月4日．
68)　第3回日独文化混合委員会議事録，1966年6月15日，外史2010-3467．
69)　*Peisert-Framhein-Gutachten*, S. 102.
70)　「在ケルン日本文化会館」(年表)1973年11月頃作成，外史2010-3470，3頁．
71)　JKI建設準備作業に携わった日本大使館関係者は，この抱き合わせ要求が一つの理由で会館着工が遅れ，インフレ進行も相まって建築資金が目減りしたと回想している．川上俊之「ケルン日本文化会館再見記」『ケルン日本文化会館二十年史』123頁．
72)　日本大使館公電独第255号，1971年2月5日，「在ケルン日本文化会館」5頁，外史2010-3470．
73)　*Peisert-Framhein-Gutachten*, S. 102.
74)　日本大使館公電独第2243号，1974年11月5日，外史2010-3470；外務大臣公電情文1第358号，1975年12月12日，外史2010-3472．

らは抱き合わせ固執が日独関係を悪化させると警告したが[76]，ドイツ外務省は，その後も GI 京都の用地取得斡旋を求めるなど[77]，相互主義へのこだわりを示し続けた．日独の外務省間では，ドイツ文化会館の用地問題に，JKI の永代借地権，OAG ハウス所有権譲渡時の課税，JKI 館長の外交特権，ドイツ文化会館の法的地位などの問題がもつれ，78 年頃まで応酬が交わされた[78]．

　以上のように，ドイツ外務省文化局にとって，東京の文化会館建設は，それ自体が年来の懸案であったと同時に，ケルンとの抱き合わせによる相互主義実現というプライドが懸かった象徴的問題でもあった．結局ケルン－東京のリンクは消滅，その後浮上した GI 京都の会館建設問題も，GI が間借りする日独文化研究所の建物を鴨川畔に移転・再建して同研究所と京都ドイツ文化センターが共同使用する案で決着した[79]．だが，ボンの文化局では，文化会館建設問題について，彼らのみなすところの相互主義によって決着したいとする態度が根強く残っていた．当時の記録からは，同局内に 1976 年頃になってもまだ「リンク」に固執する勢力が存在したことが確認できる[80]．ここから先は推測の域を出ないが，日本側から好条件の不動産斡旋を引き出せないかという迷いや，相互主義によって会館建設問題を決着できないことへの失望が，東京の文化会館建設へのコミットメントを減退させた可能性も考えられる．

　そもそもドイツ外務省では，対日関係の位置づけ自体が曖昧だった．1971年の『パイゼルト報告』では，東京は連邦共和国にとって中心的立地の一つとされた．しかし，73 年の対外文化政策中期総合計画では，日本は台湾等と一緒に地域別リスト最後尾の「アジア・オセアニア地域（社会主義国以外）」に分類されている[81]．70 年代後半の外務省文化局事業報告書では，地域別施策を

---

75)　在京ドイツ大使館より日本外務省宛口上書，1976 年 11 月 14 日，外史 2010-3472．

76)　*Peisert-Framhein-Gutachten*, S. 103．

77)　在京ドイツ連邦共和国大使館より日本外務省宛口上書，1974 年 12 月 12 日．

78)　外史 2010-3471, 3472; PAAA B90 1240, B96 621, 849；津守滋「ケルン日本文化会館の発展を祈る」『ケルン日本文化会館二十年史』119-120 頁．

79)　移転準備作業は 1978 年頃から始まり，新センターは 83 年に開館した．「日独文化研究所のあゆみ 1968 年から 2006 年まで」，http://www.nichidokubunka.or.jp/_userdata/enkaku2.pdf（2012 年 6 月 29 日アクセス）．

80)　日本大使館公電独第 321 号，1976 年 3 月 19 日，外史 2010-3472．

西側世界，東欧および社会主義国，第三世界の柱に分けているが，「西側世界（westliche Welt）」は事実上欧米に関する内容で，日本についての記述はみられない[82]．欧米でも，東側でも，第三世界でもない日本は，西ドイツ対外政策関係者の脳内世界地図で「見えない」存在だったのではなかろうか．

　1970年代半ば以降，東アジアの中で外務省が注目した国は，72年に国交を樹立した中国であった．上述の中期総合計画は今後交流発展を期待する相手として中国を挙げ[83]，文化局報告書も独中交流の進捗ぶりを紹介している[84]．78-80年版の同報告書は，79年10月の独中文化協定締結を写真入りで報じた一方[85]，同年12月に開館した東京ドイツ文化センターには一言もふれなかった．70年代前半にはモデル会館とされた同館だったが，完成時には対中文化政策の陰に隠れてしまった．

　戦前ドイツの対日文化政策史をまとめたヴィッピヒは，ドイツの東アジア政策では近代以降常に中国が最重要であり，日本は「第二バイオリン」でしかなかったと論じている[86]．戦争と冷戦による中断を経て，中国との関係構築が可能になった1970年代半ば以降，隣国日本の外交上の重要性は相対的に低落していった．外務省の空気が「第一バイオリン」のメロディーに支配されていく中，東京のドイツ文化会館建設計画には，もはや当初のような魅力がなくなったといってよいだろう．

5　OAGハウスとしてのドイツ文化会館

　ここまで，対外文化政策改革のモデル会館として構想された東京ドイツ文化

---

81) Auswärtiges Amt hrsg., *Auswärtige Kulturpolitik der Bundesrepublik Deutschland: Gesamtplan 1973-1976*, Anlage 1, S. 2, IfZ ED379 135.
82) Auswärtiges Amt Abteilung für auswärtige Kulturpolitik, *Bericht 1975*, S. 7; *Zweijahresbericht 1976/77*, S. 9-11; *Dreijahresbericht 1978-80*, S. 13-14.
83) *Gesamtplan 1973-1976*, S. 28.
84) Auswärtiges Amt Abteilung für auswärtige Kulturpolitik, *Bericht 1975*, S. 7; *Zweijahresbericht 1976/77*, S. 12; *Dreijahresbericht 1978-80*, S. 14.
85) *Dreijahresbericht 1978-80*, S. 18.
86) Wippich, "Aspekte Deutscher Kulturpolitik in Japan," S. 47.

会館が，約7年の設置過程の間に当初計画と大きくかけ離れた姿になった経緯を検討してきた．だが，実は，ドイツ文化会館を全体的に眺めると，『パイゼルト＝フラムハイン報告』の独日センターを彷彿とさせる点が残っている．同館には一般来訪者がドイツを感じる多様な要素が詰まっており，ドイツ人が日本を知る場も設けられている．文化会館のそうした性格は，同館の東京ドイツ文化センター以外の部分，すなわちOAGハウスの機能と関連している．

　文化会館の1階，ホール向かいのガラス張りスペースにはレストランがある．筆者が学生時代にGIドイツ語講座に通っていた頃は，本格的ドイツ料理やおいしいクーヘンが落ち着いた雰囲気で味わえる穴場として人気であった．店舗は何度か代替わりしているが，もとはOAGクラブレストランとして設置されていた．

　本章冒頭で述べたとおり，OAGは1873年に在日ドイツ人の集まりを母体として設立された法人である．明治時代の在京ドイツ人の多くは「お雇い外国人」等として研究教育活動に従事しており，同協会は講演会や出版活動を盛んに行った．同時に，極東に欧米人が少なかった時代，OAGは在日ドイツ人の社交場の性格も備えていた[87]．OAGハウスは当初神田今川小路（現在の千代田区神田神保町3丁目）にあったが，1914年千代田区麹町平河町に移転し，事務所と図書館に飲食部門を備えたクラブハウスとして機能した[88]．戦後，赤坂の現在地での再出発以降も，構造は変わらなかった．飲食部門にはOAG会員が協力し，戦前は「ロースハムの考案者」としても有名なアウグスト・ローマイヤー，戦後は銀座でドイツ料理店を経営したヘルムート・ケテルが，サービスを提供した[89]．新OAGハウスでレストランは独立店舗となったが，採算の悪い立地でも営業が続いている背景には，レセプション等での需要と並んでクラブレストランの伝統が影響しているであろう．

　文化会館4階には，ドイツ観光局が長年入居している．メディアが未発達だった時代，パンフレットや地図が無料で手に入る観光局には多くの訪問者があ

---

87) *Die Geschichte der OAG*, S. 11-18；サーラ「OAG東洋文化協会の歴史と在日ドイツ人の日本観」5-7頁．
88) *Die Geschichte der OAG*, S. 37 図．
89) *Die Geschichte der OAG*, S. 74.

った.『パイゼルト゠フラムハイン報告』の実現しなかった新機軸の一つは,外部の照会に対応し広報資料を提供するセンターであったが,観光局は現代ドイツの多様な姿を日本人に伝える役割を一定程度果たしているといえる.

観光局のほか,2012 年現在,会館 4 階には DFG やフリードリヒ・エーベルト財団等の日本代表部が並び,ドイツ第二放送(ZDF)の事務所も開設され,さながら「ミニ・ドイツ」の様相を呈している.東京のオフィス物件として最高の立地とはいえないこの建物に,ドイツを代表する学術機関やメディアが入居しているのには,この建物が OAG の所有物で,家賃が同協会の活動に役立てられるという理由が大きいはずである.

OAG 自体の活動も見逃せない.OAG では設立以来一貫して,日本や東アジア,そしてそれら地域とドイツやヨーロッパとの関係を主題に講演会を開催しており,紀尾井町のドイツ日本研究所スタッフも講師として登壇する.展覧会やセミナー,シンポジウムも行われる.日本語や生け花,書道の教室などが催されており[90],新年には初釜もある.主な使用言語はドイツ語だが,通訳つきや日本語での催しもあり,非会員も参加できる.日本や東アジアに関する学術出版物も刊行されており[91],OAG 自身についての歴史研究も行われていることは前述の通りである.

戦前の OAG は,東京のドイツ人コロニーと密接に関連し,在留ドイツ人の集会所の性格が強かった.しかし,時代の経過とともに,在日ドイツ人の生活や社交のあり方も変化し,現在の OAG は外部に開かれた独日・欧亜の交流フォーラムになっている.パイゼルトらが構想した独日センターのように,ドイツ本国に向けて直接日本情報を収集伝達する機能こそもたないが,OAG がドイツ文化会館の家主であることで,同館は日本に住むドイツ語圏の人びとに日本と東アジアへの理解を深める機会を提供し,国際的な知的交流,研究活動の場としての性格を強めているのである.

文化会館の設立準備作業がゆっくりと進んでいた時期,OAG には,日本側出資でハウスを改築して「ジャーマンセンター」を設立しないかという提案も

---

90) OAG「催し物」,http://www.oag.jp/jp/veranstaltungen/(2012 年 6 月 27 日アクセス).
91) OAG「OAG 出版物」,http://www.oag.jp/jp/publikationen/(2012 年 6 月 27 日アクセス).

寄せられていた[92]．鈴木善幸が会長を務めていたドイツ食料輸入協会が，OAG所有地にドイツ製品ショールームやホテルを収容する6階建てビルを建設し，ワンフロアーを文化会館に貸すというもので[93]，1974年11月に同協会副会長中村通伯(みちはる)がボンの外務省文化局を訪ねた記録があるほか[94]，ドイツのメディアも報道している[95]．

「ジャーマンセンター」案は奇抜な発想だったが，会館の老朽化に悩み改築の出資を待っていた当時のOAGには，あながち非現実的ではなかったかも知れない．それでもOAGはこの提案に乗らず，構想以来7年以上，外務省の文化会館建設計画につきあった．OAGという家主のおかげで，東京ドイツ文化会館は，さまざまな制約にもかかわらず，独日センター構想の本質を形にとどめることができたといえよう．

おわりに

1978年から2004年の間に，2度にわたり計10年間DAAD東京代表を務めたウルリヒ・リンス元事務所長は，事務所開設30周年記念文集で以下のように述べている．

> 広範囲の業務を単一の組織に統合した会館をつくるパイゼルトの計画は，実現できなかった．……けれども，この30年で証明されたのは，DAADはゲーテ・インスティトゥートとフラウンホーファーさらにはOAGとも，空間的にはひとつになったということだ．パイゼルトが推奨した他の会館業務［研究センター——筆者注］は，東京の別の場所，すなわち1988年設立のドイツ日本研究所が引き受けた[96]．

---

92) *OAG-Jahresbericht 1973/74*, S. 4.
93) Verband der Importeure deutscher Nahrungsmittel in Japan, *Bauprogramm des "German Center Building,"* Juli 1974, PAAA B96 769.
94) ドイツ外務省文化局覚書，1974年11月7日，PAAA B90 1109；日本大使館より外務大臣宛公電独第1165号(1974年11月8日)，外史 2010-3470.
95) Gebhard Hielscher, "Deutsch-japanisches Zentrum nach Maß?," *Süddeutsche Zeitung*, 07.10.1974.
96) Lins, "Wie der DAAD nach Tokyo kam," S. 86–87.

ドイツ文化会館の設立過程では，数々の直接的・間接的要因がからみあい，パイゼルトらの独日センター構想の革新的な部分は実現されなかった．広報事業は大使館の手を離れなかったし，日本研究センターは会館スペースに収まらず，事業企画や組織運営における相互性が制度化されることもなかった．しかし，リンスの回想が示すように，赤坂の文化会館は連邦政府出資の複数の文化交流機関とOAG，ドイツ関連の諸団体をひとつの空間に収め，数多くの独日・欧亜交流が生まれる出会いの場となった．本論では詳しく検討できなかったが，GI東京でも，とりわけ1980年代には，舞踊家ピナ・バウシュや哲学者ユルゲン・ハーバーマスの日本初招聘や，無声映画から現代作品まで165本を上映するドイツ映画大回顧展など，日本側パートナーとの協力による意欲的な文化事業が行われた．紀尾井町のドイツ日本研究所は，日本側機関とも連携しながら，現代日本社会の諸問題をテーマに先端的研究を展開している．ダーレンドルフやパイゼルトが構想した幅広い交流・協力は，独日センターという「ハコ」の形では実現されなかったかも知れないが，現実の活動を長い目で振り返れば多くの成果を確認できる．

独日センター構想には，今日的視点ではむしろ短所といえる要素も含まれていた．インターネットが普及した現在では，外国での広報資料発行や情報提供，文献記録収集のために専用の場を設ける必要はなくなった．東日本大震災の経験は，活動拠点を複数に振り分ける方がリスクを分散できると教えている．

21世紀初頭の現在，欧米各国は，国際文化交流拠点としての文化会館はどうあるべきか，そもそも文化会館という「ハコ」をもつべきかを模索している．統一ドイツの首都がベルリンに移転した後，ブリティッシュ・カウンシルとアメリカ・ハウスはケルンから撤退した（後者は地元の人びとが運営を引き継いでいる）．ベルリンのブリティッシュ・カウンシルは，若者に人気のスポットで運営していた学院をたたみ，都心のオフィスで人や組織をつなぐ活動に重点を置いた新たな業務を開始した．同機関のドイツ総代表は，「ブリティッシュ・カウンシルは，もはや標準的なアート，科学，教育を提供し，二国間の催しや活動を助成する伝統的文化交流の機関(institute)ではない．我々は，グローバルな専門知識や，国境を越えて反響を得るような地域規模の大事業へのアクセスを提供する，文化交流のパートナーとなっていく」[97]と述べている．

ドイツも日本での文化会館運営を大きく転換させている．京都ドイツ文化センターは，2011 年，アーティスト・イン・レジデンス「ヴィラ鴨川」に生まれ変わった[98]．館長は「21 世紀はアジアの時代．芸術家もアジアで新しい方向を見つける」と語る．ドイツ語教室は関西日仏会館の教室を借りて継続しているが，管轄は梅田の大阪ドイツ文化センターに移転し，運営の効率化もねらっている[99]．一方，東京では，連邦政府は 2000 年頃から新「ドイツ・ハウス」設置を検討し，研究拠点機能を重視した事業展開を構想していた[100]．しかし，厳しい財政状況の中で計画は難航し，東日本大震災の影響もあって，本稿執筆時点では建築の目処が立たないようである．

　赤坂の文化会館は建築から 30 年が経過したが，赤煉瓦の建物は耐震構造が優れており，修理しながらあと 10 年は使用するという[101]．OAG 事務所のロエダ主事は，ドイツで建物を何十年，何百年と使い続けるように，文化会館のビルを大切に使うのもよいかも知れないと語っている[102]．パイゼルトの積み木箱は，21 世紀もしばらくの間，日独交流拠点の役割を担い続けそうである．

　文化会館を拠点とした対外文化政策のあり方が再検討される一方，独日センター構想が提起した文化交流の理念は，文化政策全般を取り巻く新自由主義的志向の中，顧みられなくなっているようにもみえる．しかし，グローバル化が進む現代こそ，幅広い文化概念に基づく双方向的な人間関係や異文化間関係の構築が必要とされているのではないか．東京ドイツ文化会館の歴史を振り返る作業は，ダーレンドルフやパイゼルトらの文化交流哲学を想起する手がかりとして，今日の国際文化関係を考える上でも重要な意味をもっている．

　＊　本章は，平成 22-24 年度科学研究費（基盤研究（C））の成果の一環である．

---

97) Michael Bird, "Not Promotion but Partnership," *Culture Report Progress Europe 2007*, p. 94.
98) 「ゲーテ・インスティトゥート・ヴィラ鴨川」，http://www.goethe.de/ins/jp/kam/jain-dex.htm（2012 年 6 月 29 日アクセス）．
99) 古賀重樹「欧州の文化機関　変身」『日本経済新聞』大阪夕刊オムニス関西，2010 年 8 月 31 日．
100) OAG 会報，会員総会議事録による．
101) *OAG-Jahresbericht 2010/2011*, S. 55.
102) OAG 事務所主事マイケ・ロエダ氏へのインタビュー，2011 年 8 月 23 日．

あとがき

　2011年4月，本書の執筆者の多くは韓国・済州島で本書編集のための合宿研究会をおこなった．もちろん，仕事の話しだけではなく，研究会の前後には，雄大な漢拏山麓や海岸部の景勝の地をめぐり，日本軍の築いた要塞跡地にある戦争歴史平和博物館や済州島民俗村などを訪れ，そして地元の美味，芳醇の酒を堪能し，親睦をはかった．本書の執筆者が，日本，韓国，中国大陸，台湾という東アジア各地域から集まった研究者によりなっていることを思うと，古来東アジア海域交流の要であった済州島は，本書編集の準備会の場としてまさに絶好の地であった．日本からの参加者は，一月前に起きた未曾有の大震災とこれに続く社会システムの混乱の中，不安で落ち着かない日々を過ごしていただけに，この「平和の島」済州島で新旧の友人と国境を越えた楽しく充実したひとときをすごすことができ，人々の絆の大切さを身にしみて感じたのだった．

　本書出版のプランは，この数年前から関係者の間で話題に上りつつも，なかなか具体化しなかったが，済州島合宿の後，具体案が立てられ，執筆要項の配布，論文執筆，改訂，全体構成と一気に進展することとなった．こうして，ここに本書を上梓することができ，編者一同，このうえなく喜ばしく感じている．

　本書の執筆者の多くは，かつて東京大学駒場の大学院で国際関係論を学んだものであり，近代東アジア国際関係史研究会として研究会活動を行ってきた．その一部は早くから国際文化関係の研究に取り組み，その最初の成果として平野健一郎編『国際文化交流の政治経済学』(勁草書房，1999年)を刊行した．さらに，本書のもっとも若い執筆者数人は早稲田大学大学院で国際関係の研究を始め，いまや新進気鋭の研究者として活躍しつつある．また，執筆者のうち3名は韓国，2名は中国大陸，1名は台湾から日本に留学したという機縁をもつ．そして執筆者のほとんどは地域研究者でもあり，その研究対象地域は日本と東アジアを中心としつつ，東南アジア，ヨーロッパ，さらに世界全体に及んでいる．

　このように，本書の執筆者は多様な学術的，文化的背景を持ち，それぞれ独

自の研究を進めつつも，共通の研究上の関心を持ち，これまでゆるやかなつながりを保持してきた．共通の関心とは，「まえがき」がいうように，人々の生の営みが作り出す文化的集団を基礎として国際関係を捉えなおすということであり，国際文化関係史という新たな研究分野を編み出すことである．本書は，そのような私たちの模索の成果の一部としてここに刊行される．

近年，私たちをとりまく東アジア地域では，一方では人的，経済的関係の密接化と相互依存の深まりが進むとともに，他方では排他的ナショナリズムの台頭や政治的緊張の高まりも見られる．だが，わたしたちは東アジア各地域出身の研究者として，よりよい共生の未来をつくろうという意志，そして各地域の市民，知識人の協同によって平和と発展の未来を築きあげたいという願いにおいて一致している．読者のみなさんには，本書の学術的内容に関してご理解とご批判をいただきたいのはもちろんだが，さらにこのような私たちの国際社会の平和と交流によせる願いを汲み取り，それをさらに押し広げてくれることを願ってやまない．

最後に，今日，学術書の出版が困難になるなか，本書の企画の意義をご理解下さり，懇切丁寧な編集をしていただいた東京大学出版会の奥田修一さんには心よりの謝意を表したい．索引作りにおいては，加藤恵美さん，斎川貴嗣さんにもお手伝いいただいた．また，済州島での合宿研究会の手配においては，張寅性さん，金東明さん，李慶美さん（ソウル大学政治外交学部博士課程）にも大変お世話になった．厚くお礼申し上げる．

2013 年 3 月

編者一同

索　引

あ　行

アージ　129, 134-135, 138-140, 142-143, 145, 147-148
アイデンティティ　112, 255, 261, 263, 268-269, 295, 298, 347-349, 366-367, 384, 392-393, 514
アジア／亜細亜　79-80, 85, 91-92, 94, 96, 99-100, 103-104, 109-111, 113-115, 117, 120-123, 126, 153, 169-170, 234, 300-307, 318-319, 333, 495-497, 502-503, 507, 516-518, 537, 543
アジア主義　85, 122, 300, 333
アジアにおけるニュー・ルック　499
アジア歴史資料センター　7, 15
アフリカ　495-496, 502-503, 507, 515
アメリカ(米)　278, 282-287, 292, 294, 296-298, 319, 320, 344, 476-477, 490, 493-494, 501-502, 505, 509, 514-515
　　——帝国論　491
違格碍眼の文字　54, 68
イギリス(英／ブリテン)　160, 169, 241, 246, 495-497, 516-518
異種交配　25, 35
イスラーム　279-280, 283, 285-286, 289, 294-299, 401-403
市川房枝　409, 411-412, 420-421, 426-428
一土会　409, 421-422, 429
今ここ原理／効果　136, 140, 149
今村源三郎　17
移民　183-184, 245-247, 255, 349, 398-405, 495, 497, 507, 511-515, 517-518
インド　301, 318-319, 495-497, 510-511
英連邦　495-496, 500-509, 511, 514-518
欧州審議会　392, 395-397
欧州連合(EU)　390-391, 393
汪兆銘　426-428
大久保利通　176
大阪　168
　　——の零細ガラス瓶製造業者　168
大阪府立商品陳列所　159
岡倉天心　110, 113, 300

以不治治之論　64
オスマン帝国　288-292, 295-296
オトレー(Otlet, Paul)　433-438

か　行

外国人(住民／居住者)　371-372, 388
概念史(研究)　4, 7, 25, 81
外来文化要素　195-197, 205, 207, 212, 225
　　——の拒絶　219, 231
　　——の受容　195-197, 205, 207, 212
　　——の選択　196-197, 204-205, 212, 219, 223
　　——の呈示　196, 203, 222
観光　259, 263-265, 268
感情(システム)　132-133, 135-139, 142, 147
義戦　111, 113
規範　492-493, 508-510, 516
教育　229-230, 438, 442-445, 447-448
　　英語——　498-500, 503-504, 508, 516
　　義務——　352-355
　　公民——　328
　　国際理解——　364
　　在日外国人——　361
　　ドイツ語——　525, 531
　　バイリンガル——　376-377, 388-389
　　民族——　350-351, 355
　　歴史——　89
教育権回収運動　323, 333, 336
饗宴問題　68
共同研究　485-486, 526
恐怖／恐れ　129-133, 140, 144, 147, 149
近代　25, 42, 47-48, 103-104, 126, 153, 170, 240, 282, 289, 408
近代化(論)　4, 108, 174, 176, 186, 188-192, 200, 250, 486-490
近代国際法原理　52, 54, 126
金融市場／金融資本　255, 258-259
グローバリズム　255
グローバル化／グローバリゼーション　263, 272, 364, 543
グローバル関係　144, 147
グローバル・シティ　255, 257, 268

547

桑原隲蔵　88-93, 95-96, 99, 103
ゲーテ・インスティトゥート（GI）　522, 524-526, 531-532
　　──京都（京都ドイツ文化センター）　537, 543
　　──東京　519, 529-530, 532-533, 542
現地適応主義　322, 329, 342, 345
皇／勅　57
江華島事件　70
公共　23-24, 47, 327, 492
　国家の──／公　24, 44-48
　衆人──　26, 28, 31, 37-38, 44, 47-48
　天下──　26, 28-32, 36-38, 41-42, 45, 48-49
　──／公の国家化　36, 40, 47
　──の民衆化　29, 31-34, 36-37, 39, 43
高度人材　260
公用語　393-394, 503
国号　72
国際移動　403, 408
国際移動者　347, 349, 389
国際関係研究　129-131, 147-150
国際交流　50, 74, 409, 425, 429, 483
国際交流基金　236-237, 253
国際社会　2, 18, 105-108, 214, 218, 231-232
「国際社会」　2, 3, 14, 16, 18, 21
国際社会観　104-105
　革命主義的──　120
　カント的──　105, 108, 115, 119
　グロティウス的──　105, 108, 119
　現実主義──　110, 117
　自由主義──　117
　ホッブズ的──　105, 108-109, 113, 115
『国際社会史論』　17-20
国際（的）正義　106, 118-122
国際（的）制裁力　118-120
国際団体連合（UAI）　433-445, 447-448, 450-453
国際秩序原理　51, 65
国際文化交流　432, 519-521, 543
国際文化論　134, 138, 150
国際平和　127, 471
「国際法」　6
国際連合（国連）　214-216, 502, 513
国際連盟　11-14, 115, 117-122, 431, 433, 435-437, 439-444, 446-454, 456-463, 468-469, 471-474
　　──脱退（日本の）　16, 22, 122
　　──知的協力国際委員会（ICIC）　431-433, 445, 449-453
「国際連盟」　10-11
国際連盟協会世界連合　455, 466, 468-475
国産品愛用運動　159
国書（式）　2, 53-56
国籍　346, 361
　　──法　347, 354, 362, 495
国民外交　455
　　──団体　455, 465, 475
国聯同志会　→中国国際聯盟同志会
五四運動　340, 463, 466
コスモポリタン　255, 260, 331
国家
　近代──　217-219, 221
　　──構築　214, 217, 232-233
　　──・社会関係　173, 189-191
コピー・カルチャー　169
コミュニティ／共同体　217-221, 227-228, 232-233
　グローバルな──　348, 361, 454
　地域──　348, 364

さ　行

再構成　196-198
在日コリアン／朝鮮人　246, 348
雑貨（近代的）　154, 162, 170
茶道（教育）　195, 198, 207-212
山東問題　339, 471-472, 474
自社ブランド　165
自主の邦　69, 72
市場の質　152
自然法的道徳性　106, 120
実効管轄　64
シティ・セールス　259, 261, 263, 268
市民（性）　361, 389
使命感　107, 110-111, 113-114
　国民的──　108
社会統合　398-399, 405
社団法人オーアーゲー・ドイツ東洋文化研究協会（OAG）　519-520, 524-525, 532, 535-536, 539-541, 543
シャム（タイ）　180-186

上海　158-162, 170
宗教　295-298, 402-403
重層性　v-vii, 172
　　アジア市場の――　153, 170
朱子学誤解　38-39
出入国管理　398-399, 405
商標偽造　162, 168-170
女王(イギリス)　505-506, 515-516
植民地(支配)　173, 193, 201-202, 278, 282, 285-287, 298, 350, 354, 495
書契　54, 56, 68
　　――事件　3, 56, 59
女性運動　412, 419-420, 424, 429
女性の連帯　409, 420, 425, 429
人権　347, 358, 361, 364, 392, 395
新秩序　122, 124
　　世界――　125
森林局(シャム)　186
スキーマ　139-142
スミス(Smyth, H. Waryngton)　183
スレイド(Slade, H.)　184
征韓論　57-58
正義感　107-108
政教禁令　63
正史・四裔伝　98-99
政治参加　222, 229-232
　　女性の――／参政権　222-224, 418-419
制度的合理性　105-106
西洋　4, 25, 47, 79, 82, 84, 86, 92, 94, 100, 102-103, 217-218, 304-305, 326
西洋史　92-93, 100
勢力(不)均衡　105-106
　　域間――　107, 109-110, 116
　　域内――　107, 109-110
世俗的合理性　120
世界難民年　497, 506, 513-515, 517
選挙　225, 229
先施百貨店　163
宋慶齢　416, 419, 424
創造都市　262
宗藩関係　61, 63
ソーシャル・パワー　476, 492-494
ソフト・パワー　492-493

た　行

ダーレンドルフ(Dahrendorf, Ralf)　522-523, 526, 542-543
ダーレンドルフ・テーゼ　523, 527
第一次世界大戦　11, 18, 20-21, 117, 120, 456, 459, 461, 474
対外交化政策　497-500, 503, 508-509, 513, 515-518, 520, 522, 526, 528, 534, 538
大義　112
大東亜共栄圏　95, 123-125
大東亜史　94-95
大東亜戦争　15, 94
抬頭制度　50, 74
『大日本国語辞典』　8, 14
竹中繁　409-412, 429
多国籍企業　255, 259, 262
多人種主義　510-511, 513, 517
脱植民地化　495, 497, 501-502, 516-518
多文化主義　246-247, 389
多様性の中の統合　390-391, 393-394, 405
地域研究　171, 192, 479-480, 483, 486-487
知識人　87, 101, 103, 108, 279, 299, 431, 435, 481-483, 487, 493
地租改正　173-174
知的協力　433-435, 438-453
地方自治体　352, 356, 362, 369, 371
地元施設　177
茶文化　195, 197-203, 212-213
中華世界秩序原理　50, 52, 62
中国国際聯盟同志会　454-456, 461-471, 474-475
中国史　96-98
中枢管理機能(部門)　255, 257
チュラロンコン王(Churalongkorn)　181
朝鮮人学校　350
抵抗(文化触変への)　v, 207, 219, 231
　　文化的――　196-197, 207, 209, 212, 226
帝国　21, 112, 115-117, 120, 495, 498-499, 502, 505, 507, 509-510, 512, 514-516
　　リベラルな――　491-492
定住化　377-378, 388
伝統　23, 215, 219, 221, 228-232
伝播　196-197, 205, 212, 217-219
天理自然権　28
ドイツ学術交流会(DAAD)　519, 524-526, 529-

索引　549

530, 541
ドイツ日本研究所　520, 529, 540
ドイツ文化センター
　京都——　537, 543
　東京——　519-520, 525, 529-533, 538
東亜協同体　123
同化主義／同化政策　193, 335
道義　118, 123
東西融和　115-116
東南アジア　245, 499, 517
東方亜細亜　85, 88-89, 92-93, 103
『東方雑誌』　457-458, 468
東洋　79-87, 92, 94, 100-103, 114-116, 300-301, 303-305, 330
東洋史　80, 88, 92-97, 99-100, 103
　——教科書　81, 86, 88, 92, 95, 97-99, 103
「東洋の理想」　301, 317
東洋平和　122
独日センター（構想）　519, 525-533, 539-543
都市間競争　258, 261, 271
戸田正直　129, 134-135
友子　188
トランスナショナル　388-389, 454, 475, 491, 493, 515
「ドロイーダ報告」　498-500, 504, 508, 517

な　行

内務省山林局　175-176
ナショナリズム　245, 430
　中国——　101, 122-125, 324, 329, 341
斜めの視角　171-172, 192
難民　398-399, 504-505, 510-515, 517
南洋勧業会　155
日華学会　414, 418
日貨排斥　159-160
日清修好条規　62
日朝修好条規　71-74
新渡戸稲造　9, 432-433, 435-437, 442-443, 450-452
日本研究　488, 526-527, 542
日本帝国主義　193-195, 212-213
人間観　138, 145, 148, 150
任情縦欲の患　33, 41
認知システム　135, 138, 140
ヌーニョ（Nuño, Haji Abdulla）　279, 282-293,

298-299
ネットワーク　144, 257, 454
年号　69
農商務省鉱山局　178

は　行

パイゼルト（Peisert, Hansgert）　523-526, 533, 536, 541-543
『パイゼルト＝フラムハイン報告』　524-526, 528-529, 532, 539
『パイゼルト報告』　523-525, 534
排日教科書批判　322, 336, 339, 342
パキスタン　495-497, 510-511
白人の責務　286
箱根会議　487-490
服部升子　413, 421
パブリック・ディプロマシー　491-493
パリ講和会議　12, 434, 457, 465-466
「万国公法」　6
東アジア　23-25, 48-50, 74, 76, 79, 96, 104, 108, 123-125, 538
東ティモール　214, 231
美術　234
　アジア——　234-240, 251-254
　西洋——　234-235
　中国——　315, 319-320
　東洋——　235, 315-316, 319
　ヨーロッパ——　235-237, 254
表象　169, 240, 251-253
平野健一郎　171, 192, 195, 217, 323
「ヒル報告」　500, 508, 514, 517
フィリピン　278-288, 291, 295, 298-299
フィンリー（Finley, John P.）　284, 286-292, 298-299
フェミニズム　430
福岡　241
福岡アジア美術館　234, 251-252
福沢諭吉　6, 46-47, 109, 112
普遍の特殊化　36, 42
ブラジル人（在日）　363, 369-378, 384-388
フランス　438, 441-453
ブリティッシュ・カウンシル（BC）　498-500, 505, 508, 512, 542
ブルカ　402-403
ブルジョア（Bourgeois, Léon）　442-445

文化　ii-iv
　——の多様性　346, 391, 393-394, 397, 400, 404
　——の部分的な解体　196-197, 200-201, 212
文化運搬者　218
文化会館　523, 542-543
　ケルン日本——（JKI）　535-537
　東京ドイツ——　519-522, 524, 526, 530, 535-539, 542-543
文化外交　499, 528
文化触変　iv-v, 4, 25, 35, 153, 161, 169-170, 194-198, 212, 217, 231-233, 323
文化触変研究　v, ix, 4-5, 193
文化接触　193
文化摩擦　75
文化要素　218-219, 222-224, 226, 230, 350
　——の再解釈　196-198, 219, 226, 231
文明化　110-111, 285-286, 288, 292, 298
文明合理性　136-137, 144, 148
平衡
　旧——　195-196, 200, 212
　新——　195-197, 213
平和憲法　127
平和主義　114
貿易　152
訪問外交　499, 516
母語　373, 377, 379, 387
保々隆矣　322-324, 326, 334, 338, 342-343
香港　170, 510, 517

ま 行
松岡好一　179
マレー（Murray, Gilbert）　446-448
満洲教育専門学校　325, 342
満洲事変　122, 342, 421-422, 424-425
箕作麟祥　6
宮崎市定　80-82, 94
民間財団　476, 483, 491, 493
民間団体　454, 456, 475
民主主義（民主制）　118, 214-215, 221-222, 231, 392, 395, 478, 482, 509
民族　125-126, 285, 294-295, 298, 302, 334-335, 346
　——性　346
ミンダナオ　278-280, 283
ムスリム　278-285, 289, 295, 297-298
村会議　216, 222-226, 229
名分秩序（論）　50, 68-69, 71-75
模倣　153, 169
モロ　278-279, 286-292, 296-299

や 行
野生合理性　136-137, 144, 148-149
ヨーロッパ　79-81, 91-92, 104-107, 113-115, 120-122, 124-125, 390, 404
ヨーロッパ的価値　390, 395, 400
歓びに根差した消費　169

ら 行
ラ・フォンテーヌ（La Fontaine, Henri）　433-437, 440, 445, 449-450
留学生　86-87, 103, 350, 408, 503-505, 509, 516
領域性　392, 398, 405
梁啓超　87, 96, 101, 458-462, 465
冷戦　480, 482-483, 490, 495, 497-498, 502, 507, 510, 514, 516, 518
ローカル・シティズンシップ　371
ローレンス（Lawrence, T. J.）　17

わ 行
和製漢語　4-5, 7, 24-25

BC　→ブリティッシュ・カウンシル
CEP村落開発会議　221-226
DAAD　→ドイツ学術交流会
EU　→欧州連合
GI　→ゲーテ・インスティトゥート
ICIC　→国際連盟知的協力国際委員会
JKI　→文化会館
NGO/NPO　229, 369, 512-513
OAG　→社団法人オーアーゲー・ドイツ東洋文化研究協会
UAI　国際団体連合

執筆者紹介(執筆順)

平野 健一郎(ひらの・けんいちろう)　国立公文書館アジア歴史資料センター長,東京大学名誉教授,早稲田大学名誉教授.主要業績:『国際文化論』東京大学出版会,2000年(韓国語訳,2004年,中国語訳,2011年).

金 鳳珍(キム・ボンジン　Kim Bong-jin)　北九州市立大学外国語学部国際関係学科教授.主要業績:『東アジア「開明」知識人の思惟空間——鄭観応・福沢諭吉・兪吉濬の比較研究』九州大学出版会,2004年.

張 啓雄(ちょう・けいゆう　Chang Chi-hsiung)　中央研究院近代史研究所研究員(台湾).主要業績:『外蒙主権帰属交渉1911-1916』中央研究院近代史研究所,1995年.

黄 東蘭(こう・とうらん　Huang Donglan)　愛知県立大学外国語学部教授.主要業績:『近代中国の地方自治と明治日本』汲古書院,2005年.

張 寅性(ジャン・インソン　Jang In-Sung)　ソウル大学校政治外交学部教授.主要業績:『場所の国際政治思想』ソウル大学校出版部,2002年.

芝崎 厚士(しばさき・あつし)　駒澤大学グローバル・メディア・スタディーズ学部准教授.主要業績:『近代日本の国際関係認識——朝永三十郎と「カントの平和論」』創文社,2009年.

古田 和子(ふるた・かずこ)　慶應義塾大学経済学部教授.主要業績:『中国の市場秩序——17世紀から20世紀前半を中心に』慶應義塾大学出版会,2013年(編著).

佐藤 仁(さとう・じん)　東京大学東洋文化研究所准教授.主要業績:『「持たざる国」の資源論——持続可能な国土をめぐるもう一つの知』東京大学出版会,2011年.

金 東明(キム・ドンミョン　Kim Dong Myung)　国民大学校政治外交学科教授(韓国).主要業績:『支配と抵抗,そして協力——植民地朝鮮における日本帝国主義と朝鮮人の政治運動』ソウル:景仁文化社,2006年.

井上 浩子(いのうえ・ひろこ)　日本学術振興会特別研究員.主要業績:「東ティモールの独立過程に見る人権と自決権の関わり——自決の正当性を巡って」龍谷大学国際社会文化研究所『社会文化研究所紀要』第11号(2009年).

岸 清香(きし・さやか)　都留文科大学文学部講師.主要業績:「美術館が『アジア』と出会うとき——福岡アジア美術館の設立と展開」戦後日本国際文化交流研究会,平野健一郎監修『戦後日本の国際文化交流』勁草書房,2005年.

五十嵐 泰正(いがらし・やすまさ)　筑波大学大学院人文社会系准教授.主要業績:『越境する労働と〈移民〉』(労働再審2)大月書店,2010年(編著).

川島 緑(かわしま・みどり)　上智大学外国語学部教授.主要業績:『マイノリティと国民国家——フィリピンのムスリム』(イスラームを知る9)山川出版社,2012年.

李　廷江（り・ていこう　Li Tingjiang）　中央大学法学部教授．主要業績：『近代中日関係源流──晩晴中国名人致近衛篤麿書簡』社会科学文献出版社，2011 年（編著）．

砂山　幸雄（すなやま・ゆきお）　愛知大学現代中国学部教授．主要業績：『近代中国・教科書と日本』研文出版，2010 年（共編著）．

加藤　恵美（かとう・えみ）　早稲田大学政治経済学術院助教．主要業績：「外国人の『参加』──その権利を保障するために」渡戸一郎・井沢泰樹編『多民族化社会・日本』明石書店，2010 年．

柴田　寛之（しばた・ひろゆき）　ニューヨーク市立大学大学院社会学研究科博士課程．主要業績：「ローカルな多文化主義としての共生──静岡県浜松市の外国人政策の展開にみる共生概念の変容」『移民研究年報』第 15 号（2009 年）．

正躰　朝香（しょうたい・あさか）　京都産業大学外国語学部国際関係学科准教授．主要業績：『ヨーロッパ統合の国際関係論』第 2 版，芦書房，2007 年（共著）．

須藤　瑞代（すどう・みずよ）　日本学術振興会特別研究員．主要業績：『中国「女権」概念の変容──清末民初の人権とジェンダー』研文出版，2007 年．

斎川　貴嗣（さいかわ・たかし）　早稲田大学アジア太平洋研究センター助手．主要業績："From Intellectual Cooperation to International Cultural Exchange: Japan and China in the International Committee on Intellectual Cooperation," *Asian Regional Integration Review*, Vol. 1 (April 2009).

土田　哲夫（つちだ・あきお）　中央大学経済学部教授．主要業績：『現代中国の歴史──両岸三地 100 年のあゆみ』東京大学出版会，2008 年（共著）．

牧田　東一（まきた・とういち）　桜美林大学法学政治学系教授．主要業績：『プログラム・オフィサー──助成金配分と社会的価値の創出』学陽書房，2007 年（編著）．

都丸　潤子（とまる・じゅんこ）　早稲田大学政治経済学術院教授．主要業績：*The Postwar Rapprochement of Malaya and Japan, 1945-61: The Roles of Britain and Japan in South-East Asia*, Palgrave, 2000.

川村　陶子（かわむら・ようこ）　成蹊大学文学部国際文化学科准教授．主要業績：「国際関係における文化──系譜とさまざまな視点」日本国際政治学会編『学としての国際政治』（日本の国際政治学 1）有斐閣，2009 年．

国際文化関係史研究

2013年4月24日　初　版

［検印廃止］

編　者　平野　健一郎　古田　和子
　　　　土田　哲夫　　川村　陶子

発行所　一般財団法人　東京大学出版会
　　　代表者　渡辺　浩
　　　113-8654　東京都文京区本郷 7-3-1　東大構内
　　　http://www.utp.or.jp/
　　　電話 03-3811-8814　Fax 03-3812-6958
　　　振替 00160-6-59964

印刷所　株式会社平文社
製本所　牧製本印刷株式会社

Ⓒ2013 Kenichiro Hirano et al.
ISBN 978-4-13-030156-5　Printed in Japan

JCOPY〈(社)出版者著作権管理機構　委託出版物〉
本書の無断複写は著作権法上での例外を除き禁じられています．複写される場合は，そのつど事前に，(社)出版者著作権管理機構（電話 03-3513-6969，FAX 03-3513-6979，e-mail: info@jcopy.or.jp）の許諾を得てください．

平野健一郎著	国際文化論	A5・2500円
衞藤瀋吉ほか著	国際関係論 [第2版]	A5・2800円
山影 進著	国際関係論講義	A5・2800円
有賀 貞著	国際関係史 16世紀から1945年まで	A5・3600円
衞藤瀋吉著	近代東アジア国際関係史	A5・3600円
貴志俊彦ほか編	模索する近代日中関係 対話と競存の時代	A5・5800円
久保 亨ほか著	現代中国の歴史 両岸三地100年のあゆみ	A5・2800円
佐藤 仁著	「持たざる国」の資源論 持続可能な国土をめぐるもう一つの知	四六・2800円

ここに表示された価格は本体価格です．ご購入の際には消費税が加算されますのでご了承下さい．